近世長崎・対外関係史料

太田勝也編

思文閣出版

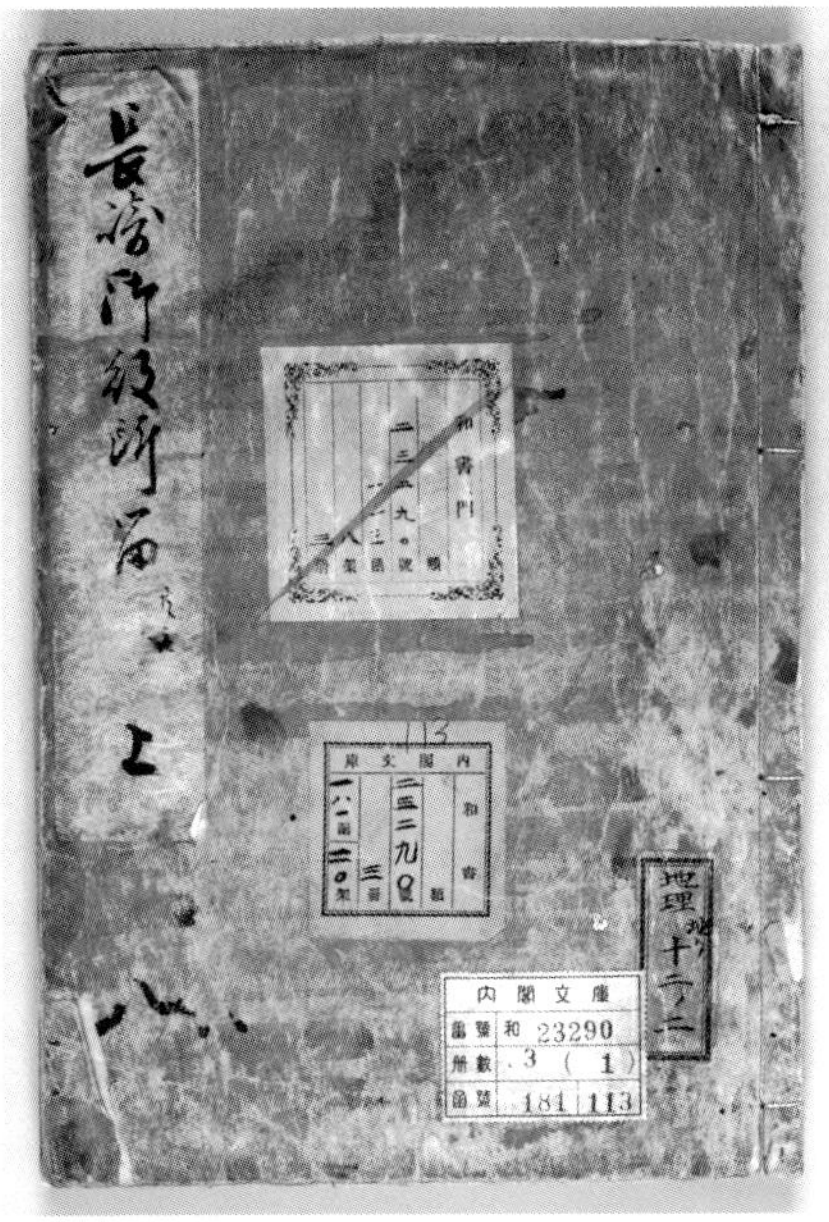

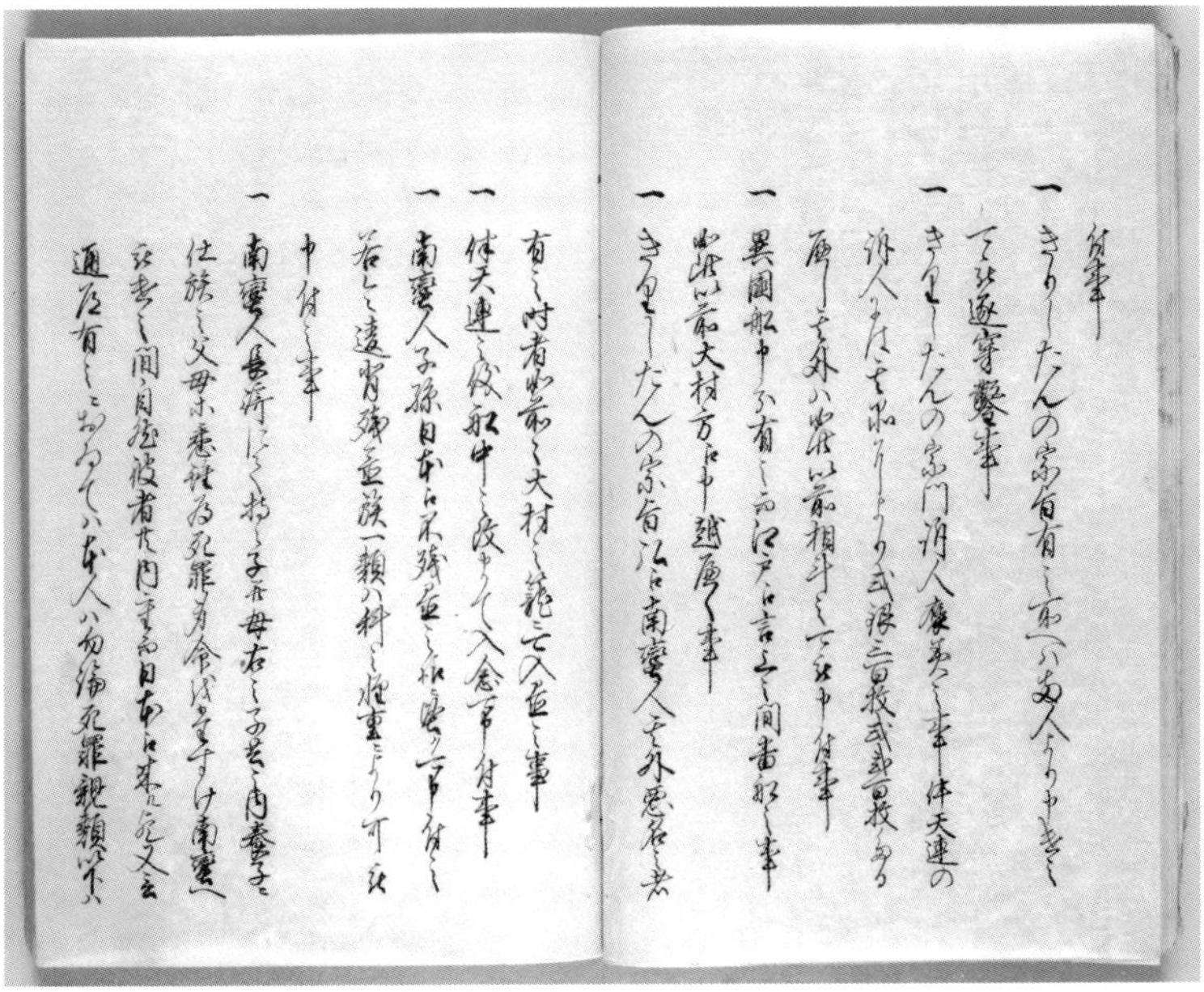

長崎御役所留

（国立公文書館内閣文庫所蔵）

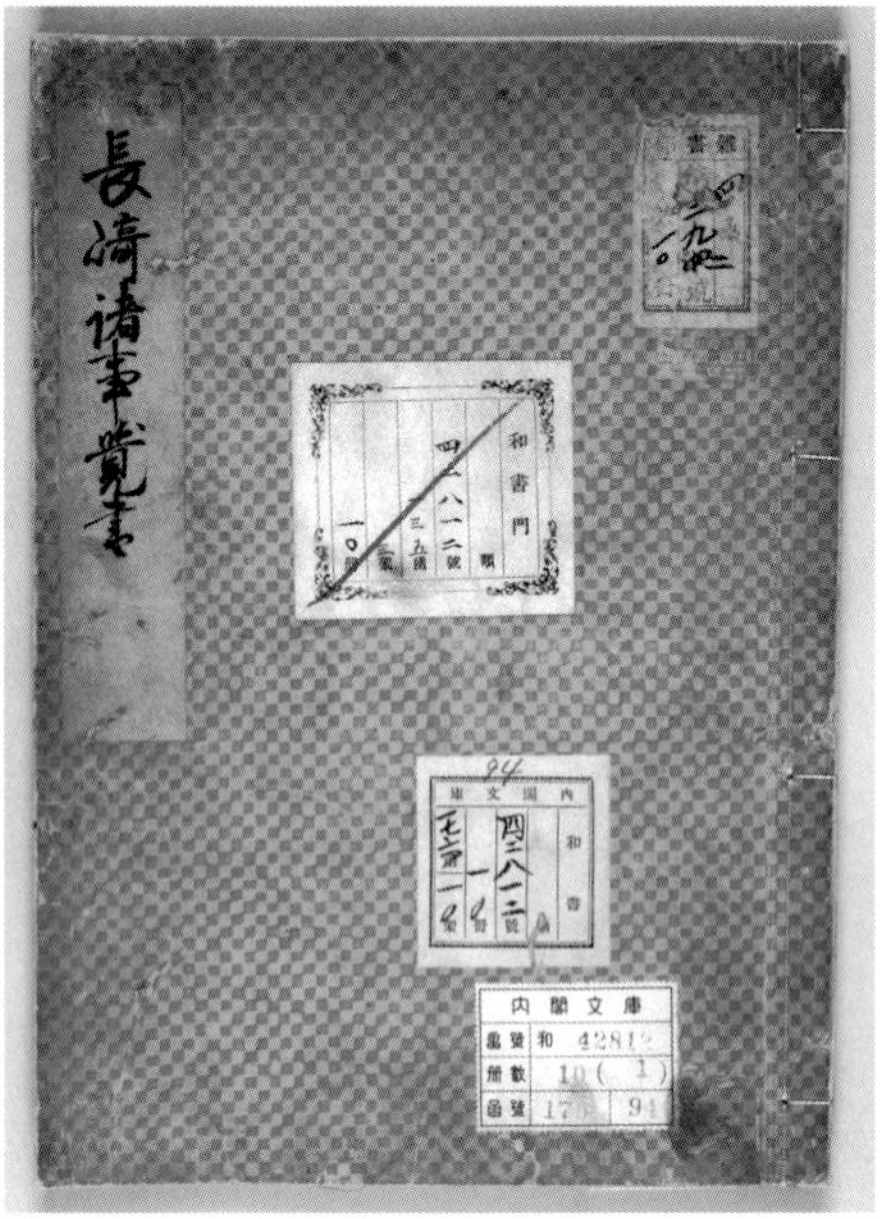

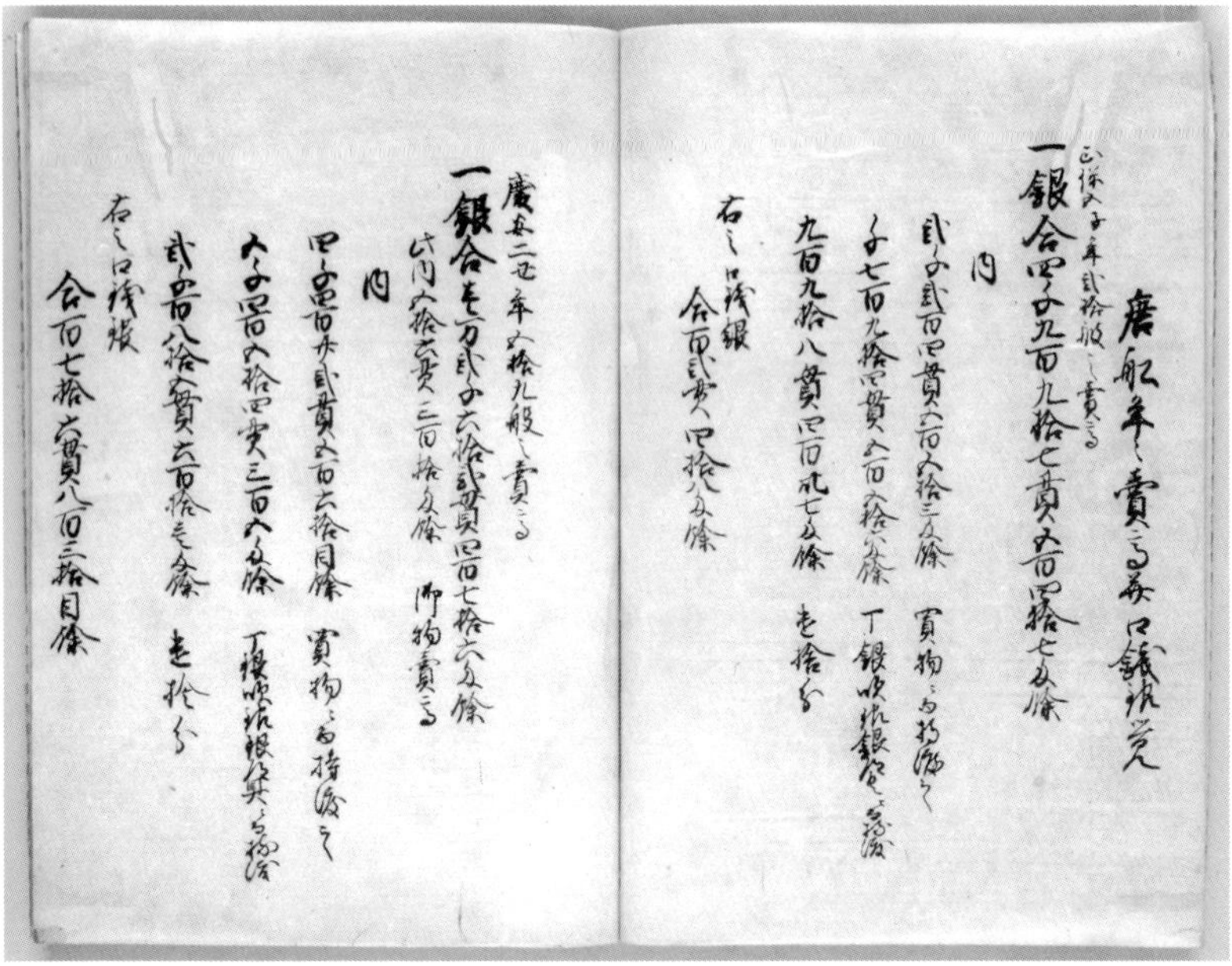

長崎諸事覚書

（国立公文書館内閣文庫所蔵）

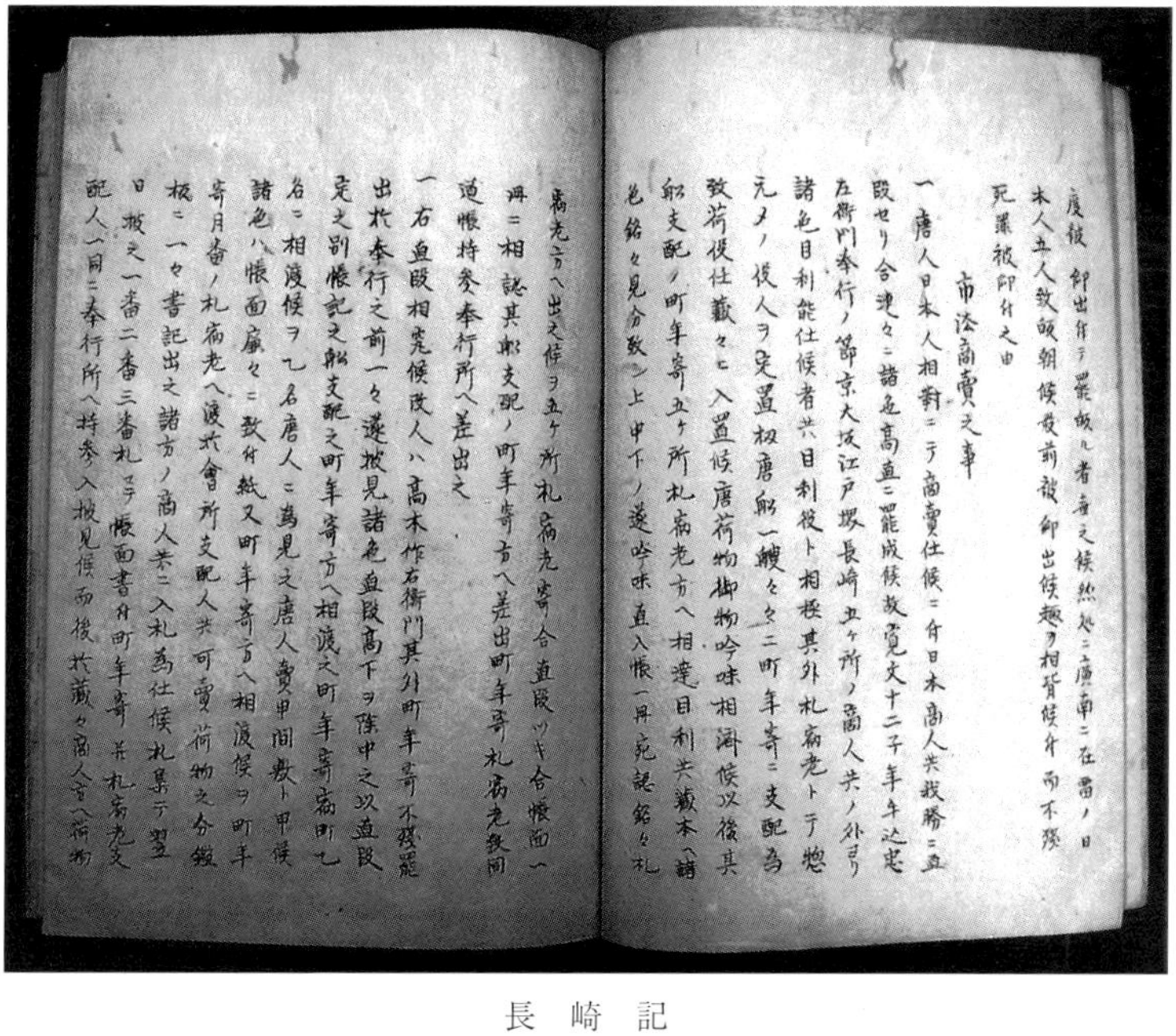

長　崎　記

（東北大学附属図書館狩野文庫所蔵）

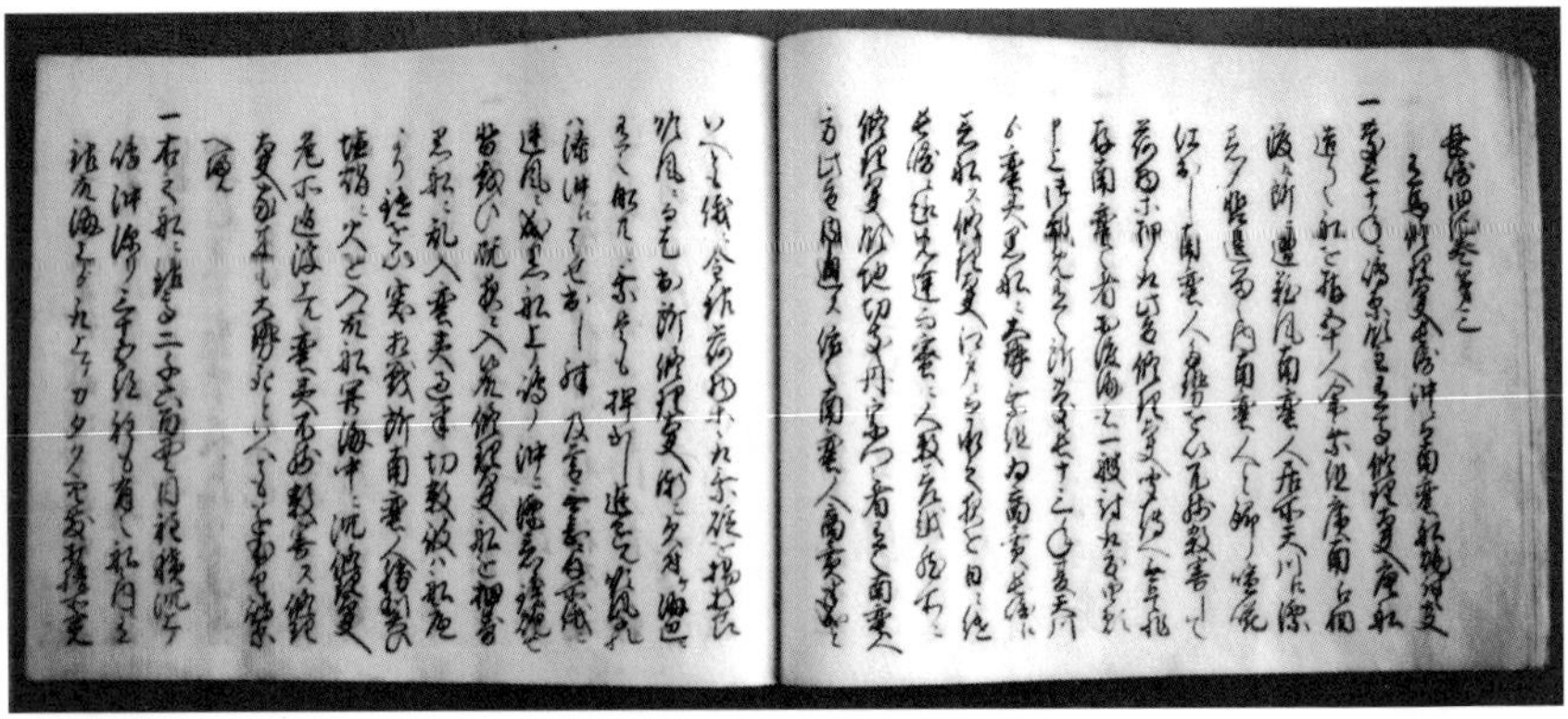

長崎旧記

（筑波大学附属図書館所蔵）

まえがき

本書には、「長崎御役所留」（国立公文書館内閣文庫所蔵）・「長崎諸事覚書」（同上）・「長崎記」（東北大学附属図書館狩野文庫所蔵）および「長崎旧記」（筑波大学附属図書館所蔵）の四点を収めた。書名については二・三の候補を挙げて検討したが、結局、この四点に共通する性格から、『近世長崎・対外関係史料』とした。

近世の長崎は、周知のように元亀元年（一七五〇）に、ポルトガル人によって風波を避けるに適した天然の良港として注目され、翌同二年から領主大村純忠の支配下で町建てが開始された。この後、一時期はイエズス会の支配地と化したが、秀吉の九州遠征の後に、イエズス会から没収されて、豊臣政権の直轄都市とされた。そして、徳川政権に移っても同政権の直轄する都市とされ、さらに、いわゆる「鎖国」政策の展開によって、唐船および連合オランダ東印度会社船を対象とする我が国唯一の「異国交易の場」となり、国内各地から多数の貿易商人が参集して、未曾有の発展を遂げた。

ところで、寛文三年（一六六三）に、長崎は、全町六五町の内六三町半を全焼するという大火に見舞われた。この時に、長崎奉行所や町方の多くの記録類が失われた。長崎には外交・貿易・切支丹関係等の貴重な資料が多数存在したであろうし、また、島原の乱関係の資料なども多く存在したものと推察される。特に、いわゆる「鎖国」政策に関わる江戸（幕府）からの奉書や書簡がかなりあったものと推察されるが、現在に伝わるものは極めて僅少な状況となっている。

しかし、寛文三年以降の資料はかなり多数現在に伝わっている。長崎町方の記録類は、当然長崎地下のことを記しているが、それが多くの場合外国との交渉・貿易あるいはキリスト教などとの密接な関係を持つものが極めて多い。また、当然のこととして、外交・貿易関係の性格だけの記録類も多数存在している。

近世の長崎町方や対外関係に関する翻刻刊行史料としては、『通航一覧』(国書刊行会)があり、この分野の研究にはなくてはならない存在となっている。また、『長崎文献叢書』では『長崎実録大成』をはじめとする多数の長崎地方史料を刊行している。

本書で取り上げた『長崎御役所留』は、長崎奉行所に受け継がれて来た文書・記録類をもとに編纂されたもので、長崎奉行所が受けた老中からの奉書をはじめとする諸下知等が収められており、編纂物ではあるが、この種の現存史料としては唯一の第一級のものと言える。

また、『長崎諸事覚書』は、長崎関係の史料としては、最も初期に成立した一つで、これは、寛文十二年(一六七二)から始まる画期的な貿易仕法である貨物市法の成立期に長崎奉行所で調査した事柄を編纂したもので、『長崎御役所留』と並ぶ良質史料である。

『長崎記』は、長崎奉行中川忠英の手になるもので、既に翻刻刊行されている長崎奉行大岡清相の手に成る『崎陽群談』と並んで、長崎奉行の手に成る記録として注目される良質史料である。

『長崎旧記』は数多く伝来している長崎の旧記類の一本である。先に、『長崎根元記』(『海表叢書』巻四所収)や『長崎鏡』(『長崎遺響』所収)等が翻刻刊行されており、この分野の研究に大いに役立ってきた。ここに取り上げる『長崎旧記』は、多数存在する長崎地誌・旧記類の中にあっては、かなり良質の内容を持つものである。

他にも注目される関係の記録が多々存在するが、本書ではこの四点を取り上げた。この分野の研究に役立つところがあれば幸甚である。

なお、『長崎御役所留』は、先に太田が翻刻した(「歴史情報」No.5)ものを、『長崎諸事覚書』は同じく翻刻した(「歴史情報」No.5～No.10)全一〇冊中の八冊に、残りの二冊を加え、『長崎記』は、轟朋子氏が筆耕したものを太田が校訂・施注して掲載した。『長崎旧記』は、内藤裕子氏が先に「歴史情報」（No.5）に翻刻発表しているものに、本書の編集方針に従って太田が校訂・施注して掲載した。なお、笠原好美・秋津里美・竹村彩子・福島さや子氏には校正や索引の作成にお手を煩わせた。また、思文閣出版の林秀樹氏には色々と多面にわたりお世話をお掛けした。御協力に対して深謝の意を表する次第である。

太田勝也

翻刻凡例

(1) 翻刻にあたり、努めて底本の体裁を残したが、編集・印刷上やむを得ない場合は、最小限に改めた。

(2) 行取りは概ね底本のままとした。但し、字数の関係で一行に収まらない場合は、行の最下部に「｜」を付し、改行した。

(3) 底本の丁替りは、当該丁の末尾に」を付した。

(4) 闕字・平出は底本のままとした。

(5) 差出書・宛書・日付等の位置は、できるだけ底本に示された位置を保ったが、編集・印刷上やむを得ない場合は、最小限に改めた。

(6) 朱書の部分は、(朱書)と傍注した。

(7) 旧字・異体字等については、原則として新字に改めた。

(8) 万葉仮名は、原則として、平仮名に改めた。但し、助詞については、而・尓・越・者・茂・与等は底本のままとした。

(9) 「ゟ」は「より」、「け」は「候」に直した。

(10) 翻刻者が書き加えた文字は、原則として(　)を施した。

(11) 翻刻上、必要と判断された箇所に注を施した。

目次

内容目次

※「長崎御役所留」「長崎諸事覚書」および「長崎旧記」については、目録が見られるので、原則として、目録の順に個別に番号を付け、目録に対応する本文の見出しに「＊」を付し、その頁を示した。なお、目録が欠如している部分および目録に対応すべき本文の見出しが見られない場合があるが、当該部分にその旨を記した。「長崎記」は目録が見られないので、本文の見出しを拾って頁を示した。

長崎御役所留

〔第一ノ帳〕

1一切支丹宗門御制札案之事

＊口上之覚……6

2一長崎寺社繁昌候様沙汰可致旨其外邪宗門之者御仕置之儀阿蘭陀人日本ニおゐて子を持候儀御停止之旨長崎ニ有之石火矢天草嶋原ニ五挺宛残置残分者大坂江可相届旨其外肥後嶋原早船之儀等品々被仰下候事

＊寛永十六年二月廿一日馬場三郎左衛門大河内善兵衛江被下候御條目……8

3一異国船之ため真草御制札案し江戸より参候事

＊寛永十八年異国船之ため江戸より参候御制札真草一通……9

4一嶋原江御預之石火矢数書付高力摂津守方より差越候事

＊寛永廿一申年嶋原江御預之石火矢数高力摂津守より参候書付……10

5一南部之浦江漂流之阿蘭陀御穿鑿ニ付かひたん江被仰渡之事

＊寛永二十年十一月七日井上筑後守馬場三郎左衛門山崎権八郎宛ニ而阿蘭陀かひたん江被仰渡候御書付……10

6一大坂より御貸被成候石火矢大筒之事

＊寛永廿一年徒大坂御城御貸被成候御石火矢大筒松平右衛門佐家来飯田角兵衛より鍋嶋信濃守家来馬渡甚兵衛江相渡候目録……12

7一異国船漂流いたし候節取計之儀九州四国中国
壱万石以上之面々より尋有之節者此御奉書之趣
挨拶可仕旨被仰下候事
*正保二酉年二月十二日九州四国中国壱万石以上
之面々江此御書付被遣候今以異国船参候ハヽ、浦
持之衆此挨拶ニいたし可被申候奉書之趣矢倉之衆
候ハて聞被申候ハヽ、此奉書之通可為申聞之旨承
応三午年御老中黒川与兵衛甲斐庄喜右衛門江被
仰渡候……14
8一長崎諸事之儀御書付被下候事
*慶安五辰年五月朔日長崎諸事之儀御奉書付……14
9一糸割苻之事
*右同断　糸之割……16
10一暹羅江之挨拶之儀被　仰下候事
*承応二年巳七月三日暹羅江之挨拶被仰下候(略)……17
11一南蛮船渡来之節取計御條目之事
*承応三午年五月十八日御條目……19
12一長崎近所之浦々奉行見廻之儀沈銀取上入目闕
所之男女之事ころび伴天連目明シ唐人之儀其
外品々御下知之事
*覚
一冬と春之内長崎近所之浦見舞候事……19
13一鍋嶋志摩差出候西泊戸町御番所江御預之石火
矢大筒書付之事
*承応三午年七月朔日鍋嶋志摩所より出シ候西泊
戸町両御番所御預之石火矢大筒不残之書付……20
14一松平筑前守鍋嶋信濃守より西泊戸町御番所江被
置候鉄炮之道具書付之事
*承応三午年西泊戸町御番所江御預ケ之合薬玉鉄
炮之諸道具不残書付午七月九日鍋嶋志摩所より
出候目録……23
15一沈船より取上候石火矢之儀目明シ唐人并春徳
寺江御扶持方添状之儀其外品々之儀共被　仰
下候事
*承応四未年四月廿一日御奉書付……26
16一御石火矢大筒松平信濃守松平右衛門佐当番非
番ニ分ケ御預之事
*明暦元年未八月御石火矢大筒松平右衛門佐鍋嶋

信濃守当番非番ニ分ケ御預ケニ付両所家来預り
目録 …………………………………………… 26
17 一両御番所ニ御預之石火矢大筒之薬たて見候而
貫目之書付之事
*明暦元年未九月十日
当地御番所江御預ケ之石火矢大筒之薬御用ニ（略）… 28
18 一沈船より揚り候唐金之御石火矢鍋嶋信濃守江
相渡同人家来請取手形之事
*明暦二年申三月八日依御下知沈船より揚り候唐
金御石火矢鍋嶋信濃守江相渡同人家来請取手形 … 29
19 一長崎奴之女今度御疱瘡御快然ニ付而御赦免之事
*明暦二年申五月十六日長崎奴之女御赦免之旨被
仰下候御覚書 ………………………………… 29
20 一南蛮船渡来之節御下知状之事
*明暦二申年五月十六日　御下知状 …………… 30
21 一伴天連并切支丹宗門之御制札案之事
*明暦二年申年五月甲斐庄喜右衛門黒川与兵衛在
勤之節札場ニ堅候制札本書 ………………… 31
22 一異国人前より買物之儀御法度之趣地下中之者江
申渡内外町乙名とも証文之事
*明暦二年申八月廿三日異国人前より買物之儀ニ
付御法度之趣地下中之者江申渡内外町乙名共印
形証文 ………………………………………… 31
23 一隠元禅師来朝以後度々唐僧渡海候向後無用之
旨被　仰下候儀并長崎御番所江御預之大筒石
火矢様之儀沈船より取上候白銀町年寄常行司
江可相渡哉之儀本諏訪明地江今博多町天神之
社移候儀等伺之通被　仰下候之事
*明暦三酉年六月廿八日御覚書 ……………… 34
24 一沈船より上り候鉄玉石玉松平右衛門佐家来請
取手形之事
*明暦三年酉四月十日沈船より上り候鉄玉石玉松
平右衛門佐家来佐竹源之允江相渡候手形 …… 35
25 一両御番所ニ有之石火矢大筒様之時筒之善悪書
付之事
*明暦 二年酉九月両御番所ニ有之候石火矢大筒松
平右衛門佐家来吉田市郎大夫ためし申時筒之善
悪書付差出 …………………………………… 36

26一西泊御蔵ニ有之石火矢薬松平右衛門佐当番之節ためし候へりをたて残ル薬預り手形之事
*明暦三酉年松平右衛門佐当番之時御石火矢ためし候玉薬之通をたて残シ玉薬預り候との手形弐通　但壱通ハ万治二亥年出ル……37
27一鋳直シ候石火矢様シ玉行書付之事
*明暦三酉年十一月四日鋳直シ候御石火矢操申候玉行覚書……39
28一大村切支丹之儀ニ付被　仰下候之趣其外南蛮船渡来之節取計之儀被　仰下候事
*明暦四戌年四月廿六日大村切支丹之儀ニ付御覚書ニ懸之内（略）……39
29一於江戸阿蘭陀人江被　仰渡候御書付之事
*万治元戌年正月廿九日阿蘭陀人江於江戸被仰渡候御書付……41
30一松平右衛門佐自分ニ而不足之分鋳させ御番所江召置候石火矢大筒玉目録之事
*万治元年戌三月松平右衛門佐自分ニ而両御番所石火矢大筒玉不足之分鋳々御番所ニ召置目録……41
31一唐金石火矢松平丹後守家来請取手形之事
*万治元年戌七月唐銅石火矢松平丹後守家来鍋嶋監物鍋嶋縫殿助両人請取之候手形……42
32一西泊戸町御番所之御石火矢大筒御用立不申分鋳直シ可申哉之儀江戸江相伺候書付之事
*万治元年九月西泊戸町御番所之御石火矢大筒御用立不申候分黒川与兵衛江戸江持参御老中江相伺候書付控……42
33一戸町御番所ニ有之御石火矢大筒玉行目録之事
*万治元年戌九月十五日御石火矢御大筒目録……43
34一同所ニ有之石火矢薬預り手形之事
*万治元戌年石火矢星入并町行之目録……45
35一丸亀より参候石火矢目録并西泊番頭請取手形之事
*万治二年子五月圓亀より参候御石火矢目録并西泊御番頭請取手形共……47
36一籠守籠番之者江御扶持方被下候儀并切支丹宗門穿鑿之儀等於江戸相伺候処御下知之趣御覚書を以被　仰渡候之事

*寛文元丑年七月十二日与兵衛長崎江罷下候節於江戸相伺候儀共ニ付与兵衛彦右衛門両人之宛名ニ而御老中被下置候御覚書……48
37一前々松平隠岐守被　仰付候を南蛮船渡来之節小笠原右近大夫長崎江可罷越旨被　仰付候儀并右之節御下知之趣被　仰下候事……50
*寛文二寅年六月廿八日御奉書御下知状
38一南蛮船長崎着岸之節取計并長崎御仕置之儀ニ付江戸ニおゐて嶋田久太郎相伺候処御書改被下候御覚書之事
*寛文二寅年七月廿八日久太郎伺候儀共御書改被下候御覚書……51
39一先年加々爪民部少輔野々山丹後守長崎江被遣沈之南蛮船ニ有之白銀取上之儀《(ママ)》并訪諏社延命寺御朱印願之儀朱楚璞与申博学之唐人長崎在留之儀且又両奉行江御預之御武器焼失之儀等相伺候処一々御下知被　仰下候事
*寛文三卯年八月十五日　覚
一先年加々爪民部少輔野々村丹後守長崎江被遣之……52
40一両奉行江御預之武道具大坂より請取候事
*寛文三卯年九月与兵衛久太郎江御預之武道具大坂役人衆渡手形弐通……53
〔第二ノ帳〕
41一耶蘇宗門之儀ニ付被仰出候事
*寛文四辰年十一月廿五日　覚
一耶蘇宗門御制禁たりといへとも密々弘之（略）……57
42一薬種之儀ニ付江戸町中江御触之趣長崎町中江も相触候様被　仰下候事
*寛文六午年九月十二日　覚
一薬種之儀付而江戸町中江申付候書付京大阪《(ママ)》（略）……58
43一諸国ニをいて酒造之儀并たはこ田畑江不可作之旨御触ニ付長崎町中寺杜方迄可相触旨被仰下候事
*覚
一諸国在々所々において酒造之儀去年（略）……60
44一異国江遣ス間敷品異国より日本江持渡間敷品

之儀被仰下候事
*寛文八申年三月八日御書付当年より異国江(略) ……63
45一町人家作之事嫁聚祭礼之渡物葬礼仏事并町人
帯刀江戸徘徊仕間鋪旨御触之事
*寛文八申年三月廿日之御書付倹約之趣被仰下候
四月三日到来翌四日町年寄常行司へ申渡町中相
触候様申付御書付写相渡 ……64
46一自然南蛮船到来之節御下知次第長崎江罷越可
申付旨大久保加賀守被仰含候由被仰下候事
*寛文八申七月三日御奉書
自然南蛮船到来之節御下知次第(略) ……65
47一切支丹宗門之儀ニ付北條安房守保田若狭守河
野権右衛門御老中江伺候覚書之事
*寛文八申年八月二日切支丹宗門之儀御老中江伺
申候覚書於江戸権右衛門請取之 ……65
48一公儀江書物不致不受不施之日連(ママ)宗寺請ニ取申
間敷旨之事
*寛文九酉年四月　覚
公儀江書物不致之不受不施之日蓮宗寺(略) ……67
49一異国江銅売渡候儀何ものニかきらす先規之通
商売可仕旨被仰下候事
*寛文九酉年六月廿四日　覚
異国江銅売渡候儀何者ニかきらす先規(略) ……67
50一島原之城松平主殿頭拝領之旨被　仰下候事
*寛文九酉年八月九日之御奉書
松平主殿頭請取之従同人長崎江被差越候(略) ……68
51一天草之儀御代官所ニ被仰付候儀且又青木遠江
守宗門奉行被仰付候間向後宗門御用有之節者
保田若狭守青木遠江守江可申越旨被　仰下候事
附耶蘇宗門吟味之儀茂被仰下候
*寛文十一亥年三月五日之御奉書御追而書ニ耶蘇
宗門御制禁之御書付諸国江御触ニ付可奉其趣存
被仰下候御書付 ……68
52一天草御代官小川藤左衛門被仰付候事
*寛文十一亥年五月廿七日　覚
天草御代官小川藤左衛門仕候自然相変(略) ……70
53一にせ薬種諸色しめ売諸職人作料手間賃高直ニ
すへからさるむね之御札案被遣候事

*寛文十一亥年十月此御制札桜町札場江建置之
一於諸国にせ薬種一切停止たるへし若にせ（略）…71
54一天草富岡城付石火矢鉄炮之儀ニ付被仰下候事
*寛文十一亥年十月廿六日　覚
一天草富岡御城付之由古き石火矢五挺同（略）……72
55一先年井上筑後守在勤いたし候立山屋敷両奉行
下屋鋪ニ被下候旨被仰下候之事
*寛文十一亥年十二月廿四日此已前井上筑後守在
勤いたし候立山屋敷奉行下屋敷ニ被下候間天草
こほち家小川藤左衛門所より請取長屋作事等可
申付旨被仰下候……73
56一寛文五年被　仰出候寺杜御條目被遣候事
*覚
一寛文五年被仰出候寺社方御法度書其（略）……75
57一新酒造之儀并魏示潜父子三人永く長崎住宅御
免之儀被　仰下候事
*寛文十二子年八月廿五日　覚
一当年新酒造之儀長崎町中堅被申付候冬（略）……77
58一阿蘭陀人儀吉利支丹之通用仕間敷旨并琉球船
其外唐船ばはん仕間鋪旨於江戸表被仰渡候事
*寛文十三丑年三月十三日阿蘭陀琉球船はハん仕
間敷旨今度於江戸初而被仰出候ニ付留置之……78
59一九州筋耶蘇宗門之者露顕之節挨拶之儀於江戸
牛込忠左衛門相伺候覚書之事
*寛文十三丑四月三日於江戸忠左衛門相伺候於九
州筋耶蘇宗門之者露顕之旨申来候節之挨拶等之覚
書……79
60一長崎ニをいて一派之以襟頭申付之由彦山僧正
より書状到来之事
*年号不知彦山僧正より一派之頭襟頂於長崎申付
度由之書状……80
61一長崎在勤之与力同心御合力金被下候事
*寛文十三丑年五月七日当年より長崎在勤之与力
同心江（略）……80
62一ゑけれす船長崎着岸いたし候ニ付被仰下候之
趣并浦触等申遣候事
*去月廿五日ゑけれす船一艘長崎令着岸候（略）……81
63一地神経読盲目之儀被　仰下候事

＊延宝二寅年三月十四日　覚
一地神経読盲目ニ申渡之書付壱通遣候（略）……84
64一長崎浮金も次第ニ多く罷成候ニ付而高木作右
衛門支配被仰付度儀其外之事共江戸ニをいて
岡野孫九郎相伺候書付御書改被下候事
＊延宝二寅年八月十日於江戸孫九郎奉窺候書付……84
65一茶屋甚兵衛所持之慶長十七年交趾国渡海之
御朱印被召上候ニ付異国渡海船　御赦免被為
成候証文之儀牛込忠左衛門より申来候事
＊延宝三卯年二月廿八日　覚
一茶屋甚兵衛所持之慶長拾七年壬子正（略）……85
66一松平主殿頭自然長崎御用之節者万事奉行人与
可遂相談旨被仰付儀并末次平蔵御代官所之儀
天草のことく奉行可致差図旨被仰下候事
＊延宝三卯年閏四月十四日　覚
一松平主殿頭今度被下御暇之節長崎之儀（略）……86
67一邪宗門之者吟味之儀ニ付江戸ニをいて岡野孫
九郎以書付伺候所御書改被下候事
＊延宝二寅年八月十一日岡野孫九郎以書付奉窺候
処御書直被下候御書付……87
68一阿蘭陀商売之儀ニ付せねらる訴状之事
＊延宝三卯年咬𠺕吧おらんたせねらる商売之儀ニ
付訴状……89
69一御老中御列座ニ而弘文院被相渡候唐国之商船
ニ申渡三ケ条御壁書之事
＊延宝三卯年七月廿五日於黒書院御老中御列座ニ
而弘文院被相渡候御壁書和解とも三通……91
70一唐船荷役之時前々より唐人共江為読聞候御書
付文言悪敷候ニ付御改被成候漢文之御書付之事
＊延宝三卯年七月唐船荷役之時前々より唐人共江
為読聞候御書付文言悪敷候ニ付御改被成候御書
付……92
71一近年御改長崎奉行江被下候　御黒印御下知状
松平丹後守松平右衛門佐江写可遣哉之儀其外
異国船渡来之節番船之儀并九州何れの浦江茂
漂着之節取計之儀且又長崎外町地子銀之儀等
牛込忠左衛門相伺候処両奉行所ニ而被下候御
書付之事

＊延宝三卯年八月九日牛込忠左衛門奉窺之奉行宛ニ而被下置之候……94
72一末次平蔵御仕置之事
＊延宝四辰年三月廿七日　覚
一末次平蔵父子三人母長福院平蔵二歳之末子（略）…95
73一切支丹宗門之書物御制禁目録之事
＊延宝四辰年　切支丹宗門書物御制禁目録……96
74一ていぬまるかより船可差渡由風聞有之ニ付取計之儀并豊後領主江御預之邪宗門之者之儀等御下知被仰下候事
＊延宝四辰年八月十一日御老中御列座之節岡野孫九郎伺書御書改被下置之……97
75一於御黒書院御老中列座久保吉右衛門読之大久保出羽守松平主殿頭牛込忠左衛門江御渡被成候御書付之事
＊延宝五巳年五月廿二日於御黒書院御老中御列座ニ而久保吉右衛門読之大久保出羽守松平主殿頭牛込忠左衛門江被仰渡則壱通ツヽ大和守殿御渡被成候由ニ而従忠左衛門被差越候……98
76一長崎外町地方御用之儀并地子銀之被仰渡候御書付之事
＊延宝五巳年八月九日御老中御列座ニ而地方御用并外町地子銀之儀被　仰渡候御書付忠左衛門江御渡被成候……98
77一新規并御文言改候御制札案被遣候事
＊天和二戌年六月十四日御高札御下書三通同札板寸方御書付到来同七月十八日桜町札場ニ建ル……99
78一諸国職人共天下一号之事御停止之旨被仰出候事
＊天和二戌年七月十六日御奉書諸国職人とも天下一号之事御停止被　仰出付当町中江相触候事……102
79一女衣装金紗縫惣鹿子御制禁御書付并祭礼法事軽取行寺杜山伏法衣装束之儀町人舞々猿楽刀帯候儀御停上其外衣服之儀等之御書付之事
＊天和三亥年二月女之衣装御法度之御書付大目付より江戸町奉行江被相渡候写……102
80一小者中間衣類木綿之外絹布類絹紬ニ而も御法度之旨并唐船持渡御停止物器物翫物青貝堆朱之道具から金焼物鉢茶碗類墨跡唐絵掛物珊瑚

瑪瑙琥珀水精之珠数売セ申間鋪之旨被仰渡之事
*天和三亥年三月十九日宮城堅物より到来之書付
三通御停止物之内書抜相伺候品書并小物仲間衣
類御定書写 …………………… 103
81一男女衣装縫紋遊女衣装之儀其外品々宮城監物
より申越候事
*天和三年三月晦日宮城監物より到着之書付女装
束縫紋之事并遊女等之儀由来候事 ………… 105
82一赦被行候節博奕之輩并巾着切此分者赦免無御
座由被仰下候事
*天和三亥四月廿一日之御奉書并御覚書 ………… 108
83一阿蘭陀人献上物之儀ニ付相伺候之所大久保加
賀守殿被仰渡候趣宮城監物より申来候事
*天和三亥年七月十五日宮城監物より到来之書付 … 108
〔第三之帳〕
84一服忌令御改ニ付被差越候事
*服忌令 …………………… 111
85一唐阿蘭陀商売先規之通糸割符に仕其外諸色ハ
相対商売可申付旨被仰下候事
*貞享元子年十二月廿七日唐阿蘭陀商売先規之通
糸割苻仕其外諸色者相対商売可申付旨御奉書を
以被仰下候 …………………… 113
86一糸割苻之儀ニ付伺書ニ御老中御加筆有之宮城
監物より差越候之事
*以別紙申入候
一昨廿六日御老中御列座ニ而戸田山城守殿被仰
渡候（略） …………………… 114
87一市法前両奉行江唐阿蘭陀人八朔礼音物之事
*此本書者阿部豊後守殿へ差上伺直候ニ付御認替
被遣候併地下八朔之御下知有之候ニ付為後証文
写入置之 …………………… 117
88一南蛮船渡来ニ付御奉書到来之事
*貞享二丑年六月廿三日南蛮船渡来ニ付御奉書を
以被仰付候 …………………… 120
89一唐船より邪書持渡候事
*貞享二丑年七月晦日邪書持渡候儀ニ付御下知
被仰下候趣を以覚書左之通 …………………… 123

90 一唐船より文武人乗渡候事
*貞享二丑年八月厦門出シ唐船より文官武官之唐人渡来いたし候ニ付御下知被　仰下候 ……124
91 一服忌令少々御改被差越候事
*服忌令 ……126
92 一入津之唐人共先規之通音物仕度旨相願候ニ付江戸江相伺候処願之通差免候様被仰渡候事
*貞享三年五月廿九日入津唐人共先規之通音物仕度旨依願江戸江申上候処吟味之上願之通可差免旨寅五月十日於御列座川口源左衛門被仰渡候趣申越候雖然当寅年之儀者先奉行心得を以差免候由唐人ともへ申渡候事 ……129
93 一宮城監物在勤隠買相企候悪人共拾四人とも即時死罪申付候儀ニ付大加賀守殿川口源左衛門江被仰渡候趣同人より申越候事
*貞享三寅年五月廿九日川口源左衛門より之別紙来 ……131
94 一長崎奉行向後三人ニ被仰付候事
*貞享三寅年八月廿五日御奉書長崎奉行向後三人被仰付在勤弐人在府壱人ニて可相勤被仰下 ……132
95 一切支丹宗門穿鑿之儀九州大名江被仰渡之事
*覚
吉利丹宗門者累年御僉儀有之候得共近年邪宗（略）……133
96 一大沢左兵衛長崎奉行被仰付之候ニ付五ケ所いと割符之者并唐阿蘭陀八朔礼音物之儀相伺候事
*貞享三寅年十一月朔於江戸宮城監物書付ヲ以奉伺候処御老中御附紙御加筆有之大沢左衛門ニ御わたし卯正月九日左衛門持参之（略）……134
97 一服忌之儀ニ付日光御門主より被仰上候趣下々も可相守旨被仰下候事
*貞享四卯年二月十九日服忌之儀ニ付而日光御門主（略）……135
98 一牛馬煩未死肉捨候儀ニ付被仰渡候事
*覚
物而人宿又ハ牛馬宿其外ニも生類煩重リ候得者（略）……135
99 一紀州熊野浦漂着呂宋人之儀申上候処御返答被下候事

*貞享四卯年十一月廿九日紀州江漂着之呂宋人之儀
申上ケ通リ答被仰下候 …… 136
100 一唐人之儀阿蘭陀人ことく一圍之処ニ差置并船
数減少之儀遠見之者阿蘭陀之ことく唐船も注
進いたし候様可申付旨被仰下候事
*貞享五辰年七月廿三日御奉書唐人共儀従来阿蘭
陀人被差置候出嶋之ことく一囲ニいたし差置可
然旨被思召候依之松平主殿頭松浦肥前守遂相談
存寄可申上由被仰下候事 …… 138
101 一服忌令追加之被遣候間最前被遣候追加書付者
無用可仕旨被仰下候事
*貞享五辰年五月晦日服忌令追加之御書付并大目
付衆より参候書付写 …… 139
102 一唐人一圍之地へ被差置候ニ付御奉書并川口源
左衛門より委細申越別紙是又広南船頭へ可申
渡覚書之事　以上
*以別紙申達之候
一唐人一圍之内弥可被差置候間場所之儀者十（略）…… 142

〔第四之帳〕
103 一新加遠見番并水主御切扶御縦證文御調被下候事
*元禄（ママ）元辰年十月七日新加之遠見番拾人并水主弐
拾人之御切米御扶持方御証文御調被下候控 …… 146
104 一浦触之節差添遣候覚書之事
*元禄（ママ）二巳年正月廿二日浦触之節覚書を差添遣候
儀出江山岡十兵衛相伺候覚書閏正月七日到来 …… 146
105 一唐人入置候圍門之上番人召抱候儀被仰渡候事
*元禄（ママ）二巳正月廿五日　以別紙申入之候
一唐人入置候囲門之上番弐拾人之（略） …… 147
106 一新加遠見番之者居宅御闕所銀を以建候様被
仰渡候事
*元禄（ママ）二巳年閏正月廿日　去三日之御別紙同十七
日到来披見いたし候
一小瀬戸新加遠見番之者（略） …… 147
107 一西泊御番所塩焇蔵建替之儀伺之通被仰渡候事
*元禄（ママ）三午年正月廿八日西泊御番所塩焇蔵場所替
建直候儀相伺候処為建替可申旨御下知有之由宮
城主殿方より申来候別紙

108 一唐人屋鋪門番人共居宅右同断被　仰渡候事
*元録(ママ)二巳年四月廿八日　去五日之御別紙到来致
披見候
一唐人屋鋪門番弐拾人之者(略)……148
109 一小瀬戸之向内木鉢山之内端道生田与申所江塩焇
蔵建候儀伺之通被仰渡候事
*元録(ママ)三午年三月廿七日　以別紙申入之候
一西泊戸町両御番所御鉄炮薬入置候蔵場先頃
(略)……149
110 一巌有院様十三回御忌御法事ニ付而寺杜方新地之
分被成御免候由御書付被差越候事
*元録(ママ)五申年五月十五日
今度　厳有院様十三回御忌之御法事(略)……150
111 一西泊戸町御番所御石火矢大筒火通シ之儀申上
候事
*元録(ママ)五申年八月十六日西泊戸町両御番所御石火
矢大筒火通シ損之儀ニ付松平丹後守へ及返答候
趣御老中へ申上候処御承知被遊候之由御附紙被
成下候之段山岡対馬守より申越候別紙……150

112 一猪鹿狼荒レ候時威シ鉄炮ニ而払不止時者鉄炮
ニ而打セ其訳書付差出シ候様大目付中被相渡
候書付之事
*元録(ママ)六酉年五月十八日狼猪あれ候時者(略)……151
113 一邪法行ひ候儀ニ付御触之事
*元録(ママ)六酉年八月十三日邪法行候儀ニ付当地ニ而
も可相触旨被仰渡……152
114 一唐船より邪書持渡候事
*元録(ママ)八亥年四月十六日邪書持渡候唐人并船頭重
て日本渡海停止申付壱船荷物積戻シ申渡候右邪
書者焼捨可申旨被仰下候……152
115 一金銀吹直被仰出候御書付之事
*覚
一今度金銀吹直被仰出吹直り候金銀段々世間江
可相(略)……157
116 一琉球国江唐船漂流之儀ニ付中山王願之趣申上
候之処委細被　仰下候之事
*元禄九子年六月廿八日琉球国江異国船漂着破船
之節南蛮船者勿論宗門疑敷船者当表へ送届其外

者琉球国より福州迄送遣候様仕度旨中山王相願
候よし松平薩摩守方より申越候ニ付相伺候処被
聞召届之旨被仰下 …………………… 158
117 一服忌令追加之書付大目付より相廻り候之由ニ而
近藤備中守より差越候事
118 一服忌令追加之書大目付より相廻り候由ニ而近藤
備中守よりさし越候事
(類似したものが目録には二つ見えている)
*元禄十丑年正月三日服忌追加大目付より相廻り
候由ニ而近藤備中守ヨリ来ル …………… 159
119 一金銀吹直之儀大目付より相廻り候御書付之事
*元禄十丑年四月金銀吹直之儀大目付より相廻り
候御書付 …………………… 160
120 一新金ニ而弐朱判出来候ニ付大目付より相渡候
御書付之事
*新金ニ而弐朱判出来候ニ付六月晦日大目付より
相渡候御書付 …………………… 160
121 一逆罪之者致火付候者生類ニ疵付損さし候者右
之科人有之者一領一家中迄尓て外江障於無之者
不及伺自分仕置に可申付由之事
*元禄(ママ)十丑年七月九日万石以上へ相渡候御書付 …… 161
122 一長崎尓おゐて異国商売并御仕置之儀ニ付御覚
書御渡被成候事
*元禄(ママ)十丑年八月廿三日御老中御列座小佐渡守殿
近藤備中守へ御渡被成候長崎尓おゐて異国商売
并御仕置之儀尓つき御覚書 …………… 161
123 一金銀箔等相用間鋪旨御書付之事
*元禄(ママ)十一寅年三月廿七日金銀箔等相用ひ申間敷
旨御書付被差越 覚 …………… 162
124 一松平主殿頭願之通隠居被 仰付当表御用船之
儀主殿頭時之通り可相勤旨同性(ママ)阿波守被仰付
候段丹羽遠州より申越候事
*元禄(ママ)十一寅年五月九日同十六日丹羽遠江守より
之別紙 …………………… 162
125 一西屋鋪焼失ニ付家之儀御闕所銀を以可申付旨
被 仰渡候事
*元禄(ママ)十一寅年五月九日両屋鋪焼失ニ付而御闕所
を以家作之儀可申付旨被仰渡 …………… 162

126 一長崎奉行四人ニ被仰付候事
*元禄(ママ)十二卯年六月晦日奉行四人被仰付候旨被仰下候御半紙 …… 165
127 一当表勘定吟味として御勘定御徒目付組頭被差遣候事
*元禄(ママ)十二卯年七月廿一日当表勘定為吟味御勘定被遣之旨被仰下候御覚書 …… 166
128 一長崎奉行席順被 仰出候事
*卯十月十日長崎奉行席順被仰出候由芙蓉之間席順書付大目附より被 相渡候由ニ而到来（略） …… 166
129 一倹役之儀被 仰出候御書付之事
*元禄(ママ)十三辰年正月三日倹約之儀被仰出（略） …… 167
130 一高木作大夫鉄炮之儀相伺候処御下知被 仰下候事
*元禄(ママ)十三辰年三月廿三日近藤備中守高木作大夫鉄炮之儀相伺御下知之趣申越候追而書候事 …… 168
131 一捨子之儀ニ付御書付之事
*覚
捨子之儀御制禁候依之最前も養育難成尓（略） …… 169
132 一高木彦衛門刀御免長崎御船并奉行附之武具預り役被 仰付候事
*元禄(ママ)十三辰年八月六日
高木彦右衛門刀御免付七月廿八日御老中於御列座（略） …… 170
133 一金銀両替之儀ニ付御触書写来ル事
*元禄(ママ)十三辰年十一月十一日金銀両替屋之儀尓付御半紙并丹羽遠江守追而書其外江戸奉行中へ被仰渡候御書付写 …… 170
134 一銅之儀ニ付被 仰渡候趣丹羽遠州大嶋勢州より申来候事
*元禄(ママ)十四巳年二月在府奉行より之別紙并覚書其外銅座役人名前書共 三通 …… 171
135 一新地蔵建候儀伺之通被 仰渡候事
*元禄(ママ)十四巳年六月廿八日大嶋伊勢守林土佐守ヨリ之別紙 …… 173
136 一生類之儀ニ付御書付之事
*元禄(ママ)十四巳年六月廿九日猪鹿田畑を損し狼者人馬を損し荒候時はかり鉄炮ニ而為打候様ニと

の御書付 ……… 174
137 一銀子銭相場之儀ニ付御触之事
*元禄（ママ）十四巳年八月十八日銀子銭相場之儀ニ付御
触書 ……… 175
138 一諸国一統金銀共無滞通用可仕旨并銀子銭相場
之儀当地町中江も可相触旨被　仰下候事
*元禄（ママ）十四巳年十二月西国中国其外上方筋商売銀
遣ひニて金子を遣ひ候儀不自由ニ由候之間向後
諸国一統金銀とも無滞通用可仕之旨并銀子銭相
場之儀当地町中江も可相触旨仰下候 ……… 176
139 一金銀吹直被　仰付候処今以古金銀致所持候も
の有之よしニ付御触之事
*元禄（ママ）十五午年二月七日金銀吹直被　仰出候所今
以古金銀所持いたし候者有之由ニ付而之御触書 … 176
140 一馬尓荷附ケ候儀ニ付御触之事
*元禄（ママ）十五午年五月十一日馬ニ荷附候儀ニ付而之
御触書 ……… 177
141 一酒造米被減候之儀諸色直段之儀ニ付御触之事
*元禄（ママ）十五午年七月廿一日酒造米被減候之儀諸色
直段之義御触書 ……… 177
142 一従前々被仰出候通倹約之義弥以相守諸事軽く
可仕之旨諸奉行江被仰渡候事
*元禄（ママ）十七申年二月廿二日従前々被仰出候通り倹
約之儀弥以相守諸事かろく可仕候之旨諸奉行へ
被仰渡候書付 ……… 178
〔第五ノ帳〕
143 一酒造并たはこ作り候儀ニ付御書付来事
*宝永元年申十二月十一日酒造米御書付 ……… 182
144 一長崎御船并武具支配之儀高木作右衛門江被仰
付度儀伺之通被仰渡候事
*宝永二酉年三月
長崎御船并武具支配之儀窺之書付 ……… 183
145 一生類之儀ニ付御書付之事
*宝永二酉年十月三日　覚
一飼鳥之儀最前も触有之候処（略） ……… 184
146 一諏訪祭礼之節森崎神輿一所向後三社可相渡旨
被仰渡候事

*宝永三戌年四月廿九日　以別紙申入之候
長崎諏訪社神主青木若狭願之通森崎神輿諏（略）…184
147 一追放構場所書付来ル事
*宝永三戌年八月廿六日追放国々御改之書付　……184
148 一大銭通用御触之事
*宝永五子年二月二日
当地ニ而相触候大銭通用之書付差越候可被得　……185
149 一御仕置者町中引廻し候節町々より酒等給させ
間敷旨并唐人方江寺々其外傾城共より音物之
儀ニ付申渡書付之事
*宝永五子年申渡留之中より写之月番福田伝之進
江相渡書付　……185
150 一丸山町寄合町乙名江申渡書付之事
*丸山寄合町乙名呼出し相渡候書付　……186
151 一公事日訴訟日相定候書付之事
*宝永五子年九月公事日訴訟日相定候ニ付申合書付 187
152 一大銭通用御停止御触之事
*宝永六丑正月十八日
大銭通用之儀差支候儀とも有之下々迷惑仕候（略）…188
153 一生類之儀ニ付御触之事
*宝永六丑二月十一日
生類之儀断絶無之様ニと被思召候只今までは（略）…189
154 一酒運上御免之事
*宝永六丑三月九日　覚
一酒運上向後御免候御料私料共可被存其趣候以上 189
155 一参勤之節献上物之儀并御老中若年寄衆へ音物
之儀ニ付御書付之事
*覚
一向後参勤之節御内証献上物無用に可仕事（略）…189
156 一狼猪鹿荒申時ハ玉込鉄炮ニ而打可申旨御触之事
并死罪除日書付之事
*宝永六丑年五月朔日猪鹿狼多く出田畑荒し人馬
江懸り候節者玉込鉄炮ニ而打可申旨江府におゐて
御触書并毎年壱度つ、鉄炮改かた江証文差出可
申由且又死罪除日之書付佐久間芸州永井讃州よ
り差越　……190
157 一五嶋大和守長崎見廻之儀九月者在所ニ罷在候儀
相伺候処九月ハ以使者相勤候被仰渡候段同人よ

り申来候事
*宝永六丑年十月十六日
一筆致啓上候　公方様益御機嫌能被成御座恐悦
御同前奉存候 …… 192
158一薬師寺又三郎鉄炮稽古打願之事
*宝永丑年十一月十八日別所播磨守追而書 …… 192
159一深見元泰被召出候事
*宝永六丑年十一月廿三日
其地有之候深見元泰被召出候之間其段被申聞（略）… 193
160一唐船阿蘭陀船商売新規ニ仕かた帳面御渡被成
候事
*宝永七寅年三月晦日唐船商売今度新規ニ致方之
御帳壱冊於御列座御渡被成候之由別所播磨守久
松忠次郎より来ル …… 194
161一土井周防守江御覚書御渡被成候之事
*宝永七寅年四月十五日　以別紙申之候
去朔日於芙蓉間御覚書壱通本多伯耆守殿（略）…… 223
162一新金吹直之儀御触書被遣候事
*宝永七年寅四月十八日
今度新金吹直之儀被仰出候ニ付而当地尓て相触
候書付差越之候間可被得其意候以上 …… 224

長崎諸事覚書

〔第一冊目〕

1一唐船入津より帰帆迄之覚書
*唐船入津より長崎在留中覚 …… 253
2一申年被　仰出候御停止之覚
*唐船帰帆覚 …… 254
3一唐船持渡候諸色より出口銭銀覚
*唐船ニ持渡候諸色より出口銭銀覚 …… 256
4一年々売高幷口銭之覚
5一同口銭高之覚
（4・5で一記事となっている）
*唐船年々売高幷口銭銀覚 …… 257

〔第二冊目〕

（目録なし）

6 （長崎より国内各地道程）……263

〔第三冊目〕

（目録なし）

7 （長崎奉行職制関係）……295

＊一長崎到着之日者先相奉行方江直相越（略）……295

（中扉目録）

8 一阿蘭陀舩入津より帰帆迄之覚書

＊阿蘭陀舩入津より在留中覚……303

9 一持渡候諸色より出口銭銀覚

＊阿蘭陀荷物より出口銭銀覚……306

10 一阿蘭陀人江戸江罷上候前後覚

＊阿蘭陀人江戸江罷上候前後覚……307

11 一出嶋江検使遣覚

＊出嶋江検使遣候覚……308

12 一常々かびたんやとひのものゝ覚

＊常にかひたん雇候者之覚……308

13 一出嶋家持やとひのものゝ覚

＊常に出嶋家持やとひ候者之覚……309

14 一出嶋町惣坪数覚

＊一出嶋坪数三千八百八拾五坪六分四毛（略）……309

15 一阿蘭陀年々売高幷口銭高覚

＊阿蘭陀舩年々売高幷口銭銀覚……310

〔第四冊目〕

16 一内外町六拾六丁覚

＊内町弐拾三町（略）……314

17 一町中ケ所数覚

＊町中惣ケ所数之覚……315

18 一町中人数竈数覚

＊寛文十一亥年改之　町中惣竈数覚……317

19 一舩手役相勤町覚

＊町中役人覚……317

20 一惣寺社数覚　附三ケ寺　御朱印写

＊諸家仕寺之覚　附　御朱印写……321

21 一亥年所々より来候米高覚

＊万治二亥年長崎飢饉ニ付近国之御代官所又者御領所より被差廻候米高……323

22一卯年町中拝借銀高幷同年所々より来候米高覚
*寛文三卯年長崎火事ニ付町中拝借銀幷近国より被差廻候米大豆覚……323
23一戌年町中拝借米幷所々より来候米高覚
*寛文十戌夏長崎米払底ニ付而御城米拝借之員数並所々私領方より被差廻候米高覚……324
24一町中酒作員数未申減少米高覚
*酒屋数幷酒造米高覚……325
〔第五冊目〕
（目録なし）
25（異国道程土産）……326
〔第六冊目〕
26一南蛮船破却事
*寛永十七庚年天川ヨリ日本江為訴訟（略）……337
27一ほるとかるより船差渡候事
*正保四丁年南蛮ほるとかるより使（略）……337
28一大村より出候切支丹事
*明暦三酉年大村より出候切支丹翌戌年刑罪覚……337
29一籠屋焼失之時事
*寛文三卯年籠屋焼失付而籠内之囚人共所々江預之覚……341
30一朝鮮渡海之者事
*朝鮮国江武具差渡候者共御成敗覚……341
31一籠内入用事
*公義又ハ私領之粑科人長崎籠内賄覚……341
32一籠屋敷坪数事
*籠屋敷之坪数籠屋数覚……341
33一阿蘭陀往来之所々
34一異国江之海路遠近
35一阿蘭陀持渡諸色
（35に33・34の内容を含む　見出しなし）
〔第七冊目〕
36一御扶持方手形
*請取申御扶持方米事……349
37一同心共三石物之手形

*請取申米事 …… 350
38一御物被　召上候節之手形幷裏書
*御物被　召上候手形裏書 …… 351
39一御買物帳之奥書
*公義御買物帳奥書 …… 352
40一春徳寺より差出候手形裏書
*書籍見春徳寺請取候銀手形裏書 …… 353
41一御褒美銀之手形裏書
*御褒美銀被下候請取手形裏書 …… 353
42一籠屋敷坪数事
（本文記事なし）
43一御船之者共御扶持方手形裏書 …… 354
*御船之者共扶持方手形裏書
44一住宅唐人異国通事御扶持方手形裏書
*目あかし唐人扶持方手形裏書 …… 354
45一御船蔵修復之竹木幷出嶋ほうじ木切せ候手形
裏書
*平蔵支配所より出御用木請取候時之手形裏書 …… 355
46一闕所道具相払候節帳面書
*闕所道具払候銀高書出候帳面奥書 …… 356
47一前借銀同不残相済候以後手形裏書
*前借銀請取手形裏書 …… 356
48一目安裏書
*目安裏書 …… 357
49一漂着之朝鮮人御扶持方手形裏書
*漂着之朝鮮人江遣候御扶持方銀 …… 358
50（目録になし）
*切支丹宗門改之書物之写七通　但例年正月中付
之差上申書物之事 …… 359
〔第八冊目〕
51一阿蘭陀人江申渡御書付
*阿蘭陀人江申渡御書付二通 …… 367
52一唐人共ニ読聞候真字札
*切支丹宗門御制法之札写 …… 368
53一唐船入津帰帆ニ差出候手形
*唐船入津之節唐人船頭より差出目録写 …… 370
54一唐人幷町中江町年寄なとより相触書付

*唐船入津以後通事共方より船頭惣代幷宿町付町
江相触候書付之写為御意申渡候事……375
55一書物屋共差出候手形
*書物屋共差出候手形写……376
56一漂着船之警固幷請人唐人手形
*漂着之唐船送来候警固之者書上候手形之写……377
57一阿蘭陀荷役帳奥書幷出嶋乙名手形
*阿蘭陀出船之節出嶋おとな共外之者共書上候手形……378
58一漂着之朝鮮人口書幷警固之者手形
*漂着之朝鮮人送参候警固手形……378
59一漂着之朝鮮人送遣候時浦々通手形
*右朝鮮人対州へ差遣候時之浦々通手形……379
〔第九冊目〕
60一平蔵同下代之者共前書
*末次平蔵誓詞前書……380
61一町年寄共前書
*町年寄共前書弐通……381
62一常行事共前書
*常行事共前書弐通……382
63一両年行事共前書
*内外年行事前書弐通……383
64一唐阿蘭陀両通事前書
*阿蘭陀通事共前書弐通……384
65一唐通事子共前書
*唐通事共前書弐通……386
66一異国通事共前書
*異国通事前書……388
67一唐人年行事共前書
*唐人年行事共前書……388
68一書物見之者共前書
*書籍見共前書……390
69一伽羅見共前書
*伽羅目利共前書……390
70一鮫見共前書
*鮫目利共前書……391
71一出嶋おとな家持共一紙前書
*出嶋おとな家持共前書……391

72 一 外科稽古之者共前書
*外科稽古之者共前書……392
73 一 篭屋医師共前書
*篭屋医師前書……393
74 一 籠守前書
*籠守前書……393
75 一 町使之者共前書
*町使之者共前書……394
76 一 出嶋門番之者共前書
*出嶋門番前書……395
〔第十冊目〕
77 一 代々奉行人之覚
*長崎奉行人覚……396
78 一 両奉行屋敷坪数覚
*両奉行屋敷坪数覚……399
79 一 西泊戸町石火矢大筒覚
*西泊戸町両所石火矢玉薬等之覚……400
80 一 石火矢台覚
*石火矢台之覚……402
81 一 右衛門佐丹後守当番人数等覚
*寛文七未年
松平右衛門佐当年之人数……402
82 一 大村因幡守長崎警固所覚
*大村因幡守警固所之覚……403
83 一 馬籠御船御舟蔵覚
*馬込御船蔵之覚……404
84 一 同所御蔵ニ有之諸色覚
*同所御船蔵ニ入置候諸色之覚……404
85 一 御船之者之覚
*御船之者之覚……404
86 一 越中守主殿頭番船覚
*細川越中守松平主殿頭番船入代覚……404
87 一 町中幷平蔵支配所船数等覚
*寛文九酉年改之
長崎町中船数水主数覚……405
88 一 平蔵支配所石高幷放火場覚
*寛文十一亥年改之

平蔵支配所々石高幷村々人数覚……405

長崎記

（目録なし）
1長崎始之事……435
2傾城町……435
3南蛮船日本へ来ル事……436
4エテレス舩入津之事……438
5阿蘭陀人始来朝之事……439
6出島築立始之事……440
7出島地形四方間数坪数の事……440
8出島家賃銀の事……441
9西泊戸町御番所之事……441
10西泊戸町両御番所相勤人数之事……442
11五ヶ所糸割符之事……443
12四ヶ所幷分国割符取人数之覚……445
13定　出島之口……446
14掟　波戸場……446
15定（一傾城之外女人入事　他）……446
16川筋ノ高札　但端作無之……446
17御制札御高札幷御條目ノ事……447
18寛永十三年子五月被　仰出候御條目……450
19唐船日本へ来事……452
20唐人商売口銭之事……152
21唐船宿町附町之事……452
22宿口銭小宿口銭之事……453
23唐船三ヶ一之事……453
24荷改従奉行初テ検使出事……453
25邪宗門御穿鑿之事……453
26原ノ城就一揆長崎奉行走廻之事
附在陣中入目之事……454
27市法商売之事……458
28唐船阿蘭陀市法商売次第之事……459
29割符仕様之事……460
30従古来長崎へ来商売仕候商売人共貨物割付目録之事……465
31従当年初而長崎へ商売来候者為買物持参候持銀

之高割付之事 466
32貨物除取人数之事 467
33日本ヨリ異国江渡海道程之事 473
34日本住宅唐人之事 475
35黄檗山隠元木菴則非来朝之事 476
36唐人屋敷之事 476
37両奉行屋敷坪数之事 477
38御停止物之事　寛文八申年書上之 477
39唐人幷阿蘭陀人持用之道具之覚 478
40従日本買渡御停止之覚 479
41唐船荷役之節船中幷蔵本へ差出候諸役人 480
42荷役之節唐人ニ渡可遣品々 481
43荷役ノ舩一艘分可入品々 481
44御切米請（諸）役科之事 481
45阿蘭陀内通詞ノ内口叶候者之事 489

長崎旧記

〔巻第一〕

1一長崎と中名附由来之事
*長崎と名付幷由来之事 520
2一長崎小太郎末葉幷居所之事
*長崎小太郎末葉幷居所之事 520
3一長崎町開基幷南蛮船始而長崎江来事
*長崎町開基幷南蛮船初而長崎ニ来事 520
4一南蛮人長崎江令自由事
*南蛮人長崎江令自由事 522
5一秀吉公長崎御領被召上御条目幷御朱印幷耶蘇宗門徘行御停止御書出之事
*秀吉公長崎御公料被召上御條目御朱印幷邪蘇宗門徘行御停止御書出之事 522
6一村山東菴長崎領為請地御代官務事
*村山東菴長崎領為請地御代官務事 524
7一長崎内町数ケ所幷新築地之事
*長崎内外町数ケ所数幷新築地事 525
8一同所外町右同断之事
*外町新築地之事 531
9一長崎竪横間数幷橋数之事

*長崎竪横間数橋数之事……532
10一長崎田畑高付幷上納銀石高之事
*長崎田畑高付幷上納銀石高……533
11一大村領ト長崎領代地之事
*大村領ト長崎代地之事……533
12一外町地子銀幷唐人屋敷地子之事
*外町地子銀幷唐人屋敷地子……534

〔巻第二〕

13一吉利支丹御改御上使黒船御停止南蛮之出家幷邪宗門頭人御追放之事
*吉利支丹御改御上使黒船御停止南蛮之出家幷邪宗門頭人御追放之事……534
14一邪宗門之者転幷南蛮人種御追放事
*邪宗門之者転幷南蛮人種御追放之事……535
15一日本より唐船造舟ニて異国江為商売渡海之事
附停止之事
*日本より唐船造之船ニ而異国江為商売渡海之事
附停止之事……536
16一唐船渡海長崎津ニ御究幷船改事
*唐船渡海長崎ノ津ニ御極幷船改之事……436
17一南蛮人町宿御停止出嶋ニ被押籠事
附南蛮船渡海御停止之事
*南蛮人町宿御停止出嶋江被押籠事
附南蛮船渡海御制禁之事……537
18一阿蘭陀人平戸より長崎江引越御上使之事
附暗喜里阿蘭陀種咬嵧吧御追放事
*阿蘭陀人従平戸長崎へ引越御上使之事
附暗喜里阿蘭陀種子咬嵧吧江御追放……539
19一野母遠見番幷長崎放火山初番人事
附小瀬戸番所之事
*野母遠見番幷長崎烽火山初番人之事
附小瀬戸番所之事……540
20一西泊戸町御番所始之事
*西泊戸町御番所初事……540
21一肥後嶋原より長崎江詰船始ル事
*肥後嶋原ヨリ長崎江詰船初之事……542
22一九州ニ而関所相極り往来手形始事

*九州ニ而関所相究往来手形之事……542
23一長崎奉行始幷与力同心之事
*長崎奉行始幷与力同心之事……542
24一長崎奉行屋鋪事
*奉行屋敷之事……546
〔巻第三〕
25一有馬修理大夫長崎沖ニて南蛮船焼討事
*有馬修理大夫長崎沖ニ而南蛮船焼討之事……547
26一浜田弥兵衛高砂ニて人質取事
*浜田弥兵衛高砂ニて人質取事……548
27一琉球ニ而捕南蛮事
*琉球ニて捕ル南蛮人之事……549
28一南蛮船御停止之後一艘致来朝御焼捨之事
*南蛮人御停止之後一艘致来朝御焼捨之事……550
29一薩摩甑ノ嶋ニ南蛮人隠居事
*薩摩甑ノ嶋ニ南蛮伴天連五人隠居事……550
30一筑前カチメノ大嶋ニて捕南蛮人事
*筑前カヂメノ大嶋ニテ南蛮人捕ル事……551
31一吉利支丹目明黄五官周辰官揚六官長崎ニ被召置事
*切支丹目明唐人黄五官周辰官揚六官長崎ニ被召置事……551
32一大坂城中ニ篭大野主馬子永井勘兵衛ト云者長崎ニて捕京都江被渡事
*大坂城ニ篭ル大野主馬子永井勘兵衛ト云者長崎ニ而捕京都へ被渡事……554
33一嶋原一揆ニ付長崎奉行出陣幷張本四郎一家之首長崎ニ被梟事
附山田右衛門作御口上書之写
*嶋原一揆ニ付長崎奉行出陣幷張本四郎一家之首長崎ニ被梟事
但長崎より陣中御用承事幷山田右衛門作口上書……555
34一長崎江近国大名為御用被差出置附人事……561
*長崎へ近国大名ヨリ為御用差出置附人之事
〔巻第四〕
35一阿蘭陀人ヱケレス人一艘ニ乗組初而来朝事

*阿蘭陀人エケレス人一艘ニ乗組初而日本来朝事
附御朱印頂戴之事 …… 562
36一阿蘭陀人平戸ニて商売事
*平戸ニ而阿蘭陀人商売之事 …… 564
37一阿蘭陀人御忠節申上ル事
*阿蘭陀人御忠節申上ル事 …… 564
38一阿蘭陀船南部江漂着之事
*阿蘭陀船南部ニ漂着之事 …… 565
39一ヱケレス平戸江渡海之事
*エケレス人平戸渡海之事 …… 566
40一長崎へヱケレス船壱艘来朝事
*長崎へエケレス船一艘来朝之事 …… 566
41一出嶋築立開基之事
附同所家賃銀之事
*出嶋築立開基之事付家賃銀之事 …… 567
42一出嶋作事之事
*出嶋作事之事 …… 568
43一出嶋門番初事
*出嶋門番始り之事 …… 569
44一阿蘭陀船番船事
(前項「出嶋門番始り之事」の記事中に含まれている)
45一阿蘭陀商売之事
*阿蘭陀商売之事 …… 570
46一間金始り之事
*間金初之事 …… 570
47一出嶋乙名并通事目付之事
*出嶋乙名并乙名通詞目付之事 …… 571
48一出嶋口銭銀掛り物之事
(前項「出嶋乙名并通事目付之事」の記事中に含まれている)
49一阿蘭陀内通詞初り之事
*阿蘭陀内通事初ル事 …… 571
50一口銭銀并間金支配之事
*口銭銀并間銀拝領之事 …… 572
51一掛り物役之事
*掛物役之事 …… 572
52一金場吟味役之事
*金場吟味役之事 …… 572
53一糸割苻初り之事

*糸割符初之事……573
54 一 割苻破之事
*割符破ノ事……574
55 一 二度割苻御赦免事
56 一 割苻糸宿老之事
*二度割符御赦免之事……575

〔巻第五〕

57 一 大村邪宗門起事
*大村ニ邪宗門起事……576
58 一 豊後幷肥後領邪宗門ノ者出来事
*豊後幷肥後邪宗門之者出来事……576
59 一 長崎回録之事
*長崎回録之事……576
60 一 御制禁ヲ敗（ママ）朝鮮渡ノ者有之訴人事
*御制禁ヲ敗朝鮮渡海之者有之訴人出ル事……577
61 一 長崎御代官末次平蔵流罰之事
*長崎御代官末次平蔵流罪之事……577
62 一 日向江漂着之ハタアニ人之事
*日向漂着之ハマアニ人之事……578
63 一 阿蘭陀人洋中ニて唐人船を奪取其過怠銀出ス事
*阿蘭陀人洋中ニテ唐人船ヲ奪取其過怠銀出ス事……578
64 一 朝鮮江阿蘭陀人漂着之事
*朝鮮ニ阿蘭陀人漂着之事……579
65 一 勢州之者風ニ被放天川より南蛮人送り来事
*勢州者風被放天川ヨリ南蛮人送来事……579
66 一 紀伊国江呂宋船漂着之事
*紀伊国江呂宋船漂着之事……579
67 一 薩摩之者広東湊江漂着之事
*薩摩之者広東湊江漂着送来事……580
68 一 薩摩江漂着之言葉不通異国人送来事
*薩摩江言葉不通異国人漂着送来事……580
69 一 薩摩之者広東江漂着送来事
*薩摩者広東江漂着送来事……580
70 一 普陀山漂着日本人送事
*普陀山ニ漂着ノ日本人送来事……581
71 一 長門之者広東江漂流送来事
*長門之者広東江漂流送来事……581

72一町使始之事
*町使之者初之事……581
73一船番始之事
*船番初り之事……581
74一長崎馬込ニ有之御用船始之事
*馬込有御船之事……582

〔附録〕

75一異国江年々金銀過分ニ渡ニ付商売手立を以渡
高可減御吟味之事
*異国江年々金銀過分ニ渡ニ付商売之手立ヲ以渡
高可減御吟味之事……583
76一唐船宿町附町幷口銭と云事初ル事
*唐船宿町附町幷口銭ト云事初ル事……585
77一牛込氏始而下着相対の異国商売を破異国江金
銀過分に不被渡鍛練之事
*牛込氏始テ下着相対之異国商売ヲ破異国江金銀
過分ニ不被渡鍛煉ノ事……586
78一同冬船一艘着岸此船より商売ノ手立取替事
*忠左衛門始而下着之所冬船一艘着岸此船ヨリ商
売ノ手立幷被替事……587

長崎御役所留

（表紙題簽題）
長崎御役所留　共三　上

（扉題）
従寛永十六年
至寛文三年
古来より御役所引継ニ
相成候掟定書等之類

（目録）
第壱ノ帳目録

一切支丹宗門御制札案之事
一長崎寺社繁昌候様沙汰可致旨其外邪宗門
之者御仕置之儀阿蘭陀人日本ニおゐて子を
持候儀御停止之旨長崎ニ有之石火矢天草嶋原ニ
五挺宛残置残分者大坂江可相届旨其外肥後
嶋原早船之儀等品々被仰下候事
一異国船之ため真草御制札案し江戸より参候事
一嶋原江御預之石火矢数書付高力摂津守方より
差越候事
一南部之浦江漂流之阿蘭陀御穿鑿ニ付かひたん江
被仰渡之事
一大坂より御貸被成候石火矢大筒之事
一異国船漂流いたし候節取計之儀九州四国
中国壱万石以上之面々より尋有之節者此御奉書
之趣挨拶可仕旨被仰下候事
一長崎諸事之儀御書付被下候事
一糸割苻之事

一暹羅江之挨拶之儀被　仰下候事
一南蛮船渡来之節取計御條目之事
一長崎近所之浦々奉行見廻之儀沈銀取上入目
闕所之男女之事ころび伴天連目明シ唐人
之儀其外品々御下知之事
一鍋嶋志摩差出候西泊戸町御番所江御預之石
火矢大筒書付之事」
一松平筑前守鍋嶋信濃守より西泊戸町御番所江被
置候鉄炮之道具書付之事
一沈船より取上候石火矢之儀目明シ唐人并春徳寺江
御扶
持方添状之儀其外品々之儀共被　仰下候事
一御石火矢大筒松平信濃守松平右衛門佐当番非番ニ
分ケ御預之事
一両御番所ニ御預之石火矢大筒之薬たて見候而貫目
之書付之事
一沈船より揚り候唐金之御石火矢鍋嶋信濃守江相渡同
人家来請取手形之事
一長崎奴之女今度御疱瘡御快然ニ付而御赦免
之事」
一南蛮船渡来之節御下知状之事
一伴天連并切支丹宗門之御制札案之事
一異国人前より買物之儀御法度之趣地下中之者江
申渡内外町乙名とも証文之事
一隠元禅師来朝以後度々唐僧渡海候向後無用

之旨被　仰下候儀并長崎御番所江御預之大筒
石火矢様之儀沈船より取上候白銀町年寄常行司江
可相渡哉之儀本諏訪明地江今博多町天神之社
移候儀等伺之通被　仰下候之事
一沈船より上り候鉄玉石玉松平右衛門佐家来請取
手形之事
一両御番所ニ有之石火矢大筒様之時筒之善悪書
付之事
一西泊御蔵ニ有之石火矢薬松平右衛門佐当番之節
ためし候へりをたて残ル薬預り手形之事
一鋳直シ候石火矢様シ玉行書付之事
一大村切支丹之儀ニ付被　仰下候之趣其外南蛮
船渡来之節取計之儀被　仰下候事
一於江戸阿蘭陀人江被　仰渡候御書付之事
一松平右衛門佐自分ニ而不足之分鋳させ御番所江
召置候石火矢大筒玉目録之事
一唐金石火矢松平丹後守家来請取手形之事
一西泊戸町御番所之御石火矢大筒御用立不申分
鋳直シ可申哉之儀江戸江相伺候書付之事
一戸町御番所ニ有之御石火矢大筒玉行目録之事
一同所ニ有之石火矢薬預り手形之事
一丸亀より参候石火矢目録并西泊番頭請取手形之事
一籠守籠番之者江御扶持方被下候儀并切支丹宗
門穿鑿之儀等於江戸相伺候処御下知之趣御覚書
を以被　仰渡候之事

一前々松平隠岐守被　仰付候を南蛮船渡来
之節小笠原右近大夫長崎江可罷越旨被　仰付
候儀并右之節御下知之趣被　仰下候事

一南蛮船長崎着岸之節取計并長崎御仕置
之儀ニ付江戸尓おゐて嶋田久太郎相伺候処御書改
被下候御覚書之事

一先年加々爪民部少輔野々山丹後守長崎江被遣
沈之南蛮船ニ有之白銀取上之儀（ママ）并訪諏社延命寺
御朱印願之儀朱楚環与申博学之唐人長崎
在留之儀且又両奉行江御預之御武器焼失之儀等
相伺候処一々御下知被　仰下候事

一両奉行江御預之武道具大坂より請取候事

以上

（本文）

口上之覚

一吉利支丹宗門穿鑿之儀壱万石以上之面々者
今度如被　仰出候役人を定家中領内毎年
無断絶可被相改之事

一九千石以下之輩者役人定候儀可難成之間家中
之者者不及申知行名主年寄百性巨細に吟味
いたし今度書付之通申含之其上毎年五人組
手形を取置何時ニよらす従　公儀御尋之砌其手形
ともを出し候様ニ番頭組頭支配方より入念急度可
被申渡事

一御代官所之儀者手代之内役人を定無油断
書付之通可遂僉議事

一此以前吉利支丹ニ而ころひ在之者候ハヽ書注之
北條安房守（1）保田若狭守（2）迄可相達事

一寺社領門前之町等者住持神主より委細遂穿鑿候様ニ
従寺社奉行所急度可被申付候事
一きりしたん御制禁之高札ふるく文字みエかね
候ハヽ、書直可被立之事
以上
十一月廿五日

禁制　　肥前国長崎

一伴天連乗渡日本事
一日本之武具持渡異国事
一日本人令渡海異国事
右条々於有違犯之族者速可被処厳科之旨」
依　仰下知如件

年号月日
奉　行

定

一切支丹宗門之輩累年雖為御制禁
御代替ニ付而断絶なく急度可相改之旨被
仰出之条自然不審成もの有之者可申出
此以前者伴天連之訴人尓銀弐百枚入満之訴人ニ
同百枚被下之といへとも自今以後者
一伴天連の訴人尓　　銀三百枚
一入満之訴人尓　　同弐百枚
一同宿并宗門之族訴人尓同五拾枚
又者三拾枚品ニよるへし(3)
右之通御ほうひとして可被下もしかくし置
他所より顕ハるゝにおゐて者其五人組迄可被行」
曲事之旨依　仰下知如件
年号月日

奉　行

「（朱書）寛永十六年二月廿一日馬場三郎左衛門（4）
大河内善兵衛（5）江被下候御條目」

覚

一長崎寺社之儀破損之所以闕所之金修復之
令繁昌之様可致沙汰事
一とあるて儀任先例火あふりたるへし但宗
門之ひろめやう伴天連につゝけの仕様其外日本
御仕置之為に可成事とも相尋其上右之ことく
可申付事
一おらんた人於日本子を持候儀可為停止此跡持候
子者其父につけ母とも尓異国江可遣之事
一平戸尓在之南蛮人之子此已前きりしたん
宗門穿鑿之儀ニ付忠節申出候天川江越候者」
死罪にあふ事可有之候間いつれの国与不及差図
其身之心次第異国江可遣之事

一松倉長門（6）長崎之蔵屋鋪あつかり候近藤権左衛門儀
彼蔵屋鋪を自分之由偽申候間以来之ため
曲事ニ茂可被　仰付義ニ候得共身命を助可追
払之事
一長崎尓おゐて闕所之奴拾五人之儀四人馬場三郎
左衛門四人大河内善兵衛四人末次平蔵（7）三人宛町年
寄（8）四人壱人十右衛門ニ被下之候事（9）
一長崎尓有之石火矢之儀天草ニ五挺嶋原ニ五挺置
之残分者大坂江可相届之石火矢かりと申付重而
長崎におゐて石火矢誂候共奉行所江不届
してはり候儀停止之事
一松倉長門長崎之蔵屋敷両人之奉行同心屋敷ニ
被下候事
一長崎住宅之唐人致帰国度と申者之儀以来
商売尓は渡り候とも居住不仕様ニ申付望
次第妻子とも尓可遣之事」
一長崎尓令住宅おらんた人右同前之事
一異国江被遣者之内孫を養ひ候うは之儀母相
果孫をうはかんこくいたし候之間其侭可差置事

一長崎御代官所江有之竹木
公儀御用之時者少つゝきり候てつかひ可申事
一長崎表ニ差置候早船之儀壱艘宛嶋原天草并
熊本よりかはり〳〵可申付事
一天川船ニ海上銀并言伝銀停止事
一異国船帰帆之時津中飯米之外八木一切不
可越事
以上
寛永十六年二月廿一日
対馬守(10)
豊後守(11)
伊豆守(12)
馬場三郎左衛門殿
大河内善兵衛殿
」
（朱書）
「寛永十八年異国船之ため江戸より参候
御制札真草二通」

定

一きりしたんの事罪科依為重畳乗来族
被行斬罪并かれうた船渡海之儀被停止之訖
然上者自今以後彼国之輩唐船にのせ来る并
おゐて者其身之事者不及沙汰船中之者
悉可被処死罪也縦同船の内たりといふとも申
出るに付而者科を免し御ほうひ可被下之事
一きりしたんの書状并ことつて物もち来るへからす
自然相輩族《ママ》あらハ是又可申上於隠置者其科
可為同前事
一属詑を出しきりしたんの族唐船尓のり来る
事あらははやくこれを可申上然者科をなため
御褒美として其属詑之一倍可被下之事
右可相守此旨者也仍執達如件
寛永十八年何月何日
奉　行
」
諭唐船諸人

一吉利支丹以罪悪深重故其驚舶所来者悉

皆斬戮且其徒自阿媽港発船海渡之事
既停止訖自今以後唐船若有載彼徒来則
速斬其身而同船者当伏誅但縦雖同船者
告而不匿則赦之可褒賞事
一吉利支丹之書札并贈寄之物潜蔵斎来於日本
則必須誅之若有違犯而来者速可告訴焉猶
有匿而不言者其罪同前條事
一以重賄密載吉利支丹之徒于船底而来則可早
告之然則宥其咎且其賞賜可倍於彼重賄事
右所定三章如此唐船諸商客皆宜承知必
勿違失
寛永十八年月日」
（朱書）
「寛永廿一申年嶋原江御預之石火矢数高力
摂津守[13]より参候書付」
長崎より御預之石火矢覚
一壱挺百目
長猿尾より筒先迄四尺五寸七分本口
廻り二尺一寸かうち口きハ廻りほそミ壱
尺四寸弐分髄口指渡壱寸七分

一壱挺百目
長猿尾より筒先迄五尺本口廻り弐尺三寸
五分かうち口きわ廻ほそミ壱尺六寸髄口
指渡壱寸七分
一壱挺百目
長猿尾より筒先迄四尺六寸弐分本口
廻り二尺壱寸四分かうち口きハ廻りほそミ
壱尺五寸髄口指渡壱寸六分
一壱挺百目
長猿尾より筒先迄四尺四寸本口廻り
弐尺二寸五分かうち口きハ廻りほそミ壱尺
三寸六分髄口指渡壱寸七分
一壱挺百目
長猿尾より筒先迄四尺五寸弐分五厘
本口廻り弐尺五寸五分かうち口きハ廻り
ほそミ壱尺六寸四分髄口指渡壱寸八分」
右五挺いつれも鉄筒ニ而御座候以上
嶋原ニ御預之石火矢之由ニ而此書付高力摂津守
殿より参候
（朱書）
「寛永二十年十一月七日井上筑後守[14]馬場三郎左衛門
山崎権八郎[15]宛ニ而阿蘭陀かひたん江被仰渡候
御書付」
覚

一当年異国船日本の浦々乗まハリ不審之躰尓あひ見ゆる尓つきもし伴天連其外きりしたん宗門の者のせきたるか又ハ天川船かとあやしめ南部の浦尓をひてこれとらへ相尋之処阿蘭陀船難風にあひたるよし申により則江戸江めしよせられ御せんさくの処弥右のをもむきまきれなきよし申候

阿蘭陀人は
御三代以来御あはれミなされ日本へ商売の渡海をも被仰付之間気遣ひなく其断ありてい尓申へき所尓却て身かまへをいたし石火矢并鉄炮等をはなち不届なる仕合に候間彼者とも籠舎被　仰付遂拷問子細をたつねらるへきといへとも阿蘭陀事は日本に対し御奉公たて仕につき不及其儀被差置之長崎よりかひたんをめしよせ御せんきの処尓かの船しやかたらより出し御事まきれなく伴天連并きりしたん宗門をものせきたらさるのとをりたしか尓申により被聞召分其上」

阿蘭陀人儀者
御代々ふひんをくハへらるゝにつき御赦免なされ返しつかはさるゝの条辱可奉存事

一重而阿蘭陀船若風波の難にあひ日本のうちいつれの所へ吹よすといふとも気遣ひなく陸地江あかりそのおもむき申断船中の人数をも其所の守護人よりあらためさせ出船仕へし以来ハたとへ阿蘭陀船たりといふとも此度のことく不届之儀於有之者急度曲事尓可被」

仰付事

一南蛮人之儀者日本へ渡り邪法をひろめ悪事をくハたつる尓付て御にくミふかく御せいたうのをもむき存知なから去年当年蛮々伴天連を差渡尓より是をとらへ或被行死罪或宗旨をころひ候如此の仕合別而御悪ミ被成之旨阿蘭陀人も其旨をそんし自今以後日本へきりしたん宗門を南蛮人ひろむるてたて仕尓おゐてハ承届申上へき事

右條々阿蘭陀の国へ急度可申届之旨かひたん
ゑんさうきにあひふくむへき者也

寛永二十年
十一月七日

阿部対馬守 重次判
阿部豊後守 忠秋判
松平伊豆守 信綱判
堀田加賀守(16) 正盛判」
酒井讃岐守(17) 忠勝判
土井大炊守(18) 利勝判
井伊掃部頭(19) 直孝判

井上筑後守殿
馬場三郎左衛門殿
山崎権八郎殿

(朱書)「寛永廿一年徒大坂御城御貸被成候御石火矢
大筒松平右衛門佐(20)家来飯田角兵衛より鍋嶋信濃守(21)
家来馬渡甚兵衛江相渡候目録」

大坂従　御城被為成御借御石火矢
大筒并玉薬之事

一壱挺ハ　御石火矢鉄　玉目壱貫弐百目長七尺四寸
一壱挺ハ　御石火矢鉄　玉目壱貫目長八尺五寸」
一壱挺ハ　御石火矢唐金　玉目七百五拾目長七尺
一壱挺ハ　御石火矢唐金入子　玉目七百匁長六尺八寸
一壱挺ハ　御石火矢唐金入子　玉目七百匁長六尺八寸
一壱挺ハ　御石火矢唐金入子　玉目七百匁長七尺七寸
一壱挺ハ　御石火矢唐金入子　玉目六百五拾匁長七尺弐寸

一壱挺ハ　御石火矢鉄　玉目六百目長六尺三寸

御石火矢合挺者　但せん四ツ

一拾挺ハ　御大筒　長四尺五寸

附紙是ハ渡候以後相談候而何も台仕セ候

一五挺ハ　御大筒

一五挺ハ　御大筒　長何レも六尺」

御大筒合弐拾挺者

一弐百拾弐貫五百目者　合薬

但箱数弐拾弐箱はした

但　壱箱ニ

六十斤入

右之内九貫六百目者　ためしニ打捨

申分

残弐百弐貫九百目者　只今相渡ス

申分

但箱数弐拾壱ハ壱箱ニ付六拾斤入外ニハ壱貫

三百目有壱斤ニ付百六拾目宛但大坂ニ而箱包

之倶請取申候ニ付此方江封を付ケ申様ニと

御望ニ付封を付ケ申候

一千五百者玉目　五百ハ御石火矢玉鉄内弐拾五

石火矢ためしの時打捨残四百

七拾五有り玉相渡申分但莚包

三十九千ハ御大筒之玉鉛内六拾者

大筒ためしの時打捨残九百

四拾あり玉相渡申分但箱数拾弐入

但大坂ニ而箱包之侭請取申候ニ付此方より

封を付ヶ申様ニと御望ニ付封を付ヶ申候」

右之御石火矢御大筒玉薬相渡申所如件

寛永廿一年

五月十一日

松平右衛門佐内
　飯田角兵衛
鍋嶋信濃守様御内
　馬渡甚兵衛殿

（朱書）「正保二酉年二月十二日九州四国中国壱万石以上之
面々江此御書付被遣候今以異国船参候ハヽ、浦
持之衆此挨拶ニいたし可被申候奉書之趣矢
倉之衆候ハて聞被申候ハヽ、此奉書之通可為
申聞之旨承応三年御老中黒川与兵衛(22)
甲斐庄喜右衛門(23)江被仰渡候」

異国船領内之浦江令到着訴訟之儀於申者
船中之ものきつかひ無之様挨拶いたし至長
崎以奉行人可遂訴訟旨相含ミ差副案内者
彼地江可被越之候若在其所而訴訟仕度与申候者
番之者付置之其趣大坂之定番衆同町奉行
長崎奉行人并高力摂津守迄早々注進尤候自然
長崎江不相越又者湊江船を不入沖ニ有之而はし
船を以令申ニおゐてハ湊江本船を不入艣成者をも
不差越候間江戸江可致注進様なく其上当所ニ者
通事無之候長崎江罷越儀不相成候者可帰帆之旨
含之相構ハれ間敷候兎角日本江可為商船渡
海之訴訟之間彼輩不気遣様可被心得候恐々謹言

　　　　阿部対馬守
正保二酉二月十二日　阿部豊後守
　　　　松平伊豆守

右之文言ニ而九州四国中国壱万石以上之面々江
奉書被遣之

（朱書）「慶安五辰年五月朔日長崎諸事之儀
御奉書付」

覚

一異国江日本之船遣之儀堅く停止之事
一日本人異国江不可遣之若相忍ひ乗渡るもの
有之ニおゐてハ其者ハ死罪其船并船主共に

留之可言上事
一異国尓わたり在宅仕日本人来候者死罪可被申
付事
一きりしたんの宗旨有之所へハ両人より申遣之
可被遂穿鑿事
一きりしたんの宗門訴人褒美之事伴天連の
訴人尓は其品により或銀三百枚或弐百枚たる
へし其外ハ如此以前相計之可被申付事
一異国船申分有之而江戸江言上之間番船之事
如此以前大村方江申越へく事
一きりしたんの宗旨弘(ママ)江南蛮人其外悪名之者」
有之時者如前々大村之籠ニ可入置之事
一伴天連之儀船中之改まて入念可申付事
一南蛮人子孫日本江不残置之様ニ堅ク可申付之
若令違背残置族一類ハ科之軽重ニより可被
申付之事
一南蛮人長崎にて持候子并母右之子共之内養子ニ
仕族之父母等悉雖為死罪身命をたすけ南蛮へ
被遣之間自然彼者共内重而日本江来ル歟又言
通道有之ニおゐてハ本人ハ勿論死罪親類以下ハ
随科之軽重可申付之事
一諸色一所江買取之儀停止之事
一武士之面々於長崎異国船之荷物徒唐人前直ニ
買取儀停止之事
一異国船荷物之書立江戸江注進候而返事無之
以前にも如前々商売可申付事
一異国船に積来ル白糸ねたんを立不残五ケ所其外
書付之所江可有割荷事
一糸之外諸色之儀糸のねたん極候而之上相対次第」
商売仕へし但シ唐船ハ小船之事候間見計之
可被申付事
　付荷物之代銀ねたん立候ての上廿日切たるへき事
一異国船もとり候儀可為九月廿日切をそく来候
船者着候而より可為五十日切但し唐船者
見計阿蘭陀船より少跡にも出船可申付事
一異国船売残しの荷物預置儀も又預り候儀も
停止之事
一五ケ所惣代之者長崎到着之儀可為七月五日切

夫よりおそく来るものには割苻をはつし申
へき事
一阿蘭陀船尓積来り候白糸之儀唐船同前可
為割苻事
以上
慶安五年五月朔日
豊後判(24)
和泉判(25)
伊豆判(26)
黒川与兵衛殿
甲斐庄喜右衛門殿」

(朱書)「右同断」
糸之割
一百丸　京
一百弐拾丸　堺

一百丸　江戸
一五拾丸　大坂
一百丸　長崎
以上
一弐拾丸　後藤源左衛門
一八丸　三嶋屋祐徳
一八丸　上柳彦兵衛
一八丸　茶屋四郎次郎
一八丸　茶屋新四郎
一八丸　亀屋庄兵衛」
右御服(ママ)師之分者五ヶ所割苻之外毎年此書付之
ことく被下候但シねたん八可為割苻同前之事
一拾二丸半　博多
一五丸　筑後
一五丸　肥前
一壱丸半　小倉
一弐丸半　対馬
一拾丸　平戸
右六ケ所之分糸多渡候時者此割之ことくたる

へくすくなく来候時ハ此積を以令減少可割
渡之者也
慶安五年五月朔日
（朱書）
「承応二年巳七月三日暹羅江之挨拶被仰下候」
以上（ママ）

一筆令申候
公方様弥御機嫌能被成御座候之間可心安候
一去卯年琉球八重山嶋江漂着候唐人従松平大隈守(27)
方警固相添其元江差越候ニ付弥被遂穿鑿候処
相変儀無之由得其意候右之唐人共乗渡候船破
損之故帰帆不罷成候ニ付而当年長崎入津候同
国之船ニ便を乞本国江帰度之由令訴訟候彼唐人ともニ
御扶持方可被下候哉被承候諸々唐人ニハ御扶持方被
下候例無之候間猶々被致詮儀於相違者如例帰帆
被申付尤候事
一暹羅より差越候書簡(28)両通被相越候被申越候如書面
先年茂暹羅より金札相渡候得共為臣下主君を
殺不義働仕たる国ニ付而御取上これなく候
若左様ニも於無者申訳いたし重而可差越旨
上意ニ付右之段何も心得之様に口上ニ而申渡候
由ニ候此度も右之通弥可然候右両條共ニ諸々之例」
従井上筑後守馬場三郎左衛門相達候間被得其意
於其元も町年寄并通事共ニも被相尋之能々被
相考申渡され帰帆之様ニ尤候両通之書簡入物共ニ
返之候間可被請取候事
一先月十八日之書状令披見候阿蘭陀船壱艘唐船
三艘入津ニ付荷物之目録并異国風説阿蘭
陀人しやかたら高砂之儀物語仕候覚書
令到来候次其元町年寄共沈銀取上候只今者
ごミ深く候ニ付少宛銀子上候へ共土取払候ハヽ
沢山ニ可有之旨申候由何も示給候通承届候
恐々謹言

七月三日

阿　豊後守 忠秋
松　和泉守 乗寿
松　伊豆守 信綱

黒川与兵衛殿
甲斐庄喜右衛門殿」

暹羅江之挨拶之儀井上筑後守殿馬場三郎
左衛門殿連判之書付来ル

覚

一暹羅国より十七八年以前ニ使者并金札差渡候節
得御内意候而申渡候者暹羅之儀者臣下として
主君を討国主ニ成申由風聞有之候左様之不儀
日本ハ別而御嫌被成候之間通用被　仰付間敷候若
重而申訳仕被越候やうにと通事を以口上に申聞
金札其侭返し候また其後一度便船尓書簡
差渡し其時も最寄之使者不罷帰様ニ申越
右之申訳者無之候其砌此方より茂最前使者ニ申渡
候通を通事共ニ書付させ便船ニ遣候得とも終に
おとつれ無之候久義とも尓て候故細成事ハ
覚へ不申候物而此已前異国より長崎奉行所江
書替差越候時返書（を以口上ニ而申渡候返簡の儀者(29)）之儀者下として異国江
書状之取替し遠慮在之付而不遣候旨申聞候
又事ニより返答之趣を通事共方より書付
遣たる時も御座候之事」

一船破損之唐人共之儀此已前者穿鑿を遂無相
違候得共帰帆申付候賄之儀者唐人共自分之
仕払ニ而候左様之事者通事共よく覚可申候
乍去唐人共扶持方にもつまり其上同国之者共
見続候もの候もの（ママ）も無之帰帆難成躰にて餓に
および候者之儀者各別ニ候間様子重而可被申越
候旨御老中江被　仰候間可被得其意候事

右之通我等共より可申遣候之旨御老中被
仰渡候間如此ニ候以上

承応二巳
七月三日　　井上筑後守
馬場三郎左衛門

黒川与兵衛殿

甲斐庄喜右衛門殿

（朱書）「承応三午五月十八日御條目」

覚

一南蛮船自然令渡海如何様之訴訟仕候共」
大猷院様御代堅御制禁之事ニ候今程
公方様御幼君に候得者兎角不及御下知候下
として相計候儀ハ猶以不成候何程尓申上候とも
此度者申渡之早々帰帆可申付事
一右之通致挨拶其上江戸江注進可仕并松平隠岐守[30]
日根野織部正[31]所江も早々申遣へし此両人長崎
相越候儀者江戸より可為差図次第若早速呼候ハて
不叶子細於有之者高力摂津守相談およひ
可申遣事
一大久保加賀守[32]所江茂可告知之但シ長崎江呼候儀者
隠岐守織部正招候節同前ニ可申遣事
一鍋嶋信濃守松平右衛門佐事当番之方ハ長崎江
相詰候様可申遣非番之方ハ自然人入申へき様子ニ候ハヽ
申遣シ先長崎近所まて呼寄可差置候事
一縦みなとへ船を入候共幾度も右之通令挨拶帰帆
可被申付之万一船より鉄炮なと打懸不儀之働
仕ニおゐてハ兼而所々ニ石火矢を懸置陸より船
を打しつめ可申候順風にて逃延候共不苦之間」
船にて追候儀者可為無用事

以上

承応三甲午年
五月十八日

豊後守判
伊豆守判
讃岐守判
雅楽頭判

甲斐庄喜右衛門
黒川与兵衛殿

覚

一冬と春之内長崎近所之浦見舞候事

是者時分見合可見廻事

一沈銀取上ハ入用之事
是ハ取上候銀之内ニ而先入用之分者相渡残所者重而可被
相伺事

一取上候石火矢之事
是ハ可差上事

一闕所男女之事
是ハ両奉行江被下候事

一ころひ候伴天連了順事
是者五人扶持まし都合拾人扶持被下候事

一目あかし唐人[33]三人之事
是ハ三人扶持まし都合六人扶持宛被下候事

一清水寺本堂并瀧之地渡残之事
是ハ両所共ニ被下候事

一正雲事
是者先只今之分ニ而差置重而可被相伺候事

承応三午年
五月十八日

豊後
伊豆
雅楽

甲斐庄喜右衛門
黒川与兵衛殿

(朱書)「承応三年午七月朔日鍋嶋志摩所より出シ候西泊
戸町両御番所御預[34]之石火矢大筒不残之書付」

御石火矢覚

一玉目壱貫八百目
右者唐金長サ壱丈壱寸

一同壱貫七百目
右者唐金長サ七尺三寸

一同壱貫五百目
右ハ唐金長サ九尺三寸[35]

○ ○一同壱貫五百目
右ハ唐金長サ九尺三寸

一同壱貫弐百目
右ハ鉄長サ七尺四寸

一同壱貫百目

右ハ唐金長サ九尺
一同壱貫目
右ハ唐金長サ六尺三寸
一同壱貫目
右ハ鉄長サ八尺五寸
一同九百五拾目
右ハ唐金長サ八尺七寸
一同九百目
右ハ唐金長サ九尺」
一八百目
右ハ唐金長サ六尺三寸
一同七百目
右ハ唐金長サ五尺弐寸
一同六百目
右ハ鉄長サ六尺四寸
一同六百目
右ハ鉄長サ七尺四寸
一六百目
右ハ鉄長サ六尺三寸

一六百目
右ハ鉄長サ六尺三寸
一五百目
右ハ唐金長サ五尺七寸五歩
一同三百目
右ハ唐金長サ六尺
右合御石火矢弐拾挺
大筒」
一玉目百目　拾挺
右ハ長サ四尺五寸
一五拾目　五挺
内　四挺ハ長サ七尺
　　壱挺ハ長サ四尺
一同三拾目　五挺
長サ六尺
右合御筒数弐拾挺
惣合四拾挺
以上

「（朱書）承応三午年西泊戸町御番所江御預ケ之合薬玉鉄
炮之諸道具不残書付午七月九日鍋嶋志摩所より出候
目録」

御公儀御石火矢玉薬員数

一薬三百貫目
右者寺沢兵庫頭殿(36)内衆下封之上馬場三郎左衛門殿
御内村上七右衛門山崎権八郎殿御内飯田清右衛門右」
両人上封有り
一薬弐百拾弐貫五百目
内
九貫六百目　松平筑前守(37)殿石火矢例ニ御打捨
残薬弐百弐貫九百目
右弐口合薬五百弐貫九百目
一鉄玉四拾六　但壱貫五百目玉
一玉千三百
内
鉄玉拾三　松平筑前守殿石火矢例ニ御打捨
残鉄玉弐百八拾七
鉛玉六拾
残鉛玉九百四拾
一鉛玉大小弐百拾八　但貫目弐百弐貫四百目
右玉箱馬場三郎左衛門殿御内勝見諸左衛門山崎
権八郎殿御内鈴木次左衛門右両人封之侭長崎
御番所御用之由ニ候
一鉄玉三百六拾　但箱数弐拾四ニ入」
右合玉数千九百弐拾四
内
鉄玉六百九拾三
鉛玉千百五拾八
鉄玉鉛玉合七拾三
御石火矢諸道具
一大石火矢台　弐ツ組車共

一御石火矢薬箱　　壱ツ
一同薬すくい　　壱ツ組銅
一同薬入図　　壱ツ組木
一同玉抜　　壱本
一同薬込　　壱本
右何茂従　御公儀相渡之由松平筑前守殿より
請取召置候以上
午七月九日
「(朱書)承応三年午七月九日鍋嶋志摩所より出候松平筑前守
鍋嶋信濃守より西泊戸町御番所ニ召置候鉄炮之
諸道具書付」

覚
一御石火矢之台大小　八丁
一同鉄玉　壱箱
一同合薬　弐箱
一鉛　四包

右者松平右衛門佐殿御自分物之由ニ而御蔵ニ預ケ
被召置候以上
午七月九日

覚
一御石火矢之台　拾六丁
一同薬すくひ玉秡《(ママ)》共ニ　拾九本
一同玉込筒ぬくい共ニ　拾九本
一同口薬入　弐拾
一しゆろ綱　壱房
右者信濃守相調御蔵ニ召置候以上
午七月九日
「(朱書)承応三午年御老中江差上候石火矢大筒数玉目
書付之控弐通」

長崎御番所江御預ケ之石火矢大筒并玉薬
諸道具之覚

一唐金石火矢　壱挺
玉目壱貫八百目筒長サ壱丈壱寸
一唐金石火矢　壱挺
玉目壱貫七百目筒長サ七尺三寸
一唐金石火矢　弐挺
玉目壱貫五百目筒長サ九尺三寸
一唐金石火矢　壱挺
玉目壱貫百目筒長サ九尺
一唐金石火矢　壱挺
玉目壱貫目筒長サ六尺三寸
一唐金石火矢　壱挺」
玉目九百五拾目筒長サ八尺七寸
一唐金石火矢　壱挺
玉目九百目筒長サ九尺
一唐金石火矢　壱挺
玉目八百目筒長サ六尺三寸
一唐金石火矢　壱挺
玉目七百目筒長サ五尺二寸
一唐金石火矢　壱挺
玉目五百目筒長サ五尺七寸五分
一唐金石火矢　壱挺
玉目三百目筒長サ六尺
一鉄石火矢　壱挺
玉目壱貫弐百目筒長サ七尺四寸
一鉄石火矢　壱挺
玉目壱貫目長サ八尺五寸
一鉄石火矢　弐挺
玉目六百目筒長サ六尺四寸
一鉄石火矢　壱挺」
玉目六百目筒長サ七尺四寸
一鉄石火矢　三挺
玉目六百目筒長サ六尺三寸
石火矢合弐拾挺
一大筒　拾挺
玉目百目筒長サ四尺五寸
一大筒　五挺

玉目五拾目筒長サ四挺ハ七尺壱挺ハ四尺
一大筒　　五挺
　玉目三拾目筒長サ六尺
　大筒合弐拾挺
一鉛玉大小　千百五拾八
一鉄玉大小　六百九拾三
　玉数合千八百五拾壱
一合薬五百弐貫九百目
一石火矢台　弐ツ組車共ニ　」
一薬すくい　壱ツ組銅
一薬入図　壱ツ組木
一玉抜　壱本
一薬込　壱本
一石火矢薬箱　壱ツ
　以上
七月十四日　黒川与兵衛
　甲斐庄喜右衛門

（朱書）「右同断弐通之内」

覚

一石火矢台　拾六挺
一薬すくい玉抜共ニ　拾九本
一玉込筒掛共ニ　拾九本
一口薬入　弐拾
一しゆろ綱　壱房
　以上　」
　右者鍋嶋信濃守自分ニ調
　長崎御番所蔵ニ召置候
一石火矢台大小　八挺
一鉄玉　壱箱
一合薬　壱箱
一鉛　四包
　以上

一右者松平右衛門佐自分ニ調長崎御番所
蔵ニ召置候
但筑前守代より

七月十四日　黒川与兵衛
甲斐庄喜右衛門

(朱書)「承応四未年四月廿一日御奉書付」

覚

一沈船より取上候石火矢長崎町年寄差上度
と申之由是者其者心次第可仕事
一目あかし唐人三人并春徳寺(38)御扶持方添状末次
平蔵方江可遣事
一天台宗正光院長崎にて寺地百性(ママ)方より自分ニ
相調有之儀これ者先無構可差置事
一松浦肥前守(39)長崎ニ而被仰付候石垣御普請人
数并石垣坪数同日数等相積可差上候随其御扶
持方可被下之事
」

一今度被召上候白糸置所出嶋之蔵修復仕先
可差置事
一当秋白糸之儀諸色巻物同前ニ商売いたさせ
可申事
一おらんた商売例より少早く初可申事
一出嶋番之儀長崎之者ニ可申付事
一被召上候諸色目利之儀長崎之者ニ可申付候商
売人之内ニ而も目利仕候者有之候見せ可申事
一従異国積来候鉛可被召上候之間於長崎致吟味可
被差上之候其節可申遣事

以上

承応四未年四月廿一日　豊後
伊豆

黒川与兵衛殿
甲斐庄喜右衛門殿
」

(朱書)「明暦元年未八月御石火矢大筒松平右衛門佐
鍋嶋信濃守当番非番ニ分ケ御預ケニ付両所家来
預り目録」

覚

一当番石火矢台三ケ所

石火矢拾挺之内

鉄　壱挺玉目壱貫八百目

弐丁玉目壱貫五百目

壱丁玉目壱貫百目

壱丁玉目九百五拾目

弐丁玉目六百目宛

三丁是者沈船より

あかり候筒なり

大筒九挺之内

四挺玉目百目筒台なし

弐丁玉目五拾目宛台あり

三丁玉目三拾目宛台あり

一外石火矢台四ヶ所

壱挺玉目壱貫目

」

壱丁玉目壱貫七百目

壱丁玉目九百目

壱丁玉目八百目

壱丁玉目七百目

壱丁玉目五百目

石火矢拾弐挺之内

鉄　壱丁玉目壱貫目

同　壱丁玉目壱貫二百目

同　四丁玉目六百目宛

六挺玉目百目筒台無シ

大筒拾弐挺之内

三丁玉目五拾目宛台無シ

唐金石火矢　弐丁玉目三拾宛台有

以上

阿部豊後守

明暦元年八月五日

松平伊豆守

黒川与兵衛殿

甲斐庄喜右衛門殿

御書面之御石火矢大筒当年より当番非番
御分ケ御預ケ被成候御書付徒御老中様御両
所様江被遣候之通分ケ預り申候右之御石火矢先年
筑前守ニ大坂御城ニ而御渡被成候信濃守江於長崎」
御渡被成候何も其刻手形仕上置申候御書付之
内からかね石火矢三挺当年より御預ケ被成請取
申候外ニ先年御預ケ之玉薬も分預り置申候以上

未ノ八月廿七日

松平右衛門佐内 林太郎右衛門判
同 桐山作兵衛判
同 大塚権兵衛判
鍋嶋信濃守内 大木正左衛門判
同 川浪権兵衛判
同 岡部右京判

黒川与兵衛様
甲斐庄喜右衛門様

（朱書）「明暦元年未九月十日」

当地御番所江御預ケ之石火矢大筒之薬御用ニ
立不申候薬候哉たて候而見被申候様ニと申渡候ニ付
薬立見申候由ニ而此書付松平右衛門佐殿御内大塚
権兵衛桐山作兵衛林太郎右衛門大橋与三右衛門鍋嶋
信濃守殿内小川市左衛門田原次右衛門未九月十一日」
持参被申候口上ニ被申候ハ、久敷薬ニ而候ゆゑ塩焇気
ぬけ候て然と無之候上と書付申候も上にてハ
無御座候得共御預ケ之玉薬ニて少能候を上と書付申候
中と書付申候も中にてハ無御座候得共御預ケ
之薬之内ニ而次を中と書付申候何も曽而御用ニ
立不申候薬ニ而も無御座候御用ニも立可申候得共
久敷薬故塩焇気ぬけよわく悪敷罷成候
次第ニ悪敷罷成可申由被申候
右之石火矢薬先奉行衆家来立合苻仕候間
此度も家来共ニ苻致させ候之様ニと右衛門佐殿
家来被申候貫目改不見儀候得共右衛門佐殿
信濃守殿衆立合苻付其上玉薬此以前之通り
預り候と之手形有之ニ付両人之家来も差越合
苻為致候

覚

上薬　斤目千七百六拾九斤
　　　貫ニ〆弐百八拾三貫五拾匁」

中薬　斤目千三百七拾四斤
　　　貫ニ〆弐百拾九貫八百五拾匁

合斤目三千百四拾三斤

合貫目五百弐貫九百目

明暦元年九月十日

（朱書）「明暦二年申三月八日依御下知沈船より揚り候唐金
御石火矢鍋嶋信濃守江相渡同人家来請取手形」

覚

一沈船より揚申候唐金御石火矢壱挺長九尺弐寸
玉目八百九拾六匁也
右者当番ニ被相付旨
御奉書を以信濃守江被　仰下候被相渡慥ニ
請取西泊御蔵預置申所如件

明暦二年三月八日

鍋嶋信濃守内
同　川浪権兵衛判
同　鍋嶋六左衛門判
鍋嶋中務判」

黒川与兵衛様
甲斐庄喜右衛門様

（朱書）「明暦二年申五月十六日長崎奴之女御赦免之旨被
仰下候御覚書」

覚

於長崎奴之女壱人并彼者之娘弐人之事今度
御疱瘡御快然付而御赦免候間右之通相含之
可被放免候以上

明暦二申
五月十六日　伊豆御印
　　　　　　豊後御印

甲斐庄喜右衛門殿

黒川与兵衛殿
（朱書）「明暦二申年五月十六日
御下知状」

覚

一南蛮船自然令渡海如何様之訴訟仕候共
大猷院様御代堅御制禁之事候今程
公方様御若年之御事候間兎角之不及御下
知候下として相計儀者猶以不成候何様ニ申上候共」
此段々含之早々帰帆可申付事
一右之通令挨拶其上江戸江注進仕へし并松平
隠岐守所江早々可遣申之但隠岐守長崎江相越
候儀ハ江戸より可為差図次第事
一大久保加賀守所江も可告知之但長崎江よひ候儀ハ
隠岐守控候節同前ニ可申遣事
一鍋嶋信濃守松平右衛門佐事当番之方者早々
長崎江相越候様可申遣之非番之方ハ自然人入可
申様子ニ候者申遣之先長崎近所迄よひ寄
可差置事
附石火矢大筒并石火矢台之儀鍋嶋信濃守松
平右衛門佐此両人之内非番之方長崎江不参以前ハ
何茂当番之方江預置之非番之方長崎江到着ニ
おいてハ非番之方江付候分相渡候事
一縦湊江船を入着候共幾度も右之通及挨拶」
帰帆可申付之萬一船より鉄炮なとうち可遣
不儀之働仕候ニおゐてハ兼而所々尓石火矢
を懸置陸より船を打しつめ可申候順風尓て
にけのひ候共不苦之間船にて追候儀ハ可為
無用事

以上

明暦二年丙申五月十六日

豊後判
伊豆判
雅楽判

甲斐庄喜右衛門殿
黒川与兵衛殿

「（朱書）明暦二年申年五月甲斐庄喜右衛門黒川与兵衛
在勤之節札場ニ堅候制札本書」

條々

一伴天連并きりしたん宗門之族異国より日本渡海の沙汰近年無之間自然相忍密々差渡儀可有之事

一先年異国江被差遣之南蛮人の子共伴天連ニ仕立へきくハたて有之のよし此已前渡海の伴天連とも申之条今程漸伴天連ニ可成候間」日本船をつくり日本人の姿をまなひ日本の詞をつかひ相渡義可有之事

一異国船近年四季共ニ渡海自由たるの間浦々の儀ハ不及申ニ在々所々に至まて常々油断なく心を付見出し聞出し可申出之縦彼宗門たりといふとも申出においては其咎をゆるし御褒美の上乗渡船荷物ともに可被下之万一かくし置後日ニ伴天連又者同船之輩等捕之拷問の上はそのかくれ不可有之条申出さすあひかくす輩之儀ハ不及沙汰其一類またハ其品ニより一在所之者まて急度可被行曲事之事右条々海上見渡之番有之儀者勿論猟船之輩其外浦之者ニ至まて切々念を入見出し聞出し奉行所まて可申出之者也仍執達如件

明暦二年五月日　　奉行」

「（朱書）明暦二年申八月廿三日異国人前より買物之儀ニ付御法度之趣地下中之者江申渡内外町(40)乙名共印形証文」

覚

一異国人売物何ニ不寄諸大名衆諸奉公人両奉行人尤与力同心家来并末次平蔵町年寄付外町年行司用之由申中売之者又者使之者惣て何者ニよらす威光を借り買物仕もの於有之者奉行所江召連可参候不申来脇

より相聞候ハ、唐人之宿町之乙名付町之乙名
詮義之上糺軽重曲事可申付候
右之段此已前より雖為法度申付自然油断可有之
かと書付相渡候自今以後弥此旨可相守者也
申ノ八月廿三日　　奉行
右御書面之通委細畏奉存候若相背申候者
如何様ニも曲事可被　仰付候則御書付之通
町中江急度可申渡候為其判形仕差上申候仍如件
明暦二年　　内町
申ノ八月廿三日

外浦町乙名
中村五郎兵衛
嶋原町乙名
中山太郎兵衛
大村町乙名
帯屋作兵衛
本博多町乙名
丸屋太右衛門
堀町乙名
西岡吉右衛門
新町乙名
具足屋源左衛門
引地町乙名
松尾長左衛門

桜町乙名
後藤半左衛門
内中町乙名
池田市之右衛門
豊後町乙名
福田伝兵衛
本興善町乙名
山田利兵衛
後興善町乙名
木村久左衛門
小川町乙名
柴田次兵衛
船津町乙名
鶴屋利兵衛
金屋町乙名
太田勘左衛門
浦五嶋町乙名
茶屋甚兵衛
本五嶋町乙名
疋田甚兵衛
今町乙名
西村孫右衛門
椛嶋町乙名
柳屋庄兵衛
平戸町乙名
佐藤吉右衛門
江戸町乙名
吉田惣兵衛
築町乙名
岡村次兵衛

下町乙名
荒木久右衛門
外町
恵美酒町乙名
内野助左衛門
西中町乙名
麻生半左衛門
上町乙名
森庄左衛門
筑後町乙名
小柳理左衛門
東中町乙名
大串平蔵
八百屋町乙名
池田又兵衛」
ろかす町乙名
宮崎吉兵衛
馬町乙名
内田藤左衛門
勝山町乙名
西郷作左衛門
材木町乙名
津田三左衛門
本紺屋町乙名
西川宇平次
袋町乙名
糸屋五郎右衛門
今魚町乙名
辻市左衛門

本大工町乙名
岡弥兵衛
今紺屋町乙名
山口次郎左衛門
桶屋町乙名
品川仁左衛門
今博多町乙名
嶋田七左衛門
古町乙名
出野六兵衛
大井手町乙名
菅　伊左衛門
古川町乙名
新屋源左衛門」
銀屋町乙名
川本九右衛門
磨屋町乙名
薬師寺久左衛門
新紙屋町乙名
江口藤右衛門
すわ町乙名
柳井長右衛門
毛皮屋町乙名
いわしや新左衛門
からしや町乙名
井手市左衛門
本紙屋町乙名
杉村甚右衛門
新高麗町乙名
小嶋茂左衛門

抜津町乙名
田中庄右衛門
本かちや町乙名
糸屋七郎右衛門
浜町乙名
浅見次左衛門
今かちや乙名
京　九郎左衛門
本石灰町乙名
大窪太左衛門
船大工町乙名
近藤新兵衛」
本かこ町乙名
馬田弥三左衛門
油屋町乙名
林田嘉左衛門
今石灰町乙名
河原喜兵衛
今かこ町乙名
大久保加兵衛
新大工町乙名
小林助左衛門
酒屋町乙名
五十村諸兵衛
出嶋町乙名
馬田九郎左衛門
丸山町乙名
金森九郎右衛門
寄合町乙名
北嶋新右衛門

申ノ年内町年行司　嶋原町乙名
林田久左衛門
申ノ年外町年行司　東中町乙名
小柳太兵衛

進上
両御奉行様」

(朱書)「明暦三酉年六月廿八日御覚書」

覚

一隠元禅師来朝以後唐僧切々渡海候向後来候ハ
不揚陸地而重而渡海無用之由申聞可相戻候
幾度渡海候共自今以後者右之通相含之
可被申付之事

黒川与兵衛以書付申伺候覚

一長崎御番所御預之大筒石火矢ためし見
不申其上薬も古候間松平右衛門佐松平丹後守
遂相談うたせ見可申哉之事

是者書面之通尤候間最前被　仰付候
石火矢台之自石垣うたせ見可申事
一五嶋ニ而綱引候者去年取揚候鉄石火矢并ニ当
春沈船より取揚候唐銅石火矢御番所江
預置可申哉之事
是ハ書面之通可然候間若石火矢損候者修覆
申付可被預置事」
一五年以前訴訟仕沈船より取上候白銀去年迄
百七拾弐貫目弐百目余有之候町年寄四人外町
年行事二人以上六人ニ可相渡哉之事
一本諏方之社今程明所ニ成候今博多町之天神之
○近所魚鳥売買仕其外穢之儀とも御座候間本諏訪之明地江天神之社
社○移度之由町年寄中之者并神主申候如何
可仕哉之事
是者書面之通本諏方江天神之者移させ可申事
以上
明暦三年六月廿八日　豊後守
伊豆守
雅楽頭

甲斐庄喜右衛門殿
黒川与兵衛殿」

（朱書）「明暦三年酉四月十日沈船より上り候鉄玉石玉
松平右衛門佐家来佐竹源之允江相渡候手形」

覚

一鉄玉大小百
一同くさり玉大小拾弐物数弐拾四
一石玉百拾七　但大小有
三口合物数弐百四拾壱
右之分慥ニ請取申候処此候以上
明暦三年
四月十日　佐竹源之允判
沢田八郎左衛門殿

（朱書）
「明暦三年酉九月両御番所ニ有之候石火矢大筒
松平右衛門佐家来吉田市郎大夫ためし申時筒之善悪
書付差出」

西泊御蔵ニ在之御石火矢大筒
御石火矢拾壱挺　」

からかね上
一玉目壱貫五百目
からかね上
一同壱貫五百目
からかね上
一同壱貫百目
からかね中
一同弐貫目
からかね中
一同壱貫八百目
からかね中
一同壱貫目
からかね中
一同九百五拾目
からかね中
一同六百目
からかね下
一同八百九拾六匁
鉄下
一同六百目
鉄下
一同六百目
御大筒九挺
鉄
一玉目百目　四挺
但四挺共ニ内悪シ」
一同五拾目　弐挺
但弐挺共ニ内悪シ
一同二拾目　三挺
但三挺共ニ内悪シ
以上
九月八日

戸町御蔵ニ有之御石火矢御大筒
御石火矢拾弐挺
からかね上
一玉目壱貫七百目
鉄下同悪シ
一同壱貫弐百目
からかね中
一同壱貫目
鉄下
一同壱貫目
からかね中
一同九百目

からかね上
一同七百目
鉄上
一同六百目
鉄中
一同六百目
鉄下
一同六百目
からかね此御石火矢さけ申候
一同五百目
からかね疵御座候ニ付打不申候
一同八百目
鉄内悪敷玉相不申候ニ付打不申候
一同六百目

御大筒拾弐挺

からかね中
一玉目三百目
鉄
一同五拾目　三挺
但三挺共ニ内吉シ
鉄
一同三拾目　弐挺
但弐挺共ニ内吉
鉄
一同百目　六挺
但六挺共ニ内悪敷御座候ニ付、打不申候

以上

九月十日

「不用
覚(41)
からかね中
一御石火矢玉目八百目
鉄下
一同玉三百弐拾目

以上

九月十日」

覚

からかね上
一御石火矢玉目八百目
鉄下
一同玉目三百弐拾目

以上

九月十一日

「（朱書）明暦三酉年松平右衛門佐当番之時御石火矢ためし
候玉薬之通をたて残シ玉薬預り候との手形弐通
但壱通ハ万治二亥年出ル」

西泊御蔵ニ被召置候御石火矢御薬之覚

一千五百七拾斤箱数弐拾八ニ入
御公儀御封之侭酉年九月三日与兵衛様御内
海野与左衛門殿喜右衛門様御内栗生彦右衛門殿右之
御封御切御渡被成候此内今度御石火矢御大筒
ためし被　仰付ニ付而御薬弐百五拾斤箱数三ツニ」
入分打捨申候但久敷御薬ゆへほし申かん共ニ
残而千三百廿斤箱数廿五ニ入
与兵衛様御内海野与左衛門殿
喜右衛門様御内小瀬茂兵衛殿
右両人封御付候而御蔵ニ入置申侯
一玉数八百六拾之内
五拾三者　今度打捨申侯分
残而八百七者　御蔵ニ入置申候
戸町御蔵ニ被召置候御石火矢御大筒玉数覚
一玉数九百九拾壱之内
四拾壱者　今度御石火矢大筒ニ打捨申候
残而九百五拾　御蔵ニ入置申候

但御薬者先年之御封之侭召置申候今度
少茂取出シ不申候
以上
明暦三年
九月十八日
松平右衛門佐内
野村勘右衛門判
同　明石四郎兵衛判
同　郡　正大夫判」
与兵衛様
喜右衛門様

右西泊御蔵ニ有之御薬高千三百弐拾斤之内
御石火矢ニ挺様被
七斤八拾目者　仰付十一月四日ニ四枚分
打捨申候
残而千三百拾弐斤八拾目　御蔵ニ入置申侯
右西泊御蔵ニ有之玉数高八百七ツ之内
四ツ者　右四枚ニ打捨申候
残而八百三ツ者　御蔵ニ入置申候
以上

明暦三年
十一月十日
松平右衛門佐内
毛利吉左衛門判
同　桐山作兵衛判
同　大塚権兵衛判
与兵衛様

（朱書）「明暦三酉年十一月四日鋳直シ候御石火矢操申候
玉行覚書」

御石火矢様申覚」

一玉目八百九拾六匁　壱挺
幕より三尺下ル少前切レ但星より壱間半下ル
一右同　壱挺
幕入星より三尺下ル少前切レ
一玉目六百目　壱挺
幕入但星より四尺上ル
一右同　壱挺
幕入但星より六尺上ル
以上

酉ノ
霜月四月

（朱書）「明暦四戌年四月廿六日大村切支丹之儀ニ付御覚
書ニ懸之内」

籠舎のきりしたんせんさくの上落着
可申付

覚

一たとへは百人の内
一拾人者以来せんこくのたかに可成ものを
籠尓て可残置事
一拾人者訴人数多仕候分其所々江遣し可預置事」
一残八拾人者斬罪たるへき事
右之心持尓てせんさくいたし科の重軽をわけ可
申付事
一四拾余人帳尓付候者之分ハきりしたんに紛無之候
ハヽ其ものともには類門訴人のせんさくに

不及可為斬罪事

以上

戌四月廿六日

甲斐庄喜右衛門殿

黒川与兵衛殿

覚

一大村領宗門改仕度候間きりしたんふミ絵かり申度と大村因幡守(42)家来より与兵衛所へ申越候得共先をそからさる儀と申ふミ絵かし不申候由与兵衛方より申越候所々籠舎之もの共片付候て以後踏絵かし申候ては如何可有御座哉之事

是ハ書面之通可然事

一南蛮船自然渡海仕長崎湊江船を入如何様之御訴訟申上候共幾度も御制禁之旨為申聞帰帆」可申付之旨御條目ニ御座候長崎湊口ニいわうと申所御座候長崎よりハ三里沖尓て御座候先年御訴訟尓南蛮船参候刻茂先右之いわうにかゝり罷在其後湊江舟を入申由ニ御座候万一御訴訟ニ参候共大形いわうに船をかけ可申かと存候若左様ニ候ハゝ帰帆可仕之旨為申聞湊江船入候ハゝ可為曲事与申渡其上にて船を湊江入候ハゝ所々石火矢場より石火矢うち懸候而者如何可有御座候哉尤いわうニ船をかけ不申すくに湊江乗込候ハゝ可為曲事与申儀不申渡候儀ニ候問其通ニ差置帰帆可仕之旨幾度も為申聞帰帆申付候而ハ如何可有御座候哉いわうより内へ船入候儀無用仕度との儀者長崎いつれもきりしたんころひもの尓て御座候彼船乗込候を見申候ハゝころひ共の気ちかひ候儀万一可有御座かと奉存候事

是者御條目通申付可然候事

一若南蛮船参候者松平隠岐守所へ弥可申遣哉之事并日根野織部正替りも可被　仰付哉之事」

是者松平隠岐守同河内守(43)両人方江可申遣事

一長崎御番所江御預之石火矢去年松平右衛門佐ものとも尓一通うたせ申候四五挺御用ニ立不申候石火矢御座候当年松平丹後守(44)家来江一通うたせ

見可申候其上にて御用ニ立不申候石火矢長崎にて
修覆又者鋳直し申渡奉存候入用之儀者重而
得御意可申哉之事
　是者書付之通可然事
一御当地より被遣候御制札文字見へかね申候間
此度持参仕度奉存候事
　是者今度書直し遣候事
明暦四年四月廿七日
　　　　甲斐庄喜右衛門殿
　　　　黒川与兵衛殿
「(朱書)万治元戌年正月廿九日阿蘭陀人江於江戸被
　仰渡候御書付」
　　覚
一阿蘭陀事ハ御代々日本商売いたし候様ニ」
被　仰付毎年長崎江差船仕候自此以前如被
仰出候きりしたん宗門与通用仕間敷候もし
致入魂之由いつれの国より申上候共日本渡海
可被成御停止候勿論彼宗門之族舟尓のせ来申
間敷事
一不相替日本為商売渡海仕度奉存候ハヽきり
したん宗門之儀ニ付被聞召可然儀於有之者
毎年おらんた船渡海之事候間急度長崎
奉行人迄可申上候事
一日本渡海之唐船はハむ仕間敷事
　以上
戌正月廿九日
「(朱書)万治元年戌三月松平右衛門佐自分ニ而両御番所ー
石火矢
大筒玉不足之分鋳々(ママ)御番所ニ召置目録」
　　御石火矢御大筒鉛玉鋳立申覚
一鉛玉六拾　御石火矢六梃分新規ニ鋳立申候
　　但三百弐拾匁玉より弐貫弐百五拾目玉ノ間

一同六拾三　御石火矢御大筒酉ノ九月御様ニ打捨
申候分鋳立召置申候但三拾匁玉より
弐貫百五拾匁玉ノ間

合玉数大小百弐拾三貫百弐拾六貫弐拾目
玉六拾御石火矢六挺分只今迄玉無御座候ニ付
此度鋳立召置申候
内
玉六拾三御石火矢御大筒酉ノ九月御様ニ打捨申候
分鋳立召置申候
以上
松平右衛門佐内
奥西善左衛門書判
戌三月廿八日
竹中与右衛門書判
黒田市兵衛書判
黒川与兵衛様
甲斐庄喜右衛門様

(朱書)
「万治元年戌七月唐銅石火矢松平丹後守
家来鍋嶋監物鍋嶋縫殿助両人請取之候手形」

唐金大御石火矢一挺慥預り召置申候重而
御番所江御渡被成候者本手形取替可申候
為後日如件
戌
七月十一日
鍋嶋監物書判
鍋嶋縫殿書判
呼上三右衛門殿
丸田武兵衛殿

(朱書)
「万治元年九月西泊戸町御番所之御石火矢
大筒御用立不申候分黒川与兵衛江戸江持参
御老中江相伺候書付控」

御用ニ立不申候御石火矢大筒之覚
筒長五尺八寸
一唐金御石火矢　壱挺
但玉目五百匁
是ハためし申候時損御用ニ立不申候
鋳直シ手間銀　ねち尓いたし候而ハ壱貫五拾匁

鋳留ニいたし候而ハ九百五拾匁
長崎鋳物師右之ね段ニ而可仕之由申候可申付哉
之事

筒長四尺五寸
一鉄御石火矢　　壱挺
但玉目三百弐拾目
是ハ筒古クすの内大ゆかミ御座候故御用ニ立
不申候

一御大筒　　拾挺
但玉目百目宛
是ハ筒古クすの内玉懸り多埋かね多御座」
候故御用ニ立不申候
右之鉄御石火矢壱挺大筒十挺はりなをし申儀
長崎之鉄炮はりは覚束なく存候間堺鉄炮屋
にもくろませ可申付哉之事

覚

一鉄之御石火矢玉目三百弐拾目長さかつこう
右之通ニ仕いなをし此手間銀五百目但ねち尓
仕候ハ手間銀六百五拾目又玉目四百目五百玉之
間尓いなをし申候ハヽ手問銀八百五拾目にて仕上
可申候
一損シ申候唐金御石火矢右のことくニいなおし
申候間手間銀九百五拾目
但地かね弐百斤被下候者手間銀七百五拾目ニ而
仕上ル可申候
右之通ニ被　仰付候者念を入井上流ニ仕差上可申候
御ためし被成もし悪敷所御座候者何時成共
仕直シ差上可申候為其如此御座候以上

戌
八月八日　　鉄炮屋
兵助印」

（朱書）
「万治元年戌九月十五日御石火矢御大筒目録」

戸町御石火矢目録

一鉄御石火矢壱挺　玉目六百目
但長七尺三寸五分
一唐金御石火矢壱挺　玉目壱貫目
但長六尺八寸五分
一唐金御石火矢壱挺　玉目壱貫七百目
但長六尺八寸五分
一唐金御石火矢壱挺　玉目七百目
但長五尺弐寸
一唐金御石火矢壱挺　玉目八百目
但長八尺四寸酉ノ九月十日ニ被為成御預ケ之由候
一唐金御石火矢壱挺　玉目三百目
但長六尺御大筒拾弐挺之内かり候御石火矢ニ而御座候

右六挺之御石火矢無疵ニ相見江申候

一唐金御石火矢壱挺　玉目九百目
但長サ九尺壱寸
一鉄御石火矢壱挺　玉目壱貫弐百目
但長八尺壱寸
一鉄御石火矢壱挺　玉目六百目
但長五尺八寸五分
一鉄御石火矢壱挺　玉目六百目
但長五尺八寸五分
一鉄御石火矢壱挺　玉目六百目
但長五尺八寸五分

右五挺之御石火矢筒口より奥少せまく
相見え申候

一鉄御石火矢壱挺　玉目壱貫目
但長七尺八寸
一唐金御石火矢壱挺　玉目八百目
但長六尺四寸五分御繕被為成御渡候

右弐挺之御石火矢玉懸り少御座候

一唐金御石火矢壱挺　玉目五百目
但長五尺八寸

附紙　是ハ御用ニ立不申候

右御石火矢者年々御例ニ破申候由ニ候

一鉄御石火矢壱挺　玉目三百弐拾目
但長四尺五寸酉ノ九月十日ニ披為成御預ケ之由ニ候

附紙　是ハ御用ニ立不申候

右御石火矢内外朽入金ノ性無御座様ニ相見申候
其上寸之内悪敷御座候玉行不輪ニ御座候
但拾四挺之員数ニ御座候得共大筒之内之御石火矢
壱挺加え申候ニ付而拾五挺ニ而御座候

合御石火矢拾五挺

戸町御大筒目録

一御大筒弐挺　玉目五拾目
但長七尺
一御大筒壱挺　玉目五拾目
但長三尺八寸五分
一御大筒弐挺　玉目三拾目
但長八尺

右五挺之御大筒無疵ニ御座候而玉行何茂陸ニ
御座候町着別紙ニ指上申候
一但長四尺五寸
御大筒四挺　玉目百目

別紙

是ハ当分御用ニ立不申候 きりを通し申候ハよく 御座あるへく候

右御大筒寸之内玉懸り多其上筒口広く
御座候而玉行乱ニ御座候町着別紙指申候
一但長四尺五寸
御大筒弐挺　玉目百目

附紙

是ハ御用ニ立不申候 但ねちを直し候へてもよく 御座有間敷候

右弐挺之大筒繕被為仰付候得共おもは
しく無御座候故目録を以先日申上候」
但拾弐挺之員数ニ御座候得共御石火矢壱挺相除申
御石火矢拾五挺之内ニ相加へ申候

合御大筒拾壱挺
以上
万治元年戌ノ九月十五日

「(朱書)万治元戌年石火矢星入并町行之目録」

戸町御大筒例候次第
一五拾目玉長七尺之御筒星入壱尺之角ニ三寸之星
戸町(ママ)御大筒例候次第
一五拾目玉長七尺之御筒星入壱尺之角ニ三寸之星
間数拾間三尺　初筒押而星脇但中すミより
弐寸之きれ越シ下無シ後筒星入
右之御筒ニ而五町三段ノ玉行初筒さいより
下四間前きれ壱間後筒さいより下弐間左
右無し
一五拾目玉長七尺之御筒星入　角星右同
間数拾壱間　初筒角当り但星中墨より越シ弐寸前きれ壱寸
後筒角当り但星中墨より越シ壱寸八分左右無し」

右之御筒ニ而五町三段ノ玉行
初筒さいより下壱丈左右無シ
後箭さいより下四間弐尺左右無シ
一五拾目玉長三尺八寸五分御筒入　角星右同シ
初筒角当り但星中墨より下弐寸五分
間数八間五尺　左右無シ
後筒星下中黒より下壱寸五分
右之御筒ニ而五町三段之玉行
初筒さいより下四間左右無し
後筒さいより下四間壱尺左右無し
一三拾目玉長六尺之御筒星入角星右同シ
間数十弐間　初筒当り下星中墨より四寸左右無シ
後筒角当中墨より下四寸
右之御筒ニ而五町三段之玉行
初筒さいより下拾弐間左右無
後筒さいより下拾五間左右無し
一三拾目玉長六尺之御筒星入角星右同シ

初筒角当り星中墨より越シ壱寸前
間数八間弐尺　きれ四寸
後筒角当り星中墨より下四寸前きれ弐寸
右之御筒ニ而五町三段之玉行
初筒さいより下三間前きれ七間
後筒さいより下弐拾間左右無シ
一百日玉長四尺五寸之御筒四挺共ニ星入四尺五寸四方之」
角八間ニ而迦申候
右御筒五町三段之玉行
合八放内五放ハ壱町弐町三町計参海ニ入申候三放ハ
向江参着申候何れも左右之きれ拾間拾四五
間きれ申候如此乱ニ御座候故難及書細候
以上
万治元年戌九月十五日
（朱書）
「万治弐亥年石火矢玉薬預り手形弐通之内但壱‐
通ハ
明暦三酉年ニ出」

戸町御蔵ニ御座候石火矢之御薬高千三百五拾弐斤
弐拾目之内
御鋳直させ被為成候玉目五百
目之御石火矢
御薬六斤者
亥ノ十月朔日様被
仰付四放分ニ打捨申候但口薬
水放共
残而千三百四拾四斤弐拾目者御蔵ニ入置申候
同所御蔵ニ御座候御石火矢之玉数千弐拾五之内
鉛五百目四ツ者　右之御石火矢四放分ニ打捨申候
残而玉数千弐拾壱者御蔵ニ入置申候
以上
」
万治弐年
亥ノ十月二日
松平右衛門佐内
毛利吉左衛門
右同
竹内専右衛門
右同
大塚権兵衛

黒川与兵衛様
甲斐庄喜右衛門様

(朱書)
「万治三年子五月圓亀より参候御石火矢目録并
西泊御番頭請取手形共」

覚

一《づく》石火矢六百目玉　三挺
一《づく》石火矢三百目玉　三挺
一《づく》石火矢弐百目玉　二挺
一石火矢之玉　四百四拾五
但あハ玉
此内
六百目玉　弐百三拾弐
三百目玉　百七拾三
弐百目玉　四拾
〆四百四拾五　但拾七包
右書付之通石火矢相廻シ候御請取可被成候以上
」

万治三子年五月廿三日　京極刑部少輔(45)
高和
甲斐庄喜右衛門殿
黒川与兵衛殿

丸亀より請取申候御石火矢并玉数覚

一《づく》石火矢六百目玉　三挺
一《づく》石火矢三百目玉　三挺
一《づく》石火矢弐百目玉　弐挺
一石火矢之玉　四百四拾五
此内
六百目玉　弐百三拾弐
三百目玉　百七拾三
弐百目玉　四拾
〆四百四拾五　但拾七包
右御石火矢并玉数京極刑部少輔様御使者小川
物左衛門殿より慥受取申候以上
万治三子年六月十九日　鍋嶋隼人
鍋嶋縫殿
黒川与兵衛様御内
海野与左衛門殿

（朱書）「寛文元丑年七月十二日与兵衛長崎江罷下候節於江戸
相伺候儀共ニ付与兵衛彦右衛門(46)両人之宛名ニ而御老
中被下置候御覚書」

覚

一籠守(47)四郎右衛門と申者之事此もの御扶持方無御座
壱年に銀子四百目宛闕所銀之内をとらせ召置候
夫にては進退不罷成候ニ付而おらんた口銭之内
年により或は三百目或者弐百目宛跡々
よりとらせ召置申候当年より御扶持方被下候様
仕度奉存候欠所銀茂最早おほく無御座候

次籠番(48)之者五人是又扶持方者無御座壱年
壱人ニ付欠所銀之内尓て弐百目宛とらせ申候
進退不罷成候ニ付これまたおらんた口銭之
内を壱人ニ四拾目宛跡々よりとらせ召置申候籠」
舎之もの餘多御座候時分ハ無人ニ而番を仕兼申候
今少籠番之者多く仕度奉存候これも御扶
持方被下候様ニと奉存候事
是ハ如跡々配分いたし可差置候欠所銀無之時ハ
末次平蔵手前ニ有之銀子之内にても出之
御勘定に可相立候乍去八木高直成内ハ
以其考年来取来候よりおほく銀子とらせ
可申候毎年うかゝひ可被出之候八木下直に
成候時ハ如年来合力銀之員数出之可然候次
籠番之者儀も断同然人数之儀者先如前々
五人ニ而可差置事
一一両年者異国江銀子沢山持渡候間対馬国より
出る土ふしりのるかすと申鉛うらせ申候而ハ如何
可有御座哉之事
是ハ先二三年もつかわし様子聞合以来ハ留候
ても能候ハん哉とかく善悪之儀毎年可申上事
一きりしたん宗門之者穿鑿不案内ニ御座候間
被　仰含儀御座候ハヽ被仰聞候様にと奉存候并彦右衛門」
穿鑿仕懸候分者私罷下候ハヽ請取之彦右衛門罷下
之時分ハ相渡申様ニ仕候ハヽ緩々とせんさくいたし
能く可有御座と奉存候事
是者書付之通彦右衛門せんさく仕懸候分も
与兵衛長崎江到着之上請取之弥せんさく
可然候又彦右衛門長崎江相越候刻与兵衛より
右之通相渡尤ニ候乍去其品により早速埒明
不申而不叶義ハ可為格別勿論江戸江も早々
可被申越候事
以上
寛文元年七月十二日
美濃守(49)
豊後守
伊豆守
雅楽守(50)
黒川与兵衛殿
妻木彦右衛門殿

「(朱書)寛文二寅年六月廿八日
御奉書御下知状」

此以前松平隠岐守被　仰付候之通自然南蛮」
船到来之節御下知次第長崎江相越可申付
之旨小笠原右近(51)大夫被仰含之間被得其意
如跡々萬事可被相談候恐々謹言

六月廿八日　　稲美濃守
正則判
阿豊後守
忠秋判
酒雅楽守(ママ)
忠清判
黒川与兵衛殿
嶋田久太郎(52)殿

「(朱書)寛文二寅年六月廿八日」

覚

一南蛮船自然令渡海如何様之訴訟仕候共
大猷院御代堅御制禁之事候今以其通被
仰出候間存其旨早々帰帆可申付候事
一右之通令挨拶其上江戸江注進可仕之并小笠原
右近大夫所江早々可申遣之右近大夫長崎へ相越
儀者江戸より可為御下知次第但差当儀ハ各別候事
一大久保加賀守所へも可告知之但長崎江招候儀者」
右近大夫可為同前事
一松平丹後守松平右衛門佐方当番之方者早々長崎へ
相越候様可申遣非番之方ハ自然人数入可申様子ニ候ハヽ
申遣之先長崎近所迄招寄可差置事
一縦湊江船を入候共幾度も右之通挨拶ニおよひ
帰帆可申付万一船より鉄炮をうちかけ不儀之
働仕候ニおいて者所々に石火矢をかけ置陸より
船を打しつむへし順風にて逃のひ候共不苦
候間舟にて追候儀ハ可為無用事

寛文二壬寅年六月廿八日　　美濃守判
豊後守判
雅楽頭判
黒川与兵衛殿

嶋田久三（ママ太カ）郎殿

「（朱書）寛文二寅年七月廿八日久太郎伺候儀共御書改
　被下候御覚書」

一南蛮船長崎着岸仕不義之働有之刻松平
右衛門佐松平丹後守人数計ニ而自然不足之時者」
何方江可申遣候哉先年御書付ニ者松平隠岐守
高力摂津守日根野織部正人数可差加之旨被仰
付
　是者小笠原右近大夫大久保加賀守高力左近大夫
　松平左近将監(53)此四人江可申遣事
一南蛮船沖ニ懸り於有之者従此方人をつかハし
帰帆可仕之旨可申聞候哉其刻ハ通事計可
差越候哉萬一不審之儀可有之歟と存窺申
候事
　是者跡々例承之其通可仕事
一南蛮船他之湊江着岸之刻小笠原右近大夫馳向
候迄難相待節者人数寄候義諸事相談可仕方
被　仰聞可被下候哉此已前御書付ニ者高力摂津守
長崎奉行一紙之最所ニ御座候間奉窺候事
　是者重而可被　仰出候事
一他之湊江南蛮船来候時長崎警固先年ハ大村
丹後守(54)被　仰付候今以大村因幡守方江可申遣事
　是者大村因幡守所者可申遣候事
一自然近辺一揆等有之刻江戸江注進仕御下知」
奉待候内相談之儀誰江可申談候哉可被　仰聞候事
　是は重而可被仰出事
一於長崎御仕置之儀跡々度々之御書付御座候
今以相守可申分被仰付可被下置哉之事
　是者跡々御條目ニ相違之儀又者新義之事も
　可有之間具書付之黒川与兵衛持参候様可被
　相談事
一異国人ニ対し挨拶等心付可申之義并幾利
支丹穿鑿之大筋目被　仰聞被下候様ニと
奉存候事
　是者北条安房守保田若狭守黒川与兵衛
　可被相尋事

一阿蘭陀人より唐人江返銀之事
　是者黒川与兵衛ニ被相尋可被及挨拶事
　　以上
　寛文二年七月廿八日
美濃守
豊後守
雅楽守（ママ）
嶋田久太郎殿」

「（朱書）寛文三卯年八月十五日」

覚

一先年加々爪民部少輔(55)野々村丹後守(56)長崎江被遣之
候時焼沈候南蛮船ニ白銀五拾貫目程可有之候浅キ
所候間取揚可申候此度長崎町年寄外町年行司
其外御用ニ走廻候者共ニ取揚被下候様仕度奉存候事
　是ハ両人心得之様ニいたし取揚とらせ可申候事
一長崎鎮守諏訪大明神之杜内山林等御免許之
御朱印頂戴仕度之由神主申候并延命寺と申
眞言寺も右之通申候事
　是者寺社奉行江書付相渡置可申候事
一きりしたん宗門穿鑿相極受差図申までに
仕候ハヽ、其年罷越候もの請取之御仕置之品々ニ
可申付候若何卒子細有之而埒明兼申者とも少々
有之候ハヽ、其年罷越候もの受取可申候萬一大勢
有之候ハヽ、前廉穿鑿仕候もの埒明可申候乍去
其段も両人相談次第ニ可然と安房守若狭守にも
可及相談候事」
　是ハ書面之通可然事
一火付惣右衛門妻子之事
　是ハ命をたすけ追払可申候事
一去年罷越候朱楚璞と申博学之唐人有之候
彼者長崎ニ被差置被下候様ニと唐人通事并
住宅之唐人捧訴状候事
　是者一両年差置其様子次第ニ可仕事
一長崎ゑひす町作左衛門十五年以前南蛮文字之
書物けし候而所持ニ付籠舎仕候彼弟并両人捧訴状候事
　是者訴訟仕候両人之弟妹に預可申候事

一於長崎両人江御預之鑓弓靫鉄炮とうらん今度
之火事ニ焼失仕候事
是者大坂ニ而相渡候様ニ証文遣之候前廉より
久太郎方ニ候鑓弓鉄炮并小道具共ニ
注文相添大坂へ差越可申候事
以上
」
寛文三年八月十九日　美濃守
豊後守
雅楽頭
黒川与兵衛殿
嶋田久太郎殿

（朱書）「寛文三卯年九月与兵衛久太郎江御預之武道具
大坂役人衆渡手形弐通」

覚

一弐拾張　御弓ぬりき
但替弦共

一弐拾穂　御靭張抜
一四百筋　征矢掛篦羽かすり
ほろ根累
一五拾本　御弓長柄黒塗
但拵古シさひ身も有之
以上
右之御道具江戸より御番所へ相渡候様ニと被仰遣
候間相渡申候以上
寛文三年卯九月十二日　大久保勘九郎印
水上六左衛門印
黒川与兵衛殿
嶋田久太郎殿
」

覚

一百挺　御鉄炮三匁五分筒
箱数拾を入
一百　筒欄緒有壱ツニ付
甲合拾宛入
一百筋　木綿火縄
内　五十筋紺色
五十筋浅黄色

一百　口薬入緒有
一百　玉袋かものはし
一百　鉄炮袋なめし
　　　但金のすじかひ
一拾膳　鋳　方
一拾枚　鋳　鍋
一弐百貫目　上合薬箱数二十
　　　　　　但シ壱箱ニ拾〆目入

右之通相渡申候以上

寛文三年卯九月十二日　長尾庄右衛門印

小泉久弥助印」

嶋田久太郎

黒川与兵衛殿」

（表紙題簽題）長崎御役所留　共三　中」

（扉題）

従寛文四年

至天和三年

古来より御役所引継ニ　写　弐

相成候掟定書等之類」

（目録）

第二ノ帳目録

一耶蘇宗門之儀ニ付被仰出候事

一薬種之儀ニ付江戸町中江御触之趣長崎町中江も相触候様被　仰下候事

一諸国ニをいて酒造之儀并たはこ田畑江不可作之旨御触ニ付長崎町中寺杜方迄可相触旨被仰下候事

一異国江遣ス間敷品異国より日本江持渡間敷

品之儀被仰下候事
一町人家作之事嫁聚祭礼之渡物葬礼仏
事并町人帯刀江戸徘徊仕間鋪旨御触之事
一自然南蛮船到来之節御下知次第長崎江
罷越可申付旨大久保加賀守被仰含候由被仰
下候事
一切支丹宗門之儀ニ付北條安房守保田若狭守
河野権右衛門御老中江伺候覚書之事
一公儀江書物不致不受不施之日連《（ママ）》宗寺請ニ
取申間敷旨之事」
一異国江銅売渡候儀何ものニかきらす先規
之通商売可仕旨被仰下候事
一島原之城松平主殿頭拝領之旨被　仰下
候事
一天草之儀御代官所ニ被仰付候儀且又青木
遠江守宗門奉行被仰付候間向後宗門
御用有之節者保田若狭守青木遠江守江
可申越旨被　仰下候事
　附耶蘇宗門吟味之儀茂被仰下候
一天草御代官小川藤左衛門被仰付候事
一にせ薬種諸色しめ売諸職人作料手間
賃高直ニすへからさるむね之御札
案被遣候事
一天草富岡城付石火矢鉄炮之儀ニ付被仰
下候事
一先年井上筑後守在勤いたし候立山屋敷
両奉行下屋鋪ニ被下候旨被仰下候之事」
一寛文五年被　仰出候寺杜御條目被遣候
事
一新酒造之儀并魏示潜父子三人永く長崎
住宅御免之儀被　仰下候事
一阿蘭陀人儀吉利支丹之通用仕間敷旨并
琉球船其外唐船ばはん仕間鋪旨於江戸
表被仰渡候事
一九州筋耶蘇宗門之者露顕之節挨拶之儀
於江戸牛込忠左衛門相伺候覚書之事
一長崎ニをいて一派之以襟頭申付之由彦山僧
正より書状到来之事

一長崎在勤之与力同心御合力金被下候事
一ゑけれす船長崎着岸いたし候ニ付被
仰下候之趣并浦触等申遣候事
一地神経読盲目之儀被　仰下候事
一長崎浮金も次第ニ多く罷成候ニ付而高木
作右衛門支配被仰付度儀其外之事共
江戸ニをいて岡野孫九郎相伺候書付御書改
被下候事
一茶屋甚兵衛所持之慶長十七年交趾国
渡海之
御朱印被召上候ニ付異国渡海船　御赦免被為成候
証文之儀牛込忠左衛門より申来候事
一松平主殿頭自然長崎御用之節者万事
奉行人与可遂相談旨被仰付儀并末次
平蔵御代官所之儀天草のことく奉行
可致差図旨被仰下候事
一邪宗門之者吟味之儀ニ付江戸ニをいて岡野
孫九郎以書付伺候所御書改被下候事
一阿蘭陀商売之儀ニ付せねらる訴状之事

一御老中御列座ニ而弘文院被相渡候唐国之
商船ニ申渡三ケ条御壁書之事
一唐船荷役之時前々より唐人共江為読聞候
御書付文言悪敷候ニ付御改被成候漢文之
御書付之事
一近年御改長崎奉行江被下候
御黒印御下知状松平丹後守松平右衛門佐江写
可遣哉之儀其外異国船渡来之節番船之儀
并九州何れの浦江茂漂着之節取計之儀
且又長崎外町地子銀之儀等牛込忠左衛門
相伺候処両奉行所ニ而被下候御書付之事
一末次平蔵御仕置之事
一切支丹宗門之書物御制禁目録之事
一ていぬまるかより船可差渡由風聞有之ニ付
取計之儀并豊後領主江御預之邪宗門之
者之儀等御下知被仰下候事
一於御黒書院御老中列座久保吉右衛門
読之人久保出羽守松平主殿頭牛込忠左衛門江
御渡被成候御書付之事

一長崎外町地方御用之儀并地子銀之被仰
渡候御書付之事
一新規并御文言改候御制札案被遣候事
一諸国職人共天下一号之事御停止之旨被仰
出候事」
一女衣装金紗縫惣鹿子御制禁御書付并祭
礼法事軽取行寺杜山伏法衣装束之儀
町人舞々猿楽刀帯候儀御停上其外衣服
之儀等之御書付之事
一小者中間衣類木綿之外絹布類絹紬ニ而も
御法度之旨并唐船持渡御停止物器物翫物
青貝堆朱之道具から金焼物鉢茶碗類
墨跡唐絵掛物珊瑚瑪瑙琥珀水精之珠数
売セ中間鋪之旨被仰渡之事
一男女衣装縫紋遊女衣装之儀其外品々
宮城監物より申越候事
一赦被行候節博奕之輩并巾着切此分者
赦免無御座由被仰下候事
一阿蘭陀人献上物之儀ニ付相伺候之所大久保
加賀守殿被仰渡候趣宮城監物より申来
候事
以上」

(本文)
寛文四辰年十一月廿五日

覚

一耶蘇宗門御制禁たりといへとも密々弘之
族有之と相見今ニ断絶無之條向後者
穿鑿候役人を定常々無油断家中并
領内改之不審成もの無之様ニ可申付候
若此上きりしたん宗門領内ニ有之を
従他所あらわるゝ尓おいてハ可為不念事
一切支丹宗門其所ニ有之義者名主五人組
可存候処此已前より高札ニ書載候旨趣令
違背不申出候以来脇よりあらわるゝニをい
てハ穿鑿之上存知なから不申出候ハヽ可被

行罪科之旨兼々申聞之無油断相改
候様ニ可被申付事
一きりしたん宗門近年かろきものとも
令露顕法をもひろむるよき切支丹ハ不出候」
すゝめをもいたし候程のものハふかくかくれ
可有之候間入精遂穿鑿捕候様急度可
被申付事
付宗門訴人之輩者此以前より御定
之通御褒美可被下之事
以上
寛文四年十一月廿五日

寛文六午年九月十二日

覚

一薬種之儀付而江戸町中江申付候書付京大阪(ママ)
堺江も差遣候間被得其意於其許異国より
持渡候薬種一所江不買取様可然候不限薬種
何ニ而も一所ニ買取しめうり不仕様長崎町
中江急度可被申付候以上
午九月十二日」
板 内膳正(57)
土 但馬守(58)
久 大和守(59)
稲 美濃守
松平甚三郎(60)殿
河野権右衛門(61)殿

覚

江戸町中薬屋共私として座を定め薬種
之内何ニよらす一所江買取しめ売致し又者
にせ薬種等有之由ニ候向後堅可為停止物而
薬種尓よらす諸色座をさためしめうり
いたし候輩有之者両町奉行所江申付候間
可申達旨江戸町年寄共ニ申付候其上薬種
之問屋并薬屋とも不残評定所へ召寄薬

種之内何ニよらす一所江買取高直ニ商売
いたし又者にせ薬種仕義堅為停止之旨
存其趣自然相背族有之者薬屋中間」
たりとも訴人ニ可出候若かくし置わきより
露顕候ハヽ曲事たるへきよし申付候已上
午九月十二日

覚

一異国より持渡候薬種其外諸色一所江買
取しめ売仕間敷候若かくし置脇よりあら
わるゝにをいてハ可為曲事候此旨町中江急度
可申渡之候
午九月廿六日
右之通書付午九月廿六日平蔵作右衛門
四郎兵衛彦右衛門(62)常行司弐人召寄権
右衛門宅ニをいて両人出会書付相渡急
度相触候様ニと申渡之候已上

覚

一於江戸町中薬屋共私として座を定め
薬種之内何ニよらす一所ニ買取しめうり
いたし又者にせ薬種等有之由ニ候向後堅可」
為停止惣而薬種ニよらす諸色座を定
しめうりいたし候輩有之者両町奉行
所江可申達之旨江戸町年寄共ニ申付候
其上薬種之問屋并薬屋とも不残評定
所江召寄薬種之内何ニよらす一所江買
取高直ニ商売いたし又者にせ薬種仕義
堅為停止之間存其趣自然相背族有之
者薬屋中間たりといふとも訴人ニ可出候
若かくし置脇よりも露顕候ハヽ曲事たる
へきよし申来候已上
午九月十二日
右之通午九月廿六日平蔵作右衛門并四郎
兵衛彦右衛門常行司弐人召寄於権右衛門

宅両人出会書付相渡急度相触候様ニと
申渡之候已上」

寛文七未年三月八日之御奉書

一筆令申候
公方様増御機嫌好被成御座候間可心易候
将亦先月十八日之書状令披見候其許
隣国迄別条無之由得其意候次於諸国
酒造之儀并たはこ本田畑不可作之旨此書
付之通大小名不残相触候被存其趣長崎
町中寺杜方迄急度可被触之候猶期
後音之時候恐々謹言

三月三日　　板　内膳正
　　　　　　　　重矩判
　　　　　　土　但馬守
　　　　　　　　数直判
　　　　　　久　大和守
　　　　　　　　広之判(63)

河野権右衛門殿」

覚

一諸国在々所々において酒造之儀去年
十一月七日相触之趣を守重而　仰出
有之迄者何ケ年茂減少たるへき事
一於而々領内酒屋何か所有之而八木何程
酒ニ造候哉巳年午歳酉年之分書注之
可被差上之事
一たはこ作之儀米穀之費たるの間自今
已後本田畑ニ作へからす野山をひらき
作候儀者此已前のことく可為格別事
已上
未二月四日

一未三月八日之御奉書壱通并酒たはこ
之御書付壱通三月廿日到来
右之御書付之御文言ニ去年十一月七日

御触有之由ニ候得とも長崎江者終
御触無之今度始而御書付致到来
候」
一平蔵町年寄三人常行司弐人三月廿日
召寄右之酒たはこ之御書付写相渡之
長崎町中寺社方迄急度相触候様にと
申付候併酒造之儀いまた時分不遅候間
先巳午両年造候米高計書上候様ニと
申付候就夫百拾軒之酒屋巳午両年
酒造候書付壱通五拾壱軒之酒屋煩之
書付壱通同右之控壱通宛弐通〆四通
四月二日町中より差上候付而同日四通之内
本書弐通松平甚三迄遣之候控弐通者此
書付与一所ニいたし差置申候右之本書甚三より
御老中江被差上候処百拾軒之酒屋巳午
両年造候半分当年より造可申旨并五拾
壱軒之酒屋もいにしへより造来候者共之儀ニ
候間酒道具令出来造酒仕度と於願申者
是又半分造候様ニと御老中被仰渡候よし
甚三より六月三日申来候依之六月五日
四郎兵衛善右衛門彦右衛門与惣右衛門宇右衛門召寄(64)(65)」
以書付急度申付候右之書付之覚

覚

一百拾軒之酒屋巳午両年造候半分当年より
造可申候
一五拾壱軒之酒屋もいにしへより造来候者共
之儀ニ候間酒道具今出来致造酒度之旨
於願申者是又半分造可申候以上
未六月五日

未四月二日御老中江差上申候長崎町中酒
屋之書付控

長崎町中酒屋并酒ニ造八木之覚

一酒屋数百六拾壱軒内　百拾軒者巳午年酒造申候者五拾壱軒者夘年火事已後酒造不申候者

一巳年八木壱万九千九拾三石五斗
　酒ニ造申候」
一午年八木壱万九千三百三拾壱石七斗
　酒ニ造申候
右之通町中吟味仕書付差上申候以上
　寛文七年未四月二日　高島四郎兵衛印
　後藤庄左衛門印
　高木善右衛門印
　高木彦右衛門印
　内田与三右衛門印
　薬師寺宇右衛門印
長崎町中卯年火事(66)已後酒造
不申候者之覚
一酒屋数五拾壱軒　此八木高七千百弐拾壱石」
右者元来酒屋ニ而御座候得共卯年
火事ニ酒道具焼失仕其後酒造
不申候以来右之八木高ニ造申度与
願申候
右之通町中吟味仕書付差上申候以上
　寛文七年未四月二日　高嶋四郎兵衛印
　後藤庄左衛門印
　高木善右衛門印
　高木彦右衛門印
　内田与三右衛門印
　薬師寺宇右衛門印
右書付江戸江差上候所百拾軒之酒屋巳午
両年造候半分当年より造可申旨并五拾
壱軒之酒屋もいにしへより造来候者とも
之儀ニ付酒道具令出来造酒仕度与於願
申候者是又半分造候様ニと被仰渡候由
甚三郎より六月三日申来候依之同五日
四郎兵衛善右衛門彦右衛門与三右衛門」

宇右衛門召寄書付を以急度申付候

覚

一百拾軒之酒屋巳午両年造候半分当年
より造可申候
一五拾壱軒之酒屋もいにしへより造来候者
共之儀ニ候間酒道具令出来致造酒度旨
於願申者是又半分造可申候巳上

未
六月五日

寛文八申年三月八日御書付当年より異国江
遣申間敷品々之御書付来年より日本へ不持渡
物之御書付河野権右江御老中御渡被成候由ニ而
同月廿日到来ニ付町年寄高嶋四郎兵衛高木
彦右衛門并常行司薬師寺宇右衛門通詞共
同廿二日召寄右御書付之写相渡之急度相触
候様ニと申付候」

覚

一絹紬綿
一織木綿并くりわた
一布類
一麻
一銅
一漆
一油酒
此二色者船中之ため少持渡分ハ不苦
右之分当年より異国へ差遣間敷候以上

申
三月八日

覚

一薬種之外植物之類
一生類
一小間物道具
一金糸

一薬種ニ不成唐木
一珊瑚朱
一たんから丹土
一おらんた曲物惣而罽物之類
一伽羅皮　ひよんかつ
一衣類ニならさる結構成織物
右之分来年より日本へ不可持渡之
一羅紗羅せいた猩々皮
此三色ハ可持渡之
右之外毛織可為無用候
申
三月
寛文八申年三月廿日之御書付倹約之趣被
仰下候四月三日到来翌四日町年寄常行司へ
申渡町中相触候様申付御書付写相渡
覚
一町人屋作致軽少なけし杉戸付書院くし
かたほり物くミもの無用床ふちさんか
まち塗候事并から紙張付停止之事
付遊山船金銀之紋座敷之内絵書
中間敷事
一嫁聚之刻萬事成程軽可仕事
付刀脇差出シ候儀無用之事
一町人衣類かミしも随其分限倹約相守
可着之毛織之羽織かつは弥無用之事
付召仕之者其外軽職人猶以麁相成
衣類可着之事
一町人振廻成程かろくすへし縦雖為有徳
二汁五菜不可過之但家督又者嫁聚之時ハ
窺名王可受指図事
一金銀之からかみはま弓はこ板ひなの道具
五月之甲金銀之押箔一円ニ無用之事
一祭礼之渡物不可結構かろく可仕事
一葬礼仏事有徳之輩たりといふ共目に
不立様成程かろく可仕事
右之通江戸町中江従町奉行相触候之間可被

得其意候以上

申
三月日

覚

一町人刀帯之江戸徘徊弥堅可為無用但免
許之輩者制外之事

一町人之屋作并衣類諸事相守倹約成
ほと軽く可仕事

一何方より蒔絵道具雖誂之物梨子地惣
金之粉たミ惣切金之道具向後一切不可仕之事

右之通町中急度被相触之自今已後違背
之輩於有之者可処厳科者也

申
三月

寛文八申七月三日御奉書」

自然南蛮船到来之節御下知次第
長崎江罷越可申付之旨今般大久保加賀守
被　仰含候間被得其意跡々如小笠原
右近将監時萬事可被相談候恐々謹言

七月三日

板　内膳正
土　但馬守
久　大和守
稲　美濃守
阿　豊後守
酒　雅楽頭

松平甚三郎殿
河野権右衛門殿」

寛文八申年八月二日切支丹宗門之儀御老中江
伺申候覚書於江戸権右衛門請取之

申八月二日此書付北條安房守保田
若狭守権右衛門三人申合罷出御老
中御列座之節入御披見則一ケ条宛
伺候而安房守石筆を用ひ候得共見へ

兼候ニ付則御老中御列座之所ニ而
同人本筆を以書付之権右衛門ニ
相渡之

覚

一切支丹宗門ニさゝ（ママ）れ候者共今度其所々江御預
被成候いまた相残候者共之義権右衛門
長崎江罷越甚三郎与遂相談是亦弥其
所々江預り可申哉之事長崎江罷越甚
三郎遂相談可然可仕候事
一稲葉能登守(67)儀父子共ニ在所ニ不在之候付而
先三拾人御預被成候相残而百三拾三人此度
之書付ニ御座候此外去年当年之差子共」
いまた数拾人可有御座候併右之者共一度ニ御預
候ハヽ、所もさハかしかるへきの間能登守父
子之内壱人在所江被参次第右之差子とも
幾度にも預可申之旨弥其通長崎より
可申遣哉之事

能登守在所へ罷帰候者御預之者共之
義申談とらへ籠舎申付候様ニ可仕候事
一右御預之差子共入次第長崎江召寄
穿鑿仕落着之時分一度ニ其所々より
何人召寄申候段書付差上申へく哉之事
右之通ニ可仕候事
一今度権右衛門長崎江罷越穿鑿仕
白状之差子在之候共新規之分者先其
所々江者預ケ不申来年帰参之節以書付
可懸御目哉之事
但新差子之内にても無覚束もの
於御座候者入次第召寄穿鑿可仕
之事」
右之通可然候

寛文九酉年四月

覚

公儀江書物不致之不受不施之日蓮宗寺
請ニ取へからす町中五人組切ニ立合相改之
借屋店借々地之者者其地主より改之
無紛様ニ旦那寺と引合吟味仕寺請状可
取之事
酉
四月

今度於江戸右之御書付出候条心得ニも可
罷成哉之由ニ而甚三より被写之酉四月
十七日之書状ニ相添被差越候就夫町年寄
四人常行司弐人召寄権右衛門自分之
書付をも相添右之者共ニ相渡之候

自分之書付

覚

公儀江書物不致之不受不施之日蓮宗
寺請ニ不可取之旨今度御書付出候長崎」
ニ者彼宗旨無之由ニ者候得共已来迄も
右之趣為相守候御書付写出之候以上
酉
五月六日

寛文九酉年六月廿四日

覚

異国江銅売渡候儀何者ニかきらす先規
之通相対次第商売可為仕候已上(68)
酉
六月廿四日

一去春於江戸銅屋共評定所江訴訟申出候
ニ付去年異国江銅売渡候者とも者当
年茂不苦旨御老中被仰渡候よし就夫
迚(ママ)之儀ニ如先規商売仕候様ニ被　仰付
可然之段両奉行人より申上候依之先規
之通何者ニ不限商売為仕候様ニ与御老中
被仰渡之旨甚三より六月九日之書状ニ」

被申越候則同月廿四日町年寄常行司
通事共召寄右之覚書を以申渡候
已上

寛文九酉年八月九日之御奉書
松平主殿頭(69)請取之従同人長崎江被差越候

一筆令申候島原城松平主殿頭拝領付而
入部之事候自然其表相替儀茂有之者
可申通候然者長崎番船之儀如高力時
主殿頭被仰付候間可被得其意候恐々
謹言　」
八月九日　土　但馬守
久　大和守
稲　美濃守
河野権右衛門殿
松平甚三郎殿

寛文一亥年三月五日之御奉書御追而書ニ
耶蘇宗門御制禁之御書付諸国江御触ニ付
可奉其趣存被仰下候御書付

覚

一松平右衛門佐儀先日被下御暇如例年
長崎之御用被　仰付之候今日当地発足
候事
一天草之儀御代官所ニ被　仰付之候御代官　」
其地江不罷越内者若替義有之候者
無遠慮差図可被仕事
一青木遠江守(70)事保田若狭守(71)同役耶蘇
宗門可遂穿鑿之旨被仰付之候向後
彼宗門之御用於有之者右両人江可被
申越候已上
三月五日　板　内膳正
土　但馬守
久　大和守

稲　美濃守
河野権右衛門殿

「覚

一一季居出替之時節たるの間宗門之儀入念
改之耶蘇宗門にて無之旨請人を立
可被相抱事
一耶蘇宗門今以密々有之而所々より捕来
之間不審成者不在之様ニ面々領内をも無
油断入念可被申付事
一領中被相改之不審成者不差置もし
耶蘇宗門隠置他所より顕るゝニ於てハ庄屋
五人組可為曲事之旨手形被取置毎年
改之旨趣具被書注之保田若狭守青木
遠江守江可被相渡候此外頭々支配人有之
面々者改之書付頭之支配方迄可差上之
其頭々支配人より組中書付取置之
いつれも相違無之旨注一紙是亦毎年
若狭守遠江守江可被渡之事
附耶蘇宗門御制禁之高札暦年
序文字見えかぬるにをいてハ新敷
可被建替事
以上
寛文十一年二月日
「覚

一於町中年季一季ニ召置候者又者借屋借地ニ
差置候者男女ともニ弥入念宗旨改之
切支丹宗門にて無之旨請人を立可召置
之事
一切支丹宗門尓今密々有之而所々より捕来
之間不審成者於有之者早速可申出之
事
一切支丹宗門之者隠置もし脇よりあら
わるゝにをいてハ大屋五人組并其町之

おとな組頭まて依其品曲事たるへき
事
以上
亥三月廿一日

一如此相認寛文十一年亥三月廿一日町年寄
三人常行司弐人召寄之此書付之通
町中江急度申渡其町々より手形いたさせ」
可差上旨申付之候
一末次平蔵をも召寄江戸より被遣候御書付
拝見為致平蔵所江者御勘定頭より可参
候得共若不参候儀も可有之候間写申度旨
申ニ付則写候間相渡之候已上

寛文十一亥年五月廿七日

覚

天草御代官小川藤左衛門(72)仕候自然相変
儀有之節者細川越中守(73)長崎奉行人与
遂相談相計可申付之旨被仰付之候依之
天草ニ越中守より侍壱両人足軽弐拾人
程可差越候船をも少々可遣置之由候内々
被得其意可被申談候已上

五月廿七日　　土　但馬守
　　　　　　　久　大和守
　　　　　　　稲　美濃守

河野権右衛門殿」

寛文十一年亥五月廿九日御奉書

一筆令申候
公方様増御機嫌能被成御座候間可
心易候将亦小川藤左衛門儀御暇被下
天草江被差遣之候御用之儀可被相談候
委細者注一書差越之候可被存其趣候
恐々謹言

五月廿九日

土　但馬守

久　大和守

稲　美濃守

河野権右衛門殿

覚

一天草御代官小川籐左衛門被下御暇
彼地江被差遣候急々御用之時者書状
其方迄可越之候間態次船尓て大阪（ママ）迄」
被差遣之彼地御城代より江戸江被差
越候様ニ可被相達候常尓も書状可越候是者
次飛脚之便次第其旨書状一同ニ可被差
越事

一天草御年貢米納銀長崎御用ニ候ハヽ
以手形可被請取之候其段藤右衛門ニ茂申渡候
其余銀者大坂御蔵江納之八木者三分一歟
四分壱者見合所払ニ入札ニ而払候様ニ申渡候
其直段藤右衛門其方江相談候ハヽ可被差
図事

一切支丹改之時ふませ候絵之儀藤右衛門より
申遣次第借渡可被申候事

已上

五月廿九日

土　但馬守

久　大和守

稲　美濃守

河野権右衛門殿

牛込忠左衛門（74）殿」

寛文十一亥年十月此御制札桜町札場江建置之

一於諸国にせ薬種一切停止たるへし若にせ
薬種商売仕輩あらハ訴人ニ可出急
度御褒美可被下之事
附毒薬売買一切不可仕事

一商売之輩諸色一所ニ買置しめうり仕

へからす并申合諸事高直ニ致へから
さる之事
一諸職人申合作事手間賃等高値ニ不可仕
之事
右之條々可相守此旨若違背之族有之ニ
於てハ糺軽重或死罪或流罪たるへし惣而
誓約をなし結徒党候輩あらハ御穿鑿
之上可被行厳科者也仍下知如件
寛文十一年十月廿六日
奉行
」
寛文十一亥年十月廿六日
覚
一天草富岡御城付之由古き石火矢五挺同
台二ツ鈴木猪兵衛方より戸田伊賀守(75)江請取
置候由此度伊賀守より小川藤左衛門請取
申候何茂古く御用ニ立間敷候如何可仕哉
之由藤左衛門方より申来候事
一右同断鉄炮之合薬五貫目程入候箱六ツ
内壱ツハ台并棹鉛之由七貫目程入申候か
ます三ツ又鉛玉之内ニ而四貫目程入候箱一ツ
火縄七百二拾筋有之候是者鈴木三郎九郎
手代封之由ニ而鈴木猪兵衛より戸田伊賀守江
請取置此度伊賀守方より小川藤左衛門請
取置候如何可仕哉之由藤左衛門方より申来
候事
以上
十月廿三日
」
右之諸色小川藤左衛門より其元江差遣
其方へ渡候様ニ与申越候間到来候ハヽ可被
請取置候已上
十月廿六日
板　内膳正
土　但馬守
稲　美濃守

牛込忠左衛門殿

覚

一石火矢五挺并　台弐
　但是西泊御番所へ遣置之
一鉄炮合薬　六箱
　但稲佐之蔵ニ差置之
一棹鉛　弐包
　但御奉書ニハかます三ツと被仰下候得共
　小川藤左衛門よりハ弐包請取之候ゆへ
　其段江戸江亥十一月十九日河権右まて
　断申達候
一鉄炮玉　壱箱
一火縄　七俵
　右三包者馬込御蔵ニ差置之

寛文十一亥年十二月廿四日此已前井上筑後守
在勤いたし候立山屋敷奉行下屋敷ニ被下候間
天草こほち家小川藤左衛門所より請取
長屋作事等可申付旨被仰下候

覚

此以前於其許井上筑後守罷在候屋鋪
両奉行下屋敷ニ被下之間天草こほち
家小川藤左衛門所より取寄之長崎作事等
可被申付候藤左衛門方江者右之通御勘定
奉行より相達候委細河野権右衛門可申越候
可被存其趣候已上

十二月廿四日

板　内膳正
土　但馬守
久　大和守
稲　美濃守

牛込忠左衛門殿

井上筑後守長崎屋敷両人拝領ニ付而天

草こほち家建立候作事料其地欠所
銀之内ニ而被下候間入次第其方以手形請
取之造畢之上員数書立可被差越之候
其節添状調直可遣之候先此証文ニ而可被
請取候已上

十二月廿四日　板　内膳正
土　但馬守」
久　大和守
稲　美濃守

牛込忠左衛門殿

覚

井上筑後守長崎之屋敷両奉行江拝
領之天草こほち家建候作事料被下之
候間入用之儀以欠所銀之内牛込忠左衛門
手形取之入次第可相渡候造畢之上員数
証文可遣之候以上

十二月廿四日
内膳　印
但馬　印
大和　印
美濃　印

末次平蔵殿」

覚

当所於立山井上筑後守此已前有之候屋敷
今度為両奉行屋敷令拝領候依之右
屋敷之内寛永十二亥年検地之新畠
壱反四畝弐拾八歩此地子銀拾匁六分四厘
当年より引方ニ相成重而可被遂勘定候
仍如件

寛文十二年子二月廿八日　牛込忠左衛門印

末次平蔵殿

寛文十二子年二月廿六日

覚

一寛文五年被仰出候寺社方御法度書其
許江未参候由被申越候則三通写之差越
候間被存其趣可被及沙汰事
一大久保出羽守(76)可為参勤付而其許見廻
正月廿九日之暁在所江相帰候由承届
候事
右之外其後此方相達返事候間中残候
已上
二月廿六日　板　内膳正
土　但馬守
稲　美濃守
牛込忠左衛門殿

條々

一僧侶之衣躰応其分限可着之并仏事
作善之儀式檀那雖望之相応軽く可仕
之事
一檀方建立由緒有之寺院住職之義者
為其檀那計之條従本寺遂相談可任
其意事
一以金銀不可致後任之契約事
一借在家構仏檀(ママ)不可求利用事
一他人者勿論親類之好雖有之寺院坊舎
女人不可抱置之但在来妻帯者可為格
別事
右條々可相守之若於違乱者随科之軽重
可有御沙汰之旨依仰執達之如件
寛文五年七月十一日　大和守
美濃守
豊後守
雅楽守

定

一諸宗法式不可相乱若不行儀之輩於有之
者急度可為沙汰事

一不存一宗法式之僧侶不可為寺院住持之事

附立新義不可説奇恠之法事

一本末之規式不可乱之段雖為本寺対末寺
不可有理不尽之沙汰事

一檀越之輩雖為何寺可任其意従僧侶方
不可相争事

一結徒党企闘諍不似合事業不可仕之事

一背国法輩到来之節於有其届者無異
儀可返之事

一寺院仏閣修復之時不可及美麗事

但仏閣無懈怠掃除可申付事

一寺領一切不可売買之并不可入質物之事

一無由緒者雖有弟子之望猥可令出家へ
からす若無拠子細有之者其所之領主代
官江相断可任其意事

右條々諸宗共可堅守之此外先判之條数
弥不可相背之若於違犯者随科之軽重可
沙汰之猶戴下知状者也

寛文五年七月十一日

定

一諸社之祢宜神主等専学神祇道所其崇
敬之神躰弥可存知之有来神事祭礼可
勤之向後於令怠慢者可取放神職事

一社家位階従前々以伝奏遂昇進候輩者
弥可為其通之事

一無法之社人可着白張其外之装束者以吉田
許状可着之事

一神領一切不可売買事

附不可入尓質物事

一神社小破之時其相応常々可加修理を之
事

附神社無懈怠掃除可申付事

右之條々可堅守之若違犯之輩於有之者
随科之軽重可沙汰者也

寛文五年七月十一日

覚

一如此御法度有之上者只今迄境内ニ有之候
比丘尼并くり姥抔之類向後差置申間敷候
但有来妻帯寺院之内者苦可間鋪
事
一不寄男女剃髪之望有之者向後者其旨
趣達奉行所可得差図之事
一近年江戸　御城下之於寺院仏事作
善之席江酒一切不出之候間可得其意候事

子三月廿日

右之通御條目相添申渡候　忠左衛門

覚

一如此御法度書有之上者無位之輩着
来装束たりといふとも向後者無用ニ致
白張を着すへき事
一縦雖為小社小菴新規取建候者奉行所ニ
達し可受差図之事

子三月廿一日

右之通御條目差添申渡之候　忠左衛門

寛文十二子年八月廿五日

覚

一当年新酒造之儀長崎町中堅被申付候冬
造之儀者去年之通毎年被申付度候
近年四季共ニ異国人数多入込酒不足ニ而ハ
雖成候由被申越候他所と違候間去年
員数程作り候様可被申付候事
一魏示潜与申唐人父子三人長崎ニ永く

住宅仕度之願候此者及三十年為商売
其元江来候諸事律儀成者ニ候住宅被
仰付候而もくるしかるましき由被申越候訴
状并やわらけ到来候是者以奉書相達
候之事
一孫九郎(77)到着付為伺　御機嫌之御様躰
大村因幡守松浦壱岐守(78)罷越翌日帰
候由得其意事」
以上
八月廿五日　板　内膳正
土　但馬守
稲　美濃守
牛込忠左衛門殿
岡野孫九郎殿
追而申候魏示潜与申唐人父子三人永く
於長崎住宅仕度と願之訴状并覚書
之趣及　高聴候処可令居住之旨被
仰出候之間被存其趣可被申付候恐々謹言
八月廿五日　板　内膳正
土　但馬守
稲　美濃守
牛込忠左衛門殿
岡野孫九郎殿」

覚
魏示潜普代之下人事奉願候通申上候得ハ
従僕之儀ニ候間弐人共差置可召仕之旨
御老中御挨拶之由従牛込忠左衛門より
申来付而其趣申渡候已上
了十一月廿三日
寛文十三丑年三月十三日阿蘭陀琉球船はハん
仕間敷旨今度於江戸初而被仰出候ニ付
留置之

覚

一阿蘭陀者　御代々日本商売可
仕之旨被　仰付毎年長崎令着岸候
従是已前如被　仰出之奥南蛮与吉利
支丹宗門之通用弥不可仕若入魂いたす
之由いつれの国より相聞といふ共日本
渡海可有御停止之間彼宗門より日本江之
通事一切不可仕勿論宗門之者船尓のせ
来間敷事」
一不相替日本為商売渡海仕度存る於てハ
吉利支丹宗門之儀ニ付被　聞召可然義於
有之者可申上之南蛮人宗門之儀ニ付新
規被手ニ入候国有之候哉渡海之通筋之儀も
可存候間見及聞及候段長崎奉行人迄
可申上事
一日本渡海之唐船はハん不可仕阿蘭陀往来
之国々の内奥南蛮人と出合候国可有之
候間弥南蛮人と通用不可仕若出合候国
於有之者其国其所之名を具ニ書注之
毎年着岸之かひたん長崎奉行人江
可差上事
附琉球国者日本江相したかふ国ニ候間
いつかたにて見合候とも彼船ハはん仕る
へからさる事
已上
丑三月十三日」

寛文十三丑四月三日於江戸忠左衛門相伺候於
九州筋耶蘇宗門之者露顕之旨申来候節之
挨拶等之覚書

覚

一於九州筋耶蘇宗門之者露顕之旨何れの
領主より雖申来候届之段者令承知候委
細者到江戸切支丹奉行衆江其方より
被相達被得差図候様ニと可及挨拶候雖然

長崎奉行人より得御下知所々江預置候
者或者御助ニ而其所へ返し遣候者之儀ニ付
申出候事亦者急ニ遂穿鑿候ハ、不叶
儀者格別之条随其品可任思慮事
右者御老中江牛込忠左衛門伺申候故
為後覧注置者也
丑四月三日」

年号不知彦山僧正より一派之頭襟頂於長崎申
付度由之書状

呈一簡候先以其御地倍御静謐之由
殊ニ者寒気之節ニ候得共弥御勇健
御座候之由承及珍重此御事ニ候
此表相替儀茂無御座候然者於
其元ニ正覚院と中山伏長崎中
彦山派之山伏頭ニ被仰付可被下候
尤爰元よりも彼者共江其通申付事
御座候若又於向後ニ彼山伏不可然儀
御座候ハ、勿論随其品ニ其御地御制
法被仰付此方江茂其段被仰聞
可被下候自余之者ニ一派之頭襟頂
可申付候為其如此御座候恐惶謹言

十二月十三日　　彦山僧正　書判

牛込忠左衛門様」

寛文十三丑年五月七日当年より長崎在勤之
与力同心(79)江御合力銀被下置候旨被　仰下候

覚

一金五百両　　長崎与力拾騎
　但壱人付而五拾両宛也
一金百貳拾両　　同所徒同心三拾人
　但壱人付而四両宛也

右之通従当丑歳被下候間以両替間之金子
毎年当番之与力同心ニ被相渡之重而可被立
勘定候已上
寛文十三年丑五月七日　但馬　印
大和　印
美濃　印
岡野孫九郎殿
牛込忠左衛門殿

寛文十三丑年六月十二日」
去月廿五日ゑけれす船一艘長崎令着岸
候於日本商売仕度由訴訟之旨紙面之通
及　上聞候処年来久敷致中絶其上御
制禁之宗門ほるとかる国主と縁組仕之由其
聞候於然ハ持来貨物商売不可致之自今
以後日本渡海之儀可為無用旨相含之帰帆
可被申付之由被　仰出之条被存其趣急
度可被申渡候委細者自牛込忠左衛門可相
達候恐々謹言
六月十二日　土　但馬守
久　大和守
稲　美濃守
酒　雅楽守
岡野孫九郎殿

覚

一去月廿五日入津之ゑけれす船御注進之」
趣具ニ御老中江申上候処従彼国商船通路
四拾年令断絶其上近年者ほるとかるの
国主結嫁聚之縁親出入有之候先年の御
訴訟ほるとかるの国主よりかりよくた船其
表江雖着岸候依為切支丹宗門信仰之国向後
堅渡海仕間敷候縦風にはなされ日本之
地ニ流来候とも船人とも尓悉御焼捨可被成
之旨被仰付候国と縁組仕候事不届ニ被為
思召候依之今度商売之儀不被遊御赦免候間

貨物不残積戻し候様ニと被仰渡候委細御
列判を以被加　御下知候間被得其意少成
共順風於有之者早々帰帆仕候様ニ可被相含之
候先年かりよう た船帰帆之節ハ八月十二日其
湊出船之由ニ候当年ハ盆過にハ日和も可有
之様ニ被存候縦まきり候て成共罷越程之
風並候ハヽ出船御申付尤ニ候於然者常々浦
触遣候所々江者ゑけれす船漂着候とも長
崎江引船ニ而遂遣候事被致無用逗留之内
者如例番船附置従其所直ニ早々出津可被」
申付之旨可触遣之由被　仰候文言御老
中江奉窺之別紙ニ住(ママ注カ)之進候
一右之類船追付又壱艘可参之由ゑけれす
人申上候自然跡船を相待帰帆仕度之旨欲
申事可有之候兎角弁々と逗留不入物候間
彼船帰国之志候処を可申置候跡船着岸
次第可有伝達候勿論洋中にて参合
申候ハヽ於長崎含之趣相達し直召連帰帆
可仕之旨及挨拶早々出船可有御申付候其

節扶持方米酒油薪魚肉等不足之物望之
儀者阿蘭陀并唐船之例ニ准し御定之通
可有赦免之由被仰渡候以上
丑六月十二日　　牛込忠左衛門

岡野孫九郎殿

一筆致啓達候仍ゑけれす船一艘五月廿
五日当湊江令入津日本商売仕度旨御訴」
訟申上候彼国主事南蛮国江近年通路
有之由被及　聞召候ニ付今度商売之儀不被
遊御赦免候依之積来候貨物不残戻之向後
日本渡海御停止之旨相含之帰船申付候若
遭難風領分何之浦ニ流来候共此表江送り船
を以不及差越候間日和次第其所より直ニ早
々帰帆御申付尤候勿論在留之内者兼々被
仰渡候准阿蘭陀船漂着之例番船等堅可
被申付候猶また彼類船一艘追付又跡より渡海
可仕候由先船之ゑけれす人申上之候之間

自然領内江於長崎未相改ゐけれす船ニ碇を牽候ハヽ、如例検使相添引船を以此表江可被差越候尚委細者爰許ニ被付置候御家来衆江含之候恐惶謹言

月　日

附礼

此浦触新規成御仕置ニ而殊さら大名衆江被遣候事故御老中請御下知文言相認進候ハヽ、向後之ため能候半かと存如此候其元付人共江被仰渡候口上覚書も右同前ニ御座候

長崎江被付置候各家来共江申渡口上之覚

一今度帰帆之ゐけれす船何之浦江成とも漂着候ハヽ、兼々被　仰付候阿蘭陀掟之通番船被付置ゐけれす人陸江上り不申候様ニ可被申付候且勿論荷物商売之儀堅可被致停止事

一ゐけれす船江日本人乗移対談之儀其浦之名主組頭たりとも無用ニ仕其所之領主より請検使可及挨拶事

一ゐけれす人和文字板行之書簡所持致候間若其所ニ於差出候ハヽ、私ニ披見不申是亦領主より差図を請可通用仕事

一遭難風流寄扶持方米水薪或者帆柱所望ニおゐてハ准阿蘭陀船之例可被申付事

一日和待いたし弁々と罷在候事可有之候まきり而成とも被罷越候程之風並候ハヽ、其所を出船仕候様ニ可被申付之事

右之通兼々領分浦々江相触可被差置候ゐけれす人都合八十六人之内　壱人ハへんから人　弐人ハかさる人　乗組罷在候間可被得其意候

延宝二寅年三月十四日

覚

一地神経読盲目ニ申渡之書付壱通遣候間
其通相守候様可被申事
一地神経読盲目袈裟衣并補任其外院
号免許状可被取上事
　　法院法橋之補任之由
　　寺社奉行衆被仰候
一色衣色袈裟を着又ハ検授与名乗候盲目
共儀企新規不届者候間五十日籠舎可被申」
付事
右之旨若違背之者於有之者急度可被
行曲事候其所々ニ罷在座頭方よりも可
為相改之旨岩船検授香坂検授江申渡候
已上
延宝二寅年八月十日於江戸孫九郎奉窺候
書付御書改被下候

覚

一長崎浮金[80]も次第に多く罷成高木作
右衛門も支配仕兼可申候殊ニ御米并御
買上糸[81]も大分之儀ニ御座候毎年相調又払
方算用以下も相定候役人無御座如何奉
存候末次平蔵儀者
公儀請所其上少ハ御預り所茂御座候幸作右
衛門御切米も拝領仕御買物御用相調
候迄ニ御座候間作右衛門右之品々御預ヶ
被召置候而も可然哉と奉存候」
一金銀米糸長崎ニ被差置候内者浮金之内
ニ而当分忠左衛門拙者心得ニ而手代四人程召抱
弐人扶持ニ金七八両宛被下置召置候者勘定
等も相勤可申与奉存候次長崎御扶持之
水主拾人にて者御船掃除等も不足仕候
去年御船御修復新造も出来仕候間都
合弐拾人尓被　仰付被下候様ニと致訴訟候
浮金之内尓て御扶持なしに金子四五両宛

にて被召抱候而ハ如何可有御座候哉之事
是者書面之通可然候間手代四人水主拾
人紙面之金子尓て可被抱候事
一御蔵も多く御座候間御蔵番無御座
候而者難成奉存候御蔵御入用之内ハ御蔵
番拾人程是亦浮金之内ニ而召置壱人扶持ニ金
四五両宛被下置召抱候ハヽ可然哉与奉存候事
是者書面之通可然候間可被召抱候事

寅
八月十日　阿　播磨守(82)
土　但馬守
久　大和守
稲　美濃守
」

岡野孫九郎殿

延宝三卯年二月廿八日

覚

一茶屋甚兵衛所持之慶長拾七年壬子正
月十一日之御朱印被召上貴様御参府之時
分御持参御老中江被差上候様ニと被仰渡
候甚兵衛手前以来まて異国渡海之船
御赦免被成候家之為証文貴様より御書付
甚兵衛江被下候様ニとの御事ニ候則御老中
御好之案文別紙進之候
二月廿八日　牛込忠左衛門
岡野孫九郎殿

自日本到交趾国船免許之慶長十七年
壬子正月十一日
御朱印就近年彼地江渡海御停止
此度右之
御朱印被　召上之候者也
延宝三乙卯年月日　岡野孫九郎
茶屋
甚兵衛
」

延宝三卯年閏四月十四日

覚

一松平主殿頭今度被下御暇之節長崎之儀
自然御用有之時者奉行人と万事可遂
相談之旨被　仰付候間被存其趣可被申
談候委細者従牛込忠左衛門可相達事
一末次平蔵御代官所之儀如天草諸事可
致差図之旨被　仰出候間可被得其意候次
去丑年渡残之八木七拾石余有之由ニ候以
入札可相払候間直段等之儀平蔵伺候者」
差図可被仕候是亦委細従忠左衛門可申
達候事
一当春参府之阿蘭陀人無異儀先月廿日
其許到着之由令承知候事

閏
四月十四日　　　土　但馬守
　　　　　　　　久　大和守
　　　　　　　　稲　美濃守

岡野孫九郎殿

覚

一松平主殿頭今度被下御暇候節長崎之儀
自然御用有之時者奉行与万事可遂相談
之旨被　仰付候依之主殿頭殿江可相達御用
之趣難計可有之存御老中江奉請御内
意則昨十三日主殿頭殿江罷越委細申談候間
定而於其許御対談之節可被御物語候得共
右之口上為念右之通記之候
一奉行人与可被対相談御用有之候におゐて」
ハ従御老中其趣可被仰遣候間早速長崎
江被相越対談之上江戸江注進之節依其品
加判可有之事
一江戸江難致注進程之急事又者不及奉窺之
遂相談申渡御用之儀者従奉行人可申進
候間長崎江御越可被仰談事

一不依何国九州之内或邪宗門之徒党或ハ乱気之輩企悪事背御政道候もの有之節奉行人不日ニ彼地江相越候儀茂候者其趣従長崎可申達候間其所江被相越可有御相談候事

右三ヶ條御老中就被　仰含候主殿頭殿江御物語申候

一末次平蔵御代官所如天草諸事長崎奉行人可致差図之間此度被　仰出候

右之品御老中并御勘定奉行衆入御披見候書付之趣奥ニ注之候

一地方之儀者従平蔵御勘定所奉窺之可任御差図候事

一長崎御買物或者町方之御用之儀者不及申縦令雖地方候長崎地下町方ニ付候御用或町人百姓公事等穿鑿之儀者双方召寄之於奉行所被遂吟味事

一平蔵御代官所納米払候節者天草御払米入札之通為検使与力壱人自分之家来壱人出之可遂吟味候事

右之通向後者長崎奉行人致差図候様ニとの儀ニ御座候間可被得其意候已上

延宝三年卯四月十四日　牛込忠左衛門

岡野孫九郎殿

延宝二寅年八月十一日岡野孫九郎以書付奉窺候処御書直被下候御書付

覚

一宗門之者訴人与対決為仕候儀早速埒明可然様ニ爰許ニ而者存候得共長崎ニ而直穿鑿仕考候得者つかへ多御座候遂対決候ハて不叶者之外用捨仕如何可有御座候哉之事

一御預ヶ之宗門之者なへて差親有之候へ者対決之穿鑿者立候得共指親有之者ハ多く無御座候事

一類門白状候ため能宗門之者も訴人仕候
得者古例御助ニ罷成候訴人対決ニ而者以
来白状之障ニ可罷成哉与奉存候事
一御助ニ而在所江遣候者類門白状仕御助ニ
罷成候哉与彼在所支配人ともより所ニ住居
難成様ニ仕なし候故在所江帰候かいも無
之様ニ存候次ニ百性(ママ)中ヶ間つき合茂不
罷成面目を失ひ候間帰参仕候儀迷惑仕
候与申者多く御座候事
一白状之儀相知候得者籠内ニ而も籠舎中う」
とみ迷惑仕候由之事
一白状相知候得者意趣返しニ一類之者を被指
候わんと迷惑仕其上在所江罷帰候而も如何様
之意趣を請可申事之外気遣仕候事
一慥成類門ニ而も対決ニ罷成候て者差子之
者ともに難儀をかけ或訴人仕候段在所
江之聞旁を存其身江科をうけ偽指之由
申者茂可有之様ニ奉存候事
一御忠節を申上御助ニ而在所江被遣候者を
も召返し候得者先籠舎仕候段も如何奉存
候事
一御忠節を申上在所江被遣僉儀之刻指子
争訴人証拠無御座候得者御赦免も難成
あやまり無之ものも永く籠舎或者拷問之
沙汰ニも罷成候事
一右之通ニ候得者御忠節申上候儀且ハ無専様ニ
世間等へひゝき候而者如何可有御座候哉之事
一古来より白状之者之儀毛頭沙汰不仕候穿鑿」
仕能候ためと承候向後対決ニ罷成候者類門
白状仕兼可申哉与奉存候事
一拷問稠鋪仕候得者いやしき者共ニ候故偽儀
多く有之候様ニ相見申候事
一宗門之者つるし候儀古来より死罪ニ相極
候ふかき宗門之者つるし殺ニ仕候つるし
拷問と御座候得者未穿鑿不相極者ニ候つ
るし候得者人ニ寄半時壱時之内に相果候
儀も御座候或五日七日なからへ候ものも在之
候若急ニ相果候而者穿鑿人不調法ニ罷成候向

後者死罪相究候者計つるし候而者如何可有
御座候哉之事
一所々江申遣切支丹請負誓紙手形為仕候儀
念入可然義奉存候乍去領主一ケ所ニ而毎年拾
人之内外穿鑿もの御座候処其村中繁々
男女ともニ僉儀場江引出候儀者所々不静成
由ニ御座候近年者右之所々ニ而毎年或毎月請
負誓紙手形被申付候由ニ御座候処此方より」
誓紙手形為仕候而も不分明儀ニ奉存候之事
八月十一日　岡野孫九郎
右書面之通尤ニ候弥渡辺大隅守(83)青木遠江
守可被申通候已上
阿　播磨守
土　但馬守
久　大和守
稲　美濃守
岡野孫九郎殿

延宝三卯年咬𠺕吧おらんたせねらる商売之儀ニ付訴状
そじやう
かたしけなくも
とうしやごんげんさまのきめいをちやう
たいせしめたてまつりおらんたぎ
日本こくへいて入のしやうばいいたす事」
およそ七拾年の内ほかにも御さある
か此とし月おらんだぎいさゝかかのけだ
いも御さなく代々の
御うへさまの御いくわう御しひをかうむり
たてまつりつゝかなくしやうはいつか
まつり御ふきようさまなとよりもべし
て御ふひんをくわへられ日本のあき人
もおらんだもほんまうのあきないを
いたし候ところに此三ケ年にほんの
しやうばいはつくんにさういつかまつり
ねうちのしやうばいにおらんたこん
ばにやくわふんのそんいたし候ニつき

こゝもと人によつて申候するハまいねん
くわふんのしろものをさしつかわし候
ゆへしようばいにそんいたし候ろう
おの〳〵ふんへつしかるへきやうにと申
候へともわれ〳〵せうゐんいたさずそのう」
へきよねんこそしやうはいのうりそん
くわふんに候するともこんねんハいかさまり
しゆんもこれあるへきとそんし候とこ
ろにおもひのほか又つくとしもくわふん
のそんいたし候へバれうけんにおよは
さるによつてこんねんハこしやうすゝ
みやうばんもみいひんろうししやか
うみつかねしんしやきんちやく
かわいろ〳〵もめんのたくいまたへち
のしろ物ともさしわたし申さす候
一此三か年のことくなるおしかいのしやうはい
御さ候ハ、いらいくわふんのしろもの共さし
わたし申事いかゝにそんしたてまつ
り候そのゆへハおらんたこんばにやきく
にくへしやうはいつかまつり候へともいまたかい
てよりねたんをさためられ候事ついにう
けたまハらす候
おらんたかひたんそのほかのおらんたに」
つうしともちしよくをあたへ人けんのか
すにいたさゝるによつて以下のもの
ひやのものともわれ〳〵めのまへにて
ぬすみをいたし候まゝそのしめしを
申つけられ候へと申候へハさハなくけつ
くあさけりそうたんにいひなしわら
い事にいたし候かやうの事ともつう
しとも
御両まんところさまへ申あけ候ハ、いか
さまその日のふきやうしゆへおほせつけ
られ候むねも御さあるへきかとそんし
たてまつり候
一われ〳〵おらんた内へすこしのくち
おもそんしたるものおハきよいのよし
にてゐらひのけられ候とうしこれある

つうしともおらんたのくちをしかとそんしせす候へハなに事を申あけたく候へてもまかりならすめいわくにそん」したてまつり候ねかわくハおらんた人に御しやめんをかうむり候ハヽ日本のくつをすこしつゝしらせしセんのときのためにしかるへきかとそんしたてまつり候右のおもむきおらんたこんはにやを御両まんところさま御ふひんにおほしめし三拾か年いせんのことくしやうはい又おらんたへつうしとものあたりさま又以下の物ひやうとものぬすみの事おほせつけられかたしけなくそんしたてまつり候もしいかゝにおほしめしあけられ候ハヽ御ゑと御家老さま中へおほそれなから御ひろうなされ御あいれんをかうむりたてまつりたく候しせん日本よりおらんたにおいてなにそおほせつけらるゝきとも御さ候ハヽ一めいにかけ御はうかう申あくへきねんもうに御さ候せいきやうくわうつゝしんて申」

ゑんほう三年　おらんこへくとふるせねらる
きのとの卯五月廿八日　やんまついけり
印　◯　おらんた文字

しん上
なかさき御両まんところさま

延宝三卯年七月廿五日於黒書院御老中御列座ニ而弘文院被相渡候御壁書和解とも三通

唐国之商船尓申渡ス

一南蛮耶蘇天主教者邪法をひろめ国民をまとわす甚罪ふかく其悪をもし御代々御制禁被成彼悪徒ひそかに来れハ悉皆罪に行る其上阿媽港ニ発船渡海之事」も既ニ停止ニ被成候然共今におゐても唐国之

商人毎年長崎に往来売買たへされハよく
謹而此御法度之趣を守るへし若唐船之内
彼邪法之者乗せ来る事あらは速に誅
戮すへし同船之者も可為同罪也併同船之
もの内たりといふとも訴人に罷出其趣を申に
おゐてハ其罪を赦し御褒美を可被下候事
一天主教之書物并諸道具之荷物隠密に日本へ
送り邪法をひろむるのたよりとせんため唐
人をたのみ船底にかくし持来者有之ハ其船
を破り其荷物悉没収すへし併其様子を
存早く訴へ告るにおゐてハ縦同類之者といふ
とも其品により相応の御褒美可被下事
一唐国出船之時隠密に南蛮船人之まいない
を請天主教をひろむる悪徒を船中にかくし
唐人の詞をまねひ唐人の衣服をきせて
乗せ来る事も自然有之歟出船之砌
能々可致吟味也若誤て不知にして船中
におゐて其事あらわる々におゐてハ長崎に
いたつて早々可申出也於然者縦船頭水主又者
同類たりと云とも其罪をゆるしおもく御褒
美可被下事

右三ケ条

上意之旨によつて御制禁厳重之趣通事
を以て委く申渡ところなり唐船之商
人各宜承知すへし必違犯する事なかれ

延宝三年月日

延宝三卯年七月唐船荷役之時前々より唐
人共江為読聞候御書付文言悪敷候ニ付御改被
成候御書付

諭唐国商船三章

一南蛮耶蘇天主教弘邪教惑国民以其罪悪
深重故
制禁年久其徒竊来者悉皆斬戮且自阿媽

港発船渡海之事既停止之然唐国之商売毎
年渡船往来長崎相互交易則謹可守此
厳禁也若有載彼邪法徒来者速誅戮之而同船
者亦可伏罪縦雖同船者告而不匿則赦之可
褒賞事
一天主教之書及器具等物欲密贈我国以為勧邪
法之使而蔵唐船之中有齎来者則可破却其
船没収蛮物若有知之而早告者縦雖類者
正其軽重之品可賞之事
一在唐国蛮（ママ）受蛮人之賂載耶蘇妖師学唐人
之言語着唐人之衣服潜来者或有之乎発船
之時可能沙汰之縦偶誤不知之在洋中発覚
則到長崎可速告之然則縦雖船主執棺者及
同謀之類赦其罪可重賞事
右三章依
厳命以譯語者所懇諭也唐船諸商宜承
知之必勿遺失」

延宝三年月日
諭唐山併各州府船主及客目梢等知
悉
一南蛮醜類妄以酋種蘇偽立天主教煽法
惑民倡邪逆正罪悪滔天難以脩述由是
本朝歴年厳加社禁勦絶其党向有竊附商
船而来者悉経罪誅仍革阿媽港発船通
商実為除其根苗茲爾唐山及各州府商
船輻輳長崎計巳有年互相貿易之道市
賈之便各宜慎守爾分入
国知禁恪遵
法禁勿致毫犯　有蔵匿邪党而来者不独
誅其原悪禍延船衆合行同罪問若知情出
首者非啻免罪另行厚賞
一天主教詭謀百出恐為敷教胎害之便密附妖書
器物之類隠蔵載至者悪処罪有科仍将
船滅壊没其貨物必不繊客間若稍知而」

出首者無論同悪同党合炤軽重行賞
一各船人衆中或有密受蛮悪賄賂謀合妖類
誘学唐語便着唐衣混載而来事或有之
一二不通誤載而来及至洋中知覚続到長崎
日宜当速首則不論同謀及船衆等既且恕
其罪併行重賞
以上條　特遵
上令就委通事等伝示
厳論若是爾諸港来商各宜知慎毋違毋忽
右諭知悉
延宝三卯年八月九日牛込忠左衛門奉窺之奉行
宛ニ而被下置之候」

覚

一近年御改長崎奉行江被成下之
御黒印御下知状松平丹後守松平右衛門佐江
此度写之可差遣哉之事
是者両人被相伺候右之写右衛門佐丹後守江
差遣可然事
一えけれす船重而長崎表着岸候ハヽ番船之儀
松平丹後守松平右衛門佐両人之内当番之方江
可申遣哉又非番之方江可申遣哉之事
是者当番之方江可被申越候勿論船員多来候ハヽ
非番之方江茂可被申越事
一南蛮ほるとかるより万一九州いつれの浦江成共
漂着之船有之者正保四年之仰出之通ニ相心得
可申哉之事
是者ほるとかるの船漂着のよしいつれの
浦より注進候者長崎候(ママ)参候様ニと船中の
輩江可被申聞候縦長崎之注進已後順風ニ而
出船候ともかまひ申間鋪由被及返答」
江戸江者早々可有注進候相違なく長崎来候ハヽ
其上御下知次第尓沙汰可被仕事
一長崎奉行人他所江相越候節大村因幡守番所五ケ
所相勤筈候因幡守在江戸之時者小身ニ而可勤兼候哉

如何可仕歟之事
是者跡々より之通可然候事
一長崎之外町地子銀末次平蔵支配仕付而諸事御
仕置障候間地子銀とも奉行人江御付可被仰付哉之
事
是者孫九郎与被相談候孫九郎参府之節
伺之其上之儀ニ可被仕事
以上
延宝三卯年八月九日　但馬守
大和守
美濃守
牛込忠左衛門殿
岡野孫九郎殿
」
延宝四辰年三月廿七日
覚
一末次平蔵父子三人母長福院平蔵二歳之末子
中西八左衛門養子下田弥三右衛門養子次郎吉此外
蔭山九太夫下田弥三右衛門弥富九郎右衛門吉野藤兵衛
下田太郎右衛門儀科之軽重にしたかひ被仰付之趣
委細仕別紙差越候間被得其意可被申渡候事
一王禁官卓順官儀日本人より金銀かり候儀御法
度を乍存密々尓てかり其上東寧ニ而長崎奉行
仕出之船由儀を申候段不届候因茲船を召上られ候
自今以後日本江渡海仕候ニおゐてハ急度御仕置ニ
可被仰付之旨申渡便船尓て可被相返候事
一平蔵支配仕候地方之儀者先当年者小田藤左衛門ニ
被　仰付候間可被得其意委細者御勘定奉行より
可相達事
一其許外町之事
一遠見番所并放火番人之事
一御薬園之事
一唐作之御船之事
」
右四ケ條者自今以後長崎奉行支配ニ被仰付候間
可被得其意候委細之儀者御勘定奉行より可相達
事

一平蔵家屋鋪家財闕所被仰付候間是又申付
らるへく候
公儀御用ニ懸置候者之外平蔵召仕之男女御
仕置之外之分者勝手次第引払ハせ可被申候事
一松平右衛門佐松浦肥前守江遣之候奉書遂一覧
其元より可被相届候事
一差当御用之儀者岡野孫九郎方より可相達候間
被得其意可被申付候事

以上

三月廿七日　土屋但馬守
久世大和守
稲葉美濃守

松平主殿頭殿
牛込忠左衛門殿　」

延宝四辰年
切支丹宗門書物御制禁目録[84]

一天学初函
一計開
一畸人
一十慰
一西学凡
一交友論
一弁学遺牘
一七克
一幾何原本
一弥撒祭義
一天文略
一泰西水法
一代疑篇
一表度説
一三山論学記
一教要解略　」
一唐景教碑附
一聖記百言
一天主実義　同続篇
一二十五言
一職方外記

一霊言蠡勺
一同文算指
一况義
一圏（ママ）容較義
一渾蓋通憲行記
一句股義
一明量法義
一萬物真原
一簡平儀
一滌平儀記
一滌罪正記
　右三十二種
　　寛永十六己卯年」

延宝四辰年八月十一日御老中御列座之節岡野孫九郎伺書
御書改被下置之

覚

一ていぬまるかより船可差渡由内々風聞御
座候間若来朝仕候ハヽ南蛮国の儀ニ候間御法
度之宗門ニ而無御座候共商売被仰付間敷
候哉左候ハヽ諸事先年えけれす船着岸之
節同前尓仕置注進可申上哉之事
　是者ゑけれす船同前ニ諸事
　仕置注進可申上候事
一伊藤小左衛門借銀久敷儀ニ候之間御取上被成間敷
候由就夫手形残置候而者如何ニ御座候間破却可仕哉
之事
　　是者先其分ニ無沙汰ニ仕置可申
　　之事
一豊後領主江御預ケ候宗門之者最早其所之残
寡ニ罷成候御預者有之事候間御預宗門之者
いましめに可被成様ニ奉存候間御預宗門之者○(85)
○無之所江者長崎籠舎之内御助ニ不罷成宗門
之もの其所ニより出候者其所江遣被預置候而者
如何可有御座候哉之事」
　是者御預宗門之者不残長崎江引寄候所々
江者御助ニ不罷成候宗門之者一両人宛者返し

預ケ置可申候事
以上
辰八月十一日

延宝五巳年五月廿二日於御黒書院御老中御列座ニ而久保吉右衛門読之大久保出羽守松平主殿頭牛込忠左衛門江被仰渡則壱通ツヽ大和守殿御渡被成候由ニ而従忠左衛門被差越候

覚

一長崎奉行人可遂相談御用於有之者其趣可申遣之間長崎江被相越対談之上江戸江注進之儀依其品可有加判事

一江戸江難致注進程之急事又者不及相伺之遂相談存度由従奉行相達候者早速長崎江被相越可被申談事」

一九州之内邪法宗門之徒党又者乱気之輩企悪事背御政道族於有之節者奉行人其所江可罷越之條是又其所江被差越相談之上以連判江戸江可有注進之事

以上
延宝五年五月廿二日

延宝五巳年八月九日御老中御列座ニ而地方御用并外町地子銀之儀被　仰渡候御書付忠左衛門江御渡被成候

覚

一長崎外町地方御用之儀高嶋四郎兵衛高木彦右衛門相伺候儀者様子被承之各より直御勘定奉行所江可申越事

一御勘定之儀者四郎兵衛彦右衛門江戸江罷越可遂御勘定事
附清帳奥書注別紙差越事

一外町地子銀之儀者来年午之歳より銀子」五拾貫目ニ相極可被申付事

右之通四郎兵衛彦右衛門江可被申聞候以上

巳八月　　土　但馬守
　　　　　久　大和守
　　　　　稲　美濃守

牛込忠左衛門殿
岡野孫九郎殿

長崎地方御勘定之時清帳奥書

右者御物成随分念入申候若不念之儀御座候者越度ニ可被仰付候以上

高嶋四郎兵衛
高木彦右衛門

右之通遂穿鑿申付之御勘定為仕差上申候自然相違之儀御座候者何時成共仕直上可申候以上

年号月日　　牛込忠左衛門
　　　　　　岡野孫九郎

御勘定所

天和二戌年六月十四日御高札御下書三通同札板寸方御書付到来同七月十八日桜町札場ニ建ル

此度高札改可立替旨被仰出候依之高札之下書三通同札板寸方書付遣候間於其地板札被申付文字かなつかひ等無相違様ニ相調可被立之候以上

五月廿九日　　戸　山城守(86)
　　　　　　　阿　豊後守
　　　　　　　大　加賀守(87)

宮城監物殿(88)

高札寸方之覚

「一忠孝之札長七尺八寸　山高弐尺
　軒高壱尺七寸　厚弐寸」

にせ薬種之札
一長七尺三寸　山高壱尺八寸
　軒高壱尺六寸　厚弐寸
切支丹之札
一長四尺五寸　山高壱尺五寸
　軒高壱尺三寸　厚壱寸八分
　此高札今度新規建之
定

一忠孝をはけまし夫婦兄弟諸親類に
むつましく召仕ニ到るまて憐愍を
くハふへし若不忠不孝のものあらは
可為重罪事
一万事おこたりいたすへからす屋作衣服飲
食等におよふ迄倹約を可相守事
一悪心を以て或いつはり或無理を申懸或
利欲をかまへて人の害をなすへからす
物而家業をつとむへき事
一盗賊并悪党もの有之者訴人ニ出へし
急度御褒美可被下事
　附博奕堅令制禁事
一喧嘩口論令停止之自然是ある時其場へ
猥ニ不可出向又手負たる者を隠置
へからさる事
一被行死罪之族有之刻被
仰付輩之外不可馳集事
一人売買堅令停止之并年季に召仕下人
男女とも十ケ年限へし其定数を
過者可為罪科事
　附譜代之家人又者其所ニ往来輩
他所江相越在付妻子をも令所持其上科
　なき者を不可呼返事
右條々可相守之様於有違犯之輩者可被所
厳科旨所被
仰出也仍下知如件
　天和二年五月日　　奉行
此高札御文言改付建替之
條々

一毒薬并にせ薬種売買之儀弥堅制禁之
若於売買仕者可被行罪科尓たとひ同類
たりといふ共訴人尓出る輩は急度御褒美
可被下事
一にせ金銀売買一切停止たるへし自然
持来尓をゐて者両替屋にてうちつふし
其主尓可返之再ひはつしの金銀者金座
銀座へつかハし可相改事
　附にせ物すへからさる事
一寛永之新銭金子壱両ニ四貫文勿論壱分ニ者
壱貫文御領私領共に年貢収納等尓も
御定之員数たるへき事」
一新銭之儀いつれの所尓ても御免なくして
一圓不可鋳出之若違犯之輩有之者可
為罪科事
　附悪銭似銭古銭此外撰へからさる事
一新作之慥ならさる書物商売いたすへから
さる事
一諸色の商売或一所に買置しめうり或者
申合高直にいたすへからさる事
一諸職人申合作料手間賃等高直尓いたす
へからさる事物而誓約をなし結徒党
儀可為曲事
右條々可相守此旨若違犯之族於有之者可
被処厳科者也仍而下知如件
　天和二年五月日　奉行

此高札御文言改付建替之

定

きりしたん宗門者累年」
御制禁たり自然不審成者有之者申出
へし御ほうひとして
はてれんの訴人　銀五百枚
いるまんの訴人　銀三百枚
立かへり者の訴人　同断

同宿并宗門之訴人　銀百枚
右之通可被下之たとゐ同宿宗門之内た
りといふとも訴人尓出る品尓より銀五百
枚可被下かくし置他所よりあらハるにを
ひてハ其所之名主并五人組迄一類共に可被
処厳科者也
天和二年五月日
奉行

天和二戌年七月十六日御奉書諸国職人とも
天下一号之事御停止被　仰出付当町
中江相触候事」

一筆令申候
両上様益御機嫌能被成御座候
之間可心易候将又於諸国職人共
天下一号之事可停止旨被
仰出候被存其趣其地町中早々
可相触候次先月廿八日之書状并
別紙書付到来遂披見候其表
別條無之隣国迄無異之由得其
意候紙面之通及言上候恐々謹言
七月十六日　戸　山城守
阿　豊後守
宮城監物殿

天和三亥年二月女之衣装御法度之御書付
大目付より江戸町奉行江被相渡候写

覚

一金紗」
一縫
一惣鹿子
右之品向後女之衣類尓制禁之物而珍敷
織物染物新規尓仕出候事無用たるへし
小袖之表一端ニ付弐百目より高直尓売商

仕間鋪者也
亥正月

天和三亥年二月十六日

覚

一祭礼法事弥可執行之惣而寺社山伏法
衣装束等萬端かろく可仕事
一町人舞々猿楽者縦雖為御扶持人向後
刀さすへからさる事
一百性（ママ）町人衣服絹紬木綿麻布以此内応分限
妻子共ニ可着用之事
一舞々猿楽右同断但役相勤時分者熨斗目
不苦事
一惣而下女はしたは布木綿可着之帯同前
之事
以上
亥二月日

天和三亥年三月十九日宮城堅物より到来之書付
三通御停止物之内書抜相伺候品書并小物仲間
衣類御定書写
此書付御目付衆何も御役人衆被申渡候由ニ
御座候間入御披見候以上

覚

前々被　仰出候小物中間衣類木綿之外帯
頭巾ゑり袖へり等ニいたるまで絹布
類絹紬等ニ而も堅御法度之由ニ御座候明日より
「成共御歩行目付いたしとらへさせ可申由ニ御さ候」
右之法度之趣早々申通候様ニ御目付衆被申候間
今晩御組江も可被仰渡候印籠巾着之類者猶
以御改有之候以上
二月廿三日
衣類不成織物之儀如斯有増之書付大久保

加賀守殿江入御披見候処此書面之分者御
構無之由被仰付左候ハヽ向後売商可申付
旨申上之候

覚

一段子繻珍之類
一錦織之類
一金銀紋紗之類
一金銀織物之類

以上

亥二月

御停止物御書付之内器物翫物之品書付掛
御目候様ニと亥二月十七日被仰渡此通有増之
書上候処書面之分弥為売申間敷由同十九日
大久保加賀守殿被仰渡候

覚

一堆朱青貝之類
一同箪笥之類
一同硯箱文庫
一同香箱之類
一同食籠之類
一盆之類
一同筆之軸
一硯屏之類
一唐かね焼物筆荷水入之類
一同香炉花入
一同水指はんどう之類
一焼物皿鉢茶碗之類
一壺并茶入之類
一仏
一墨跡并唐絵掛物
一唐絵軸物押絵
一珊瑚珠めのふ琥珀水精之珠数
但緒留ハ不苦候由ニ御座候

以上

亥二月
天和三年三月晦日宮城監物より到着之書付
女装束縫紋之事并遊女等之儀由来候事

去二日三通之御別紙令拝見候
一今度春宮中宮宣下被為行赦候之間
大科之外赦免可仕之旨先頃従御老中
被　仰遣候付而軽罪之内被遂吟味遠島壱人
追放弐人都合三人赦免被申付候間御次手
之刻御老中江可申上由得其意候従銘々
ケ様之儀其許より者御老中江不被申上候故
拙者方まて御申越候旨令承知候事
一其地町年寄共刀之儀先頃被
仰出之時分再三願申上候得共江戸町年寄共
さへ御免許無之候條無用之旨被　仰渡候
然上者達而も難願上見合罷在候木原内匠鈴
木修理抔儀者段々御奉公申上筋目茂有之
御代々御免許ニ而差来候ニ付支配方より度々色々
被相願之候処具御聞届者被成候得共御仕置ニ
障申所有之由ニ而不相叶候依夫後藤茶
屋本阿弥家之者共刀之儀も右両人不相叶ニ付
支配方より不被願由御座候然共従御手前被
申越候趣申立御次手を以令一応伺見可申候
其地町年寄共者異国境之儀ニ付従此以
前御免許江戸同前ニ被　仰付候由御紙面
之通御届候事
一常行司阿蘭陀通詞唐通詞出嶋乙名其外
刀免許之町人刀指不申候様ニ御申付候之由尤存候
町年寄共願不相叶上者常行司其外之者共
も弥罷成間敷候之事
一御船頭町使船番遠見番籠守是者町人之
外御奉公相勤御奉ニ付其通ニ被差置候旨尤
存候此者共之儀者不及相伺其通可然存候
当御地石出帯刀儀茂無別儀刀差申候由ニ候事
一常行司両人事町年寄御免許ニ候ハヽ差続
たる役人其上外町支配も仕候者ニ候之間是又申上
可然之由得其意候町年寄共儀相叶候ハヽ

両人之儀も可申上無左候ハヽ、伺申間敷候先此度
之被　仰出相守候様ニ両人江御申付候之段尤ニ
存候事
一彦右衛門四郎兵衛儀者先書ニ申入候之通相伺
候得者並も多く有之間御勘定方町奉行衆
承合候様ニと被仰候其以後承合候処能並末
無之候京都角倉又者上林大津之小野
半之助抔義未極申候由支配方被申候弥承
合相伺可申候当御地町年寄儀茂小日向筋
地方水道抔支配仕常々直勘定仕上候得とも
町年寄之儀ニ候故刀指候儀不相成候由町奉行
衆被申候其許両人之儀も大方者相叶申」
間敷由存候事
一両通詞共并出嶋乙名近年刀指候故異国
人江申付候儀茂重ク存候ニ付諸事作法茂能候由
御紙面之通具ニ承知候是又御年寄より被仰
越候段御次手ニ可申上候事
一先頃大目付衆町奉行衆江相渡リ候御書付ニ
女中衣類ニ金糸縫物鹿子御停止之由就夫
其地縫屋共之儀未御触無之候故不被申渡候旨
令承知候北條房州江承合候処当御地縫屋共江者(89)
右之品向後御停止之旨被申渡候尤呉服屋共江も
其通り被相触候女之衣類ニ者紋所之縫も堅
不仕様被申付候男之衣類ニ縫紋之儀者未聢与
不相極候故其段者不申渡由被申候然れとも
右之趣故男之紋所茂縫者不仕候由承候事
一遊女衣類之儀平町人同事ニ絹紬より上意
着用不仕候様ニ被申渡候操かふき之役者江も右
同断ニ被申渡幕等も右之通相守候様ニと是又
被申付候由ニ御座候大坂之儀茂設楽肥州(90)江承
合候得者是又同前之由ニ候之間其御心得御申」
付可有之事
一船番之者共居宅江致破損候由ニて修復之儀
相願候ニ付入用凡為御積せ候之処三貫四百四
拾八匁余と書出之候之由御紙面之通委細
令承知候入津之砌者唐船之役人ニ付唐人忍
銀出事候之間向後会所増銀之内にて修理
申付可然様ニ思召候由尤存候事

一御蔵番之者共家修復茂相願之間凡七百弐拾七匁ニ而候由是者船番とは様子も違候故会所増銀之内ニ而も難成尤　公儀御蔵之番人与者乍申御扶持方抔茂御買上出来之内を以従跡々為取来様子ニ候得者急度御扶持人与申ニ而も無之候罷成候由ニ候得者今更作右衛門方之御闕所金ニ而も難成思召之由尤ニ存候右両様修復之儀者貴様思召之通被仰越候今程救残銀牛皮増銀有之候得者如何様ニも成能候得共末々迄引付ニ罷成事候條当」秋拙者罷越候而御相談之上金子之出所御極可有之候間其内修復茂難延候故先町年寄年番附ニ請取置候銀子之内当分入用相払候様ニ御申付候間得其意候ニ口銀高凡四貫百七拾五匁余ニ而有之候由承届候事

一御蔵番屋鋪相構練塀瓦繕抔修復有之候則吟味御申付候処百四拾匁余之由是者作右衛門御預御闕所金ニ而御申付候而可然候得共跡ニも浮金ニ而ケ様之破損者仕たる由其上少之事ニ候得者急度御老中江申上候段も如何(ママ)思召候間古例之通此度之席ニ御申付可有之旨尤ニ存候御老中江申上候も不及義与存候此已後修復等銀子無之時分者不仕候先救残金茂御座候間御了簡之通御同意候事

以上

三月晦日　宮城監物印

川口源左衛門殿(91)　」

天和三亥四月廿一日之御奉書并御覚書

今度

大猷院様就遠忌御法事於諸国被行赦之間軽罪之族可放免之旨被　仰出候此節之儀ニ候之間大科之外者可被差免候恐々謹言

四月廿一日　戸　山城守

阿　豊後守

川口源左衛門殿

追而申入候赦人事於当地博奕之輩并巾
着切此分者赦免無之候間可被得其意候以上
四月廿一日　戸　山城守
阿　豊後守
川口原左衛門殿

天和三亥四月廿一日之御奉書并御覚書
今度
大猷院様就御遠忌御法事於諸国被行赦
之間軽罪之族可放免之旨被　仰出候此節之
儀ニ候之間大科之外者可被差免候恐々謹言
四月廿一日　戸　山城守
阿　豊後守
川口源左衛門殿
追而申入候赦人事於当地博奕之輩并巾着
切此分者赦免無之候間可被得其意候以上
四月廿一日　戸　山城守
阿　豊後守
川口源左衛門殿

天和二亥年七月十五日宮城監物より到来之書付
以別紙申入候
一阿蘭陀人来春献上物之内毛織氈物之儀者
如何可申付哉与先頃申上候処御相談之上重而
可被仰聞候ニ而去八日大加賀守殿被仰渡候者羅
紗羅背板猩々皮之儀者阿蘭陀心次第献上
仕らせ候之様ニと被仰候付而兼而申上候通長崎江
入津之節持渡候品々書付拙者共迄相伺候ニ付
献上仕可然物と致差図候向後も羅紗羅背
板猩々皮抔例之通差上させ可申哉与伺之候之
処右之品々者阿蘭陀従東国持渡物候其
上従諸大名羅紗猩々皮抔者献上仕候間差上
候様　一と加賀守殿被仰候下々江も右之毛織音物

仕度と申候ハヽ、如何可申付哉与是亦伺候処阿蘭
陀心次第仕候哉ニと可申付由尤最前被仰出候通
異国人より日本人買取候儀者堅無用之由被
仰渡候事
一氈物之儀者阿蘭陀人異国所々ニ而調持渡
献上仕度と申候ハヽ、不依何ニ差上させ可申候
従唐人前日本人取つぎ阿蘭陀相調候而差上
候事者無用ニ可仕旨右之節被仰渡之候事」
一金糸異国人江従日本人売渡候事
一女小袖縫箔異国人誂申候事
　此二色之儀者堅無用可申付之候
一弁柄嶋
一かいき
一はか(92)
一北絹
　此四色長崎之者共ニ者着用仕らせ
　度旨願之通可申付之候
右品々去月廿三日書付を以相伺候処御相談
可被成由ニ而書付御留置去十日阿部豊後
守殿右之通被仰渡之候間被得其意町
年寄共も其段可被申付候事
以上
七月十五日　宮城監物
　川口源左衛門殿」

従貞享元年
至同五年
古来より御役所引継相成候
掟定書等之類」

(目録)
第三之帳目録
一服忌令御改ニ付被差越候事
一唐阿蘭陀商売先規之通糸割符に仕

其外諸色ハ相対商売可申付旨被
仰下候事
一糸割符之儀ニ付伺書ニ御老中御加筆有之
宮城監物より差越候之事」
一市法前両奉行江唐阿蘭陀人八朔礼音物之事
一南蛮船渡来ニ付御奉書到来之事
一唐船より邪書持渡候事
一唐船より文武人乗渡候事
一服忌令少々御改被差越候事
一入津之唐人共先規之通音物仕度旨相願候ニ付
江戸江相伺候処願之通差免候様被仰渡候事

一宮城監物在勤隠買相企候悪人共拾四人とも
即時死罪申付候儀ニ付大加賀守殿川口源左衛門江
被仰渡候趣同人より申越候事
一長崎奉行向後三人ニ被仰付候事
一切支丹宗門穿鑿之儀九州大名江被仰渡
之事」
一大沢左兵衛長崎奉行被仰付之候ニ付五ケ所
いと割符之者并唐阿蘭陀八朔礼音物之儀
相伺候事
一服忌之儀ニ付日光御門主より被仰上候趣下々も
可相守旨被仰下候事
一牛馬煩未死肉捨候儀ニ付被仰渡候事
一紀州熊野浦漂着呂宋人之儀申上候処

御返答被下候事

一唐人之儀阿蘭陀人ことく一圍之処ニ差置并
船数減少之儀遠見之者阿蘭陀之ことく
唐船も注進いたし候様可申付旨被仰下候事

一服忌令追加之被遣候間最前被遣候追加書付者
無用可仕旨被仰下候事

一唐人一圍之地へ被差置候ニ付御奉書并川口
源左衛門より委細申越別紙是又広南船頭へ
可申渡覚書之事　以上
」

（本文）
服忌令

一父母　忌五十日　服十三月

一離別之母　忌三十日　服百五十日

一嫡母　忌三十日　服九十日
父生存の内ニ而も又死去の後ニても他江嫁
せすして死去之節者妾之子可請
服忌又父生存の内離別其後本妻死去
之時者妾の不（ママ）可請服忌

一継父　忌十日　服卅日

一継母　忌十日　服三十日
父死去の後他江嫁して死去の時者不可請
服忌

一養父母　忌二十日服百五十日
遺跡相続之時者実父母のことし無左
本姓の方不残半滅の可請服忌養父死去
之後養母他へ嫁して死去し時者養子
不請服忌此後実母死去之節者本へかへり
実母の可請服忌
」

一夫　忌三十日　服十三月

一妻　忌十四日　服九十日

一嫡子　忌十四日　服九十日
女子は最初ニ生まれても末子ニ准ス

一末子　忌七日　服三十日

一養子　忌三日　服五日

一夫之父母　忌二十日　服九十日
一祖父母　忌三十日　服百五十日
　母方　（忌二十日　服九十日　脱カ）
一曽祖父母　忌二十日　服九十日
一高祖父母　忌十日　服三十日
一伯父叔父　忌廿日　服九十日
　母方　忌十日　服三十日
一姑　忌二十日　服九十日
　母方　忌十日　服三十日
一兄弟姉妹　忌二十日　服九十日
　別腹ありといふ共服忌に差別なし
一異父兄弟姉妹　忌十日　服三十日」
一嫡孫　忌三日　服七日
　娘方の孫　忌三日　服七日
　女子ハ最初に生れても末孫ニ准す
一末孫　忌三日　服七日
一嫡孫承組　嫡子与おなし
　祖父母茂実父母尓准す
一従父兄弟　忌五日　服七日
　父の姉妹の子并母方忌三日服五日
一甥姪　忌五日　服七日
　姉妹の子　忌三日　服五日
一聞忌之事
遠国尓おゐて死去年月をへて告来時ハ
父母は聞付る日より忌五十日服十三月其内
閏月をかそゑす縦ハ去年の二月死すれ
者来年の二月中者着服なり外親類
者忌の内に告来ハその残る日数忌へし
服忌の日数過て告来るときは無服尓
して半減の忌を請へし」
一重る服の事
父の服いまた不明内又母の服有之ハ二年
服を不可着父の服二三月過て後母の
服有之者母の死去の月より十三月可着
服重き服を改に及はす縦へハ五十日の
重キ服の日数四十日過て二十日の軽キ
服有之節者重き服の日数過て後右
軽き服を着す二十の日数は重服の

内よりかそふへし軽き服のうち尓重キ
服有之ハ其聞付る日より服を改其日数
忌へし
一七歳未満の小児自他ともに無服但遠慮
父母　七日
外の親類者不残三日母方并聞忌不及
遠慮

穢之事
一産穢　父七日　母三十五日
一流産　父三日　母七日」
一血荒　行水次第
一死穢　行水次第
一踏合　行水次第

貞享元子年十二月廿七日唐阿蘭陀商売先
規之通糸割苻仕其外諸色者相対商売可申
付旨御奉書を以被仰下候

一筆令啓候凌厳寒之節候
公方様益御機嫌能被成御座候之間可心安候
将又去十一日之書状覚書遂披見候其表并ニ
隣国迄別条無之由得其意候紙面之通及
言上候然者長崎ニて唐船阿蘭陀商売之
儀於当地諸奉行吟味被仰付候先規之通糸割
苻ニ仕其外諸色者相対商売可申付之旨被
仰出候因茲則仰出之書付注別紙差越候之間
可被得其意候委細之義宮城監物江も申渡
候恐々謹言

十二月廿七日　戸　山城守 忠昌
阿　豊後守 正武」
十二(ママ)月廿七日　大　加賀守 忠朝

川口源左衛門殿

覚

長崎尓て唐船阿蘭陀商売之儀先規之

通糸割苻〻仕其外諸色ハ相対商売ニ可申付之且又御禁制之品々向後堅買取不申様可申付之候切支丹宗門之儀弥以可入念之由被仰出之者なり

子十二月廿六日

以別紙申入候

一昨廿六日御老中御列座ニ而戸田山城守殿被仰渡候

長崎商売之儀先規之通糸割苻其外之諸色者相対商売仕候様向後可申付旨被仰出候間御書付之趣拝見仕御手前ニ早々可申越由被仰候間可被得其意候尤何茂江可申渡之候則御書付写差越之候右御列座江寺社奉行衆大目付衆町奉行衆御勘定頭衆被罷出候事

一私申上候者御書之趣奉畏候御書付之内ニ少々相窺申度儀御座候追而奉相窺之由申上候処被仰出候儀ニ准候間其旨相守可然候ケ様ニ被　仰付候長崎之もの共致困窮差当迷惑仕候之段茂被達上聞候旨豊後守殿被仰候其以後又御列座江罷出被御渡候趣御手前江具ニ可申遣候糸割苻之儀者来年より可申付事ニ御座候哉与申上之処来年より申付候様ニ被仰候付而当年も近年ニ無之冬船入津仕春船も可参様ニ唐人共も申候由従御手前申来候若左様ニ春船も参候ハヽ少手廻致かたく可有之由申候得者左様之時者長崎計ニ而埒明可然旨被仰候間其御心得可有候事

一御書付之通ニ候得者阿蘭陀間金も無之候左様ニ候得者間金より取来候給金扶持方金三千両余不被下候得者不罷成もの共御座候由申候処豊後守殿被仰候者先規無之人者止ニ仕候様ニと被仰ニ付新水主俄之儀申上候得者跡々少ク御座候其以後御船数多く罷成候ニ付取扱手支候ゆへ増人仕候之由申上候兎角左様之儀ハ其分ケを書付重而申上候様ニ与被　仰候事

一先規糸割苻之儀有増者承置候得共御手前へ申趣疾之書付取寄其上ニ而御窺可申候左様〻仕候ハヽ少々延引可罷成候内々其御心得被遊

被下候様ニと是又御列座ニ而申上候此存寄者
最早取返難致事も可有之候間御手前思召
寄も承り候而可然存右之通申上候先規糸割
苻之様子委御吟味有之尤通詞共役人共
取前之儀迄御書付候而御手前思召寄之段者
張札ニ被成御差越可有之候於爰許拙者存寄も
候ハヽ加筆可仕候事以上

十二月廿七日　　宮城監物印

川口源左衛門殿

此書付町年寄常行司相渡之内
町外江相触之候

一今度被　仰出候異国商売御仕置之趣向後堅く
相守准先規可申事
一御停止物弥入念可申事
一不依何事密々ニて先規無之新法一切仕間敷事
」

附異国人者不及申諸国対商人非義之
仕形間敷事
右之通町中之者共急度可相守之候并諸国
商人入込候節申含之若違背之者於有之者
可為曲事者也

丑二月五日　　川口源左衛門

貞享二丑年二月廿日糸割苻之儀ニ付伺書御老中御
加筆有之候宮城監物より右差越す

二月廿日之伺書御加筆有之

覚

一糸割苻之儀先規之通江戸京大坂長崎五ケ
所江可被下候之哉（ママ）之事　先規之通り可然候
一御納戸方呉服所御細工方之者共へハ割苻之外ニ
唯今迄之通可被下哉之事
市法以後始候儀候間古来割符之外無用ニ候

一阿蘭陀持渡諸色先規相対之時者入札ニ而商売
仕候旧例之通リ可申付哉之事
但旧例通り入札可然候乍然無筋目入札候者
有之候者可有僉儀候其上不届之輩ハ可為曲事事」
一前々茂異国より持渡候荷物買取候代之義者阿蘭陀
方へ者金子唐人方へ者銀子ニ而相渡し候向後も其通
可申付哉之事
前々之通可然候
一阿蘭陀方へ金子ニ而相渡候者両替之義日本時之相場
を以とりやり可申付候哉跡々も六拾八匁にて
例も御座候如何可仕哉之事
金両替直段六拾八匁ニ仕間銀者長崎町中割
取可申候
一間金相止候得者出嶋口銭銀計にては長崎
諸役人共忍銀之義ハ先規之通ニ唐人方より
為出可申哉之事
不入役人除之給金を減口銭ニて埒明候様
可然候　附紙御加筆ニ而難呑込候故唐通事
忍銀之儀申上候得共古来之通り
唐人方より受用仕らせ候様ニて被仰候

一先規糸割符之時分者糸直段四五月ころに
附紙　此ケ条重而伺別儀有之
元直段相極候直段を以翌年四五月頃迄ハ買取
申候就夫異国人共其心得仕直段相極候時分ハ糸
少分尓持渡り直段相極させ其已後大分ニ積渡
故割苻之者とも買取候儀不罷成事も御座候
向後者日本之相場を相考船壱艘宛其時ニ至而
相極候様申付可然与奉存候之事
古来如糸割符之時先申付可然候
一五ケ所へ大割之儀者御下知次第御座候小割尓配分仕
儀ハ五ケ所其所之奉行了簡を以申付候様可被仰付哉
長崎者共者外之商売も無座候貨物取御影を以
相続罷在候者共ニ而御座候得者只今迄貨物取来候者
とも江高ニ応し少宛も配当申付度存候事
小割儀も古来糸如割苻之時申付可然市法以後
之小わりハ無用ニ候　附紙
此御加筆難呑込候ゆへ
重て伺別紙有之
一蔵口銭之儀只今迄者壱貫目ニ付五拾目宛日本
商人出之候向後者壱貫目ニ付百目宛ニ可申付被下候
左候得者唐人元直段茂其心得仕下直ニ直入仕候ゆへ

少々事なから異国へ金銀参候事滅申候間其通
可申付哉之事
　蔵口銭之儀茂古如糸割苻之時可然候
一先規茂江戸京堺大坂より割苻為惣代糸宿老と
申弐三人宛毎年長崎へ罷下町年寄共立合白
糸の元直段相極其増銀惣代之者共支配仕割苻
仲間之者江配分仕候向後も右之通被仰付候仕度
候事
　糸宿老之儀者四所面々より可被差出候小割
　之事者糸丸高を以割可申候
一於長崎唯今迄札宿老申付宇野九兵衛大塚
三郎右衛門商売之儀功者尓御座候間此両人を糸宿
老ニ申付四ケ所之者とも立合糸之元直段相極其上
ニて町年寄ともへ申聞候様可被申付候事
　札宿老之儀其時々糸割苻之時無之事候間
　無用候
一御納戸方呉服所共へ唯今迄者御用之端物
巻物入津之節撰置相渡之候向後も其通可仕候哉
直段之儀者其時々立直段ニ相渡させ可申哉之事

　御納戸より直ニ相達被召上候物者格別呉服所」
　之者共調候品々撰置候儀無用ニ候
一先規茂割苻之時分者四ケ所より割苻取共毎年
七月五日限ニ長崎江参揃候様ニ被　仰出之若右之
日限遅参候輩御座候ハヽ割苻取上候様被　仰付候向後
茂右之通被　仰付候之様仕度候事
　長崎江参候揃日限之儀古来糸割苻之時
　可然候
一糸之分割苻ニ被仰付候ハヽ白糸弁柄糸弐色者
五ケ所へ割苻被下其外下糸之分者不残長崎町中
割苻ニ被　仰付候之様仕度奉存候事
　糸之分者何いとニても不残五ケ所江割苻
　可然候
一唐船商売仕掛候歟またハ日本人代銀滞申候節
者御定尓相違候共越年可申付哉之事
　御大法之通ニ候乍然無拠子細有之時者奉公
　人見計次第越年も苦ケ間敷候　以上
此本書者阿部豊後守殿へ差上伺直候ニ付御認替被遣候
併地下八朔之御下知有之候ニ付為後証文写入置之」

長崎両奉行

度々ニ者拝借被仰付間敷候
一先規者唐船ニ積渡候端物巻物十分一受用仕候由
及承候然共唐人方より受用仕候義者不宜存候段先
奉行申上其節相止申候其以後者毎年御役所へ罷越候
時分於江戸千両宛拝借被仰付諸事支配等仕候之
処市法以来者諸国より長崎へ参集候貨物割
符之もの共八朔之礼仕度よし相願之候付而御伺申上
其通ニ相定候然共銘々持参候而我増ニ音物重く
罷成へくと存故会所ニ而割取候増銀之内尓て
惣売高之積リ相考壱貫目ニ付五匁ツ之積リニ
相定置毎年奉行参府之節御伺申上以御下知
受用仕候依之毎年之拝借者相止申候然共御役
被　仰付初而御役所江罷越候年計千両宛拝借被
仰付候事

先如古来可被仕候
一阿蘭陀方より端物柄鮫入津之刻為八朔礼持参申
候事

同
一唐船頭共帰帆迄者長崎在留仕日本人同前に
支配請申事ニ候得者八朔之礼申度よし相願候付而
其趣申上候処軽ク申付へくと之由御下知を以高木
作右衛門末次平蔵致吟味船々より売高ニ応し
縮緬弐巻歟又者綸子むりやう抔弐巻ほと宛
其節より到今受請用仕候事

同断
一地下之八朔茂先規者色品ニて受用仕候得共是また
我増尓心懸候ゆへ重く罷成候ニ付市法示来者其
人之分限ニ応し金子又ハ銀子ニ而受用仕候事

以上　二月廿日

此御加筆之趣ニ而者聢与呑込申候然共自分取
前之儀故即刻ニ窺直事如何候先致延引候此度
被差越候唐人共願書掛御目候節弥相伺可申候

貞享二丑年五月長崎奉行へ唐人阿蘭陀人
より八朔仕候ニ付音物之儀ニ付宮城監物より之
別紙并音物之書付

以別紙申入之候

一先日度々被差越之候当年入津之壱番船より十弐番船迄之唐人共願之書付一昨廿日御老中御列座ニ而奉入御披見候之処古来之通リ可然よし被」仰候故先日拙者申上候十分一之事大前之儀牛込時楽致物語承置卒示書上申候此度唐通詞共市法以前之儀書付出候ニ付従御手前被差越候旨申上之通詞共よりの書付茂懸御目申候処先規之通可然由被仰候事

一右之通ニ付唐人方并阿蘭陀人より拙者共へ八朔礼物之儀書付一通ニ相認奉入御覧則豊後守殿御奥書被成御渡候弥先規之通可然由被　仰候右之書付写壱通差越之候間可被得其意候本書者御継飛脚之刻可被遣之候阿蘭陀方々之儀者先日従御手前被申聞候通書載申候定而阿蘭陀人も願可申出哉と存候之間金抔も止不申候得者左様ニも難致可有之哉書付より少分ニ請用仕候段者最早御窺ニも及間敷歟与存候重而御手前御参府之時分其わけ御申上可然存候先日御加筆被遊候拙者とも取前之書付者此度之書付と引かへ豊後守殿へ返進可仕旨被仰候間重而宿次之節御越可有之候事

一高木彦右衛門高嶋四郎兵衛手代為被下扶持方之」儀先頃申入候通服部六左衛門御蔵より請取候様被仰渡候則六左衛門江之御証文写仕進之候六左江者重而御継飛脚之節御証文写可遣之候委細者御手前より可被申談候御証文御本書者拙者罷下候時分持参可相渡由六左江拙者方より可申越之候御証文一昨廿日尓被下候右之被仰渡者四月ニ而御座候就夫月付之事候之処先月被仰渡候間尤四月より之御扶持請取可然与存候其段六左与可有御申合候今年より始而請取申事候得者御勘定頭衆より添状可被仕之(ママ)候与相談候ハ、処此御証文之上ニて添状ニ茂不及由御勘定頭衆申候之間左様御心得可有之候事　以上

五月廿二日　宮城監物

川口源左衛門殿

阿豊後守殿御加筆有之

　　唐人阿蘭陀八朔礼音物之書付

　　市法前両奉行人江唐人阿蘭陀
　　八朔之礼仕候時音物之覚

一唐人方者売高銀百貫目ニ付八百六拾目積端物
ニ而差出候但両奉行長崎ニ在地仕候得者右之礼物二ツニ」
分差出申候事

一阿蘭陀方者銀四拾貫目又者三拾五六貫目之積り
端物巻物ニ而両奉行江差出之候之事　以上

　此御加筆者御老中より被遊豊後守殿御渡被成候

　右之両條先規之通可然候

　五月廿日

貞享二丑年六月廿三日南蛮船渡来ニ付
御奉書を以被仰付候

　当月五日之別紙懸披見候

一南蛮船附置候番船之儀大村因幡守方へ申遣ス船差
廻候内者従松平右衛門佐相勤候様申渡候之旨先日
注進候得共三拾九年以前亥年南蛮船弐艘来
朝之節松平筑前守(93)其地当番ニ而帰帆迄警固
船差出相勤候付而此度も従右衛門佐方勤度之旨当
番所之番頭共願候依之如旧例帰帆迄従右衛門佐
方勤候之様申渡候由検使差遣承届候且又当月
三日南蛮船へ検使差遣武具玉薬等之儀船之
船梶迄陸江取上船底悉相改候処疑敷も無之
商売物茂一切不持渡候翌五日ニ茂検使遣之再
三穿鑿有之候得共邪宗門之儀聊不申聞由候」
委細之口書宮城監物方迄遣候由得其意候事

一拾弐人之日本人是又陸江揚之衣類等まで改候処
別条無之由候籠之揚り屋差置壱人宛踏絵等申付
色々穿鑿候得とも天川逗留中又者於船中ニも
邪法之儀一言も不承言語通用無之ゆえ何様之
義も一圓不存之由是また口書監物方迄遣候よし
承知候之事

右之趣及言上候処南蛮人帰帆申付へく之旨

被　仰出候間存其趣可被申渡候勿論日本渡海之義
弥堅為停止之間以来通用不仕様入念可被申含候
次ニ於船中飯米見計其方心得之様にてとらせ
可差越候委細之儀者宮城監物方より可申越候且又
日本人之事ハ其侭籠之揚屋可被差置候此儀ハ
追而可相通候以上

六月廿三日　　松　日向守(94)
戸　山城守
大　加賀守

川口源左衛門殿

南蛮人江申渡口上之覚」

一当春天川江日本人令漂着付而為可差送態を仕立
送越之候拾弐人共無恙至長崎令着岸請取之候
南蛮人日本渡海之義兼々雖為御制禁此度者
漂着之者共送リ来リ其上宗門之儀曽而不相勧之由
申候間令用捨奉行為心得帰帆申付候向後堅渡海
仕間敷候出致帰唐者之頭分之者へ右之趣可申聞候
今度日本人送届候段者追而老中迄可相達之候
船中為扶持方八木三拾表遣之候早々出船可仕候
事　以上

六月廿二日

以別紙申入候

一今度入津之南蛮人之儀先達申被越候通弥
替事無之候ハヽ艸々帰帆可申付由昨廿二日戸
山城殿被仰渡候南蛮人江口上申渡候趣相伺候処
跡々之例抔考可申渡由被仰候兼而左様可有之与
存拙者存寄之通リ弐通認致懐中罷出候
右之趣被　仰渡候間此通口上ニ而可申聞哉と掛御
目候処御読せ御聞書面之通可然由被仰候天川ニ而
従南蛮人衣類食物等あたへ申候此段も書入候て」
又壱通認懸御目候得者此義者不入物ニ候間右之書
付之通可申渡由被　仰候条別紙認進候事
一今度南蛮船帰帆ニ付浦触之儀先年もゑけれす

船帰帆之節相伺候得者弥跡々之出船前相触可然
由被仰候事
一南蛮人方江通詞共より証文之事不入義与思召候乍然
本国江罷帰日本迄送届候証拠無之事ニ得（ママ）者証文
届申候段尤ニ思召候是非与相願申候ハヽ通詞とも
方より証文遣候様ニ可被申付候間者夫茂不入物与
思召候由被仰候間可被得其意事
一南蛮人江御褒美之儀八木三拾俵下之由被仰渡候
是茂能《ヨキ》程ニ相計為取候様ニ与被仰候間跡々朝鮮
人対州江送リ帰候時之例一日壱人ニ七合五夕之積リ
相渡候此積相考候得者弐拾俵ニ而者船中廿日之
致日積ニ少不足仕候三拾俵ニ而者船中廿八日之日積リ
仕候而者少余候よし申候得者多分者可然候
三拾俵遣候様ニと被仰候朝鮮人扶持方雑用
金者高木作右衛門御預リ金之内を以相渡之候此度」
如何可仕哉与申上候処先規之通可仕之由被仰候
間作右衛門方より相渡候様ニ可被申付事
一天川ニ而船板又者たはこ払候代銀切支丹極印有之
事候之間南蛮人方へ返可申哉是者不入物候之間御手
前江可被取上置候且又天川にて為取候帷子単物
帯之儀者船中致着帰朝申事候間返シ候及間敷候
以後者焼捨候共先御手前へ是又可被取上置よし
山城守殿被仰候間左様可被相心得事
一於其地野菜酒肴薪等其ほか諸色望候ハヽ
為売渡可申候哉又者無用可然可申付哉と相伺候処
野菜酒肴等之儀ハ望次第可相渡其外之諸色
致無用可然由被　仰候事
一今度帰朝申候拾弐人之日本人之儀重而御下知有之
迄者籠屋揚屋可着置之由山城守殿被仰渡候
間可被得其意候事　以上
六月廿三日　　宮城監物
川口源左衛門殿
覚」
一貞享二年丑六月二日南蛮船壱艘入津南蛮人
四拾七人日本人拾弐人乗組来朝之事

一右之日本人者伊勢之者被放風ニ丑二月七日天川へ
漂着依之彼地頭分之者より態船仕立送越候由
及暮当湊江碇を入候ニ付早刻検使を以様子相尋
則南蛮人日本人ニ為致口書候事
一番船之儀ゑけれす船来津之例ニまかせ大村
因幡方江申遣候船被差廻候内者当番松平右衛門佐
方より先被相勤候様ニ申渡候然処先年南蛮
船着岸之節親筑前守当番ニ而帰帆迄番船
相勤候由右衛門佐番所之家来共願之候ニ付今度
茂南蛮船ニ候之間於然者准旧例帰帆まて右衛門佐
より被相勤候様ニ申渡候尤此方より番船三艘差
加為相勤候事
一日本人御掟之段為申聞船中武道具悉取上候事
一日本人拾弐人南蛮船より請取之籠揚リ屋に差
置漂流之様子又者滞留之内切支丹宗門之儀不被
勧候哉と踏絵をも申付段々遂穿鑿江戸江」
及注進候事
一船中野菜等不足相調度之由雖願之候御停止
国之者ニ候間代為受取事如何与年行司方之
御闕所銀を以為調滞船中為取之候事
一彼船帰帆之儀六月廿三日之御奉書七月六日夜
到来則翌七日検使ニ而口上書之趣通詞を以南蛮
人江申渡之候処畏入順風次第早々帰帆可仕之旨
及請答候得共逆風吹続当湊ニ滞船八月朔日依
順風出船風並能直ニ帰帆翌二日帆影見隠候由
野母遠見番所より注進之事
一日本人拾弐人之儀者追而御下知可有之旨被仰下候事
　但拾弐人所持之金銀諸道具品別紙
　目録有之候以上　　川口源左衛門

貞享二丑年七月晦日邪書持渡候儀ニ付
御下知　被仰下候趣を以覚書左之通
一拾五番南京船ニ乗渡候呉湛竹与申唐人寰有詮と
外題有之候邪書持渡ニ付遂穿鑿其趣江戸へ
申上候之処従御返答之御別紙八月十三日到来御下知之」
趣宮城監物江被仰渡候通申来候ニ付同十四日呉湛竹
并船頭両人其外一船之内ニ而四人奉行屋敷へ召出し

呉湛竹義御停止之書物持渡候儀且又両船頭も
兼々堅く御制禁之段者乍存知ケ様之書物所持之
もの乗せ来リ不届千万ニ候依之呉湛竹両船頭
此三人者向後日本江渡海仕間鋪旨被仰出候御下知之趣
急度申渡之彼者とも見申候処にて寰有詮全部
六冊焼捨之申候次ニ一船之者とも荷物不残持戻
可仕旨これまた申渡候最早売払候荷物之分も
所々より取戻可相渡候間揃次第早々帰帆仕候様ニ与
申付候以上

丑八月十四日　　　川口源左衛門

貞享二丑年八月厦門出シ唐船より文官武官
之唐人渡来いたし候ニ付御下知被　仰下候

一筆令申候今度三拾七番之唐船文官武官
之もの渡海之儀跡々も無之事ニ候其上当
年者船数多入津候彼是以累年無之事候間
別而万端入念可遂御吟味候且又別紙ニも申
通文武両官人早速帰帆申付之向後不渡」
海候様堅申含可遣旨被仰出候可被存其旨候
恐々謹言

松　日向守判
八月十四日
戸　山城守判
河　豊後守同
川口源左衛門殿
大　加賀守同

(95)

貞享二丑年八月厦門出し唐船より文官武官之
唐人渡来いたし候ニ付御下知被仰下候趣

先月廿八日之覚書遂一覧候

一今度三拾七番厦門船に梁爾寿与申文官一人
四拾八番福州船ニ江君開与申武官壱人乗渡候
ニ付而此両人之者之儀遂吟味候書付三通其外存寄
委細被申越候趣承届尤候之事

一商売船尓文官武官之もの渡海仕先例無之処
此度乗渡候儀前方断も無之参候段不届候間早々
帰帆可被申付候自今以後若於乗渡者及言上ニ
急度可為曲事候向後乗渡間敷旨堅申

含可被相返之事　以上

八月十四日

松　日向守
戸　山城守
阿　豊後守
大　加賀守

(96)

川口源左衛門殿

覚

一貞享二丑年三拾七番目厦門出之唐船ニ梁品寿(ママ)与申文官唐人壱人四拾八番福州船ニ江君開与申武官壱人乗渡候両官人之儀今程大清一統ニ付東寧之出産厦門福州より仕出候船ハ勿論其外所々之海辺日本渡海之商売船ニ(ママ)唐康熙帝依勅許唐船数艘差渡候処於日本唐人共不作法ニ(ママ)之無之ため又ハ商売之仕置旁差遣候ニ付船頭同前ニ仕通詞とも江挨拶等も官職之格を不立様ニ申付之由ニ候雖然商船ニ官人乗来候旧例茂無之事ニ付右之趣江戸江注進ニおよひ候処八月十四日之御奉書同廿七日之夜到来御下知申来候ニ付翌廿八日検使を以両官人江其趣申付候処畏リ入早々帰帆可仕候向後渡海致間敷由及請答候併修復不差加候得者出帆難成ニ付早速修覆申付之出船為仕候後証之ため御奉書入置之候以上

丑九月　川口源左衛門

覚

一厦門より羅(ママ、罷カ)渡候文官梁爾寿　年四拾五歳
陝西府鎮安県之者　但　主従拾人

一福州ヨリ罷渡候武官江君開　年六拾歳
福建福州府福清県之者　但　主従拾二人　以上

一福州厦門両所より罷渡申候諸事江之使官両人
福州より渡候武官之名書は
奉令督理《ホウレイトクリ》興販洋船《コウハンヤウセンノ》左都督《サトトク》　江君開
厦門より渡候文官之名書ハ

奉令《ホウレイ》台湾《タイワン》府督《フトク》捕《ホ》海防庁《カイホウチヤウ》　梁爾寿

一江君開官号督理興販洋船与御座候今度指渡申候
商船共を支配仕候との儀ニ御座候左都督ハ官号ニ而
遊撃《ユウゲキ》并の官（ママ）ニ而御座候得共今度之都督は
正都督ニ而無之権之都督ニ而官号計を授り」
実位無御座候今度福州厦門両所商売之官船
諸事之押江ニ梁爾寿与同前尓越申候

一梁爾寿官号ハ台湾府督捕海防庁与御座候ハ
台湾面々海賊等とらへ海手ニ構仕申職分ニ而御さ候
得共実ハ代官職同前ニ而御座候殊尓台湾府ニ者
正府之官備リ有之候今度之梁爾寿台湾府之副
府ニ成リ台湾江趣候とて北京より福州まて
致下向候を福州の部院《ホイン》并厦門之請海侯下知を
もつて厦門福州両所商売之官船之押へに
越被申候是者幸東寧砂糖并鹿皮積渡申候儀尓
御座候ニより右梁品寿（ママ）台湾副府ニ而御座候ニ付
裁判致させ可然との儀ニ而越申候

一右両官之官号之上ニ奉令之二字御座候ハ福州之
部院厦門之請海侯両人之下知を請候との理リニ而
御座候若康熙帝より被遣候ニ而御座候得者奉令之
奉無之二字ニ而無之欽差之二字ニ而可有之筈ニ而
御座候以上　丑七月(97)

貞享三寅年五月六日御奉公并服忌令御書付」

服忌令今度少々改被仰付候依之一通り
差越候之間向後可被存此趣候恐々謹言

四月廿三日　松　日向守　信之判
戸　山城守　忠昌同
阿　豊後守　正武同
大　加賀守　忠朝同

宮城監物殿

服忌令

一父母　忌五十日　服十三ケ月

閏月をかそへす

一養父母　忌三十日　服百五十日
遺跡相続式分配当之養子者実父母の如し
同性（ママ）ニ而も異性（ママ）ニても養方之親類不残実の
如く相互ニ服忌可請之実之方父母者五十日
十三ケ月之服忌可請之伯叔父姑者半減之服忌
可請之兄弟姉妹者相互ニ半減之服忌可請之
此外実の方之親類相互ニ服忌無之遺跡相
続せす式分地配当せさる養子ハ同性（ママ）ニて
茂異性（ママ）尓ても養父母者定式之通服忌可請之」
養兄弟姉妹者相互に半減之服忌可請之此外
養方の親類相互ニ服忌無之実の方之親類者
定式之通相互ニ服忌可請之

一嫡母　忌十日　服三十日
父存生之内尓ても父死去之後ニ而も他江嫁
せすして死去之ときハ妾之子可受服忌父
離別するにおゐてハ妾之子不可請服忌

一継父　忌十日　服三十日
但初より同居せされハ無忌服

一継母　忌十日　服三十日
父死去之後他へ嫁して死去之時者不可請服忌

一離別之母　忌三十日　服百五十日

一夫　忌卅日　服十三月

一妻　忌二十日　服九十日

一嫡子　忌二十日　服九十日
女子者最初ニ生れても末子ニ准す

一末子　忌十日　服三十日

一養子　忌十日　服三十日」
家督と相定る時者嫡子ニおなし其外之
養子者定式之忌服可請之実方之父母ハ
末子尓准すへし

一夫之父母　忌三十日　服百五十日

一祖父母　忌三十日　服百五十日
母方　忌二十日　服九十日

一曽祖父母　忌廿日　服九十日
母方ニハ服忌無之

一高祖父母　忌十日　服三十日
母方ニ者服忌無之

一伯叔父姑　　忌二十日　服九十日
　母方　　　忌十日　　服三十日
一兄弟姉妹　忌二十日　服九十日
　別服たりといふ共服忌差別なし
一異父兄弟姉妹　忌十日　服三十日
一嫡孫　　　忌十日　　服三十日
　女子者最初ニ生れても末孫ニ准す父死後
　祖父の家督たる時ハ祖父母たりといふとも
　実父母のことく服忌可請之祖父母のかたよりも
　嫡子ニ准すへし曽孫玄孫たりといふとも
　同列なり外之親類ハ定式之通り相互ニ
　服忌別儀なし
一末孫　　　忌三日　　服七日
　娘方の忌三日　　　　服七日
一曽孫玄孫　忌三日　　服七日
　娘方には曽孫玄孫共ニ服忌無之
一従父兄弟姉妹　忌三日　服七日
　父の姉妹の子并母方も服忌同前
一甥姪　　　忌三日　　服七日

　姉妹の子も服忌同前
一七歳未満之小児ハ無服但子死去之時者遠慮
一日当歳たりといふ共同前死去之日数過候ハヽ
追而不及遠慮
一聞忌之事
　遠国ニおゐて死去年月を経て告来与
　云共父母ハ聞付る日より忌五十日服十三ケ月外之
　親類者聞付るより服忌残る日数可請之忌之
　日数茂過て告来者一日遠慮服明候とも同前
一重る服忌之事
　父の服忌いまた不明内母の服忌有之者母死去
　の日より五十日十三ケ月之服忌可請之不及
　二年服なりおもき服忌之内軽き服忌ありて
　其日数終者追而不及服忌もし其日数あら
　ハその残る服忌の日数可請之軽き服忌
　之内おもき服忌有之者聞付候日よりおもき
　服忌可請之

穢之事

一産穢　父七日　母三十五日
遠国より告来る内七日過き候ハヽ不及穢
一血荒　父七日　母十日
一流産　父五日　母十日
一死穢　一日
一踏合　行水次第

追加」

一父死去之後母他へ嫁して死去之時ハ定式之
服忌可請之
一離別之母の親類ハ不残半減之服忌可請之
一養父死去之後養母他へ嫁して死去之時ハ養
子無服忌
一継父母之親類ハ服忌無之
一父之妾服忌無之但父妻ニ準する時ハ継
母之服忌可請之
一妾ハ服忌無之但子出生ニおゐては遠慮三日
一離別之祖母者半減服忌可請之
一嫡子相果候以後次男にても末子に準すへし
次男にても家督と定めさる時は末子に
準すへし
一養娘たりといふとも幼少より養育せられ或ハ
入聟をとり家督相続之時者養父母の服忌も
実父母と同前
一義絶之子も服忌差別なし嫡子たるといふ
とも末子ニ可準之外親類同性（ママ）たるにおゐてハ」
定式の服忌可請之
一同性（ママ）にても異性（ママ）にても一人江両様のつゝき
有之ハおもき方の服忌可請之
一養子たるもの養方の親類他家へやしな
はるゝものには服忌無之
一半減之日数三十日の忌は十五日なり餘ハ是ニ
準す但三日の忌者二日なり七日の服ハ四日也

貞享三年五月廿九日入津唐人共先規之通
音物仕度旨依願江戸江申上候処吟味之上願之通
可差免旨寅五月十日於御列座川口源左衛門被仰渡候

趣中越候雖然当寅年之儀者先奉行心得を以
差免候由唐人ともへ申渡候事

以別紙申入之候

一今年入津之唐人共如諸方之音物仕度旨御手前へ
相願之付従先規免来たる事ニ候間唐人共
願候通尤被存候之条御老中へ御内意奉
伺可申入旨四月朔日之別紙被申越之趣御老中へ
逸々申上之其許より之別紙奉入御披見候処御定」
高之内ニ而音物仕候得者何之障も無之事候
外ニ差免候儀ハ紛敷事与被思召候旨被仰聞候
候(ママ)旨被仰聞候ニ付唐人音物之儀者先規相対
之時分より売高之外ニ唐人共心次第仕来り
其例を以市法之内茂遂吟味差免之候尤其
節も売高ニ者入不申事ニ候得者此度御免被
遊候とても売高に入不申候故被仰出候
御定高ニ障申儀者無御座候段申上音物之訳ケ
委細書付仕奉御披見候処去十日於御列座
豊後守殿被仰渡候者唐人音物之儀備前守殿へも
被遊御相談候紛敷事之様ニ者被思召候得共御手前
拙者紛鋪無之与存奉願儀ニ候歟於然者音物之
事遂吟味可差免候畢竟被仰出候御定高之外
異国江金銀多参候様ニ成行候而者大切成義候間
両奉行越度ニ可罷成候之条随分入念左様無之
様ニ相考尤市法之時より音物減少仕可申付旨御
手前江も委細に可申遣旨被仰渡候間被得其
意弥以念入候様ニ通詞共其外之役人江も急度
可被申付候事」

一市法之内遂吟味音物差免之候准例町年寄
共方にて吟味可申付候今程ハ市(ママ、法脱カ)之時分より
在津之唐人数多候得者市法之内免候高より八
壱人前ニ付減候而兎角音物之高多く不罷
成様ニ被申訳候儀肝要ニ存候事

一音物之訳書付候而御老中へ掛御目候写為御心得
差遣候間御披見可有之候之事

一御存知之通り音物ニ請候品々小宿とも売払候節
自然ニ者唐人江銀子ニ而少々者為取候儀茂有之候様

兼而相聞尤夫共当分之遣捨尓罷成異国江
持渡候銀子ニても無之候得者脇々ニ而紛敷様ニ
風聞も候得者如何候間向後ハ小宿共唐人江銀子
ニて遣候義堅不仕候様ニ被申付可然候左候ハ、弥以
むさとハ銀子ニ而遣候儀も仕兼可申候何れの道
ニも態様ニ被相考不及申候得とも急度可被申渡候事
以上　　五月十六日(98)　　川口源左衛門

宮城監物殿　」

貞享三寅年五月廿九日川口源左衛門より之別紙来

以別紙申達之候

一今月十日御老中於御列座加賀守殿被仰渡候者
当春拾五番江忍寄唐人与密段(ママ)ニ而荷物盗買尓
可仕と相工候悪人露顕之節拾四人共即時尓死罪被申
付候儀尤究たる罪人ニ候得共異国人と密通之科人之
事ニ候へ者常躰与者違候間穿鑿之趣又ハ存
寄をも申越其上ニ而行罪科候得者其地之者共官所
まて可然義与其節より御老中ニ者被思召候得とも
極り候罪人迄度々尓相伺候而申付候得者奉行之尋も
不相立遠国ニ而者猶以差当義者了簡を以可相
計事候故其砌者態与兎角之儀不被仰聞候向後
迚も極たる罪人度々ニ相伺候ニ者不及候得とも
右之通異国人与申合候犯科人者罪も重き事
其上日本人計死罪申付候而も事済不申儀有之候得者
穿鑿之訳落着と申ニ而茂無之第一急事ニ而も
無御座処早速死罪可申付儀ニ而者無之与被思召候
以来迚もケ様之義有之間敷布(ママ)事ニ而も無御座候間　」
向後其心得可仕候段日本人計ニ而茂五人七人程も
死罪申付候者急事ニ無之品ニ候ハ、相奉行方迄
申通其上罪科申付候様に可仕候勿論拾人二十人
ニ而も差当候ハ急成義ハ了簡を以可申付候其外
少宛之義者前々之通ニ相心得可申候之事
右之趣御手前へも可申遣之旨被仰渡候以上

五月十六日

貞享三寅年八月廿五日御奉書長崎奉行向後
三人被仰付在勤弐人在府壱人尓て可相勤被仰下

一筆令申候
公方様益御機嫌能被成御座候之間可心安候将又
大沢左兵衛儀今月廿一日御前江被召出長崎
奉行被仰付御加増五百石被下之候然者向後両人宛
其地有之而諸事相談可勤之旨被仰出候様去ル
朔日七日之書状并覚書遂披見候其表隣国尓て
弥静謐之由承り届候且又唐船商売銀高之義
委細従別紙差越候間可被（ママ、得脱カ）其意候恐々謹言

八月廿五日　戸　山城守
阿　豊後守
大　加賀守」

宮城監物殿

覚

一今度大沢左兵衛(99)長崎奉行被仰付候与力同心之
儀組付ニ而候得者其者共も公儀之与力同心与心得
各も其心得ニ而滞義も可有之候自今以後者一組尓
与力七人歩行同心弐拾人分之切米扶持方之積り
御役料高之内増之被下候間被存其趣慥成者を
手前ニ而召抱可被申候尤只今之組付之内之者ニ而も
相応之者も候ハ丶勝手次第たるへき事
一阿蘭陀人商売之金高減候之間迷惑申候由ニて
願之段被申越令承知候雖然近年金山より金も
多出不申候ニ付而商売之金高被減之候少も別条有之
候而之儀ニ而者無之候去年両替之間金茂願之通申
渡候以来金山より金多出候者其節ハ又了簡も可有
之候増被遣候事茂難成候間右之通得と阿蘭陀人へ
可被申含候委細者左兵衛方より可申達候事以上

八月廿五日　戸　山城守
阿　豊後守
大　加賀守」

川口源左衛門殿
貞享二寅年九月十日　宮城監物殿(100)

覚

吉利丹宗門者累年御僉儀有之候得共近年邪宗門出候沙汰無之候若不僉儀ニも候ハヽ兼々無油断吟味可仕候且又長崎表之儀大切之場所ニ候之間萬一替たる異国船なと参候ハヽ、早速長崎奉行へ可相談候右両條之儀常々心掛専要ニ右之通思召候之間猶以可被入念候不及申候得共事かましく無之様可被心得候以上

八月廿一日

右之通別紙書立之面々江相達候為心得如此候以上

九月十日

戸　山城守

阿　豊後守

大　加賀守

川口原左衛門殿

宮城監物殿

「

松平大隈守(101)

松平右衛門佐

松平丹後守

有馬中務大輔

小笠原遠江守

松平主殿頭

松浦肥前守

五嶋佐渡守

松平対馬守

松平市正

中川佐渡守

稲葉右京亮

有馬佐衛門佐

島津式部少輔

秋月佐渡守

久留嶋信濃守

木下右衛門大夫

黒田甲斐守

細川越中守(102)

立花飛驒守

」

右之面々江老中牧野備前守連判之奉書遣之

大村因幡守
相良遠江守
伊東出雲守
小笠原修理大夫
宗対馬守
毛利駿河守

右之面々覚書相渡

貞享三寅年十一月朔於江戸宮城監物書付ヲ以奉伺候処御老中御附紙御加筆有之大沢左衛門ニ御わたし
卯正月九日左衛門持参之

覚

一五ヶ所糸割苻之者八朔礼之事左兵衛儀当年長崎江罷越候ハヽ先役之者共同意八朔礼仕候様ニ可申付候哉源左衛門儀者長崎着仕例之通地下之者共割苻之者共礼請申候然ル音物之儀者左兵衛同役被仰付候儀ニ御座候故先基侭差置候割苻」之者共之儀者先規より糸高弥多く被仰付たる儀御座候得共只今両人受用仕候通左兵衛にも当年より礼為仕可然奉存候地下之もの共者兼而申上候通何も近年ハ困窮仕罷在事ニ御座候得者唯今迄之通左兵衛方へ音物為仕候義如何奉存候源左衛門受用仕候を左兵衛与両人ニ而受用可然哉来年より者唯今迄両人受用仕来候を三ツ割三人ニて受用仕可申候哉之事

御附紙
一 八朔之御礼之儀当年ハ源左衛門計ニ而受用被申左兵へニ者分及間敷事
一 来年よりハ監物跡役被 仰付候ハヽ例之通を三ツ分可然事
一 糸割苻之者左兵衛参候ハヽ礼可致之事
一 地下之者音物之儀当年ハ源左衛門計受用可有之候来年よりハ書付之通尤ニ候事

一唐船頭共八朔礼先規之通と被(ママ)　仰出候付唯今迄者其年在勤之奉行受用仕候向後両人宛罷在事御座候間来年より者弐ツ割両人ニ而受納可仕候と之事

書面之通尤候

一阿蘭陀八朔者毎年両奉行へ礼仕候是茂両人江之

音物高三ツニ分三人ニ而受用可仕候哉之事
長崎在勤之両人受納尤ニ候在江戸之者者可為
無用」

十一月

貞享四卯年二月十九日服忌之儀ニ付而日光御門主より
被　仰上候趣下々も可相守旨被仰下

服忌之儀付而別紙差越候間可被得其意候以上

二月十九日　戸　山城守
阿　豊後守
大　加賀守（103）

川口源左衛門殿
大沢左兵衛殿

服忌之儀御尋付而申上候覚

高厳院殿江終ニ御対面無之其上御養子御契約之
儀も無之上ハ御養母之道理無御座候間御嫡母ニ
御極可被成候然者桂昌院殿之方重く御座候
乍去よのつねの御実母とハ違申候間御続之方
半減と服忌ニ御定可被遊候右随分遂吟味其上
京都江申遣之禁中方之例をも承合候て
申上事ニ候間此通御極可被遊候以上

卯二月九日

今度如斯御門主より被　仰上候間下々ニも此旨
可被相守候」

今度爰元御役人中へ相渡之候覚書
口上書為御心得差越之候間可被得其意候以上

二月十日　戸　山城守
阿　豊後守
大　加賀守（104）

川口源左衛門殿
大沢左兵衛殿

覚

物而人宿又ハ牛馬宿其外ニも生類煩重リ候
得者いまた不死肉捨候様ニ粗相聞候右不届之
族有尓おゐてハ急度可被　仰付候密々
ニ而ケ様成義有之候ハヽ訴人ニ出へし同類
たりといふとも其科をゆるし御褒美
可被下候以上

正月　日

口上之覚

今度書付出候上者身躰かろき者はこ
くミかね可申候間町人者町奉行地方ハ
御代官道中筋者高木伊勢守(105)紛所
方者地頭江訴可申候以上」

正月　日

貞享四卯年十一月廿九日紀州江漂着之呂宋
人之儀申上ケ通リ答被仰下候

覚

紀州熊野須江浦江当年八月漂着之異国
船中納言殿より九鬼四郎兵衛大藪新右衛門と
申もの其外警固相副被差送之去六日其湊へ
着岸之由得其意候右漂着之節者異国人
三人在之候処内壱人ハ備後国鞆表ニて病死
壱人者筑前国相之嶋ニ而病死残る壱人其津
送来る名をちよりむと申候以通詞相尋候
処呂宋之内かへつた与申所之者都合拾一人
乗組当三月廿二日はかしなむと申所へ米
買ニ罷越候処遭難風に漂着候於津中
段々相果三人ニなり漂着之由候呂宋口存知候通
通詞聢与無之付而阿蘭陀通詞之内南蛮口
存知候者被申付候処委細ニ者通達無之候得共
ちよりむ事南蛮口少シ写馴候由ニ而漸右之通」
迄相知候由得其意候口書一通被差越到来候阿
蘭陀かひたんも召出通用いたさせ候得共口書
之通相違無之由承届候事

一右拾壱人乗組罷出候者共不行渡海之海路ニ而
案内も可存候間むさと漂着流仕間敷事ニ候
殊ニ米買ニ参候由申候得共銀子ハ少分所持候付而
自然日本渡海仕度志有之而之儀ニも候ハん哉と被
遂僉儀候之処日本与申儀も曽不存米買に
罷出候ところ与風遭難風候由然共弥穿鑿
有之而此義者追而可被相伺之旨得其意候事
一ちよりむ儀南蛮同宗之由申候切支丹之仏珠類
首尓かけ罷在候間取上之放候而者難差置籠屋
壱軒明候て其者計入置之番人を付其外之者ハ
出入無之様堅被申付置候ちよりむ飯米等之入用ハ
闕所銀を以被申付候之由得其意候事
一鞆表相之嶋ニ而病死候呂宋人弐人之死骸者塩
漬ニ仕持参候故相改請取其地埋置承知
せしめ候事」
一呂宋船大サ別紙之書付到来候事
一船中在之品々之儀者紀州ニ而も不相改其侭ニ而
其侭（ママ）ニ而被差送候由是又被相改候処手廻之道具
迄ニ而荷物一円無之米為可調之持参候由ニ而
銀子五拾七匁有之候是者邪宗門之もの用候こ
くい打候而有之ゆへとり上被置候其外ハ船の下
積之石砂計之由承届候事
一右呂宋之船頭者洋中ニ而相果候ちよりむ儀者
水主之由申候尤下劣なる人物ニ相見候頭かつ（ママ）
そうニ而候処坊主ニ而も有之哉与被相尋候様呂宋
ニてハ惣而髪を切罷在候乗組候拾壱人之内壱人ニ而も
出家者無之由申之旨得其意候事
一中納言殿家来口上之趣書付持参候ニ付而写七通
被差越到来之事
一船中ニ有之武具鉄炮五挺玉薬少し弓二張鋒
三本迄ニ候此外諸道具衣類品々者疾与相改
替儀者追々注進可有之由得其意候右不残取上
蔵ニ入置呂宋船者から船ニ仕番人被附置候之よし」
承届候事
一中納言殿家来者勝手次第帰り候様被申聞候得
其意候警固船数等之覚書別紙之書付到来事
一於紀州呂宋人江衣類等給候之由令承知候事
一松平右衛門佐松平和泉守松浦肥前守大村因幡守

松平丹後守各領分通船之時分引船等出候由
申来候旨得其意候事　以上
六月廿九日
戸　山城守
阿　豊後守
大　加賀守
川口源左衛門殿
山岡十兵衛殿

貞享五辰年七月廿三日御奉書唐人共儀従
来阿蘭陀人被差置候出嶋之ことく一囲ニいたし
差置可然旨被思召候依之松平主殿頭松浦
肥前守遂相談存寄可申上由被仰下候事

一筆令申候
公方様益御機嫌克被成御座御座候之間可心安候」
然者其地唐船入津之儀ニ付而者何れも存寄之
通別紙書付差越候松平主殿頭松浦肥前守
其許江相越何も遂相談存寄被申越候様ニと相達
候之間被存其旨主殿頭肥前守其地江相越候者
被相談存寄之通遠慮無之可申越之候恐々謹言
七月廿三日
土　相模守
戸　山城守
阿　豊後守
大　加賀守(106)
山岡十兵衛殿
宮城監物殿

覚

一唐船近年ハ百艘余着岸候売買之かね高も
極候ニ付持戻之船多有之処不相替数船参候段
不審ニ候減少仕候様ニいたし候様も可有之哉之事
一惣而長崎へ入船数多一度ニ参らせ候此段不宜候之
間何卒了簡致シ一度ニ拾艘程入津いたし夫より
壱度尓船数多不入候様尓了簡仕可被申越事
附　長崎入津之船売買相済船之修復も相
仕廻候ハヽ早速帰帆仕様ニ可被申付候惣て」
長崎に不入船かけ置候事不宜候
一唐人とも儀阿蘭陀人差置日本人与出合不申様

にいたし可然候此段者少々の障有之候共わけ置候方
可然与此方ニ而者存候事
右之通遂相談此外存寄之段無遠慮可被申
越候以上
　　七月廿三日

覚

唐船売買之儀近年金高も極候処例年より
結句船商売船七拾艘尓相極り被仰出候間来年
より七十艘迄者売買可申付候其外ニ参候船者持
戻可申付候兼々左様相心得唐人共ニも右之趣
急度可被申渡候以上
　七月廿三日　　土　相模守(107)
　　　　　　　　戸　山城守
　　　　　　　　阿　豊後守
　　　　　　　　大　加賀守
　　山岡十兵衛(108)殿
　　宮城監物殿

覚

遠見之者向後者阿蘭陀船唐船共一様注進
仕候之様可被申付候左候得者只今迄之人数ニ而も」
成かたく可有之候間拾人増候而番等可申付候
右之趣川口源左衛門江も申渡候以上
　七月　　　　　土　相模守
　　　　　　　　戸　山城守
　　　　　　　　阿　豊後守
　　　　　　　　大　加賀守
　　山岡十兵衛殿
　　宮城監物殿

貞享五辰年五月晦日服忌令追加之御書付并
大目付衆より参候書付写

口上之覚

最前相渡候追加之書付被致無用此追加之趣

可被用候服忌本書者最前之通少も相違無之
候間左様可被心得候已上

服忌令追加

一父死去之後母他へ嫁して死去時者定式之服忌可
請之
一養父死去以後後家何方ニ罷在候とも他江嫁さす候得ハ
家督相続之者養母の服忌可請之
一養父死去之後養母他江嫁して死去之時者養子
服忌なし
一養方母先達而死去一度も対面無之候ハ、嫡母ニ准シ
其親類不残服忌なし」
一父与縁きれ候母ハたとへ他へ嫁せす父死去以後一所
に罷在候とも離別の母之服忌可請之
一嫡母死去以後妾腹ニ出生候子継母養育候ハ、継(ママ)
服忌可請之
一離別之母の親類ハ不残半減之服忌可受之
一離別之祖母者半減之服忌可請之
一継母父之親類ハ服忌無之父母と種替りの
伯叔父姑者半減之服忌可受之
一異父兄弟姉妹之親類者相互ニ半減之
服忌可請之
一母方之親類父不通候共服忌別義なし養母之
親類も同前たり
一嫡子相果候已後次男にても末子ニても家
督与定る時者末子に准すへし
一義絶之子茂服忌なし嫡子たりといふとも
末子に可准之外之親類同姓たるにおゐて
定式之服忌可請之
一家財受候恩深き養子ハ分地配当と同前
たるへし」
一他家之遺跡相続候養子又実父の分地をも
受候ハ、養方実方之親類両様とも尓軽重な
く定式之通服忌可請之
一他家之養子たるもの実方の嫡子にても
継母尓ても養育せられ候ハ、養母半減之
服忌可請之但養育無之候ハ、服忌無之

一女子婚儀以前より養ハれ或入聟をとり家督相続之時者養方之親類不残実のことく相互に服忌可請之婚儀ニ付養娘子罷成候分ハ実方の親類不残相互に定式之服忌可請之養方之親類は養父母者定式之服忌可請之伯叔父姑兄弟姉妹ハ半減之服忌可請之此外養方の親類ハ半減之服忌無之養父母伯叔父姑兄弟姉妹の方より者半減之服忌なり

一婚儀不相調死去候ハヽ前方祝儀取かハし候共相互ニ服忌無之

一七歳未満の小児も親類相果候節者定式服忌之年月日数相応尓遠慮すへし」

一父之妾服忌無之但夫妻に准る時者継母之服忌可請之

一妻ハ服忌無之但子出生におゐてハ遠慮三日

一養子たるもの養方の親類他家江やしなわるゝものには服忌無之

一同性(ママ)にても異性(ママ)にても壱人江両様のつゝき有之ハ重き方の服忌可請之

一縁類之候ハヽ本姓之方之親類定式之通服忌可請之

一父母妻子兄弟并家来尓服忌是あり候とも其身に服忌かゝらハす候ハヽ行水次第穢無之

一居屋鋪之内死人有之候ハヽ一日之穢也但不知候得者当日も穢無之

一家来方尓死人有之候とも別棟ニ候ハヽ借宅之者ニ者穢無之借宅之者方尓死人有之候とも別棟ニ候ハヽ家主尓穢無之但同棟ニ候ハヽ家主借宅之者共ニ一日之穢なり」

一忌中之家或死人之席を喧嘩あるひハ自害或ハ病死之もの江宅へ参候ハヽ踏合之穢なり

一形体有之生れ候分ハ可為生流形体無之分者幾月にても可有血流

一半減之日数ハ卅日の忌ハ十五日なり余は是に准す但三日之忌者一日也七日の服ハ四日なり

貞享五辰年九月九日

先月十四日之御状令披見候
公方様益御機嫌能被成御座恐悦之旨尤候
将又長崎御用之儀各被相談存寄之趣可被申越
よし相達候依之別紙以書付被申越令承知紙面
之通及言上候委細従川口源左衛門可相達候恐々謹言
九月九日
土屋相模守
戸田山城守
阿部豊後守
大久保加賀守
松浦肥前守殿
松平主殿頭殿
山岡十兵衛門殿
宮城主殿殿」
以別紙申達之候
一唐人一圍之内弥可被差置候間場所之儀者十
善寺御薬園を潰一構ニ可申付候尤惣輪少々
から堀を堀せ堀を(ママ)廻シ成程しまり能様に
可被仕候唯今有之竹木茂伐採地形挽平均屋作
可被申付候事
一右之地形屋作等入目者其地町中之もの為請負
被申付家賃者年々入津之唐人共より為出候様ニ
被致候ハヽ町中之者請負可申与被存候然共拝借可仕
候而者罷成間敷旨被申越候通御老中江申上候処御聞
届被遊候間金子御引替可被仰之由被仰渡候員数
之儀者追而可被申越候尤年々唐人共出候家賃ニ而
可被申付候事
一唐人荷物入候蔵之儀者被申越通尤ニ被思召候
間弥唯今迄之通ニ被致唐人はかり一構成地へ
入置候様ニ可被仕候之事
一遠見之注進船水主之儀被申越候之通御聞届被
新規水主弐拾人注進船四艘御増加被仰付候尤」
水主壱人四人扶持宛可被候由之事
一此度被　仰付候遠(ママ)之者拾人居宅立山奉行屋敷浦
之明地可被差置由尤ニ候弥其通被申付入目等之儀迄
追而可被申越候事
右之通去五日於御列座大加賀守殿被　仰渡候間

可被得其意候此紙面御老中入御披見遣之候以上
九月七日　　川口源左衛門
山岡十兵衛殿
宮城主殿殿

広南船頭江通詞を以可申渡覚

一従国主公儀江書簡并音物差上候従前々異国書
簡御通達無之事候故奉行心得を以書簡音物共
差返申候併次而を見合御老中江者申上儀も可有之
候之事
一我等共方江も書簡音物送り来候得共是又何方へも
返簡不遣候ニ付准古例候然共書簡者留置音物ハ
請納不申候於日本鋳銭願之儀所々より来朝之
船有之候得者其方之国計訳而難任願之旨ニ候」
此段船頭江之可申含候事
一通詞方へ之音物も返進可申候尤返簡不遣
口上ニ而可申遣候事
此紙面御老中御披見被遊如斯申遣候様ニ与

於御列座昨八日山城守殿被仰渡之間可
被得其意候以上
九月九日　　川口源左衛門
山岡十兵衛殿
宮城主殿殿

（表紙題簽題）
長崎御役所留　共三　下

（扉題）
従元禄元年
至同十七年
古来より御役所引継相成候掟書
等之類　　写　四

（目録）
第四之帳目録

一新加遠見番并水主御切扶御縦證文御調
被下候事
一浦触之節差添遣候覚書之事
一唐人入置候圍門之上番人召抱候儀被仰渡候事
一新加遠見番之者居宅御闕所銀を以建候
様被　仰渡候事
一西泊御番所塩焇蔵建替之儀伺之通被
仰渡候事
一唐人屋鋪門番人共居宅右同断被　仰渡候事
一小瀬戸之向内木鉢山之内端道生田与申所江塩焇
蔵建候儀伺之通被仰渡候事
一巌有院様十三回御忌御法事ニ付而寺杜方新地之
分被成御免候由御書付被差越候事
一西泊戸町御番所御石火矢大筒火通シ之儀申
上候事
一猪鹿狼荒レ候時威シ鉄炮ニ而払不止時者鉄炮ニ而
打セ其訳書付差出シ候様大目付中被相渡候書付之事
一邪法行ひ候儀ニ付御触之事
一唐船より邪書持渡候事
一金銀吹直被仰出候御書付之事
一琉球国江唐船漂流之儀ニ付中山王願之趣
申上候之処委細被　仰下候之事
一服忌令追加之書付大目付より相廻り候之由ニ而
近藤備中守より差越候事

一服忌令追加之書大目付より相廻り候由ニ而近藤
備中守よりさし越候事」
一金銀吹直之儀大目付より相廻り候御書付之事
一新金ニ而弐朱判出来候ニ付大目付より相渡候御書付
之事
一逆罪之者致火付候者生類ニ疵付損さし候者
右之科人有之者一領一家中迄ニて外江障於無之
者不及伺自分仕置に可申付由之事
一長崎ニおゐて異国商売并御仕置之儀ニ付
御覚書御渡被成候事
一金銀箔等相用間鋪旨御書付之事
一松平主殿頭願之通隠居被　仰付当表御用船之
儀主殿頭時之通り可相勤旨同性（ママ）阿波守被
仰付候段丹羽遠州より申越候事
一西屋鋪焼失ニ付家之儀御闕所銀を以可申付旨
被　仰渡候事
一長崎奉行四人ニ被仰付候事
一当表勘定吟味として御勘定御徒目付組頭
被差遣候事
一長崎奉行席順被　仰出候事」
一倹役之儀被　仰出候御書付之事
一高木作大夫鉄炮之儀相伺候処御下知被　仰下候事
一捨子之儀ニ付御書付之事
一高木彦衛門刀御免長崎御船并奉行附之
武具預り役被　仰付候事
一金銀両替之儀ニ付御触書写来ル事
一銅之儀ニ付被　仰渡候趣丹羽遠州大嶋勢州より
申来候事
一新地蔵建候儀伺之通被　仰渡候事
一生類之儀ニ付御書付之事
一銀子銭相場之儀ニ付御触之事
一諸国一統金銀共無滞通用可仕旨并銀子銭相
場之儀当地町中江も可相触旨被　仰下候事
一金銀吹直被　仰付候処今以古金銀致所持候もの有之
よしニ付御触之事
一馬ニ荷附ケ候儀ニ付御触之事
一酒造米被減候之儀諸色直段之儀ニ付御触之事
一従前々被仰出候通倹約之義弥以相守諸事軽く」

可仕之旨諸奉行江被仰渡候事　以上
（本文）元録（ママ）元辰年十月七日新加之遠見番拾人并水主
弐拾人之御切米御扶持方御証文御調被下候控

覚

一遠見番　拾人
但壱人ニ付米七石弐人扶持宛
一水主　弐拾人
但壱人ニ付四人扶持ツ、
右之通今度遠見番水主新規増被　仰付之候
向後注引付在勤之長崎奉行以裏判手形可被相
渡候但当辰年ハ右遠見番米并御扶持方七月より
の月勘定尓て可被相渡候水主御扶持者九月より
可被相渡候以上　相模印(109)
元録（ママ）元辰年十月七日　山城印
豊後印
加賀印

服部六左衛門殿(110)

元録（ママ）二巳年正月廿二日浦触之節覚書を差添遣候
儀出（ママ）江山岡十兵衛相伺候覚書閏正月七日到来」

覚

一唐船入津帰帆共悪人共洋出向ひ唐船之荷物
密々ニ而買取候儀有之候従浦々市船相見え候節者
心掛若出向え日本船候者差留置可申事
一惣而所々湊浦々尓て（ママ）ハ海上ニあやしき日本船在之
候者様子承届若異国荷物なと積有之候者
遂穿鑿其趣可申上出事
一唐船陸近く通船勿論縦洋尓相見へ候とも浦々
之者共より相守候様ニ可仕候事
右之趣かねて入念被申付候若怪敷船有之候者
長崎へ可被相達候事
右之趣今月廿二日於御列座読委細申上候処
何之障も無之与被思召候間向後浦触遣候節

者此書付之通り相触可申由御老中一同ニ被
仰候間左様可被相心得候併従江戸御書付被下
御下知ニ而右之通相触候と御申越候儀ハ御無用ニ候
各御心得之様ニ可被相触由山城守殿呉々被仰候間
左様相心得少茂御下知ケ間敷様ニ御触之儀者」
必々御無用ニ候事
一五嶋武助儀只今迄ハ浦触遣不申候得共領分ハ（ママ）
も商船漂着仕候之故入津帰帆之節ハ遠見番も
差置候由申上候得者自今以後者武助方へ茂浦触
遣候而可然由被仰候間其心得可有之候以上

正月廿五日　山岡十兵衛

川口源左衛門殿
宮城主殿殿（三）

元禄（ママ）二巳正月廿五日

以別紙申入之候

一唐人入置候囲門之上番弐拾人之義其許ニ而致相談候
書付去十八日申上候之処拙者共願之通弥新規に
可召抱之旨今月廿二日於御列座戸山城守殿被
仰渡候間左様御心得可有之候早速願之通被
仰付難有奉存候由御請申上候事
一右新規ニ召抱候弐拾人之者給扶持之儀者追而
相伺可申入候従其許持参候書付をも戸」
山城守殿江御取置被成候以上

正月廿五日　山岡十兵衛

川口源左衛門殿
宮城主殿殿

元禄（ママ）二巳年閏正月廿日

去三日之御別紙同十七日到来披見いたし候
一小瀬戸新加遠見番之者拾人并触頭弐人之居
宅之儀旧冬見分之上御相談申候通り弥梅ケ
崎ニ作事御申付候而最早追付取掛り可申由普請
御入用減少候様吟味御申付凡之積ニ帳壱冊此度

被遣之到来候尤高木作右衛門ニ御預ケ之御闕所銀
之内を以御申付可有之候由之事
右之趣去十八日於御列座申上候其許より被遣候普請
凡積之帳面をも読候而申上候処弥普請可申付由
尤高木作右衛門ニ御預之御闕所銀之内を以申付候様ニと
御老中被仰渡候之間可被得其意候以上
閏正月廿日
元禄（ママ）二巳年四月廿八日
去五日之御別紙到来致披見候」
一唐人屋鋪門番弐拾人之者共居宅無之候而者難成
附而新加之遠見番之者差置候梅ケ崎続之山を
地行引平均屋作申付可然思召候ニ付各御吟味之上
彼場所絵図壱枚被遣之致到来候右屋作入目
積町年寄共ニ御申付随分御吟味候処凡銀卅六
貫八百目余入申候弥屋作申付候様罷成候ハヽ高木
作右衛門ニ御預ケ之御闕所銀を以可被申付哉之よし
右凡積ニ帳私為心得被相越之到来候最前有
増御申付候唐人屋敷裏門之外南之明地各被遂
御見分候処畢地狭其上地形引平均入目も梅ケ崎より
六貫目余も入増候ニ付彼所ハ被差置梅ケ崎ニ建可然と
御相談御極候之由承届候事
右之趣去廿五日於御列座其許より之御別紙読候而
申上之候処御老中被仰候者居宅無之候而者難成
候之間各吟味之通弥梅ケ崎ニ普請可被申付候尤
入目銀之儀者高木作右衛門江御預之御闕所之内を以
可被申付旨被　仰候間可被得其意候其許より被差越候
凡積之帳をも御老中入御披見候以上」
元禄（ママ）三午年正月廿八日西泊御番所塩焇蔵場所替建
直候儀相伺候処為建替可申旨御下知有之由宮城
主殿方より申来候別紙
以別紙申入之候
一西泊御番所塩焇蔵之際へ去秋雷落候ニ付其許

ニ而各申談候通去廿三日於御列座御物語仕候処何も心付
之段御聞届尤被思召乍去数年別條も無之事ニ候
間先其通尓致置候之様ニ御老中御一同ニ被仰候併右申
上候趣書付差上候様ニと被仰候ニ付最前御相談之通り
相認同廿六日於御列座阿部豊後守殿江差上候事
一今廿八日於御列座被仰渡候者西泊御番所塩焇
蔵之儀頃日申上候趣尤尓思召され候間小瀬戸へ
塩焇蔵為建候様ニ可然旨豊後守殿被仰渡候
依之私申上候者右之段各申遣候場所をも致吟味
追而申越候様ニ可被申達由申上候之間弥被遂御吟味
早々御申越可有候事
一合薬久敷差置候得者悪鋪成候之間当分御用
程差置残分者三わけニ仕置可然由被仰候合薬」
大分ニ候者為払候得而当分之御用程者差置残分ハ
三わけニ仕置候ハヽいつ迄置候而も損申間鋪候間左様
申遣候様ニと是又御老中御一同尓被仰渡候之条
可被得其意候事

宮城主殿印（112）

正月廿八日　川口源左衛門殿
山岡十兵衛殿

元録（ママ）三午年三月廿七日

以別紙申入之候

一西泊戸町両御番所御鉄炮薬入置候蔵場先頃
各被致見分小瀬戸之向内木鉢山之端道生田与申
所御用心向尓手つかひも能第一日当ニ而薬しめり
申儀茂有之間敷候之間彼所尓蔵弐ツ建両御番所之
薬入置際尓番人差置際尓番候所壱ケ所
御申付可有之旨注絵図先頃委細以御別紙御申
越候趣去十八日御老中於御列座具ニ申上之絵図
ヲモ入御披見候事右塩焇蔵建候場所以別紙
被申越候趣被聞召届絵図之通り可然被思召候惣而
御番所作事修覆等も松平右衛門佐方松平丹後守」
当番之方ニ而被申付入目ハ両所より被出候由此度
も前々通り可致之旨御老中被仰候間被得其意
丹後守方肥前守方家来江可被申渡候以上

三月廿七日

元録（ママ）五申年五月十五日

今度
厳有院様十三回御忌之御法事付而寺杜方新地之
分被成御免候依之於当地申渡候書付写差越候間
可被得其意自今以後新地御停止候之条堅被申付
新地紛敷無之様可被申渡候以上

五月十五日　土　相模守(113)
戸　山城守
川口摂津守殿　阿　豊後守
宮城主殿殿　大　加賀守

申渡之覚

今度　厳有院様十三回御忌御法事ニ付而唯今迄
相残候寺杜方新地之分被遊御免候自今以後者
新地堅令停止者也
申五月九日

元録（ママ）五申年八月十六日西泊戸町両御番所御石火矢」
大筒火通シ損之儀ニ付松平丹後守(114)へ及返答候趣御
老中へ申上候処御承知被遊候之由御附紙被成下候之段
山岡対馬守より申越候別紙

去月廿三日之御別紙致披見候

一従松平丹後守方被申越候者西泊戸町両御番所ニ有之候
御石火矢昔年松平右衛門佐方丹後守方当番之節
様相済申候付其以後歳々御筒之内無懈怠掃除仕来
候得共筒之内油溜も有之様見え申候間此度火通仕度
御座候勿論玉をも入候得とも薬者纔計り入筒之内
さらへ候迄御座候由被申越候旨松平肥前守方も同事
被致候旨是又申来候ニ付勝手次第被申付可然よし
被及返答候由之事
一天草富岡城付之古御石火矢五挺寛文十一年牛込
忠左衛門在勤之刻相伺之松平右衛門佐方当番之節
相渡置西泊御番所有之候右五挺御石火矢只今迄
終ニ損不申候之間此度様候て御筒之様子見申度由

是又被申越候旨此度初而様申事候間若御筒様可申難計被存候得共試不仕御筒其通ニも難差置事候」ゆへ尤之儀ニ候間弥様被置可然旨御申越候由之事

一跡方御石火矢損候場所之儀其湊ハ女神御石火矢台ニ而様来候間此度茂大通之御筒并初而様五挺之御筒も右之場所相様可申由被申越候之由弥其通り可然旨被及御挨拶候旨石火矢様御覚書丹後守方家来差出候写壱通被遣令到来候之事

右之趣御老中江申上令承知候之事

此御別紙今月十一日御月番阿部豊後守殿へ為持差上置候処其許より之御別紙ニ如斯御付札被成去ル十三日被遣候之間可被得其意候以上

八月十六日　山岡対馬守

川口摂津守殿

宮城主殿殿

元録(ママ)六酉年五月十八日狼猪あれ候時者威し鉄炮ニ而払われニ而不止時者鉄炮ニて(ママ、打セ脱カ)其訳追而致書付大目付中へ可被差出旨大目付中被相渡候書付宮城越前守よりさしこす

覚

一遠国ニ而狼鹿あれ候時者威シ鉄炮ニ而払われにて」不止時者鉄炮ニてうたせ荒候を早速しつめ候而其訳追而致書付大目付中へ可被差出候伺候而其上にて申付候而者遠路之儀ニ候間下々者可致難義候条右之旨遠国之面々江よりく可被相達候

一惣躰生類あハれミの儀被仰出候儀者人々仁心尓罷成候様ニとの思召故被仰付事ニ候弥左様可被相心得候以上

四月晦日

猪鹿狼打留候節大目付衆へ被差遣候証文案文

一猪何疋　何国何郡何村ニ而打留申候　目付ニ附置候家来　何某

一鹿何疋　何国何郡何村ニ而打留申候　同断　同々
一狼何疋　何国何郡何村ニ而打留申候　同　同
右私知行所村々猪鹿狼荒レ人を損シ候ニ付おとし
鉄炮ニ而も荒止ミ不申候之間打殺鉄炮打せ候之処
猪鹿狼右之通り打留申候尤家来誓詞為仕
目付ホ附置為打申候右打留候何々何疋其所ニ
入念埋置申候最早荒止候ゆへ鉄炮為打候儀差止
申候以上
元禄六酉年　月　日　何某印形」
高木伊勢守殿(115)
前田安芸守殿(116)
小田切土佐守殿(117)
元禄六(ママ)酉年八月十三日邪法行候儀ニ付当地ニ而も可相
触旨被仰渡

覚

今度八王子成就院事被遂御検議之処ニ邪法を
とりおこなひ正法之妨ニ罷成不届ニ付岩城伊与守(118)へ
御預被仰付向後茂寺社方ニ左様之類無之様ニ急度
可申付旨被仰出候右之趣寺杜奉行江申候於其許茂
可被存其旨候以上　土　相模守(119)
八月十三日　戸　山城守
川口摂津守殿　阿　豊後守
山岡対馬守殿　大　加賀守
元禄八(ママ)亥年四月十六日邪書持渡候唐人并船頭重て
日本渡海停止申付壱船荷物積戻シ申渡候右邪書者
焼捨可申旨被仰下候

覚

一当春入津之拾六番南京船ホ持渡候書物之内帝京
景物略と申書有之候北京土地風景寺宇堂閣」
旧跡等記候書ニ而其内邪宗門之儀記置候事有之ニ付
右書物主費計庵并船頭客唐人共被遂僉儀候処

書物外題計相改無別条書与存持渡候而迷惑仕候
旨申候由僉儀之趣唐人共口書誓詞和并書物大意
書等六通被差越到来候委細被申越候趣承届候事
一右之唐人共度々召出被相尋踏絵等被申付被遂吟味候
処申口無相違不念ニ而持渡候迄ニ而疑敷様子茂
無之候然共邪宗之祖像鉢統宗門之功業書記候
書持渡候事ニ候間彼書壱船之唐人とも見候様ニ
於奉行屋（ママ）焼失書もの主費計庵船頭両人之者重
日本渡海仕間鋪由申渡之一船之荷物商売不為
仕早速帰帆申付可然被存候由被申越候趣得其意
候事
一右之書不念ニ而持渡候儀候間了簡之通唐人共見
見（ママ）候様ニ邪書焼失持主船頭重而渡海無用之由
申渡一船之荷商売不為仕早速帰帆可被申付候
此度被申越候趣尤存候邪宗門之儀者兼々御吟味之
事ニ候此已後弥稠敷可申付候由被仰出候間念を入」
可被申付候事以上

四月十六日　阿　豊後守
大　加賀守
土　相模守
戸　山城守

宮城越前守殿
近藤備中守殿

去月廿三日之御別紙去十日到来致
披見候
一当春入津之拾六番南京船持渡候書物之内帝京
景物略壱部八本御座候書籍持渡候右之書大明
之末編集之書ニ而全部之主意北京土地風景
寺宇堂閣旧跡等之儀相糺候其内第四巻目に
天主堂第五巻目ニ利瑪竇墳之儀記シ置候この
両所悉邪宗門之事ニ而祖像并利瑪竇葬礼之儀
を顕其上邪生死之沙汰をも少々書交文躰詩附宗門
之功業有増書載候趣前々御製（ママ）禁天学実儀等之
書籍名目も相見候之由乍然宗門勧候儀者無之尤一部
之内両巻之外ニ者邪宗門之説曽而無御座旨刻彼書
大意書一部并書物改役人通詞等了簡書弐通被

差越之其令(ママ)到来候
一右之書物主ハ費計庵与申客唐人之由役者并
船頭財副其外客唐人一人宛被呼出重キ御」
制禁之旨年々被相含候処邪書持渡候段悉被遂
僉儀ヲ候処本国出船之時分書物題号計を一覧内
まて不相渡別条無之書と存持渡候然処天主之
儀書交り有之段驚入不念なる儀申分無之由一艘
之諸唐人共不残申之付而誓詞等も不申付再簾被遂
僉儀候処右之趣申口相違無之令承知候
一入津之節差出候書物惣目録ニも最初より右之書物
題号記差出申候然者密持渡候趣ニ而も無之勿論書
物主唐人度々被呼出相尋踏絵等為踏考申
され候処申口相違之儀無御座不念ニ而持渡候まて
にて疑敷様子無之尤正路之躰相見へ申候之由其
外船頭をも初壱船之諸唐人とも迄同前有之右
書之内両巻邪宗之祖像之躰統宗門之功業書
記前々御制禁之書籍名目まて相見候上者重々不
念不届到極候向後渡海之唐人共江之御仕置ニも罷
成候間彼邪書壱艘之唐人共見申候前ニて於奉

行屋敷焼捨右書物主費計庵并船頭両人之者
重而日本江渡海仕間敷之由被申付可然くそんし(ママ)候」
依之右拾六番船商売差扣被相伺候僉儀之趣キ
唐人共口書誓詞之訳都合六通被差越候
右之趣御老中於御列座委細申上候処下心無之持
渡候共不届成ル事ゆへ以後唐人共之御仕置ニも
罷成候間各各(ママ)存寄之通尤被思召候条弥其通
被申付候様ニと被仰渡候以上
四月十五日　丹羽五左衛門(120)
宮城越前守殿
近藤備中守殿(121)

一帝京景物略一部八本共八巻　麻城劉侗　修
宛平千蛮正
右ノ書ハ遂安ノ方逢年カ門人劉生伺ト其
友千奕正ト相共ニ燕ニ遊テ北京城北城東
城南ノ内外西山ノ名蹟山水園池ノ勝概ヲ
記ニコレヲ記シ其未タ聞見セサルモノハ

周ク行テコレヲ求ルト申候其門ヲ立ルコト百二十九門ニシテ其内寺院廟祠ノ名場ニテ御座候劉生伺カ友周損各門ノ末ニヲイテ古人其勝状ヲ詠歎スルノ詩ヲ採取シ」テコレニ附シ申候書ノ始ニ方逢年カ序ヲ載セ次ニ劉伺カ自序ヲ載次ニ干奕（ママ）正カ略例ヲ載セ申候崇楨（ママ、禎カ）八年乙亥ニ刊行仕候崇禎八年ハ本朝寛永十二年ニ当リ申候当年マテ六十二年ニ罷成申候

巻ノ四天ノ王堂

右ノ大意ハ明ノ神宗ノ時欧羅巴国利瑪竇初テ中国ニ入ル神宗コレヲ用テ新タニ天主堂ヲ建ツ其像ヲ供シ其像ノ形状等ニイイタルマテ詳ニコレヲ記シ申候堂ノ右ニ聖母堂アリ其聖母ノ形状ヲ記聖母一児ヲイタク則耶蘇ナリト御座候漢ノ哀帝二年ニ如徳亜国ト申国ニ生レ世ニ居ルコト三十三年ニシテ般雀比刺多ト申者国法ヲ以テコレヲ殺シ候死シテ後三日ニシテ又復生シ又三日ニシテ天ニ昇リ去ルト御座候其殺サル、者ヲ明人ト申シ復生シテ去ルヲ明天ト名ケ法王ノ者ヲ撒責而鐸徳ト名ケ候則利瑪竇等ヲ申」候教ヲ奉ル者ヲ契利刺当ト名ク耶蘇ヲ祭ニ七日ヲ以テストコレヲ米撒ト申候耶蘇降昇天等ノ日ヲ大米撒ト申候天学実義等ノ書刊刻コレアリ世ニ行ナハレ其国俗奇器ヲ工ミニ仕ト御座候外ニ簡平儀龍尾車沙漏遠鏡天琴等此ノ六ノ奇器ノ形状并ニ其用註解仕候此篇ノ末ニ詩四首御座候皆明代ノ詩人利瑪竇等ニ贈テ其徳功ヲ歎美仕候詩ニテ御座候

巻之五　利瑪竇墳

右之大意ハ万暦辛巳年欧羅巴国ヨリ利瑪竇中国ニ入肇慶ト申所ニ来劉司憲ト申者賓客ノ礼ヲ以其貢ヲ闕庭ニ達シ申候其貢ハ耶蘇像万暦閣自鳴鐘鐵（ママ、繊カ）糸琴等ニて御座候帝コレヲ嘉嘆シテ臣馮宗伯琦ニ命シテ其教ト国法算等ノ事ヲ学ハンシムト御座候其次

利瑪竇カ容貌顔色威儀訳言等ノコトヲ
載セ又詳ニ萬暦庚戌年利瑪竇卒陪臣ノ」
礼ヲ以コレヲ葬ソノ坎封中国ニ異ナルノ模様ヲ
載セ又左ニ袝シテ葬ル者ハ其友劉王函ト申者ニテ
初テ中国ニ入リ其国医ヲ善シ其論治スル所
其薬ヲ用ル所人ノ精微ニ及ふ其験方ノ書ヲ
著ハサント欲シテ未タ成ラ〆崇禎三年四月二日卒
スト申候且又西賓ノ学ハ二氏ニ遠ク儒ニ近
中国コレヲ称シテ西儒ト申候其大要ハ墨ニ
近ク尊天ヲ無鬼神ト謂非命ヲ無禨祥ト
謂ト説キ天主ト称ス父トシ教ヲ伝ル者ハ器械
事ニ精ク其守ルコト悉セリト申候今其徒咎
ヲ以テ識シ日ヲ以テ駱（ママ）ヲ識シ昼分不足ナレハ夜分
ニコレヲ取ト御座候古人ノ寸分ヲ惜ノコトヲ引
用仕候其墓前ノ堂二重ニシテ其国ノ聖賢ヲ祀リ
堂前ノ喀（ママ）石二寸分ヲ惜テ空シク過クルコト勿レ
等ノ銘ニテ御座候スヘニ明代ノ詩人其墓ヲ造
ルノ詩一首ヲ附シ申候大概如此ニ御座候

元禄八乙亥年三月」

申上覚

一帝京景物略壱部八本共八巻右之書籍之内第四巻
目第五巻目ニ天主堂利瑪竇墳之儀相記御座候天
主堂之内耶蘇像之事堂之建様等并耶蘇生
卒之儀書記シ御座候利瑪竇墳之処ニハ初而蛮国
より中国尓来り申候儀その時分之天子利瑪竇を被用
候儀死去葬礼等之義書付御座候乍去景物略
壱部之主意者本北京之風景土地之勝概抔を
置申候書籍ゆへ両巻之外ニ耶蘇之儀無御座候
右両篇之文躰之内人尓教を施し人を其道尓
勧入候様成義辞面ニ者曽而無御座候併詩人之詩等
附し御座候ニ者其学術徳切之事を嘆美仕御座候
迄ニ相見申候其段者則大意書被仰付候節辞面
壱通書付差上申候通ニ而御座候以上

春徳寺

元禄八年乙亥二月　岩永元当

片山元止

申上覚

一今度拾六番南京船ニ持渡リ申候帝京景物略之壱書」八巻本数八冊ニ而御座候某大概者帝京境内之風土其外寺宇堂閣并景物之旧跡景致を書記シ申候書籍明末時分之書ニ而劉侗者与申者と千奕と者（ママ）撰述ニて御座候此書第四巻目ニ者天主堂之様子を書第五巻目ニ者邪教之利瑪竇死後墳墓之有様を記シ申候尤其時之官家之内数人詩を附シ置申候をも末ニ附置申候右弐巻之書旨私共念を入吟味仕候様ニと被為仰付則細く考仕見申候処ニ二篇共ニ其節々結構を称美仕趣ニ而尤邪教魁首之名并由来等之儀をも書顕し置申候此段書出し不申候而者天主堂之申立無之儀故此地堂ニ付書出したるものと奉存候勿論記文之内邪教切勧申文句者聊相見不惣唐国諸雀其所々ニおゐて風土記又者志書類之刊行御座候皆々其境内不残益無に無構旧跡又者人物并山林草木之類ニいたるまて委しく書記し申事ニ御座候依之右両巻之外邪宗之名目御座なく候以前より有来り候名目詳なるを本意ニ仕候与相見申候右景物略も風土記こときの書と」存候私共考見申候段右之通りニ而御座候趣書付差上申候以上

元禄八年亥三月廿日

唐通事　彭城仁左衛門

林　道栄

一十六番南京船上客費計菴書物　二通

一同船主何元亮書物　一通

一同財副陳献可書物　一通

一同上客楊大維章志篤周与菴

一柯茂林沈輪臣費漢威彭亦余書物　一通

一同船来組唐人共書物　一通

覚

一今度金銀吹直被仰出吹直り候金銀段々世間江可相渡之間有来金銀之新金銀与同事ニ相心得古

金銀不残吹直し候迄者新金銀之入交遣ひ方請取
渡両替共ニ無滞用可申候上納金銀も右同前た
るへき事
一新金銀金座銀座より出之世間之古金銀と可
引替候其節金銀共員数を増可相渡事
一金銀町人手前より引替ニ成候間武家其外之金銀」
勝手次第町人江相対ニ而相渡引替可申事
附り古金銀貯置不申段々引替可申事

右之條々国々所々に至るも此むね可存もの也

元禄九子年六月廿八日琉球国江異国船漂着破船之節
南蛮船者勿論宗門疑敷船者当表へ送届其外者
琉球国より福州迄送遣候様仕度旨中山王相願候よし
松平薩摩守方より申越候ニ付相伺候処被聞召届之旨
被仰下

先頃被相伺候琉球国へ漂着之唐船之儀被相考候
処中山王願之通差免シ勿論如前々商売之儀者弥
堅停止申付可然被存候由委細被申越候通り得其
意候松平薩摩守よりも右之趣相願候ニ付薩摩守へ
奉書遣候則右之写差越候間被得其意候可被相読
候以上

六月廿八日　土　相模守(122)
戸　山城守
阿　豊後守
大　加賀守
近藤備中守殿
丹羽遠江守殿

琉球国江漂着之唐船前々破船不仕時者従琉球
帰帆申付其段長崎江請其方被相達候若破船候得者
唐人共長崎送遣候然処今度琉球国中山王其方」
迄相願候者如跡々大清国へ進貢船遣候ニ付而以来漂
着之唐人并出所不相知候異国船致破船候とも福州
迄送り遣度候且又南蛮船ハ申に不及切支丹宗門疑敷
異国船漂着破船候ハヽ唐人并荷物等とも
長崎送り越度之旨中山王願之通差免之勿論
如前々商売之儀者弥堅停止可被申付候右之趣
長崎奉行江も相達候而可被得其意候恐々謹言

元禄九子六月廿八日　　大久保加賀守(123)
土屋相模守
松平薩摩守殿(124)　戸田山城守
阿部豊後守

以別紙申入候

一琉球国江漂着之唐船之儀ニ付昨於御城大久保加賀守御渡被成候書付壱通遣之候為心得ニと有之候間従御老中被仰遣候得共従我等方も可申達旨被仰聞候委細者御紙面之内ニ有之候之間具ニ不申入候以上

六月廿八日　　諏訪兵部
近藤備中守殿
丹羽遠江守殿

琉球国江漂着之唐船前々破船不仕時者琉球より帰帆申付従松平薩摩守其地江相達候若破船候得者」唐人并其表江送り遣候然ル処今度琉球国中山王奉願候者唯今大清国江進貢船遣候ニ付而以来漂着之唐人并出所不相知候異国船福州迄送遣度候且又南蛮船ハ不及申宗門疑敷異国船漂着若破船候ハヽ、唐人并荷物等とも其地江送越度之旨従松平薩摩守申越候ニ付先頃被相伺候右之趣被相考候之処中山王願之通差免勿論如前々商売之儀者弥堅停止申付之可然被存候之由委細被申越候趣得其意候其通り可被申越候従此方茂薩摩守江も相達候間可被存其趣候

元禄十丑年正月三日服忌追加大目付より相廻り候由ニ而近藤備中守ヨリ来ル

一父方之祖母父母曽祖母之父母ハ母方候間服忌無之遠慮一日

一父計之養子者母(ママ、ヘ之服忌脱カ)無之母計り之養子ハ父へ者服忌無之養兄弟姉妹ハ相互ニ半減之服忌可請之此外養方之親類服忌相互ニ無之実方親類之服忌ハ定式之通可受之」

附紙　最前追加出候父計之養子ケ條此通り一ツ書改之

一母之禄を請候子は母方之親類も父方同前服忌可請之惣而女より禄をうけ養子ニ罷成候ものハ遺跡相続養子之通服忌可請之

一離別之女はたとひ実子有之他江嫁せす候とも夫婦之縁切候ゆへ服忌無之

附紙　此ケ條新規ニ入候間右之次江可書入之

元禄十五年四月金銀吹直之儀大目付より相廻り候御書付

覚

金銀吹直尓付古金銀者新金銀と弥引替可申候御料者御代官私領者地頭より申付到遠国迄古金銀不残様尓引替させ可申候古金銀之儀来寅三月迄ハ古金只今之通り新金銀と一様ニ用之其以後ハ古金銀通用相止之新金銀計可用之間可存其旨候若滞儀有之者金銀之吹直場所迄可申出候以上　丑四月

新金ニ而弐朱判出来候ニ付六月晦日大目付より相渡候御書付

」

覚

一今度新金ニ而弐朱判出来世間江相渡候通用自由之ためニ候間国々所々迄其旨を存商売請取方渡方無滞弐朱判をも用可申候弐朱判者壱歩判半分之積たるへき事

一大判小判壱歩判勿論有来を通用可申事

一前々相触候通似せ金銀仕者有之者訴人ニ出へしたとへ同類たるといふ共其科をゆるし急度御褒美被下あたをなさゝるやう尓可申付惣而金銀之細工仕候者ハ其所ニ而心をつけ少もうたかわしき儀を見聞および候ハゝ早速可申出隠置外より顕るゝにおゐて者本人者不及申諸親類其所之ものまて可為曲事者也

丑六月　日

元録（ママ）十丑年七月九日万石以上へ相渡候御書付

覚

一逆罪之者仕置事
一致付火候者仕置事
一生類に疵付或損さし候者仕置事」
右之科人有之者遂僉議一領一家中迄ニ而外江障
於無之者向後不及伺江戸之御仕置ニ准し自分仕置
可申付候但他所へ入組候者月番之老中迄可被相伺候
遠嶋可申付科者領内尓嶋無之ニおゐてハ永牢
或者親類縁者へ急度可被預置候且又生類あ
ハれミの儀兼々被仰出候通弥堅く相守入念可申
付者也

丑六月

元録（ママ）十丑年八月廿三日御老中御列座小佐渡守[125]殿
近藤備中守へ御渡被成候長崎尓おゐて異国
商売并御仕置之儀尓つき御覚書

一長崎者異国人着船之地諸国之もの入込之所ニ候
得者御仕置弥入念諸事正路仕兼而被仰出候
御條目之趣急度相守候様可被申付候異国人之通
用弁とも相慎少も無相違勤仕候様堅誓詞致
させ常々心を付ケ可被申付候事
一公事訴訟之儀在役之奉行直ニ承之相談之上
可有裁許事」
一江戸江伺之品者前々之通可被相伺之事
一長崎ニ而諸役儀相勤候者共奉行中江相窺定候
員数之外内証尓而利分并礼物等受用不仕
厳密尓取捌可仕候由堅誓詞仕相勤させ
其上心をつけ可被申事
一長崎之者潤沢ニ而美麗分過之躰候之由其聞
有之候向後相改分量之相応ニ仕身持諸事
心を付奢費ケ間鋪義仕間敷旨堅可被申付事
一商売ニ付私曲多欲之仕方非分之義不仕諸色
直段売買之儀相応に可仕候若私欲いたし利潤を
取隠し候者有之者可申出外より露顕ハ其仲ケ間之者
共まて僉議之上可為曲事候惣而利潤之金銀一分之

才覚不仕奉行所へ相伺所之者救尓成候様可有心得
事
一所之もの奢分過之躰ニハ御仕置尓不可然候有来
風俗不宜由ニ候間物毎相改相応尓可被申付事
右之通急度可被相守者也
元禄(ママ)十年八月日　小　佐渡守(126)」
土　相模守
近藤備中守殿　戸　山城守
丹羽遠江守殿　阿　豊後守
諏訪下総守殿(127)
元禄(ママ)十一寅年三月廿七日金銀箔等相用ひ申間敷
旨御書付被差越　覚(128)
一当座遣捨候諸色金銀之箔用候之儀停止之事
附金銀之水引停止之事
一菓子入盃台金銀之箔停止之事
一童子の持遊ふ物遣捨候類金銀の箔停止之事
一諸道具金銀梨子地粉たひ蒔絵之類向後結
構無之様に可仕候事
一諸道具金物之類尓金銀みたり尓遣ひ候儀
可為無用事
右之趣相守之物而無益儀金銀用申間敷事
戌(ママ、寅カ)三月日

以別紙申入候
元禄(ママ)十一寅年五月九日同十六日丹羽遠江守より之別紙
松平主殿頭(129)儀願之通去月十八日隠居被仰出家督
無相違同姓阿部波守(130)へ被仰付主殿頭儀」
大炊頭阿波守儀主殿頭与被相改候且又其節
御用船之儀先主殿頭時之通可相勤之旨被
仰付候条此段拙者方より可申入由去四日於御列
座小佐渡守殿被仰渡候間可被得其意候以上
五月九日　丹羽遠江守
元禄(ママ)十一寅年五月九日両屋鋪焼失ニ付而御闕所を以

家作之儀可申付旨被仰渡

覚

一去月廿二日其地後興（ママ、善カ）谷町より出火家屋鋪数多焼失[131]候得共御用米蔵并出嶋唐人屋敷牢屋無別条之由委細被申越候通令承知候事

一最前申遣候砂糖十箇被差越之到来候之事

右之通被申越候趣得其意候以上

五月九日

小　佐渡守[132]

土　相模守

戸　山城守

阿　豊後守

近藤備中守殿

去月十四日之御別紙致披見候

先達而被申聞候通西御役屋鋪就焼失諏訪総州此節安禅寺江引移被罷在候依之作事等之儀先年之様子町年寄共江被相触候処弐拾壱年以前午ノ年岡野孫九郎在勤之節此度焼失申候御役屋敷覃（ママ）類焼候之節屋作入目銀凡百八拾五貫七百目余高木作右衛門江御預之御闕所銀之内を以被仰付候之旨申之候由兼而其辺ハ村木払底なる所ニ而有之候故其節も於大坂材木相調差廻候由御座候者作事随分軽被申付入目減少仕候様入札を以為御積金吟味之上御御（ママ）欠所銀之内ニ而ハ可被申付候之由令承知去四日御列座ニおゐて申上之御下知之趣別紙を以て申入候以上

五月九日

丹羽遠江守

近藤備中守殿

諏訪下総守殿

以別紙申入之候

今度諏訪下総守御役屋敷焼失ニ付家作之義於御列座奉伺候処被為聞召届候之条御普請御入目御闕所銀之内を以被申付候様拙者方より可申達候旨去五日於御城戸山城守殿被仰渡候間可被得其意候

勿論軽御物入無之様ニと被思召候趣相聞候間其心得」
をもつて早速可被申付候以上

丹羽遠江守

五月九日

近藤備中守殿

諏訪下総守殿

去月廿九日之御追而書致拝見候今度其表江出火ニ付
松平肥前守(133)方松平信濃守(134)方より右町中為救八
木弐千俵程宛為取可申旨其地附人より町年寄
共迄内意申聞候之旨申出之候之由先年大火之
節も救米給候之由御座候然共大分之八木一圓
給候様ニとも如何被思召町年寄者心得を以
直安被相払候様挨拶仕可然之旨御申渡候其表別
而此間八木高直罷成候ゆへ右之通被申付候而も
夥敷助力罷成候之由致承知其段去十八日於御列
座申上之候以上

丹羽遠江守

五月廿六日

近藤備中守殿

諏訪下総守殿

元録（ママ）十一年六月六日

去月十日之御別紙致披見候最前被申越候西屋
鋪普請之儀段々被遂吟味随分入目減少候様
有増積り被申付候処凡金弐千両（ママ）五百両余程」
入中積御座候就夫三拾六年以前卯年両奉行屋
敷并町中不残焼失之節者松浦肥前守御手伝
被　仰付両奉行屋敷普請被申付由被承之候
先達而被申聞候通廿一年以前午之年西屋敷
類焼之砌者御闕所銀之内八拾五貫七百目余
高木作右衛門所より其節年番者高木清右衛門
請取之普請中奉行与力同心差出之申付候由
御座候其砌茂隣国より材木差廻候之由ニ付今般
者有増積り被申付材木之儀者町年寄とも
より近国江申遣候此度茂御伝可被仰付義御座候
哉又者御闕所銀之内を以て可被申付哉右両様
相伺可申入之旨委細承届候
右之趣最前伺相済御下知之趣先達而申入候
之通弥御闕所銀之内を以て御入目減候様

可被申候已上
六月九日　丹羽遠江守
近藤備中守殿
諏訪下総守殿
」
先月十日之御追而書致拝見候今度其町焼失ニ付而細川越中守方国元留居者より八木并材木等差廻追々着船申候旨其地附人申出之候依之八木之儀者最前被仰聞候通肥前守かた信濃守方附人江挨拶之通ニ仕候様被仰付候材木之儀ハ兼而越中守方用事高木彦右衛門心安相達候之間彦右衛門下着次第相計候様可被　仰付与被思召候由致承知候
右之趣去二日阿豊後守殿於御宅申之候以上
六月九日　丹羽遠江守
近藤備中守殿
諏訪下総守殿

元録（ママ）十二卯年六月晦日奉行四人被仰付候旨被仰下候御半紙
大嶋雲八[135]林藤五郎[136]儀一昨廿八日御前江被召出之其地奉行被仰付候向後四人ニ而可相勤旨被仰出候勤方之義者委細両人江申渡候此趣為心得別紙書付遣候以上
」
六月晦日　小　佐渡守
土　相模守
戸　山城守
阿　豊後守
近藤備中守殿
諏訪下総守殿

一長崎奉行向後四人ニ被仰付弐人宛隔年代り可申候遠国之儀其上異国御用ニ候間別而入念申合可相勤事
一代り之儀両人一同尓無之壱人宛両度ニ相代り可申事
一唯今迄三人ニ而取来候役料向後四人ニ而三千俵

余宛之積り分被下候之事
一長崎ニ而受用物も只今迄之分量を向後四人江
割候而受納可仕候勿論受納物等不同無之
厳密ニ四人可申合事
一勘定等之吟味承候ため向後小役弐人宛
代りく可被遣候事以上

卯六月廿八日

元録（ママ）十二卯年七月廿一日当表勘定為吟味御勘定
被遣之旨被仰下候御覚書」

一昨十九日其地為勘定吟味御勘定役中川吉左衛門(137)
御徒目付組頭高木十郎左衛門(138)当分可被差遣之間
可致用意旨被仰付候役料弐百俵宛手代給金等被
下之候為心得申入候以上

七月廿一日

小　佐渡守
土　相模守
戸　山城守
阿　豊後守

近藤備中守殿
諏訪下総守殿

卯一月十日長崎奉行席順被仰出候由芙蓉之間
席順書付大目附より被　相渡候由ニ而到来

覚

今日大目附衆席書出候間被相渡之由長崎
奉行事新御番頭よりも被仰付旁以京大坂
之奉行上ニ座席之筈之由小笠原佐渡守殿
被仰渡旨御座候此段大目附被申聞候以上

御留守居
大目付
町奉行
御勘定奉行
御作事奉行
御普請奉行
長崎奉行
京都町奉行」

大坂町奉行
禁裏附
御所附
伊勢奉行
奈良奉行
此通り順書出申候以上
卯十月八日

元録（ママ）十三辰年正月三日倹約之儀被仰出

覚

一新規ニ屋作仕面々三千石より千石迄者弐間半梁ニ不可過但有来作事者可為其通彫物組物并床ふちさんかまち等塗候儀可為無用事
附　石垣無之して不叶所者野つら石垣に可被仕候事
一千石以下ハ弐間梁ニ可過からす但有来作事ハ可為其通なけし作り杉戸書院床彫もの」

組物并床ふちさんかまち等塗候儀から紙の張付可為無用事
附　石垣無之して不叶所者野つらいしかきに可被仕候事
一古来より持来諸道具ハ各別向後軽品を可被用事
一武道具等ハ応分限可相嗜常々用候馬道具者美々敷無之様ニ可被仕事
一刀脇指拵等尓至まて目立不申様ニ可被仕候事
一衣類之儀常々者勿論縦五節句御礼日たりといふ共軽分者不苦候事
一婚姻之諸道具前々茂被仰出候通応分限弥軽可被仕候事
一婚姻祝儀物取かハし随分軽く仕時服代銀拾枚より内を以応分限取かわし可被致之
一婚姻其外振廻之料理二汁五菜後段惣而常々取かハし軽く可被仕事
一色に過へからす此内をもって軽く可被仕酒乱酔尓不可及之事」

附御城部屋迄之弁当かろくいたし
酒并濃茶等持参無用之事
右之趣相守之物而奢たる儀無之様ニ可被申
渡候以上

十二月

林　土佐守近藤備中守より追而書

追而申入之候倹約之御書付一通阿部豊後守
殿御渡被成候由ニて旧臘廿八日大目付衆より
被相渡候之間写壱通進之候

一倹約之儀御書付茂出申候間弥以而其地町年
寄共尓も被仰付諸事奢かましき儀不仕様尓
御申渡可然存候右御書付之上ハ其地ニ而松平
信濃守殿松平肥後守殿其外大名衆拙者
共方に被見廻候節之料理等茂御書付之通ニ
可仕左候得者塗木具抔者猶以相止メ可然被存候
思召も御座候ハヽ可被仰聞候尤拙者とも存寄
茂御座候ハヽ追々可申入候以上

林　土佐守
正月三日　近藤備中守

丹羽遠江守様
大嶋伊勢守様」

元録（ママ）十三辰年三月廿三日近藤備中守高木
作大夫(139)鉄炮之儀相伺御下知之趣申越候追而書候事

追而申入候高木作大夫鉄炮之儀相伺候之処
二三挺為致所持作右衛門所持之鉄炮相残候分
其侭被差置候様ニと秋但馬守(140)殿被　仰渡候
委細者土州下着之節可被申渡候間左様御
心得可被成候以上

三月廿一日　近藤備中守

丹羽遠江守様
大嶋伊勢守様

林土佐守下着之上高木作大夫江申渡書

覚

其方鉄炮之儀向後五挺可致所持旨於御黒書院溜之間御老中御列座小笠原佐渡守殿被　仰渡候間可被得其意候以上

三月廿一日

林土佐守下着之上高木作大夫江申渡書

其方鉄炮之儀向後五挺可致所持旨於御黒書院溜之間御老中御列座小笠原佐渡守殿被　仰渡「候間可被得其意候以上

辰四月十八日

林　佐渡守(141)

大嶋伊勢守

丹羽遠江守

近藤備中守

高木作大夫殿

高木作大夫へ鉄炮之儀ニ付覚書

高木作大夫へ鉄炮之義近藤備中守追而書ニ者二三挺与有之候得共林土佐守江府発足前四五挺も為致所持候様ニと御老中御列座ニ而小笠原佐渡守殿被仰渡候付而如斯書付仕作大夫江申渡候以上

辰四月十八日

丹羽遠江守(142)

元録(ママ)十三年七月十九日

大嶋伊勢守

林　土佐守

覚

捨子之儀御制禁候依之最前も養育難成尓おゐてハ奉公人ニハ其主人御領者御代官私(領脱カ)者其村之名主五人組町方ハ其所之名主五人組江其品申出之於其所養育可仕之旨相触候処今以粗ニ捨子いたし候段不届ニ候若致捨子候者可為曲事候弥捨子不仕候様急度可被申付候以上「

辰七月日

元録(ママ)十三辰年八月六日

高木彦右衛門(143)刀御免付七月廿八日御老中於御列座
御月番土屋相模守殿御渡候書付

近藤備中守
丹羽遠江守　江　高木彦右衛門

長崎御船并奉行附之武具預り之役人ニ申付之取
来役料八拾俵御切米ニ直シ被下之且又刀御免之旨
可被申渡候

七月廿八日

近藤備中守
丹羽遠江守　より之追而書

追而申入候先達而得御意候通り高木彦右衛門
刀御赦免之儀拙者共以書付相願候処去月
廿八日於御列座土屋相模守殿御書付ヲ以長崎
御船并奉行附之武具御預り之取来候役
料向後御切米ニ御直被下刀をも御赦免之旨被
仰渡候ニ付彦右衛門召寄右之趣申渡候右御書付
此度進候之間御用長持江御入置可被成候

此末外御用ニ付略之

元録（ママ）十三辰年十一月十一日金銀両替屋之儀ニ付」
御半紙并丹羽遠江守追而書其外江戸奉行中へ
被仰渡候御書付写

銀子銭相場之儀当地奉行中江去ル八日申渡候
委細之儀者丹羽遠江守より可相達候間可被
得其意候以上

十一月十一日

秋　但馬守(144)
小　佐渡守
土　相模守
阿　豊後守

近藤備中守殿
大嶋伊勢守殿
林　土佐守殿

追而申入候金銀并銭両替之儀ニ付昨九日御書
付出申候ニ付写進之候其表江も可申遣之むね

御老中被仰候之段大目付中ヨリ被申聞候間御書付
之趣急度可被仰付候以上
十一月十日　　丹羽遠江守
近藤備中守様
林　土佐守様

覚

一銀子之儀御蔵元払金子壱両ニ六拾匁替之(ママ、積脱カ)
ニ候間世間准之金子壱両ニ銀六拾匁替之積り
可相心得候去なから両替屋共差引之利潤可
有之候之間当年より来年十二月迄金壱両ニ銀」
五十八匁より高直ニ仕間鋪事
一銭之儀も御蔵元払金子壱両に四貫文替之積り
世間准之金壱両ニ銭四貫文替之積り(ママ、心脱カ)可相得候
是又両替屋とも差引之利潤可有之候之処当年
より来年十二月迄金壱両(ママ、銭三貫脱カ)九百文より高直尓
仕間敷候事
右之趣可被相触候以上

辰十一月七日
元録(ママ)十四巳年二月在府奉行より之別紙并覚書
其外銅座役人名前書共　三通
以別紙申入候
一昨晦日於御城荻原江州(145)永見甲州(146)拙者共両人江
一同ニ阿部豊後守殿被仰渡候者近頃銅之義向々之
様尓罷成取しまり不申候若長崎江之銅等ひし
と差支候而者いかゝニ有之候間大坂ニ銅之座を
相極候様ニと被仰出候依之此度銀座之者銅之座
相定被成向後銅之義致吟味手支無之様尓
可仕旨被仰付候間此已後ハ右銅座之者とも請
込其許江銅差廻へく候条左候ハヽ代銀無滞」
相渡り候之様町年寄共江可申付之旨被仰渡候
間被得其意右之趣可被申渡候之事
一永見甲州へ豊後守殿被仰聞候もの銅之儀右之通ニ
被仰付候ニ付向後於大坂銅問屋并吹屋共迄右銀座

之者得差図候様ニ可申付且又銅座大坂ニ而会所
屋敷入用ニ付右之者共所を見立大坂奉行中迄
申出へく候間左候ハ願之通可被申付候被仰聞候
事之為御心得是又申入候委細之儀者別為
覚書ニ申達之候事

以上　　大嶋伊勢守(147)

近藤備中守殿　　丹羽遠江守

林　土佐守殿

覚

一別紙ニ申入候此度大坂ニ而銅座被仰付候ニ付委細之
儀者荻原江州申談其許ニも可申達由豊
後守殿被仰聞候間則江州へ承合申進候事
一右銅座之儀向後銅山出し之様子并商売方之
儀惣而銅一色之儀請込相勤尤銅問屋并ニ」
大吹屋小吹屋共右銅座之支配を請商売仕候
筈之事
一其表江差廻候銅之義向後者右銅座之者より
送状ヲ以可差廻候間左候ハヽ前々通役人相請
取送状之銅高ニ引合町年寄とも方より代銀
可相渡候右銀代渡様之儀者只今迄之通為替ニ
仕候共又者送状持参之者江　則相渡候共其段者
いか様共勝手次第ニ仕免角代銀滞不申候様ニ御
心得可有之畢竟銅座之もの江　公儀御金
御借被成右之金子を以銅相調元直段ニ而其許江
相渡其許より請取候銀子ヲ以段々拝借上納仕候
わけニ候ゆへ其許ニ而相渡候銀子滞候而ハ手支ニ
罷成候之条無滞銀子相渡候様尓との事ニ候尤
其許商売以前なと銀子有合不申候節ハ銅
買銀之内ヲ以而被相渡候様ニと江州被申候事ニ候間
右之御心得可有之事
一右銅差廻候送状之儀町年寄とも宛所ニて
銅座之もの印形候而可遣之間尤町年寄共より」
請取手形仕遣候様ニ可被成候銅座請取候儀ハ只
今迄之通役人相勤可存候事
一銅座之もの大坂ニ而差引仕差廻候迄之内最早
先達前之銅とも廻着も可有之候と左候ハ尤

其分者跡々之通先御請取せ可有之候事
一右銅座之儀銀座より願候而被仰付候わけニ而無之
然者此者とも利分なと有之仕候儀ニ而ハ無御座候
兎角銅之儀取しまり不申候ニ付急度支配いたし
商売いたさせ又者山々出高等茂相考手支無之
相勤候ためニ此度銅座御定被成就夫御吟味之
上外ニ被仰付候而者訳立かたく候ニ付銀座之者江
被　仰付候事ニ而候右之通候得ハ只今迄銅之義
願ニ付而請合候ものとはわけ違候事ニ候是又
御心得ニ申入候
右之趣被得其意可被申付候相滞義も候ハヽ可被
仰越候猶又江州申談可申入候以上
二月二日　大嶋伊勢守
丹羽遠江守
近藤備中守殿
林　土佐守殿」
覚
小南理兵衛
岸部次郎右衛門
中村九郎右衛門
右三人江戸ニ罷在候此内
壱人此度大坂江罷越候
日比五郎左衛門
右ハ京都ニ罷在候是茂此度
大坂江参候由
右四人之銀座年寄此度銅座被仰付候此巳後
右之もの替之大坂江相越相勤候筈之よし
以別紙申入之候
元録(ママ)十四巳年六月廿八日大嶋伊勢守林土佐守ヨリ
之別紙
其地唐人屋鋪波戸場前築地蔵地請負之もの
先頃土佐守発前願書差出其節御相談申候通御
運上銀之内より蔵建候入目凡積り四百貫目之内
半分拝借被仰付蔵建候様仕可然之旨伺書を以

去五日御老中於御列座申上候処御相談之上追而
可被仰聞之由被仰同十日小佐渡守殿御書付ヲ以
右築地蔵建候伺之趣被聞召届之間凡積高
之内弐百貫拝借申付早々蔵建候様ニ可申付之旨被
仰渡候則佐渡守殿御渡被成候御書付壱通令」
進達候拝借銀上納年賦之儀者萩(ママ、荻)原近江守共
申談追而相伺候様ニと被仰付候ニ付則江州へ申談
来午年より卯年迄十ヶ年之積りニ為致上納可
然旨相極其段佐渡守殿へ申上候処其通ニ申付候様ニ
と被　仰渡候間右之趣被得其意可被申付候猶又
上納年賦之儀各存寄も候ハヽ可被申越候以上

六月廿七日　　林　土佐守
　　　　　　　大嶋伊勢守

近藤備中守殿
丹羽遠江守殿

六月十日於御城小佐渡守殿江御渡被成候御書付

於長崎唐荷物蔵建候儀願之通運上銀之
内弐百貫匁程拝借被申付早速蔵造候様
可被致候返納之儀ハ年苻(ママ)之積り追而可被窺之
候尤無滞様可被申付候以上

六月

元録(ママ)十四巳年六月廿九日猪鹿田畑を損し狼者人馬を
損し荒候時はかり鉄炮ニ而為打候様ニとの御書付

生類之儀ニ付而今度被仰出候覚書差越候間」
可被得其意候猪鹿狼打候ハヽ慥埋置一切商
売食物ニ不仕様可被申付候右者猟師之外之事
ニ候以上

六月廿九日　　土　相模守(148)
　　　　　　　戸　山城守
　　　　　　　阿　豊後守
　　　　　　　大　加賀守

川口源左衛門殿
宮城主殿殿

覚

一兼而被仰出候通生類あはれミの志弥専要に
可仕候今度被仰出候意趣ハ猪鹿荒田畑を損さし
狼ハ人馬犬子等をもそんさし候ゆへあれ候時計
鉄炮ニてうたせ候様ニ被仰出候然ル処万一存た
かひ生類あわれミの志をわすれむさと打候
もの有之候ハヽ、急度曲事可申付候事
一御領私領尓て猪鹿あれ田畑を損さし或狼
荒人馬犬等損さし候節ハ前々之通随分追
ちらし夫にてもやミ申さす候ハヽ、御領尓てハ
御代官手代役人私領尓てハ地頭より役人并
目付を申付小給所にてハ其頭々へ相断役人を」
申付右之もの共尓急度誓詞いたさせ猪鹿
狼あれ候時計日切を定鉄炮尓て打せ其訳
帳面ニ注置之其支配々(ママ)へ急度可申達候猪鹿
あれ不申候節まきらハしき殺生仕らす候様尓
堅可申付候若相背もの有之者早速申出候様ニ
其所々の百性(ママ)等ニ申付みたりかわしき儀有之
候ハヽ、訴人ニ罷出候様尓と兼々可申付置候
自然かくし置脇より相知候ハヽ、当人者不申
及其所々御代官地頭可為越度候之事
右之通堅相守可申者也
巳六月

元禄(ママ)十四巳年八月十八日銀子銭相場之儀ニ付
御触書

覚

近年銀子売渡段々高直ニ成候銀子貯置候者
有之候ハヽ、相場之通払可申候若買置致者有之候
もの訴人ニ出へし縦同類たりといふ共其科を
ゆるし御褒美可被下之且又あたをなさゝる
様ニ可申付之候かくし置脇よりあらハるゝにおいてハ」
当人者不及申名主五人組迄可為曲事もの也
巳八月日

元禄（ママ）十四巳年十二月西国中国其外上方筋商
売銀遣ひニて（ママ）金子を遣ひ候儀不自由ニ由候之間
向後諸国一統金銀とも無滞通用可仕之旨并銀
子銭相場之儀当地町中江も可相触旨　仰下候

覚

西国中国其外上方筋者商売物銀遣ニ而金を
遣ひ候儀不自由之旨相聞候向後諸国一統に
金銀銭無滞通用可仕候当分遣ひなれ不申内
商売等差つかへさる様ニ御領ハ御代官私領ハ
地頭より入置可被申付候以上

巳十二年

覚

銀子并銭相場之儀ニ付別紙書付之通相触候上
ニ而其所々之奉行支配方より様子相尋触書
之通相守候ハヽ吟味有之若銀子銭等かこひ置」
もの有之候ハヽ様子次第組之者又ハ下役人等相廻し
其所之名主立合蔵之内改メ候様になり共いつれ
尓てもかくし置候事成難き様ニ後々迄念を
入中付違背無之様ニ可被相心得候以上

十二月

覚

銀子并銭相場之儀去年相触候之通向後弥金
壱両ニ銀者五拾八匁替銭ハ三貫九百文替之積り
より高直ニ仕間鋪候右之相場より下直ニ成候分ハ
勝手次第ニ候若内証ニ而致相対銀子銭ともに
高直ニ売買仕候もの相聞候ハヽ僉議之上可為
曲事勿論かこひ置候もの有之候ハヽ其所之もの
支配方へ可申出候存ながらかくし置候ハヽ其所
之もの迄曲事たるへき者也

巳十二月

元禄（ママ）十五午年二月七日金銀吹直被　仰出候所

今以古金銀所持いたし候者有之由ニ付而之御触書

覚」

古金銀吹直有之候処今以所々ニ有之由候之間弥
致吟味古金銀者新金銀ニ引替候様ニ入念可被申付候
年過候ハヽ紛敷可有之候間急度可被申付候以上

二月日

元録（ママ）十五午年五月十一日馬ニ荷附候儀ニ付而之御触書

覚

一物而馬ニ荷附候儀其馬之様子ニより荷物之分量
を考馬不致難儀候様ニかろく附可申候并道
中荷附馬定之貫目弥無相違様ニ念を入
重荷附ヶ申間鋪事
一病馬并いたみ有之馬随分いたハり左様之馬ハ
つかひ申間敷事
附右之類馬はこくミかね候もの者最前も
相触候通可訴出候事
右之趣堅可相守候若違背之族於有之者
可為曲事者也

午五月日

元録（ママ）十五午年七月廿一日酒造米被減候之儀諸色」
直段之義御触書

覚

近年米穀不足ニ付而下々及困窮候就夫為御救
当年之酒造米員数相定候向後米并諸色共
近年之相場を直し相応之直段ニ商売可
仕候尤諸職人作料日傭賃ニいたるまて高直ニ
仕間敷候若不相応なる儀有之おゐてハ急度
遂吟味曲事可申付もの也

午七月

覚

一当午年酒造候儀寒造之外新酒一切可為
停止事
一当暮襄（ママ）造候儀酒分量之義元禄十丑年酒
造米之五分一たるへき事
一古来より人茂存造酒計家業ニ仕来ル所之者
以書付御勘定所へ相伺候上丑年酒造米高三分
一之積り可造之事
一来未春右米高之外造かけ候儀停止たるへ
き事」
一家業之外ニ酒造り候もの者一切停止たるへき事
右之通諸国共ニ堅可相守若違背之輩
於有之もの可為曲事候間所之奉行御代
官私領者地頭より念を入相改相違無之様ニ
可被申付候来年ノ酒造米之員数者来年
五月中可被相伺候以上
午七月

元録（ママ）十七申年二月廿二日従前々被仰出候通り
倹約之儀弥以相守諸事かろく可仕候之旨
諸奉行へ被仰渡候書付

覚

祭礼法事かろく可仕候惣而寺社方山伏之
法衣装束等結構ニ仕間敷候供廻り茂人少に
いたし乗もの竪傘等ニいたるまて美々
敷躰に無之諸事かろく仕候様常々
可被申付候以上
右者寺社奉行江渡
一百性（ママ）町人之衣服絹紬木綿麻布を可着用候屋作」
之儀者随分軽可仕事
一百性（ママ）町人婚礼之刻万端軽くいたし脇差なと
祝義に遣候儀無用たるへき事且又法事
等もかろく可仕事

一生類あわれミの志し弥存入麁末成義無之
様ニ可仕候尤捨子捨馬犬堅仕間敷候育養難
成ものハ其支配〳〵へ可申出事
右前々より相触候通弥以堅相守候様急度
可被申付候以上
申二月
右者寺社奉行御勘定奉行町奉行へ渡之

覚

一公儀大たち候儀又ハ在所之到着之御礼并
急度いたし候御礼事ニ者使者可被差越候其外
大概之儀者向後可為飛札候事
一参勤伺之儀侍従以上拾万石以上之衆者
以使札可被相伺候其外可為飛札候事」
一火之番御門番之衆中より御役勤候儀付而其
向之御役人江音物之附届無用ニ候事
一公家門跡方御馳走被仰付候衆中より御用勤候
儀ニ付而其むきの御役人へ音物之附届
可為無用候御馳走所へ見廻之衆中へも
料理等被出候儀無用ニ候事
一普請御手伝被仰付候衆中も音物之付届
且又小屋場ニての馳走右同前事
一所々御番所ニ而御成之節并常々も料理ハ
勿論馳走かましき儀無用たるへき事
一物頭衆御成先勤番之節又者常々御番所
ニ而茂右同前之事
一御成之節御道筋御見通之外者挑燈出シ
候儀無用候事
一自分取かハしに蕨樽わら苞樽可為無用候
柳樽其外かろき樽を用ひらるへき事
一遠国御役人并在番帰之衆土産物一通被
相増候ハ、二重ニ被差越候儀無用候事」
一惣而結構成道具等取集候儀無用ニ候縦振
廻又者茶之湯抔仕候とも諸事軽く有合之
品を可被用事
一料紙結構成者無用ニ候小身之面々者小奉書之

類其外軽き紙を可被用候遠国御役人并御使御
目付抔ニ被相越候衆注進之書状等も此趣
可被相心得事
一諸家中之足軽并また若党之衣服軽キ品
着可申候尤前々より申渡候通弥急度相
守候様可被申付候事
右之趣可被相達之候以上
申二月
右者大目付江渡之

覚

一献上物たりといふ共結構なる菓子入盃之台
糸花之類無用之事
一献上尓も上箱ニ金銀之かなもの無用事
一新規ニ珍敷仕出し候菓子類又ハ唯今迄拵来候」
共手間取候品向後者無用之事
一火事羽織頭巾結構ニ無之火事場之纏ニ
金銀類用申間敷事
一能々装束甚結構成も相見へ候間有来之分
者名別向後軽く可仕事
一はま弓菖蒲甲束帯之ひひな并雛道
具結構仕間敷候鼻紙袋ふくさ香包
たはこ入其外もてあそひ物尓金銀の
かなもの同箔金紗之類用ひ間敷事
一女のさし櫛かうかひ尓金銀のかなもの無用候
尤蒔絵類も結構成仕形無用之事
右御用之品者格別其外者堅拵間敷候但定
之外結構尓あつらへ候方有之候ハヽ町奉行所へ
相伺可受差図候於相背者可為曲事候
申二月

覚

ひひな并雛の道具之儀当年者もはや
拵可申候間是ハ来酉年より書付通相守」
候様可被申渡候以上

右両通之書付町奉行へ豊後守相渡
之候

従宝永元年
至同七年
古来より御役所引継
相成候掟書等之類

（目録）
第五ノ帳目録

一酒造并たはこ作り候儀ニ付御書付来事

一長崎御船并武具支配之儀高木作右衛門江
被仰付度儀伺之通被仰渡候事

一生類之儀ニ付御書付之事

一諏訪祭礼之節森崎神輿一所向後三社可相
」渡旨被仰渡候事

一追放構場所書付来ル事

一大銭通用御触之事

一御仕置者町中引廻し候節町々より酒等給させ
間敷旨并唐人方江寺々其外傾城共より
」音物之儀ニ付申渡書付之事

一丸山町寄合町乙名江申渡書付之事

一公事日訴訟日相定候書付之事」

一大銭通用御停止御触之事

一生類之儀ニ付御触之事
一酒運上御免之事
一参勤之節献上物之儀并御老中若年寄衆へ
音物之儀ニ付御書付之事
一狼猪鹿荒申時ハ玉込鉄炮ニ而打可申旨御触之事
并死罪除日書付之事
一五嶋大和守長崎見廻之儀九月者在所ニ罷在候儀
相伺候処九月ハ以使者相勤候被仰渡候段同人より申
来候事
一薬師寺又三郎鉄炮稽古打願之事
一深見元泰被召出候事
一唐船阿蘭陀船商売新規ニ仕かた帳面御渡
被成候事
一土井周防守江御覚書御渡被成候之事」
一新金吹直之儀御触書被遣候事
以上
(本文)
宝永元年申十二月十一日酒造米御書付」
当年国々水損其外旱損風損之所々有之米穀
減少候間酒造り米之儀先達而相触候書付之通弥
無相違急度守之かくし候而酒造り不申様尓
役人相廻念入可被申付候若新酒造候而売出し
候所も有之哉改役人申渡置吟味有之候之間其
心得ニ而無油断可被申付候米穀払底ニ候得者下々
及困窮候ニ付為御救年々被仰出事ニ候間被

得其意随分心を付猥成儀無之様ニ可被申付候
以上
九月

たはこ作候儀ニ付相廻候書付

覚

来酉年たはこ作候儀当申年之通去午年迄
作り候高之半分作り残る半分之所ニ者土地
相応之穀類可作之候若相背者於有之ハ可為
曲事之由御料者奉行御代官私領ハ地頭より急
度可被申付候右之趣此方より可申通之旨御老中」
被　仰渡候間如此ニ候前方御触書之通無相違様尓
可被申付候以上

申十二月　本多弾正少弼(149)
松前伊豆守(150)
丹羽遠江守
萩（ママ、荻）原近江守

宝永二酉年三月
長崎御船并武具支配
之儀窺之書付

永井讃岐守(151)
別所播磨守(152)

覚

於長崎先年高木彦右衛門相勤申候御船并武具
支配之儀只今相勤申候者無御座候ニ付其以後軽キ
者に預置申候重立預り候者御座候得者麁末
ニ茂罷成不申候間高木作右衛門江右御船船頭」
水主支配ともニ并武具支配之儀被仰付候者弥
麁末ニも不罷成可然奉存候右之通被仰付候様
仕度奉存候以上

正月　別所播磨守
永井讃岐守

御附紙
伺之通作右衛門支配いたし候様ニ可被申渡候

宝永二酉年十月三日

覚

一飼鳥之儀最前も触有之候処今以有之由相聞候
付而此度町方相改候之処飼鳥所持之者有之不届
至極ニ候前方相触候之通かあひる鶴并唐鳥之類
にて不養置放し候得者其鳥之ため二悪敷
可有之分ハ先養ひをき右之外歴（ママ）尓養置候儀一切
いたされ間敷候尤飛行難成病鳥之類者大切ニ
養ひ置候様ニ可被相心得候
一牛馬者勿論之儀犬猫之外ニハ獣類歴（ママ）ニ養ひ
置候儀被致間敷候猿なと神事等ニ出候者各別ニ候」
其外ニも不養置放候得者其獣之為ニ悪敷可有之
分ハ先養ひ置可被申候以上

酉九月廿八日

宝永三戌年四月廿九日

以別紙申入之候
長崎諏訪社神主青木若狭願之通森崎神輿諏
訪祭礼之節一所向後神輿三社可相渡旨昨廿八日
於御城秋但馬守殿被仰渡候若狭儀今度為拝
礼能越候ニ付当御地ニ而申渡之候間可被得其意候以上

四月廿九日　佐久間安芸守(153)

永井讃岐守殿
別所播磨守殿

宝永三戌年八月廿六日追放国々御改之書付

重

追放

関東八ヶ国　武蔵 安房 相模 上総 上野 下総 下野 常陸　山城摂津堺奈良」
長崎東海道木曽路筋駿河尾張紀伊

中

追放
江戸十里四方京大坂奈良伏見長崎東海道筋
木曽路筋名古屋日光和歌山水戸

軽
追放
江戸十里四方京大坂堺東海道筋日光日光海道筋

江戸追放
江戸十里四方

宝永五子年二月二日

当地ニ而相触候大銭通用之書付差越候可被得
其意候以上

二月　井上河内守(154)
大久保加賀守
秋元但馬守
土屋相模守

永井讃岐守殿
別所播磨守殿

覚

一今度京都銭座ニ而大銭出来候世間通用」
自由之ため尓候間諸国何方ニよらす売買請
取方渡方無滞只今迄之新銭尓ましへ通用
可申候但大銭壱銭ハ只今迄之十銭尓相あたり
候積り候事
一唯今迄新銭相場金壱両ニ銭三貫九百文より
四貫文迄之積りニ定夫より高下無之様に
相守大銭をさしましへ通用可仕候事
附大銭当四月より通用可仕候事
一大銭外ニ而似せ拵候者於有之ハ曲事たるへき事

以上

閏正月

宝永五子年申渡留之中より写之

月番福田伝之進[155]江相渡書付

覚

向後御仕置者町中引廻候節町々より酒抔給させ
又者言葉かけ或者猥敷義在之候ハ、則召捕
候様申付候間兼而右之趣急度相守不作法ニ」
無之様ニ可申付者也

子二月

唐人屋敷乙名組頭通詞共江相渡書付

覚[156]

寺々より供物并音物不依何ニ守札箱等又ハ傾
城方より音物何によらす右之分唐人江遣し
候ハ、早速取上月番之奉行所江持参可申候事

子三月廿九日

○寺社方年番高島四郎兵衛江相渡候書付
覚
寺々より守札箱等供物并音物不依何ニ唐人方へ向後堅遣申間敷候事
以上
子三月廿九日

○――――

丸山寄合町乙名呼出し相渡候書付

覚

一丸山町寄合町傾城脇々御大法之通向後大門より
外江出し申間敷候出嶋唐人屋敷江遣し候とも
道寄堅為致間敷候若相背ニおゐてハ可為曲事
一表門尓番所を立両町より組頭壱人つ、家持壱人つ、
日行吏壱人つ、昼夜不明様ニ相詰可申事
一丸山町寄合町両町にて船大工町之方一方口に
いたし只今まて有来候裏之口者差ふさき高」
塀をかけ忍ひ返しを打可申候隠シ口致し候尓
おゐてハ可為曲事事
附只今迄有来候裏門火事の為明ケ置常々ハ丸
山町寄合町両町乙名相印にて錠尓封付置可申候事
一傾城方より唐人方へ為音信杉重折持遣来候得共
向後停止に申付候物而酒肴菓子類何程軽き
品ニ而も音信為仕申間敷候事
一向後唐人阿蘭陀人江傾城遣候ハ、委細帳面尓認
一ヶ月切ニ月番奉行所江差出可申候事

以上

子
四月四日

宝永五子年九月公事日訴訟日相定候ニ付申合書付

覚

一毎月
訴訟日　四日　十三日　廿三日
公事日　九日　十八日　廿九日
」

一先年より毎月訴訟日公事日相極有之候得共前々より立合令裁許候儀無之抜荷買等之儀も地下之様子相知兼候ゆゑ其筋紛敷儀相知不申候依之右之日限毎月寄合可申旨相談相極候書付町年寄江申付候

一右訴訟日公事日家老用人之内壱人宗門役壱人月番江差遣可申事

一料理ハ一汁三菜ニ不可過候香物外ニして酒肴菓子出し候儀可為無用事

一町年寄共江茂食給させ可申候事

一筆者役相詰させ書物可申付事

一目安返答ハ宗門役ニ読せ可申事

一訴訟日公事日差出候書付共月番方江相集非番方江可遣候事

右之通申合候以上

子三年　別所播磨守
永井讃岐守
」

地下江相触候書付写

覚

一毎月
訴訟日　四日　十三日　廿三日
公事日　九日　十八日　廿九日

先年より訴訟日公事日相極有之候得共前々より
立合令裁許候事無之ニ付向後日限相定月番
奉行所ニ而右之日限毎月寄合候朝四ツ時より相勤
候事
一町年寄共江唯今迄町中より訴出候儀何尓よらす
其外少之儀たりとも右訴訟日ニ月番奉行所江
可訴出候差かゝり候急成儀者訴訟日ニも不限可申
出候吟味之上可裁許事
一惣躰町年寄共伺候儀茂差懸り急き候御用
者格別外之儀者向後右訴訟日ニ可相伺事
附り訴訟日公事日共町年寄共不残可相詰事」
一諸願訴訟有之者町年寄共江不及相断候差可遣
月番奉行へ可申出事
(157)右之訴訟日可差出候品ニより右之願人も召連可罷出事

○一地下役人願
訴訟之儀何事
よらす町年寄
請取候ハヽ是出又右之
訴訟日可差出候
早々より右之願人ヲ
召連可罷出事

○――
一盗賊或者喧嘩口論又者所さハかし徒ものなと有之
候ハヽ早速月番奉行所江可申出事
一郷方出入之儀地方町年寄方ニ而承り事済さる儀者
右之訴訟日ニ可差出事
一寺社方并訴訟出入之儀向後訴訟日に可差出候
尤右願重キ寺社者役者其外ハ住持社人可差出事
以上
宝永五子年三月　播磨
讃岐

宝永六丑正月十八日
大銭通用之儀差支候儀とも有之下々迷惑仕候
由被聞召候依之向後大銭可相止旨被　仰出候只今
まて御蔵より相渡候大銭ハ連々引替可被下候
右之通可被相触候
正月」

宝永六丑二月十一日

生類之儀断絶無之様ニと被思召候只今までは
遠国より毎度訴候儀とも有之候故下々及
難義候向後御料者御代官私領ハ地頭ニ而承之不及
訴候麁末無之様可申付候右之趣可被相心得候以上

正月

宝永六丑三月九日

覚

一酒運上向後御免候御料私料共可被存其趣候以上

三月

覚

一向後参勤之節御内証献上物無用に可仕事
一老中越前守若年寄江音物之儀只今迄表立候品之外ニ内証之音物并間々見合として音物無用尓
可仕事
一自今祝儀物等相贈候節馬代樽代之外且又婚姻
ニ付時服代者其分限ニ心次第たるへく候右之外ハ
不依何之品為其代金銀にて致音物候義堅く
無用ニ候向後肴代者相止何ニ而も軽き肴用可申事
一作リ重無用并提重ニ絵之具ニ而御紋付其外絵書
彩色無用之事
一願等之儀者月番老中若年寄中其外頭々支配々
江勿論可申達候外之向より不依何事願之儀
一切申間敷事
一老中越前守若年寄中家来江贈物之儀親類并
由緒等有之面々より相贈候儀者格別其外より
贈物等弥以一切受納仕らせ申間敷候事

以上

二月

覚

一給之時分御礼等ニ者以前之通熨斗目之給向後着
用可申事
一与力御徒其外前々より熨斗目着仕来候分ハ自今
可致着用候但坊主奥表ともニ組頭ハ着用之平之」
坊主ハ可致無用候勿論同心手代等之類軽きものハ
一切無用たるへく候支配〳〵より遂吟味猥りに
無之様ニ可仕事
以上
二月
宝永六丑年五月朔日猪鹿狼多く出田畑荒し
人馬江懸り候節者玉込鉄炮ニ而打可申旨江府に
おゐて御触書并毎年壱度つ、鉄炮改かた江
証文差出可申由且又死罪除日之書付佐久間芸州
永井讃州より差越

覚

一猪鹿狼多出田畑荒し人馬江も懸り候節ハ不及
相窺玉込鉄炮ニ而為打可被申事
附目付ニ家来付置候儀并打留候数寄之書付不
及差出事
一玉込鉄炮免許之儀ニ候間常威鉄炮等并月切威
鉄炮向後不及願事」
一猟師鉄炮相続并増減之儀鉄炮改方不及相窺
代官領主地頭可為勝手次第事
一用心鉄炮并寄進鉄炮之事
一商売鉄炮并質物鉄炮之事
一江戸之外諸国浪人所持鉄炮并浪人稽古鉄炮之事
右三ヶ条ハ前々之通相心得鉄炮改方江相窺可被
任差図事
一猟師并荒候畜類打候外者在々并町方迄猥ニ
鉄炮打申間敷旨御代官領主地頭方ニ而常々
遂吟味毎歳壱度宛鉄炮改方江証文可被差出事
以上
丑四月
追而中入之候鉄炮証文之案文仙石丹州[158]嶋田

十兵(159)相渡被申候間此度進之候右文言之儀新規之儀ニ有之候ニ付丹州十兵衛一通り了簡之趣ニ而認被申候支配所之儀等又者支配之者之内にて茂書入可然分文言宣此趣を以相認差出候様ニと被申之候間宗門証文之通同役致一紙候而者何角差支申候」面々知行所等も有之候儀ニ御座候之間銘々一通宛差出候様ニいたし候ハ、差支之義無之旨丹州十兵江茂申談候処弥銘々壱通宛之証文ニ相認差出候様ニと被申候間左様御心得可被成候已上

五月　佐久間安芸守
永井讃岐守

別所播磨守殿
駒木根肥後守(160)殿

鉄炮改証文之案文

長崎奉行衆

毎歳十月十一月両月之内ニ一度宛可被差出候

御役所并自分知行所　御朱印地之寺社領共ニ
鉄炮之儀入念相改　△改ニ事寄悪鋪仕
間敷段堅申付置候為其証文如斯御座候以上

年号月日

長崎奉行衆　印判
書判

仙石丹後守
嶋田十兵衛

宛所振替銘々壱通宛

△御朱印地之寺社無之候者知行所寺社共ニと御認メ可被成候」

追而申入之候死罪除日之御書付町奉行衆江御渡被成候間相写為御心得懸申候以上

五月九日　佐久間安芸守
永井讃岐守

別所播磨守殿
駒木根肥後守殿

死罪除日

朔日　二日八月十二月斗除可申候　五日八月斗除可申候　六日二月之外ハ御除無之
七日　八日　九日　十日
十一日　十二日　十三日　十四日
十五日　十六日　十七日　十八日
十九日　廿日　廿一日六月十月斗除可申候　廿二日
廿三日　廿四日　廿五日四月之外ハ御除無之　廿六日
廿七日　廿八日　廿九日　晦日六月斗除可申候

死罪除月

正月　二月　四月　五月　九月

右之通可被相心得候

」

宝永六丑年十月十六日

一筆致啓上候
公方様益御機嫌能被成御座恐悦御同前奉存候
将文各様弥御堅固可被成御勤珎重御事候然者
拙者儀在所ニ罷在候節九月長崎江罷越候義
九月ハ阿蘭陀出帆前にて此節長崎江見廻申
候得共其留守之内逆風ニ而阿蘭陀船拙者領分江
着船之程難計尤警固番船等之儀随分念を入
申付置候得共拙者長崎江罷越候得者其内右用船
之外船数少ク罷成候之故無心元存以使者相勤申度
段御月番小笠原佐渡守[161]殿江相伺申候処九月ハ
以使者相勤候様ニと自佐渡守殿被仰渡難有仕合
奉存候此段為可得御意如此ニ御座候恐惶謹言

十月十六日　五嶋大和守[162]
成住

佐久間安芸守様
駒木根肥後守様

」

宝永丑年十一月十八日別所播磨守追而書

追而中入之候薬師寺又三郎鉄炮稽古願之書付
差上候処去九日井河内守殿御附札被成御渡候ニ付
進之候間御附札之通又三郎江可被仰渡候以上

十一月十八日　別所播磨守

佐久間安芸守様

駒木根肥後守様

乍恐奉願候覚

一私儀当地町年寄役儀代々被　仰付難有仕合奉存候
然者先祖より石火矢鉄炮之一流相伝仕来申候ニ付
先年嶋原有馬百姓一揆仕候砌曽祖父薬師寺久左
衛門儀御願申上彼地江罷越石火矢鉄炮打申落
城迄相勤申候其以後大波戸江数年有之候石火矢
を延宝元丑年祖父宇右衛門江被　仰付手入等仕召
置申候処翌寅年ニ石火矢例被　仰付牛込忠
左衛門様御見物にて伯父又次郎三拾丁町場」
打申候同八申年亡父又三郎ニ先祖共訳も御座候
由ニ而御石火矢御預ケ被遊候尤筒数拾九挺右之
内短筒四挺者祖父ニ被仰付鋳立申候を今以私ニ
御預ケ被召置候段重盈難有奉存候然ル処元
録(ママ)元辰年鉄炮御停止被仰付候間一度ハ御願
可申上奉存候得共恐多差扣罷在候私儀幼年
之時より鉄炮手馴申儀も不仕罷過候勿論稽古
仕候へ共稽古計ニ而終ニ打見不申候間
等ハ万一此已後石火矢鉄炮御用之儀も有之被　仰付
候而も御請申上候義無覚束奉存候先祖とも
訳も御座之故亡父以来御石火矢御預被召置候処
至私ニ候而御用ニ相立可申儀茂無覚束残念至極
奉存候誠以恐多申上候事ニ御座候得共鉄砲
稽古打御赦免被成下候ハヽ伯父又次郎只今牢人
にて当地ニ罷在候之間角打等仕弥以委細之稽古
仕度奉存候左候得者末々萬一石火矢鉄炮御用被
仰付候而も無相違相勤可申奉存候右奉願候趣被
被(ママ)為遊御許容被下候者偏ニ難有可奉存候以上

宝永六年丑八月　　薬師寺又三郎」

御奉行所

御附札

例茂有之事候間願之通鉄炮
稽古仕候様ニ可被申渡候

宝永六丑年十一月廿三日

其地有之候深見元泰被召出候之間其段被申聞
妻子有之候ハヽ当地引越参候様ニ可被申渡候最前
外料被召出候節道中之雑用等被下候哉其時
之通可被致候以上

十一月廿三日

井　河内守
大　加賀守
本　伯耆守
秋　但馬守
小　佐渡守
土　相模守

佐久間安芸守殿
駒木根肥後守殿

秋元但馬殿御渡被成候御書付

長崎ニ罷在候深見元泰被召出候之間妻子有」
之候ハヽ当地江引越参候様ニ可被申渡候最前外料
被　召出候節道中之雑用等被下候哉其時之通
可被致旨長崎在勤之両人江茂可申達候之間
可被得其意候

十一月廿三日

宝永七寅年三月晦日唐船商売今度新規ニ致方
之御帳壱冊於御列座御渡被成候之由別所播磨守
久松忠次郎より来ル

以別紙申入之候

去年廿九日於御列座井河内守殿より帳面壱冊
御渡被成被仰渡候ハ長崎之儀共入　御耳今度
新規ニ致方之帳面拙者共江御渡被成候間大切之
義ニ候条諸事無遠慮書付差上可申候尤
長崎江茂申遣右之通了簡之趣書付差上候様
尓被仰渡候間右帳面写此度差越之申候右
之訳ニ候間追而委細被申越候以上

四月朔日　久松忠次郎印(163)
別所播磨守印」

佐久間安芸守殿

駒木根肥後守殿

年々の船数を定むる法

一唐船一艘の荷物つみたか代銀三百貫目を定とす
此金五千両也
只今迄唐船一艘荷物銀高三百貫目より六七百貫目に至るといふなりこゝを以て三百貫目を定とす凡一艘之船尓何程の荷物をつむといふ定は異朝にもある法なり先一艘の荷物つミ高を定さる時ハ法を寄すへき所なきかゆえなり

一唐船一艘の荷物つミたる定法より余分ありとも五貫目迄をもつて限りとす
此金八百三拾両余也
如斯尓余分をゆるす法を立されハ定法もたちかたく但し又唐船のうち国によりて一艘つミたか纔に百二三拾貫目尓過さるも」あれはかれこれをかけあハするにこれとの余分を免しても大数さのミハちかふへからす

一公験 かさねて来るへき期を定てわたす手判也 渡す船数八拾艘をかきりとす
これ元禄十年定の船数なり公験を以て年々に来るへき船数をさためされは法をたつへき所なきか故なり此法ハ初年にハ八拾通の公験をしたゝめて八拾艘に渡す年々の船数を定めやうハたとへは来年卯年を十艘と定めん尓ハかの八拾通の内に来年卯年に来るへしといふ公験を十通したためて唐人壱人尓一通つゝわたしをけはその公験の旨に任て卯年尓来る船拾艘あるへし年々の定皆々かくのことし又二年目よりハその来る船の数に応して又○(164)
○重ねて来るへき年の定の公験をしたゝめてその船とも渡すなり

一年々に来る船数を定る法三段有へし其三段尓よりて只今迄の定め壱年に金十万両つゝの商売の法にくらふれは余分の金出る事も多少三段あり
但第一段ハ一ヶ年に拾艘ならし也 八十艘之船八年尓て一遍するなり」
第二段ハ一ヶ年に九艘ならし也 八十艘之船九年尓て一遍するなり

第三段ハ一ヶ年に八艘ならし也　八十艘之船十年尓て一遍するなり
如此一ヶ年に何艘ならしと定むといへとも年々に来る
船数にハ多少有やうにして五年を以て一期として
船数の惣数の合ふ様尓立たる法なり詳尓左に
見得たり
一阿蘭陀船の法ハ荷物つミ高をもいはす船数を
さためす只一ヶ年に唐船何艘分の商売すへし
といふをもつて定とす
　唐船一艘の銀高三百貫目の定めなれは
　その艘数によりてをのつから商売金
　高は定まるなり
一阿蘭陀船の定の法も三段あるへし第一段は
唐船五艘分第二段ハ唐船四艘分第三段ハ唐船
三艘分なり其段によりて只今までの定め
一ヶ年五千両つゝの商売にくらふれハ余分の
金出る事も多少三段あり其法もまた左尓
見エたり」
一凡一ヶ年に唐人阿蘭陀人の商売する元金銀
高合て何ほと、かそへて五年の惣数をはかりて只今
迄一ヶ年に拾五万両つゝの商売の元金銀たかを
五年つミし惣数とをくらへて新例の余分いかほと、
しるへしすへて新例の法ハ五年を一期とするなり

唐船新例三段法

唐船一艘銀高三百貫目　此金五千両
壱ヶ年ニ
十艘ならし銀三千貫目
此金五万両　五年ニ弐拾五万両也 五拾万両
今迄ハ一年に商売拾万両
新例ニ而ののび金　壱年ニ五万両 五年ニ弐拾五万両 十年ニ五十万両　也
壱ヶ年ニ
九艘ならし銀高弐千七百貫目
此金四万五千両　五年ニ弐拾弐万五千両 十年ニ五十万両　也
今迄ハ壱ヶ年の商売拾万両
新例尓てののひ金　壱年ニ五万五千両 五年ニ弐十七万五千両 十年ニ五十万両　也」
壱ヶ年ニ
八艘ならし銀高弐千四百貫目

此金四万両　五年ニ弐拾万両　十年ニ四十万両　也
今迄ハ壱ヶ年の商売拾万両
新例尓てののひ金　一年ニ六万両　五年ニ三拾万両　十年ニ六十万両　也

阿蘭陀船新三段法

阿蘭陀船　船数定めす　金高もいわす

壱ヶ年

唐船五艘分銀高千五百貫目
此金弐万七千五百両　五年ニ拾三萬七千五百両　十年ニ弐拾七万五千両　也
今迄ハ壱年の商売五万両(165)
新例ニ而ののひ金　壱年弐万弐千五百両　五年ニ拾壱万弐千五百両　十年ニ弐拾弐万五千両　也

○壱ケ年ニ
唐船四艘分銀高
千二百貫目

此金壱万七千六百四十両余　五年ニ八万二千二百両　十年ニ十七万六千四百両　也
今迄は壱年の商売
五万両
新例ニ而之のび金
壱年ニ三万二千六両
五年ニ十六万千八百両
十年ニ三十六万三千六百両

○

壱ヶ年ニ
唐船三艘分銀高九百貫目
此金壱万三千弐百四拾両余　五年ニ六万六千二百両　十年ニ三萬弐千四百両　也
今迄者壱ヶ年之商売五百両
新例尓てののひ金　壱ヶ年ニ三万六千七百六十両　五年ニ十八万四千五百両　十年ニ三十六万七千両

異国商売高年分
」

阿蘭陀船者から船五艘分を一艘としるす
唐船九艘ならしにも八艘ならしにも
阿蘭陀壱艘としるすハまつ此法なり

卯年 唐船十艘 阿蘭陀一艘　商売高　七万七千五百両　七万弐千五百両ノのび
辰年 唐船八艘 阿蘭陀一艘　商売高　六万七千五百両　八万弐千五百両ノのび
巳年 唐船十一艘 阿蘭陀一艘　商売高　六万七千五百両　八万弐千五百両ノのび
午年 唐船十四艘 阿蘭陀一艘　商売金高　六万弐千五百両　八万七千五百両ノのび
未年 唐船七艘 阿蘭陀一艘　商売金高　六万弐千五百両　八万七千五百両ノのび
右五年 唐船五艘 阿蘭陀五艘　商売金高合三拾八万七千五百両 のび金合三十万弐千五百両あり
申年 唐船九艘 阿蘭陀一艘　商売高金　七万弐千五百両　七万七千五百両ノのび
酉年 唐船十一艘 阿蘭陀一艘　商売金高　八万二千五百両　六万七千五百両ノのび
戌年迄八十艘右皆来ル　七（ママ）
戌年 唐船十艘 阿蘭陀一艘　商売金高　六万七千五百両　七万二千五百両ノのび
亥年 唐船八艘 阿蘭陀一艘　商売金高　六万七千五百両　八万二千五百両ノのび」
子年 唐船十二艘 阿蘭陀一艘　商売金高　八万七千五百両　六万二千五百両ノのび
右五年 唐船五十艘 阿蘭陀五艘　商売金高合三十八万七千五百両 のび金合三十六万弐千五百両あり

凡右十ヶ年ノのび金合七拾弐万五千両あり

唐船九艘ならし
阿蘭陀船ハまつ前の法にして

卯年 唐船九艘 阿蘭陀一艘　商売金高　七万二千五百両　七万七千五百両ノのび
辰年 唐船十艘 阿蘭陀一艘　商売金高　七万七千五百両　七万二千五百両ノのび
巳年 唐船八艘 阿蘭陀一艘　商売金高　六万七千五百両　八万七千五百両ノのび
午年 唐船七艘 阿蘭陀一艘　商売金高　六百二千五百両　八万七千五百両ノのび
未年 唐船十一艘 阿蘭陀一艘　商売金高　八万二千五百両　六万七千五百両ノのび
右五年 唐船四拾五艘 阿蘭陀五艘　商売金高合三十六万二千五百両 のひ金合三十八万七千五百両あり
申年 唐船八艘 蘭陀一艘　商売金高　六万七千五百両　八万二千五百両ノのび
酉年 唐船十二艘 阿蘭陀一艘　商売金高　五万七千五百両　九万二千五百両ノのび」
「酉年 唐船十二艘 阿蘭陀一艘　商売金高　五万七千五百両　九万二千五百両ノのび」
戌年 唐船十二艘 阿蘭陀一艘　商売金高　八万七千五百両　六万二千五百両ノのび
亥年迄八十艘皆来ル
亥年 唐船九艘 阿蘭陀一艘　商売金高　七万二千五百両　七万七千五百両ノのび
子年 唐船十艘 阿蘭陀一艘　商売金高　七万七千五百両　七万二千五百両ノのび
右五年 唐船四十五艘 阿蘭陀五艘　商売金高合三十六万二千五百両 のび金合三十八万七千五百両あり

凡右十ケ年ノのひ金合七拾七万五千両あり

唐船八艘ならし
阿蘭陀船ハまつ前の法にして

卯年唐船八艘 阿蘭陀一艘　金高　六万七千五百両 八万二千五百両ノのび
辰年唐船十艘 阿蘭陀一艘　商売金高　七万七千五百両 七万二千五百両ノのび
巳年唐船十艘 阿蘭陀一艘　商売金高　五万七千五百両 九万二千五百両ノのび
午年唐船九艘 阿蘭陀一艘　商売金高　七万二千五百両 七万七千五百両ノのび」
未年唐船七艘 阿蘭陀一艘　商売金高　六万二千五百両 八万七千五百両ノのび
右五年唐船四十艘 阿蘭陀五艘　商売金高合三拾三万七千五百両 のび金合四十壱万二千五百両あり
申年唐船六艘 阿蘭陀一艘　商売金高　五万七千百両 九万二千五百両ノのび
酉年唐船十艘 阿蘭陀一艘　商売金高　七万七千五百両 七万二千五百両ノのび
戌年唐船八艘 阿蘭陀一艘　商売金高　六万七千五百両 八万二千五百両ノのび
亥年唐船七艘 阿蘭陀一艘　商売金高　六万二千五百両 八万七千五百両ノのび
子年迄八拾艘皆来ル
巳年唐船九艘 阿蘭陀一艘　商売金高　七万七千二百両 七万七千五百両ノのび
右五年唐船四十艘 阿蘭陀五艘　商売金高合三拾三万七千五百両 のび金合四拾壱万二千五百両あり

凡右十ヶ年ノのび金合ハ拾弐万五千両あり

船わりの法

一凡唐船つミ来る荷物ミなく〳〵買とりてつミ
もとしの荷物ゆるすへからす」
一唐船一艘の荷物つミ高代銀三百貫目を定
めとす此金五千両也　たとひ故ありて余分ありとも代銀
五拾貫目までのものをハゆるすへし
此数を過るの外ハ悉尓とりあくへし
右荷物のつミ合せ尓よりて多少なくても
かなわす又三百貫目よりすくなくつミ
来るをハ其通にして商売をゆるすへき
ものなれハ少多くつミ来るをも商売
をゆるさすしてもかなわぬ事なり其上
またひしとつまりたる事尓は必らす
あしき事出来る故なりまた三百五拾
貫以上をハとりあくへき事只今まても
かくしものなとをは取上ケし例もあり
如斯法を厳しくたてされハ後々次第に
法のやふる丶事出来るへきか為なり
一凡一年の中春夏秋渡り来る船ともの事
諸国の船一艘つ丶ものこらすきたるやうに

船わけすへしこれハ此方にて用来り候ものとも断絶なきためなり」
但し船数すくなき年者わり合せかたき事
有へし若しかしはまつ薬種の断絶なき
様尓心得てわるへし

右船わけの事来年渡り来船共段々
闔をとらせて前後のさためをたて(166)△
△たきものなれとも左様ニハしかたく其故は闔まかせにする時ハもし一所より来る舟はかり一年中渡り来てその国より出る土産多くなりて

○他国よりの船来らずハその国々の土産
二年も三年も渡らすして此方尓て
用ひ来りたるものとも断絶して
用たらすたとひ外の物者なくても
事たる事もあるへけれとも薬種者
二三年も渡り来らすは世の難儀たる
へし能其心得をなして船わり
すへし但し一所より来る船とも
の中にてハ闔尓て定めん事奉行
の心尓まかすへし歟

一異国船のうち春来るあり夏来る有秋
きたるありつね尓春来るを春船尓わり
夏来るを夏船にわり秋来るを秋船へわり」
て一年の御定の船数のうち尓て春船何
艘と夏船何艘秋船何艘わるへし
一唐船のうち所尓よりてあらもの多く積りて
荷かつ多けれ共銀高ハさのミ多からぬもある
へしこれらを船数のおゝき年へわりあわ
すへき哉さして用なきものともつミ来る
国の船をは船数多き年へ割入へし
一台湾船一艘につミ来る所百二三拾貫目に
すきすと聞ゆこれらを二艘を以て唐船の
荷かさ多き一艘尓准して船わりすへし
二艘ツゝを一艘と見て割あはする事なり
一年々尓は渡り来らす年をへだてゝワたり
来る船もあるへし兼而それらの船をも
わり入へき事を心得て船わけすへし
右之類者此方にてハ定めかたし地下の輩ニ

能々僉議させて奉行の分別の上尓定むへき事ともなりしかれとも船わけの本意をば先如斯なりとしらすへきために大略をしるすものなり

初年唐船入津之節の次第

一西国大名へ相ふれ候ハんハ近年唐船荷物私の商売有之由尓て相聞候自今以後唐船入津帰帆之時節領分之海上并津々浦々まて心をつけ候て私として唐船尓近寄候船尓有之候ハヽ其人をからめとり長崎奉行所まて差送るへきのよし尓可有之哉

右二三年のうちに長崎表の御仕置しかと立さたまり候ハヽ私の商売ハまつはなきつもり歟一二年の間ハ商売をとけすして帰る唐船とも多けれは大かたハ風を待候躰し水を求め候なとゝいひて西国海上ニ徘徊し少し成とも私の商売せんとすへし唐船を追ちらさせんとせは事さわかしき事も有へしたゝ此方の人をきひしく禁して唐船尓ちかよらせぬ尓しくハあるへからすまた此制禁きひしき由唐人共も聞及ハヽ私商売の望ミも絶へき哉但此ふれあらハ定て西国大名の面々遠見番役船尓私新規尓人数増候ていかゝあるへき哉唐船の商売の事なくとも異国船往来の海路なれハ是ほとの事常々其備あらむ事ハ異国へのきこへもしかるへき事哉

一来年正二月春船とも入津せは早速く通詞をつかハし春船来り候地の名并船中上下の姓名人数并つミ来る荷物とも凡は何〱のよしをしるさせ奉行所江とりをくへし

一右の改め済候上尓其船主を奉行所江召よせ書付をわたし書付之案文ハ末尓ありこの書付を船中へもちゆき見候てとくと料簡し返答書して此書付尓そへて持参すへき

よし通詞を以ていひわたすへし
右書付を船中へもちゆかする事者唐」
人尓うつしとらすへきためなり其
故ハ近年唐船の多く渡り来る事ハ
大清天子へ相達のよしこれ尓よりて
段々に其事をつかさとる役所〳〵も多く
殊には日本商売の事ハおひた丶しき
運上を納めらる丶のよし也しかる尓
御代になりて前々のことくみたりに唐
船多く入込この商売なりかたき尓おゐてハ
来年渡り来る船とも帰帆之節あの方の
役所〳〵尓てその断を申す事も有之時
之ためなり又唐人の返答をも書付尓てとる
へき事ハ長崎地下の輩ハ唐船一艘も数
の多きを願ふ事なれハ唐人の申さぬ事を
いひて末々に至りて法をやふる事なと いかにも御定を守るへしなと丶いひて
出来し時尓さやうに八申さぬなと申事
の出来事を又はかり難ししからは唐
人の返答をも書付尓てとるへき事也

一書付を見て御さためのことく守るへきよし」
返答書して役所江持来らハ さきたちて返答書の様子を通詞の口上尓てきくへし 奉行対面してまつわたせし
書付をうけとり次尓返答書をとり通詞
を以てこれより申渡す旨あるへきよし
をいひて船中へ返すへし 此返書をうつしそのうつしを差上へし本書をは役所尓とむへしもし後々事尓よりて証拠の為に入ル事もあるへけれハなり

附
遠見番沖廻り番等よく〳〵申付へし水
并魚鳥野菜等の事望候ハヽ与力同心
のうちを差副てわたさすべし惣而
唐船へ私の往来をきひしく禁すへし

一書付を見候て如斯尓てハ御請申かたきよし
返答書して役所へ持来らは 此返答書の様子をもさきたちて通詞の口上尓て聞をくへし御請仕らぬ唐人ともハさためて色々の訴訟あるへけれともいかなる事なりともすミやかに御うけ中さぬ輩をは皆々おし返すへき事なり
奉行対面し書付うけとり返答書をとる
事前のことくこれより申渡旨あるへきよし(167)△」
△通詞を以いハせて船中へかへすへし○

○此返答書をもうつしてそのうつしを差あくへし
本書者役所尓と、めをくへきなり
その明日同与力同心差副て通詞を以て此後ハ
日本への渡海かなふへからすもしおして
渡り来り候ハ、書付尓見へし法の如く船
中の荷物とも悉く焚棄て船をハをし
返スへし此旨を得候て早速帰帆すへ
きよしを申し渡し其日歟又ハ明日の中
には長崎の湊口をおし出すへし定めて此時も色々の訴訟の旨あるへしいかなる事をいふともゆるすへからす但し大風雨等の時ハ風雨等やミ候上尓おしもとしのいひわたすへし渡しありてのちハ長崎尓三日とをくへからす

附りをしもとし船有之節ハ長崎中
の小船まてを皆々其船主ハいふ尓及はす
船もち候ものゝある町の役人尓いひ付て船留
すへし遠見番沖廻り等も船数人数を
増て守らすへし右先年よりの
御定めの船数八十艘に限りたり其外
を番外と名付て彼是百余艘宛ハ年々」
に来れり向後の法も前例のことく日本へ
商売をゆるす船八十艘を以て定とすへ
ししかれともとかくにつけて渡り来る
船数者増とも減しかぬへしこゝを
以て少しも違乱ある船共をは此方へ
の渡海をとゝめてなにとそ船数減すへ
き事也をしもとし船ある時
船留して遠見番沖廻り等の番船
人数を増すへしといふ事ハ只今迄
長崎の沖尓て私商売ありし事昼
夜を限らすしかれとも遠見沖廻り等の
番人以之外数すくなくしてぬけ荷買
ふものとも大勢尓て船数多き時者番人
も見ぬ顔してもあるやうに聞し事も
有之候故也

一御請申せし春船とも大かたそろいし
ほとならはあとより何程来るへきもしれされともまつ大つもりして来るとももはや多からしと思ふときに船わけをして舟わけの心得をハ別にしるす春」
ふね御定の法を守りて商売すへきよしを
いひわたすへし

一舟わけ済ての後来春の商売せすして
帰るへき春船ともをは春船の中商売をゆるす船数者三四艘に過すその余の船ともをハ通すへしその船主ともを奉行所へ召集め奉行
の前にて公験をわたすへし公験とはかさねて渡海の時節と法制をしるし渡ス書付なりその案文ハ末にしるしたりその上尓通詞を以て海路無
恙廻帆の後定めの期をたかえす渡り来るへ
きよしをいひ渡すへし但し船尓よりて
御訴訟の事申所もあるへき歟もししから
はまつ公験をは奉行所にあつけおき
訴訟状したゝめ差出すへきよしを申付へ
し公験に御定の朱印あれハもし訴訟の様子によりて永く渡海をゆるされぬ事もあるへきかしからハ渡しをくへき事にあらす其訴訟を差出さは早速
御当地江差上へしこれハ本書さし上て写しを長崎尓とゝめをくへし
附り右の船とも長崎沖にかゝり居候内
遠見沖廻り番等怠りなく水并魚鳥
野菜等を望ミ候ハヽ与力同心の中を差」
副てわたすへし惣而唐船への往来奉行
所尓申さす私船尓往来する事きひしく
禁すへし右貞享二年八月尓も商売
ゆるされさる船四十一艘の船尓海路往
来の料ほと商売を免し給ハるへき由を
奉行迄訴訟捧し事ありしなり此
度も大かた訴訟の事あるへし彼船共ハ
日本の御定メを守るへきよしの御うけ
して其上に此度むなしく帰る事を
なけき申す輩なれハ最初より御請申
さぬものとは事の品ちかひたりされハ
いかやう尓も仰出さるゝむねなくてもかのふ
へからすその仰付らるへきやうの大意者
末尓しるす
一もし訴訟の事ある船共ありて被仰出の
しなありてその事終りしに上にて預りを
きし公験前の通相渡早速帰帆申付
へし」
附此等之船帰帆之節尓船留并遠見沖
廻り番等の人数船数を増候事前尓みへ
しことく也

唐人宿定并逗留中次第

一唐人の旅宿長崎町中尓おゐて点し定むへしかねて春船の船数を以てその宿々を鬮を以てさため制禁の條目を出しその宿に主ハいふに及はす宿町附町の諸役人等尓請負すへし制禁の條目末尓しるす

附り夏秋船宿わりの法皆々春船のことくにして前かた宿仕らせ候者の外を度ことに鬮の上尓て定むへし一遍過候ハヽ又々前かた宿仕らせ候ものともにも鬮をとらすへし此後年々にこの法のことくなるへし右只今迄も唐船八十艘の定メありて宿町一番より八十番までの定メありて唐船の取もちなとする事也如斯ニ番々を」定メをく事しるすへからす其故ハ此町者七十番尓当りたり八十番にあたりたりと思ふ時ハ其年の来らむほとを待遠ふ尓思ふへしすて尓宿せしものをのそきて其外の町々たひ〳〵尓鬮とりて定められハ〔168〕此夏者此方尓やあらん此秋ハ此方尓あらんとおもふハをのつから地下の競ひ尓なるへし

一かねてより場を見立入津の時も帰帆の時も奉行所より人を出して荷物をあらため又商売の直段をも仕らすへき役所を建をき商売をゆるし候船数も宿わりも定りし上尓彼役所へ与力同心等出候前尓て船中之荷物をあくへし只今ハ如斯の事にかゝり候地下役人ハいふ尓及はす宿町付町の者共立あひ荷物紛失なきやう尓取りもちて蔵へ納め封し置へし只今迄も蔵ありてそれへ納めをき封せし由なり」

附り入津之節荷あらための事帰帆の節とはちかひ候間さのミきひしく仕るに及ふへからす右只今迄は入津の節の荷改あまり尓きひしき事にて大やうなる御仕置とも見エす尤以て国躰を累ら

はす所ありて帰帆の時の法ハ疎なる
事もありむかし荷改といふ事の始り
し事ハ耶蘇宗門の道具を持来らん
事をふせくかため也近来ニ及ひては
しかハあらすこれハたとへは珠の類人参
の類を衣服の中又ハ食物等の中なとへ
かくしをきて私の商売あらん事をふせく
か為と見得たりすへて私の商売を禁せ
らるゝ事ハ私ニ日本の金銀を多くとりゆかん
事をふせかるゝか故なりさらハ帰帆の時
を厳しく改めて御定の外の金銀をたニ
持行事なき時ハ唐物の一絶《(ママ)》つゝも多く
此方ニとまるハ国の用たりてあしき事ニハ
あらす此故ニ入津の荷物改あまりに厳し
きニはかきるへからさる歟

一唐人逼留中つかひ料の物共望ミ次第宿
町付町のもの共の証文をとり候上ニわたすへし
但物数過分ニ及はゝ穿鑿の上或ハゆるし
或ハ赦すへからすその時宜ニよるへし若諸

道具食物の外商売用のものニおい
ては御定高銀三百貫目の荷物の内を以て
其望ニまかすへし
右宿町付町の者とも御制禁を守る
へき上は旅宿にて私の商売行ハる
へきニハあらねとも唐人逼留中つかひ
料の物共望ミニまかせ物数多くいたし候ハヽ
後々に至り旅宿にて私の商売ハ出来る
事もあるへきかしかれとも只今迄のことく
つかひ料の物をもひしとをさへてわた
さぬ事ハ唐人の為にハよし日本の
ためニハしかるへからす其故ハたとへは滞
留のいにしへハ唐人一人ニて傾城を二三人
つゝつねニ召よせて妻妾の如くニし諸道
具迄をも打預ケをくよし也それらへ
物をおくる事昔ハをひたゝしき事
なり只今ハ法度つよくつかひ料の物をも
わたされねハこれらへ物おくる事もなし
次ニ昔町屋ニ宿せし時地下ものと近

付尓なりみやけとて物を送り又ハ帰る時もをくり物なとして事の外美麗尓物をつかひしといふこれも近来ハつかひ料さへとほしけれハ物をくる事もなしといふなり如斯の類私の商売た尓なけれハ人尓をくり物なとして此方にとまるハ国用たりとあしき尓ハあらす是故尓事によりとりはからひて或ハゆるし或ハゆるすへからすとハいふなり又商売通用の物をは御定め銀高の荷物の内を以て相渡すへしといふ事ハ二三年のうちの事也来年来々年頃来る荷物の」銀高定まれはいかやうにしてもよきなり其故は初年尓ハ商売ゆるす舟にもつミ来し荷物共御定めの外より多くあれは御定高の物をいたさむもはかりかたきかゆへなり後々御定のことくに荷物数をつミ来れハ唐人のつかひすてもその荷物の内尓てつかひすつる故尓あなたへもちゆく銀銅等ハつもりより外尓其数減するつもりなれ者さのミわれらの法を用ゆるにも及ふへからす

一唐人滞留中つかひ料の物不足して蔵に納置し荷物のうちとりよせ度よしを望まハ宿主ハいふ尓及ハす宿町付町の役人共請負の証文差出候上尓て無滞差渡すへし若商売事すミ荷物共うち渡しなる上尓て唐人つかひ料等不足せは宿主并宿町付町の役人相談の上唐人の判形たしか尓とりをき取持て取かへつかハせ不自由尓なきやう尓」はからふへし唐人帰帆の期尓及ひて宿主并宿町付町の役人等右の手形の趣を以て奉行所へ達し下知を請候て後尓取かへし銀子をさし引残る分をハ唐人へわたし帰帆仕すへし

右むかし唐人町屋尓宿せし時かれら思の外に金銀つかひ込乗来し船なとをもうりて帰帆すへきやうもなく三五年も長崎尓滞留せし事なと度々に及ひ候由此のちも其類の事もあるへし然れ者

滞留中つかひ銀なと尓さしつまりし時は
宿主并宿町付町のものとも取もちて銀子
つかハせ帰帆の時其銀さし引候而残る所は
かり唐人へわたさは其内の利銀等の上尓て
地下の徳用もあるへき歟但し奉行へ
達せす内々にて銀子なと返させ候やう尓
あらん尓ハ以之外なる高利をもかけ又々
夫尓つけてあしき事も出来るへし此故尓
銀子取かへつかハせ候事ハ相対尓まかすその」
銀子返させ候事ハ奉行へ達して後尓請とら
すへき事なり

一唐人滞留の間長崎中徘徊の事古来の
例も有へしその例尓まかすへし
右昔は唐人とも長崎中の寺々へもゆきまたハ
町中へふるまひ尓もあるき手前へも客を請し
なとしたるよし此のちもそのことくいかにも
ゆるやかなるやうにあるへき事か異朝の聞へ
にもしかるへし又しからハ昔のことくよき
ものも渡り来りて日本の学文芸術のた
めもしかるへき事歟

商売の次第

一春船の中商売仕らせ候数しより候上に直段仕
らせへき場所江与力同心等差出し唐人并諸色
目利之者通詞等めし集め荷物とも見分の上
直段之儀ハ幾重にも相対し定させ荷物の品々
しるしきハまり候直段をも一々書付右の通り売」
渡すへきよし唐人にしるさせ目利の者とも
相対尓て封し与力へうけとり奉行へ差出へし
一荷物の中此方の者共存寄尓よつて直段高く候て
いまた極らぬ物あらハ目利の者とも内談の上
にて重て又唐人と相対仕らせ再往の後も埒明
ず候ハヽ其分をは帳面にしるし差をき直段極候
荷物等商売相済候上にてさやうの儀尓かゝらせ候
地下役人ともにも直つもり仕らせ直組仕らすへし
其上にも埒明かす候ハ蔵尓納め封印等前のことく
仕りをくへし

右事により此方の輩余りニ付直段を引提
唐人まけかね候事尤なる事もあるへし左
候へハとて唐人のいひ次第ニしてハ此後ひたと
高直成事も出来へしかやうの処ハ吟味の上
にて奉行の申付る様もあるへし
一荷物の中に下品の物多く又ハこしらへ物も
交り買留候ても無用の物共多く候ハヽ、其品
品は商売をゆるさす蔵ニおさめ封印等前々の」
ことくに仕らせ置へし
右近来ハ次第ニ下品もの似せ物等多くわたり
来るよし也薬種なともむかし渡り候ことくなるハ
今ハ来らすなに物もと申すうちニ薬種ハ異国
往来物のうち第一の要とするところ也能々
撰候て後々ハ次第ニよき物を持来るやうに
しるへき事歟其外の物迚も其品を撰ま
すは次第ニよからぬ物はかり渡すへし此事ハ
第一に心をつくへき所也
一荷物直段相定りし上与力同心等差出し地下
にて御用かゝりの役人等召集め御用等可被召上ぶん
をは撰候てのそき置へし
右只今迄は御用の物と申せは長崎中う
ごきたちておひたゝしき躰にて買とり候ハん
とする故ニ唐人も一しほ直段を高ふり候と也
若さもあらハ入らさる事歟先直段を極て
其上に御用の物をハゑり出すへき事なり
しからハ唐人の高ばり候事もあるましけれハ」
少つゝも御物入も減するつもり也惣して御用の
物を撰候様ニおひたゝしき事にて地下の
役人は勿論唐人も殊の外難儀のよし也
一御用の物撰ミの事済候上に与力同心等直組の
場へ差出し地下商人并諸国商人共を召集め
荷物共得与見せ候て人々に入札仕らせ人々の封印
にて与力へうけ取奉行へ差出すへし
一入札共済候上ニ地下役人共之内料簡仕らせ
しかるへき輩奉行所江召あつめ入札共をひらかせ
幾重にも僉儀の上奉行分別の上にて落札を
定むへし
右年々の様子により高札ニ定むるもあるへし(169)△

△又は少し安き札のかた尓定むる事もあるへし○

○其故は高札尓さたむれは日本の商人共の買直段高き故尓うり出す所尓利倍少くして徳用なけれハ是を買ふ物すくなく譬買取候ものも買直段高き上尓利をかけてとらんとせは世上にて是等を買ふもの丶為尓よろしからす又やす札の方に定めは船数なとすく」なき年に者間銀すくなくして長崎地下の配分少くなりて長崎のため尓よろしからすこれらの境ハ奉行人の分別にて年々の見はからひ有へき事歟

一落札相定候上に唐船壱艘尓付ての商売銀高御定ある上はその銀高ほとの荷物のぶん此方の商人とも望次第尓買とらすへし唐船壱艘の商売銀高ハ三百貫目つ丶なりたとへハ春船の商売四艘をゆるさは四艘の銀高合せて千弐百貫目の荷物を商売尓出させて此方の商人共に買とらする也

右初年尓は唐人共つミ来る荷の数御定の銀高より多かるへし此故尓御定高をは商売をさせて残る物をはもとのことくに蔵尓納め封しをくへし此分をはつミもとしに申付へきのためなり

一商売物の惣数を三ツ尓わけて其一ツ歟四ツにわけての其一ツ歟を長崎の商売人共買取やうにすへしこれハむかしもありし法なり其外をは諸国の商人望次第尓買とらすへし但シ其年に入札いれし輩の中札落し候もの尓ハ褒美として或ハ物数を定て」撰買をゆるし候歟或ハ物数を定て元直段尓て買とらする歟僉儀之上にて奉行心得尓まつへし

右札落し候ものに褒美の事ハ左程のしるしもなくてハ精を出して札を入るもの次第にすくなくなる積りなるのゆへなり

一諸国商人并長崎の商人等ニ至るまて荷物買取候ものは代銀拾匁尓ついて五分つ丶の口銭を差加代銀を役所江納め候てその荷物共を請取へし但年々によりて船数の多少尓随ひ口銭の多少もあるへし一年に十艘つ丶商売ゆるす大つもり尓してならして見れは一年の口銭大かたは五六千両余はある大つもりなる歟

いか様尓てもあれ其年々の口銭をは地下役人共へ配分しとらすへし此口銭と間銀とふた色を以て地下役人江配分しとらす者大かたは只今迄の役銀とほの事尓なるつもり歟商売の場にての口銭をとらせ

候うへは此方の商人の許より一銭の物たりといふとも信物を受納すへからすもしあらはれ候尓おゐては年を経候後也といふともこれを贈り候ものも受候者も罪科に処すへきよし兼而よりきひしく申渡しをくへし」

右商売の場尓て其事をとりはからふもの尓礼銭を出す事は倭漢古今とも尓ある事也長崎地下の役人共商売の事につきて日夜尓労して其しるしなからん事ハ不便の事なれは口銭を配分しとらすへき事也また信物を贈り受る事を厳しく禁する事ハまいない尓付て地下の役人とも依怙贔屓の事必出来るへき故也諸国の商人口銭を出す上に又まいなひ物尓物をつかふ時ハ其買とりしものをうり出す時其費ほとの所をとりかへさんとしてをのつから物ことの直段高くなるへきか故なり

長崎地下配分の次第

一諸国并長崎の商人等買取候物の代銀相済候上唐人元直段を除候外の書付御当地へうかゝひ候て差図尓任せ只今迄掛り物以て配分しとらせ例尓准し長崎地下の輩へ配分すへし年々によりて船数の多少尓したかひ」商売物の多少あれは間銀もまた多き年もすくなき事もあるへし其年々の間銀有次第を以て多くも少なくも偏頗なきやうに配分仕らすへし

附右間銀配分のうち其年の唐人宿へ宿町付町へは配分多きやうに沙汰すへし但宿主宿町への配分の事もそれ〳〵の品をたて配分すへし（これらの事ハ古来の例もありし也かくのことくならされハ宿主宿町付町の苦労のしるもなし）

右間銀の書付してうかゝふへしといふ事ハ心得ある事也そのゆへは一ヶ年に唐船十艘つゝ商売さする積尓して壱艘尓て三百貫目の銀高をゆるせは（此金五千両也）また年々に阿蘭陀人尓唐船五艘分の商売高をゆるすつもり尓して（銀高千五百貫目なり）金弐万七千五百両也（阿蘭陀の両かへハ金壱両を銀六十五匁にかふるつもり也）

右の法尓して唐船阿蘭陀人の商売高一ヶ年に金七万七千五百両つゝの大つもりなり元直段七万七千五百両の物を入札さする時にまつ一倍の直段尓落すつもり尓して此方の商」人買とるところの代金高拾五万五千両也此十五万五千両の内尓て唐人阿蘭陀人江代銀をわたして残る所七万七千五百両あり只今迄七わりの懸り物かけしよりは事によりて間銀多き事もあるへし只今まて七万両つゝ地下へ配分せしといへ者其法のことくに配分してハ一ヶ年に七万五百両ハかりは余る事もあるへし但此度の法ハ一年に十艘つゝにハかきらす七艘も八艘も十四五艘も商売ゆるして五年つゝにて惣くゝりニして五年めにはかならす五艘つゝの高つまるやうにしたるものなれは一ヶ年につきて十艘つゝの内つもりなれとも年によりては船数の多少あり此故尓舟数すくなき年は間銀すくなけれとも船数多き年は間銀事の外多くもなる也しかれとも五十艘を五年とさためて又一年五艘つゝとならして見れハ間銀一ヶ年のならし右のことく也又一年のならし七万七千五百両つゝを七万両つゝ地下へ配分し」とらせて残る七千五百両を五年かさねてミれハ三万七千五百両残り十年重ぬれハ七万五千両残るへししかれハ地下の配分一年尓七万両つゝの外を者何とそくり合て残しをき御用金と仕り置へき事也地下配分の金今まてより多くならは地下のためよきやうなる事なれとも又々金銀多くわけとらハ驕奢出来てよからぬ事も出来へしこの故に

年に七万両つゝ五年三拾五万両の分を五年の内尓配分しとらせてその余分三万七千五百両ほとの事ハ御用金尓くれ〳〵納められてしかるへし此ゆへ尓年々の間銀の高を書付うかゝはせこなた尓て能々くり合せて申渡し其上にて配分さすへき事歟但し是ハ只今の大つもりなりたしか成事ハまつ来年の様子をしかと試ての上ならてハ定申難し

一其年々の商売の場の口銭有次第此外年々商売の間銀の配分右両口を合て只今までの」役銀の例尓准して地下役人江割とらすへし但舟数の多少によりて右両口の銀高も多少あるへしといへとも其年の惣数を以て偏頗なきやう尓配分せしむへし

右口銭の事これも一ヶ年尓唐船十艘阿蘭陀人唐船五艘分の商売の銀高合せて元直段金七万七千五百両を一倍の直段尓此方の商人江買とるつもりにして惣金高拾五万五千両の商売なり此拾五万五千両尓定のことく拾匁尓五分つゝの口銭を出さする時ハ口銭七千七百五拾両あるつもりなり此七千七百五十両は間銀七万両の配分を合て地下役人江わりとらする時ハ只今までの役銀尓大かたはつりあうほとの事歟又此方の商人共も十匁の内にて五分つゝの口銭を出す事ハ只今迄の七わりの懸り物かけられしにくらふれ者殊の外かろき事也

一置銀置銭等之儀只今迄の例のことくなるへし」

一唐人寄進物多少之間は奉行所穿鑿の上にて宜しく沙汰すへし

唐船帰帆の節の次第

一唐人江売物の代相渡候事只今まて丁銀并銀道具尓仕り持行候之処又銅并代物替の物共彼是とも尓只今迄の例を以て相考へ多少の配剤よろしく相渡へし此事におゐては奉行中存寄ともゝあるへけれハ委細の儀人々に書付を以てうかゝひ御僉儀の上尓可被仰付事歟

右只今迄唐人江渡し候丁銀并銀道具の事長崎銀座うけをひなれ者夫尓まかせをく事のよしなり丁銀はいふ尓及はす銀道具をも奉行所にてこと〳〵く尓改て封印して唐人江わたすへき事也

一来年ハ初年の事なれハ春船夏船秋船いつれも商売ゆるし候外つミもとしの荷物

あるへし此荷物の事かねてより与力同心差出
地下役人共立合せ幾重にも念をいれ一々耳」
改候の上唐人并宿主宿町付丁の者立あハせ
与力同心の前にて荷こしらへさせ封印して蔵尓
納めをき帰帆の節段々に封を改て船に
つますへし
　右帰帆の節の荷あらため第一の事也殊尓
　つミもとしの荷尓をきてハきひしくあらため
　一分一銭なりとも御定の外尓金銀わたさゝ
　るやうにあるへし
一つミもとし荷あらため済候上にて丁銀銀道
具銅代物替の荷物等与力同心并地下役人とも
幾重にも念をいれ一々改め候上尓唐人并宿主
宿町付町の者にも立合せ与力同心の前にて
荷拵させ封印して或蔵尓納むるか是ハ帰帆の日の間ある時のこと也
或ハ船尓つますへし
一唐人宿尓有之荷物共の事宿主并宿町付
町の役人共立合ひ御制禁の物并御定の外の金
銀銅等の類持帰り候ハぬやうに衣類諸道具等

一色ものこらす相改候上段々に荷こしらへ仕り(170)
其日〳〵に立合候者共の合封を仕り」
をくへし
附り唐人共へ地下の輩はなむけとして相贈
候物の類箱尓入れ壺尓いれ桶樽等尓いれ候
物とも一々に相改候て其上尓そこね候ハぬやう尓
取したゝめ其日〳〵に立合候者共の相封を仕り
をくへし只今迄は此物の内尓子細ありしなといふなり
一唐人宿より出し候荷物の事荷改の場所まて
皆々はこひ出し候上与力同心の心尓任せその荷
物尓よりて其荷物の中三ツ五ツも七ツ八ツも
封を開かせ其中とくと改何事もなく候ハゝ
元のことくに荷こしらへ仕らせ一色も紛失な
きやう尓下知して船尓つますへし
一唐人乗船の節の事先達てかれら着あら
ため候衣類等宿町付丁の役人の中にてあら
ための場へ持来り一々に改めをき唐人ともを
召集め改め置候衣類尓着替させ其場まて
着用し来候衣服等一々に改め何事もなく

候ハ、船主唐人をは与力并町役人等召つれ奉行」
所へおもむき其余の唐人ともをはすくに
乗船つかえらすへし
　右あらための次第かくのことくなれハもる、事
　もあるへからす又国躰をわつらハすほとの事も
　なき歟
一奉行所へ船主の唐人来候節奉行対面之上
公験をわたし暇とらせ与力并町役人めしつれ
候て乗船仕らせへし
一唐人乗船の上風待なとのため長崎沖尓船を
かけ候内此方の者私尓往来すへからすもしより
所なき子細あらは唐人は船番の者へ断て奉行
所江達し地下の輩は其町の名主同道して
奉行所へ達し候上奉行所より与力同心を差副
候て往来せしむへし
　附り唐人帰帆之節長崎中船留遠見番沖廻り
　番等の人数船数を増し候事前尓記せし例のことし

臨時の沙汰の次第

一春船共入津の初尓奉行所より相渡候書付を見」
候て奉畏候よしを請候船の中来年の商売
仕らすして帰るへき船とも海上往来の路料の為
つミ来り候荷物のうちたとへは細物ハ百貫目の
うち尓ていかほと粗物は百貫目の内尓ていかほとを
さし上候て商売を仕りたきと申す歟
またはつミ来る所の荷物の内何百貫目の商売
をゆるさるへしと申歟其心々にて訴訟の事
あるへしたとへいかやうの事を申ともそのいろひ
なく一艘に付て六貫目はかりの物を売る事を
ゆるさるへき歟此金百両なりもし訴訟の船数すく
なからんには今少しつゝ多も商売をゆるさるへし
其中渡やうは時尓のそミていかやうにも有へし
　右御前代より一年の船数八十艘尓さため
をかれしかは此のちも公験をわたし船数ハ八十
艘尓定めしかるへき事なりしかれハ来
年中渡海の船百余艘の中公験をわたし
八十艘の外番外の例尓准してをし返しいかなる
訴訟をもいろふ尓及はす公験をわたす八十艘の」

内も来年中の商売をゆるす所は只十艘也
春三艘夏四艘秋三艘なり残る所の七十艘はむなしく帰るへし
一艘尓六貫目つゝの路料のあきなひをゆる
しても七十艘にてハ四百六拾貫目尓およふ也
此金七千五百両余また来年商売を免す所の十艘の
商売高七万七千五百両あり此両口を合せて
凡八万五千両ほとの商売のつもりなり来年ハ
さほとの商売をゆるされてもくるしかるましき歟
只今までは一ヶ年に十五万両の商売也しかる尓来年中八万五千両の商売なれは先年ハ只今迄の半分ほとの商売をゆるすつもり也また来年ハ商売ゆるす船数十艘にて中分の数を用ゆる事ハ初年に者かならす訴訟の事はるへし事によりて御ゆるしなくてもかなふへからすと思ひはかりて兼てそれほとのつもりを扣てかすを定たるもの也

一最初直組の時尓みたり尓其直段を高くして
商売行ハれすして荷物尓封して置しとまた
下品物こしらへ物共多くてそれを封しておきしとの
類をは帰帆の節つみもとすへし年々にもこの心得なり
扨その船主共ハ或ハ公験をわたさすしてなかく
日本の往来を禁するか或ハかさねて来るへき
期を展て公験をわたすへし期を展るとは七八年に一度つゝ来るつもりなれ」
とも十年も十年のうへにも来れと定てその公験をわたすをいふなり上品の物共を持来り其
価もたかゝらす滞留の中日本の法をもよく謹ミ
守りし輩尓重而渡海の期を促て公験をわた
さん事勿論なり期をつゝむといふ事は七八年に者壱度来るものを四五年つゝに来るをいふ也
右期のことくならされハ日本の法を正しく
して威権をよすへき所なし只今までは
ぬけ荷しても此方のものはかり罪科に
処して唐人をはいろふ尓及はす又かくしもの
穿鑿し出してもそれも取りあけたるばかり
にてかさねての渡海を禁するといふ事も
なけれ者唐人の心まかせ尓日本の法をもて
あそひ犯してさら尓威権といふ事なかりし也
あまりにしどけなき事共なり

一唐人滞留の中日本の法を犯し候もの歟乗
船の節荷改の節御制禁の物歟御定高の外の
金銀等をわづか成とも持ゆき候事あらわれハ
その荷物とも残らすあらため候てかくしもの
入れをきし荷物共をはとりあけさがし出し
候もの尓[171]只今迄もかくしもの、とりあけは年々にあれとも公義へありしといふそのさきハなにとなりしか分明ならさるよし」
惣て荷物をさかすハかろきたくひの人夫なりこれらに即時にとらすれハ重ても精を出してさかすへき故にかくしおほすることならぬつもりなり

扨これらの唐人尓ハ公験もあたへす永く日本の渡海をゆるさすしてをし返し宿主并宿町附町の役人とも立あひて其荷こしらへしたる輩△

△をはをの〱相当の罪科に処へし○

○これらの事兼て能々申渡すへし

右前尓荷こしらへの時宿主并宿町附町の役人立合ひそれらか相対すへしといふ事ハ此時の法をあつるため也又唐人へ公験を渡す事荷物ならす尓衣服迄あらため済し上尓渡すへしといふも此時尓犯科の事あらはるへきかゆへなり

右者夏船秋船も同し例なるへし

唐人尓相渡す御書付之大意

当家の始より異国船来り商売する尓つき関所をたて商税を収め役所を立て抽分をとる事にあらす（商税とハ此方にて荷口なといふもの也抽分とハ此方にて運上なといふ事也是等の法異」朝にてはむかしより今に有ことなり）其心にまかせて商売をゆるしたりこゝをもて我国尓来りあきなひする船とも年々に増て其数多く成て彼無用の物を持来りて我有用の物を費すこゝをもてみたりに商売あらさる損也これよりしてのち我辺土の民をあさむきみちひきて私の商売等よからぬ事共多く出来たり当代尓いたりて思召さるゝ所は遠物を宝とせさるハ古の聖教なりましてや異方の商人等我国の政事を害する尓おゐてをやされハ一切尓我国往来の事を禁止あるへき事なれとももししからハ天下の有無を通し遠人を懐柔せらるゝ御素意ニたかふ所もあれ者新尓法制を出さるゝ所なり此新例尓遵守んと思ふものともは来り商ふ事をゆるさるへし若この新例を便ならすと思ハん者ともハこゝ尓来る事なかるへし我も又その来るをゆるすへからす

條々」

一当家の始より長崎を以て異国船商売の場と
定められし上ハ向後も此地尓来り集て奉行
所のゆるしをうけてのちに長崎町屋に旅宿して
心次第ゆる〱と滞留して商売をとくへし
もし或ハ長崎より外の地におゐて商売し或は
長崎に来るといへとも奉行所のゆるしをうけす
私の商売をするものあらはたとへ数十年を経て
後尓其事あらはる丶といふとも積来る荷物を
焚捨て其人をはすミやか尓をしもとしてふた丶ひ
我国への往来をはゆるすへからさる
一向後ハ我国尓来りあきなひせんと思ふ者とも尓ハ
奉行所より年期を定めて公験を渡すへし
公験は此方の手形尓似たりたとひ相渡し候人は替るといふとも
公験をたに持来らはあきなひをゆるすへしの
定事年期尓ちかひ一年たりとも早く来らん尓ハ
その公験を取返し商売の事をゆるさす永く
我国の往来を禁してすミやか尓をしもとすへし
もし故有て定の年期を過る事三ケ年のち尓
来らんには商売をゆるしかさねて来らんゆる
しの公験をも渡すへし三ケ年を過て持来らん
には其来る時の商売はかりをゆるしてかさねて
来らんゆるしの公験は出さすして永く我国への
往来をと丶むへき事
一凡一艘の船尓つミ来る所の貨物商売銀高二
貫日を限るへしもし故ありて定の外銀高五
拾貫迄の物おほく積来るふんをは申わけ
た尓立候ハ丶其商売をもゆるす事あるへし
三百五拾貫目より以上積来るにおゐてハいかやうの
申訳ありとも余分の貨物ともをは奉行所へとり
あけ候てかさねて来るへきゆるしの公験を渡さす
永く我国への往来を禁すへき事
一古来より定をかれ候法度の品々尓おゐてハ彼国
より持来りて商売する事をゆるさす此国より買
求て持帰る事をゆるさす但し長崎滞留の中
のつかひ料の為に持来らんふんは制外の事
一商売の事我国諸色目利の者ともと相対の上
其価を定むへし若我国の者共みたり尓その
価を下して商売行れさらんにハ奉行所へ訴る

事をゆるすへし若彼国の輩みたり尓其価を高くして商売行れさると下品の物こしらへ物等を持来りて欺き売しむするの類あらは其科尓よりて或は重ねて来らん期を展てしきり尓きたる事をゆるさす或は永く我国に来る事を禁すへし惣て商売の上尓つきていつハる所もなく能有無を通し法度の事尓おゐては慎む所ありて我国の奉行を累す事なきものをは重て来らん期を促てしきり尓来る事をゆるすへき事

年号月日

公験も右之趣のことくにてかさねてはな尓の年の春夏秋来るへしといふ事を書加へて年号の所に御定の朱印をうち相渡し候月日を奉行所尓て書加へ下すといふ字の下に奉行所の朱印をうつまてのちかひめなり

」

阿蘭陀人商売の次第

一阿蘭陀船数の事むかしは多き年ハ十一二艘まで来れりすくなき年ハ二三艘もきたれり元録十一年より御定あつてその、ち五艘四艘の外は来らす此船共の来る事例年の五月咬𠺕吧《シヤカタラ》暹邏《シヤムロ》等の国より船を出して六七月の間には段々に長崎尓来るそれ迄長崎尓居し加必丹は九月廿日尓船を出す例也先船は段々に八月下旬より立てかひたん舟ハたとへ大風雨なりとも九月廿日に長崎湊口をはなる、事也しかれは六七月の間交代の加必丹来りし後そのかひたんと今まで長崎尓ありしかひたんと両人を奉行所へよひて書付を相渡し此書付の唐の文章なるへし文言は通詞を以ていひわたす所と同しかるへし其上にて通詞を以ていひ渡すへきは当年長崎表の事御僉議の上を以てあらた尓法制を設られ日本に来る所の唐船凡壱艘尓積来るへき荷物の大数を定められて八九年に壱艘つゝ渡り来るへきよしをさためられ奉行所より公験を渡し候処只今迄渡り来る唐船百艘十艘のうちわつ

」

か尓八十艘に及へり然る尓阿蘭陀の事ハ御目見をもゆるされ年こと尓参観をも仕るものなれハ他の例尓准せられす只今迄のことく年こと尓渡り来る事をゆるされ其上年こと尓唐船五艘四艘三艘分の荷物数を商売する事をゆるさる所なり此五艘四艘三艘内ハ御さため次第なり自今以後此定にたかふへからすといひ渡さすへし

右阿蘭陀の事ハ船数定めのことにも及はす又金高の定にも不及または只唐船何艘分をゆるすとあるへし但阿蘭陀尓も書付を渡し其上尓通詞を以ていひ渡すへしと申子細は先

御代のはしめ尓阿蘭陀人訴訟を上し事ありしに三通したゝめて奉りたり唐の文章一通阿蘭陀の横文字壱通長崎尓て通詞尓やハらけもらひし所壱通なり是ハ此訴訟年久しき事なりし尓御載断あらさりしかハ通詞共の申所をいかゝ有にやと心元なく思ひしかゆへに」咬嚁吧に来り住む唐人尓唐の文章尓壱通したゝめさせて奉りし也唐の文章は万国の中いつくにも能通するが故なりといふしからハ此方よりも唐の文章を以て書付を渡さは帰帆のかひたん唐人尓よませて聞て通詞ともの申所と引合せて能々得心すへきものなり

一右の書付をわたし并通詞を以ていひわたす時ハ即座尓請をは申さすかならす訴訟の旨有へし其趣大かたはこの御請某ともの心はかりにては申上かたし其故は常年つミ来る荷物共某共の物尓はあらす主人の物也阿蘭陀のコンパニア物也といふか咬嚁吧の代官セ子ラル物也といふへししかる上は今迄の長崎尓ありしかひたん帰国の後主人の旨をうけて来年渡り来るかひたんを以て御請をは申上へしまつ当年渡り来るかひたんめしつれ候船共の荷物の事は只今迄のことくに商売をゆるさるへしと申へき歟奉行所よりハ両加必丹能々相談をも仕れとて訴訟の旨いかやうの事なりとも早速注進仕へし」

一阿蘭陀商売の事かひたん共いかやう尓訴訟申とも来年は初年の事なれは御定の通尓

有へき事也但しはまた先半分の商売をゆるさるゝ歟只今ハ五年万両つゝなれとも又は三分二をゆるさるゝ歟五万両の三分二は三万三千三百三十両程也いつれにしても御定よりおほきつもりなり
右初年より御定高ほと商売しても阿蘭陀ハ唐船とはちかひあり其故は唐船ともは初年の商売をゆるされぬ所八九十艘むなしく帰るありまた初年の商売ゆるされ候船も御定高の外をはつミもとしにすること也阿蘭陀ハ当年のかひたん来年迄出嶋尓滞留すれは売残の荷物をは出嶋尓をきて来年主人の旨をうけて御請申までを待合する事ハいたしよきつもりなり

一阿蘭陀商売の法只今迄の例尓准し金子銅等をは凡壱ヶ年商売の高尓わりあハせて渡すへし其外の事共みなく只今の例のことくにあるへきもの歟」

常年唐船入津商売帰帆等の次第

一春夏秋唐船来るへき期尓さき立ていまた唐船宿仕らぬ町の者とも奉行所へ召まつめ鬮取の上にて宿町附町ならす尓唐人の宿を定をくへし
但一度尓春夏秋の鬮をとらせ定をくへからす

子細は初年の例に見えたり

一唐船入津之節春秋夏与力同心差副通詞を遣し公験を持来り候歟又船中上下の姓名人の数并積来り候もの凡なにくにて候歟荷物御定の通尓積来り候歟此等の趣をたつねしるさせて奉行所へ取へし

一公験持来り候尓おゐては其船主奉行所江めしよせ奉行対面して公験をあらため請取通詞を以て町宿へをちつき候へよしをいひ渡し船中へ帰へし
附公験さへまきれなく候ハヽ其人のかハリ候をはとかむへからす前かた公わたし候もの、親類を遣す事も又は公験を人にうりあたへてかひとりしもの、来る事も年久しきうちにハなくてかなハぬ事なり」

一公験持来り候船主の荷物を蔵尓おさめさせ唐人共を町宿へつかハし候事とも皆々初年の

法のことし
一公験を持来る船の中もし積来る荷かす御定より多くして只今迄のことく尓封をつけつミもとしの荷なと中ものあらハ公験を改め請取て後定法のことく其年の商売をゆるさす日本の往来を禁してをしもとすへし惣てをしもとす時の法皆々初年の例のことし
一公験を持来らさる船ともをしもとす事初年の例のことし
一年を経てのち事により八十艘の船数減候上なと尓公験なき船きたり候ハヽ早速をしもとすニ及ハす初年例のことく此方の御定を申聞せ御請申候ハヽ商売ゆるして八十艘の数尓充へし若御請申さるゝ尓おゐては早速をしもとすへき事其法みな〳〵初年の例のことし
一商売の法ミな〳〵初年の例のことし但し御定より荷物多く積来り候ハヽ余分五拾貫目まては商売をゆるすへし（これハ封なと附置てつミもとし荷物なとゝハ申さぬ唐人のたゝ荷数の御定よりハ多き時の事也余分の荷物をも又時によりつミもとして重てをこらすことも有へし）

貫目より上をとりあくる事法のことし
右定尓たかひたる船をは帰帆の節公験を渡せし時かさねてきたるへき期をのへて申付へし
一地下配分等の事ミな〳〵初年の例の如し
一唐人帰帆の節のあらため并公験を渡す事皆々初年の例のことし

宿主并宿町附町の法度條々

一唐人旅宿尓おゐて私商売仕らすましきの事
附何事尓よらす一人として唐人と相対して事を済すへからす宿主宿町附町の役人立合相済候上尓てはからふへし
一唐人滞留中つかひ料のためあるひハ荷物の中をうけとりたきよしをのそミ或は銀子等借用すへきよしを頼候ハヽ何れも相談の上をもつてあるひハ奉行所へ相達しあるひハ中ケ間の輩取持へし借金等の事におゐては唐人

帰帆まへ奉行所へ相達し下知の上にて勘定
を立返済仕らせ請取へき事
一唐人帰帆の節何れも立合ひ衣服諸の道具
をはしめて持来候ほとのもの共一色も残らす
相改その日立合候者共相対をいたし奉行所の
改を請へきの事
右之條々相犯す者あらは張本人ハ重科に
処し其余は罪の軽重によりて沙汰し
おこなふへきなり

宝永七寅年四月十五日

以別紙申之候
去朔日於芙蓉間御覚書壱通本多伯耆守殿
御渡被成候被仰聞候者右御覚書前々より有之候
得共土井周防守方ニ無之松平主殿頭方ニ御座候」
由ニ付此度改御渡被成候之間得其意其許江
可遣旨被仰渡候間則右之御覚書此度令進達候
間可被得其意候以上

七月四日
別所播磨守
佐久間安芸守殿
駒木根肥後守殿

覚
一長崎奉行人可遂相談御用於有之者其趣可
申遣之間長崎江被相越対談之上江戸江注進
之儀依其品可有加判事
一江戸江難致注進程之急事又者不及相窺
之遂相談度之由奉行人於申越者早速長崎へ
被罷越可被申談事
一九州之内邪法宗門之徒党又者乱気之輩
企悪事背御政道族在之節者奉行人」
其所江可罷越然者奉行人より其趣可相達之
條是又其所へ被相越対談之上以連判江
戸江可有注進事
以上
宝永七年七月朔日

宝永七年寅四月十八日
今度新金吹直之儀被仰出候ニ付而当地尓て
相触候書付差越之候間可被得其意候以上
四月十八日　井　河内守
大　加賀守
本　伯耆守
秋　但馬守
小　佐渡守
佐久間安芸守殿
駒木根肥後守殿」

覚

一先年新金吹直有之処金之位悪敷析レ
損茂出来通用不自由之由之事ニ候今度
古金之位ニ吹直被仰付候然とも金之位宜
吹直ニ付而者金子之数も減し候之間世間之金
子茂増候様ニ今度小判壱歩判ともニ小形ニ被吹
直候事

一弐朱判者向後相止候間所持之分引替可申事
一新金出来次第段々世間江可出之候間唯今
迄之金と新金と取交大小のかまひなく通用
可仕候尤両替之儀者只今迄之金子可為同前事
一先年吹替より以前之古金所持之者勝手
次第新金と取交通用可仕候於然者諸色商売
之代相渡候者新金壱両之相場尓古金八拾匁
増之積請払可仕候但し後藤方又者両替屋
方ニ而引替候時分者其余之歩銀増候儀者相
対次第可仕事
一唯今迄之金子取集後藤方へ持参引替候時分ハ」
後藤方より金高ニ応し雑用之歩銀増可
相渡事
一金子者町人手前より引替ニ成候之間武家方
其外之金子勝手次第町人江相渡シ引替可申事
一大判者有来通ニ而用之小判と差引之儀前々
之積りニ両替可仕事
以上
寅四月

注

（1）北條安房守。正房。慶長十九年（一六一四）、家康に初謁。寛永二年（一六二四）、御小姓組。同十五年、御徒頭。

（2）保田若狭守。宗雪。保田則宗の子。元和二年（一六一六）、家康に初謁。寛永十七年（一六四〇）、御宝蔵作事奉行。承応三年（一六五四）、美濃守に叙任。寛文二年（一六六二）作事奉行。延宝元年（一六七三）、没。

（3）寛永十年（一六三三）二月廿八日令（長崎奉行御條目）、同十一年戌五月廿八日令（長崎江之條々）、同十二年令（條々長崎）の所謂鎖国令では、伴天連上之訴人の場合銀一〇〇枚、同十三年五月十九日令で「伴天連之訴人者品ニ寄或者三百枚或者弐百枚たるへし其外者以前のことく相斗可申事」とされている。

（4）馬場三郎左衛門。利重。慶長五年（一六〇〇）、家康に初謁。後、秀忠に仕えて御書院番。寛永八年（一六三一）、御使番。同九年、御目付。同十二年、一〇〇〇石加増され、二六〇〇石を知行。同十三年、長崎に派遣され制法を沙汰し、同十四年、原城攻撃に参加。同十五年十一月十日、長崎奉行となり、承応元年（一六五二）正月十八日、同職を辞する。明暦三年（一六五七）、没。

（5）大河内善兵衛。正勝。文禄三年（一五九四）、家康に仕え、目付となる。寛永十年（一六三三）、陸奥国巡検、同十五年十一月十日、長崎奉行となり、二〇〇〇石を知行。同十七年六月十三日、長崎奉行を辞し、寄合。同二十四日、没。

（6）松倉長門。松倉勝家。長門守。重政の子。慶長二年（一五九七）、生。寛永八年（一六三一）、家督（肥前島原領四万石）を継ぐ。同十四・五年の島原の乱の責任を問われ、同十五年四月、所領を没収され、同七月、死刑となる。

（7）末次平蔵。末次興善は博多の豪商で、私財を投じて長崎の興善町を開く。子の直政・通称平蔵（初代）、朱印船貿易家、元和五年（一六一九）、長崎代官村山等安と争い勝訴して、長崎代官に任ぜられる。長崎奉行竹中采女正の長崎における不祥事・貿易関係の不正事に関する繋争中、寛永七年（一六三〇）、没。二代目平蔵・平左衛門・茂貞、三代目平蔵・茂房、四代目平蔵・茂朝、長崎代官を世襲する。延宝四年（一六七六）、四代目平蔵の時、密貿易が発覚し、隠岐へ流刑となる。

（8）町年寄。元亀二年（一五七一）、長崎開基の時、島原町・大村町・外浦町・平戸町・文知町、横瀬浦町の六町

が建てられ、高木勘左衛門・高島了悦・後藤惣太郎・町田宗賀の四人が頭人となり、同地の支配に当たったと言われる。文禄元年（一五九二）、唐津城主の寺沢志摩守広高が長崎奉行を命じられた時、頭人が町年寄と称するように改められたと言われる。

(9)「闕所之奴」の合計数とその内訳数が不一致となっている。

(10) 対馬守。阿部重次。元和元年（一六一五）、御小姓組頭。後、小姓。寛永九年（一六三二）、御小姓組番頭。同十三年三月二十一日、松平伊豆守信綱、阿部豊後守忠明、堀田加賀守正盛、三浦志摩守正次、太田備中守資宗等と共に政を議する事を命じられる。同十五年、加増されて五九、〇〇〇石を領し、老中となる。後、加増され九九、〇〇〇石余を知行。正保四年（一六四七）、四月二十四日、家光薨御に当り殉死。

(11) 豊後守。阿部忠秋。慶長十五年（一六一〇）、家光の小姓。元和三年（一六一七）、御膳番。同九年、小姓組番頭。寛永三年（一六二六）、近習の小姓頭。同六年、小姓組番頭。同十年三月、松平伊豆守信綱等と共に政を議する事を命じられる。同五月、宿老並。同十二年、土井大炊頭利家、酒井讃岐守忠家の列に加わり、奉書に加判すべき事を命じられる。寛文四年（一六六四）、八〇、〇〇〇石を知行。同六年三月二十九日、老中をゆるされる。延宝三年（一六七五）、没。

(12) 伊豆守。松平信綱。元和九年（一六二三）、小姓組番頭。寛永九年（一六三二）、宿老に准ずる。同十年三月、阿部忠秋等と共に政を議する事を命じられる。同五月、土井利勝、酒井忠勝と共に奉書に加判すべき事を命じられる。同十四年、島原・天草の一揆平定に下向。武蔵国川越六〇、〇〇〇石（後、七五、〇〇〇石）を知行。寛文二年（一六六二）、没。

(13) 高力摂津守。忠房。天正十二年（一五八四）生れ。高力止長の子。慶長四年（一五九九）、秀忠に初謁。元和三年（一六一七）、奏者番。同五年、遠江国浜松城を給わり、一〇、〇〇〇石加増。寛永十五年（一六三八）、嶋原城へ移され、加増されて四〇、〇〇〇石を知行。明暦元年（一六五五）十二月、没。

(14) 井上筑後守。政重。慶長十三年（一六〇八）より秀忠に仕え、書院番となる。元和二年（一六一六）、家光に附属。寛永二年（一六二五）、目付。同九年、大目付。同十五年、島原・天草の一揆鎮定軍に参加。同十七年、加増されて一〇、〇〇〇石を知行。長崎に下向し、異国の商船およびキリシタン禁制等を裁許する。寛文元年（一六六一）、没。

(15) 山崎権八郎。正信。秀忠に仕え二〇〇石を給せられ、後、小姓組番士となり、大坂陣に出陣。後、御小納戸に

進み、二〇〇〇石を知行。寛永七年（一六三〇）、改易。同十二年、召し返され一〇〇〇石を知行。同年、書院番。同十五年、目付。同十九年十月二十六日、長崎奉行。慶安三年（一六五〇）十月十七日、長崎にて没。

(16) 堀田加賀守。正盛。元和六年（一六二〇）、家光に出仕。寛永三年（一六二六）、御小姓組番頭。同十年、松平信綱等と共に、政を議する事を命じられる。同五月、宿老並。同十五年（一六三八）、加増され一〇〇、〇〇〇石を知行。正保四年（一六四七）、家光の薨御に当り殉死。

(17) 酒井讃岐守。忠勝。元和六年（一六二〇）、家光に附属。一〇、〇〇〇石を知行。寛永元年（一六二四）、加増され、二〇、〇〇〇石となり、老中となる。度々加増され同十一年、一一三、五〇〇石余を知行。

(18) 土井大炊頭。利勝。天正七年（一五七九）、秀忠に附属。慶長六年（一六〇一）、御徒頭。同十五年、加増されて三二、四〇〇石余を知行し、老中となる。後、度々加増され、寛永十年（一六三三）、一六〇、〇〇〇石余を知行する。

(19) 井伊掃部頭。直孝。天正十八年（一五九〇）、駿河国藤枝生れ。慶長八年（一六〇三）、家康に初謁、秀忠に仕える。同十三年、御書院番頭。同十五年、大番頭。同十八年、伏見城番。元和元年（一六一五）、家督相続、一五〇、〇〇〇石を知行。寛永九年（一六三二）、松平忠明と共に政事にあずかる。同十年、三〇〇、〇〇〇万石を知行。万治二年（一六五九）六月、没。

(20) 松平右衛門佐。黒田筑前守忠之。黒田長政の子。慶長七年（一六〇二）生れ。同十七年、家康に初謁。同十八年正月、秀忠に初謁、松平の称を許される。元和九年（一六二三）、家督相続、四三三、一〇〇石を知行。寛永七年（一六三〇）五月、南蛮船長崎入港の時、浦々の番を勤める。同十八年二月、長崎の警衛を命じられ、石火矢一〇挺、大筒二〇挺を預けられる。同二十年より鍋嶋信濃守勝茂と交代で長崎の番衛を勤める。承応三年（一六五四）、没。

(21) 鍋嶋信濃守。勝茂。天正八年（一五八〇）生れ。寛永十九年（一六四二）、長崎港口の警衛を命じられ、翌二十年より松平右衛門佐（黒田忠之）と交代で、長崎番衛を勤める。

(22) 黒川与兵衛。重正。慶長十四年（一六〇九）、秀忠に初謁。後、家督を相続し、三〇〇石加増される。同十九年、御小姓。元和三年（一六一七）、代官。同八年、御小姓組。寛永九年（一六三二）、大番。後、組頭。慶安元年（一六四八）、目付。同三年十一月十九日、長崎奉行。寛文四年（一六六四）、大目付。

(23) 甲斐庄喜右衛門。正述。西域の御小姓組となり、後、御書院番に移る。寛永十七年（一六四〇）、目付代。承

応元年（一六五二）正月二十八日、長崎奉行。万治三年（一六六〇）六月五日、没。

(24) 豊後。阿部豊後守忠秋。注(12)参照。

(25) 和泉。松平和泉守乗寿。家乗の子。慶長五年（一六〇〇）生れ。同十九年、家督相続（美濃国恵那領）。寛永十五年（一六三八）、奏者番となり、遠江国浜松に移り、一六、〇〇〇石を加増。正保元年（一六四四）、上野国館林に移り、加増されて六〇、〇〇〇石余を知行。同年、家綱に附属。慶安四年（一六五一）、加判の列に加わる。承応三年（一六五四）、没。

(26) 伊豆。松平伊豆守信綱。注(13)参照。

(27) 松平大隅守。嶋津光久。家久の子。元和二年（一六一六）、生。寛永八年（一六三一）、元服して薩摩守と称する。同十五年四月、家久の没後、遺領（薩摩・大隅・日向国諸県郡・琉球国の内を含め七二万八千石余）を継ぐ。慶安四年（一六五一）十二月、少将となり大隅守に改まる。貞享四年（一六八七）七月、致仕、元禄七年（一六九一）十一月、没。

(28) 金札。暹羅国からの書翰の一つの形態。「(前略)暹羅より使者船一艘入津し、書翰を持来れり、(中略)此書翰、紙の四方に金泥にて格子有之、その中に蝸篆の如く横文字左行に書たり、是を金札船と唱ふ」(『長崎志』)。

(29) この部分は、次のようになるものと判断される。「書簡差越候時返書を以口上ニ而申渡候返簡の儀者下として異国江」。

(30) 松平隠岐守。定行。定勝の子。天正十五年（一五八七）生れ。慶長七年（一六〇二）、河内守に叙任。同十二年、掛川城を給わり、三〇、〇〇〇石を知行。寛永元年（一六二四）、家督相続、一一〇、〇〇〇石を知行。同三年八月、隠岐守に改まる。同十二年、伊予国松山城に移り、加増されて一五〇、〇〇〇石を知行。正保元年（一六四四）、南蛮船長崎来航の時、現地の指揮を命じられる。万治元年（一六五八）二月、致仕し、寛文八年（一六六八）、没。

(31) 日根野織部正。吉明。天正十五年（一五八七）生れ。慶長五年（一六〇〇）、遺領（信濃国諏訪）を相続。同七年、下野国壬生に移封。寛永十一年（一六三四）、加増移封されて豊後国府内二〇、〇〇〇石を知行。明暦二年（一六五六）、没。

(32) 大久保加賀守。忠職。慶長九年（一六〇四）生れ。寛永九年（一六三二）、加増されて美濃国加納（五〇、〇〇〇石）を領する。同十六年、播磨国明石（七〇、〇〇〇石）に移封。慶安二年（一六四九）、筑前国唐津（八三、〇〇〇石）に移封。寛文十年（一六七〇）、没。

(33) 目明し唐人。「長崎旧記」（長崎市立博物館旧蔵）の正保元年（一六四四）の条に「切支丹為目明辰官黄五官揚

六官を長崎に被召置」とある。『華蛮交易明細記』（『長崎県史』史料編纂第四の二九一頁）参照。

(34) 西泊・戸町両御番所。沖の両御番所とも称される。長崎警備の為に、幕府は寛永十八年（一六四一）、黒田右衛門忠之に命じて西泊番所を、翌十九年、鍋嶋信濃守勝茂に命じて戸町番所を建置した。関連記事『崎陽群談』（日本史料選書10）一三頁以下参照。

(35) この部分は、次のようになるものと判断される。
「　右ハ唐金長サ九尺三寸
一同右壱貫五百目
　　右ハ唐金長サ九尺三寸
一同壱貫弐百目」

(36) 寺沢兵庫頭。堅高。慶長十四年（一六〇九）、唐津生れ。寛永十年（一六三三）、家督を継ぐ（唐津領一二〇、〇〇〇万石）。同十五年、天草一揆を征し出来なかった事により、天草の所領の内四〇、〇〇〇石を収公され、出仕差し留めとなり、同十六年、赦される。正保四年（一六四七）十一月、自殺。

(37) 松平筑前守。黒田忠之。注(20)参照。

(38) 春徳寺。寛永七年（一六三〇）、岩原郷に建立。書物改役を勤める。「宝永五年役料高并諸役人勤方発端年号等」（長崎市立博物館旧蔵）に「右勤方之儀、唐船より持渡候書籍、御制禁之書籍交り候哉と相改申候、尤御用ニ可罷成書物吟味仕候」とある。

(39) 松浦肥前守。鎮信。元和八年（一六二二）生れ。寛永十四年（一六三七）、家督を継ぐ（平戸六三、二〇〇石）。『新訂寛政重修諸家譜』（第八の九一頁）に承応「三年八月五日こふむねをゆるされ、長崎湊の外浦に七か所の石火矢台を築く」とある。元禄十六年（一七〇三）、没。

(40) 内外町。内町と外町。元亀二年（一五七一）から長崎の町建てが開始されるが、天正十六年（一五八八）に豊臣秀吉によって、長崎は公領（直轄地）となった。この時迄に長崎には二三町が形成されていたが、この地域は秀吉の朱印により地子免除とされた。この後、慶長二年（一五七九）から以降に更に町建てが進み、「長崎御役所留」の当該部分（明暦二年　一六五八）には合計六八の町名が見られる。秀吉により地子免除とされた二三町が内町と称され、徳川政権になっても地子免除となった。慶長二年（一五九七）以降に開発された町を外町と称する。内町は四人の町年寄、外町は二人の常行事の支配下に置かれたが、元禄十三年（一七〇〇）からは外町、内町の区別が廃止されて、常行事が町年寄に組み入れられた。

(41) この部分は、誤写によるものか、抹消すべき訂正を加えたものと見られる。

(42) 大村因幡守。純長。寛永十三年（一六三六）生れ。伊

丹播磨守勝長の四男であるが、慶安三年（一六五〇）に大村純信の養子となる。同四年、家督（肥前大村領）を継ぐ。承応三年（一六五四）、因幡守に叙任。寛文二年（一六六二）七月二十八日、奉書を以て、異国船渡来の時、長崎奉行と対策を議すべき事を命じられる。宝永三年（一七〇六）、没。

(43) 松平河内守。定頼。定行の子。慶長十二年（一六〇七）、掛川生。寛永三年（一六二六）、河内守に叙任。万治元年（一六五八）二月家督（伊予松山一五万石）を継ぐ。父定行同様に長崎の警固に関する役目を拝する。寛文元年（一六六一）、隠岐守に改まる。同二年、没。

(44) 松平丹後守。鍋島光茂。忠直の子。寛永九年（一六三二）、生。慶安元年（一六四八）、元服し、松平の称号を賜り、丹後守に叙任。明暦三年（一六五七）二月、家督（佐賀領）を継ぎ、長崎番衛のことを拝する。元禄十三年（一七〇〇）五月、没。

(45) 京極刑部少輔。高和。元和五年（一六一九）、小浜生れ。はじめ播磨国内において六〇、〇〇〇石を知行。万治元年（一六五八）、讃岐国丸亀に移封、六〇、〇〇〇石余を知行。寛文二年（一六六二）、没。

(46) 彦衛門。妻木重直。元和七年（一六二一）、書院番。寛永十五年（一六三八）、家督相続。万治元年（一六五八）、目付代。同三年六月二十一日、長崎奉行。寛文二年（一六六二）四月十二日、勘定奉行となり、加増されて三〇〇〇石を知行。同十年、同職を辞して寄合に列する。天和三年（一六八三）、没。

(47) 籠守。「宝永五子年役料高并諸役人勤方発端年号等」（長崎市立博物館旧蔵）に、「慶長十二年未年被仰付。入籠之者裁判賄等仕候」とある。

(48) 籠番。「宝永五年役料高并諸役人勤方発端年号等」（長崎市立博物館旧蔵）に、「延宝二寅年五人、天和元年酉年五人被仰付候、其以前者町中より雇番仕候」とある。

(49) 美濃守。稲葉正則。元和九年（一六二三）生れ。寛永十一年（一六三四）、家督（小田原領）相続。万治元年（一六五九）閏十二月二十九日、奉書の連署に加えられる。寛文八年（一六六八）正月十二日、月番加判の列をゆるされ、加増されて一一〇、〇〇〇石を知行。元禄九年（一六九六）、没。

(50) 雅楽頭。酒井忠清。寛永元年（一六二四）生れ。同十四年、家督相続（一〇〇、〇〇〇石）。同十五年、奏者。承応二年（一六五三）閏六月五日、禁中および異国の事を命じられ、連署加判の上首となる。寛文三年（一六六三）、加増されて一三〇、〇〇〇石を知行。同六年三月二十九日、奉書の加判をゆるされ、大老職となる。同八年、加増、一五〇、〇〇〇石を知行。天和元年（一六八一）、没。

(51) 小笠原右近大夫。忠真。慶長元年（一五九六）、古河生れ。元和元年（一六一五）、家督相続。同三年、播磨国明石に移封。加増されて一〇〇、〇〇〇石を領する。寛永九年（一六三二）、豊後国小倉に移封、加増されて一五〇、〇〇〇石を知行。寛文二年（一六六二）五月十九日、異国船長崎来航ある時、諸事を指揮すべき事を命じられる。同七年、没。

(52) 嶋田久太郎。利木。出雲守。寛永十七年（一六四〇）、小姓組番士。明暦二年（一六五六）、御徒頭。万治元年（一六五八）、目付。寛文二年（一六六二）五月一日、長崎奉行。同六年正月晦日、長崎奉行を辞する。同七年、江戸町奉行。同年、出雲守に叙任。元禄八年（一六九五）、没。

(53) 松平左近将監。忠昭。元和三年（一六一七）生れ。寛永十年（一六三三）、家督を継ぐ（丹波国亀山、二二、二〇〇石）。同十一年、豊後国亀川に移り、同十二年、同国中津留に移る。同十七年、左近将監に叙任。同十九年、同国高松に移り、万治元年（一六五八）、同国府内に移る。元禄六年（一六九三）、没。

(54) 大村丹後守。純信。元和四年（一六一八）、大村生れ。同六年、家督を継ぐ。寛永十四年（一六三七）、島原・天草の一揆の時、長崎の警固に当たる。同十七年、南蛮船渡来の時、長崎を警固する。同二十年、丹後守に叙任。正保四年（一六四七）、南蛮船長崎渡来の時、同地を警固する。慶安三年（一六五〇）、没。

(55) 加々爪民部少輔。忠純。慶長四年（一五九九）、秀忠に初謁。同十九年、大坂陣の時、使番を勤める。元和元年（一六一五）、民部少輔に叙任。同五年、目付。寛永二年（一六二五）、五五〇〇石を知行。同八年、町奉行。同十年、加増されて九五〇〇石を知行。同十七年正月二十三日、大目付となり、この時、異国船長崎渡来につき、六月二日、拝命して長崎に下向、南蛮船を焼き捨て、キリシタン多数を処刑する。同十八年、没。

(56) 野々山丹後守。兼綱。慶長十年（一六〇五）、秀忠に初謁。同十四年、腰物奉行。寛永八年（一六三一）、小納戸。同十五年、目付。同十七年、六月二日、加々爪忠純と共に長崎へ遣され、南蛮船を焼き捨て、キリシタンを処刑する。同二十年（一六四三）、加増されて采地一、五三〇石余を領し、丹後守に叙任。寛文七年（一六六七）、没。

(57) 板内膳正。板倉重矩。重正の子。元和三年（一六一七）生れ。寛永十一年（一六三四）、主水佑に叙任。同十六年、重正の遺領（三河国額田他一〇、〇〇〇石）を継ぐ。明暦二年（一六五六）、内膳正。万治三年（一六六〇）、大坂城番、加増一〇、〇〇〇石。寛文五年（一六六六）一二月二十三日、老中、度々加増され、寛文十一年没。
（一六七一）、五〇、〇〇〇石を地。延宝元年（一六七三）、

(58) 土但馬守。土屋数直。忠直の次男。慶長十三年（一六〇八）生れ。元和五年（一六一九）、家光に附属。同八年、近習。同九年、御膳番。寛永元年（一六二四）、大和守に叙任。後、書院番。同十八年、同組頭。慶安元年（一六四八）、小姓組番頭。寛文二年（一六六二）、若年寄、五、〇〇〇石加増されて一〇、〇〇〇石を知行。同五年、土浦城を給わり、四五、〇〇〇石を知行。延宝七年（一六七九）、没。

(59) 久大和守。久世広之。三左衛門広宣の三男。慶長十四年（一六〇九）生れ。元和三年（一六一七）、秀忠に初謁。同八年、御小姓。寛永元年（一六二四）、御小姓組番士。同四年、御膳番。同九年、御書院番。同十年、中奥の番士。同十一年、御小納戸。同十二年、御走頭。同十三年、大和守に叙任。同十五年、御小姓組番頭。度々加増されて慶安元年（一六四八）一〇、〇〇〇石を知行。寛文三年（一六六三）八年十五日、老中。同九年、下総国石宿城を給わり、五〇、〇〇〇石を知行。延宝七年（一六七九）、没。

(60) 松平甚三郎。隆見。行隆の子。承応二年（一六五三）、行隆の遺領（一三〇〇石）を相続。同三年、御小姓組番士。寛文二年（一六六二）、使役。同五年、先弓頭。同六年三月十九日、長崎奉行。同十一年五月二日、同職を辞して寄合となる。延宝七年（一六七九）、普請奉行。天和二年（一六八二）、没。

(61) 河野権右衛門。通成。通重の子。寛永六年（一六二九）、家光に初謁。同十二年、御書院番。慶安四年（一六五一）、家督を継ぐ（一二〇〇石）。寛文三年（一六六三）、使番。同六年三月十九日、長崎奉行。同十二年三月十七日、同職を辞して寄合に列する。延宝八年（一六八〇）、槍奉行。貞享四年（一六八七）、大目付。後、同職の務に応ぜざるところがあって解任。元禄元年（一六八八）、小普請。同四年、没。

(62) 平蔵（末次平蔵。長崎代官）。作右衛門（高木作右衛門。長崎町年寄）。四郎兵衛（高島四郎兵衛。長崎町年寄）。彦右衛門（高木彦右衛門。長崎町年寄）。

(63) 注(57)・(58)・(59)参照。

(64) 与惣右衛門。内田与三右衛門。長崎外町常行司。

(65) 宇右衛門。薬師寺宇右衛門。長崎外町常行司。

(66) 寛文三年（一六六三）の長崎大火の事。長崎市街地六五町中六三町半を焼失。「自寛永十年五月　至宝永五年十二月　日記」（長崎県立長崎図書館所蔵）、「花蛮交易明細記」（『長崎県史』史料編第四）等に関連記事がある。

(67) 稲葉能登守。信通。一通の子。慶長十三年（一六〇八）、豊後国臼杵生れ。元和九年（一六二三）、家光に初

謁。寛永十一年（一六三四）、能登守に叙任。同十八年、家督を継ぐ。延宝元年（一六七三）、没。

（68）寛文八年（一六六八）、銅輸出禁止。翌九年、解禁。『唐通事会所日録』（『大日本近世史料』）の六三頁以降に関連記事がある。

（69）松平主殿頭。忠房。忠利の子。元和五年（一六一九）吉田生れ。同九年、秀忠・家光に拝謁。寛永九年（一六三二）、忠利の遺領（三河国吉田三〇、〇〇〇石）を相続し、刈谷に移る。同年十二月、主殿頭に叙任。慶安二年（一六四九）、丹羽国福知山に移り、加増されて四五、九〇〇石余を知行。寛文九年（一六六九）、肥前国嶋原に移封、二〇、〇〇〇石加増。同十二年七月十六日、長崎に変事ある時、大久保出羽守忠朝と共に長崎奉行と計り、諸事指揮をすべき事を命じられる。（『厳有院殿御実記』寛文十二年八月五日条参照）。延宝四年（一六七六）、長崎代官末次平蔵の私曲を糺問。元禄十一年（一六九八）四月、大炊頭。同十三年、没。

（70）青木遠江守。義継。義精の子。寛永元（一六二四）年、大番。同十九年、家督を継ぐ（近江国甲賀三〇〇石）。慶安二年（一六四九）、目付。承応三年（一六五四）、禁裡附に転じ、一〇〇〇石加増。明暦元年（一六五五）、遠江守に叙任。同十一年、作事奉行。天和二年（一六八二）、職を辞して寄合に列する。元禄七年（一六九四）、没。

（71）保田若狭守。宗雪。注（2）参照。

（72）小川藤左衛門。正久。小川正長の養子。明暦元年（一六五五）、正長の遺跡を継ぎ豊後代官となる。寛文五年（一六六五）、支配所の農民より財を貪るとの訴訟があり、改易となる。同九年二月三日、赦免され代官に復する。元禄十四年（一七〇一）、没。

（73）細川越中守。綱利。光尚の子。寛永二十年（一六四三）生。慶安三年（一六五〇）、家督（肥後国熊本）を継ぐ。正徳四年（一七一四）、没。

（74）牛込忠左衛門。重忝。三右衛門俊重の三男。慶安三年（一六五〇）、書院番。寛文三年（一六六三）、目付。同十一年五月六日、長崎奉行。天和元年（一六八一）四月九日、職を辞して小普請となる。貞享四年（一六八七）、没。

（75）戸田伊賀守。忠昌。戸田忠能（三河国田原）の養子。寛永九年（一六三二）、田原生。正保四年（一六四七）、家督を継ぐ。万治元年（一六五八）、伊賀守に叙任。寛文四年（一六六四）、田原より肥後国天草へ移封。一一、〇〇〇石加増。同十一年、奏者番、寺社奉行兼任。延宝四年（一六七六）、京都所司代、従四位下侍従、越前守に改まる。天和元年（一六八一）十一年十五日、老中、同十九日、山城守に改まる。寛文十一年（一六七一）以降、度々加増され、元禄七年（一六九四）、一〇、〇〇〇石加

増、七一、〇〇〇石を領する。同八年、没。

(76) 大久保出羽守。忠朝。大久保右京亮教隆の三男。大久保忠職の養子。寛永九年（一六三二）生。同十八年、家綱の小姓。慶安四年（一六五一）、出羽守に叙任。万治三年（一六六〇）、小姓組番頭。寛文十年（一六七〇）、忠職の養子となり、詰衆並に列し、同六月、家督を継ぐ。延宝五年（一六七七）七月二十五日、老中、加賀守に改まる。同六年、唐津より下総国佐倉に移封。貞享三年（一六八六）、相模国小田原に移封。度々加増されて、元禄七年（一六九四）に一一三、一〇〇石余を領する。同十年六月二十五日、奉書の加判に列する。正徳二年（一七一二）、没。

(77) 孫九郎。岡野孫九郎。貞明。岡野権左衛門英明の子。寛永九年（一六三二）、家光に初謁。同十五年、書院番。寛文三年（一六六三）、家督を継ぐ（一〇〇〇石）。同十二年三月晦日、長崎奉行、加増されて一五〇〇石を領する。延宝八年（一六八〇）三月十二日、職を辞して寄合に列する。元禄三年（一六九〇）、没。

(78) 松浦壱岐守。棟。松浦肥前守鎮信の子。正保三年（一六四六）生。明暦二年（一六五六）、家綱に初謁。万治三年（一六六〇）、壱岐守に叙任。元禄二年（一六八九）、家督を継ぐ。同四年十一月二十五日、奏者番に列し、寺社奉行兼任。同七年十一月三日、同両職を辞する。正徳三年（一七一三）、没。

(79) 与力・同心。『通航一覧』（第四の八一頁）では、「寛永一五戊寅年、はじめて奉行組与力五騎、同心二十人を附属し給ひ、寛文五乙巳年同心十人、翌年与力五騎をのく〳〵増附せらる。貞享四丁卯年、与力同心共に廃せられ、すべて奉行自分抱へ給人下役の名号となり、その給料を賜はる。享保十一年より下役の名を止足軽となる。寛政五癸丑年秋、奉行給人を減し手附出役を命し給ふ」とされている。

(80) 長崎浮金。浮銀とも称する。貨物市法による利益銀（増銀）を、貿易運営費に支払い、また五ヶ所貨物市法商人や駿府へ配分して、なお余った分を指す。

(81) 御買上糸。寛文十二年（一六七二）に始まる貨物市法において、幕府は年間銀七〇〇貫目から一〇〇〇貫目余の白糸を輸入し、上方の市場へ放出していた。詳細には、武野要子「市法売買の特色について」（『商経論叢』創刊号）を参照されたい。

(82) 阿播磨守。阿部正能。阿部修理亮政澄の長男。寛永四年（一六二七）生。同十五年、上総国の内に一〇、〇〇〇石を領する。慶安四年（一六五一）、叔父阿部対馬守重次の遺領の内、六〇〇〇石を給まう。承応元年（一六五二）、阿部忠秋　注(7)の養子となり、播磨守に叙任。寛文三年（一六六三）、家督を継ぎ、九〇、〇〇〇石を領する。延宝元年（一六七四）十二月二十三日、老中。同四年十月六日、同職を辞する。貞享二年（一六八五）、没。

(83)　渡辺大隅守。綱貞。渡辺忠右衛門重綱の六男。寛永四年（一六二七）、家光に仕えた小姓組に列する。正保四年（一六四七）、組頭。明暦元年（一六二七）、新番頭。寛文元年（一六六一）、町奉行。同年十二月、大隅守に叙任。延宝元年（一六七三）正月二十三日、大目付。天和元年（一六八一）、曲事により八丈島に流される。

(84)　切支丹宗門書物御制禁目録。寛永七年（一六三〇）に春徳寺が建立されて、住持の泰室が漢籍についての知識が豊富である由をもって、唐船から輸入される漢籍に切支丹関係のものが混入していないか否かを検査する書物改を命じられたと伝えられている。この時に、切支丹関係の三二種の漢籍が禁書とされ、所謂禁書目録が定められたと言われる。しかし、寛永七年（一六三〇）に禁書目録が定められたか否かは疑わしい。寛永七年の禁書目録の制定は、状況として年代的に早すぎるように判断される。寛永七年には唐船との貿易において切支丹関係の書物の輸入に関わるトラブルは起きていないし、この年代には、唐船は日本のどこの港に渡来しても良いとされていたので、現実に春徳寺が唐船積荷の書物を改めることが可能な状況ではない。唐船の貿易が長崎一港に限定されたのは、寛永十三年からであり、この時から唐船輸入時の荷改めが行われるようになる。この後、島原の乱が起き、結果として、寛永十六年に、ポルトガル船の日本渡来が禁止され、これに伴い唐船・オランダ船に対して、切支丹関係の人を乗せて来ること、および文物の持ち込みを厳禁することが命じられているので、この時期に禁書目録が作られた可能性はある。この点で、ここに見られる寛永十六年とされる禁書目録が注目される。

(85)　この部分は、次のようになるものと判断される。但し、行取りは不詳。

「寡ニ罷成候御預者有之事候間御預宗門之者
いましめに可被成様ニ奉存候間御預宗門之者
無之所江者長崎籠舎之内御助ニ不罷成宗門
之もの其所ニより出候者其所江遣被預置候而者」

(86)　戸　山城守。戸田忠昌。注(75)参照。

(87)　大　加賀守。大久保忠朝。注(22)参照。

(88)　宮城監物。和充。宮城越前守和浦の五男。寛永十八年（一六四一）、家綱の小姓。慶安三年（一六五〇）、書院番。徒頭。延宝七年（一六七九）、目付。天和元年（一六八一）五月十二日、長崎奉行。貞享三年（一六八六）十一月四日、昨年長崎にて江戸からの指揮を待たずに死刑を執行した件により、同職を奪われる。元禄元（一六八八）年、免されて小普請となる。同四年、没。

(89)　北條房州。北條氏平。注(1)の北條安房守正房の子。

慶安元年（一六四八）、家光に初謁。承応三年（一六五四）、書院番。寛文二年（一六六二）、中奥番士。同四年、徒頭。同十年、家督を継ぐ。延宝五年（一六七七）、持弓頭。天和元年（一六八一）、町奉行。安房守に叙任。元禄六年（一六九七）、留守居。同八年、御側に転じ、後、留守居に復する。同十年、職を辞し寄合に列する。度々加増され、元禄十年には、三、四〇〇〇石を領した。宝永元年（一七〇四）、没。

(90) 設楽肥州。設楽肥前守貞政。設楽貞信（三河国設楽七〇〇石）の子。寛永十三年（一六三六）、家光に初謁。同十五年、書院番。同十八年、小姓組。正保二年（一六四五）、家督を継ぐ。寛文十二年（一六七二）、使番。目付。延宝七年（一六七九）、大坂町奉行。肥前守に叙任。貞享二年（一六八五）、二男助右衛門貞親の不祥事により逼塞され、翌三年、赦免されたが職を解かれて寄合となる。元禄四年（一六九一）、没。

(91) 川口源左衛門。宗恒。川口宗次（下総国印旛二五〇〇石）の子。寛永十七年（一六四〇）、家光に拝謁。慶安元年（一六四八）、書院番。承応元年（一六五二）、家督を継ぐ。寛文三年（一六六三）、徒頭。同十一年、目付。延宝八年（一六八〇）三月二十五日、長崎奉行。貞享三年（一六八六）、加増されて二、七〇〇石を知行。元禄三年（一六九〇）、摂津守に叙任。同六年十二月十五日、町奉行。同十一年、職を辞し、寄合に列する。宝永元年（一七〇四）、没。

(92) はか。毛織物の一種。

(93) 松平筑前。忠之。注(20)・(37)参照。

(94) 松　日向守。松平信之。松平忠国（播磨国明石七〇、〇〇〇石）の子。寛永八年（一六三一）、生。慶安二年（一六四九）、家光に拝謁。承応二年（一六五三）、日向守に叙任。万治二年（一六五九）、家督を継ぐ。延宝七年（一六七九）、大和国郡山に移封。一五、〇〇〇石加増。貞享二年（一六八五）六月十日、老中。下総国古河に移封。一〇、〇〇〇石加増され、九〇、〇〇〇石を知行。同三年、没。

(95) この部分は、書写の都合により詰めて書かれているようである。本来は、次のようになると判断される。

「恐々謹言
　　八月十四日　松　日向守判
　　　　　　　　戸　山城守判
　　　　　　　　河　豊後守同
　　　　　　　　大　加賀守同
　川口源左衛門殿」

(96) この部分は、書写の都合により詰めて書かれているようである。本来は、次のようになると判断される。

「八月十四日

松　日向守
戸　山城守
阿　豊後守
大　加賀守
川口源左衛門殿」

(97)　この部分は、書写の都合により詰めて書かれているようである。本来は、次のようになると判断される。

「御座候以上
丑七月」

(98)　この部分は、書写の都合により詰めて書かれているようである。本来は、次のようになると判断される。

「以上
五月十六日
川口源左衛門」

(99)　大沢左兵衛。基哲。大沢右京亮基重の三男。慶安三年（一六五〇）、御小姓組。延宝八年（一六八〇）、目付。貞享三年（一六八六）八月二十一日、長崎奉行。同年五月二十八日、長崎にて死亡。

(100)　この部分は、書写の都合により詰めて書かれているようである。本来は、次のようになると判断される。

「八月廿五日
戸　山城守
阿　豊後守
大　加賀守
川口源左衛門殿
宮城監物殿
貞享三寅年九月十日」

(101)　松平大隅守（島津光久）。松平右衛門佐（黒田光之）。松平丹後守（鍋島光茂）。有馬中務大輔（有馬頼光）。小笠原遠江守（小笠原忠雄）。松平主殿頭（松平忠房）。松浦肥前守（松浦鎮信）。五嶋佐渡守（五嶋盛暢）。松平対馬守（松平近陣）。松平市正（松平英親）。中川佐渡守（中川久恒）。稲葉右京亮（稲葉景通）。有馬佐衛門佐（有馬清純）。島津式部少輔（島津久寿）。秋月佐渡守（秋月種信）。久留嶋信濃守（久留嶋通清）。木下右衛門大夫（木下俊長）。黒田甲斐守（黒田長重）。

(102)　細川越中守（細川綱利）。立花飛驒守（立花鑑虎）。大村因幡守（大村純長）。相良遠江守（相良頼喬）。伊東出雲守（伊東祐実）。小笠原修理大夫（小笠原長胤）。宗対馬守（宗義真）。毛利駿河守（毛利高久）。

(103)　この部分は、書写の都合により詰めて書かれているようである。本来は、次のようになると判断される。

「二月十九日
戸　山城守
阿・豊後守

大　加賀守
川口源左衛門殿
大沢左兵衛殿」

(104) この部分は、書写の都合により詰めて書かれているようである。本来は、次のようになると判断される。

「二月十日
戸　山城守
阿　豊後守
大　加賀守
川口源左衛門殿
大沢左兵衛殿」

(105) 高木伊勢守。守勝。高木守久の子。承応二年（一六五三）、家綱に初謁。寛文三年（一六六三）、御小姓組。同十年、御徒頭。延宝四年（一六七六）、家督を継ぐ。同五年、御目付。同八年、御定頭。一〇〇〇石加増。常陸国鹿島郡二〇〇〇石を領する。天和二年（一六八二）、七〇〇加恩。大目付。同十二月、伊勢守に叙任。元禄四年（一六九一）、五〇〇石加増、全て五〇〇〇石を領する。同五年、職を辞し、寄合に列する。同十二年、没。

(106) この部分は、書写の都合により詰めて書かれているようである。本来は、次のようになると判断される。

「七月廿三日
土　相模守
戸　山城守
阿　豊後守
大　加賀守
山岡十兵衛殿
宮城監物殿」

(107) この部分は、書写の都合により詰めて書かれているようである。本来は、次のようになると判断される。

「急度可被申渡候以上
七月廿三日
土　相模守
戸　山城守
阿　豊後守
大　加賀守
山岡十兵衛殿
宮城監物殿」

なお、土　相模守は土屋政直。土屋数直（常陸国茨城郡宍戸領四五、〇〇〇石）の子。寛永十八年（一六四一）、生。承応三年（一六五四）、家綱に初謁。万治元年（一六五八）、能登守に叙任。寛文五年（一六六五）、相模守に改める。延宝七年（一六七九）、家督を継ぐ。奏者番。貞享元年（一六八四）、大坂城代。新恩二〇、〇〇〇石加増（合、四七〇、〇〇〇石）。同二年、京都所司代。同四年十月十三日、老中。土浦六五、〇〇〇石を知行。正徳

元年（一七一一）、加恩一〇、〇〇〇石。享保三年（一七一八）、加増され九五、〇〇〇石となる。同七年、没。

(108) 山岡十兵衛。景助。山岡景次の子。寛永十三年（一六三〇）、家光に初謁。同二十年、小姓組番士。慶安元年（一六四八）、松平右京大夫の家臣に不作法あってこれを殺害する。蟄居を命じられたが赦免される。同三年、西城御書院番士。寛文九年（一六六九）、小十人頭。家督を継ぐ。天和元年（一六八一）、御先鉄炮頭。同二年、五〇〇石加賜。貞享元年（一六八四）、盗賊追捕役。同四年二月十八日、長崎奉行。五〇〇石加恩あって、二〇〇〇石を知行。元禄四年（一六九一）、対馬守に叙任。同七年十二月十四日、職を辞して寄合に列する。宝永二年（一七〇五）、没。

(109) 相模（土屋相模守政直）。山城（戸田山城守忠昌）。豊後（阿部豊後守正武。天和元年（一六八一）、老中。宝永元年（一七〇四）、没）。加賀（大久保加賀守忠朝）。

(110) 服部六左衛門。正久。服部正次の子。寛永十七年（一六四〇）、家督を継ぐ。小普請。承応三年（一六五四）、大番。万治元年（一六五八）、五〇俵加増。後、御蔵奉行。延宝七年（一六七九）、代官。一〇〇俵加増。元禄三年（一六九〇）、肥前天草の官舎で没。

(111) 宮城主殿。和澄。慶安元年（一六四八）、家光に初謁。万治二年（一六五九）、御小姓組番士。三五〇〇石。寛文五年（一六六五）家督を継ぐ。同七年、進物役。延宝四年（一六七六）、御徒頭。天和元年（一六八一）、目付。同二年、加恩五〇〇石。貞享四年（一六八七）八月十一日、長崎奉行。元禄五年（一六九二）、越前守に叙任。同九年、没。

(112) この部分は、書写の都合により詰めて書かれているようである。本来は、次のようになると判断される。

「可被得其意候事

正月廿八日　宮城主殿印

川口源左衛門殿

山岡十兵衛殿」

(113) この部分は、書写の都合により詰めて書かれているようである。本来は、次のようになると判断される。

「新地紛敷無之様可被申渡候以上

五月十五日　土　相模守

戸　山城守

阿　豊後守

大　加賀守

川口摂津守殿

宮城主殿殿」

(114) 松平丹後守。鍋島光茂。寛永九年（一六三二）生。同十四年、家光に初謁。慶安元年（一六四八）、丹後守に叙任。明暦三年（一六五七）、家督を継ぐ。万治元年（一六五八)、侍従。元禄十三年(一七〇〇)、没。

(115) 高木伊勢守。善左衛門。守勝。守久の子。寛文三年(一六六三)、小姓組に列し、同十年、徒の頭となり、延宝四年(一六七六)、家督を継ぐ。同五年、目付に転じ、同八年、勘定頭に進み、常陸鹿島郡に二〇〇〇石を知行。天和二年(一六八二)、大目付に転じ、伊勢守に叙任。元禄四年(一六九一)、五〇〇石を加増され、これ迄の加増を合わせて五〇〇〇石を知行。同八年、職を辞し、寄合に列する。同十二年四月、没。

(116) 前田安芸守。直勝。寛永十三年(一六三六)、家光に初謁。正保元年(一六四四)、家督を継ぐ。慶安元年(一六四八)、御書院番。寛文八年(一六六八)、御使番。同九年、目付代。同十一年、禁裡附となり、加恩一〇〇〇石を加え、二二〇〇石を知行。安芸守に叙任。延宝元年(一六七三)、京都町奉行。元禄五年(一六九二)、大目付。同十二年、職を辞し寄合に列する。宝永二年(一七〇五)、没。

(117) 小田切土佐守。直利。万治三年(一六六〇)、家綱に拝謁。寛文二年(一六六二)、家督を継ぐ。小普請。同九年、御小姓組。天和元年(一六八一)、小十人頭。同二年、加恩五〇〇石。貞享元年(一六八四)二月二十七日、長崎交易の事を監せんがため、同地に下向する。十一月、御目付。同三年、大坂町奉行。五〇〇石加増。元禄元年(一六八八)、土佐守に叙任。同五年、大目付。同七年、御小姓組番頭。同十年、采地三〇〇石を給い、二、九三〇石余を知行。宝永三年(一七〇六)、没。

(118) 岩城伊予守(岩城伊与守は岩城伊予守の誤写)。重隆。岩城宣隆(出羽国由利郡二〇、〇〇〇石)の子。寛永五年(一六二八)、生。同十一年、家光に初謁。明暦二年(一六五六)、家督を継ぐ。伊予守に叙任。元禄六年(一六九三)八月十二日、八王子成就院空山をあずかる。宝永四年(一七〇七)、没。

(119) この部分は、書写の都合により詰めて書かれているようである。本来は、次のようになると判断される。

「可被存其旨候以上
八月十三日
土 相模守
戸 山城守
阿 豊後守
大 加賀守
川口摂津守殿
山岡対馬守殿」

(120) 丹羽 五左衛門。長守。寛文十年(一六七〇)、家綱に拝謁。同十二年、御御小姓組番士。元禄元年(一六八八)、家督を継ぐ。同四年、屋敷改。同六年、語使番。同七年、御目付。同八年二月五日、長崎奉行。五〇〇石加増し、一五〇〇石を知行。遠江守に叙任。同十五年閏八

月十五日、町奉行。正徳四年（一七一四）、職を辞して寄合に列す。享保十一年（一七二六）、没。

(121) 近藤備中守。用高。承応三年（一六五四）、家綱に初謁。寛文四年（一六六四）、家督を継ぐ。同六年、御書院番士。貞享元年（一六八四）、御使番。同四年、目付。元禄五年（一六九二）、御先鉄炮頭。同七年正月十一日、長崎奉行。八月、備中守に叙任。同十四年、大目付。同十六年、御留守居。宝永元年（一七〇四）、御側。同二年、没。

(122) この部分は、書写の都合により詰めて書かれているようである。本来は、次のようになると判断される。

「候以上
六月廿八日　　土　相模守
戸　山城守
阿　豊後守
大　加賀守
近藤備中守殿
丹羽遠江守殿」

(123) この部分は、書写の都合により詰めて書かれているようである。本来は、次のようになると判断される。

「長崎奉行江も相達候而可被得其意候恐々謹言
元禄九子六月廿八日　大久保加賀守
土屋相模守
戸田山城守
阿部豊後守
松平薩摩守殿」

(124) 松平薩摩守。嶋津綱高。慶安三年（一六五〇）、生。万治二年（一六五九）、家綱に初謁。寛文七年（一六六七）、侍従に叙任。延宝元年（一六七三）、薩摩守に改まる。貞享四年（一六八七）、祖父光久の封を継ぐ。元禄八年（一六九五）、中将。宝永元年（一七〇四）、没。

(125) 小佐渡守。小笠原長重。慶安三年（一六五〇）、生。寛文四年（一六六四）、家綱に初謁。後、中奥御小姓より側小姓へ移る。佐渡守に叙任。後、寄合に列し、御書院番頭となる。元禄三年（一六九〇）、家督を継ぐ。奏者番。寺社奉行を兼任。同四年、京都所司代。侍従。同十年四月十九日、老中一〇、〇〇〇石加増。武蔵国岩槻城を賜わり、五〇、〇〇〇石を領する。宝永二年（一七〇五）、一〇、〇〇〇石加増。同七年、致仕。享保十七年（一七三二）、没。

(126) この部分は、書写の都合により詰めて書かれているようである。本来は、次のようになると判断される。

「元録十年八月日　小　佐渡守
土　相模守
戸　山城守
阿　豊後守

近藤備中守殿
丹羽遠江守殿
諏訪下総守殿」

(127) 諏訪下総守。頼蔭。承応三年(一六五四)、家綱に初謁。明暦三年(一六五七)、寄合に列する。寛文三年(一六六三)、御小姓組番士。同九年、組頭。天和二年(一六八二)、五〇〇石加増。元禄二年(一六八九)、御先鉄炮頭。同五年、盗賊追捕役。同八年、御持筒頭。同九年三月二十八日、長崎奉行。五〇〇石加増され、二〇〇〇石を知行。下総守に叙任。長崎において家臣および配下の者が抜荷を行ない、よって元禄十一年(一六九八)九月二十六日、職を奪われ閉門。同十三年、免されて小普請となる。宝永四年(一七〇七)、致仕。享保十年(一七二五)、没。

(128) この部分は、書写の都合により詰めて書かれているようである。本来は、次のようになると判断される。

「旨御書付被差越

覚

一当座遣捨候諸色金銀之箔用候之儀停止之事」

(129) 松平主殿守。忠房。肥前国島原城主。

(130) 阿部波守は阿波守の誤写か。松平阿波守忠雄。松平理兵衛伊行の次男。延宝元年(一六七三)、生。貞享三年(一六八六)、松平忠房の養子となる。元禄四年(一六九一)、綱吉に初謁。阿波守に叙任。同五年、奥詰。同十一年、家督を継ぐ。主殿頭に改まる。享保二十年(一七三五)、致仕。大炊助に改まる。元文元年(一七三八)、没。

(131) 元禄十一年(一六九八)四月二十二日の長崎大火については、太田勝也「唐人の船舶・貨物類焼に対する損害賠償」(『図書館短期大学紀要』一四号)の関連研究がある。

(132) この部分は、書写の都合により詰めて書かれているようである。本来は、次のようになると判断される。

「五月九日
小 佐渡守
土 相模守
戸 山城守
阿 豊後守
近藤備中守殿」

(133) 松平肥前守。松浦鎮信(平戸藩主)。

(134) 松平信濃守。鍋嶋綱茂(佐賀藩主)。承応元年(一六五二)、生。光茂の子。万治元年(一六五八)、家綱に初謁。寛文七年(一六六七)、信濃守に叙任。元禄八年(一六九五)、家督を継ぐ。侍従。宝永三年(一七〇六)、没。

(135) 大嶋雲八。義也。寛文十二年(一六七二)、家綱に初謁。元禄三年（一六九〇）、家督を継ぐ。四七〇〇石。小普請。同五年、御使番・目付代。同七年、御目付。同十年、新番頭。同十二年六月二十八日、長崎奉行。九月伊勢守に叙任。同十六年七月二十八日、御作事奉行。宝永四年（一七〇七）、西域御留守居。同六年、本域御留守居。享保八年（一七二三）、没。

(136)　林藤五郎。忠和。林信濃守忠隆の次男。はじめ横田彦三郎の養子となり、その遺蹟を継ぐ。後、御書院番、中奥番士、御徒頭を歴任。忠隆の長子、忠晟の死により、貞享元年（一六八四）、嗣となる。元禄九年（一六九六）、目付。家督を継ぐ。同十年、加増され三〇〇〇石を知行。同十二年正月二十八日、長崎下向を命じられ、同六月二十八日、長崎奉行。同十二月、土佐守に就任。同十六年十一月十五日、町奉行。宝永二年（一七〇五）、職を辞して寄合となる。同年、没。

(137)　中川吉左衛門。直行。中川直哉の養子。元禄二年（一六八九）、御勘定。同十二年九月二十六日、長崎に下向し、同地の会計を糺す。同十三年七月二十九日、御代官。正徳五年（一七一五）、御金奉行。享保七年（一七二二）、没。

(138)　高木十郎左衛門。元明。御徒、同目付を経て同組頭となる。元禄十三年（一七〇〇）、御畳奉行。宝永三年（一七〇六）、没。

(139)　高木作太夫。宗輔。元禄十年（一六九七）四月、長崎御用物役に任じられる。

(140)　秋但馬守。喬知。戸田山城守忠昌の男。慶安二年（一六四九）、生。後、秋元富朝の養子となる。明暦三年（一六五七）、家督を継ぐ。家綱に初謁。万治三年（一六六〇）、但馬守に叙任。寛文五年（一六六五）、摂津守に改まる。延宝五年（一六七七）、奏者番。天和二年（一六八二）、若年寄。貞享二年（一六八五）、但馬守に復する。元禄四年（一六九一）、五〇〇〇石加増。同十二年十月六日、老中。同十三年、一〇、〇〇〇石加増。侍従。宝永元年（一七〇四）、一〇、〇〇〇石加増。川越に移る。正徳元年（一七一一）、一〇、〇〇〇石加増され、六〇、〇〇〇石を領する。同四年、没。

(141)　この部分は、書写の都合により詰めて書かれているようである。本来は、次のようになると判断される。

「候間可被得其意候以上
　　辰四月十八日　　林　佐渡守
　　　　　　　　　　大嶋伊勢守
　　　　　　　　　　丹羽遠江守
　　　　　　　　　　近藤備中守
　　高木作大夫殿」

(142)　この部分は、書写の都合により詰めて書かれているようである。本来は、次のようになると判断される。

「候以上
辰四月十八日　丹羽遠江守
大嶋伊勢守
林　土佐守
元録《（ママ）》十三年七月十九日
覚」

(143) 高木彦右衛門。貞親。長崎町年寄。唐蘭商売総元締役。元禄十三年（一七〇二）十二月、深堀三右衛門と騒動を引き起こし、殺される。

(144) この部分は、書写の都合により詰めて書かれているようである。本来は、次のようになると判断される。

「得其意候以上
十一月十一日　秋　但馬守
小　佐渡守
土　相模守
阿　豊後守
林　土佐守殿
近藤備中守殿
大嶋伊勢守殿
林　土佐守殿」

(145) 荻原江州。荻原近江守重房。延宝二年（一六七四）、御勘定。家綱に拝謁。天和三年（一六八三）、組頭。貞享四年（一六八七）、御勘定吟味役の前身職に任ぜられ、二〇〇石加増。元禄二年（一六八九）、二〇〇石加増。同八年、加賜一〇〇〇石。同九年、勘定奉行。二五〇石増加。近江守に叙任。同十一年、五〇〇石加増。同十二年正月二十八日、長崎下向を命じられる。同十六年、稲垣対馬守重富と共に、京都・大坂および長崎に赴く。宝永二年（一七〇五）、七〇〇石加増。同七年、加恩五〇〇石、合三七〇〇石を知行。正徳二年（一七一二）、職を許され寄合となる。同三年、没。

(146) 永見甲州。永見甲斐守重直。山田十大夫重恒の三男。万治三年（一六六〇）、家綱に初謁。後、御小姓組、中奥番士を経て、延宝四年（一六七六）、御小姓。甲斐守に叙任。後、永見重広の養子となり、同七年、家督を継ぐ。同八年、寄合。天和元年（一六八一）、御徒頭。同二年、五〇〇石加恩。同三年御使番。元禄五年（一六九二）、御目付。同九年、大坂町奉行。五〇〇石加増。合三五〇〇石を知行。同年、堺の支配を兼任。同十四年、職を辞する。享保三年（一七一八）、致仕。同二十年、没。

(147) この部分は、書写の都合により詰めて書かれているようである。本来は、次のようになると判断される。

「覚書ニ申達之候事
以上　大嶋伊勢守

丹波遠江守
近藤備中守殿
林　土佐守殿」
なお、日付が記されていない。

(148) この部分は、書写の都合により詰めて書かれているようである。本来は、次のようになると判断される。

「に候以上
六月廿九日
土　相模守
戸　山城守
阿　豊後守
大　加賀守
川口源左衛門殿
宮城主殿殿」

(149) 本多弾正小弼。本多忠晴。本多忠義の四男。寛永十八年（一六四一）生。寛文二年（一六六二）、家綱に初謁。同四年、兄忠以の養子となり、家督を継ぐ。同八年、弾正小弼に叙任。元禄五年（一六九二）、大番頭。同十五年、奏者番。寺社奉行を兼任。宝永二年（一七〇五）、五〇〇〇石加増。合一五、〇〇〇石を知行。正徳三年（一七一三）、両職を辞する。同五年、没。

(150) 松前伊豆守。嘉広。寛文五年（一六六五）、家綱に初謁。同十二年、御書院番。延宝八年（一六八〇）、家督を継ぐ。貞享四年（一六八七）、御使番。元禄元年（一六八八）、御目付。同五年、京都町奉行。伊豆守に叙任。同十年、町奉行。同十六年、大目付。新恩五〇〇石加増。宝永二年（一七〇五）、御留守居。同四年、五〇〇石加増。合二六〇〇石を知行。享保十一年（一七二六）、職を辞して寄合となる。同十二年、致仕。同十六年、没。

(151) 永井讃岐守。直允。天和二年（一六八二）、綱吉に初謁。元禄九年（一六九六）、家督を継ぐ。同十年、御使番。同十二年、御目付。同十五年正月十一日、長崎奉行。讃岐守に叙任。宝永六年（一七〇九）九月二十九日、職を辞する。享保二年（一七一七）、没。

(152) 別所播磨守。常治。別所重家の三男。延宝六年（一六七八）、家督を継ぐ。天和元年（一六八一）、御書院番。元禄六年（一六九三）、屋敷改。同九年、御使番。同十年、御目付。同十五年十月十五日、長崎奉行。播磨守に叙任。正徳元年（一七一一）四月十一日、職を辞して寄合となる。同年、没。

(153) 佐久間安芸守。信就。寛文六年（一六六六）、家督を継ぐ。御書院番。延宝七年（一六七九）、屋鋪改。天和元年（一六八一）、御使番。同二年、加増五〇〇石。貞享四年（一六八七）、御目付。元禄元年（一六八八）、堺奉行。同二年、丹後守に叙任。同九年、堺奉行廃止により寄合に列する。同十年、一七〇〇石を知行。同十二年、御先鉄炮頭。同十四年、西域御留守居。同十六年、十一月十五日、長崎奉行。正徳三年（一七一三）三月十二日、長崎奉行を辞する。享保五年（一七二〇）、致仕。同十年、没。

(154) 井上河内守。正岑。井上正任の子。承応二年（一六五三）、生。寛文十年（一六七〇）、家綱に初謁。元禄三年（一六九〇）、大和守に叙任。同六年、家督を継ぐ（美濃国郡上、四七、〇〇〇石）。同八年、奏者番。同九年、寺社奉行を兼任。同十年、丹波国亀山へ移封。同十二年、若年寄。同十五年、三〇〇〇石加賜、常陸国下館へ領する。宝永二年（一七〇五）九月二十一日、老中。河内守に改まる。同三年、侍従。享保三年（一七一八）、一〇、〇〇〇石加増、六〇、〇〇〇石を知行。同七年、没。

(155) 福田伝之進。利久。長崎町年寄。

(156) この部分「覚」から「子三月廿九日」に至る五行の上部に細字の書込みがある。「子三月廿九日」の次に挿入されるべき箇条と判断される。すなわち、次のようになるべきものと判断される。

「　　覚

寺々より供物并音物不依何ニ守札箱等又ハ傾
城方より音物何によらす右之分唐人江遣し
候ハヽ早速取上月番之奉行所江持参可申候事

子三月廿九日

寺社方年番高島四郎兵衛江相渡候書付

覚

寺々より守札箱等供物并音物不依何ニ唐人方
へ向後堅遣申間敷候事

以上

子三月廿九日

丸山寄合町乙名呼出し相渡候書付」

なお、高嶋四郎兵衛は長崎町年寄。

(157) この部分には書き損じが発生している。□で囲んだ「可差出…出来」は削除し、右行間に細字で書かれた「月番…出来」が挿入される。また、「一諸願訴訟…」の行から「一盗賊…」に至る三行の上部に細字の書込みがある。ここでは、印刷の都合上、この書込み部分は□で囲って示した。すなわち、この部分は次のようになるものと判断される。

「一諸願訴訟有之者町年寄共江不及相断候差可遣
右之訴訟日月番奉行へ可申出事
一地下役人願訴訟之儀何事よらす町年寄請取候

ハ、
是出又右之訴訟日可差出候早々より右之願人ヲ
召速可罷出事
一盗賊或者喧嘩口論又者所さハかし徒ものなと有
之」

(158)　仙石丹州。久尚。仙石因幡守久邦の次男。寛文元年(一六六一)、家綱に初謁。同七年、御小姓組。延宝四年(一六七六)、中奥番士。御小。丹波守に叙任。同五年、寄合。天和元年(一六八一)、一〇〇〇石を賜わる。同三年、御小姓組番頭。元禄四年(一六九一)、新番頭。同八年、大目付。同十二年、五〇〇石加増。享保四年(一七一九)、御小姓組番頭。同九年、御留守居。五〇〇加増、合二〇〇〇石を知行。同十六年、辞職。同十七年、致仕。同二十年、没。

(159)　嶋田十兵衛。政辰。延宝二年(一六七四)、家綱に初謁。天和三年(一六八三)、御小姓組番士。元禄元年(一六八八)、進物役。同三年、桐間番。御小姓。中奥番士。同十四年、御徒頭。同十五年、五〇〇石を知行。宝永元年(一七〇四)、御書番組頭。同二年、家督を継ぐ(二五〇〇石)。同五年、御普請奉行。同七年、佐渡守に叙任。享保四年(一七一九)、御旗奉行。同六年、御留守居。同八年、没。

(160)　駒木根肥後守。政方。寛文十二年(一六七二)、家督を継ぐ(一七〇〇石)。小普請。元禄十年(一六九七)、御小姓組。同十四年、御使番。同十六年、御目付。宝永三年(一七〇六)正月十一日、長崎奉行。肥後守に叙任。正徳四年(一七一四)、御作事奉行。享保四年(一七一九)、勘定奉行。同十七年、大目付。元文元年(一七三六)、御留守居。寛保二年(一七四二)、職を辞して、寄合に列する。延享二年(一七四四)、致仕。同四年、没。

(161)　小笠原佐渡守。長重。

(162)　五嶋大和守盛佳。盛暢の子。貞享四年(一六八七)、福江生。元禄四年、家督を継ぐ(一二、五〇〇石余)。宝永五年(一七〇八)、大和守に叙任。正徳三年(一七一三)、近江守に改まる。後、大和守に復する。享保十三年(一七二三)、致仕。同十九年、没。

(163)　久松忠次郎。定持。延宝三年(一六七五)、家綱に初謁。同六年、御小姓組。元禄九年(一六九六)、御腰物奉行頭。同十年、采地五〇〇石を賜まう。同十四年、御目付。宝永三年(一七〇六)、二〇〇石加増。同七年正月二十九日、長崎奉行。五〇〇石加増。合一二〇〇石を知行。備後守に叙任。正徳五年(一七一五)十一月七日、御作事奉行。享保八年(一七二三)、勘定奉行。同十四年、職を辞して、寄合となる。延享元年(一七四四)、致仕。同二年、没。

(164)　この部分は、書込みがある。次のようになるものと判断される。

「船拾艘あるへし年々の定皆々かくのことし又
二年目よりハその来る船の数に応して又
重ねて来るへき年の定の公験をした、めて
その船とも渡すなり」

(165) この部分は、書写の際に脱落が発生したらしく、後に「新例ニ而の…」の行から「此金壱万千…」の行に至る三行の上部に極細字による書込みがある。ここでは、印刷の都合上、上部の書込みを□で囲って示した。本来は、次に示すようになると判断される。

「
新例ニ而ののひ金　壱年弐万弐千五百両
五年ニ拾壱万弐千五百両也
十年ニ弐拾弐万五千両
壱ケ年ニ
唐船四艘分銀高千二百貫目
此金壱万七千六百四十両余
五年ニ八万二千二百両
十年ニ十七万六千四百両也
今迄は壱年の商売五万両
新例ニ而之のび金　壱年ニ三万二千六両
五年ニ十六万千八百両
十年ニ三十六万三千六百両
壱ケ年ニ
唐船三艘分銀高九百貫目」

(166) この部分は、書写の際に脱落が発生したらしく、後に「鬮をとらせ…」の行と「他国より…」の行間から「他国より…」の行の下部に書込みがある。ここでは、印刷の都合上、「他国より…」の行の下部に細字四行で書かれている「その国より出る土産多くなりて」の部分を前行に続けて書いてある。本来は、次に示すようになると判断される。但し、行取りは不明。

「鬮をとらせて前後のさためをたてたきもの
なれとも左様ニハしかたく其故は鬮まかせ
にする時ハもし一所より来る舟はかり一年
中渡り来てその国　より出る土産多くなりて
他国よりの船来らずハその国々の土産」

(167) この部分は、書写の際に脱落が発生したらしく、書込みがある。次の様になるものと判断される。

「事前のことくこれより申渡旨あるへきよし
通詞を以いハせて船中へかへすへし
此返答書をもうつしてそのうつしを差あくへし
本書者役所尓と、めをくへきなり」

(168) この部分は、書写の際に脱落が発生したらしく、書込みがある。次の様になるものと判断される。

「此夏者此方尓やあらん此秋ハ此方尓あらんとおも
ふハ
をの」

(169) この部分は、書写の際に脱落が発生したらしく、書込みがある。次の様になるものと判断される。

「右年々の様子により高札尓定むるもあるへし
又は少し安き札のかた尓定むる事もあるへし
其故は高札尓さたむれは日本の商人共の」

(170) この部分は、丁替りの部分で、繋ぎの線が中途半端な所に接続した形となっている。次の様になるものと判断される。

「其日〳〵に立合候者共の合封を仕りをくへし」

(171) この割注の前後の文章の接続がおかしい。前の文章の述語が欠落している。

長崎諸事覚書

（表紙題簽題）
長崎諸事覚書（第一冊目）

（目録）

」

（本文）
唐舩入津より長崎在留中覚
一唐舩(1)入津之節者波戸場より注進之於然者
夜中に不限早速為舟番(2)歩行者壱人
同心壱人番舩に乗せ遣候若いまた唐
舩不入来時者かう崎辺迄も出向候自然
風悪敷唐舩於漂候者舟番之者も
扣有之而様子見合唐舩入来候時同時ニ
差添唐舩碇を入候得者則其所に番舩も
懸りして舟改相済候迄其いつまても
舩番相勤候事
一唐舩碇を入して以後町使も別番舩ニ
壱人宛乗同前ニ相勤之但唐舩ニ二艘迄ハ
町使船者一艘三艘より五艘迄ハ町使舟
二艘六艘より上ハ三艘程ニ而相勤之用事
有之節者歩行同心差図仕候事
一風強して番舩乗出候事難成節者波止
場之腰懸所に有之而舩番相勤候其内
風しつまり候へハ番舩に取乗本舩相添
舩番相勤候事
」
一唐舩碇を入して以後通事共(3)遣之様子
相尋利条も無之候得者宿町付町(4)申付候
但夜中之時者夜明して通事遣之事
一唐舩荷物等改(5)之節者与力貳人歩行者
壱人同心壱人町使(6)の者壱人通事貳人
遣之候宿町附町(7)のおとな組頭(8)も罷出候
於舩中唐人に読聞候法度書は
通事かたより持出候事

一入津唐船改之次第先船中にをひて」
法度書読聞之壱人宛に踏絵をさせ
人数等改仕廻其上にて持渡候荷物
幷諸道具等迄相改候分段々に宿町
附町請取之但石火矢者其侭船中に
差置之玉薬武道具者与力封印にて
出船迄宿町付町預置之此内玉薬ハ
伊奈佐(9)へ遣置候右之通相済候以後船中
船底迄改之其上にて帆又ハ碇迄も
引揚之船まハり水下之分者縄をひか
せ改候但船中不残改相済候以後宿町
付町おとな組頭手形差遣候事
一たとへ異国住宅之日本人たりといへ共
異国より差越候書状幷送荷物等
迄も奉行所(10)ニ而改之年行事(11)方より」
其主々へ相渡之年行事手前に
手形取置候事
一唐船荷物商売之時分せり買仕間敷旨
町年寄(12)共より相触候事

一唐人何そ申分いたし疵を蒙り候か
或自害又ハ病死にても為検使与力一人
歩行の者壱人同心壱人ニ町使のもの
年行事通事差添遣之宿主人之(ママ)又ハ
其舟之船頭なとにも手形いたさせ別条も
無之候得者死骸取置候様ニと右之もの共ニ
申付候事
一異国向之武道具拵候節者宿々より
申出候日本之武道具にて無之候得者
拵申付候事」

唐船帰帆覚

一異国江武道具武者絵之類其外船灰吹銀跡々より不遣
候事
一跡々ハ異国江丁銀持渡候処寛文八申
夏より銀子御停止にて金子ニ而持渡
申候事(13)
但銀道具ニ而持渡候分ハ遣之勿論
金道具も遣之事

一同年被　仰出候御停止物覚(14)
一生類
一薬種之外植物之類
一薬種不成唐木
一さんこしゆ
一伽羅皮　　ひよんかつ
一たんから　　丹土」
一器物惣而翫物之類
一小間物道具色々
　但目かね鼻目かねに成候ひいとろ此分ハ
　御赦免右之外に唐墨ハ重寳成物ニ候故
　小間物之内除之
一金糸
一衣類ニ不成結構成織物
　　毛織之覚
一らしや　　らせ板　　猩々皮(ママ)　　毛氈
　此分ハ可持渡旨此外之毛織之(ママ)御停止事
一右同事被　仰出日本より不持渡物覚

一絹　　紬　　綿
一織木綿幷くりわた
一布之類　　一銅　是ハ其以後御赦免ニ而以来迄買渡り候筈」
一麻　　一漆
一油　酒　此二色ハ船中のため少持渡候分は不苦
一出舩之唐船壱艘に石火矢薬五拾斤充ハ
　赦免にて持渡候事
一日本人より異国江遣候書状荷物等者
　用人と与力と改之別條於無之ハ書状
　にも荷物ニも相封いたし遣候事
一唐舩出舩之次第入津之日より五十(15)日切ニ
　帰帆いたさせ候但夏中入津之舩者
　秋中ハ順風無之帰帆難成由例年
　訴訟申候於然者十一月中迄も出舩差
　延候事
　　但宿町より差出候売立帳者五十日切
　　ニ急度可差上之旨申付之事」
一唐舩帰帆之砌舩中幷荷物等諸事改之候
　役人之儀者入津同前事

但異国江持渡候荷物ハ宿町付町請合之
封印ニ而差渡候然共十ニ一ニハ切披改之事
一出舩之日ハ舩頭幷役者共手形出候宿町
付町之おとな組頭も手形仕候事
一異国舩帰帆之節者歩行者一人同心
壱人番舩に乗白戸辺迄送参候帆影
見へ候迄ハいつまても彼所に有之而
帆影見隠候得者乗戻り候事
附町使も入津の時同前ニ別ニ而
右之通相勤候事
一風強して番船難懸節者本舩に乗移
風しつまり次第又番船に乗戻申候事」
一唐舩出戻いたし候得者又番船付置候
若訴訟之儀有之而書簡差出候節者
通事ニ和ケいたさせ候水薪野菜等之
望ニ候得者宿主へ申付其品々書出させ
用人と与力裏判を以番船の者方江
遣之積せ候事
一唐舩他之湊江致漂着碇を入候時者
其所之領主より警固差添被送越候
依之与力弐人歩行者壱人同心壱人へ町使
之者壱人通事相添為改遣之送舟に
質唐人を乗せ又唐舩ニも日本人乗
移参候時者日本人共改之質唐人
乗候舟も舩中幷人共不残改之候以後
警固之者又ハ宿主等一紙手形仕候其上ニ而」
別條無之候得者常々通舩中荷物等
改之候諸事改仕舞して以後唐人不残
奉行所江召寄通事を以漂着之様子
相尋候事

唐舩ニ持渡候諸色より出口銭銀覚[16]

一糸類　　百斤ニ付而五拾目宛
一唐物　　売高壱貫目ニ付五拾目宛
一巻物端物毛織等　壱巻ニ付五分宛
一薬種鹿革荒物　　売高壱貫目付五拾目宛
但鮫伽羅なとも荒物之内江入
右之口銭者買手方より出之此外唐人」

かたより出し候通事口銭幷所々江遣候
礼銀者別冊記置之

唐船年々売高(17)幷口銭銀覚

正保五子年貳拾艘之売高
(18)一銀合四千九百九拾七貫五百四拾七匁餘
内
(19)貳千貳百四貫五百五拾三匁餘　買物ニ而持渡之
(20)千七百九拾四貫五百五拾六匁餘　丁銀吹銀銀道具ニ而持渡
(21)九百九拾八貫四百卅七匁餘　遣捨分
右之口銭銀
合百貳貫四拾八匁餘」

慶安二丑年五拾九艘之売高
一銀合壱万貳千六拾貳貫四百七拾六匁餘
(22)此内五拾六貫三百拾匁餘　御物売高
内
四千四百廿貳貫五百六拾目餘　買物ニ而持渡之
五千四百五拾四貫三百五匁餘　丁銀吹銀銀道具ニ而持渡
貳千百八拾五貫六百拾壱匁餘　遣捨分
右之口銭銀
合百七拾六貫八百三拾目餘

慶安三寅年七拾艘之売高
一銀合壱万五千貳百九拾九貫四拾五匁餘
此内五拾八貫貳拾三匁餘　御物売高
内
五千貳百九拾三貫五百卅壱匁餘　買物ニ而持渡之
六千八百貳拾七貫七百拾匁　丁銀銀道具吹銀ニ而持渡
三千百七拾八貫百七拾四匁餘　遣捨分
右之口銭銀
合貳百六拾三貫八百七拾八匁餘」

慶安四夘年四拾艘之売高
一銀合九千六百拾七貫六百八拾貳匁餘
此内貳拾三貫貳百貳拾三匁餘　御物売高
内
三千貳百八貫百拾九匁餘　買物ニ而持渡之
四千七百四拾九貫五百廿九匁餘　丁銀吹銀銀道具ニ而持渡
千六百六拾貫三拾三匁餘　遣捨分
右之口銭銀
合百八拾六貫六百九匁餘

承応元辰年五拾艘之売高
一銀合壱万三千九百五拾貫五百弐拾六匁餘
此内三拾六貫弐百六拾六匁餘　御物売高
内
六千百六拾五貫八百廿三匁餘　買物ニ而持渡之
五千八百六拾七貫三百壱匁　丁銀吹銀銀道具ニ而持
千九百拾七貫四百弐匁餘　遣捨分
右之口銭銀
合三百拾壱貫三百八拾七匁餘 」
承応二巳年五拾六艘売高
一銀合壱万五千百三貫三百五匁餘
此内百拾三貫五百拾六匁餘　御物売高
内
九千三百四貫六百六拾四匁餘　買物ニ而持渡之
三千五百拾七貫四百四拾三匁餘　丁銀吹銀銀道具ニ而持渡
弐千弐百八拾壱貫百九拾八匁餘　遣捨分
右之口銭銀
合三百八貫八百九拾七匁餘
承応三午年五拾壱艘売高
一銀合壱万九千八拾貫五百八拾九匁餘
此内百四拾七貫九百四拾弐匁餘　御物売高
内
七千七拾貫六拾八匁餘　買物ニ而持渡之
八千百八拾壱貫百六拾七匁餘　丁銀吹銀銀道具ニ而持渡
三千八百廿九貫三百五拾三匁餘　遣捨分
右之口銭銀
合弐百五拾三貫九百拾八匁餘 」
明暦元未年四拾五艘之売高
一銀合壱万千九百三拾三貫七百弐拾五匁餘
此内百三貫九百六拾六匁餘　御物売高
内
六千六百五拾壱貫百七拾六匁餘　買物ニ而持渡之
四千六百五拾五貫五拾目　丁銀吹銀銀道具ニ而持渡
六百廿七貫四百九拾八匁餘　遣捨分
右之口銭銀
合弐百九拾弐貫九百弐拾五匁餘
明暦二申年五拾七艘之売高
一銀合壱万四千弐百拾六貫九百弐拾八匁餘
此内九拾四貫九百五拾五匁餘　御物売高
内

七千四百四拾貫三百貳匁餘　買物ニ而持渡之
五千貳百四拾壱貫百拾匁餘　丁銀吹銀銀道具ニ而持渡
千五百三拾五貫五百拾五匁餘　遣捨分
右之口銭銀
合三百五拾七貫四百四拾三匁餘」

明暦三酉年五拾壱艘之売高
一銀合壱万三百六拾六貫三百壱匁餘
此内貳百六拾貳貫貳百五拾四匁　御物売高
内
貳千四百四拾九貫七百五拾目　丁銀吹銀銀道具ニ而持渡
六千五百六拾八貫百七匁餘　買物ニ而持渡之
千三百四拾八貫四百四拾四匁餘　遣捨分
右之口銭銀
合貳百三拾八貫六百八拾六匁餘

万治元戌年四拾三艘之売高
一銀合壱万六千四百貳拾九貫百八拾四匁餘
此内百七拾三貫三百五拾四匁餘　御物売高
内
四千三百六拾四貫七百拾三匁餘　買物ニ而持渡之
壱万千貳拾八貫五百四拾匁餘　丁銀吹銀銀道具ニ而持渡
千三拾五貫九百三拾壱匁餘　遣捨分
右之口銭銀
合貳百卅五貫八百七拾三匁餘」

万治二亥年六拾艘之売高
一銀合貳万五千九百五拾三貫五拾九匁餘
此内貳百四拾八貫九百拾壱匁餘　御物売高
内
五千六百廿壱貫四百拾六匁餘　買物ニ而持渡之
壱万九千四百貫八百九拾八匁　丁銀吹銀銀道具ニ而持渡
九百三拾貫七百四拾五匁餘　遣捨分
右之口銭銀
合四百拾壱貫九百四拾三匁餘

万治三子年四拾五艘売高
一銀合貳万三千八百六拾貫八百四拾六匁餘
此内百八拾四貫貳百七拾四匁餘　御物売高
内
貳千四百四拾八貫七百九拾八匁餘　買物ニ而持渡之
貳万百五拾壱貫貳百八拾六匁　丁銀吹銀銀道具ニ而持渡
千貳百六貫七百六拾貳匁餘　遣捨分
右之口銭銀

合四百貳拾五貫九百四拾八匁餘」

寛文元丑年三拾九艘売高

一銀合貳万九千三百拾三貫七百貳拾匁餘

此内百七拾貫六百四拾六匁餘　御物売高

内

貳千七百拾壱貫六拾六匁餘　買物ニ而持渡之

八百三拾三貫貳百貳拾目餘　遣捨分

貳万五千七百六拾九貫四百四拾貳匁　丁銀吹銀道具ニ而持渡

右之口銭銀

合四百貳拾五貫三百三拾三匁餘

寛文二　年四拾貳艘売高

一銀合壱万八千八百五拾九貫百九拾三匁餘

此内貳百三拾貫百七拾五匁餘　御物売高

内

三千三百三拾五貫三拾九匁餘　買物ニ而持渡之

壱万貳千九百四拾貳貫六百五拾四匁　丁銀吹銀道具ニ而持渡

貳千五百八拾壱貫四百九拾九匁餘　遣捨分

右之口銭銀

合五百拾六貫百八拾三匁餘」

寛文三卯年貳拾九艘売高

一銀合壱万千八拾九貫七百六拾八匁餘

此内百七拾九貫四百四拾貳匁餘　御物売高

内

千九百六拾八貫百五拾目餘　買物ニ而持渡之

五千四百拾壱貫三百四拾六匁餘　丁銀吹銀道具ニ而持渡

三千七百拾貫貳百拾貳匁餘　遣捨分

右之口銭銀

合貳百九拾貫六百六拾七匁餘

寛文四辰年三拾八艘売高

一銀合貳万八百七拾貫六百七拾五匁餘

此内三拾七貫貳百四拾七匁餘　御物売高

内

貳千七百五拾壱貫貳百六拾六匁餘　買物ニ而持渡之

壱万六千六百六拾三貫六百八拾四匁餘　丁銀吹銀道具ニ而持渡

貳拾九貫九百貳拾目　(23)小判四百七拾両買渡

千四百貳拾五貫八百三匁餘　遣捨分

右口銭銀
　合三百拾壱貫四拾六匁餘」
寛文五巳年三拾六艘売高
一銀合壱万貳千六百九拾貫五百七拾目餘
　此内九拾壱貫四百五匁餘　御物売高
　　内
　貳千七百六拾四貫八百廿目餘　買物ニ而持渡之
　八千四拾壱貫九百八拾五匁餘　丁銀吹銀銀道具ニ而持渡
　千八百八拾三貫七百六拾四匁餘　遣捨分
右口銭銀
　合三百九拾貫九百六拾目餘
寛文六午年三拾七艘売高
一銀壱万三千九拾九貫七百四匁四分餘
　此内三拾四貫七百九拾目　御物売高
　　内
　銀七千貳百卅五貫五百拾四匁九分餘　丁銀吹銀銀道具ニ而‐
　持渡
　　金三千七百両ハ
　　此銀貳百五拾壱貫六百目　但六拾八匁替(24)
　銀三千八百七拾六貫四百六匁七分餘　買物ニ而持渡之
　銀千七百卅六貫百八拾貳匁七分餘　遣捨分
右口銭銀
　合三百五拾五貫八百三拾七匁餘
　外ニ銀四拾貫貳百目跡々長崎ニ預置候銀を舩々江請取‐
　持渡之」
寛文七未年三拾三艘売高
一銀合壱万百五拾四貫六百六拾三匁餘
　此内三貫百貳拾五匁餘　御物売高
　　内
　銀四千五百四拾七貫拾貳匁餘　丁銀吹銀銀道具ニ而持渡
　金壱万貳千百六拾両　小判幷金道具ニ而持渡之
　　此銀百貳拾六貫八百八拾目　但六拾八匁替
　銀貳千九百卅七貫八拾五匁餘　買物ニ而持渡之
　銀千八百四拾三貫六百八拾五匁餘　遣捨分
右口銭銀
　　三百五拾三貫貳百九拾三匁餘
　外ニ銀拾貫目跡々長崎江預置候銀ヲ東寧舩ニ請取持‐
　渡之
寛文八申年四拾三艘売高金銀
一銀壱万七千五百四拾壱貫四百七拾七匁餘

但　三千八百八拾貫三百拾八匁餘　　銀子ニ而之売高
廿三万千八百壱両壱分銀八匁餘　　金子ニ而之売高
但　五万六千六百九拾両ハ　　六拾八匁替
拾七万五千百拾壱両壱分ハ　　五拾六匁替(25)
此銀七千八百九拾四貫九拾目
金拾貳万八千八百拾八両銀貳分　小判金道具ニ而持渡之
銀三千四百拾五貫三拾六両三分　丁銀吹銀銀道具ニ而持渡
銀百貳拾九貫八百九拾八匁四分餘　　買物ニ而持渡之
金七万三千五百六両三分銀三匁七分餘　　買物ニ而持渡之
此銀四千百拾六貫三百八拾壱匁七分余
銀三百三拾五貫三百八拾四匁壱分餘　　遣捨分
金貳万九千四百七拾六両貳分銀貳匁六分余　遣捨分
此銀千六百五拾貫六百八拾六匁余
右口銭銀合四百八貫八百九拾三匁余　但冬舟壱艘分ハ除之」
寛文九酉年唐船三拾八艘之売高金
一金合貳拾九万三千七百四拾六両三分ト銀拾貳匁餘
此銀壱万六千四百八貫三百六拾壱匁餘　　内百八拾三両-
壱分ト銀廿三匁六分ハ御物売高
但　貳拾七万三千拾貳両壱分ハ　　五拾六匁替
貳万七百卅四両貳分ハ　　五拾四匁替

内
此八万貳拾六両壱分ハ　　小判吹金金道具ニ而-
此銀壱万四拾貫壱匁　　持渡
五千貳百七拾九両貳分銀拾匁貳分ハ　(26)銀道具ニ而持渡之
此銀貳百九拾五貫六百六拾貳匁貳分
六万九千五百九拾四両三分銀六匁餘　買物ニ而持渡之
此銀三千八百九拾七貫三百拾貳匁餘
三万八千八百四拾六両銀九匁餘　　遣捨分
此銀二千百七拾五貫三百八拾五匁餘
右口銭銀　合四百三拾五貫三百五拾貳匁九分餘　但申冬船一-
艘共ニ
酉冬船三艘-
ハ除之
寛文拾戌年三拾六艘売高
一金合廿六万三千四百八拾三両三分ト銀拾匁餘
此銀壱万五千貳百八拾貳貫卅七匁五分餘　内貳百両銀四拾-
六匁　御物売高
但　拾五両壱分ハ　　五拾六匁替
廿六万三千四百六拾八両貳分ハ　五拾八匁替

内

拾五万貳千三百四両壱分ハ　小判幷金道具ニ
而持渡

此銀八千八百三拾三貫六百拾六匁

六千八百五両貳分銀拾三匁餘ハ　銀道具ニ而持渡

此銀三百九拾四貫七百三拾貳匁貳分

五万四千九百五拾八両壱分銀壱匁八分余　買物ニ而持渡之

此銀貳千百八拾七貫八百八拾目余

四万九千四百拾五両貳分銀拾匁餘　遣捨分

此銀貳千八百六拾六貫百九匁余

右口銭銀合四百八拾九貫七百五拾九匁壱分餘　但酉冬舩三艘
共ニ

」

（表紙題簽題）
長崎諸事覚書（第二冊目）

（本文）
一海陸道筋事

薩摩　肥後　筑前　肥前

対馬　筑後　豊前　日向

豊後　長門

一下関ヨリ大坂迄陸路

一長崎ヨリ江戸迄舩路

」

薩摩鹿児嶋江陸地

長崎	弐里	日見	壱里	（佐賀領）矢上	四里
諫早	三里	ゆゑ	四里	たら	三里七町
濱	弐里一町	塩田	弐里一町	成瀬	二里拾一町
小田	弐里三町	牛津	一里四町	嘉瀬	一里六町
佐賀	弐里八町	寺井	弐拾町　舩	（柳川領）小保	一里半
柳川	弐里	瀬高	二里	原ノ町	弐里
（肥後）南ノ関	五里	山鹿	六里	熊本	弐里
川尻	二里	宇土	三里	小川	四里

八代　三里　ひなた　三里　田ノ浦　弐里
佐敷　三里　水俣　弐里半　薩摩 小河内　三里
大口　七里　横川　五里　かちき　五里
鹿児嶋

合九拾三里半七町」

薩摩鹿児嶋江陸地

長崎　二里　日見　壱里　佐賀領 矢上　四里
諫早　廿里　船　筑後 柳川　三里　瀬高　二里
原ノ町　二里　肥後 南ノ関　五里　山鹿　六里
熊本　二里　川尻　二里　宇土　三里
小川　四里　八代　三里　ひなこ　三里
田ノ浦　弐里　佐敷　二里　水俣　二里半
さつま 小河内　三里　大口　七里　横川　五里
かちき　五里　鹿児嶋

合八拾八里半

薩摩鹿児嶋江陸地

長崎　弐里　日見　一里　佐賀領 矢上　五里
嶋原領 あいつ　三里　奥代　三里　古賀　二里
嶋原　七里　船　肥後 川尻　弐里　宇土　三里」

小川　四里　八代　三里　ひなこ　三里
田ノ浦　弐里　佐敷　三里　水俣　弐里半
さつま 小河内　三里　大口　七里　横川　五里
かちき　五里　鹿児嶋

合六拾五里半

薩摩鹿児嶋江船路

長崎　一里半　陸地　茂木　拾三里　島原領 口ノ津　拾里
天草領 本戸　拾六里　さつま 阿久根　五里　京泊　三里　川
向田　拾三里　陸地　鹿児島

合五拾六里半」

薩摩鹿児嶋江船路

長崎　八里　椛嶋　拾八里　天草領 鳶巣　拾里
阿久根　五里　京泊　三里川　向田　拾三里　陸
鹿児島

合五拾七里

薩摩鹿児嶋江船路

長崎　八里　椛嶋　拾八里　天草領 鳶巣　拾里
薩摩 阿久根　五里　京泊　三里　羽嶋　拾八里

片浦　八里　坊ノ津　拾三里　山河　拾三里
鹿児嶋
合九拾六里」

肥後熊本江陸地

長崎　二里　日見　一里　(佐賀領)矢上　五里
(嶋原領)あつい　三里　奥代　三里　古賀
嶋原　七里　船　(肥後)川尻　弐里　熊本
合弐拾五里

肥後熊本江陸地

長崎　弐里　日見　一里　(佐賀領)矢上　四里
諫早　弐拾里　船　(筑後)柳川　弐里　瀬高　弐里
原ノ町　二里　船　(肥後)南関　五里　山鹿　六里
熊本
合四拾四里」

肥後熊本江陸地

長崎　弐里　日見　壱里　(佐賀領)矢上　四里
諫早　三里　湯江　四里　多良　三里七町
濱　弐里壱町　塩田　弐里壱町　成瀬　弐里拾一町
小田　二里三町　牛津　一里四町　嘉瀬　壱里六町
佐賀　弐里八町　寺井　廿町　船　(柳川領)小俣　壱里半
柳川　二里　瀬高　弐里　原ノ町　弐里
(肥後)南ノ関　五里　山鹿　六里　熊本
合四拾九里七町

肥後熊本江陸地

長崎　三里　時津　(大村領)七里　船　彼杵　弐里廿八町
(佐賀領)姫野　弐里弐四町　塩田　弐里壱町　成瀬　弐里拾一町
小田　弐里三町　牛津　一里四町　嘉瀬　壱里六町」
佐賀　弐里八町　寺井　廿町　船　(柳川領)小俣　一里半
柳川　弐里　瀬高　弐里　原ノ町　弐里
(肥後)南関　五里　山鹿　六里　熊本
合四拾五里拾五町

肥後熊本江船路

長崎　一里半　陸地　茂木　拾三里　(嶋原領)口ノ津　拾八里
(肥後)川尻　弐里　陸地　熊本
合三拾五里

肥後熊本江船路

長崎　弐里　陸　日見　拾三里　嶋原領口ノ津　拾八里
肥後川尻　弐里　陸　熊本
合三拾五里
」

肥後熊本江船路

長崎　八里　椛嶋　拾八里　嶋原領口ノ津　拾八里
肥後川尻　弐里　陸　熊本
合四拾六里

一宇土江陸地ハ熊本よりハ南ノ方ニ而候故熊本より道法四里遠候道筋ハ熊本江之道筋と同事ニ而候
一宇土江船路ハ肥後川尻之脇江乗候口ノ津より拾七里有之付而川尻よりハ壱里近ク候
」

肥後求麻江陸地

長崎　弐里　日見　壱里領　佐賀矢上
嶋原領あいつ　三里　奥代　三里　古賀　弐里
嶋原　七里　船　肥後川尻　弐里　宇土　三里
小川　四里　八代　三里　ひなこ　三里
田ノ浦　弐里　佐敷　三里　求麻領告　五里
求麻
合四拾八里

肥後求麻江陸地

長崎　弐里　日見　一里　佐賀領矢上　四里
諫早　廿里　船　筑後柳川　弐里　瀬高　弐里
原ノ町　弐里　肥後南関　五里　山鹿　六里
熊本　弐里　川尻　弐里　宇土　三里
小川　四里　八代　三里　ひなこ　三里
田ノ浦　弐里　佐敷　三里　求麻領つけ
求麻
合七拾壱里
」

肥後求麻江陸地

長崎　弐里　日見　一里　佐賀領矢上　四里
諫早　三里　湯江　四里　多良　三里七町
濱　弐里壱町　塩田　弐里壱町　成瀬　弐里拾町
小田　二里三町　牛津　一里四町　嘉瀬　一里六町
佐賀　弐里八町　寺井　弐拾町　船　柳川領小保　壱里半

柳川　二里　瀬高　二里　原ノ町　二里
肥後南関　五里　山鹿　六里　熊本　弐里
川尻　弐里　宇土　三里　小川　四里　」
八代　三里　ひなこ　三里　田ノ浦　弐里
佐敷　三里　くま領つけ　五里　求麻
合七拾六里七町

肥後求麻江陸地

長崎　三里　時津　七里　船　彼杵　弐里廿八町
佐賀領嬉野　弐里廿四町　塩田　弐里一町　求麻　弐里拾町
小田　弐里三町　牛津　一里四町　嘉瀬　一里六町
佐賀　二里八町　寺井　弐拾町　船　柳川領小俣　一里半
柳川　弐里　瀬高　弐里　原ノ町　弐里
肥後南関　五里　山鹿　六里　熊本　弐里
川尻　弐里　宇土　三里　小川　四里
八代　三里　ひなこ　三里　田ノ浦　弐里
佐敷　三里　くま領つけ　五里　求麻　」
合七拾弐里拾五町

肥後求麻江船路

長崎　一里半　陸　茂木　拾三里　島原里領口ノ津　七里

天草領柳　拾三里　佐敷是より陸地　三里　くま領告　五里
求麻
合五拾四里　」

肥後冨岡江船路

長崎　一里半　陸　茂木　七里　船　冨岡
合八里半

肥後冨岡江船路

長崎　八里　椛嶋　拾弐里　冨岡
合弐拾里

筑前福岡江陸地

長崎　弐里　日見　壱里　佐賀領矢上　四里
諫早　廿里　船　筑後柳川　五里　久留米　三里
対馬領田代　弐里　筑前原田　一里廿一町　二日市　三里廿六町
博多　二拾町　福岡
合四拾弐里半拾三町　」

筑前福岡江陸地

長崎　弐里　日見　一里　佐賀領 矢上　四里
諫早　三里　ゆゑ　四里　たら　三里七町
濱　弐里壱町　塩田　弐里壱町　成瀬　弐里拾一町
小田　二里三町　牛津　一里四町　嘉瀬　一里六町
佐賀　一里半　境原　一里半　神崎　二里九町
中原　一里廿二町　轟木　壱里　対馬領 田代　二里
筑前領 原田　一里廿一町　二日市　三里廿六町　博多　廿町
福岡

合四拾三里半五町

筑前福岡江陸地

長崎　三里　大村領 時津　七里　舩　彼杵　弐里廿八町」
佐賀領 嬉野　弐里廿四町　塩田　弐里壱町　成瀬　二里拾一町
小田　二里二町　牛津　一里四町　嘉瀬　一里六町
佐賀　一里半　境原　壱里半　神崎　弐里九町
中原　壱里廿二町　轟木　壱里　対馬領 田代　弐里
筑前 原田　一里廿一町　二日市　三里廿六町　博多　弐拾町
福岡

合三拾九里半拾三町

筑前福岡江陸地

長崎　三里　大村領 時津　七里　舩　彼杵　弐里廿八町
佐賀領 嬉野　三里拾四町　塚崎　四里五町　唐津領 大川野　弐里八町
畑　弐里　かゝみ　壱里五町　濱崎　三里半
深江　弐里　筑前 前原　一里廿五町　今宿　一里拾一町
姪濱　壱里拾九町　福岡」

合三拾五里半七町

筑前福岡江舩路

長崎　三里　大村領 福田　三里　神楽嶋　四里
すまふ　三里　瀬戸　五里　七つ釜　一里半
冬切　七里　平戸領 牛首　五里　蒼さ崎　弐里
平戸　八里　唐津領 馬渡嶋　五里　なこ屋　壱里
呼子　三里　柏嶋　四里　筑前 姫嶋　四里
野北　三里　唐泊　四里　志賀　三里
福岡

合六拾八里半

筑前秋月江陸地

長崎　弐里　日見　一里　佐賀領 矢上　四里」

諫早　廿里　船　（筑後）柳川　三里　しゆく　三里
府中　三里　三原　三里　秋月
合三拾九里

筑前秋月江陸地

長崎　弐里　日見　壱里　（佐賀領）矢上　四里
諫早　三里　湯口　四里　多良　三里七町
濱　弐里壱町　塩田　弐里壱町　成瀬　弐里拾一町
小田　弐里三町　牛津　一里四町　嘉瀬　一里六町
佐賀　一里半　境原　一里半　神崎　弐里九町
中原　一里廿一町　轟木　壱里　（対馬領）田代　二里
（筑前）原田　壱里半　石び川　三里　秋月
合四拾弐里拾町」

筑前秋月江陸地

長崎　三里　（大村領）時津　七里　船　彼杵　弐里廿八町
（佐賀領）嬉野　弐里廿四町　塩田　二里壱町　なる瀬　二里拾一町
小田　二里三町　牛津　一里四町　嘉瀬　一里六町
佐賀　一里半　境原　壱里半　神崎　弐里九町
中原　壱里廿二町　轟木　一里　（対馬領）田代　弐里
（筑前）原田　一里半　石ひ川　三里　秋月

合三拾八里半

筑後秋月江船路

長崎　三里　（大村領）福田　三里　神楽嶋　四里
すまう　三里　瀬戸　五里　七つ釜　壱里半
ふゆきり　七里　（平戸領）牛首　五里　青さ崎　弐里
平戸　八里　（唐津領）馬渡嶋　五里　なこや　壱里」
呼子　三里　柏嶋　四里　（筑前）姫嶋　四里
野北　三里　唐泊　四里　志賀　三里
博多　（是より陸）三里廿六町　二日市　三里廿六町　弥永　壱里
秋月
合七拾六里半拾六町

筑前東連寺江陸地

長崎　弐里　日見　壱里　（佐賀領）矢上　四里
諫早　廿里　船　（筑後）柳川　五里　久留米　四里
横熊　弐里　（筑前）山家　弐里廿一町　内野　三里七町
飯塚　四里　東連寺
合四拾七里半拾町」

筑前東連寺江陸地

長崎　弐里　日見　壱里　佐賀領矢上　四里
諫早　三里　湯口　四里　たら　三里七町
濱　弐里壱町　塩田　弐里壱間　成瀬　弐里拾一町
小田　二里三町　牛津　壱里四町　嘉瀬　一里六町
佐賀　壱里半　境原　壱里半　神崎　弐里九町
中原　一里廿二町　轟木　一里　対馬領田代　二里
筑前原田　壱里半　山家　弐里廿一町　内野　三里七町
飯塚　四里　東連寺

合四拾五里弐町

筑前東連寺江陸地

長崎　三里　大村領時津　七里　船　彼杵　弐里廿八町
佐賀領嬉野　弐里廿四町　塩田　弐里壱町　成瀬　弐拾一町 」
小田　弐里三町　牛津　一里四町　嘉瀬　一里六町
佐賀　壱里半　境原　壱里半　神崎　弐里九町
中原　一里廿二町　轟木　壱里　対馬領田代　弐里
原田　壱里半　山家　弐里廿一町　内野　三里七町
飯塚　四里　東連寺

合四拾五里拾町

筑前東連寺江船路

長崎　三里　大村領福田　三里　神楽嶋　四里
すまふ　三里　瀬戸　五里　七つ釜　一里半
冬切　七里　平戸領牛首　五里　青さ崎　弐里
平戸　八里　唐津領馬渡嶋　五里　なこや　壱里
呼子　三里　かし八嶋　四里　ひめ嶋　七里
玄海　七里　相ノ嶋　七里　地ノ嶋　五里 」
芦屋　五里　川舟ニ而陸も五里　東連寺

合八拾五里半

肥前佐賀江陸地

長崎　弐里　日見　壱里　佐賀領矢上　四里
諫早　廿里　船　柳川　壱里半　小俣　廿町　船
佐賀領寺井　弐里八町　佐賀

合三拾壱里拾町

肥前佐賀江陸地

長崎　弐里　日見　壱里　佐賀領矢上　四里
諫早　弐拾里　船　本庄　半里　佐賀

合三拾壱里拾町

肥前佐賀江陸地

長崎　弐里　日見　壱里　佐賀領矢上　四里
諫早　弐拾里　舩　寺井　弐里八町　佐賀
合弐拾九里八町」

肥前佐賀江陸地

長崎　弐里　日見　壱里　佐賀領矢上　四里
諫早　弐拾里　舩　本庄　半里　佐賀
合弐拾七里半

肥前佐賀江陸地

長崎　弐里　日見　一里　佐賀領矢上　四里
諫早　三里　ゆゑ　四里　たら　三里七町
濱　弐里壱町　塩田　弐里壱町　なる瀬　弐里十一町
小田　弐里三町　牛津　一里四町　嘉瀬　一里六町
佐賀
合弐拾七里半拾五町」

肥前佐賀江陸地

長崎　三里　大村領時津　七里　舩　彼杵　弐里廿八町
佐賀領嬉野　弐里廿四町　塩田　弐里壱町　成瀬　弐里拾一町
小田　二里三町　牛津　一里四町　嘉瀬　一里六町
佐賀
合弐拾四里五町

肥前佐賀江舩路

長崎　八里　椛嶋　拾八里　島原領口ノ津　三拾一里
佐賀領寺井　弐里八町　陸　佐賀
合五拾九里八町

一蓮池江陸地ハ佐賀より壱里半　但佐賀り東方
一同所江舩路ハ佐賀同前ニ而候　但佐賀よりも蓮池江」
舩路壱里半有之候
一鍋島加賀守ハ屋敷有之而不断ハ佐賀ニ
在住候由知行所ハ小城ト云

肥前唐津江陸地

長崎　三里　大村領時津　七里　舩　彼杵　弐里廿八町
佐賀領嬉野　三里拾四町　塚崎　四里五町　唐津領大川野　弐里八町

畑　弐里廿八町　唐津

合弐拾五里拾壱町

肥前唐津陸地

長崎　弐里　日見　壱里　佐賀領矢上　四里
諫早　三里　大村　五里　彼杵　弐里廿八町
佐賀領嬉野　三里拾四町　塚崎　四里五町　唐津領大川野　二里八町」
畑　弐里廿八町　唐津

合三拾里拾壱町

肥前唐津江舩路

長崎　三里　大村領福田　三里　神楽嶋　四里
すまふ　三里　瀬戸　五里　七つ釜　一里半
冬切　七里　平戸領牛首　五里　青さ崎　弐里
平戸　八里　唐津領馬渡嶋　五里　なこや　壱里
呼子　五里　唐津

合五拾弐里半

肥前平戸江陸地

長崎　弐里　日見　一里　佐賀領矢上　四里
諫早　三里半　大村　五里　彼杵　弐里」
川棚　三里　平戸領早岐　四里八町　相ノ浦　一里十町
さゞ　弐里半　江向　弐里　田平　一里　舩
平戸

合三拾壱里

肥前平戸江陸地

長崎　三里　大村領時津　拾一里　舩　平戸領早岐　四里八町
相ノ浦　一里拾町　佐々　弐里半　江向　弐里
田平　一里　舩　平戸

合弐拾五里

肥前平戸江舩路

長崎　三里　陸　大村領時津　九里　針尾瀬戸　三里
かうご　五里　平戸領牛首　五里　青さ崎　弐里」
平戸

合弐拾七里

肥前平戸江舩路

長崎　三里　大村領福田　三里　神楽嶋　四里
すまふ　三里　瀬戸　五里　七つ釜　一里半
冬切　七里　平戸領牛首　五里　青さ崎　弐里

平戸
合三拾三里半

肥前大村江陸地
長崎　弐里　日見　一里　佐賀領矢上　四里
諫早　三里　大村
合拾里」

肥前大村江陸地
長崎　四里　大村領いきりき　一里　船　大村
合五里

肥前大村江陸地
長崎　三里　大村領時津　五里　船　大村
合八里

肥前大村江船路
長崎　三里　大村領福田　三里　神楽嶋　四里
すまふ　三里　瀬戸　八里　はり尾　八里
大村
合弐拾九里」

肥前嶋原江陸地
長崎　弐里　日見　一里　佐賀領矢上　五里
嶋原領あいつ　三里　興代　三里　古賀　弐里
嶋原
合拾六里

肥前嶋原江船路
長崎　弐里　陸　日見　拾三里　嶋原領口ノ津　拾里」
嶋原
合弐拾五里

肥前嶋原江船路
長崎　一里半　陸　茂木　拾三里　嶋原領口ノ津　拾里」
嶋原
合弐拾四里半

肥前嶋原江船路
長崎　八里　椛嶋　拾八里　嶋原領口ノ津　拾里
嶋原
合三拾六里

五嶋福江江船路

長崎　弐拾七里　（五嶋領）鯛ノ浦　三里　岩瀬浦　三里
さほ崎　四里　奈留浦　三里　福江

合四拾里

対馬府中江船路

長崎　三里　（大村領）福田　三里　神楽嶋　四里
すまふ　三里　瀬戸　五里　七津釜　壱里
冬切　七里　（平戸領）牛首　五里　青さ崎　弐里
平戸　拾八里　（壱岐）かざ本　四拾八里　（対馬）府中

合九拾九里半

筑後久留米江陸地

長崎　三里　（大村領）時津　七里　船　彼杵　弐里廿八町
（佐賀領）嬉野　弐里廿四町　塩田　弐里壱町　成瀬　弐里拾一町
小田　二里三町　牛津　壱里四町　嘉瀬　壱里六町
佐賀　六里　久留米

合三拾里五町

筑後久留米江陸地

長崎　弐里　日見　壱里　（佐賀領）矢上　弐里廿八町
諫早　三里　ゆゑ　四里　たら　三里七町
濱　弐里壱町　塩田　弐里壱町　成瀬　弐里拾一町
小田　弐里三町　牛津　壱里四町　嘉瀬　壱里六町
佐賀　六里　久留米

合三拾二里半拾五町

筑後久留米江陸地

長崎　弐里　日見　一里　（佐賀領）矢上　四里
諫早　廿里　船　（筑後）柳川　五里　久留米

合三拾弐里

筑後久留米江船路

長崎　八里　椛嶋　拾八里　（嶋原領）口ノ津　廿九里
久留米川口　六里　久留米瀬ノ下

合六拾壱里

筑後柳川江陸地

長崎　三里　（大村領）時津　七里　船　彼杵　弐里廿八町

佐賀領嬉野　弐里廿四町　塩田　弐里壱町　成瀬　弐里拾一町
小田　弐里三町　牛津　壱里四町　嘉瀬　壱里六町
佐賀　弐里八町　寺井　弐拾町　船　柳川領小俣　一里半
柳川
合弐拾八里拾五町

筑後柳川江陸地

長崎　弐里　日見　一里　佐賀領矢上　四里」
諫早　三里　湯江　四里　多良　三里七町
濱　弐里壱町　塩田　弐里壱町　成瀬　弐里拾一町
小田　弐里三町　牛津　壱里四町　嘉瀬　壱里六町
佐賀　弐里八町　寺井　弐拾町　船　柳川領小俣　壱里半
柳川
合三拾弐里七町

筑後柳川江陸地

長崎　弐里　日見　壱里　佐賀領矢上　四里
諫早　弐拾里　船　柳川
合弐拾七里

筑後柳川江船路

長崎　八里　椛嶋　拾八里　嶋原領口ノ津　廿九里」
柳川
合五拾五里

一今山江陸地ハ柳川より五里但柳川より南ノ方
一同所江船路ハ柳川ト同前

豊前小倉江陸地

長崎　弐里　日見　壱里　佐賀領矢上　四里
諫早　廿里　船　筑後柳川　五里　久留米　四里
横熊　弐里　筑前山家　弐里廿一町　内野　三里七町
飯塚　四里廿町　小屋瀬　弐里卅一町　黒崎　弐里卅町
小倉
合五拾四里壱町」

豊前小倉江陸地

長崎　三里　大村領時津　七里　船　彼杵　弐里廿八町
佐賀領嬉野　三里拾四町　塚崎　四里五町　唐津領大川野　弐里八町
畑　弐里　かゝみ　一里五町　濱崎　三里半
深江　二里　筑前前原　壱里廿五町　今宿　一里拾一町

姪濱 一里拾九町 福岡 弐拾町 博多 廿三町
箱崎 三里廿五町 青柳 一里卅三町 畸町 弐里壱町
赤間 三里八町 芦屋 四里卅一町 是より若松迄川内相越丸木船ハ塩ニ無構往来自由ニ候少大成船ハ塩時ニ而無之候得者不通候
若松 弐里 舩 小倉
合五拾四里半四町 」

豊前小倉江陸路

長崎 弐里 日見 一里 佐賀領 矢上 四里
諫早 弐拾里 舩 寺井 二里六町 蓮池 廿町
境原 一里半 神崎 弐里九町 中原 一里廿二町
轟木 壱里 対馬領 田代 弐里 筑前 原田 壱里半
山家 弐里廿一町 内野 三里七町 飯塚 四里廿町
古屋瀬 二里廿一町 黒崎 弐里卅町 小倉
合五拾五里半四町

豊前小倉江陸地

長崎 弐里 日見 壱里 佐賀領 矢上 四里
諫早 三里 ゆゑ 四里 たら 三里七町 」
濱 弐里壱町 塩田 弐里壱町 成瀬 弐里拾一町
小田 二里三町 牛津 壱里四町 嘉瀬 壱里六町
佐賀 壱里半 境原 壱里半 神崎 二里九町
筑前 中原 壱里半 轟木 壱里 対馬領 田代 弐里
原田 壱里半 山家 弐里廿一町 内野 三里七町
飯塚 四里廿町 小屋瀬 弐里卅一町 黒崎 弐里卅町
小倉
合五拾五里拾壱町

豊前小倉江陸地

長崎 三里 大村領 時津 七里 舩 彼杵 弐里廿八町
佐賀領 嬉野 三里拾四町 塚崎 四里五町 唐津領 大川野 弐里八町
畑 弐里 かゝみ 一里五町 濱崎 三里半
筑前 深口 二里 前原 壱里廿八町 今宿 一里拾一町 」
姪濱 壱里拾九町 福岡 弐拾町 博多 弐拾三町
箱崎 三里廿五町 青柳 壱里卅三町 畸町 弐里壱町
赤間 三里廿九町 小屋瀬 弐里卅一町 黒崎 弐里卅町
小倉
合五拾四里壱町

豊前小倉江舩路

長崎 三里 大村領 福田 三里 神楽嶋 四里
すまふ 三里 瀬戸 五里 七ツ釜 四里
ふゆきり 七里 平戸領 牛首 五里 青さ崎 弐里

平戸　八里　唐津領馬渡嶋　五里　呼子　三里
柏嶋　八里　筑前姫嶋　七里　玄界　七里
相嶋　七里　地嶋　六里　山鹿ノ御崎　六里　」
小倉

合八拾六里半

豊前中津江陸地

長崎　弐里　日見　壱里　佐賀領矢上　四里
諫早　弐拾里　舩　筑後柳川　三里　志ゆく　三里
府中　三里　三原　三里　筑前秋月　弐里拾四町
千寿　壱里三町　大隈　壱里卅一町　豊前猪勝　弐里廿四町
香春　弐里　久保新町　三里半　椎田　三里卅一町
中津

合五拾六里拾三町

豊前中津江陸地

長崎　弐里　日見　一里　佐賀領矢上　四里　」
諫早　三里　ゆゑ　四里　たら　三里七町
濱　弐里壱町　塩田　弐里壱町　成瀬　壱里六町
小田　弐里三町　牛津　壱里四町　嘉瀬　壱里六町
佐賀　壱里半　境原　壱里半　神崎　二里
中原　壱里廿二町　轟木　壱里　対馬領田代　二里
筑前原田　一里半　山家　弐里廿一町　内野　三里七町
飯塚　四里廿町　小屋瀬　二里卅一町　黒崎　弐里卅町
豊前小倉　三里半　苅田　壱里廿一町　大橋　三里
椎田　三里卅一町　中津

合六拾屋里九町

豊前中津江陸地

長崎　三里　大村領時津　七里　舩　彼杵　弐里廿八町
佐賀領嬉野　三里拾四町　塚崎　四里五町　唐津領大川野　弐里八町
畑　弐里　かゝみ　壱里　濱崎　三里半
深江　弐里　筑前原田　壱里廿五町　今宿　壱里拾一町
姫濱　壱里拾九町　福岡　弐拾町　博多　廿三町
箱崎　三里廿五町　青柳　壱里卅三町　晦田　弐里一町
赤間　三里廿九町　小屋瀬　弐里卅一町　黒崎　弐里卅町
豊前小倉　三里半　苅田　壱里廿一町　大橋　三里
椎田　三里卅一町　中津

合六拾五里半拾弐町

豊前中津江舩路

長崎　三里　大村領福田　三里　神楽嶋　四里

すまふ　三里　瀬戸　五里　七ツ釜　四里
冬切　七里　（平戸領）牛首　五里　青さ崎　弐里
平戸　八里　馬渡嶋　五里　呼子　三里」
柏嶋　四里　（筑前）姫嶋　七里　玄界　七里
相嶋　七里　地ノ嶋　六里　山鹿ノ御崎　七里
（長門）下ノ関　壱里　（豊前）田ノ浦　壱里　青濱　弐里拾町
恒見　弐里廿一町　苅田浦　三里九町　沓尾浦　弐里拾御町
権田浦　壱里半　八屋浦　壱里廿二町　中津

合百三里六町

豊前中津江舩路

長崎　三里　（大村領）福田　三里　神楽嶋　四里
すまふ　三里　瀬戸　五里　七ツ釜　壱里半
冬切　七里　（平戸）牛首　五里　青さ崎　弐里
平戸　八里　（唐津領）馬渡嶋　五里　呼子　三里
かし嶋　四里　（筑前）ひめ嶋　七里　玄海　七里
相ノ嶋　七里　地ノ嶋　六里　山鹿御崎　六里」
小倉　壱里　大裏浦　壱里卅町　門司浦　廿五町
田ノ浦　壱里　青濱　弐里拾町　恒見　弐里廿一町
苅田浦　三里九町　沓尾浦　弐里拾六町　権田浦　一里半
八屋浦　壱里廿二町　中津

合百五里七町

長門萩江陸地

長崎　弐里　日見　壱里　（佐賀領）矢上　四里
諫早　弐拾里　船　（筑後）柳川　五里　久留米　四里
横熊　弐里　（筑前）山家　弐里廿一町　内野　三里七町
飯塚　四里廿町　小屋瀬　弐里卅一町　黒崎　弐里卅町
（豊前）小倉　弐里　大裏　壱里　船　（長門）下関　弐里
長府　弐里　たつき　壱里　吉田　四里半」
大ミ年　壱里半　加ハら　壱里八町　秋吉　弐里八町
絵堂　弐里廿二町　明木　弐里　萩

合七拾六里三町

長門萩江陸地

長崎　弐里　日見　壱里　（佐賀領）矢上　四里
諫早　三里　遊ゑ　四里　たら　三里七町
濱　弐里壱町　塩田　弐里壱町　成瀬　弐里拾一町
小田　弐里三町　牛津　壱里四町　嘉瀬　壱里六町
佐賀　壱里半　境原　壱里半　神崎　弐里廿町
中原　壱里廿一町　轟木　壱里　（対馬領）田代　二里
（筑前）原田　壱里半　山家　弐里廿一町　内野　三里七町

飯塚　四里廿町　小屋瀬　弐里卅一町　黒崎　弐里卅町
小倉　弐里　大裏　壱里　船　（長門）下関　弐里　」
長府　弐里　おつき　壱里　吉田　四里半
大ミ年　壱里半　か者ら　壱里八町　秋吉　弐里八町
絵堂　弐里廿二町　明木　弐里　萩
合七拾七里拾三町

長門萩江陸地

長崎　三里　（大村領）時津　七里　船　彼杵　弐里廿八町
（佐賀領）嬉野　三里拾四町　塚崎　四里五町　（唐津領）大川野　弐里八町
畑　弐里　加ゝみ　壱里五町　濱崎　三里半
深江　弐里　（筑前）前原　一里廿五町　今宿　一里拾一町
姪濱　一里拾九町　福岡　廿里　博多　廿三町
箱崎　三里廿五町　青柳　壱里卅三里　畦町　弐里一町
赤間　三里廿九町　小屋瀬　弐里卅一町　黒崎　二里卅町
（豊前）小倉　弐里　大裏　一里　船　（長門）下関　弐里　」
長府　二里　おつき　壱里　吉田　四里八町
大ミ年　壱里半　か者ら　壱里八町　秋吉　弐里八町
絵堂　弐里廿二町　明木　弐里　萩
合七拾六里三町

長門萩江船路

長崎　三里　（大村領）福田　三里　神楽嶋　四里
春まふ　三里　瀬戸　五里　七つ釜　壱里半
冬切　七里　（平戸領）牛首　五里　青さ崎　弐里
平戸　八里　（唐津領）馬渡嶋　五里　呼子　三里
柏嶋　四里　（筑前領）ひめ嶋　七里　玄界　七里
相ノ嶋　廿六里　（長門）飛んちう　拾九里　瀬戸嶋　七里
萩
合百拾九里半　」

長府江陸地

長崎　弐里　日見　壱里　（佐賀領）矢上　四里
諫早　廿里　船　（筑後）柳川　五里　久留米　四里
横熊　弐里　（筑前）山家　弐里廿一町　内野　三里七町
飯塚　四里廿町　小屋瀬　弐里卅一町　黒崎　弐里卅町
（豊前）小倉　弐里　大裏　壱里　船　下関　弐里
長府
合五拾九里壱町

長府江陸地

長崎　弐里　日見　壱里　佐賀領 矢上　四里
諫早　三里　ゆゑ　四里　たら　三里七町
濱　弐里一町　塩田　弐里一町　成瀬　弐里拾一町」
小田　弐里三町　牛津　壱里四町　嘉瀬　壱里六町
佐賀　壱里半　境原　壱里半　神崎　弐里九町
中原　壱里廿二町　轟木　壱里　対馬領 田代　弐里
筑前 原田　壱里半　山家　弐里廿一町　内野　三里七町
飯塚　四里廿町　小屋瀬　弐里卅一町　黒崎　弐里卅町
豊前
長門 小倉　弐里　大裏　壱里　船　長門 下関　弐里
長府

合六拾里拾壱町

長府江陸地

長崎　三里　大村領 時津　七里　船　彼杵　弐里廿八町
佐賀領 嬉野　三里拾四町　塚崎　四里五町　唐津領 大川野　弐里八町
畑　弐里　かゝみ　壱里五町　濱崎　三里半
深江　弐里　筑前 前原　壱里廿五町　今宿　壱里拾一町」
姪濱　壱里拾九町　福岡　弐拾町　博多　弐拾三町
箱崎　三里廿五町　青柳　壱里卅三町　畦町　弐里一町
赤間　三里廿九町　小屋瀬　弐里卅町　黒崎　弐里卅町
豊前 小倉　弐里　大裏　壱里　船　下関　弐里
長府

合五拾九里壱町

長府江船路

長崎　三里　大村領 福田　三里　神楽嶋　四里
すまふ　三里　瀬戸　五里　七つ釜　壱里半
冬切　七里　平戸領 牛首　五里　青さ崎　弐里
平戸　八里　唐津領 馬渡嶋　五里　呼子　三里
柏嶋　四里　筑前 ひめ嶋　七里　けんかい　七里
相ノ嶋　七里　地ノ嶋　六里　山鹿ノ御崎　七里」
長門 下ノ関　弐里　長府

合八拾九里半

日向小肥江陸地

長崎　壱里半　茂木　拾三里　船　嶋原領 口ノ津　七里　船
天草領 柳　拾三里　船　肥後 佐敷　是より陸 三里　くま領 告　五里
求麻　弐里　おこは　四里　薩摩 かくとう　五里
小林　三里　高崎　六里　都城　壱里

薩摩領と小肥ノ境 野坂　八里　小肥

合七拾壱里半

日向小肥江陸地

長崎　弐里　日見　壱里　佐賀領 矢上　五里
嶋原領 あいつ　三里　興代　三里　古賀　弐里」
嶋原　七里　船　肥後 川尻　弐里　宇土　三里
小川　四里　八代　三里　ひ那こ　三里
田ノ浦　弐里　佐敷　三里　くま領 告　五里
くま　弐里　おこは　四里　薩摩 かくとう　五里
小林　三里　高崎　六里　都城　壱里
薩摩領と小肥ノ境 野坂　八里　小肥

合七拾七里

日向小肥江陸地

長崎　弐里　日見　壱里　佐賀領 矢上　四里
諫早　三里　湯江　四里　多良　三里七町
者満　弐里壱町　塩田　弐里壱町　成瀬　弐里拾町
小田　弐里三町　牛津　壱里四町　嘉瀬　一里六町
佐賀　二里八町　寺井　弐拾町　船　柳川領 小俣　一里半」
柳川　弐里　瀬高　弐里　原ノ町　弐里
肥後 南ノ関　五里　山鹿　六里　熊本　弐里
川尻　弐里　宇土　三里　小川　四里
八代　三里　ひなこ　三里　田ノ浦　弐里
佐敷　三里　く満領 告　五里　く満　弐里
おこ者　四里　薩摩 かくとう　五里　小林　三里
高崎　六里　都城　壱里　薩摩領と小肥ノ境 野坂　八里
小肥

合百五里七町

日向小肥江船路

長崎　八里　椛嶋　拾八里　天草領 鳶巣　拾里
薩摩 阿久根　五里　京泊　三里　羽嶋　拾八里
片浦　八里　坊津　拾三里　山河　拾四里
大泊　拾六里　日向 内ノ浦　拾六里　外ノ浦　三里」
あぶら　弐里　陸地　小肥

合百三拾四里

日向佐土原江陸地

長崎　壱里半　茂木　拾三里　船　島原領 口ノ津　七里　船
柳 天草領　拾三里　船　肥後 佐敷　是より陸地 三里　くま領 告　五里
求麻　弐里　おこ者　四里　薩摩 かくとう　五里

小林　五里　かみや　三里　高岡（薩摩領と佐土原ノ境）　四里
佐土原
合六拾五里半

日向佐土原江陸路

長崎　弐里　日見　壱里　矢上（佐賀領）　五里　」
あいつ（嶋原領）　三里　興代　三里　古賀　弐里
嶋原　七里　船　川尻（肥後）　弐里　宇土　三里
小川　四里　八代　三里　ひなこ　三里
田ノ浦　弐里　佐敷　三里　告（くま領）　五里
く満　弐里　於こ者　四里　かくとう（さつま）　五里
小林　五里　かミや　三里　高岡（薩摩領と佐土原ノ境）　四里
佐土原
合七拾壱里

日向佐土原江陸地

長崎　弐里　日見　壱里　矢上（佐賀領）　四里
諫早　三里　ゆゑ　四里　多ら　三里七町
濱　弐里一町　塩田　弐里一町　成瀬　弐里拾一町
小田　弐里三町　牛津　一里四町　嘉瀬　一里六町　」
佐賀　弐里八町　寺井　廿町　船　小俣（柳川領）　壱里半
柳川　弐里　瀬高　弐里　原ノ町　弐里
南ノ関（肥後）　弐里　山鹿　六里　熊本　弐里
川尻　弐里　宇土　三里　小川　四里
八代　三里　ひなこ　三里　田ノ浦　弐里
佐敷　三里　告（くま領）　五里　く満　弐里
おこ者　四里　かくとう（薩摩）　五里　小林　五里
かみや　三里　高岡（薩摩領と佐土原ノ境）　四里　佐土原
合九拾九里七町

日向佐土原江船路

長崎　八里　椛嶋　拾八里　鳶ノ巣（天草領）　拾里
阿久根（薩摩）　五里　京泊　三里　羽嶋　拾八里
片浦　八里　坊ノ津　拾三里　山河　拾四里　」
大泊　拾六里　内ノ浦（日向）　拾六里　外ノ浦　三里
あふら　八里　内海　四里　あくつ　三里　陸
佐土原
合百四拾七里

日向財部江陸地

長崎　壱里半　茂木　拾三里　船　口ノ津（島原領）　七里　船
柳（天草領）　拾三里　船　佐敷（肥後）　是より陸地　三里　告（くま領）　五里

求麻　弐里　於こ者　四里　薩摩かくとう　五里
小林　五里　かミや　三里　高岡　四里
佐土原　四里　財部
合六拾九里半

日向財部江陸地」

長崎　弐里　日見　壱里　佐賀領矢上　五里
嶋原領あいつ　三里　興代　三里　古賀　弐里
島原　七里　船　肥後川尻　弐里　宇土　三里
小川　四里　八代　三里　ひなこ　三里
田ノ浦　弐里　佐敷　三里　くま領告　五里
く満　弐里　おこは　四里　薩摩かくとう　五里
小林　五里　かミや　三里　高岡　四里
佐土原　四里　財部
合七拾五里

日向財部江陸地

長崎　弐里　日見　壱里　佐賀領矢上　四里
諫早　三里　湯江　四里　多良　三里七町
者満　弐里一町　塩田　弐里一町　成瀬　弐里拾一町」
小田　弐里三町　牛津　壱里四町　嘉瀬　三里六町
佐賀　弐里八町　寺井　弐拾町　船　柳川小俣　壱里半
柳川　二里　瀬高　二里　原ノ町　二里
肥後南関　五里　山鹿　六里　熊本　二里
川尻　二里　宇土　三里　小川　四里
八代　三里　ひなこ　三里　田ノ浦　二里
佐敷　三里　くま領告　五里　く満　二里
於こ者　四里　薩摩かくとう　五里　小林　五里
かミや　三里　高岡　四里　佐土原　四里
たからべ
合百三里七町

日向財部江船路

長崎　八里　椛嶋　拾八里　天草領鳶ノ巣　拾里」
（ママ脱アルカ）
合八拾弐里半

日向縣江陸地

長崎　弐里　日見　壱里　佐賀領矢上　五里
嶋原領あい徒　三里　興代　三里　古賀　弐里
嶋原　七里　肥後川尻　八里　肥後南江　七里
河内　八里　船尾　七里　縣
合五拾三里

日向縣江陸地

長崎 弐里 日見 壱里 佐賀領 矢上 四里
諫早 三里 ゆゑ 四里 たら 三里壱町
者満 弐里一町 塩田 弐里一町 成瀬 弐里拾一町
小田 弐里三町 牛津 壱里四町 嘉瀬 壱里六町 」
佐賀 弐里八町 寺井 廿町 船 柳川領 小俣 壱里半
柳川 二里 瀬高 弐里 原ノ町 弐里
肥後 南関 五里 山鹿 六里 熊本 二里
川尻 弐里 宇土 三里 小川 四里
八代 三里 ひなこ 三里 田ノ浦 弐里
佐敷 三里 くま領 告 五里 く満 弐里
於こ者 四里 薩摩 かくとう 五里 小林 五里
かミや 三里 高岡 四里 佐土原 四里
財部 八里 縣領 細嶋 五里 あかた

合百拾六里七町

日向縣江舩路

長崎 八里 椛嶋 拾八里 天草領 鳶巣 拾里
薩摩 阿久根 五里 京泊 三里 羽嶋 拾八里 」
片浦 八里 坊津 拾三里 山河 拾四里
大泊 拾六里 日向 内ノ浦 拾六里 外ノ浦 三里
あぶら 八里 内海 拾八里 細嶋 五里
縣

合百六拾三里

日向縣江舩路

長崎 三里 大村領 福田 三里 神楽嶋 四里
春まふ 三里 瀬戸 五里 七ツ釜 壱里半
冬切 七里 平戸領 牛首 五里 青さ嶋 弐里
平戸 八里 唐津領 馬渡嶋 五里 呼子 三里
柏嶋 四里 筑前 姫嶋 七里 玄界 七里
相ノ嶋 七里 地ノ嶋 六里 山鹿ノ御崎 七里 」
長門 下関 七里 本山 廿五里 豊後 竹田津 拾一里
ミの嶋 三里 深江 拾里 佐賀関 七里
ほと 七里 大嶋 八里 かまへ 八里
日向 嶋浦 五里 縣

合百七拾八里半

豊後日田江陸地

長崎 弐里 日見 壱里 佐賀領 矢上 四里
諫早 弐拾里 舩 筑後 柳川 五里 久留米 七里

吉井　五里　日田
合四拾四里

豊後日田江陸地

長崎　弐里　日見　壱里　佐賀領 矢上　四里
諫早　三里　ゆゑ　四里　たら　三里七町
者満　弐里壱里　塩田　弐里壱町　成瀬　弐里拾一町
小田　弐里三町　牛津　壱里四町　嘉瀬　壱里六町
佐賀　壱里半　境原　壱里半　対馬領 神崎　弐里九町
中原　壱里廿二町　轟木　壱里　田代　三里
筑前 甘木　三里　くゝミや　五里　日向
合四拾六里半拾

豊後日田江陸地

長崎　三里　時津　大村領 七里　船　彼杵　弐里廿八町
佐賀領 嬉野　弐里廿四町　塩田　弐里壱町　成瀬　弐里拾一町
小田　三里三町　牛津　壱里四町　嘉瀬　壱里六町
佐賀　壱里半　境原　壱里半　神嶋　弐里九町」
中原　壱里廿二町　轟木　壱里　対馬領 田代　三里
筑前 あま木　三里　くゝみや　五里　日田
合四拾三里

豊後日田　船路

長崎　三里　大村領 福田　三里　神楽嶋　四里
すまふ　三里　瀬戸　五里　七ツ釜　壱里半
冬切　七里　平戸領 牛首　五里　青さ崎　弐里
平戸　八里　唐津領 馬渡嶋　五里　呼子　三里
柏嶋　四里　筑前 ひめ嶋　七里　玄界　七里
相ノ嶋　七里　地ノ嶋　六里　山鹿ノ御崎　七里
長門 下関　七里　本山　弐拾五里　豊後 竹田津　拾一里
ミの嶋　三里　深江　三里　高松　廿弐里　陸
日田
合百五拾八里半」

豊後府内江陸地

長崎　弐里　日見　壱里　佐賀領 矢上　五里
島原領 あいつ　三里　興代　三里　古賀　弐里
島原　七里　船　肥後 川尻　弐里　熊本　五里
大津　六里　内牧　三里　坂梨　五里
久住　七里　野津原　三里　府内
合五拾四里

豊後府内江陸地

長崎　弐里　日見　壱里　佐賀領矢上　四里
諫早　廿里　船　筑後柳川　五里　久留米　七里
吉井　五里　豊後日田　七里　くす四日市　七里　」
ゆノゐん　七里　府内

合六拾五里

豊後府内江陸地

長崎　弐里　日見　壱里　佐賀領矢上　四里
諫早　三里　湯江　四里　多良　三里七町
者満　弐里壱町　塩田　弐里壱町　成瀬　弐里拾一町
小田　弐里三町　牛津　壱里四町　嘉瀬　壱里六町
佐賀　壱里　境原　壱里半　神崎　弐里九町
中原　壱里廿二町　轟木　壱里　対馬領田代　三里
筑前甘木　三里　くゝミや　五里　日田　七里
くす四日市　七里　ゆのゐん　七里　府内

合六拾七里半拾町

」

豊後府内江陸地

長崎　三里　大村領時津　七里　船　彼杵　弐里八町
佐賀領嬉野　弐里廿四町　塩田　弐里壱町　成瀬　弐里拾一町
小田　弐里三町　牛津　壱里四町　嘉瀬　壱里六町
佐賀　壱里半　境原　壱里半　神崎　弐里九町
中原　壱里廿一町　轟木　壱里　対馬領田代　三里
筑前甘木　三里　くミや　五里　豊後日田　七里
玖球四日市　七里　油布院　七里　府内

合六拾四里

豊後府内江船路

長崎　三里　大村福田　三里　神楽　四里
春まふ　三里　瀬戸　五里　七ツ釜　壱里半
冬切　七里　牛首　五里　青さ崎　弐里　」
平戸　八里　唐津領馬渡嶋　五里　呼子　三里
柏嶋　四里　筑前姫嶋　七里　玄界　七里
相ノ嶋　七里　地ノ嶋　六里　山鹿御崎　七里
長門下関　七里　本山　廿五里　豊後竹田津　拾一里
ミの崎　七里　府内

合百三拾七里半

豊後竹田江陸地

長崎　弐里　日見　壱里　矢上（佐賀領）　五里
あいつ（嶋原領）　三里　興代　三里　古賀　弐里
嶋原　七里　船　高橋（肥後）　壱里半　熊本　五里
大津　六里　内牧　三里　坂梨　弐里
佐々くら　壱里　志うち野（肥後と竹田ノ境）　弐里　大塚　三里
竹田
合四拾六里半　」

豊後竹田江陸地

長崎　弐里　日見　壱里　矢上（佐賀領）　四里
諫早　廿里　船　柳川（筑後）　弐里　瀬馬　弐里
原ノ町　弐里　南ノ関（肥後）　五里　山鹿　七里
大津　六里　内牧　三里　坂梨　弐里
佐々くら　壱里　志うち野（肥後と竹田ノ境）　弐里　大塚　三里
竹田
合六拾弐里

豊後竹田江陸地

長崎　弐里　日見　壱里　矢上（佐賀領）　四里
諫早　三里　ゆゑ　四里　たら　三里七町　」
者満　弐里壱町　塩田　弐里壱町　成瀬　弐里拾一町
小田　弐里三町　牛津　壱里四町　嘉瀬　壱里六町
佐賀　壱里半　境原　壱里半　神崎　弐里九町
中原　壱里廿二町　轟木　壱里　田代（対馬領）　三里
甘木（筑前）　三里　くゝミや　五里　日田（豊後）　七里
く春四日市　七里　ゆ能ゐん　五里　どうじり　八里
竹田
合七拾三里半拾町

豊後竹田江陸地

長崎　三里　時津（大村領）　七里　船　彼杵　弐里廿八里
嬉野（佐賀領）　弐里廿四町　塩田　弐里壱町　成瀬　弐里拾一町
小田　弐里三町　牛津　壱里四町　嘉瀬　壱里六町
佐賀　壱里半　境原　壱里半　神崎　弐里九町　」
中原　壱里二町　轟木　壱里　田代（対馬）　三里
甘木（筑前）　三里　くゝミや　五里　日田（豊後）　七里
く春四日市　七里　ゆのゐん　五里　とう志り　八里
竹田
合七拾里

豊後竹田江船路

長崎 三里 大村領 福田 三里 神楽嶋 四里
すまふ 三里 瀬戸 五里 七ツ釜 壱里半
冬切 七里 平戸領 牛首 五里 青さ崎 弐里
平戸 八里 唐津領 馬渡嶋 五里 呼子 三里
柏嶋 四里 筑前 ひめ嶋 七里 玄界 七里
相ノ嶋 七里 地ノ嶋 六里 山鹿ノ御崎 七里 」
下関 七里 本山 廿五里 豊後 竹田津 拾壱里
ミの崎 三里 深江 三里 三佐 拾三里 陸
竹田

合百四拾九里半

豊後臼杵江陸地

長崎 弐里 日見 壱里 佐賀領 矢上 五里
島原領 あいつ 三里 興代 三里 古賀 弐里
嶋原 七里 船 肥後 高橋 壱里半 熊本 五里
大津 六里 内牧 三里 坂梨 弐里
佐々くら 壱里 志うち野 弐里 大塚 弐里
たまらい 六里 三重 三里半 野津市 三里半
臼杵

合五拾八里半 」

豊後臼杵江陸地

長崎 弐里 日見 壱里 佐賀領 矢上 四里
諫早 廿里 船 筑後 柳川 弐里 瀬高 弐里
原ノ町 弐里 肥後 南ノ関 五里 山鹿 七里
大津 六里 内牧 三里 坂梨 弐里
さゝくら 壱里 志うち野 弐里 大塚 弐里
玉來 六里 三重 三里半 野津市
臼杵

合七拾四里

豊後臼杵江陸地

長崎 弐里 日見 壱里 佐賀領 矢上 四里
諫早 三里 ゆゑ 四里 たら 三里七町 」
者満 弐里壱町 塩田 弐里壱町 成瀬 弐里拾町
小田 弐里三町 牛津 壱里四町 嘉瀬 壱里六町
佐賀 壱里半 境原 壱里半 神崎 弐里九町
中原 壱里廿二町 轟木 壱里 対馬領 田代 三里
筑前 甘木 三里 くゝミや 五里 豊後 日田 七里
く春四日市 七里 油布院 七里 府内

臼杵

合七拾四里半拾町

豊後臼杵江陸地

長崎　三里　大村領時津　七里　舩　彼杵　弐里廿八町
佐賀領嬉野　弐里廿四町　塩田　弐里壱町　成瀬　弐里拾一町
小田　弐里三町　牛津　壱里四町　嘉瀬　壱里六町
佐賀　壱里半　境原　壱里半　神崎　弐里九町 」
井原　壱里廿二町　轟木　壱里　対馬領田代　三里
筑前あま木　三里　くゝミや　五里　豊後日田　七里
く春四日市　七里　ゆのゐん　七里　府内　七里
臼杵

合七拾壱里

豊後臼杵江船路

長崎　三里　大村領福田　三里　神楽嶋　四里
春まふ　三里　瀬戸　五里　七ツ釜　壱里半
冬切　七里　平戸領牛首　五里　青さ崎　弐里
平戸　八里　唐津領馬瀬嶋　五里　呼子　三里
柏嶋　四里　筑前姫嶋　七里　玄界
相ノ嶋　七里　地ノ嶋　七里　山鹿ノ御崎　七里 」

下関　七里　本山　弐拾五里　豊後竹田津　拾壱里
ミの崎　三里　深江　拾里　佐賀関　七里
臼杵

合百五拾里半

豊後木付江陸地

長崎　弐里　日見　壱里　佐賀領矢上　四里
諫早　弐拾里　舩　筑後柳川　五里　久留米　七里
吉井　五里　豊後日田　七里　く春四日市　七里
油布院　七里　別府　七里　木付

合七拾弐里

豊後木付江陸地

長崎　弐里　日見　壱里　佐賀領矢上　四里 」
諫早　三里　遊ゑ　四里　たら　三里七町
者満　弐里壱町　塩田　弐里壱町　成瀬　弐里拾一町
小田　二里三町　牛津　壱里四町　嘉瀬　壱里六町
佐賀　壱里半　境原　壱里半　神崎　弐里九町
中原　壱里廿二町　轟木　壱里　対馬領田代　三里
筑前甘木　三里　くゝミや　五里　豊後日田　七里
く春四日市　七里　ゆのゐん　七里　別府　七里

木付

合七拾四里半拾町

豊後木付江陸地

長崎　三里　大村領 時津　七里　舩　彼杵　弐里廿八町
佐賀領 嬉野　弐里廿四町　塩田　弐里壱町　成瀬　弐里拾一町
小田　弐里三町　牛津　壱里四町　嘉瀬　壱里六町」
佐賀　壱里半　境原　壱里半　神崎　弐里九町
中原　壱里廿二町　轟木　壱里　対馬領 田代　三里
筑前 甘木　三里　くゝミや　五里　豊後 日田　七里
く春四日市　七里　遊のゐん　里　別府　七里

合七拾壱里

豊後木付江船路

長崎　三里　大村領 福田　三里　神楽嶋　弐里
春まふ　三里　瀬戸　五里　七ツ釜　壱里半
冬切　七里　平戸領 牛首　五里　青さ崎　弐里
平戸　八里　唐津領 馬渡嶋　五里　呼子　三里
かしハ嶋　四里　筑前 ひめ嶋　七里　玄界　七里
相ノ嶋　七里　地ノ嶋　六里　山鹿ノ御崎　七里」
長門 下ノ関　七里　本山　廿五里　豊後 竹田津　拾壱里

ミの崎　三里　木付

合百三拾三里半

豊後日出江陸地

長崎　弐里　日見　壱里　佐賀領 矢上　四里
諫早　弐拾里　舩　筑後 柳川　五里　久留米　七里
吉井　五里　豊後 日田　七里　く春四日市　七里
遊のゐん　七里　別府　四里　日出

合六拾九里

豊後日出江陸地

長崎　弐里　日見　壱里　佐賀領 矢上　四里
諫早　三里　遊ゑ　四里　多良　三里七町」
濱　弐里壱町　塩田　弐里壱町　成瀬　弐里拾一町
小田　弐里三町　牛津　壱里四町　嘉瀬　壱里六町
佐賀　壱里半　境原　壱里半　神崎　弐里九町
中原　壱里廿二町　轟木　壱里　対馬領 田代　三里
筑前 甘木　三里　くゝミや　五里　豊後 日田　七里
く春四日市　七里　遊のゐん　七里　別府　四里
日出

合七拾壱里半拾町

豊後日出江陸地

長崎　三里　大村領時津　七里　船　彼杵　弐里廿八町
佐賀領嬉野　弐里廿四町　塩田　弐里壱町　成瀬　弐里拾町
小田　弐里三町　牛津　壱里四町　嘉瀬　壱里六町
佐賀　壱里半　境原　壱里半　神崎　弐里九町」
中原　壱里二町　轟木　壱里　対馬領田代　三里
筑前甘木　三里　く丶ミや　五里　豊後日田　七里
く春四日市　七里　遊のゐん　七里　びやう　四里
日出

合六拾八里

豊後日出江船路

長崎　三里　大村領福田　三里　神楽嶋　四里
すまふ　三里　瀬戸　五里　七ツか満　壱里半
冬切　七里　平戸領牛首　五里　青さ崎　弐里
平戸　八里　唐津領馬渡嶋　五里　呼子　三里
かしハ嶋　四里　筑前ひめ嶋　七里　玄界　七里
相嶋　七里　地ノ嶋　六里　山鹿ノ御崎　七里」
長門下ノ関　七里　本山　廿五里　豊後竹田津　拾壱里
ミの崎　三里　深江　三里　日出

合百三拾六里半

豊後森村江陸地

長崎　弐里　日見　壱里　佐賀領矢上　四里
諫早　弐拾里　船　筑後柳川　五里　久留米　七里
吉井　五里　豊後日田　拾里　森村

合五拾四里

豊後森村江陸地

長崎　弐里　日見　壱里　佐賀領矢上　四里
諫早　三里　湯江　四里　多良　三里七町
濱　弐里壱町　塩田　弐里壱町　成瀬　弐里拾一町」
小田　弐里三町　牛津　壱里四町　嘉瀬　壱里六町
佐賀　壱里半　境原　壱里　神崎　弐里九町
中原　壱里廿二町　轟木　壱里　対馬田代　三里
筑前甘木　三里　く丶ミや　五里　日田　拾里
森村

合五拾六里半拾町

豊後森村江陸地

長崎　三里　大村領時津　七里　船　彼杵　弐里廿八町

佐賀領 嬉野　弐里廿四町　塩田　弐里壱町　成瀬　弐里拾一町
小田　弐里三町　牛津　壱里四町　嘉瀬　壱里六町
佐賀　壱里半　境原　壱里半　神崎　弐里九町
中原　壱里廿二町　轟木　壱里　対馬領 田代　三里
筑前 あま木　三里　く、ミや　五里　日田　拾里」
森村

合五拾三里

豊後森村江船路

長崎　三里　大村領 福田　三里　神楽嶋　四里
すまふ　三里　瀬戸　五里　七ツ釜　壱里半
冬切　七里　平戸領 牛首　五里　青さ崎　弐里
平戸　八里　唐津領 馬渡嶋　五里　呼子　三里
柏嶋　四里　姫嶋　七里　玄界　七里
相ノ嶋　七里　地ノ嶋　六里　山鹿ノ御崎　七里
長門 下ノ関　七里　本山　廿五里　豊後 竹田津　拾一里
ミの崎　三里　深江　三里　徒累ミ　拾里　陸
森村

合百四拾六里半」

豊後佐伯江陸地

長崎　弐里　日見　壱里　佐賀領 矢上　五里
嶋原領 あいつ　三里　興代　三里　古賀　弐里
嶋原　七里　船　肥後 高橋　壱里半　熊本　五里
大津　六里　内牧　三里　坂梨　弐里
佐々くら　壱里　志うち野　弐里　大塚　弐里
玉來　六里　三重　三里半　野津市　三里半
臼杵　七里　佐伯

合六拾五里半

豊後佐伯江陸地

長崎　弐里　日見　壱里　佐賀領 矢上　四里
諫早　弐拾里　船　筑後 柳川　弐里　瀬高　弐里」
原ノ町　弐里　肥後 南ノ関　五里　山鹿　七里
大津　六里　内牧　三里　坂梨　弐里
さゝくら　壱里　志うち野　弐里　大塚　弐里
玉來　六里　三重　三里半　野津市　三里半
臼杵　七里　佐伯

合八拾壱里

豊後佐伯江陸地

長崎　弐里　日見　壱里　佐賀領 矢上　四里
諫早　三里　湯江　四里　多良　三里七町
者満　弐里壱町　塩田　弐里壱町　成瀬　弐里拾一町
小田　弐里三町　牛津　壱里四町　嘉瀬　壱里六町
佐賀　壱里半　原　壱里半　神崎　弐里九町
中原　壱里廿二町　轟木　壱里　対馬領 田代　三里」
筑前 あま木　三里　く丶ミや　五里　豊後 日田　七里
く春四日市　七里　遊のゐん　七里　府内　七里
臼杵　七里　佐伯
合八拾壱里半拾町

豊後佐伯江陸地

長崎　三里　大村領 時津　七里　舩　彼杵　弐里廿八町
佐賀領 嬉野　弐里廿四町　塩田　弐里壱町　成瀬　弐里拾一町
小田　弐里三町　牛津　壱里四町　嘉瀬　壱里六町
佐賀　壱里半　境原　壱里半　神崎　弐里九町
中原　壱里廿二町　轟木　壱里　対馬領 田代　三里
筑前 甘木　三里　く丶ミや　五里　豊後 日田　七里
くす四日市　七里　遊のゐん　七里　苻（ママ）内　七里
臼杵　七里　佐伯
合七拾八里」

豊後佐伯江船路

長崎　三里　大村領 福田　三里　神楽嶋　四里
春まふ　三里　瀬戸　五里　七ツ釜　壱里半
冬切　七里　平戸領 牛首　五里　青さ崎　弐里
平戸　八里　唐津領 馬渡嶋　五里　呼子　三里
筑前 柏嶋　四里　姫嶋　七里　玄界　七里
相ノ嶋　七里　地ノ嶋　六里　山鹿御崎　七里
長門 下ノ関　七里　本山　廿五里　豊後 竹田津　拾一里
ミの崎　三里　深江　拾里　佐賀関
佐伯
合百五拾里半」

長州下ノ関より摂州大坂迄陸地

赤間　弐里餘　長府　弐里壱町余　小月　壱里弐町
吉田　弐里廿町余　厚狭市　壱里拾町余　舩木　弐里廿町
山中　弐里七町余　長門周防境 小群　弐里拾六町余　臺道市　弐里五町余
防府市　卅弐町余　浮野　卅弐町余　留海　壱里廿一町
矢地　壱里壱町　福川　拾九町　留田　壱里拾弐町余

野上　拾三町余　遠名　弐拾町余　久米　廿四町余
花岡　廿八町余　窪市　壱里拾七町　呼坂　拾弐町余
今市　弐里壱町　高森　廿八町　玖球本江壱里卅三町
柱野　卅五町余　御座　廿三町余　関戸　弐拾三町余
安藝境小瀬川　壱里　小方　壱里　久波　四里
廿日市　弐里　草津　壱里半　廣嶋　弐里
かいた　五里半　四日市　六里　ぬた　三里
備後三原　三里　尾ノ道　壱里八町　今津　四里
かんなへ　壱里廿町　鷹屋　壱里　備中七日市　三里
屋かけ　三里　河部　三里　板蔵　弐里半
備前岡山　四里　吉井（此間渡り有之）　弐里　方上　弐里
やけ山　壱里　三ツ石　三里　播磨うね　四里（此間ニうねノ渡舩有之）
方嶋　四里拾間　姫路　四里　かこ川　五里
明石　五里　摂州兵庫　五里　西宮　弐里
尼崎　三里　大坂

合百弐拾八里半弐町

江戸大廻船路

長崎　八里　椛嶋　廿八里　甑　廿五里　宇治嶋　拾八里
草かきの嶋　廿壱里程（但此草かきノ嶋と地ノ野間崎とならひ有之也此間八里程アリ風悪候得者地ノ方乗候而野間崎廻リ坊ノ津迄三里舩ヲ入候坊ノ津よりさ多ノ御崎迄拾八里）
さ多の御崎　八里　内浦　百六拾里程　紀州崎　五拾里
伊勢鳥羽　七拾五里　伊豆高良　五里（天氣能候へハ紀州崎より下田迄直乗候）
下田　三拾五里　三崎　五里　浦川　拾三里
江戸川口

合四百五拾壱里

江戸大廻瀬戸内乗前

長崎　卅三里半　平戸　拾三里　呼子　七里
姫嶋　七里　玄界　七里　相ノ嶋　七里
大嶋　六里　山鹿ノ御崎　七里　下関　拾八里
むかふ　拾八里　上関　七里　かふろ　五里
津和　八里　鎌川　拾里　者なくり　拾里
鞆　拾里　下津井　拾里　牛窓　拾里
室　拾三里　明石　五里　兵庫　拾里
大坂　五拾五里　紀州崎　五拾里　伊勢鳥羽　七拾五里
伊豆高良　五里　下田　卅五里　相模三崎　五里
浦川　拾三里　江戸川口

合四百五拾九里半

（表紙題簽題）
長崎諸事覚書（第三冊目）

（本文）
一長崎到着之日者先相奉行方江直相越
御奉書等相渡之諸事互ニ申談候事
一到着之日者組中手前之者共ニ不残
内町(27)より料理出之候ニ三日も過候而銀
七枚内町中江出之別内町之年行事(28)ニ
相渡之事
一到着之翌日以飛脚立之但居続之
かたへ相越書状等認両判を以差上候事
一到着候而ニ三日も過末次平蔵(29)高木作右衛門(30)江
帷子二単物一町年寄(31)四人江帷子壱
単物一充遣之但重陽過候而到着之時ハ
平蔵作右衛門江時服代七枚充町年寄
ともへ同五枚充遣之右之使中小姓尓
内町年行事為案内差添遣之事
一九月諏訪明神祭礼(32)之次第七日ニ者
屋敷前ニ内町より桟敷掛之桟敷前之

警固肩瓶尓刀弐人充四人熨斗目
着之相勤諏訪より御輿之為供奉
名代ニ用人壱人熨斗目着之出候就夫
歩行五人麻上下同心五人對之羽織
町使弐人麻上下ニ而出之但両奉行之内
一方不居合候得者其名代をも出之幷
長柄廿本両屋敷より出之長柄持者
内町外町より十人充出ル祭礼候而
月番之方ニ料理有之其節者高木
作右衛門町年寄常行事年行事(33)
町使(34)さじ(35)又ハ手前組中迄不残
料理給させ候事
一同九日ニ者諏訪江参詣桟敷ニ有之而
御輿波戸場より巡輿以後神前江銀子
弐枚献之参拝終而又桟敷へ出
やふさめ過而帰宅事
　但与力熨斗目同心對之羽織ニ而警固
　相勤之桟敷者町中より懸之
一同十二日ニハ於諏訪神事能有之就夫

両奉行共彼地江相越候与力熨斗目
同心對之羽織ニ而警固勤之事
一諏訪祭礼過候而到着尓をひてハ勝手
次第諏訪江参詣銀子弐枚献之事
一九月廿日阿蘭陀船払ニ付而例年松平
右衛門佐[36]松平丹後守[37]両人之内当番之方
九月十八九日比長崎江被相越候依之」
今度到着之奉行之方ニ而料理出之候
　但三汁七菜
一右両人之衆いつれ尓ても長崎江見廻
被申候節者近辺迄使者遣之但奉行
人見舞候事者其砌者諸事取込候ニ
付而以使者一礼申上遣候併様子ニより
ちらと見舞候儀も有之事
一船払之翌日次飛脚立之候但居続之
かたへ相越書状等認以両判差上候事
一船払相済候日より三日目ニ居続之方
より到着之方へ月番相渡之候勿論
書物引替其上諸事埒明候而相渡候

其迄者到着之方者組中共休せ候
月番請取候翌日より居続之休候而發足」
迄者組中共ニ役等ニも不出之候併緩々と
可逗留御用も有之候ハ、十日休せ十一日
目より役等ニ出之不然者両方隔日ニ
可為相勤事
一両奉行長崎ニ居合候内荷役[38]出船検使
其外町中又者諸方より申來候用事等
惣而何事ニ不限月番切ニ申渡之一方へ
不申遣候併不相通候而不叶儀者一方江も
其趣を別其者ニ申遣候使者之時茂
大形者同前事
　但異国人死又者町中喧吪自害等之
　節者別検使之者一方江も罷越其趣
　を申届候事
一月番請取候て翌日よりハ両人江所々より」
書状参候共月番之方斗之返礼尓て
發足之方者加判尓不及候事
一切支丹宗門之書物月番江相渡儀者

長持引渡候以後相渡來候得共書物共
出來申候得者同日一度ニも勝手次第
請取渡いたさせ候事
一月番請取候以後勝手次第発足之方へ
暇乞之料理いたし候事
一船払相済候て追付西泊戸町之番所(39)ニ
相詰候番頭之者共へ致料理候其上ニ而
船払相済候間如例勝手次第帰参候様ニと
番頭江申渡候但發足之方之奉行所江者
船払前料理出候此時も船払相済
候ハヽ勝手次第帰参候様ニと申渡候事」
但二汁五菜塗木具右何茂盃取替之
高木作右衛門召加之候
一近国衆より被指置候付人江茂不残致
料理候いつれも番頭之者共振廻候時之
通替事無之候
一右之以後平蔵作右衛門并扶持人医者其
以後町年寄常行事其以後両年行事
出嶋乙名阿蘭陀通事(40)共其以後唐通事
用聞共へ四度程ニ料理給させ候但発足
方之奉行所江者船払前召寄候而能候
但二汁五菜
一長崎到着之砌大音寺晧台寺本蓮寺江
参詣之節銀子壱枚充持参之
但翌年正月ニも参詣無之七月ニ者」
大音寺晧台寺江斗銀子持参之
一年行司清帳裏判之儀者萬普請
其外御入目之事共年番之方ニ而致吟味
一方者年番之方裏判斗を証拠ニ用
裏判致候事
一公義御調物者於奉行所相改之其節ハ
末次平蔵高木作右衛門并平蔵下代其外
それ〳〵の目利之者共不残罷出遂吟
味相極之候其節入用壱人与力一両人充
付置之候事
但御加羅者目利之(41)者共吟味之上ニ而相極之
御試木少充江戸江差上之其内ニ而差
図被仰下候木を調候事

一公義御調物年番之方ニ而直談いたさせ」
一方江者不申通相究候勿論名代之者も
不遣候事
一切支丹宗門道具所々より被指越候得者
帳面ニ者書付之一方江者見せ不候へとも
当番之方ニ而焼割海へなかし候事
　　但町中より持來候宗門道具者遂吟味
　其上ニ而打砕海へ捨させ候事
一松平右衛門佐松平丹後守大久保出羽守[42]松平
主殿頭[43]松浦肥前守[44]大村因幡守[45]五嶋
淡路守[46]なと当所為見廻被相越候陸之
時者町者つれ迄船之時者高崎辺
迄使者遣之上下ニ而遣時も有之候得共
大かたハ羽織袴ニ而も能候此時料理之
儀をも遣候事」
一内外町両年行事役儀相仕廻暇遣候
節者内町年行事銀五枚外町年行事
銀三枚出之
一下年行事ニも到着之暮と翌年発足
前銀壱枚充出之
一正月二日次飛脚之年頭之御祝儀
為可申上也
一桜町高札立候節者検使与力弐人
遣之并其年之年行事壱人桜町之おとなも立合候事
一右同所ニ有之嘱託咤銀者町年寄常行事
壱人充ニ而隔年ニ預之并内町年行事
相加毎年手形仕差出候但銀
昼夜之出し入者豊後町桜町勝山」
町此三町ニ而一年代ニ相勤候依之預候町ハ
其年之公役無之事
一例年四月と九月初此触状遣候其
所々ハ松平丹後守松平右衛門佐大村因幡守
松平主殿頭天草御代官五嶋淡路守
立花左近将監[47]松平大隈守[48]松浦肥前守
大久保出羽守細川越中守[49]宗對馬守[50]
此拾弐ヶ所江遣之右四月ハ異国船入津之
砌ニ候間領分浦々被入念候様ニ与申遣之
九月者異国船近々帰帆申付候間於浦々

飛乗之者無之又ハ船中之者不残置候様ニ
可被申付之旨申遣之事
　右在江戸之面々ハ誰之家老中又ハ誰之
　留守居中与相認遣之但右之状箱共」
　付人又者用聞之町人ニ相渡之
一松平右衛門佐と松平丹後守と長崎湊口之
番所請取渡之節者在所より参候家來之
者長崎奉行所江罷出番所請取候之儀
差図候様尓と申候別條も於無之者如例
請取候様尓と申渡候又渡候方よりも
番所可相渡哉と伺之候此時も如例
相渡候様ニと申渡之事
一松平右衛門佐松平丹後守当番之方帰国之
砌者追付長崎江被相越候其節者料理出候事
一阿蘭陀一番船入津以後右衛門佐丹後守
当番之方長崎江被相越事
一自然長崎火事之節者西泊戸町より
番船出之両五番所之前を取切候而」
往還之船押留ル其上御用之為ニ小早
ニ艘ニ鉄炮大頭二人小組頭四五人足
少々乗候而波戸場ニ相詰有之候火事
鎮候て以後番船ひかせ候様ニと波戸場江
使を遣之事
一町中より八朔之(51)礼請之候日町年寄共
年行事町使さし手前組中迄
不残懸合之料理給させ候事
一長崎升目相究候節者町年寄所江用人
壱人与力壱人遣之町年寄常行事
并年行事も立合候而升目相究焼
押之升之賣主者新大工町おとな小林
助左衛門壱人ニ馬場三郎左衛門(52)被申付候之由
今以其通ニ候右者正保四亥年板倉」
周防守(53)時ニ三郎左衛門京都より升之本取寄
相定候之由但焼印者用人与力両封印ニ而
年行事預り蔵ニ入置之
一寛文九酉十一月新升之御所付出候依之
長崎者京升を用來候ハヽ弥其通相守候
様ニと御老中被仰候付翌年戌ノ春

町年寄高木彦右衛門江戸江相越候節
申付之於京都壱斗升壱升升壱合升
右三色相求彦右衛門長崎江令持参年行
事預り蔵ニ入置之事
一公義御買物(54)有之節者其品々帳面尓
書記之平蔵作右衛門判形仕同帳冊差
出候其内壱冊者以両判奥書相調平蔵尓
渡置之壱冊者御荷物宰領之与力ニ」
もたせ江戸江遣之壱冊者其年発足之
奉行江戸江持参申於殿中御老中江
差上之候宰領之与力ニ相渡候帳面者
御荷物江戸到着之砌御納戸頭衆江相渡候
就夫御役人宛銘々被請取之右帳面之
所々ニ判形被致此方江被相渡候此帳者
翌年之秋長崎江令持参以両判奥書
相究平蔵ニ相渡之前々年平蔵ニ渡置候
帳者此方江請取両判共ニけし候て御
用長持ニ入置候事
一公義御荷物有之時分者参府ニ奉行
長崎発足之二三日前ニ差遣之為宰領
与力一両輩同心一両人充遣之躰尓より
目分之ものも差添之
但此節者大坂城代衆町奉行へハ書状」
伏見奉行京都所司代御納戸頭衆御
書物有之候得者御書物奉行右何茂
銘々ニ両奉行以連判書状相認御荷物
遣候儀申遣之所司江者道中人馬
之御朱印与力江被相渡候様ニと申遣之
一右御荷物候前日長崎より大坂迄先達而
相触候證文壱通遣之是ハ人馬船等用意
可仕旨申遣候付而也
但御荷物出候日も宿次之書付差添
遣之
一朝鮮人漂着之節者其所之領主より
警固差添被送越候依之与力弐人歩行」
壱人同心壱人并町使壱人遣請取之其節ハ
宗對馬守付人并朝鮮口通事候者同
宿主罷出候此通事ハ付人かたより召連出ル則朝鮮

人於船中壱人充改之所持之道具茂
不残改書付之無相違之警固之者
同宿主ニ手形為致候事
一右之朝鮮人共船より上ケ一人充踏絵を
ふませ直ニ奉行所江召連参候就夫不残
白州江召出様子相尋別條も無之候得者
則對馬之付人江渡對州江送遣候様ニと
申付候其以後朝鮮人口書幷諸道具等
請取手形對馬之付人同宿主書出之事
　但右之口書ハ漂着之趣申上候節江戸江
　差上候」
一朝鮮人乗來候船破損致候得者先朝鮮人
斗被送越船者跡より被指越儀も有之候
其節も与力弐人歩行壱人同心壱人幷
町使壱人遣之請取申候但對馬之付人
同宿主罷出直請取之此方よりの検
使ハ立合迄ニ而候尤も破船道具請取手形
者右付人宿主より書上之候事
　但船具等之目録警固之者差出候節者
　右付人宿主ニ裏書いたさせ為請取候故
　手形ニハ不及候事
一朝鮮人ニ者長崎逗留中幷對州着船迄
之御扶持方野菜銀等被下之候就夫
末次平蔵召寄其段申渡之候御扶持方
野菜等之銀請取手形者付人宿主より」
書出候付而致裏書平蔵より銀子為請取候
右先年より之以引付申付候故郷扶持方
銀なとの書付江戸江差上候尓ハ不及候事
一琉球人漂着之節も右朝鮮人之通尓
其領主より被送越候就夫請取銀之次第
検使又者改等も朝鮮人と同事也
奉行所ニ而遂僉儀別条無之候得者
則松平大隈守[55]付人か又ハ用聞之町人江
相渡之遣事
　但　公義より御扶持方等ハ不被下之候
一両奉行屋敷寛文三夘年之火事焼失」
依之其年中ニ御普請被　仰付御手伝
松浦肥前守[56]被相勤但毎年之破損者

内町中より相詰之候事
一籠屋も右同事焼失依之松平丹後守江
被　仰付造作諸事入目等迄丹後守より
為御奉公被仕上之候事
　但破損有之節者　公義御入目ニ而申付之
一西泊戸町両番所前廉者小屋懸ニ而候
処寛文七未年松平右衛門佐松平丹後守
より造作諸事入目等迄被仕之候勿論
年々之破損も石火矢台迄右両人より
被致之候事
一東奉行所新加与力長家申之年尓
建之候西奉行所新加与力長家次籠屋之」
内石垣築出増籠番之者長屋酉年
建之候右三ケ所作事御入目欠所銀ニ而
申付候就夫銀子入目次第奉行所
以裏判可相渡旨平蔵江之御添状出
候事透(ママ)と出來以後同人江之御證文
出前廉之御添状と引替之候事
一馬込御舩蔵前廉ハ小屋懸ニ而候処
寛文十戌年御普請被　仰付候材木等
不足之分者五嶋天草薩摩之付人江
作右衛門町年寄共心得ニ而申渡其上ニ而
右之所々より被差廻候御普請御手伝者
松平右衛門佐(57)江被　仰付候右御普請中
町年寄高木作兵衛後藤宗左衛門常行事
薬師寺宇右衛門小柳太兵衛此四人替々
御普請場江罷出候依之為御褒美町」
年寄ニ銀拾枚充常行事江同五枚充
被下之候
一浦々寄物有之時之事是ハ寛文七未ノ
春被　仰出候趣を以可申付之又異国向之
舩幷舟道具等是又其領主へ可被揚
置之旨同年被仰渡候付其通其所々へ
及返事候事
一公義より流罪申付候節者町使(58)壱人
幷其町之与頭壱人充差添遣候事
　但是ハ戌年五嶋へ流罪之者有之而如此
申付之

一当所町内ニ不覚悟者有之而流人尓遣度旨親類又ハ町中より訴訟申出候節者願之通申付之候於然者流人遣候所之領主へ書状遣之則其訴訟人江右之書状相渡之遣候事
」
一公義より追放之者ハ長崎境迄町使を差添遣之事
」

（目録）

目録

一阿蘭陀船入津より帰帆迄之覚書
一持渡候諸色より出口銭銀覚
一阿蘭陀人江戸江罷上候前後覚
一出嶋江検使遣覚
一常々かびたんやとひのもの、覚
一出嶋家持やとひのもの、覚
一出嶋町惣坪数覚
一阿蘭陀年々売高幷口銭高覚
」

（本文）

阿蘭陀船入津より在留中覚

一阿蘭陀舟入津前与帰帆前与両度所々江浦触之書状差遣之候其時分者四月初九月初ニ遣之事

一阿蘭陀船入津之節者野母深堀より注進之押付為簾合出嶋より阿蘭陀人幷通事遣之候検使ニ者歩行者一人同心壱人遣之右之もの共不残入津之阿蘭陀船尓乗移様子相尋諸事見届候而右之阿蘭陀人召連出嶋へ入置検使之ものハ罷帰候事

一右入津之節ハ夜中尓不限早速為船番(59)歩行者壱人同心壱人番船ニ乗遣之若いまた阿蘭陀船不入來時者かう崎辺迄も出向候自然風悪敷阿蘭陀船於漂候者船番之ものも扣有之而様子見合阿蘭陀舟入來時同事ニ差添阿蘭陀舟碇を入候得者則其所尓番船
」

も懸り候て舟番相勤め候事
　但阿蘭陀舟之番船者入津より
　出船迄昼夜共尓不絶差置之事
一阿蘭陀船碇を入候て以後者町使も別番
船ニ壱人充乗同前ニ相勤候但阿蘭陀船
二艘迄ハ町使船一艘三艘より五艘迄者
町使船二艘六艘より上ハ三艘程ニ而相
勤之用事有之節者歩行同心差図
仕候事
一風強候て番船乗出候事難成節者波戸
場之腰懸所尓有之而船番相勤候
其内風しつまり候へハ番船尓取乗
本船尓相添船番相勤之候事
一風強候て番船難懸節者本船尓乗移
風しつまり次第又番船江乗戻候事
一阿蘭陀一番船入津次第出嶋おとな組番
召寄之例年出嶋自身番等其外
諸事入念可相勤旨申付之事
一入津阿蘭陀船幷荷物等改之次第
壱艘尓与力弐人歩行同心弐人
通事弐人町使之者壱人遣之出嶋
家持幷筆者も船ニ乗候事
一右之節出嶋江も与力弐人歩行之もの
壱人同心壱人通事弐人町使一人出嶋
家持幷筆者之者も出候事
一右之通船与出嶋与両所尓検使の者
有之而船より差越候荷物等於出嶋
改之相違於無之者船より差越候書付
尓裏書致し遣之候荷物之上乗尓は
歩行之者壱人同心壱人幷阿蘭陀人も
壱人充相添だんべい尓て出嶋江はこび
入候事
一阿蘭陀武具幷玉薬者出嶋迄伊奈
佐之蔵尓入則与力封印ニ而差置之候
阿蘭陀持用之諸道具者出嶋阿蘭陀
居所尓差置おとな預ニ而指置候事
一右持渡候商売物不残出嶋へ揚仕廻
船中所々改之其以後船中ニ而遣用之
」

諸道具斗出置其外者舩之こほりの内へ
取込則与力封印付置候事
但右之諸道具之内阿蘭陀人入用之物有之
節者其後度々奉行所江申断候付而為
検使与力壱人歩行壱人同心壱人通事
差添遣之こほりの封を改入用之物
出遣又本のことく封を付置候事
一阿蘭陀舟者梶抜之併梶作り付か又は
梶抜候てハ舩損候様子ニ候得者其分ニ而も
為差置候事
一阿蘭陀舟江入用之者望候節者出嶋おとな
書付之令持参候不苦物ニ候得者用人并
當番之与力裏判相調番舩江遣之番舩之
者相改為積之候事
一阿蘭陀人舩より出嶋へ揚又舩江戻候節も
歩行之者壱人同心壱人遣之事
一はっていら尓て水取候節者為検使歩行
者壱人同心壱人遣之事
但はっていら常ハ波戸場ニ差置候付而

阿蘭陀人入用之節者断次第遣候
一阿蘭陀舩修復有之節者検使与力
壱人中小姓壱人歩行者壱人同心一人遣候事
一於出嶋阿蘭陀商売物之荷口披候儀者
かひたんよりおとな通事を以日限
相伺次第申付之候其以後町年寄をも
召寄右之趣申聞例年之通ニ可仕之旨
申渡候依之町年寄共より則町中江
相触候事
但とひ札并せり買仕間敷旨相触事
一出嶋勘(60)板出候日并札披候(61)日も町年寄とも
家持通事町使なとも出嶋へ罷出候是ハ札
場又は荷物出候蔵々不作法に無之様尓との
事候
一阿蘭陀舩入津より出舩迄出嶋おとな出嶋ニ
相詰罷在候并出嶋家持廿四人(62)ニ而弐人充
自身番相勤之候事
附入津より出舩迄出嶋之内両所ニ不寝
番の者四人差置之事

阿蘭陀船帰帆覚

一例年九月廿日[63]阿蘭陀船払付而帰帆
一両日前ニ其年居続候奉行所江両人之
かひたん[64]罷出候此節者奉行出合例年
通申渡之候但用人壱人与力壱人
両使ヲ以通事之者へ相伝之則通事
書付之趣をかひたん共へ申含候事
一阿蘭陀船帰帆之砌船尓積候荷物等改候儀
出嶋へ与力弐人歩行者一人同心二人通事
町使出嶋町人何茂立合改之候荷物之
封印請戻者右之町人共ニ而候得共荷物
十程之内一二三ハ切ほとき相改之無別条
候得者書付之段々に本船江遣之候其
節者歩行一人同心壱人阿蘭陀人も
差添遣之事」
一船尓は与力弐人歩行壱人同心壱人通事
町使出嶋町人等有之而出嶋より差遣候」
荷物共改之無相違候得者書付ニ致
裏書差戻候事」
一阿蘭陀船帰帆之時番船者白戸迄相添
参帆影見へ候迄者此所ニ有之而帆影
見隠候て戻り候事
一町使も別船ニ壱人充乗右之通相勤候事
一阿蘭陀船不残帰帆候て以後出嶋為仕置
用人壱人与力壱人遣之所々令見分
相残候阿蘭陀人共改之所々自身番
をもひかせ候様尓と申付之事」

阿蘭陀荷物より出口銭銀覚[65]

一鮫[66]　珊瑚珠　但珊瑚ハ申年より御停止ニ而不持渡候
右ハ売高壱貫目ニ付口銭銀百目充」
一白糸　黄糸　端物　荒物[67]
右者売高壱貫目ニ付口銭銀五匁充

阿蘭陀人江戸江罷上候前後覚

一江戸江罷登候阿蘭陀人之儀かひたん壱人へとる壱人外科壱人筆者一人以上四人此外通事弐人町使弐人遣之候奉行所よりハ与力壱人同心壱人差添遣之事

但通事町使ハ順番ニ遣之事

一阿蘭陀人長崎発足之前廉公義江差上ケ候品々書付之通事とも持参申候右之差上ケ物奉行所ニ而令見分則出嶋へ返遣候事

一阿蘭陀人荷物仕廻候節者出嶋へ為検使与力壱人歩行之者壱人同心壱人遣之又出嶋より舩ニ積候時も右之ものとも遣之候但与力と同心ハ阿蘭陀に差添江戸江遣ものとも遣之事

一江戸江罷越候阿蘭陀人共発之一両日前奉行所へ罷出候勿論あひ候て則返し候」

一阿蘭陀人小倉迄ハ陸を相越其より大坂迄令渡海候事

一大坂江着候而以後町奉行江礼ニ罷出候事

一京都ニ而者所司代幷町奉行江も礼尓罷出候事

一阿蘭陀人江戸到着之日在府之長崎奉行人幷切支丹奉行江も警固之与力罷越到着之趣申届之候事

一在府之奉行人より警固之与力へ火之本以下諸事不作法無之様ニ可申付旨折々申遣候事

一阿蘭陀人御礼申上候日ハ下馬迄歩行之者壱人遣之所々はり番所ニ而相断之百人番所江も如例阿蘭陀人御番所ニ御入置候様ニと申遣之候其以後御玄関迄歩行之者相添罷越従其歩行者ハ罷帰候事」

一阿蘭陀人御礼仕候仕直ニ御老中其外所々江如例罷越候此節者奉行人より

検使之ものハ不遣候事
一阿蘭陀外科望之方在之候得者在府之奉行人より阿蘭陀宿ニ居候与力方江申遣之候此節者通事壱人町使壱人めしつれ参候事
一ちんた酒望之方是又奉行人江申来候是も与力かたへ相渡させ候様ニと申遣事
一阿蘭陀人御暇被下候節者下馬まて案内之もの遣し候儀右同断事
一阿蘭陀人江戸発足前長崎より相添参候与力同心ハ江戸ニ残り候与力同心江引渡候然共発足之朝迄者彼宿尓一所ニ有之事
一阿蘭陀人罷帰候時分も京都江立寄候逗留中清水大仏なと令見物候事
一阿蘭陀人自然道中ニ而相果候得者其所之守護代官江相知せ則某所ニ死骸を埋置所之ものかたより手形取之候此以前於江戸相果候節者浅草穢多村江埋之候其節者与力同心遣由

出嶋江検使遣候覚

一阿蘭陀人江戸より罷帰候砌も奉行所へ罷遣候此時々検使歩行同心壱人充幷通事差添遣之事
一於長崎阿蘭陀人薬草見申度之由望候節遣候検使右同断
一ちんた酒調被申度旨奉行所江被相断宛有之節遣候検使も右同断
一阿蘭陀人相果候節者与力壱人歩行壱人同心壱人町使壱人通事遣之別條も無之候得者伊奈佐へ為埋候事
一惣而阿蘭陀人出嶋より外へ被出候節者為検使歩行壱人同心壱人遣事

常にかひたん雇候者之覚

一筆者　一人　是ハ用事次第出入
一料理人　三人　一物あらひ　壱人

一水汲　弐人　　一こんふら　弐人
是ハ買物使之事

一野牛草切　壱人
右ハ常に出嶋へ致出入候但月々に入替候
いつれも月々に町年寄ニ而誓詞
申付之

一出嶋かね座[69]之者三拾人餘此ものともへハ
阿蘭陀人かたより銀子百枚出之

常に出嶋家持[70]やとひ候者之覚

一日行事　壱人
是ハ入津より出船迄ハ不絶出嶋へ致出入候
常ハ用事次第出入候但年寄所ニ而誓詞申付

一辻番　四人
是ハ替〻夜廻いたし候但月々に入替候
いつれも町年寄所ニて誓詞申付之」

一門番小使之者　弐人
是も月々ニ入替候但町年寄所ニ而誓詞申付之

入津より出船迄出嶋家持雇候者覚

一筆者　弐人

一不寝番　四人
但出嶋之内両所ニ在之而夜廻いたし候何も
町年寄所ニ而誓詞申付之

一出嶋門定番者町年寄常行事召仕之
もの共に町使壱人差添常弐人充ニ而
勤之出嶋門出入之もの相改注帳面毎
朝奉行所江持参之

一出嶋坪数三千八百八拾五坪六分四毛
此地主弐拾五人
但阿蘭陀人居住ニ付而阿蘭陀人より」
家地代として毎年銀五拾五貫目充
出之此銀廿五人ニて割取之右之者共
入津より出船迄出嶋之自身番相
勤之荷役荷積之節者四番ニして
罷出其外荷口披候而者皆々毎日
罷出候

阿蘭陀船年々売高幷口銭銀覚

正保五子年六艘売高
一(71)銀合六千九百八拾七貫五百四拾七匁余
内
(72)五百五拾六貫七百六十拾五匁余　買物ニ而持渡之
(73)六千二百二拾壱貫四百目　丁銀銀道具ニ而
持渡
(74)弐百九貫三百八拾弐匁　遣捨分

慶安二丑年七艘売高
一銀合七千七拾六貫百六拾九匁余
内
七百七拾五貫六百卅四匁余　買物ニ而持渡之
五千三百四拾貫三百目　丁銀銀道具ニ而持渡
九百六拾貫弐百卅五匁余　遣捨分

慶安三寅年七艘売高
一銀合五千四百七拾弐貫五百四拾目余
内
千弐拾五貫八拾五匁余　買物ニ而持渡之
三千九百四拾貫六百目　丁銀銀道具ニ而持渡
五百六貫八百五拾五匁余　遣捨分

慶安四卯八艘売高
一銀合六千六百五拾六貫百五拾七匁余
内
千弐百九拾四貫四百廿五匁余　買物ニ而持渡之
四千八百九拾五貫六百目　丁銀銀道具ニ而持渡
四百六拾六貫百卅弐匁余　遣捨分

承應元辰年九艘売高
一銀合七千五拾弐貫弐百七拾三匁余
内
千六拾弐貫弐拾壱匁余　買物ニ而持渡之
五千五百三拾八貫九百目　丁銀銀道具ニ而持渡
四百五拾壱貫三百五拾弐匁余　遣捨分

承應二巳年五艘売高
一銀合七千四百弐拾三貫九百拾五匁余
内
七百八拾六貫七百六拾三匁余　買物ニ而持渡之
六千百九拾貫弐百目　丁銀銀道具ニ而持渡

四百四拾六貫九百五拾壱匁余　遣捨分

承應三午年四艘売高

一銀合五千百九拾貫七百七拾六匁

内

九百貫三百廿四匁余　買物ニ而持渡之

三千八百四拾八貫弐百目　丁銀銀道具ニ而持渡

四百四拾弐貫弐百五拾壱匁余　遣捨分

明暦元未年四艘売高

一銀合五千百弐貫五百九拾匁余

内

七百三貫九拾壱匁余　買物ニ而持渡之

四千拾壱貫五百目　丁銀銀道具ニ而持渡

三百八拾七貫廿三匁余　遣捨分

明暦二申年八艘売高

一銀合八千四百三拾五貫四百八拾弐匁余

内

千六百六拾八貫七百四拾七匁余　買物ニ而持渡之

六千百九拾貫弐百五拾目　丁銀銀道具ニ而持渡

五百七拾六貫四百八拾四匁余　遣捨分

明暦三酉年八艘売高

一銀合五千八百七拾三貫三百目余

内

弐千拾七貫三百七拾三匁余　買物ニ而持渡之

三千四百四拾四貫弐百卅七匁　丁銀銀道具ニ而持渡

四百拾壱貫六百九拾目余　遣捨分

万治元戌年九艘売高

一銀合七千九百六拾壱貫八百卅匁余

内

千八百拾壱貫九百卅七匁余　買物ニ而持渡之

五千六百四拾貫五百四拾七匁余　丁銀銀道具ニ而持渡

五百九貫三百四拾八匁余　遣捨分

万治二亥年八艘売高

一銀合八千六百六拾六貫三百六拾四匁余

内

千四百廿弐貫五拾目余　買物ニ而持渡之

五千九百六拾貫三百九拾五匁余　丁銀銀道具ニ而持渡

六百八拾三貫九百拾八匁余　遣捨分

万治三子年五艘売高

一銀合六千五百四拾五貫弐百五拾八匁

内

千七百拾五貫五百五拾七匁余　買物ニ而持渡之

四千弐百六拾八貫三百八拾五匁余　丁銀銀道具ニ而持渡

五百六拾壱貫三百拾五匁余　遣捨分

寛文元丑年拾壱艘売高

一銀合九千百弐拾八貫六百八拾八匁余

内

弐千九百五拾八貫百六拾六匁余　買物ニ而持渡之

五千五百四拾三貫五百九拾目餘　丁銀銀道具ニ而持渡

六百廿六貫九百三拾弐匁余　遣捨分

寛文二寅年八艘売高

一銀合九千弐百四貫九拾目余

内

弐千六拾八貫四拾四匁　買物ニ而持渡之

五千九百六拾貫拾匁　丁銀銀道具ニ而持渡

千百七拾六貫三拾六匁余　遣捨分

右之口銭銀合五拾六貫八百三拾二匁三分余

寛文三卯年六艘売高

一銀合六千四百拾貫九百九拾三匁余

内

弐千弐百五拾九貫八百五拾目余　買物ニ而持渡之

三千六百七拾壱貫四百目　丁銀銀道具ニ而持渡

四百七拾九貫七百四拾弐匁余　遣捨分

右之口銭銀合三拾九貫弐百九匁余

寛文四辰年九艘売高

一銀合壱万千拾四貫弐百弐拾六匁

内

四千百卅八貫七百八拾五匁余　買物ニ而持渡之

五千六百弐貫四百七拾三匁余　丁銀銀道具ニ而持渡

千弐百七拾弐貫九百六拾八匁　遣捨分

右之口銭銀合六拾壱貫百六拾弐匁余(75)

寛文五巳年拾弐艘売高
一銀合壱万六百弐拾貫五百三拾七匁余
内
弐千五百七拾三貫八百五拾壱匁余　買物ニ而持渡之
七千四拾五貫六百目　丁銀銀道具ニ而持渡
千壱貫八拾六匁余　遣捨分
右之口銭銀合六拾壱貫五百廿四匁弐分

寛文六午年七艘売高
一銀合八千六百九拾九貫七百六拾八匁余
内
千九百九拾五貫六百拾匁余　買物ニ而持渡之
弐千四拾貫目　小判三万両ニ而持渡之
三千七百八拾七貫三百目　丁銀銀道具ニ而持渡
八百七拾六貫八百五拾八匁余　遣捨分
右之口銭銀合五拾五貫百八拾七匁余

寛文七未年八艘売高
一銀合壱万四百三拾貫三百三拾四匁余
内
弐千百四拾五貫百五拾弐匁余　買物ニ而持渡之
六千九百七拾八貫八百四拾目　丁銀銀道具大判小判ニ而持渡
内
大判拾枚　代銀五貫百目
小判五万両　代銀三千四百貫目
千三百六貫三百四拾壱匁余　遣捨分
右之口銭銀六拾弐貫九百五拾匁余」

寛文八申年九艘売高
(76)一金合弐拾万三千九百弐拾七両三分銀八匁余
此銀壱万千四百拾九貫九百六拾弐匁三分余　但一両ニ付而五拾六匁替
内
金三万三千五百五拾六両三分銀九匁余　買物ニ而持渡之
金拾五万八千七百五拾五両壱歩　小判ニ而持渡
金壱萬千六百五拾両弐分銀弐匁余　遣捨分
右之口銭銀七拾壱貫八百六拾六匁六分余

寛文九酉年五艘売高
一金合拾八万六千六百七拾七両壱分銀九匁余

此銀壱万四百五拾三貫九百卅五匁五分余　但壱両付五拾六匁替
内
金三万六千五百廿五両弐分銀拾弐匁余　買物ニ而持渡
金拾四万四千四百六拾四両壱歩　金子ニ而持渡
金五千六百八拾七両壱歩銀合壱匁余　遣捨分
右之口銭銀六拾壱貫八百四拾弐匁余」

寛文十戌年六艘賣高
一金合弐拾万四千七百四拾八両壱分銀七分四厘
此銀壱万千八百七拾五貫三百九拾九匁餘　但一両付五拾八匁替
内
金六万三百八両壱分銀壱分二厘　買物ニ而持渡
金拾三万弐千六百八拾四両　金子ニ而持渡
内大判弐拾弐枚　但壱枚付七両弐分替
金壱万千七百五拾六両銀六分弐厘　遣捨分
右之口銭銀七拾壱貫六百六拾目六分余

（表紙題簽題）
長崎諸事覚書（第四冊目）

（目録）
長崎覚書類　目録
一内外町六拾六丁覚
一町中ケ所数覚
一町中人数竈数覚
一舩手役相勤町覚
一惣寺社数覚　附三ケ寺　御朱印写
一亥年所々より來候米高覚
一卯年町中拝借銀高幷同年所々より来候米高覚
一戌年町中拝借米幷所々より来候米高覚
一町中酒作員数未申減少米高覚」

（本文）
内町(77)弐拾三町
一嶋原町　一大村町　一外浦町
一平戸町　一江戸町　一椛嶋町
一本五嶋町　一浦五嶋町　一本博多町
一堀川町　一今町　一新町

一本興善町　一後興善町　一金屋町
一下町　一築町　一船津町
一豊後町　一引地町　一桜町
一小川町　一内中町

外町(78)四拾三町

一出嶋町　一古川町　一榎津町
一本鍛冶屋町　一濱之町　一材木町
一本紺屋町　一袋町　一酒屋町
一恵美酒町　一西中町　一東中町　」
一上町　一筑後町　一八百屋町
一今魚町　一本大工町　一今紺屋町
一桶屋町　一古町　一今博多町
一大井手町　一勝山町　一糀屋町
一馬町　一炉糟町　一白銀屋町
一船大工町　一本石灰町　一今鍛冶屋町
一油屋町　一今石灰町　一今籠町
一本籠町　一磨屋町　一諏訪町
一毛皮屋町　一本紙屋町　一新紙屋町

一新高麗町　一新大工町　一丸山町
一寄合町
遊女アリ
右内外町合六拾六町　」

寛文九酉年改之
町中惣ケ所数之覚

一三千六百八拾三ケ所　内　九百六ケ所半　内町
弐千七百七拾六ケ所半　外町
此間壱万五千四百卅七間三尺四寸八分
内　三千五百七拾間四寸弐分　内町
壱万千八百六拾七間三尺六分　外町

内

一三千四百九拾五ケ所半　定役　内　八百六拾ケ所　内町
弐千六百卅五ケ所　外町
一百八拾七ケ所半　無役　内　四拾六ケ所半　内町
百四拾壱ケ所　外町

此内

百拾四ケ所半　乙名　六拾六人　内　卅壱ケ所半　内町
八拾三ケ所　外町
四拾弐ケ所半　外町日行事(79)　四拾三人

五ケ所　外町町使(80)　四人　散仕壱人
四ケ所　常行事(81)　弐人
五ケ所　末次平蔵(82)　内　四ケ所ハ下代」
唐通事(83)　九ケ所
拾三ケ所　阿蘭陀通詞(84)三ケ所　筆者　壱ケ所
弐ケ所　蔵屋敷
壱ケ所半　鳥之羽屋敷
ケ所はつれの間数
一八百八拾八間八寸五分　内　百廿壱間壱尺三寸五分　内町
七百六拾六間六尺　外町
内
九拾六間壱尺三寸五分　高木作右衛門(85)　町年寄(86)四人
百七間壱尺　末次平蔵　末次不竿
拾壱間　五ケ所之会所(87)
百五拾五間四尺弐寸五分　寺社七ケ所
弐拾間五尺弐寸五分　徒ふれ屋敷八ケ所
銀屋町乙名日行事屋敷
拾七間半　新大工町本鍛冶屋町本」

籠町門番屋敷
桜町田中助左衛門屋敷
四百七拾九間五尺弐寸五分　地子斗　上納之分」

寛文十一亥年改之
町中惣人数覚

ころひ
四千七百弐拾八人　内　男弐千百九拾人
女弐千五百卅八人
一四万五百五拾八人
元来
三万五千八百卅人　内　男壱万八千九百七拾四人
女壱万六千八百五拾六人
男弐万千百六拾四人　女壱万九千三百九拾四人
内
一壱万千五百九拾八人　内町弐拾三町之男女
一弐万八千弐百七拾四人　外町四拾弐町之男女
一六拾五人　但是ハ町はつれ
馬込ニ住居　御舟之者之男女
一弐百五拾五人　寺四拾壱ケ所之僧
一四拾七人　社拾ケ所之社人山伏
一弐百七拾四人　寺社之下人下女門前之者
一四拾五人　籠守籠番之者男女」

寛文十一亥年改之
町中惣竈数覚

一九千三百四拾壱竈　内　家持三千四百三拾五竈
　　　　　　　　　　　　借家五千九百六竈

内

一三千三百六拾九竈　家持内　七百弐拾壱竈　内町
　　　　　　　　　　　　　　弐千六百四拾八竈　外町

一五千八百八拾四竈　借家内　千八百四竈　内町
　　　　　　　　　　　　　　四千八拾竈　外町

一四拾壱竈　寺　内　三拾五ケ所　寺地アリ
　　　　　　　　　　六ケ所　借家

一拾壱竈　社　いつれも　宮地アリ

一拾三竈　山伏内　家持　七竈
　　　　　　　　　借家　六竈

一拾弐竈　御船之者内　船頭弐竈
　　　　　　　　　　　水主拾竈

一拾壱竈　籠屋内　籠守　壱竈
　　　　　　　　　籠番　拾竈

町中役人覚

長崎町人御扶助之者
高木作右衛門

右御米百俵宛於江戸被下之候唐船口銭銀之内ニ而毎年銀百五拾枚宛割遣之此外唐人より売高百貫目付銀弐枚宛阿蘭陀人より糸巻物取之

町年寄四人
高嶋四郎兵衛
高木作右衛門
高木彦右衛門
後藤惣左衛門

右四人唐船口銭銀之内ニ而毎年拾五六貫目宛割遣之但其年尓より高下有之作兵衛ハ跡々より五割増之積取之候右之外町年寄四人ハ於長崎銭を鋳立異国江売渡候此利銀も右口銭割之積を以四人ニ而配分之此外唐人阿蘭陀人より礼物取之候

常行事弐人
薬師寺宇右衛門
小柳太兵衛

右弐人唐船口銭銀之内ニ而毎年五貫目程宛

割遣之但其年尓より高下有之」

内町
年行事壱人

右年行事ニハ唐船口銭銀之内ニ而毎年八貫目宛
割遣之但此役人ハ町中より一年代ニ相勤之

外町
年行事壱人

右年行事ニハ唐船口銭銀之内ニ而毎年三貫五百
目宛割遣之但此役人ハ町中より一年代ニ相勤之

諏訪神主
青木宮内

右諏訪江唐船口銭銀之内ニ而毎年三貫目宛相渡
但社中修復等ニ銀子不足候得者唐船壱艘分之口銭
銀遣之

神職三人
田村新兵衛
奥之屋源左衛門
浦川七左衛門

右神職三人唐船口銭銀之内ニ而壱人ニ壱貫目宛割遣之」

内町弐拾三町
おとな弐拾三人

外町四拾三町
おとな四拾三人

右内外六拾六町壱町ニ乙名壱人宛有之内町
おとな尓は唐船口銭銀之内ニ而壱人ニ四五百目宛
外町おとな尓は三四百目宛割遣之但其年尓
より高下有之町中江も壱町ニ三貫目宛
割遣之是ハ内外共ニ高下無之

右六拾六町之内出嶋町壱町ハ阿蘭陀人より
毎年為宿賃地子銀五拾五貫目宛出候依之
出嶋壱町并おとな共ニ唐船方之口銭割ニハ除之

唐人通事四人
頴川藤左衛門　灤(ママ)州口
彭城仁左衛門　福州口
柳屋次左衛門　南京口
陽　惣右衛門　南京口

通事共口銭銀取前者
唐船売高百貫目ニ付而
壱貫目宛唐人方より
出之小通事ハ大通事
壱人前ヲ三人ニ而配分之

同小通事四人
林　甚吉　福州口
林　道栄　福州口
東海徳左衛門　南京口
頴川藤右衛門　漳州口」

阿蘭陀大通事四人
加福吉左衛門　南蛮口
本木庄太夫　阿蘭陀口
冨永市郎兵衛　同

大通事者阿蘭陀口銭
銀之内八九貫目程宛割

遣之小通事ハ三四貫目　立石太兵衛　同
程宛割遣之但其年
より高下有之
同小通事四人
樒林新右衛門　阿蘭陀口
名村八左衛門　同
中嶋清左衛門　同
中山作左衛門　同
イ異国通事三人
森田長助　しやむろ口
壱人ニ三人扶持宛遣之　末永五郎助　呂宋口
東京久蔵　東京口
目あかし唐人
周辰官「
六人扶持遣之
唐人年行事四人
唐通事共取候口銭銀内　林　一官
より壱貫目宛配分之此外　陸　一官
唐人より礼銀取之　薛　六官
呉　一官
書物目利三人
春徳寺江者銀廿枚宛毎年　春徳寺
遣之残二人ニハ唐船口銭銀之　書物屋次右衛門
内ニ而百四五拾目程宛割遣之　山形屋吉兵衛
但其年ニより高下有之
伽羅目利四人
唐船口銭銀之内ニ而壱人　我吉市郎右衛門
三百目程宛割遣之但其　村山善兵衛
年ニより高下有之　田中庄右衛門
唐物目利四人
林　七兵衛
福嶋休是
唐船口銭銀之内ニ而壱人　西脇久左衛門
三百目程宛割遣之但　冨士屋武左衛門
其年ニより高下有之　大木九郎三郎」
薬目利九人
薬屋与左衛門
九人之者共望之薬種者三分一　同　左太夫
買候儀者赦免之与左衛門壱人ニ者　同　次郎左衛門
唐船口銭銀之内百四五十目程宛　同　利右衛門
割遣之但年ニより高下有之　同　庄左衛門
同　仁兵衛
同　次郎左衛門
同　庄右衛門
唐船口銭銀之内百弐三十目　同　庄八郎
塩硝目利壱人
程宛割遣之但其年ニ　徳永源右衛門
より高下有之

唐舩口銭銀之内ニ而壱人百四五十目　鮫目利三人　鮫屋惣兵衛
程宛割遣之但其年ニより高下有之　同　八兵衛
齋家三郎兵衛
唐舩口銭銀之内壱人三百目程宛　籠屋醫師五人　吉田玄哲
割遣之但其年ニより高下有之　渡辺玄智
郡　三順
草野玄清
外科　栗崎道有」
籠守　江間三右衛門
右籠守ニ年行事払之欠所銀之内ニ而四百
三拾目遣之此外阿蘭陀口銭銀之内ニ而も
壱貫目程宛割遣之但其年尓より
高下有之此内ニ而十人之籠番江四百目程宛
籠守方より配分之
籠番拾人
右十人ニ年行事払之欠所銀之内ニ而壱人
三百目宛遣之此外籠守三右衛門方より口銭
銀之内ニ而四拾目程宛配分之
内町之町使十人　鶴田治郎左衛門

伴　与市兵衛
吉永安太夫
内町中より壱人ニ三百目宛　種田平次兵衛
出之　戸川彦助
高橋三左衛門
太田八右衛門
乾藤七郎
筆者　高尾次右衛門
外町之町使四人　中村弥三右衛門」
武井清兵衛
竹内徳左衛門
平蔵より壱人三百目宛遣之　三瓶善太夫
溝江傳右衛門
右拾四人之なかまへ唐舩口銭銀之内四貫目
宛毎年割遣之唐舩売高百貫目ニ付
銀百匁宛阿蘭陀かたより紗綾弐端宛右之
ものともへ出之筆者ハ唐人より外ニ礼銀取之
内町散仕二人　本庄茂兵衛
中山利左衛門

外町散仕壱人　塚原権兵衛

右之内二人江者内町中より壱人ニ銀五百三拾目宛
出之壱人江者平蔵より三百目程宛遣之外ニ従
唐人礼銀町使共取前之積程宛取之

波戸場清左衛門

船手町中より銀五百目阿蘭陀かたより銀壱枚
唐人より礼銀取之」

下年行事二人

普請方清左衛門

小使八人

此者共ハ内町之年行事取候口銭銀之内ニ而扶持方
銀給銀其々ニ配分之

石火矢張　今鍛冶屋町吉十郎
鉄炮張　新高麗町兵助
佛具屋　諏方町道助
古川町友佐

右四人之者共　公用之細工有之時分者申
付之候節者手間銀遣之

内町外町之内ニ而船手役勤候町

一築町　一下町　一江戸町
一椛嶋町　一浦五嶋町　一本五嶋町
一船津町　一小川町　一金屋町

右内町九丁より六人加子之番船九艘出之

一今魚町　一酒屋町　一袋町
一本紺屋町　一材木町　一古川町」
一浜之町　一今鍛冶屋町　一榎津町
一本石灰町　一船大工町　一本籠町
一恵美酒町　一出嶋町　一本鍛冶屋町

右外町十五町より六人加子之番船十五艘出之

右内外弐拾四町江阿蘭陀口銭銀之内ニ而
拾四五貫目程宛毎年割遣之但其年ニ
より高下有之

諸家在寺之覚　附　御朱印写

合三拾四ケ寺

内

浄土寺　五ヶ所　禅寺　拾ヶ所　法華寺　二ヶ所
天台寺　二ヶ所　真言寺　八ヶ所　一向寺　七ヶ所

浄土寺五ヶ所

御朱印寺
大音寺　三寶寺　浄庵寺　法泉寺
雲光寺」

大音寺　御朱印写

肥前国彼杵郡長崎之内大音寺境内
山林竹木等新規令寄附之畢
永不可有相違者也
寛永十八年九月廿七日
御朱印

禅寺拾ヶ所

曹洞
御朱印寺
皓台寺　曹洞 光雲寺　曹洞 高林寺　曹洞 永昌寺
斉家 春徳寺　斉家 禅林寺　斉家 雲竜寺
南京寺 興福寺　福州寺 崇福寺　漳州寺 福済寺」

皓台寺　御朱印写

肥前国彼杵郡長崎之内皓台寺境内
山林竹木諸役等令免除之畢永不
可有相違者仏事勧行不可怠惰者也
正保五年二月十七日
御朱印

法華寺二ヶ所

御朱印寺
本蓮寺　長照寺

本蓮寺　御朱印写

肥前国彼杵郡長崎之内本蓮寺境内山林
竹木諸役等令免除之畢永不可有
相違者仏事勧行不可怠惰者也
正保五年二月廿七日
御朱印」

天台寺二ヶ所
現応寺　　安禅寺
真言寺八ヶ所
延命寺　　躰性寺　　青光寺　　能仁寺
聖無動寺　愛宕山　　文珠寺　　清水寺
万治二亥年長崎飢饉ニ付近国之
御代官所又者御領所より被差廻候米高
一六千七百拾弐石七斗三升　豊後肥田領御代官　小川藤左衛 同　又左衛門
一弐千石　豊後松平市正御領所
一弐千石　豊前小笠原信濃守御領所
右之外隣国領主方よりも米被差廻候御料
私領共甲斐庄喜右衛門より被相觸」
寛文三卯年長崎火事ニ付町中
拝借銀幷近国より被差廻候米大豆覚

一銀弐千貫目　内外町中幷寺社共拝借
内
千貫目者　内町中　但間数三千四百間三寸
壱間ニ付弐百九拾目弐厘三毛三弗宛
但町年寄共ハ壱間ニ付四百卅五匁三厘四毛九弗か(ママ)
並ニ五割増ノ積
千貫目者　外町中　但間数壱万五十三間三尺七寸七分
上町壱間ニ付百弐拾壱匁九分四厘四毛五弗宛
中町壱間ニ付九拾七匁五分五厘五毛五弗宛
下町壱間ニ付七拾三匁壱分六厘六毛五弗宛
常行事ハ壱間ニ付百五拾八匁五分弐厘七毛八弗宛
上町並ニ三割増ノ積
拾壱貫六百弐拾五匁者　寺社三拾五ヶ所
是ハ外町割餘之銀也
右之御銀翌辰年より弐百貫目宛毎年
上納之筈ニ而辰年分ハ巳年ニ大坂江上納」
其以後午年ニ大坂金奉行衆之手形与平蔵
手形引替ニ相究候ニ付而巳年之上納銀より

平蔵受取之置候
但毎年弐百貫目宛上納之内未年より七百
弐拾目余不足是ハ朝鮮国江武具差渡候同類
八人死罪ニ付而也
一米五千五百九拾七俵　石ニシテ弐千六百ク拾七石　天草より來ル
一米弐千五百俵大豆千俵　石ニシテ七百七拾五石　松平右衛門佐(88)より來ル
一米三千八拾四俵　石ニシテ九百五拾六石四升　松平丹後守(89)より來
一大豆五百弐拾俵　細川越中守(90)より來
一米千俵石　石ニシテ三百拾石　松浦肥前守(91)より來
一米三百俵　石ニシテ九拾三石　大村因幡守(92)より來
一米千弐百五拾俵　石ニシテ五百石　高力左近(93)より來
米合壱万四千七百三拾壱俵
石ニ〆五千三百三拾壱石餘」
右者嶋田久太郎(94)在留之節也町年寄判形之
手形ニ久太郎裏判ニ而町中致借米之由

寛文十戌夏長崎米払底ニ付而
御城米拝借之員数并所々私領方より被差廻候
米高覚

一嶋原御城米 現米千石　松平主殿頭預之御用米
但四斗入弐千五百俵
一小倉御城米 現米四千石　小笠原遠江守(95)預御用米
但壱万四百六拾三俵餘内　四千六百廿壱俵ハ　三斗九升五合弐夕五才入
五千八百四拾弐俵ハ　三斗七升弐合入
一唐津御城米 現米三千石　大久保出羽守(96)預之御用米
但三斗入壱万俵也
都合八千石
右之御城米三ヶ所より段々ニ被差廻候着岸之
節者与力弐人出之則町年寄常行事」
平蔵手代罷出請取之其時々之以相場
直段相究致買上右之者共判形ニ而手形
相認宰領之者江相渡之代銀者翌年
三月中ニ不残三ヶ所江上納いたさせ候
一現米千石　松平丹後守より來
一現米七百石　細川越中守より來
一現米九百六拾石　有馬中務大輔(97)より來

一現米弐百石　　松平主殿頭[98]より來
一現米五百七拾石　松平大隅守[99]より來
　都合三千四百三拾石
右私領方より被差廻候米ハ其前々之相場」
次第ニ買取之代銀者同年秋中ニ皆済之
　但右之米町年寄常行事共請取手形ニ
　奉行人致裏書付人又ハ宰領之者共江
　相渡

酒屋数幷酒造米高覚

一未年より米壱万千三百八拾六石五斗五升
　酒屋百六拾壱軒ニ而造酒仕分
右百六拾壱軒之酒屋巳午両年ノ造酒可仕
石高壱年ニならし弐万弐千七百七拾三石壱斗也
此半分未年造酒可仕旨申付之候
一申年より米五千六百六拾六石六斗七升五合　造酒可仕分
右ハ未年之半分之石高也但百六拾壱軒之内壱軒ハ
朝鮮国江武具指渡候同類ニ而死罪ニ行候故
申年より除之
一酉戌両年者申年之石高之積を以毎年」
造酒可仕旨申付之
　但戌年より當座造之新酒ハ以来迄造之
　申間敷旨申付之」

（表紙題簽題）
長崎諸事覚書（第五冊目）

（本文）
一北京　唯今王城ニテ候韃靼置王
　順天府《ジュンテンフ》　土産　画眉石《グワビセキ》　銀魚　綿梨《メンリ》　薬種
　　　　　　　　　小間物道具
　保定府《ホウテイフ》　土産　蟾酥《タンソ》
　河間府《カカンフ》　土産　蔓刑子《マンケイシ》
　直定府《シンテイフ》
　順徳府《ジュントクフ》　土産　焼物　玄精石《ゲンセイセキ》
　廣平府《クワウヘイフ》
　大名府《タイメイフ》　土産　紫草《シソウ》　紫班石《シハンセキ》
　永平府《エイヘイフ》　土産　人参　丹錫《ス、》　紙
　延慶州《エンイ井シフ》州ハ府ヨリ小也　土産　葡苳《フトウ》　榛實《ハシハミ》
　保安州《ホウアン》　土産　牡丹《ボタン》
　萬全都指揮使司《バンセントシキシ》　土産　水晶《スイシャウ》　碼碯《メノウ》　黄鼠《ワウソ》
　　此國々より商人來」
日本より三百四十里程
一南京《ナンキン》　古ノ王城ニテ候今ハ王ナシ文官武官アリ　韃靼より置之
　應天府《ヤウテンフ》　土産　小間物道具　欠實《ゲンジツ》　書籍
　鳳陽府《ホウヤウフ》　土産　鶴《ツル》
　蘇州府《ソシウフ》
　　此所より舟來　土産　小間物道具　花紬《サヤ》　綾机《サリン》
　　　　　　　　木綿《モメン》　錦《ニシキ》　閃段《ドンス》　織物《ヲリモノ》ノ類
　　　　　　　　薬種　櫛《クシ》　扇子《アウキ》　針《ハリ》
　松江府《セウコウフ》
　　此所より舟來　土産　綾《リンス》　木綿《モメン》　紫花布《モメン》
　常州府《ジヤウシウ》
　　此所より舟來　土産　茶《チヤ》　茶出《チヤダシ》
　鎮江府《チンコウ》
　　此所より舟來
　揚州府《ヤウシウ》
　　此所より舟來　土産　薬種　鶴　芍薬
　淮安府《ワイアン》
　　此所より舟來　土産　海螺蛸《イカノカウ》
　庐州府《ロシウ》（ママ）　土産　茶　紙
日本より二百五十里程
　崇明縣《ソリメイケン》　但はるれ嶋ニテ候
　　此所より舟來」
　安慶府《アンケイ》
　太平府《タイヘイ》
　寧國府《子イコク》　土産　烏骨鶏《ウコツケイ》　紙

池州府《チシウ》　土産　茶　紙
徽州府《キシウ》　土産　墨　硯　筆
廣徳州《クワウトク》　土産　茶　白紙
和州《ワ》　土産　天鵞《テンカ》《ハクラウノ》
除州《ジヨ》　土産　黄精《ワウゼイ》
徐州《ジヨ》　土産　花石《クワセキ》　何首烏《カシユウ》
此国ヨリ商人来

一山西省《サンセイシヨウ》
大原府《タイケン》　土産　瓷器《ヤキモノ》　人参　天花《テンクワ》
羊《ヒツジ》　毛氈《モウセン》」
平陽府《ヘイヤウ》　土産　葡萄《ブドウ》　竜骨《リウコツ》　薬種
大同府《タイトウ》　土産　石緑《セキロク》　黄鼠《ワウソ》　瑪瑙《メノウ》　花班石《クワハンセキ》
安府《ロアン》　土産　人参
汾州府《フンシウ》
遼州《レウ》　土産　人参　麝香《シヤカウ》　無名異《ムミヤウイ》　茅香《バウカウ》
沁州《シン》　土産　黄氏《ワウギ》　石菖蒲《セキセウフ》
澤州《タク》　土産　人参　茅香《バウカウ》
此外薬種色々有之候

一山東省《サントウシヤウ》
濟南府《セイナンフ》　土産　金杏《キンナン》
兗州府《エン》　土産　阿膠《アケウ》　蒙頂茶《モウテウチヤ》
東昌府《トウシヤウ》　土産　狗杞《クコ》　棗《ナツメ》　黄糸《キイト》
青州府《セイ》　土産　牛黄《コワウ》　河鮫《カワサメ》
登州府《トウ》　土産　硯石　牛黄　温肭臍《ヲツトセイ》
莱州府《サイ》　土産　五色石《ゴシヨクセキ》　薬種　文蛤《ブンカウ》《キブシノコト》
遼東都指揮司《レウトウトシキシ》　土産　貂鼠《トツヒ》　黄鼠《ワウソ》　松子《セウシ》
青鼠皮《セイソヒ》
此国々より商人稀ニ來朝候得共舩ハ不來候」

一河南省《カナンシヤウ》
開封府《カイホウ》　土産　弓　瓷器《ヤキモノ》
帰徳府《キトク》
彰徳府《シヤウトク》　土産　牛黄《コワウ》　磁石《ジシヤク》　艾《モクサ》
衛輝府《エイキ》
懐慶府《クワイケイ》　土産　薬種　地黄　熊膽《クマノイ》　刘寄奴《リウキヌ》
河南府《カナン》　土産　薬種　臘梅《ロウハイ》　牡丹　羊棗《ヤウソウ》《ナツメ》　—
鹿茸《シカフクロツノ》
南陽府《ナンヤウ》　土産　白花蛇《ハククワシヤ》　石青《セキセイ》　緑毛亀《ロクモウキ》　香橙《ブシユカン》
汝寧府《ジヨ子イ》　土産　薬種茶　蓍草《シソウ》《メトギ》　碁子石《キシヤキ》《ゴイシ》

汝州《シヨ》
此國々ヨリ商人ハ薬朝候得共舩ハ不参候
」
一狭西省《センサイシヨウ》
西安府《セイアン》　土産　麈《シユ》《尾長シヽ、モウセン》　羚羊角《レイヤウカク》　飛鼠《ヒソ》《リスノルイ》　旱藕《カンクウ》
毛氈
鳳翔府《ホウシヤウ》　土産　薬種　鸚鵡《アフム》　烏蛇《ウジヤ》
漢中府《カンチウ》　土産　鹿茸《フクロツノ》　紫河車《シカシヤ》　麝香《イヤカウ》　薬種
羚羊角《レイヤウカク》　熊膽《ユイタン》　硃砂《シユシヤ》　蜜《ミツ》
平凉府《ヘイリヤウ》　土産　瓷器《ヤキモノ》
鞏昌府《ケウセウ》　土産　薬種　麝香《シヤカウ》　石膽《セキタン》《イシノワタ》　雄黄《ヲワウ》
羚羊角
臨洮府《リンテウ》　土産　毛氈　薬種　犛牛《レイギウ》《此尾ハグマコクマニ成》　土豹皮《トヒヤウヒ》
慶陽府《ケイヤウ》　土産　薬種　蟾酥《センソ》　金絲草《キンシサウ》
延安府　土産　瑪瑙《メナウ》　薬種《セキユ》　牡丹　石油　黄芪
寧夏衛《子イカ》
衛ハ府州ヨリハ小也　土産　狗杞《クコ》　青木香《セイモツカウ》
寧夏中衛《エイ》　土産　羊　野馬《ヤバ》
」
洮州衛《テウ》　土産　豹《ヘウ》　馬鶏《バケイ》　洮石硯《テウセキケン》
岷州衛　土産　錦鶏《キンケイ》　馬鶏　豹
河州衛

靖虜衛《ゼイリヨ》
楡林衛《ユリン》
陝西行都司《センサイコウトシ》　土産　石油　馬鶏　野馬　天鶏《テンケイ》
羊《ヤギ》　狗杞
此国々より商人ハ来朝候得共舩ハ不来候

日本コリ三百五十里程
一浙江省《セツヰウシヤウ》
杭州府《ワウ》
此所より舟來　土産　薬種　黄精　黄實　冬筍《トウシユン》
毛氈　小間物道具
嘉興府《カコウ》
此所より舟來　土産　裏絹《リキン》《ナンキンセウノコト》　錦　雲絹《ウンキン》
湖州府　土産　綾《リンス》　白糸　縐紗《チリメン》　綿
此所より舟來　羅《ロ》　筆　茶
嚴州府　土産　漆《ウルシ》　紙　茶
金華府《キンカウ》　土産　竹鶏《チクケイ》　紙　南棗《ナンサウ》
衢州府《ク》　土産　茶　硯　紙
處州府《シヨ》　土産　青瓷器《セイジヤキモノ》
紹興府《セツコウ》　土産　碗薬　紬　茶　銀魚
」
日本より三百三十里程
寧波府
此所より舟來　土産　葛布《カツフ》《クスヌノヽコト》　紅木犀

日本より三百三十里程
台州府　土産　茶　方竹《ハウチク》 四角竹ノこと
此所より舟來

日本より三百三十里程
温《ヲン》州府
此所より舟來

日本より三百三十里程
舟山《シウサン》
此所より舟來

日本より三百五十里程
普陀《フダ》山　但はなれ嶋
此所公南京浙江両国ニ属ス此所より舟來

一江西省
南昌《ナンセウ》府　土産　茶
饒《ジヤウ》州府　土産　瓷器　茶
廣進《クワウシン》府　土産　紙　瓷器
南康《カウ》府　土産　葛布　茶
九江《キフコウ》府　土産　茶　石耳《ジ》
建《ケン》昌府　土産　金糸布《キンシフ》
撫《ブ》州府　土産　矢竹《ヤノタケ》
臨《リン》江府　土産　紵布《ヌノ》
吉《キツ》安府　土産　水晶　竜須草《リウシユ》

瑞州《セキセイ》府　土産　石青　石緑《セキロク》
袁《エン》州府　土産　黄精　地黄
贛《コウ》州府　土産　斑竹
南安府　土産　矢竹　茶磨《ウマ》
右ノ国々薬物少々有之商人ハ來朝候へ共船ハ不來

一湖廣《コクワウ》省
武昌《フセウ》府　土産　茶　紙　水晶
漢《カン》陽府　土産　天鵞《テンガ》 ハンテウノコト　橙《フシユカン》　橘《キツ》 ミカンノコト
襄《ジヤウ》陽府　土産　石青　石緑　黄精
徳《トク》安府　土産　白蠟《ハクラウ》　葛布《カツフ》
黄《クワウ》州府　土産　白花蛇《ハククワジヤ》　緑毛亀《ロクモフキ》 イシカメノコト　白艾《シロモクサ》
荊《ケイ》州府　土産　硯石　千歳《センサイ》　藟草《ルイオウ》
岳《ガク》州府　土産　石青　石緑　方竹
長沙府　土産　硃砂《テウシヤ》　斑竹
寶慶府　土産　丹砂《タンシヤ》 シンシヤノコト　黒鷳《コクカン》　鷓鴣《シヤコ》
衡《コウ》州府　土産　鷓鴣　地楡《ヂユ》　紙
常徳府　土産　石緑　佛頭柑《フツトウカン》 ブシユカンノコト
辰《シン》州府　土産　水銀《スイギン》 ミツカ子　丹砂《タンシヤ》　石青　石緑
永《エイ》州府　土産　異蛇《イシヤ》

承《セウ》天府　土産　花猫《クワメウ》《ミケ子コ》　畢蘚《ヒカイ》」
鄖《ウン》陽府　土産　錦鶏
靖《セイ》州
郴《リン》州
施州衛軍民指揮使司《シシウエイクンミンシキシ》　土産　金星草《キンセイ》　竜牙草《リウゲ》
石合草《セキカウ》　金稜藤
永順軍民宣慰使司《センウツシ》　土産　丹砂　野馬　錦鶏
保靖軍民宣慰使司　土産　水銀　丹砂　白鷳　豹
此国々より商人ハ來朝候舩ハ不來候右外薬種等有之

一　四川省《シセン》
成都府《セイト》　土産　牡丹　薬種　薛涛牋《セットウセン》《シキシノコト》
保《ホウ》寧府　土産　麝香　羚羊角　黄糸
順慶府　土産　黄糸　天門冬
叙《ジヨ》州府　土産　五佳皮《コカヒ》　茘枝《リチウ》
重《チウ》慶府　土産　牡丹　丹砂　苦薬子　扇《アフキ》　茘枝《リチイ》
夔《キ》州府　土産　麝香　山鶏」
龍安府　土産　錦鶏　羚羊角　蟾酥《センソ》
馬湖《バコ》府
潼《シヤウ》川州　土産　空青《クウ》　棗

眉州　土産　斑竹
嘉定《カテイ》州　土産　麝香　茘枝
功《コウ》州　土産　山礬《ハン》花　蒲江硯
瀘《ロ》州　土産　石青　石緑　茶　茘枝
雅《カ》州　土産　蒙頂茶《モウチヤウ》
東川《トウセン》軍民府　土産　氈杉《センサン》《モウセンキルモノヽこと》　松子
烏蒙《ウマウ》軍民府　土産　鸚鵡　茘枝
烏撒《サン》軍民府　土産　松子　刺竹《シチク》
鎮雄軍民府　土産　麝香　山鶏　石瓜《セキタウ》
播《ハン》州宣慰使司　土産　丹砂　犀角　雄黄　蜜
斑竹」
永寧宣撫司　土産　異馬《イハ》　梅
酉陽《ユウヤウ》宣撫司
石砫《しキチウ》宣撫司
邑梅洞長官司《ユウハイトウチヤウ》　土産　白鷳　畫眉鳥《グワビ》
天全六番招討使司　土産　麝香　錦鶏　茶
黎《リイ》州安撫司　土産　牛黄
平茶洞《サ》長官司　土産　斑竹
松潘指揮使司

畳渓守禦千戸所《ルイケイシユギヨセンコ》　土産　犛《リ》牛　毛氈　麝香
馬鶏
四川《シセン》行都司
此国々より商人ハ来朝舩ハ不来

一福建《フクケン》省
日本より五百里程
福州府　土産　荔枝　龍《リウ》眼　蔗《シヤ》《砂糖竹ノこと》　茉莉《マツリ》《モクリ花ノこと》
書籍　緑礬《ロクバン》　天門冬　明礬《メウハン》
佛手柑《フツシユカン》　牛筋《ギウキン》　竹櫛《タケノクシ》　線香《センコウ》
橄欖《カンラン》」

日本より五百七十里程
泉州府《さとう竹ノこと》　土産　白糖《シロサトウ》　氷糖《コヲリサトウ》　甘蔗《カンシヤ》　枇杷
荔枝　竜眼《リウカンニク》　茉莉《マツリ》　天門冬
橄欖《カンラン》　永春布《エイシユンフ》
建寧府　土産　茶　唐紙
延平府　土産　花紋石　白苧布《シロヌノ》　金橘《キンカン》
汀州府
興化府《コウクハ》　土産　緜布《メンヂウ》　荔枝
此所より舟來
邵武府《セウフ》　土産　茶

日本より六百三十里程
漳州府《チヤクチウ》　土産　黒糖　白糖　木綿　橘《ミツカン》　銀魚
此所より舩來
福寧州《フクチイ》　土産　鹿角菜《ロクカクサイ》
此所より舩來」

日本より四百二三十里程
沙埕《サテン》
此所ハ福州ニ属ス舩來

日本より八百七八十里程
一廣東《カントウ》省　十五省ノ内ニテ大也
廣《クワウ》州府　土産　攀枝花《ハンヤ》　波羅蜜《ハラミツ》　荔枝
此所より舟來也此國ノ内
碣石衛《ケツセキヱイ》ト云所より舟來
竜眼　蚺蛇膽《センシヤタン》　茉莉　丹砂
水銀　鵉鉛《トウタン》　鍋《ナヘ》　漆器《ヌリモノ》　銅器《銅道具》
錫器《鍚道具》　針　烏木《コクタン》　沈香《チンコウ》
眼鏡　蚕絲《スジ》《テクスノコト》　錦　線紬《ケン》　金段《金入》
二彩《タビイ》　閃段《ドンス》　八糸《シユス》　天鵞絨《ヒロウト》
韶《セウ》州府　土産　英石《エイセキ》
南雄《ユウ》府
恵《ケイ》州府　土産　碧鶏《ヘキケイ》　鸚鵡《アフム》　五色雀《ゴシヨクシヤク》

日本より七百里程
潮州府《チヤウ》　土産　蛹蛇膽　荔枝
此国ノ内南洋ト云所より舩來

肇慶府　土産　孔雀　翡翠《ヒスイ》《カワセミ》　端硯《スイケン》」
日本より千里程
高州府　土産　孔雀　鸚鵡　蚺蛇膽
此所より舟來
廉《レン》州府　土産　玳瑁《タイマイ》《ベツカウノこと》　珎珠《チンシュ》　孔雀
雷《ライ》州府　土産　孔雀　牛　茘枝
瓊《ケイ》州府　土産　椰子《ヤシホ》　檳榔《ヒンロウシ》　沈香　烏木
花梨木《クハリン》　玳瑁　車梁《シヤヤウ》
羅《ラテイ》定州
一廣西省《クワウセイ》
桂林《ケイリン》　土産　石燕《エン》　翠羽《スイウ》《カハセミノコト》　蚺蛇膽
柳州府　土産　蛹蛇膽　不死草　欝金香《ウコンカウ》
龍眼
慶遠《ケイエン》府　土産　辰砂《シンシヤ》　檳榔子　茘枝
平楽《ヘイラクフ》府　土産　白蠟
梧《コ》州府　土産　硃砂《シュ》　蛹蛇　犀牛《サイカク》　猩々
烏蛇《ウシヤ》」
潯《シン》州府　土産　紵布　肉桂　蛇莫《ジヤワウ》　鉄力木《タカヤサン》
南寧府　土産　錦鶏　象《ゾウ》

太平府
思明《メイ》府
思恩《ヲン》軍民府
鎮安府　土産　降香《カウシンカウ》　黄蠟
泗城《シシヤウ》州　土産　降香　雄黄
利州
奉議《ホギ》州
向《カウ》武州
都康《トコウ》州
龍州
江州
思陵《シリヤウ》州
上林《シヤウリン》長官司
安隆《ノンリウ》長官司
此国々より商人ハ来朝候へ共舩ハ不來」
一雲《ウン》南省
雲南府　土産　馬　毛氈　石緑　五色花石
紫花木
人理《ダイリ》府　土産　點蒼石《テンサウ》

臨安府　土産　波羅蜜　紫梹榔　鱗《リン》蛇膽
楚雄《ユウ》府　土産　翡翠　矢竹　石精　石緑
澂《テウ》江府　土産　毛褐《ケトロメン》　氈　青《セイ》莫膽
蒙化《モウクワ》府　土産　麝香　斑竹
景東《イイトウ》府
廣南府
廣西府　土産　氈　茶
鎮沅《チンゲン》府　土産　孔雀　小鶏《ワウケイ》
永寧府　土産　犛《レイ》牛
此尾ハダマコグニ二成
順寧府
曲靖《キヨクセイ》軍民府　土産　氈　石燕
姚《ヨウ》安軍民府　土産　麝香　人参　木槵子《モクゲンシ》
ジユズニ成
鶴慶《クワクケイ》軍民府　土産　氈　麝香　松子
武定《ブライ》軍民府　土産　麝香　當皈
尋甸《ジンテン》軍民府
麗江《リコウ》軍民府　土産　琥珀　松子
元江《ケンコウ》軍民府　土産　蛤蚧《コウカイ》　梹榔　孔雀　烏木
永昌軍民府　土産　琥珀　瑪瑙　猩々　細布

北勝州《ホクシヤウ》　土産　攀枝《ハンシヤ》花　烏木
新化州　土産　孔雀
者楽甸《シヤラクテン》長官司
瀾滄衛《ランソウエイ》軍民指揮使司　土産　麝香　鹿茸
氈　松子　山鶏
騰衝《トウセウ》軍民指揮使司
車里《シヤリ》軍民宣慰《センウツ》使司　土産　木香　沈香
木邦《ホクホウ》軍民宣慰使司　土産　響錫《キヤウシヤク》　胡椒
孟養《マウヤウ》軍民宣慰使司　土産　琥珀
緬甸《メンテン》軍民宣慰使司　土産　象《ザウ》　石油
八百大甸《ハツハクタイテン》軍民宣慰使司　土産　象　白檀香
安息《アンゾク》香
老撾《ラウクウ》軍民宣慰使司　土産　犀　乳香　木香
孟定《テイ》府
孟艮《ゴン》府
南甸宣撫《ブ》司　土産　孔雀
千崖《カイ》宣撫司
瀧川《リヤウ》宣撫司　土産　孔雀
威遠州

湾《ワン》甸州　土産　茶
鎮康州　土産　蠎膽《リンタン》
大候《コウ》州
鈕兀《シウゴツ》長官司
茈市《ホウシ》長官司　土産　香橙《フシユカン》　橄欖《カンラン》　蔗《シヤ》
此国々より商人ハ来朝候へ共舩ハ不来　サタウ竹コト
一貴州《キシウ》省　十五省ノ内ニテ小也
貴陽《キヤウ》府　土産　茶　蘭　菖蒲
思州《シシウ》府　土産　硃砂　水銀　竹鶏《ケイ》
思南府　土産　白鷴　蘭　葛布　竹鶏
鎮《チン》遠府　土産　海棠《カイタウ》　芙蓉　石榴《ザクロ》　竹鶏
石阡《セキセン》府　土産　水銀
銅仁《ドウニン》府　土産　硃砂　葛布　矢竹
黎平《レイヘイ》府　土産　葛布　茯苓
都《ト》匀府
貴州宣慰司
普安州　土産　硃砂　水銀　雄黄
鎮寧《チン子イ》州
安順州

普定《フテイ》衛軍民指揮使司
新添《シンテン》衛軍民使司　土産　葛布　茶
平越衛軍民指揮使司　土産　木香　葛布　茶
龍里《リヤウリ》衛軍民指揮使司
畢節《ヒツセツ》衛　衛ハ州ヨリ小ナリ
異清《イセイ》衛
安荘《ソウ》衛
清平《セイへい》衛
平壩《ハイイ》
安南衛　土産　菖蒲　竹鶏
烏撒《リサン》衛
興隆《リウ》衛
赤水衛
凱《ガイ》里安撫司
此国々より商人稀ニ来朝候舩ハ不来
一九邊《ヘン》　是ハ韃靼ノ境関所ニテ候
遼《リヤウ》東
此国より商人稀ニ來
外國西洋《クハイコクセイヤウ》

日本より六百三四十里程
一東寧《トウ子イ》　土産　白糖　氷糖　黒糖
但高砂《カラシヤ》《タカサゴ》又臺灣《タイワン》共申候　鹿皮　山馬皮
獐皮《コビト》
」

日本より千四百里程
一廣南《カウナン》　又跤趾《コウチ》共　土産　奇楠《キヤラ》　上沈香　中東香《チンカウ》　黄糸
前廉ハ東京ノ門ニテ候へ共
只今ハ別ニテ候
綾《リウツメ》　綿紬《ツムギ》　紗　羅《ロ》
糸頭《アライト》　白糖　黒糖　蘇木《スワウ》
樹皮《タンカラ》　鉄力木《タカヤサン》　胡椒紫梗《キモツヤク》
糖水　桹榔　椰油《ヤシホノ》　椰
攀枝綿《ハンヤ》　藤黄《シユワウ》　姜黄《ウコン》　牛黄《ゴワウ》

日本より千六百里程
一東京《トンキン》　土産　黄糸　綾《リンス》　黄絹《ホツケン》　綿油
糸頭　縐沙《チリメン》　天鵞絨　紦《ハ》
紕《シヨロン》　肉桂　麝香　蘇木
護神香《コシン》　斑竹　鳥　獣
魚皮《サメ》　砂仁《シユシヤク》　桹榔　草菓《サウクワ》

日本より千七百里程
一占城《チヤンハン》　土産　奇楠　上沈香　中東香　魚皮

前廉ハ廣南ノ内ニテ候へ共
只今ハ別ニテ候
樹皮　桹榔　椰油　椰
攀枝綿
」

日本より千八百里程
一東埔寨《カホウシヤ》　土産　鹿皮　山馬皮　獐皮《コヒトカワ》　牛皮
前廉ハ暹羅ノ内ニテ候へ共
只今ハ別ニテ候
牛角　犀角　犀皮　象牙
象皮　黒糖　樹皮　藤黄《シユワウ》
白荳蔲《ビヤクヅク》　蘇木　血竭《キリンケツ》　大風子
攀枝綿　紫梗《キモツアク》　蠟　藤《トウ》　漆《ウルシ》

日本より二千三百里程
一大泥《タニ》　此国女王也柬埔寨ト　土産　燕窩　胡椒　椑撥《ヒハツ》　錫
通路ナシ
前廉ハ暹羅ノ内ニテ候　糖水　樹皮　降真香《カウシン》　鳥
只今ハ別ニテ候
獣　佳文席《アンダゴザ》　氷斤《リウノウ》　牛皮
藤　牛角　蠟　魚皮
西國米《サンゴベイ》　丁香皮　山馬皮　檀香《ビヤクタン》
阿片《アヘン》　干海老《ホシエビ》　沈香　藤蓆《タウゴザ》

日本より二千四百里程
一六崑《ロクコン》　土産　蘇木　錫　鹿皮　山馬皮

前廉ハ暹羅ノ内ニテ候へ共　獐皮　燕窩　桹榔　乳香　鳥　獣
只今ハ別ニテ候　藤　樹皮　魚皮　藤蓆」
右之国ヨリ舩来」

日本より二千四百里程
一暹羅《シヤムラウ》　土産　蘇木　魚皮　黒糖　鹿皮
モウル人ハ此所より日本へ渡海
山馬皮　獐皮　椰油　象皮
象牙　犀皮　漆　犀角
紅土《ニツチ》　鉛　錫　硝《エンシヤウ》
藤　藤黄《シユワウ》　桹榔　樹皮
大腹皮《タイフクヒ》　芦薈《ロクワイ》　血竭《キリンケツ》　姜黄《ウコン》
木綿　柳條布《シマモメン》　花布《サラサソメ》　花氈《モウセン》
鳥　獣　乳香　荳蔲《ヅク》
象　大風子

日本より三千三百里程
一咬𠺕吧《シヤカタラ》　土産　氷糖　白糖　黒糖　琥珀
シヤカタラハ呱哇国ノ内ニテ候
大木綿　柳條布　花布
蜜姜《シヤウカツケモノ》　佳文蓆《アンタゴザ》　藤蓆
猴棗《ハザラ》　血竭　檀香　乳香
没薬　硃砂　蘇合油　珊瑚珠

（表紙題簽題）長崎諸事覚書（第六冊目）

（目録）

長崎表覚書

一南蛮舩破却事
一ほるとかるより舩差渡候事
一大村より出候切支丹事
一籠屋焼失之時事
一朝鮮渡海之者事
一籠内入用事
一籠屋敷坪数事

（本文）

寛永十七庚辰年天川(100)ヨリ日本江為訴訟
小舟差越候時之覚

一南蛮人之儀者切支丹宗門故嶋原一揆之
翌年大田(ママ)備中守(101)為　上使日本江渡海仕候
儀堅御制禁之旨被　仰付候然処翌年
辰ノ年天川より訴訟申上候ハかりうた舩(102)
渡海御停止被　仰付候付而天川ニ罷居候者共
何茂飢命ニ及候間如前々渡海被
仰付被下候ハヽ難有可奉存旨申候就其
為　上使加々爪民部少輔(103)野々山新兵衛(104)被相
越被申渡候ハ日本渡海御停止之儀去年
被　仰出候処程茂無之御訴訟申上候儀
不届被　思召候依之御成敗被　仰付候
南蛮人上下七拾四人之内六拾壱人辰ノ六月
十六日ニ御成敗残る拾三人ハ命御助乗来候
舩ハ荷物共ニ同日すゝれ尓て焼捨之被申候
彼拾三人之者共ハ唐舩之小舩ニ乗せ本国江
罷帰右之旨趣為申聞自今以後日本へ渡
海仕間敷旨被申含同年七月十五日令
出舩候

一右すゝれ尓て焼捨候舩ニ銀子有之付而
寛文三夘年於江戸黒川与兵衛(105)被申上候由
依之町中之者共取揚候処銀四拾九貫
目餘揚り候旨別町中之者共ニ割遣之由

正保四丁亥年南蛮ほるとかるより使

船弐艘六月廿四日いわう迄着岸同
廿六日ニ長崎湊江令入津候覚」
一右之使者口上ニ申候ハ数年いすはんや(106)と
申国之籏下ニ成罷在候得共いすはんや
の仕置悪候付仕置仕候奉行人を殺シ
いすはんやの国と中悪罷成候就其度々之
及合戦候唯今ハ南蛮人日本渡海御停
止被成候得共先年日本へ入津御赦免之
時分ハいすばんやの籏下ニ罷成居申
時之儀ニ御座候唯今ハ本国を此方之
仕置之侭ニ仕候付大慶ニ存前廉被懸
御目候国々江者為悦使者を遣申候就夫
日本江茂前廉御目を被下候付御一札為可
申上使者を差上ケ申候遠国ニ罷在候得共
御家人壱人御持被為成候と被思召上ニ候ハヽ、
別而忝可奉存候為其乍慮外具足一領」
其身之姿を絵像尓仕差上申候御前
可然様被為仰上被下候ハヽ、別而忝可奉存之由
長崎奉行迄申くれ候へと通事共へ右之段申候

一右之節者馬場三郎左衛門(107)被為在留候長崎
之儀其時分ハ高力摂津守(108)日根野織部(109)
諸事相談可仕旨兼而被　仰付置候
織部者南蛮船不参候一両日前ニ長崎江
為見廻被相越候高力摂津守者右之船
来候段承知付而早速長崎江被相越右
三人相談ニ而かりようた船江被申越候ハ
かりうた船湊へ入來候得者御仕置ニ而
武道具を船より指上候間其通可仕旨
被申渡候此時之使馬場三郎左衛門家来
内藤儀大夫石川又右衛門通事ニ者西吉兵衛」
猪股伝兵衛名村八左衛門罷越候ほるとかる
の使者申候ハ前々より参候かりようた
船之儀者商売船ニ而有之候今度
罷渡候ハ侍分之者ニ而其上礼儀之為
斗尓使者を指上申候處武道具を
揚申候様ニと被　仰聞候儀迷惑仕候由
申候て武具者不差上候依之自然
不斗致出船候てハ江戸江被申上候段も

相違申由ニ而隣国之領主より人数を被招
呼　可然与右三人被為相談隣国被申越候
一松平筑前守者當番故早速長崎江被
相越候
人数壱万千七百三拾人
一松平筑前守[110]見廻　内水主弐千九百五拾四人
船数百拾壱艘
内六拾壱艘ハ買船也　」
人数壱万千三百壱人
一細川肥後守[111]家来　内水主四千八百九拾六人
船数弐百三拾三艘
内百八艘ハ買船也
人数八千三百五拾人
一鍋嶋信濃守[112]家来　内水主三千三百五人
鍋嶋山城守[113]見廻　船数百弐拾五艘
同　和泉守[114]見廻　内弐拾五艘ハ買船也
人数三千八百七拾人
一立花左近将監[115]家来　内水主八百人
船数六拾五艘

内拾壱艘ハ買船也
人数三千五百五人
一寺沢兵庫頭[116]家来　内水主六百八拾五人
船数三拾弐艘
内拾三艘ハ買船也　」
人数千六百七拾八人
一小笠原信濃守[117]家来　内水主三百五拾人
船数弐拾艘
内六艘ハ買船也
一大村丹後守[118]見廻　人数弐千六百三人
陸ノ御用斗故船ハ無之候
人数六千三百拾壱人
一松平隠岐守[119]見廻　内水主弐千六百拾五人
船数百艘
一松平河内守[120]見廻　内四拾五艘ハ買船也
但隠岐守ハ長崎表相替儀も有之節者相越候
様ニと兼而被　仰渡候由
人数千百九拾人
一松平美作守[121]見廻　内水主五百六拾八人

船数弐拾六艘
内拾艘ハ買船也
右之外方々より届之使者数多有之」
一かう崎表船橋をかけ切候其節街中より
も船三拾艘程板材木等も出之由此外
まごめニ有之末京作之御船并在留之
唐船も三艘出之由
一井上筑後守(122)山崎権八郎(123)長崎江被為着
井上筑後守南蛮人ニ被申渡候ハ日本
切支丹宗旨堅御制禁之儀を乍存
密々伴天連を指渡切支丹宗旨之すゝめ
を仕候故かりようた船日本渡海之儀
御停止被為　仰付候只今本国ほると
かるより日本へ使者を指上候へ共惣而
切支丹宗旨之者堅御制禁之事ニ候故
使者を御請不被成候以来風にはなたれ
候ても日本之地ニ着仕候ハヽ船人共ニ悉」
焼捨候様ニ可被仰付候条向後日本へ被渡間
敷旨被申渡同年八月八日令帰帆候

明暦三酉年大村より出候切支丹翌戌年
刑罪覚
男女都合六百三人
内
一四百九人　死罪
此内
百拾九人　於長崎死罪行之
百卅壱人　於大村死罪行之」
五拾六人　嶋原領置斬罪之
三拾七人　佐賀領置斬罪之
六拾六人　平戸領置斬罪之
一六拾九人　籠死
一百人　御助
一拾五人　大村籠内有之
一五人　長崎籠内残置之
一五人　大村領置之
大村籠内ニ有之切支丹寛文七未七月
従因幡守(124)書付被差越候覚

男女合拾五人
内
一男四人　内壱人ハ南蛮人
一女弐人　内壱人寛文八申八月廿四日籠死之由申来
右者三郎左衛門権八郎(125)時ニ預之由
一男六人
一女三人
右者与兵衛喜右衛門時ニ預之由

寛文三卯年籠屋焼失付而籠内之
囚人共所々江預之覚
男女合百三拾弐人
内
一男六拾壱人　松平丹後守江預之
一女三拾壱人　大村因幡守江預之
一男四拾人　高力左近江預之
右之通預置之籠屋出来以後長崎江引寄」

朝鮮国江武具差渡候者共御成敗覚」
合九拾人
五人　磔　内弐人ハ対州江遣之於彼地行之
拾四人　獄門　内
拾八人　斬罪　内
五拾壱人　追放
弐人　赦免
右ハ寛文七未春令覆顕同年暮右之通相行之

公義又ハ私領之粑(ママ)科人長崎籠内賄覚
一公義囚人　男ハ一日壱人ニ米六合四銭充／女ハ一日壱人ニ米三合四銭充
此入目ハ平蔵預之御闕所銀之を年行事
請取置相払之
一私領方囚人　男女共一日壱人ニ銀六匁五厘充／外ニ一ケ月銭百文充
此入目ハ其領主より賄之」
一籠屋灯油　籠番所壱ケ所江一夜ニ油壱合充四ケ所江／請取之但明キ籠有之而番之物者無之時ハ／其分江者油不出之
此入目銀も平蔵預之御闕所銀之内を
年行事請取置相払之

籠屋敷之坪数籠屋数覚
一惣坪数七百七拾六坪余　内九拾五年ハ酉年築出候分／是ハ新蔵番之者之長屋立之
一棟数四つ　但籠数ハ九ツ
壱番（弐間ニ三間）　二番（三間ニ三間）　一棟
三番（弐間三間）　四番（壱間ニ三間）　五番（二間ニ三間）　一棟

六番（弐間ニ三間）　七番（三間ニ三間）　一棟

八番（三間ニ三間）　九番　弐間ニ弐間　一棟」

一阿蘭陀往来之所々

一異国江之海路遠近

一阿蘭陀持渡諸色」

日本より壱万五千三百里程
一くるうんらんと国　但人住居無之国
土産　くじら　同　油
此国江阿蘭陀人くじらの油取ニ相越候

日本より壱万三千五百里程
一のふるういき国
土産　舟のはしら　材木　鉄
はがね
此国江阿蘭陀人商売ニ相越候

日本より壱万三千三百八拾里程
一ずへいて国
土産　銅　鉄　石火矢　碇
材木　麻苧　舟のつな
ちゃん」
此国江阿蘭陀人商売ニ相越候

日本より壱万三千三百八拾里程
一でいどまるか国
土産　舟ノつな　碇　材木
石火矢　鉄　麻苧
此国江阿蘭陀人商売ニ相越候

日本より壱万四千百里程
一むすかうべや国
土産　畜類のなめし皮　五穀
香敷のぎん　琥珀
此国江阿蘭陀人商売ニ相越候」

日本より壱万三千六百五拾里程
一ほうる国
土産　五穀　琥珀　畜類の皮
此国江阿蘭陀人商売ニ相越候

日本より壱万三千百四拾里程
一どいちらんと国
土産　五穀　酒色々　金　銀

うこん　水せうノ玉　水銀
此国江阿蘭陀人商売ニ相越候
日本より壱万弐千九百里程
一おらんだ国　合七州
ぜいらんと
ぐるうねげ」
ういたらきと
げるとるらんと
おうぶるいせる
ふりいすらんと
土産　せう〱ひ　大らしや　小らしや
らせいた　すためんと　かるさい
へるへとわん　へるさい　ばれいた
あるめんさい　さゑつ　さるぜ
ころふくれん　れいがどうる　さあい
ぶらあた　ちよろけん　毛びろうど
かべちよろ　ちやう　どんす
たびい　おらんた金入　しゆす
さんごしゆ　こはく　くんろく

水せうノ玉　めのう石　へつかう
水銀　へいたらほるこ　ミいら
へいだらばざる　るさらし　うにかふる」
きりんけつ　たんノ薬　しゆしや
くんじやう　血とめ石　ひとり玉
昇降図　世界図　具足
かぶと　皮のたて　万力
遠目かね　はな目鏡　作り花
ひいとろ道具色々　おらんた鏡　鉄炮
大鳥の羽　じしやく針　うき玉
物縫針　香のしき　おらんだ絵
おらんだはがね　かなどうろ　とけい大小
こはく作物　おらんた唐皮　金から皮
おらんだ焼物　おらんださふらん　酒色々
あぜとうなノ油　石筆赤黒　とろんへいた
此国より日本江阿蘭陀舩来候
日本より壱万弐千八百拾里程
一ふらんかれき国」
土産　酒色々　小間物　糸織物色々

木綿織物色々
此国江阿蘭陀人商売ニ相越候

日本より壱万千弐百五拾里程
一とるけいん国
土産　萬糸織物　萬木綿織物
萬毛織　金入織物
此国江阿蘭陀人商売ニ相越候

日本より八千四百里程
一げねい国
土産　金　砂糖白黒氷　ぞうげ
いんこ鳥色々
此国江阿蘭陀人商売ニ相越候

日本より七千五百里程
一ぶらぜる国
土産　こくたん　材木　さたう白黒氷
しやうが　たばこ　絵ノ具色々
此国江阿蘭陀人商売ニ参申候

日本より六千三百里程
一かあぼてふわすふらんす国
土産　大鳥　鳥獣　さい　虎

」

野牛　牛　鹿　猪
此国江阿蘭陀人肉食取ニ相越候

日本より五千百里程
一まだかすくる　但嶋人住不申候
土産　こくたん　畜類色々
此嶋江阿蘭陀人右之品々取ニ相越候」

日本より弐千四百里程
一じやがたら国　但嶋此所ニぜねらる居申候
土産　丁子　にくづく　こせう
びんろうじ　らう　りうのふ
ぢんかう　ひやくたん　しこん
とう　あんぞくかう　石黄
牛ノ皮　鹿皮色々　砂糖白黒氷
いんこ鳥色々　かずわる鳥　くしやく
ちやうせう鳩　はく鳥　山あらし
じやかうねこ　りす　ぽすめんす
犬　さる　はんや
竹　米　蜜
たばこ　じやかたら嶋　黒もめん」

此嶋より日本江阿蘭陀人舩来候

日本より弐千四百里程
一すまあたら国　但嶋
土産　金　いわう　へいだらばざる
こせう　とう　あんだごさ
べつかう
此嶋江阿蘭陀人商売ニ相越候

日本より三千九百里程
一ぼるねを　但嶋
土産　べいだらばざる　でやまんの玉
りうのふ　あんだごさ　とう
此嶋江阿蘭陀人商売ニ相越候

日本より三千九百里程
一あんぼん　但嶋
土産　丁子　にくづく　ひやくだん
ぢんかう　びりゝ　こせう
まそうや　かすわる鳥　ふう鳥
いんこ鳥色々
此嶋江阿蘭陀人商売ニ相越候

日本より三千九百里程
一ばんだ　但嶋
土産　ぢんかう　こせう　にくつく
丁子　白檀　びりゝ
たはこ　いんこ鳥色々
此嶋江阿蘭陀人商売ニ相越候

日本より三千八百九拾里程
一たるなあた　但嶋
土産　びやくだん　びりゝ　ちんかう
にくづく　丁子
此嶋江阿蘭陀人商売ニ相越候

日本より三千八百七拾里程
一せいろん　但嶋
土産　るざらし　ひりゝ　にくづく
こせう　たばこ　いんこ鳥色々
ふう鳥　かずわる鳥
此嶋江阿蘭陀人商売ニ相越候

日本より三千八百五拾里程
一ていもうる　但嶋
土産　丁子　こせう　にくづく

ぢんかう　びやくたん　だはこ（ママ）
いんこ鳥色々
此国江阿蘭陀人商売ニ参中候

一まかさハる　但嶋
日本より三千三百里程
土産　金　白檀　米　たばこ
此嶋江阿蘭陀人商売ニ相越候

一まらか国
日本より千七百四拾里程
土産　錫　こせう　へいだくほるこ
ゑんす　畜類色々
此国江阿蘭陀人商売ニ相越候」

一へいぐう国
日本より弐千六百四拾里程
土産　うるし　そうげ　とたん
あせんやく　ろうべんの玉
此国江阿蘭陀人商売ニ相越候

一あらかん国
日本より弐千九百四拾里程
土産　金　米　ざうげ
らう　麻苧　綱
此国江阿蘭陀人商売ニ相越候」

一べんがら国
日本より三千三百里程
土産　べんがら糸色々　へんからおく嶋
べんから大筋おく嶋　へんからかいき
らかて嶋　あれしや嶋　もめん嶋
へんがらちやう嶋　もめんさんくずし嶋
もうるかなきん　糸さんくづし嶋
ぎがんしま　ぬいのふとん
金入織物色々　萬いとおり物
嶋の帯　さたう　白黒氷
ほうしや　あせんやく　ごわう
につち　あひん　じやかう
ゑんせう　てぐす　ほつとる
此嶋江阿蘭陀人商売ニ相越候」

一こすとかるもんでいる国
日本より三千里程
土産　木綿色々　おく嶋　大かなきん

小かなきん　さんくづし嶋　きがん嶋
こんてれき嶋　金さらさ　嶋ノ織物色々
白ゑんせう　さめ　てやまんの玉
此国江阿蘭陀人商売ニ相越候

日本より三千里程
一さいろん　但嶋
土産　につけい　びんろうじ　そうげ
海やしほ　しんじゆ　水牛角
水牛皮」
此嶋江阿蘭陀人商売ニ相越候

日本より三千七百五拾里程
一まるはある国
土産　米　武道具色々　たての板
しゆくしや　血とめ石　すらんがすてん
るざらし　しやかうねこ
此国江阿蘭陀人商売ニ相越候

日本より五千百里程
一はるしや国
土産　はるしや糸色々　金入織物
花もうせん　はるしや皮　馬

そかうゆ　にうかう　甘草」
あめんどす　へいだらばざろ　花の水
ほしぶどう　酒色々　羊
此国江阿蘭陀人商売ニ相越候

日本より四千五百里程
一さらあた国
土産　おく嶋　大かなきん　小かなきん
さらた嶋　大木綿　かあさ木綿
花さらさ　霜ふりさらさ　ぎかん嶋
さんくつし嶋　せいしす嶋　又ふう嶋
こんでれき嶋　ぬめさらた　さらた金入
縫ノふとん　花もうせん　さめ
もつかう　あせんやく　にうかう
木もつやく　こわうれん　そかうゆ
びりゝ　海やしほ　あんぞくかう」
しんじゆ　につち　くんじやう
こんじやう　しわう　めのう石
此国江阿蘭陀人商売ニ相越候

日本より六千里程
一もは国
土産　きりん血　糸織物色々
此国江阿蘭陀人商売ニ参申候

日本より弐千四百里程
一しやむろう国
土産　牛ノ皮　鹿皮色々　水牛角
さいかく　ぞうげ　らう
錫　うるし　さめ」
すわう　うこん　びんらうじ
きりん血　大風子　やしほの油
につち　とう　とうこざ
さぼん　黒きたう　花もうせん
米
此国より日本江阿蘭陀船来候

日本より千五百里程
一とんきん国
土産　小黄糸　ふし糸　りんす
ほつけん　ちりめん　しよろん
ばあ　つむぎ　しや
びらうと色々　むりやう　せう
とうか　とたん　さんきらい
しゆくしや　じやかう　てれめんていな
此国より日本江阿蘭陀船来候」

日本より弐百九拾里程
一けいらん　但嶋
土産　金　鹿皮いろ〱
いわう　焼炭
此嶋より日本江阿蘭陀船来候

右之国々嶋々江阿蘭陀人商売ニ相越候

（表紙題簽題）
長崎諸事覚書（第七冊目）

（目録）
長崎　証文類

一御扶持方手形
一同心共三石物之手形
一御物被　召上候節之手形幷裏書
一御買物帳之奥書
一春徳寺より差出候手形裏書
一御褒美銀之手形裏書
一籠屋敷坪数事
一御船之者共御扶持方手形裏書
一住宅唐人異国通事御扶持方手形裏書
一御船蔵修復之竹木幷出嶋ほうじ木切せ候手形裏書
一闔所道具相払候節帳面書
一前借銀同不残相済候以後手形裏書
一目安裏書
一漂着之朝鮮人御扶持方手形裏書」

（本文）
請取申御扶持方米事
合四石八斗五合者　但京升也
右是者手前三拾壱人扶持壱倍之積戌
九月十五日之暁より長崎江相越同晦日迄
日数十五日半大之分慥請取所仍如件
寛文十戌年九月　河権右衛門印[126]
末次平蔵殿[127]
」

請取申御扶持方米事
合拾五石五斗者　但京升也
右是者我等御預之与力拾騎分壱人ニ付而
拾人扶持宛壱倍之積戌九月十五日之暁
より長崎江相越同晦日迄日数十五日半
大之分慥請取所仍如件
寛文十戌年九月　河権右衛門印
末次平蔵殿
」

請取申御扶持方米事

合貳石三斗貳升五合者　但京升也
右是者我等御預之歩行同心三拾人分
壱人ニ付壹人扶持充之積戌九月十五日之
暁より長崎江相越同晦日迄日数十五日半
大之分慥請取申所仍如件
寛文十戌年九月　河権右衛門印
末次平蔵殿

請取申御扶持方米事
合九石三斗者　但京升也
右是者手前三拾壱人扶持壱倍之積
戌十月大之分慥請取所仍如件
寛文十戌年十月　河権右衛門印
末次平蔵殿
」

請取申御扶持方米事
合三拾石者　但京升也
右是者我等御預之与力拾騎分壱人付而
拾人扶持充壱倍之積戌十月大之分慥
請取所仍如件
寛文十戌年十月　河権右衛門印
末次平蔵殿

請取申御扶持方米事
合四石五斗者　但京升也
右是者我等御預之歩行同心三拾人分
壱人付壱人扶持充戌十月大之分慥請取
所仍如件
寛文十戌年十月　河権右衛門印
末次平蔵殿
」

請取申米事
合九拾石者　但京升也
右是者長崎為御役罷越候付而歩行同心
三拾人壱人付三石充戌之御合力米
御老中以御添状請取申所仍如件
寛文十戌年十二月　河権右衛門印
末次平蔵殿

御物[128]被　召上候手形裏書

覚

一丨丨丨丨丨　　丨丨丨斤

代銀　丨丨匁

一丨丨丨丨丨　　丨丨丨枚

代銀　丨丨匁丨分

代銀合丨貫丨百丨匁丨分

此金丨百丨両銀丨匁　但両替一両ニ付丨拾丨匁替」

右　御公義御用物之丨丨目利立合時之」

町売之相場押合其高下をならし直段

相極申候何茂相対之上少も相違無御座候

代金慥請取申候為後日如件

寛文十年戌九月廿日　　唐通事[129]共印

唐船宿町[130]乙名印

同　船頭印

唐人年行事[131]共印

日本年行事[132]印

末次平蔵殿

表書之通金丨百丨拾丨両銀丨匁被相渡之

重而可有勘定候断者本文有之者也

戌九月廿日　　松　甚　三　郎[133]印

河権右衛門印

末次平蔵殿

覚

一臍麝香　　壱斤

代銀七百四拾三匁七分」

右者　御公義様御用之御麝香唐人共手前

最早売掛申候付而当町中御吟味被為

仰付上々之麝香所持仕候者之内ニ而直段之

儀も何茂立合吟味仕今程町之相場を以

相極之則右之代銀七百四拾三匁七分売上ケ

申候者共方江慥請取申候以上

寛文十年戌十一月廿六日　　薬屋共印

売主共印

末次平蔵殿

表書之通銀七百四拾三匁七分被相渡之重而
勘定可有之候断者本文有之者也
戌十一月廿六日　河権右衛門印
末次平蔵殿

公義御買物帳奥書
右帳面之諸色　公義御用付而差上之候
於江戸御役人衆江相渡銘々請取之判形帳ニ
重而取替可申候以上　」
寛文十年戌九月　松甚三郎印
河権右衛門印
末次平蔵殿へ
此帳ハ平蔵手前ニ請取置重而本帳と引替候
其以後御用長持ニ入置之

江戸御役人衆判形帳奥書
右帳面之諸色　公義御用付而差上之候於
江戸御役人衆被請取之判形相済候条此
帳面を以重而可被遂勘定候以上
寛文十年戌九月　松甚三郎印
河権右衛門印
末次平蔵殿
此帳ハ帰参之奉行人江戸江令持参御買物被請取候衆
中より請取の判形之翌年長崎江令持参於長崎両奉行
如此奥書判形相調前之年平蔵江渡置候帳面と引替之　」

右同帳ニ
奉行人一判之時之奥書
右帳面之諸色　公義御用ニ付而面々被請取之則
判形相済候例年者於長崎以両判相調候得共
当年者其方江戸被罷（ママ）幸被遂勘定之由
前廉茂一判ニ而相済候例も有之旨断ニ付而
如此候以上
寛文十年戌七月廿七日　河権右衛門印
長崎在留ニ付而判形無之候　松平甚三郎
末次平蔵殿
平蔵江戸ニ令在留遂勘定度旨断申ニ付江戸在留之
奉行人一判ニ而如此奥書相調平蔵江渡之候

内町年行事銀子請取候手形裏書

覚

一銀子一貫目　定

右者御闕所銀　公義為御用慥請取申所
実正也為後日如件

寛文十年戌九月廿一日

年行事
末次七郎兵衛印

末次平蔵殿

表書之銀一貫目御用紛無之間可被相渡候
断者本有之者也

戌九月廿一日　松平甚三郎印

河権右衛門印

末次平蔵殿

内町年行事金銀払帳奥書

右帳面之通相改相違無之者也

甚　三　郎印

権右衛門印

」

書籍見春徳寺(134)請取候銀手形裏書

請取申銀子事

合弐拾枚也

右是者戌年為御合力銀請取申候為其
仍如件

寛文十年戌十月十四日　春徳寺印

末次平蔵殿

表書之銀弐拾枚被相渡重而可有勘定候
断者本文有之者也

戌十月十四日　河權右衛門印

末次平蔵殿

」

御褒美銀被下候請取手形裏書

請取申御銀子之事

一御銀子合三拾枚者　定

右者当年馬込御船蔵御作事ニ付而
私共義地下中へ御用之ため彼地ニ相談
罷有候就夫為御褒美作兵衛惣左衛門ニ銀子
拾枚充宇右衛門太兵衛ニ同五枚充都合三拾枚

被為下之慥請取難有頂戴仕所仍如件
寛文十年戌十二月七日　薬師寺宇右衛門[135]印
小柳太兵衛印
後藤惣左衛門印
高木作兵衛印
末次平蔵殿」
表書之銀三拾枚被相渡之重而可有勘定候
断者本文ニ在之候以上
戌十二月七日　河権右衛門印
末次平蔵殿
御舩之者共扶持方手形裏書
請取申御扶持方之事
一米拾七石七斗五升　清水太右衛門
戌ノ正月朔日より同十二月晦日迄日数三百五十
五ケ日分十人扶持之積但一日壱人扶持方付五合充
一米拾七石七斗五升　森路弥次兵衛
戌ノ正月朔日より同十二月晦日迄日数三百五十五ケ日
分十人扶持之積但一日壱人扶持方付五合充
一同七拾壱石　水主拾人分
戌ノ正月朔日より同十二月晦日迄日数三百五十
五ケ日分壱人前ニ四人扶持之積但一日壱人
扶持付五合充
三口合米百六石五斗　京升」
右慥請取申所為後日仍如件
寛文十年戌十二月　水主共印
末次平蔵殿　船頭共印
表書之通可被相渡候断者本文有之候以上
戌十二月廿二日　河權右衛門印
末次平蔵殿
目あかし唐人[136]扶持方手形裏書
請取申御扶持方米事
一米拾石六斗五升者　京升也
右是者戌正月朔日より同十二月晦日迄日数
三百五十五日一日ニ五合充六人扶持之積ニ而
御座候右之御扶持方米慥請取申所如件

寛文十年十二月廿五日　周辰官　印

末次平蔵殿

表書之通可被相渡候断者本文有之候以上

戌十二月廿五日　河權右衛門印

末次平蔵殿

」

異国通事扶持方手形裏書

請取申御扶持方米事

合八石壱升者　但京升

右者戌七月朔日より同十二月晦日迄之御扶持方
日数百七拾八異国通事三人壱人前ニ弐石六斗
七升五合但一日ニ五合充三人扶持方之積り
請取申所如件

寛文十年戌十二月　しやむろ通事　森田長助印
るすん通事　末永五郎助印
東京通事　東京久蔵印

末次平蔵殿

表書之通可被相渡候断者本文有之候以上

戌十二月廿二日　河権右衛門印

末次平蔵殿

」

平蔵支配所より出御用木請取候
時之手形裏書

覚

一丸木三本　但長サ弐間半末口ニ而壱尺弐寸通

右者出嶋ほうし木御入用御座候間切出させ
可被下候為其如此御座候以上

寛文十一年亥二月十七日　年行事　薬師寺伝兵衛印

末次平蔵殿

表書之通ほうし木三本きらせ可被相渡候
断者本文有之候以上

亥二月十七日　河權右衛門印

末次平蔵殿

覚

一松木丸木　四拾三本

七本ハ　長サ四間弐尺末口指渡七寸
拾三本ハ　長サ三間貳尺末口指渡六寸

壱本ハ　長サ弐間半　末口指渡七寸
弐拾弐本ハ　長サ壱丈　末口指渡七寸」
五百本　但五寸廻り
一竹

右者馬込御船小屋御修理御用ニ入申候間
御切出させ可被下候為其如此御座候以上

酉
二月廿七日　年行事 具足屋源右衛門

末次平蔵殿

表書之通竹木切せ可被相渡之候断者本文
有之候以上

二月廿七日　河権右衛門印

末次平蔵殿

闕所道具払候銀高書出候帳面奥書

右銀高合百拾壱貫九百六拾九匁弐分
右者朝鮮国江武具指渡候者共御闕所之諸色
何茂立合入札之上遂吟味不残相払右之金銀此金前ニ不見
末次平蔵江相渡之手形取指上申候為後日如件(137)

寛文八年申九月朔日　高嶋四郎兵衛印
高木善右衛門印

高木彦右衛門印
薬師寺宇右衛門印
枚戸半兵衛印
小林安左衛門印」

松平勘三郎様
河野権右衛門様

右帳面相違無之者也

十月朔日　甚三郎印
権右衛門印

前借銀請取手形裏書

請取申御銀子之事

合御銀子弐貫九百九拾三匁六分ハ　但御極銀
右者為前御借銀慥請取申上候是者今度
西御役所二階御長屋銀高八貫九百八拾壱匁ニ
私致入札落申候内ニ而御座候相残五貫九百八拾
七匁四分之御銀子者重而両度請取可申候為(138)
後日一筆如此御座候以上

寛文八年申十一月十一日

新大工町御長屋請取人 長野与次兵衛印
同町与頭請人 野口長左衛門印
同町右同 森安長右衛門印
同町右同 岡崎孫左衛門印
同町右同 伊藤五郎兵衛印

岡部九郎右衛門殿

同町右同
立神惣四郎印」
堀弥五兵衛殿

表書之銀弐貫九百九拾三匁六分可取相渡候
断者本文有之者也
申十一月十二日　河権右衛門印
末次平蔵殿

中借銀手形裏書
請取申御銀子之事
合御弐貫九百九拾三匁七分　但御極銀
右者為中御借銀慥請取申上候是者今度
西御役所二階御長屋銀高八貫九百八拾壱匁
私致入札落申候内ニ而御座候相残弐貫九百
九拾壱匁七分之御銀者御長屋出来仕候而
請取可申上候為後日一筆如此御座候以上
寛文九年酉二月五日　名印等同前
岡部九郎右衛門殿
堀弥五兵衛殿
裏書茂右同断」

普請出来以後前借中借銀之手形と
引替之手形裏書
請取申御銀子事
合ー貫ー拾ー匁者　但御極銀
右是者西御役所新御与力二階御長屋
梁間三間ニ桁行拾四間前ニ壱間之庇有
幷塀湯殿雪隠共之御入目銀入札ニ被仰付
無相違仕立申候付右之銀子三度ニ不残請取
相済申候為後日仍如件
寛文九年酉四月廿日　名印等同前
岡部九郎右衛門殿
堀弥五兵衛殿
表書之通不残可被相渡之候断者本文
有之者也
酉四月廿日　河野権右衛門印
末次平蔵殿」

目安裏書
如此目安差上候間致返答出来ル畿日

罷出可遂対決者也
戌月　日　権右衛門印
誰
表書之通ニ候条返答書仕来ル幾日
罷出可請裁許者也
戌月　日　権右衛門印
たれ

漂着之朝鮮人江遣候御扶持方銀
手形裏書」

今度朝鮮船壱艘漂着仕候ニ付而
御扶持方萬被下候入目之覚
一銀弐拾八匁六分三厘六毛　米四斗七升弐合五夕代 但銀壱匁ニ付壱升六合五夕充
平戸之内生月嶋江漂着仕候朝鮮人従松浦
肥前守様御送被成候人数拾四人申十月
十一日之晩より同十五日之晩迄日数四日半但
一日壱人ニ付七合五夕充
一同拾五匁七分五厘　酒壱斗五升七分五夕代 但壱升ニ付壱匁充
日数右同断一日壱人ニ弐合五夕充
一同拾匁四分五厘八毛　肴代
日数右同断一日壱人ニ壱分六厘六毛充
一同弐匁壱分四毛　味噌之代
日数右同断一日ニ三厘三毛四充
一同三匁壱分五厘　野菜之代
日数右同断一日壱人ニ五厘充
一同三匁壱分五厘　薪之代
日数右同断一日壱人ニ五厘充」
六口合銀六拾三匁弐分四厘八毛
右者長崎逗留中之分
一銀七拾目　米壱石壱斗五升五合代 但銀壱匁ニ付壱升六合五夕充
長崎より対馬迄船中十一日分一日壱人ニ付七合五
夕充
一同三拾八匁五分　酒三斗八升五合代 但壱升ニ付壱匁充
日数右同断一日壱人ニ弐合五夕充
一同弐拾五匁五分六厘四毛　肴之代
日数右同断一日壱人ニ壱分六厘六毛充
一同五匁壱分四厘三毛　味噌之代
日数右同断一日壱人ニ三厘三毛四充

一同七匁七分　野菜之代
日数右同断一日壱人ニ五厘充
一同七匁七分　薪之代
日数右同断一日壱人ニ五厘充
六口合銀百五拾四匁六分七毛
右者長崎より対馬迄舩中拾一日分
都合銀弐百拾七匁八分五厘五毛
右之銀慥請取申所如件」
寛文八年申十月十五日　宗対馬守内 吉村庄左衛門印
対馬屋七郎兵衛印
末次平蔵殿
表書之銀弐百拾七匁八分五厘五毛被相渡
重而可被遂勘定候断者本文有之者也
申十月十五日　河権右衛門印
末次平蔵殿

切支丹宗門改之書物之写七通　但例年正月申付之
差上申書物之事
一私儀元来何宗ニ而御座候切支丹宗門ニ而無
御座候以来迄も切支丹ニ罷成候事御座有
間敷候若切支丹ニ罷成候由後日ニ被聞召付
候ハヽ、親子兄弟迄も如何様共可被
仰付候若又宗旨を替申度御座候ハヽ、
御奉行様江御断申上其上を以替可申候」
為其如此御座候以上
寛文十一年亥正月　誰印
進上 御奉行所様
右ハ高木作右衛門町年寄共別紙ニ調候書物也

差上申一紙書物之事
一我等家内男女合十七人
右之人数男女共ニ壱人も不残踏絵をふませ
御政所様江書物指上寺請状迄仕せ我等
手前ニ取置之申候若以来家内之者之内
右之趣ニはつれ候もの於御座候者私如何様之
曲事ニ被為　仰付候共御恨奉存間敷候
為其一紙書物仕差上之申候以上」
寛文十一年亥正月　薬師寺宇右衛門(139)

小柳太兵衛

進上
御奉行所様

右ハ常行事二人一紙書物也　但亥年文言少々改之

是ハ寺社方宗門改帳之奥書也　但亥年文言少々改之

此外町内尓有之道心者比丘尼其町々より
踏絵を踏せ相改書上申候右私共改申候
者之分壱人も不残踏絵をふませ宗門改仕
差上之申若改残申候もの壱人も於御座候ハ
私共如何様之曲事被　仰付候共少も御恨
奉存間敷候為其如此御座候以上

寛文十一年亥正月　薬師寺宇右衛門

小柳太兵衛

進上
御奉行所様

」

指上申一紙書物之事　亥年文言少々改之

一何町男女合何百何拾何人
右之内御政所様江手形差上申候者之儀ハ
不及申上其外男女共ニ壱人も不残踏絵を
ふませ書物寺請状迄仕せおとな組頭手前ニ
取置之申候若以来町内之者之内ニ右之
趣ニはつれ候もの於御座候者私共を如何様之
曲事ニ被為　仰付候共少も御恨ニ奉存間
敷候為其一紙書物仕差上置申候以上

寛文十一年亥正月

何町おとな　誰　印
同町組頭　誰　印
同　誰　印

進上
御奉行所様

」

切支丹ころひ申書物事

一我等数年之切支丹ニ而御座候得共切支丹之教
承候程魔法之教ニ御座候第一後生之事ニ
取成伴天連之下知を背候者ニゐすこむ
尓あんをかけ此世尓てハ万事ニ付万民之
参言を戒来世尓てハゐんへるのへ落
可申と威又ハおかしたる程の科を
伴天蓮に懺悔仕其免を不蒙して
後生たすかる事なきと教万民伴

天連を用候様ニ仕候事皆以他之国を取
謀尓て御座候通承届切支丹をころひ
何宗尓罷成候就夫御奉行所様江書物
を差上申候以来立あかり又心尓切支丹
宗旨之望を含申間敷候少も相違」
御座候ハヽてうす伴天連ひいり尓すひりつ
さんとを奉初さんたまるやもろ〳〵の
あんし尓へあとの御罰を蒙りてうす
のからた絶果しやうたすのことく頼母敷
をうしなひ後悔の一念も不萠して
人々の嘲と罷成終頓死仕ゐんへる
のの苦患に被責浮事御座有間敷
者也仍吉利支丹宗旨之しゆらめん如件

寛文十一年亥正月　　誰印

進上　御奉行所様

右ハ馬場三郎左衛門時分より如此申候由

差上申書物之事

一私儀夫婦共ニ元来何宗尓て御座候切支丹」
宗門御改ニ付書物被　仰付候我等妻子召仕候
者迄も切支丹之宗門壱人も無御座候若
自今以後切支丹ニ被成候由被　聞召付候ハヽ
親子兄弟迄も火あふりニ可被　仰付候
為後日如此御座候以上

寛文十一年亥正月　　誰印

進上　御奉行所様

右ハ三郎左衛門時分より如此申付候由

差上申一紙書物之事

一私共幷水主男女人数合六拾五人右之内
御政所様江手形差上申候者之儀者不及申
上其外男女共ニ壱人も不残ふミ絵をふませ
書物寺請状迄仕せ私共手前ニ取置申候
若以来右之趣ニはつれ候もの於御座候者
私共を如何様之曲事ニ被　仰付候共少も」
御恨ニ奉存間敷候為其一紙書物仕差上ケ
置申候以上

馬込御船頭　清水太右衛門

寛文十一年亥正月十二日　　同　森路弥兵衛

進上
御奉行所様

右ハ馬込御船頭弐人一紙書物也　但亥年文言少々改之

寛文十一年亥二月切支丹宗門弥御制禁
付而御書付を以諸国へ被　仰遣之由ニ而
同年三月十七日長崎へも右之御書付
被遣之候就夫町年寄常行事共
召寄之書付を以申渡候覚

覚

一於町中年季一季に召置候もの又ハ借屋
借地尓差置候もの男女共尓弥入念宗旨
改之切支丹宗門尓て無之旨請人を立可召置候事」
一切支丹宗門尓今密々有之而所々より捕来候間
不審成もの於有之者早速可申出候事
一切支丹宗門之もの隠置若脇より於
顕者大屋五人組幷其町之おとな組頭迄
依其品曲事たるへき事

以上

亥三月廿二日

一此書付之通町中江急度申渡其町々より
手形いたさせ可差上旨申付之候
一末次平蔵をも召寄江戸より被遣候御書付
拝見いたさせ候平蔵所江ハ勘定頭より
可参候得共若不参儀も可有之候間
写申度旨申候間別写候而相渡之候」

右切支丹宗門御制禁之趣町中之
者共手形仕せ候覚

差上申手形事

一私家内尓罷有候男女切支丹宗門之もの壱人も
無御座候事
一私借家ニ罷有候男女切支丹宗門之者壱人
無御座候事
右何茂入念宗旨改之請人を立召置申候
自然切支丹宗門か又ハ不審成儀御座候ハヽ
早速可申上候若隠置脇よりあらはれ
於申候者如何様之曲事ニ被為　仰付候共

少も違背申上間敷候為其手形仕差上
置申候以上　　高木作右衛門
　　　　　　　町年寄共
寛文十一年亥三月　　常行事
　　　　　何も別紙也
進上
御奉行所様

差上申手形事
一私共仲間ヶ間之者幷内町中おとなの分切
支丹宗門之者壱人も無御座候自然切支丹
宗門か又ハ不審成儀御座候ハヽ、早速可申上候
若隠置脇よりあらはれ於申候者私共迄
如何様之曲事ニ被為　仰付候共少も違背
申上間敷候為後日以連判手形仕差上
置申候以上
寛文十一年亥三月　　町年寄
　　　　　　　　　常行事
進上
御奉行所様

差上申手形之事
一私共町内切支丹宗門之儀者不及申
其外不審成者壱人も無御座候自然切支丹
宗門か又ハ不審成儀御座候ハヽ、早速可申
上候若隠置脇よりあらはれ於申候者
私共迄如何様之曲事ニ被為　仰付候共少も
違背申上間敷候為後日以連判手形仕
差上置申候以上
寛文十一年亥三月　　おとな
　　　　　　　　　組　頭
進上
御奉行所様

差上申手形事
一私共五人組之内切支丹宗門之者無御座候
自然切支丹宗門か又ハ不審成儀御座候ハヽ、
早速可申上候若隠置脇よりあらはれ於
申候者組合之ものとも如何様之曲事ニ
被為　仰付候共少も違背申上間敷候為後日
以連判手形仕指上置申候以上

寛文十一年亥三月　五人組
進上
御奉行所様

差上申手形事

一私家内尓罷在候男女切支丹宗門之者
壱人も無御座候事
一私借屋尓罷在候男女切支丹宗門之者
壱人も無御座候事
右何茂入念宗旨改之請人を立召置申候
自然切支丹宗門か又ハ不審成儀御座候ハ、」
早速可申上候若隠置脇よりあらはれ
於申候者如何様之曲事ニ被為　仰付候共少も
違背申上間敷候為其手形仕差上
置申候以上
寛文十一年亥三月　家持
進上
御奉行所様

差上申手形事

一私共両人儀切支丹宗門ニ而無御座候自然
切支丹宗門か又ハ不審成儀互ニ御座候ハ、
早速可申上候若隠置脇よりあらはれ
於申候者私共如何様之曲事ニ被為
仰付候共少も違背申上間敷候為後日
以連判手形仕差上置申候以上」
寛文十一年亥三月　森路弥次兵衛
清水太右衛門
進上
御奉行所様

差上申手形事

一御加子之者幷家内ニ罷在候男女切支丹
宗門之者壱人も無御座候事
一私共家内ニ罷在候男女切支丹宗門之者
壱人も無御座候御事
右何茂入念宗旨改之請人を立召置申候
自然切支丹宗門か又ハ不審成儀御座候ハ、
早速可申上候若隠置脇よりあらはれ
於申候者私共迄如何様之曲事ニ被為
仰付候共少も違背申上間敷候為後日」

以連判手形仕指上置申候以上

寛文十一年亥三月　森路弥次兵衛

清水太右衛門

進上
御奉行所様

差上申手形事

一私共仲ヶ間之者幷家内ニ罷在候男女
切支丹宗門之者壱人も無御座候事
一御船頭両人幷家内之男女切支丹宗門之儀
承不申事
右仲ヶ間之儀者不及御船頭所ニ罷在候
男女迄自然切支丹宗門か又ハ不審成儀
御座候ハヽ早速可申上候若隠置脇より
あらはれ於申候者仲ヶ間之者共迄如何様之」
曲事ニ被為仰付候共少も違背申上間敷候
為後日以連判手形仕差上置申候以上

寛文十一年亥三月　加子

進上
御奉行所様

差上申手形事

一籠番之者共幷家内ニ罷有候男女切支丹
宗門之者壱人も無御座候事
一私家内ニ罷在候男女切支丹宗門之もの
壱人も無御座候御事
右何茂入念宗旨改之請人を立召置申候
自然切支丹宗門か又ハ不審成儀御座候ハヽ
早速可申上候若隠置脇よりあらはれ
於申候者私迄如何様之曲事ニ被為」
仰付候共少も違背申上間敷候為後日手形
仕差上置申候以上

寛文十一年亥三月　囚獄
三右衛門

進上
御奉行所様

差上申手形事

一私共仲ヶ間之者幷家内ニ罷在候男女切支
丹宗門之者壱人も無御座候事
一囚獄三右衛門幷家内ニ罷在候男女切支丹
宗門之儀承不申候事

進上
御奉行所様

町使(141)

右仲ヶ間之儀者不及申囚獄所ニ罷有候
男女迄自然切支丹宗門か又ハ不審成儀
御座候ハヽ、早速可申上候若隠置脇より
あらはれ於申候者仲ヶ間之者共まて
如何様之曲事ニ被為　仰付候共少も違背申
上間敷候為後日以連判手形仕差上置申候以上
寛文十一年亥三月　　籠番
進上
御奉行所様

差上申手形事

一私共仲ヶ間之者幷家内ニ罷在候男女
切支丹宗門之者壱人も無御座候いつれも
入念宗旨改之請人を立召置申候自然
切支丹宗門か又ハ不審成儀御座候ハヽ、
早速可申上候若隠置脇よりあらはれ
於申候者仲ヶ間之者共迄如何様之曲事ニ
被　仰付候共少も違背申上間敷候為後日
以連判手形仕差上置申候以上
寛文十一年亥三月　　散使(140)

（表紙題簽題）
長崎諸事覚書（第八冊目）

（目録）
長崎
證文類

一阿蘭陀人江申渡御書付
一唐人共ニ読聞候真字札
一唐舩入津帰帆ニ差出候手形
一唐人幷町中江町年寄なとより相触書付
一書物屋共差出候手形
一漂着舩之警固幷請人唐人手形
一阿蘭陀荷役帳奥書幷出嶋乙名手形
一漂着之朝鮮人口書幷警固之者手形
一漂着之朝鮮人送遣候時浦々通手形」

（本文）
阿蘭陀人江申渡御書付二通
是ハ例年帰帆之砌前年より居続之方へ
かひたん(142)罷出候節申渡候

覚

一阿蘭陀人往来之国々之内南蛮人(143)と出合候
国も可有之候間弥南蛮人と通用仕間敷候
若出合候国於有之者其国其所之名
具書注之毎年着岸之かひたん
長崎奉行人江可指上者也
寛文十戌
九月十九日

覚

一阿蘭陀事者　御代々日本商売候様ニと
被　仰付毎年長崎へ着舩仕候従此以前如
被　仰出候きりしたん宗門と通用仕間敷候
若致入魂候由いつれの国より申上候共日本
渡海可被成御停止候勿論彼宗門族舩ニのせ
来申間鋪候事」
一不相替日本為商売渡海奉存候ハヽ、
きりしたん宗門之儀ニ付而被　聞召可然儀
於有之者毎年阿蘭陀舩渡海之事ニ候間
可申上候あたらしく南蛮人手尓いり

きり志たん宗門尓成候国も有之候哉
渡海道筋之儀者可承候間見及聞及候ハ、
長崎奉行人迄可申上事
一日本渡海之唐舩(144)ばはん(145)仕間敷事
以上
寛文十戌
九月十九日
」

切支丹宗門御制法之札写
是ハ唐船荷役(146)之節通事(147)共方より持乗り物出役之
(148)唐人ニ読せ候て船中の者共尓きかせ候

奉《ウケテ》
上令旨《カミノレイシヲ》為《タメニスルノ》禁革《カクセンカ》進《ムコトヲ》南蛮廟《ニ》之事《コト》即天主教《チテンシユキヤウ也》
切《セツニ》見《ルニ》
南蛮人立《リツ》心不軌《フキニシテ》流毒《シ》四方《シイシハウニ》専《ハラ》行《ナツテキ》偽教《ケウヲセン》煽
惑《ワクスルコト》
良民《ヲ》深《ク》為《ス》可恨《ヘシトウラム》罪不《ツミザルナリイレ》容誅《チウスルニ》也今見《ニルニ》唐船往
来《シ》
本国《ニ》貿易《バウエキス》各宜格《クツ、シンテシタカヒ》遵

御法度《ニ》毋《ナカレ》得《ウルコト》違禁《イキンスルコト》今将《ニモツテ》禁款《クワン》條例開具于《ス》
後《シリヘニ》
一繇来《ユライ》進《ムノ》南蛮廟《ニ》之人《モノ》本国原有《モトリ》旧禁近《コロ》今《ニ》
更《サラニクワウシンケンヲヤ、》加森厳稍有随《ラハダ》足《スルコトザン》斬艾《ガイシナケンノコスコト》靡遺
一不《ズ》許《ユルサソウ》装載《サイスルコトヲ》南蛮和尚《ヲシヤウ》幷進《ム》南蛮廟《ニ》之人《モノヲ》即《チ》
天主教《ナリ》或《ハ》中《カニ》有夾帯《ラハケウタイスルコトクワブツイ》貨物違禁《キン》等件《ノシナヲ》者通船《ノ》
人貨倶《トモニ》各勦滅《くサウメツシケツシテ》決不《ジ》軽恕《カロクユルサ》但在《シテ》唐山雖《ニ》同
謀《シ》
到《ト》日本《ニ》即《チ》来出《テ》首者《セハ》更加《ニヘ》重賞《ヲ》亦免《ル》其罪《ヲ》
」
一凿《シ》通日本進《ムノ》南蛮廟《ニ》之人《モノニハ》或書信貨物或《ハ》
進《ム》廟家攸《ニユウ》等件《ノシナ》通船人《ノ》私寄託《ニキタクシテ》而来《ルノ》之事《アラン》或《ハ》
船主客或《ハ》水梢知《サウラハ》情《ヲ》者速々出《ニ》首《セヨ》
王上重賞《アルヘシ》雖《ハ》本身或同伴《ト》出首《セハ》者亦免其罪諒《ヲハカツテ》
甚情賞《ヲセン》之
一南蛮人即《チ》天主教《ナリ》或《ハ》学唐人言語《ノ》衣《ヲ》唐人《ノ》
服混《ヲ》入《シテ》唐人中《ニ》附《キ》船渡《ニ》海而来《シテ》大明開駕《ノ寸》不《シテ》
及《ハ》検点《ニ》装載而来《シテ》或于《コトアランハヲイテ》洋中《ニ》学察或抵《シハイタツテ》長
岐
知《ラハヲ》情速々投首《ニトウシユスヘシ》如此者《ハ》通船免《カレ》罪《ヲ》更加《ニヘン》重賞《ヲ》

倘《モシ》他人先《ニ》出首《セハ》者通船盡《ク》行《ヘシ》二勦滅《ヲ》一
一南蛮人即天主教《ナリ》在《ヲ》二唐山《ニ》一謀《シ》二合唐人《ニ》一私賄《ニシ》二財物《ヲ》一装二載《シテ》南蛮《ノ》悪党《ヲ》一而来《ラハ》速々《ニ》出首《セヨ》如レ此者《ノハ》即免《シ》二其罪《ヲ》一更《ニ》加レ倍《ヲ》‐賞倘隠匿《シイントクシテ》不レ首他人出首《セハ》者通船同┐罪《タリ》悪党一‐併《ヘイニ》施行《セン》」
已上律條《ノリツテウシイ》至‐重至大《シイ》如《ナリモシ》有レ違《ラハ》‐犯盡行《クハン》二勦滅《ヲ》一此係《レカヽレリ》二日本法度《ノ》一厳《ニ》如《キコトシ》レ軍‐令毫《ゴウモ》無レ漏《ロ》網《モウ》不レ比《セ》三唐山《ノ》官府尚可《ヲ》二曲《ニ》レ情《ラ》仮《ヲ》レ貸《リ》狗《タイヲシタカツテ》レ私《ニ》解‐脱《ス》一爾《ナン子》唐人等慎《テ》勿《レ》レ犯《スコト》レ之《ヲ》各宣《ク》謹《テ》守《ヘシ》一恃《ニス》尓
右諭知《シテチ》悉《シツセシム》(149)

右御制法之札之趣唐通事共和ケ

一奉承　上意切支丹宗旨之事を禁止す別天主教之事也惣而見尓南蛮人心たてするを尓おらす害を四方尓流専偽教を行ひ人民を令惑候事にて可悪之上其科誅するに不足者なり今見るに唐船本国尓往来し致商売之間唐人面々よろしく御法度尓随ひ禁止之旨ニ不可違犯今禁」止ケ條を以此跡尓しるし候

一由来切支丹宗旨之族本国尓元より御禁制雖有之候近比ハ弥稠敷被　仰付之候間少も於有其志者不遁斬科可行

一南蛮伴天連幷切支丹宗旨之輩を乗せ渡間敷候則天主教之事也或船中尓南蛮人之荷物其外御法度等之物を於乗渡者一舩之人荷物共尓皆々可為滅決定軽ゆるかせたるましく候但大明ニ而謀悪之同類たりといふとも日本ニ到て即時於申出ハ重御褒美を被下亦其科を可有御赦免

一日本切支丹宗旨之輩に密通致し或書簡荷物或切支丹宗旨之道具等を船中之ものともひそかに被頼持渡事可有之或ハ船頭客或ハ水主にても其由を存候ものハすみやかに申出へし段御公義重御褒美を可被下其本人尓不限縦同類たりといふとも於申出者其科を御赦免之上其」

品尓依て御褒美可被下
一南蛮人ハ則天主教や或ハ唐人之言葉を学ひ
唐人之衣類を着唐人之中ニ入交り舩尓乗
渡海し来尓大明ニ而出舩之節不及吟味
して乗せ来ル事可有之或洋中尓おゐて
あら者れ或ハ長崎尓到て知事有之候ハヽ、
すみやかに可申出如此ならは一舩之科を御
赦免之上弥重御褒美を可被下若脇より」
於申出者一舩悉滅却尓可行
一南蛮人ハ則天主教や大明尓をゐて唐人尓
内謀致しひそかに賄を受南蛮之悪党を
乗せ来る事有之候ハヽ、すみやかに可申出
如此あらは則其科を御赦免之上御褒美を
可被増下若隠不申出脇より於申出者
一舩之もの悪党と同罪たる尓依て一概に
可行
右之禁條重大之到候若違犯之族有之者悉
滅亡可行是日本之法度尓して稠敷事軍（ママ官カ）
法のことし毛頭漏す事有間敷候大明及家の
ことく賄を以事をまけ、私尓随ひ可遁に
あらす候汝唐人等つヽしんて違犯無之
面々よろしく守へし為其置之
右仰（ママ令カ）て知者也

唐船入津之節唐人船頭より差出目録写
東寧《トウネイ》船主胡球《コキウ》官有二課《リ》船壹隻《セキ》一于《ヲイテ》二捌《ハチ》月初八日一開
駕《ステ》至二正月初一日《ニ》一到《ル》レ長崎《ニ》今将《ニモツテ》 姓名貨物《ヲ》二開一具《ス》于後《ニ》
東寧船主胡球官造《ハ》二報《スル》 本船《ノ》公司及搭容《ノ》貨物《ヲ》一冊
公《ノ》司《□□ト云コト》貨物開具
元興号《ヒルミノコト》綑《ゴウクン》　中縐《スウ》《チリメンノコト》伍拾疋《ヒキ》
小縐《コチリメン》貳　綑《クン》　計《ハカツテ》《クンハ丸ト云コト》　貳百貳拾参疋
大素綾《ソ》《大ヌメリンスノコト》　壹廂《ヒトハコトイフコト》　計《テ》肆拾捌疋《ツテ》
湖緑《コシ》《シノイトノコト》伍籠計《テ》参百参拾陸觔浄《シヤウ》《シヤウミトイフコト》
白糖《シロサトウ》捌百篭計重《テサ》捌萬伍千觔
漳烟《チヤクチウタハコノコト》壹篭」
各客《カクヽ》《キヤクヾモツミソヘノニモツト云コト》　附搭《フタウノ》　貨物開具搭客許進哥《スコシンカ》《唐人名》貨物

承豊号《シヤウホウゴウノクン》《シルシノコト》細壹拾伍件《ケン》《ケンハコフリ》
　内小綛《スウ》壹百伍拾陸疋　軽紬《ケイチフ》壹千肆百伍拾貳疋
　重紬《チヤウテフ》陸百伍拾伍匹　大萬字紬《タイマンジチフ》参拾陸疋
　素紬《ソテフ》貳拾玖　中綛《スウ》捌疋
鰲号《ゴウコウノクンケン》細陸件
　内白頭北布《ハクトウホクフ》肆百疋　本色永春《ホンシキエイシュン》玖拾疋
夥長舵《クワテウダ》《安針》《カヂトリ》工《コウ》及《ヒ》各目梢貨《くボクサウノ》《日ハ役者梢ハ水手》物約略《ヤクリヤクニ》《大方ト云コト》　開-具《ス》
湖絲貳籠　零《レイ》貳件　計《ツテ》貳百壱拾觔
中綛小綛曠-綢《センチヤウ》毡《ノ》條《モウセンノコト》等貨計《テ》拾餘件内
　曠紬参拾疋　中綛壱百貳拾疋　小綛壱百疋　毡條捌拾領

本船軍器開具
斬馬刀《ザンバタウ》《ブグノコト》貳拾柄　唐長刀廿振
腰刀壱拾玖柄　唐刀十九腰
鉡《クワン》壱拾玖枝《ホコノコト》　ほこ　十九本
大熕陸門《タイコウロクモン》　石火矢六挺
小熕壱拾肆門　捧火矢拾四挺
大熕子肆拾粒　石火矢玉十」
小熕子伍拾粒　捧火矢玉五十
鉄甲《テツコウ》参拾領　唐具足三十領
鉄鍪《ボウ》弐拾頂（ママ）　同甲廿刎
火薬肆小桶　石火矢薬
東寧船主胡官造二報本船目《ノ》-梢及搭客《ヲ》一冊

船主胡球官《ツンツウノホウキウクワン》　三十三才　媽祖《マアツフ》
財副陳新官《ツアイフウタンシン》　三十歳　關帝《クワンテイ》
夥長《ホイチヨン》　四十歳　聖人《シンヂン》
曽夥長《ツワンホイチヨン》　五十歳　關帝
舵工《タイコン》　五十歳　媽祖
　以上共伍拾陸人
船上通共《スニ》伍拾陸人其内並《チナラヒニ》無下曽《シ》載中《カツテノスルコト》　南蛮和尚《ヲシヤウ》-
進《ムルノ》
天主教二之人《ヲ》幷《ト》日本人等上《ヲ》亦不下曽《ズ》去二販《テコ》　呂宋《ハンシロ》鶏籠《ソンケイラン》南-
蛮廟等処一《ノニ》而来上《ヲ》亦不三曽《ス》収《セ》五島薩摩別嶴《ヘツヲフノコウ》　港門一《ニ》洋-」
中不レ作二《ナサ》非《ヒ》為《イ》犯《ボン》法等情一《ノシヤウ》如有レ《シ》前《ラハ》-情任二《ニン》憑《ビヤウス》
王上治レ《ノヂスルニ》罪《ヲ》通-船情-愿《クワンセリリウ》　立-字《シスルコトコレシツナリ》　是実
寛文十壱年正月　初一　日　船主胡球官
　夥長陳甲
　舵工陳瑞
御奉行所様(150)
指上申手形事
　入津之唐船相改候以後宿町(151)付町手形写

壱番
一東寧出唐人　正月朔日入津　五拾六人　但船頭共
一石火矢　六挺
一棒火矢　拾四挺
一唐刀　御封有　拾九腰
一唐長刀　弐拾振」
一ほこ　拾七本
一石火矢薬　御封有　五桶
一石火矢玉　御封有　壱包
右之唐人幷諸道具共慥預置申候重而出船之
刻無相違乗せ遣し可申候右唐人共之内万一
伴天連入萬物而切支丹宗門之者紛来ル歟
又ハ南蛮文字其外切支丹宗門之事書候
物道具之類於有之者急度可申上若隠
置候ハヽ私共迄如何様之曲事ニも可被為
仰付候事
一今度唐船ニ持渡候荷物之儀入津之日より
五十日(152)切ニ出船仕候様ニ入念商売致させ可申候
若買主方より代金遅々仕候ニおゐてハ私共
方より唐人前皆済仕　被為　仰付候日限急度」
出船為仕可申事
一売残候唐人荷物幷金銀日本人へ預候儀も
又唐人預り候儀も共以致させ申間敷事
一唐人とハ不及申縦日本人ニ而御座候共舟合
私曲仕間敷事
一似せ薬種幷交物有之薬種御座候ハヽ有躰ニ可申上候事
一惣而御停止物之品々隠して持来り候ハヽ
急度可申上候事
右之條々於相背申候者如何様之曲事被為
仰付候共勿論違背仕間敷候為後日手形仕差上置
申候以上(153)

寛文十一年亥正月四日

宿下町中おとな
芦塚長左衛門印
同町組頭
尼崎屋甚左衛門印
付町袋町中おとな
糸屋五郎右衛門印
同町組頭
西脇久左衛門印」

進上
御奉行所様

唐船帰帆之節宿町付町之おとな幷
通事唐人年行事書上候手形之写

唐人帰国ニ付差上申一札事

一壱番東寧船壱艘船頭胡球官客唐人
役者都合五十六人乗候而正月朔日ニ入津仕
荷物売仕廻何れも代金不残請取相済
申候右之唐人之内得　御意壱人ハ弐番船ニ
便乞帰唐仕筈ニ而御座候残而五拾五人乗せ候而
二月廿一日出船帰唐仕候売物ニ付少も出入無
御座候事
一日本人幷住宅之唐人ニも預物者不及借金
借米共ニ出入無御座候事
一日本人幷住宅之唐人壱人茂乗せ渡不申候
勿論今度参候唐人壱人も残し置不申候事
一日本之武道具持渡不申候付リ武者絵之類
持渡不申候事
一丁銀幷はい吹銀少も持渡不申候事
右之ケ條者不及申其外何尓ても御法度之
物持渡不申諸事少も出入無御座候若相違之
儀於御座候ハ私共ニ御懸可被成候少も違背
申上間敷候為後日一札如件
寛文十一年亥二月廿一日　宿下町中おとな　芦塚長左衛門印
付町袋町中おとな　糸屋五郎右衛門印
唐通事　潁川藤左衛門印
同　彭城仁左衛門印
同　柳屋次左衛門印
同　陽　惣右衛門印
同　東海徳右衛門印
同　林　甚吉印
同　林　道栄印
同　潁川藤右衛門印
唐年行事　林　一官印
同　陸　一官印
進上
御奉行所様

帰唐之節船頭役者共幷請人唐人
書上候手形之写
東寧船頭胡球官帰唐ニ付書上申請状事
一御法度之呂宋江参申間敷候其外何れの
国尓てもきりしたん居申国へ参申間敷事
一当津出船仕候てよりいつれの浦へも船着
申間敷事

但重而日本へ渡海仕候共長崎之外いつれの
湊へも舟よせ申間敷事

一重而日本江渡海仕候共伴天連入満同宿之儀者不及申上切支丹宗門之者壱人も乗せ渡り申間敷事

一日本人壱人も乗せ渡不申事

一日本之武道具者不及申上武者絵之類尓到迄持渡不申事

一丁銀幷はい吹銀少も持渡不申候事

一海上尓をゐてはハん仕間敷事

右之條々相背申間敷事若於相背申候者重而此舟入津之刻我等ともを如何様ニも曲事ニ可被仰付候少も違背申上間敷候為後日請状如件

寛文十一年亥二月廿一日

請人筑後町 王二官
船頭 胡球官
財副 陳新官
夥長 陳甲
船工 陳瑞
捴官 陳寵

進上
御奉行所様

374

唐船帰帆之節船頭書上候帳面之写

第一番東寧船主胡球官有二鳥船壱隻《セキ》一装《サウ》二載《サイシテ》貨物《ヲ》二丁《ヲイテ》二 本年正月初一日《ニ》一収二入《ス》長崎《ニノ》其貨物売完《ヲハレリ》 将《ニ》《ス》レ回《サント》レ寧《ニ》理合《リマサニ》《ヘシ》二報一明《ス》一本船目梢《ボクサウ》及《ヒ》搭客五十六人蒙准《シ》三搭《スルコトヲ》 弟二番普陀船《ニ》一去一客一人原一在五十五人但開駕《ノ》之日船中不《ズ》二敢載《テノセ》二日本人幷本地旧《ノキウ》唐人《ヲ》一除《ク》准《イイスルコトヲ》三帯小判金及元一通一銭銀器《ヲ》一之外不三敢《テ》私《ニ》一帯《セ》二丁銀幷軍器《ヲ》一亦不下敢販《テハンセ》中呂宋鶏籠《ソンケイラン》進《ル》二南蛮廟《ニ》一等《ノ》処《ニ》上洋中不二敢《テ》為《シ》レ非《ヲ》犯《ス》レ法《ヲ》等《ノ》情《アラシ》一来時不下敢《テ》載南蛮和尚幷進《ムル》二南蛮廟一之人《モノ》及レ犯法《ス》貨《ヲ》物仮一装薬材《ニ》如《コトクナルモノヲ》上二 呂采鹿《ノロク》皮或《ハ》信一石班貓芫菁《ハンメウゲンセイ》等《ノ》毒一薬《ノ》一更《ニ》不三敢収《セ》二日本別処港《カウ》門一再《ク》不下敢放《テ》二唐人《ヲ》一上《ノホラシメ》上レ 山船《ニ》直《ニ》到長崎任《ニン》三憑《ヒヤウス》王主擇《エラヒサタムルニ》二走主一家《ヲ》一如《シ》有《ラハ》二犯レ法《ヲノ》等情一通船人《ノ》一衆情二愿丐《スウカゴウゴトヲ》レ罪船《ヲ》土幷主家花押《ヲフヲ》 為レ証《ス》所《ト》レ報《スル》 是実《ナリ》

遵《シタカツテ》 将《モッテ》二 通船人《ノ》等姓名《ヲ》二逐《チク》一一《イツニ》 造報計《シ》開《ス》

船主胡球官《ツノツフホウキウクワ》 年三十三歳

財副陳新官《ツアイフウカンシン》　年三十歳
夥長陳申《ホイチヨンタンシン》　年四十歳
曽夥長《ツアンホイチヨン》　年五十歳
舵工陳瑞《タイコンタンスイ》　年五十歳
副舵《フウタイ》　年六十五歳
客人《ノ》姓名計開《ス》　蒙《ル》下
翁士亦鳥《アンスウロワン》年三十歳准中搭《スルコトヲトウシ》二第二番陀船《ニ》一回唐生《シ》理《スルコトヲ》上
許進哥《コウキンコウ》　年三十五歳
已上通船計《テ》五十六人　内一人過船《ハクワセンス》
除外《チヨクワイニ》　実五十五人
寛文十一年二月廿一日
弟壱番東寧船主胡球官判(154)
宿主下町芦塚長左衛門印

唐船帰帆之節積渡候諸色宿町
より書付差出候帳面奥書之写
右之荷物者宿町中おとな幷付町おとな
立合入念相改何茂封を付召置候段御
理申上候ニ付我々封之尽御積渡被下候
此荷物之内ニ　御法度之物少も無御座候若
此荷物之内　御法度之物何ぞても隠入差渡
中候由後日被　聞召付候ハ、我々共如何様共
曲事ニ可被　仰付候為其連判如此御座候以上
寛文十一年亥二月廿一日
宿下町中乙名
芦塚長左衛門印
同町与頭
尼崎屋甚左衛門印
付町袋町中乙名
糸屋五郎右衛門印
同町組頭
中村与左衛門印

江見次郎右衛門殿
杉山新兵衛殿
金田伝兵衛殿
中山伊兵衛殿
町使
竹内徳左衛門
通事
柳屋次左衛門
同
東海徳左衛門
年行事
林　一官

唐船入津以後通事共方より船頭惣代
幷宿町付町江相触候書付之写
為御意申渡候事
一唐人博奕之事
一唐人町屋之女ニ無作法事

一唐人喧嘩口論事
右三ケ條兼々　御法度之段皆々存之前ニ而候
今又別而稠敷被　仰渡候間宿々随分
唐人御法度相背不申様ニ吟味尤ニ候
勿論唐人中間殊唐人日本人と組致し
右之悪事不仕候様ニ弥可有御吟味候以上」
年号月日　唐通事中
右被　仰渡候趣我々唐船宿幷付町之
面々慥承届申候仍銘々判形仕候以上
何番船　船頭判
同　惣代判
宿町　おとな印
附町　おとな印
右ハ例年唐船大形参揃候而以後奉行所へ相断申触候
自然跡船間とをく候得ハ不揃以前ニも相触之候

書物屋共差出候手形写

指上申手形事

一兵書之類幷切支丹宗門之事書載申候
書物者不及申其外何尓ても珎敷書物
於長崎見出申候ハヽ早速
御奉行所様へ可申上事」
一江戸京大坂堺其外何方ニ而成共右候通之
書物見出申候尓をゐてハ其所々
御奉行所様又者御支配之御方へ早速
可申上候事
右之趣於相背申候者何様之曲事ニ
被為　仰付候共勿論違背申上間敷候
此以後所々より書物商売之者共追々
被下申候ハヽ早速申上此連判ニ相加へ
可申候以上
寛文十一年亥六月十四日
本紺屋町　吉田治右衛門印
材木町　山形屋吉兵衛印
引地町　田中甚兵衛印
本興善町中尾長三郎借家　大串次郎右衛門印
進上
御奉行所様
右ハ高木彦右衛門年行事番ニ付書物屋共
召連参判形いたさせ候例年如此候
京　田中庄右衛門印」

漂着之唐船送来候警固之者
書上候手形之写

覚

一東寧出船壱艘二月九日ニ五嶋之内荒川与
申所江参碇をおろし申候付我等警固
被申付候船中ニ而唐人方より何尓ても
もらひ不申候一紙半銭之物にても買取」
不申候又我等方より唐人飯米水薪
塩之外一紙半銭之物も売不申候若相違之
儀於有之者我等儀者不及申宿森永
長左衛門共ニ如何様之曲事ニも可被
仰付候為後日如此御座候以上

寛永十一年亥三月二日
五嶋淡路守内警固(155)
奈留利右衛門印
宿濱之町
森永長左衛門印

進上
御奉行所様

漂着船之船頭幷請人唐人書上候手形写

請状事

一三番東寧船頭曽安官船中都合八拾壱人
載せ候て戌十月十五日ニ東寧を出シ同年十二月
十七日ニ普陀山ニ着津仕当二月二日普陀山を
出船仕候処同月七日ニ東南之大風ニ逢帆柱」
をおろし同九日五嶋之内荒川と申所尓
かゝり申候則五嶋より番舟御着被成三月二日ニ
長崎へ入津仕候就夫御不審ニ被思召上御穿鑿
被成候事御尤ニ奉存候於此船御法度之伴
天連入満同宿之儀者不及申切支丹宗門之者
壱人も乗せ来不申其上南蛮人之荷物
何にても少も積来不申候幷日本人壱人も
乗せ来不申候付りばはんなと致たる者
にても無御座候若何にても御法度相背候
船と後日ニ申上者御座候ハヽ我等請人曲事ニ
可被仰付候右之通我等堅存候故請人ニ罷立申候
為其一筆如件

寛文十一年亥三月七日
船頭
曽安官判
請人濱之町
江七官印

御奉行所様」

阿蘭陀出舩之節出嶋おとな其外之者共
書上候手形
指上申一紙事
一おらんだ壱番舩出舩ニ出嶋より積申
荷物之内不残我々共立合念を入相改
封を付御請合申上候付我々共封之侭
御積渡し被成候若此荷物之内ニ不依何
御公義御法度之物御座候ハヽ何時ニ而も曲
事可被　仰付候為後日一筆如此御座候以上
寛文十一亥
九月廿日
出嶋おとな 清田七兵衛印
同町組頭 田中六郎兵衛印
同町人共
通事共
江見次郎右衛門殿
杉山新兵衛殿
」

漂着之朝鮮人送参候警固手形
覚
申十月四日平戸領生月松下与申所へ朝
鮮舟漂着破損仕候付乗人拾四人并
銘々手廻道具参相渡申候於船中
互ニ一紙半銭之商売も不仕候若相違之
儀御座候ハヽ何時も可被仰付候為後日
如件
寛文八年申十月十一日
松浦肥前守内生月番頭 (156) 沢村清助印
同生月番之小頭 中川久兵衛印
松浦肥前守蔵本 横山半兵衛印
三平茂左衛門殿
後藤五郎左衛門殿
」

漂着之朝鮮人口書之写
此書付ハ対馬之付人書出候則次飛脚之節
江戸へ差上候
朝鮮人口書
一私共儀朝鮮国普州与申所之百姓ニ而
御座候人数拾四人当五月五日ニ在所出船
都江年貢納ニ罷越同九月五日都江罷着
同月廿日ニ彼所を仕廻在所へ可被帰与
存候節十月二日ニ於洋中遭難風同月四日

平戸生月嶋之内松下与申所へ致漂着候
尤切支丹ニ而無御座候宗門之儀ニ不限人尓
被頼候ても罷渡不申候如何様ニ御僉儀被
成候とても少も別々子細無御座候以上
　寛文八年申十月十一日　　洪小日判
右朝鮮人拾四人之者共御穿鑿之上内証ニ而」
色々相尋候得共替儀無御座候此口書之通
申上候不審成様子無之朝鮮人ニ紛無御座候
就夫御扶持方等拝領仕難有奉存候由申
上候間対馬迄可送遣之由被仰付私共ニ
御渡被下諸道具迄請取申上候以上
宗対馬守内　吉村勝左衛門印
通事対馬町人　橋辺伊右衛門印
対馬屋　末次七郎兵衛印
進上
御奉行所様

　右朝鮮人対州へ差遣候時之浦々通手形
此朝鮮人拾四人於長崎宗対馬殿家来江相渡
対州江差越之候間浦々相違有間敷候自
然水薪ニ詰候ハ、被相渡又ハ悪所へ繋候ハ、
馳走候て可被相通候以上

寛文八年十一月朔日　河野権右衛門印
所々番衆中

（表紙題簽題）
長崎諸事覚書全部十冊（第九冊目）

（目録）

一平蔵同下代之者共前書(157)
一町年寄共前書(158)
一常行事共前書(159)
一両年行事共前書(160)
一唐阿蘭陀両通事前書(161)
一唐通事子共前書
一異国通事共前書
一唐人年行事共前書(162)
一書物見之者共前書(163)
一伽羅見共前書(164)
一鮫見共前書(165)
一出嶋おとな家持共一紙前書(166)
一外科稽古之者共前書(167)
一篭屋医師共前書(168)
一籠守前書(169)
一町使之者共前書(170)

一出嶋門番之者共前書

（本文）

末次平蔵誓詞前書

起請文前書

一私儀支配所をも被　仰付候上者不依
何事毛頭御後闇儀仕間敷候事
一御仕置之儀聊相背不申候様相守可申事
一以御威光奢たる儀不仕下々江対し
非分申懸間敷候事
一当所之事者不及申縦他所之儀御座候共
為替取沙汰候ハヽ、有体可申上候并
諸事御尋之儀是又正路ニ無依怙
贔屓可申上候事
一不依何事挟悪心万端付佞奸之仕形
致間敷候事
右條々於相背者

寛文十一年亥九月廿九日　末次平蔵

御奉行所

平蔵下代之者共前書

起請文前書

一御公義様御用物被（171）召上候節者私共罷出直段相極候上者無依怙贔屓正路ニ可仕候事

一御用物ニことよせ自分買物仕間敷候事

一御用物代銀其外御扶持等相渡候付而毛頭私曲仕間敷候事

右條々於相背者

寛文十一年亥九月廿九日

平蔵手代 中西八左衛門

同断 岡松三郎兵衛

御奉行所様

町年寄共前書弐通

起請文前書

一私共儀当所町年寄被　仰付候上者第一御仕置之儀堅相守毛頭御後闇儀仕間敷事

一切支丹宗門之儀者不及申上其外御法度相背者於有之者縦親子兄弟又者

雖為知音之好有体ニ可申上候事

附役人ニ書出候者共是又依怙贔屓なく正路ニ書上可申上候事

一他所儀ニ御座候共相替取沙汰承候ハヽ有体ニ可申上候事

一悪心を差挟虚言虚説申間敷候勿論筆談猶以同前事

一惣而為奢儀不仕対下々非分申懸間敷候事

右條々於相背申者

寛文十一年亥九月廿九日

高嶋四郎兵衛

高木　作兵衛

高木彦右衛門

後藤惣左衛門

進上 御奉行所様

起請文前書

一御組中幷御家来之御衆江金銀衣類諸道具等者不及申其外如何様之雖為

軽物音信贈答一切仕間敷事
一御組中幷御家来之御衆不依何事
内証ニ而頼致申候共一切用申間敷候若
以御差図調遣之町之相場之通可仕候事
一御組中幷御家来之御衆江金銀者不及
申何尓ても借物一切仕間敷候事
右條々於相背申者

寛文十一年亥九月廿九日

高嶋四郎兵衛
高木　作兵衛
高木彦右衛門
後藤惣左衛門

進上
河野権右衛門様(172)

」

常行事共前書弐通

起請文前書
一当所外町常行事被為　仰付候上者御後
闇儀仕間敷候就中吉利支丹宗門之儀
長崎中心之及程無油断相改見出し
聞出可申上候縦親子兄弟知音之好
たりといふとも毛頭無依怙贔屓有様ニ
可申上候又者中悪敷輩たりといふとも
筋目なき儀申懸間敷事
一被為　仰付候闕所之儀同払方迄入念
何程相談之上相究可申候諸事御為
悪敷儀仕間敷候惣而被為　仰付候義
少茂無私成程入精可申事
一以御威光下々ニ到迄非分成儀申かけ
間鋪候事
右條々於致違犯者

寛文十一年亥九月廿九日

薬師寺宇右衛門
小柳太兵衛

進上
御奉行所様

」

起請文前書
一当所之事者不及申他所之儀ニ而も相替
沙汰承之善悪ニ無構早々可申上候
尤何様之事成共御尋之儀有様ニ可申上候
物而御用事ニ付存付候儀者此方より

可申上候事
附　御奉行所を引懸御用ニ事寄不届仕」
間敷事
一少之物成共御買物被為　仰付候者町之
相場ニ買上可申候少茂押買仕間敷候次ニ
御買物ニ事寄自分之買物仕間敷事
一御与力同心(173)御内衆江金銀衣類諸道具
等者不及申酒肴何尓ても一切音信仕
間敷候次借物一圓仕間敷事
附不依何事用所頼被申候共用申間敷候
若以御下知調遣申候ハヽ、町之相場之通可仕事
右條々於致違背者
寛文十一年亥九月廿九日　薬師寺宇右衛門
小柳太兵衛
進上
牛込忠左衛門(174)様」

内外年行事前書弐通
起請文前書
一年行事役儀ニ付不依何事御後闇儀
仕間敷候諸事被　仰付候儀正路ニ相勤可
申候事
一誰人ニ不限諸事出入之儀在之候者其
子細申出候もの御座候ニをひては親子
兄弟知音之好又中悪敷輩たりと
いふとも無依怙贔屓有体ニ可申上候少も
内証ニ而押かすめたる儀仕間敷候事
一当所之儀者不及申上従他所之儀ニ候共
善悪ニよらす取沙汰承候尓おいては
無隠早々可申上候事」
附何事尓よらす悪心を含虚説申出す
間敷事
右條々於相背者
寛文十一年亥九月廿九日　年行事　荒木伝兵衛
同　長江喜兵衛
進上
御奉行所

起請文前書
一御買物被　仰付候者押買仕間敷候町之相場ニ

調上可申候事
附御買物ニ事寄自分又脇々之買物仕間敷事
一御台所ニ而御入用之諸色幷御組中御家中
衆御買物ニ到迄町中其時々之以相場
直段高下無之様ニ売上可申事」
一御組中御家中衆江金銀米銭衣類諸
道具其外何様之かろき物ニ到迄一切音
信仕間敷候幷借申儀も仕間敷候事
附不依何事用事頼被申候共御差図なく
して調申間敷候事
一御組中御家中衆御掟被相背悪敷取
沙汰承候ハヽ、早々可申上候事
一下年行事小使之者共迄右之趣不相背
様尓誓詞為仕急度相守候様ニ堅可申付事
右條々於相背申者
寛文十一年亥九月廿九日　年行事 荒木伝兵衛
同 長江喜兵衛
進上 牛込忠左衛門様」

阿蘭陀通事共前書弐通
起請文前書
一私共儀阿蘭陀通事役被　仰付難有奉
存候上者弥無油断阿蘭陀詞(通脱カ)稽古可仕候
若言葉不通儀候ハヽ、仲間として致吟味
常々精入可申事
一異国人江被　仰渡儀其外何ニ而茂御尋候
事有之候ハヽ、無偽有体ニ可申聞候勿論
異国人申上候儀是又正路可申上候事
一御隠密之旨被　仰渡候儀何事尓不依
他言仕間敷候幷以御威光対諸人慮外
仕間敷候事
一阿蘭陀文字南蛮文字書面之通何様之儀ニ而茂」
無繕有体ニ和ケ可申上候事
一切支丹宗門之儀堅御法度之旨可申渡候若
相背候者於御座候者見出聞出次第無隠
可申上候幷船中之改心之及所油断仕
間敷候事
一日本人与異国人と商売物之直段其外

諸事使等毛頭依怙贔屓仕間敷事
附相定候外礼物取申間敷候事
一日本人より異国人江売渡候諸色江加商
仕間敷候幷阿蘭陀人方より商買ニ買物
仕間敷候事
附こんはにや(175)之売物漕者役者之売物之
内へ入売せ申間敷候事
右條々於相背者」
寛文十一年亥九月晦日
おらんた通事 中山作左衛門
同 中嶋清右衛門
同 名村八左衛門
同 楢林新右衛門
同 立石太兵衛
同 富永市郎兵衛
同 本木庄大夫
同 加福吉左衛門
進上 御奉行所様

起請文前書

一御用被　仰付切々御出入仕候付　御奉行所を
引懸諸事不届仕間敷事
一少之物成共自然御買物被　仰付候ハ、町之
相場ニ買上可申候少も押買仕間敷候次
御買物ニ事寄自分之買物仕間敷事
一御与力同心御内衆江金銀衣類諸道具等者」
不及申酒肴何にても一切音信仕間敷候
次借物一圓仕間敷事
附何事ニ不依用所頼被申共用申間敷候
若以御下知調遣候ハ、町之相場之通可仕事
右條々於相背者
寛文十一年亥九月晦日
おらんた通事 中山作左衛門
同 中嶋清右衛門
同 名村八左衛門
同 楢林新右衛門
同 立石太兵衛
同 富永市郎兵衛
同 本木庄大夫
同 加福吉左衛門

進上
河野権右衛門様

唐通事共前書弐通

起請文前書

一通事役被　仰付候上者御後闇儀仕間
敷候不依何事被　仰付候儀心之及所精ニ
入可申事
　附御尋之儀何様之事成共有体ニ可申上候
若口通かね申儀候ハヽ、中間致相談唐人ニ
申聞其段有様ニ口通兼候通可申上事
一御為を次ニ仕異国人之贔屓荷擔仕間敷候
次異国人江被　仰付候儀無偽有体ニ可為申
聞候幷異国人申上候儀如何様之事成共
虚実ニ無構緞御尋不被成候共有体ニ
可申上候事
一御隠密之儀他言仕間敷候次以御威光対
諸人慮外仕間敷候事
一書物之儀書面之通何様之儀成共有体
可申上事附異国人方ニ不依何事相替
儀御座候ハヽ、早々可申上事
一船入津之刻唐人改之儀少茂油断仕
間敷候就中切支丹宗門之儀堅御法度
之旨唐人ニ可申渡候其上船中入念諸道
具迄相改不審成儀於有之者早々可
申上候毛頭依怙贔屓仕間敷事
一公義御買物之外誰人之買物ニ而も直段
仕間敷事附為商売異国人方より買
物仕間敷事
一相定候口銭之外礼物取申間敷候事附日本
人より異国人江売渡候諸色之内ニくハヽり
商仕間敷事
右條々於相背者

寛文十一年亥九月晦日

唐通事 潁川藤左衛門
同 彭城仁左衛門
同 柳屋治左衛門
同 陽惣右衛門
同 東海徳左衛門
同 林　甚吉

同 林　道栄
同 頴川藤右衛門

進上
御奉行所様

起請文前書

一自然少之物成共御買物被　仰付候ハヽ、町之
相場ニ買上可申候少茂押買仕間敷候并
御買物ニ事寄自分ニ買物仕間敷事
一萬事爰許之御用被　仰付候切々御出入
仕ニ付御用ニ事寄諸事不届仕間敷事
一御与力衆同心御家来衆江金銀道具者
不及申酒肴何尓ても音物仕間敷事
一御内衆用所被申候儀何事ニよらす
隠蜜ニ而相叶申間敷事
一御内衆自然買物頼被申候節町之相場
買候て可遣候少も押買仕間敷事
右條々自今以後於相背申者
寛文十一年亥九月晦日
唐通事 頴川藤左衛門
同 彭城仁左衛門

同 柳屋治左衛門
同 陽惣右衛門
同 東海徳左衛門
同 林　甚吉
同 林　道栄
同 頴川藤右衛門

進上
河野権右衛門様

唐通事子供前書

起請文前書

一私儀従御赦免之上通事役稽古為仕
唐船入津出船之改ニ乗申候上者少茂私
曲之志をふくミ諸事改之儀おろそか尓
仕間敷候事
一唐人之内ニ勿論船頭者不及申客役者漕
者下々ニ到迄御法度之切支丹宗旨之
者御座候ハヽ見出聞出次第ニ急度可申上候
其上言葉行作ニ不審成儀か又者無
心許儀有之候ハヽ少茂隠蜜ニ不仕急度

可申上候事
一唐船荷役荷積出船之改ニ乗申候時
不依何事唐人之内御法度相背儀御座
候ハヽ、無依怙贔屓急度可申上候少茂容捨
仕間敷候附古ほんく（ママにてカ）書物之類勿論念を
入改可申候事
一御赦免之上通事稽古仕候上者唐人日本
人之売買ニくハヽり商之儀者不及申商売之
挨拶ニ到迄仕間敷候勿論唐人方より
礼物取申間敷候事
　附私欲之儀仕間敷候事
一御赦免之上より通事稽古之上者諸事
邪成志指はさミ申間敷事
　附　御公義様以御威光唐人日本
人ニ対し不届案外之儀仕間敷候事
右條々於相背申者
　寛文十一年亥九月晦日　陽三郎兵衛
進上
御奉行所様
」

異国通事前書

起請文前書

一被為　仰付候事異国人江有体ニ可
申聞候同異国人申上候通毛頭無偽
可申上事
一切支丹宗門之道具入念可相改候事
　附書物之儀者書面之通可申上事
一以御威光諸人ニ慮外仕間敷候事
右條々於相背者
　寛文十一年亥九月晦日
　しやむろう通事　森田長助
　るすん通事　赤永五之助
　東京通事　東京久蔵
進上
御奉行所様
」

唐人年行事共前書

起請文前書

一入津之唐人改之儀少茂無依怙贔屓穿
鑿仕可申上事

一着津之唐人之内南蛮人ニ被頼若日本江
致渡海者有之者心之及所入念承出
可申上事
一異国住宅之日本人幷南蛮人唐人之形
をまなひ唐船ニ乗渡もの於有之者見
のかし聞のかし申間敷候承候通早速
可申上事
一切支丹宗門之道具船中迄念を入相改
可申上事」
一日本人唐人商売之儀親子兄弟知音又ハ
中悪敷ものたりといふとも使等依怙仕
間敷事
一公義御買物之外誰人之買物ニ而も直段
仕間敷事
一唐人申上俄不依何事御尋之時有
様可申上候少も偽申間鋪事
右條々於相背者

寛文十一年亥九月晦日　唐人年行事　林一官
同　陸一官

同　薛六官
同　呉一官」

進上
御奉行所様

住宅唐人共前書
起請文前書
一着津之唐人之内南蛮人ニ被頼着日本江
致渡海者於有之者心之及所入念承出
不移時刻可申上事
一異国住宅之日本人幷南蛮人唐人之
形をまなひ唐船ニ乗渡者於有之者
急度可申上候見のかし聞遁申間敷事
一南蛮人唐船を仕立荷物積渡儀可
有之候入念承出早速可申上事
右條々自今以後於相背申者

寛文十一年亥九月晦日　住宅唐人　何三官
同　王三官
同　俞八官」

同　薛八官
同　陳九官
同　李八官
同　揚一官
同　王二官
同　葉二官
同　江七官
同　鄧（ママ）二官
同目あかし　周辰官
住宅唐人　陳入徳

進上
御奉行所様

書籍見共前書

起請文前書

一私共儀　御書物目利被為　仰付難有
奉存候　御公義御法度之儀相背申間
敷候事
一兵書之類幷切支丹宗門之事書載セ」
申候書物者不及申上何ニ而も珍敷書物
見出聞出次第ニ早速可申上候事
一江戸京大坂其外何所尓有之と
いふとも珍敷書物見出聞出次第其所之
御奉行所様又者御支配之御方江早速
可申上候事
右條々於相背申者

寛文十一年亥九月晦日　書物屋次右衛門
山形屋吉兵衛

進上
御奉行所様」

伽羅目利共前書

起請文前書

一私儀　御伽羅目利被為　仰付候然上ハ
心之及申程者入念　御伽羅吟味仕無遠慮
有休可申上候毛頭心底ニわたかまり
たる儀仕間敷候事
附御伽羅直段相極候節依怙贔屓
有躰相極可申候事
一唐人方江御返被為成候伽羅之内若
御物ニ成可申加羅御座候由町中ニ而承付

申候者早速可申上候事
一不依訴人伽羅之儀頼申候共一切取次
仕間敷候事
附船々ニ持渡候伽羅之善悪脇ニ而沙汰
仕間敷候事
右條々於相背申者
寛文十一年亥九月廿九日　田中庄兵衛
村山善兵衛
林　七兵衛
進上
御奉行所様

鮫目利共前書
起請文前書
一私共儀　御鮫目利被為　仰付候然上ハ
心之及申程者入念御鮫吟味仕無遠慮
有躰ニ可申上候毛頭心底わたかまり
たる儀仕間鋪候事
附御鮫直段相極候節依怙贔屓
有躰相極可申候事

一唐人阿蘭陀方江御返し被為成候鮫之
内若御物ニ成可申鮫御座候由町中ニ而
承付申候者早速可申上候事
一不依誰人鮫之儀頼申候共一切取次仕
間敷候事
附船々ニ持渡候鮫之善悪脇ニ而沙
汰仕間敷候事
右條々於相背申者
寛文十一年亥九月廿九日　茅田半左衛門
大串　八兵衛
斉家三郎兵衛
進上
御奉行所様

出嶋おとな家持共前書
起請文前書
一阿蘭陀人宿之儀前々より南蛮人宿仕
来候ことく可致事
一日本人阿蘭陀人商売之儀ニ付親子兄弟
知音又者中悪敷ものたりといふ共少も

差出申間敷事
附おらんだ人江日本人より売渡候諸色江
加商売仕間敷事
一諸事被　仰付候御法度之旨無滞申付
相背セ申間敷事
一阿蘭陀人調物頼於申者私成事仕
間敷事
一日本ニ隠居候切支丹共方江南蛮人より
と丶けの物遣候儀承候ハ丶、則可申上事
右條々於相背者

寛文十一年亥九月廿九日

出嶋町おとな 清田七兵衛
同町人 田中市郎兵衛
同町人緒方長吉代 緒方仁右衛門
同 木屋太郎兵衛
同 高石屋惣次郎
同 大山庄左衛門
同 天野屋七右衛門
同 桔梗屋惣右衛門
同 林安兵衛
同 倉田次右衛門
同 内田次郎左衛門
同 天野屋善兵衛
同 疋田太右衛門
同 柴田伊勢松
同 田口助七郎
同 木屋与右衛門
同 安部七左衛門
同 田辺屋甚左衛門
同 森口屋長左衛門
同 何　喜兵衛
同 小倉屋長八郎
同 寺田善左衛門
同 久米伊兵衛
同 頴川久兵衛
平野屋甚太郎

進上
御奉行所様

外科稽古之者共前書
起請文前書
一阿蘭陀人ニ外科稽古仕迄ニ而不依何事
日本之風俗切支丹宗門物語ハ仕間敷事
一不依何事商売仕間敷候勿論親類
近付頼申候共商売之使仕間敷事
一商売之儀ニ無之候共おらんだ人方江之
使幷おらんだ人方より使仕間敷事
附不依何事出嶋之家物通事之者与
隠密之談合仕間敷事
右條々於相背者

寛文六年午九月廿九日
拳玄節
堀玄作
山村清左衛門
村上才庵
寛文七年未五月廿七申付之　牧野升朔
同年六月十八日申付之　水沢久右衛門
同年十月廿一日申付之　瀬尾昌宅

進上
御奉行所様

」

籠屋医師前書

起請文前書

一私共儀籠屋之医者被為　仰付候者ニ而
御座候　御公義御法度之儀相背申間敷事
一切支丹宗門之儀者不及申上其外籠舎之
者と町屋之者通路之儀親子兄弟知音
近付ニ而茂一切取次仕間敷候事
一町屋之取沙汰何事ニよらす籠舎之
者ニ申聞セ間敷候事
右條々於相背者

寛文十一年亥九月廿九日
医者　吉田玄哲
同　渡辺玄智
同　群　三順
同　草野玄清
外科　栗崎道有

」

進上
御奉行所様

籠守前書

起請文前書

一御後闇儀仕間敷候心之及所御役儀
入念可申付　御奉行所之御威光
をかり対諸人慮外仕間敷事
一籠舎之者親類縁者幷好之者より
礼物取間敷候事　附籠舎之者迷
惑仕候様無躰成儀仕間敷事
一拷問致為　仰付候時緞縁者親類
知音之者又ハ中悪敷者ニ而御座候共
無依怙贔屓糺明可仕候其上申出候

」

通少も不残有躰可申上事
一御隠密之儀毛頭他言仕間敷事
一不依何事ニ御穿鑿之儀共籠内之
者共ニ知せ申間敷候籠番之者ニも堅
申付起請書せ置可申事
右條々於相背者
寛文十一年亥九月晦日
因獄 江間三右衛門
進上 御奉行所様
」

町使之者共前書

起請文前書

一御奉行所様之御威光をかり諸人ニ
慮外仕間敷事
一何方江御使参候而茂御威光を以私成
儀仕間敷事
一被為　仰付候儀踈尓奉存間敷候幷
御法度相背者於有之者訴人之儀
尓ても無依怙贔屓有躰可申上事
附御尋之儀有様可申上事
一不被為　仰付候儀対諸人むさと為仕
儀申間敷事
附御組御家中之御衆共ニ買物之義御頼
被成候共御取次仕間敷事
一惣而不依何事船陸共ニ町使之者
仕候儀共心之及申たけハ精入わたかまり
なく吟味可仕候事
右條々於相背申者
寛文十一年亥九月晦日
鶴田治郎左衛門　外川彦助
伴与一兵衛　種田平次兵衛
高橋源七郎　三梶善太夫
溝口伝右衛門　竹田徳左衛門
吉永安太夫　高尾次右衛門
武井清兵衛　乾　藤七郎
太田八右衛門
進上 御奉行所様
」

出嶋門番前書

起請文前書

一私共儀出嶋門番ニ被召出候昼夜共ニ
無油断相勤可申候御公義御法度之義
相背申間敷事
一出嶋出入之者誰人ニよらす相改其子細
具承届少茂依怙贔屓不仕何事
茂有躰ニ書載代番ニ相渡可申事
一切支丹宗門之道具之儀者不及申出嶋
より外へ出し申諸色又者外より
出嶋へ入申諸色随分入念相改可申候
若隠密之売買仕候者於有之者
急度可申上事」
一おらんた人之義者不及申出嶋出入之
日本人無作法成儀見出し聞出し
於申候者早速可申上事
附おらんた人江内通之義共不及申
曾而なしミ申間敷事
一中悪敷輩たりとも無筋目儀申懸
間敷候事
附私商売之儀者不及申親子兄弟
知音近付ニても商売之取次口入
仕間敷候勿論出嶋内外通路音物為
仕申間敷事
右條々於相背申候者
寛文十一年亥九月晦日

町使 鶴田治郎左衛門　　同 戸川彦助」
同 伴与一兵衛　　同 種田平次兵衛
同 高橋源七郎　　同 三梶善太夫
同 溝口伝右衛門　　同 竹田徳左衛門
同 吉永安太夫　　同 高橋次右衛門
同 武井清兵衛　　同 乾　藤七郎
同 太田八右衛門
高嶋四郎兵衛内 横川半兵衛　　同 天野角左衛門
高木作兵衛内 松尾勘右衛門　　同 近藤吉右衛門
高木彦右衛門 生谷伊兵衛　　同 深水金左衛門
後藤惣左衛門内 富田長兵衛　　同 志木八左衛門
薬師寺宇右衛門 射場五右衛門　　小柳太兵衛 糸川八郎左衛門

御奉行所様
御家老衆様

」

(表紙題簽題)
長崎諸事覚書（第十冊目）

(目録)
長崎覚書類

一代々奉行人之覚
一両奉行屋敷坪数覚
一西泊戸町(176)石火矢大筒覚
一石火矢台覚
一右衛門(177)佐丹後守(178)当番人数等覚
一大村因幡守(179)長崎警固所覚
一馬籠御船御舟蔵(180)覚
一同所御蔵ニ有之諸色覚
一御船之者之覚
一越中(181)守主殿頭(182)番船覚
一町中并平蔵(183)支配所船数等覚
一平蔵支配所石高并放火場覚

」

(本文)
長崎奉行人覚

寺沢志摩守(184) 文禄ノ比ヨリ慶長七寅年迄
拾年ノ間御預リ

小笠原一庵(185)　慶長八卯年より同拾巳年迄三年
長谷川左兵衛(186)　慶長拾一午年より同十九寅年迄
長谷川権六(187)　元和元卯年より寛永二丑年迄
水野河内守(188)　寛永三寅年より同五辰年迄三年
竹中采女正(189)　寛永六巳年より同九申年迄四年
曽我又左衛門(190)
今村伝四郎(191)　寛永十酉年
榊原飛驒守(192)
神尾内記(193)　寛永十一戌年」
榊原飛驒守
千石《ママ仙》大和守(194)　寛永十二亥年
榊原飛驒守
馬場三郎左衛門(195)　寛永十三子年
榊原飛驒守
馬場三郎左衛門　寛永十四丑年
榊原飛驒守
馬場三郎左衛門　寛永十五寅年

馬場三郎左衛門
大河内善兵衛(196)　寛永十六卯年
馬場三郎左衛門
柘植平右衛門(197)　寛永十七辰年
馬場三郎左衛門
柘植平右衛門　寛永十八巳年
馬場三郎左衛門　寛永十九午年（ママ）」
馬場三郎左衛門
山崎権八郎(198)　寛永二十未年
馬場三郎左衛門
山崎権八郎　正保元申年
馬場三郎左衛門
山崎権八郎　正保二酉年
馬場三郎左衛門
山崎権八郎　正保三戌年
馬場三郎左衛門
山崎権八郎　正保四亥年

馬場三郎左衛門
山崎権八郎　　慶安元子年

馬場三郎左衛門
山崎権八郎　　慶安二丑年

馬場三郎左衛門
山崎権八郎　　慶安三寅年

馬場三郎左衛門
黒川与兵衛(199)　　慶安四卯年

黒川与兵衛
甲斐庄喜右衛門(200)　　承応元辰年

黒川与兵衛
甲斐庄喜右衛門　　承応二巳年

黒川与兵衛
甲斐庄喜右衛門　　承応三午年

黒川与兵衛
甲斐庄喜右衛門　　明暦元未年

黒川与兵衛
甲斐庄喜右衛門　　明暦二申年

黒川与兵衛
甲斐庄喜右衛門　　明暦三酉年

黒川与兵衛
甲斐庄喜右衛門　　万治元戌年

黒川与兵衛
甲斐庄喜右衛門　　万治二亥年

黒川与兵衛
妻木彦右衛門(201)　　万治三子年

黒川与兵衛
妻木彦右衛門　　寛文元丑年

黒川与兵衛
嶋田久太郎(202)　　寛文二寅年

黒川与兵衛
嶋田久太郎　　寛文三卯年

黒川与兵衛
嶋田久太郎　寛文四辰年
稲生七郎右衛門(203)　寛文五巳年
松平甚三郎(204)
河野権右衛門(205)　寛文六午年
河野権右衛門
松平甚三郎　寛文七未年
松平甚三郎
河野権右衛門　寛文八申年
河野権右衛門
松平甚三郎　寛文九酉年
松平甚三郎
河野権右衛門　寛文十戌年
河野権右衛門
牛込忠左衛門(206)　寛文十一亥年

両奉行屋敷坪数覚

一弐千六拾九坪余　内六拾三坪ハ道江入　東
一千弐百九拾五坪余　内百卅九坪余ハ寛文九年波戸場築出候分

両奉行所武道具　但在府之方之分ハ年行事預置之

一ぬり木廿張　替弦共　一靭廿穂　張抜
一根矢四百筋　一鉄炮百挺　三匁九分箱十二入
一たうらん百　緒アリ早合十充入　一火縄百筋
一口薬壺　百　緒アリ　一玉袋百　但鴨のはし
一鉄炮袋百　なめし金筋違　一鋳方鋳鍋　十充
一薬弐百貫目　但箱弐拾ニ入壱箱ニ拾貫目入是ハいなさ尓有之疋田甚右衛門蔵ニ差置之
一長柄五拾本　但ふるし

右之諸色ハ寛文三卯年大坂より
与兵衛久太郎(207)請取之申候由」

一番具足　六拾領　但申籠手斗
一薬合七百四拾三斤半　但壺数拾八桶弐ツ入伊奈佐ニ有之甚右衛門蔵ニ差置之此内壺拾八者慶安四卯年より入置之

内

一黒壺拾五　但壱ツニ廿八斤半入　一青壺壱ツ　但卅六斤入
一赤壺弐ツ内　百拾斤入五拾三斤入　一桶弐ツ内　四拾弐斤入七拾五斤入」

一硫黄合百八拾四斤半　但壺弐箱壱ツニ入慶安四卯年より伊奈佐之蔵ニ(209)差置之

内

一青壺弐ツ内　百卅四斤半入 四拾斤入　一箱壱ツ　但拾斤入

一ほうろく火矢九拾八　但籠と箱と入合 慶安四卯年より伊奈佐之蔵ニ入置之

一石火矢玉　拾包　伊奈佐之蔵ニ差置之

一竹火矢　壱からけ　伊奈佐之蔵ニ差置之

一鉄炮鉛玉壱万七千四拾　但焼出　年行事預置之

但玉と棹鉛ニ而有之外ニ石火矢之鉛玉壱つ

一鉛四拾斤　但焼出　右同断

一錫壱万弐千七百六拾弐斤余　右同断

但是ハ辰年琉球都嶋ニ而破損之唐船より西揚之候由

一手かね拾　右同断」

一升之焼印　壱箱　右同断

一京升大小　三つ　右同断

是ハ寛文十戌年高木彦右衛門ニ申付従京都求之

一板ニ彫入候切支丹踏絵八枚　右同断

是ハ前々より有之候

一唐金ニ而鋳立候切支丹踏絵廿枚　右同断

是ハ寛文九年酉申付之

一切支丹油絵壱枚　右同断

右同年ニか、せ申候

一手かね拾壱　但ふるし 内三つ年行事かたへ遣置之　籠守かた尓有之

一ほだし拾弐　但ふるし　籠守かた尓有之

西泊戸町両所石火矢玉薬等之覚

一石火矢合　三拾五挺　内　唐金 拾八挺 鉄 拾七挺

但玉目弐百目より八貫目也

一大筒合　弐拾挺

但玉目三拾目より弐百目迄

一玉人小千百五拾弐　内　鉛玉 九百六拾三 鉄玉 七百八拾九

一薬弐千六百卅九斤廿目」

外鉄玉弐百四拾アリ是ハ合筒無之分

西泊御番所

一唐金石火矢　壱挺玉目八貫目　鉄玉拾

一同　壱挺玉目弐貫目　鉛玉拾 鉄玉拾八

一同　壱挺玉目壱貫八百目　鉛玉拾弐 鉄玉拾弐

一同　壱挺玉目壱貫五百目　鉛玉拾弐 鉄玉拾六

一同　壱挺玉目壱貫五百目　鉛玉拾弐 鉄玉拾五

一同　壱挺玉目壱貫百目　鉛玉拾弐　鉄玉廿弐
一同　壱挺玉目壱貫目　鉛玉拾　鉄玉廿九
一同　壱挺玉目九百卅目　鉛玉拾　鉄玉三拾
一同　壱挺玉目八百九拾六匁　鉛玉拾　鉄玉拾
一同　壱挺玉目六百目　鉛玉拾　鉄玉廿七
一鉄石火矢　壱挺玉目六百八拾目　鉛玉拾　鉄玉五拾」
一同　壱挺玉目六百三拾目　鉛玉拾　鉄玉卅八
一同　三挺玉目六百目充
一同　弐挺玉目三百目充
一同　壱挺玉目弐百目
右六挺之鉄玉三百弐拾
一同　壱挺玉目三百目
是ハ万治三年九月丹後守(209)当番ニ与兵衛(210)長崎江取寄玉障
直させ候刻外ニ疵出来候而御用ニ不立由ニ而蔵ニ入置之
一同　壱挺玉目弐百目
是ハ万治三年八月丹後守当番ためし候刻くたけ申候ニ
付而地かね蔵ニ入置之
一大筒　弐挺玉目弐百目充　鉛玉五拾
一同　弐挺玉目百五拾目充　鉛玉五拾
一同　弐挺玉目百五拾目充　鉛玉九拾六
一同　三挺玉目三拾目充　鉛玉百弐拾」

合
石火矢　弐拾挺
大筒　九挺
玉大小　千三拾壱　内　鉛玉百三十四　鉄玉五百九十七
外ニ鉄玉九拾是ハ合筒無之分

一薬千三百拾弐斤半

戸町御番所

一唐金石火矢　壱挺玉目壱貫七百目　鉛玉拾二　鉄玉拾壱
一同　壱挺玉目壱貫目　鉛玉拾　鉄玉九
一同　壱挺玉目八百目　鉛玉拾　鉄玉拾
一同　壱挺玉目七百目　鉛玉拾　鉄玉拾八
一同　壱挺玉目六百八拾目　鉛玉拾　鉄玉拾
一同　壱挺玉目四百九拾目　鉛玉拾　鉄玉廿六
是ハ万治二年九月右衛門佐当番ニ喜右衛門与兵衛鋳置
させためし候得共鋳口ニ穴少有之付而いまた善悪之極無之」
一同　壱挺玉目弐百九拾目　鉛玉拾　鉄玉拾
一鉄石火矢　壱挺玉目九百廿目　鉛玉拾二　鉄玉八
一同　壱挺玉目八百九拾目　鉄玉拾　鉛玉拾
一同　壱挺玉目六百八拾目　鉛玉拾　鉄玉九
一同　壱挺玉目六百六拾目　鉛玉拾二　鉄玉九
一同　壱挺玉目六百五拾目　鉛玉拾二　鉄玉八
一同　壱挺玉目六百三拾目　鉛玉拾　鉄玉廿四

一同　壱挺玉目三百廿目　鉛玉拾　鉄玉拾

一大筒　四挺玉目弐百目充　鉛玉百

一同　弐挺玉目百五拾目充　鉛玉五十

一同　三挺玉目五拾目充　鉛玉百四拾四

一同　弐挺玉目三拾目充　鉛玉八拾

合　石火矢　拾五挺
大筒　拾壱挺
玉大小　七百弐拾壱　内　鉛玉五百弐拾九
鉄玉百九拾弐
外ニ鉄玉百五拾　是ハ合筒無之分」

一薬千三百弐拾六斤百目

石火矢台之覚

一壱番大とう　道のり波戸場より
弐拾四五丁ほと　台長廿壱間　一方四間
一方五間四尺
高サ　壱丈三寸より八尺五寸迄之内
又山きわニて八六七尺ほと

一弐番高崎　道のり波戸場より
一里ほと　台長廿四間五尺　一方四間
一方石垣ナシ
高サ　壱丈壱尺五寸より壱丈迄内
山きわニて八四尺五寸程

一三番高ほこ　道のり波戸場より
壱里半ほと　台長廿間　一方五間
一方四間
高サ　壱丈弐寸より八尺九寸迄内
山きわニて八四尺九寸ほと

一四番影尾崎　道のり波戸場より
壱里ほと　台長拾四間四尺　一方四間半
一方石垣ナシ
高サ　壱丈弐三寸
山きわニて八五尺ほと

一五番長刀岩　道のり波戸場より
壱里半ほと　台長拾六間六尺　一方三間
一方四間

高サ　壱丈壱尺より九尺迄之内
山きわニて三尺ほと

一六番白崎　道のり波戸場より
壱里半余　台長弐拾間　一方四間
一方四間半」
高サ　壱丈九尺六七寸迄之内
山きわニて八六七尺ほと

一七番めか之崎　道のり波戸場より
二里ほと　台長廿間　一方四間半
一方四間
高サ　七尺二三寸より八尺九寸迄之内
山きわニて高地形並

一高嶋　二三百石通り
鉄炮頭壱人　足軽拾人　早船　二艘
船頭か子　九人
又もの　九人

一沖嶋　五六拾石通り
侍壱人　足軽五人　早船　壱艘
船頭か子　五人
又もの　二人

一脇津　二三百石通り
侍壱人　足軽五人　早船　壱艘
船頭か子　七人
又もの　二人

一長崎　三四百石三百石通り
侍三人　早船　弐艘
か子　六人
又もの　十九人」

都合　人数千三百人内　七百人者　両御番所
六百人者　領分嶋々
船数大小四拾壱艘内　弐拾艘ハ　両御番所
廿壱艘ハ　領分嶋々

寛文七未年
松平右衛門佐(211)当年之人数

一侍数弐拾五人　但番頭共　内　七人無足
知行高壱万五千五百七拾石

一人数八百三拾人　内　足軽百六拾人
船頭か子共ニ三百五拾人
又もの三百弐拾人

一船大小三拾艘　内　拾四艘ハ　早船
拾四艘ハ　弐船是ハせいろう船
弐艘ハ　平太

大村因幡守(212)警固所之覚

一戸町口　茂木口　いら林口　日比口　馬込口」
右長崎奉行人他所江相越候節此五ケ所之口々尓
家来被差置之

馬込御船之覚

一大小拾四艘　関船六艘
小早二艘　東京作り壱艘
伝間船　五艘

内

四拾六丁立壱艘　五拾丁立壱艘　伝間舟二艘
内一艘ハ戊年作替
右之四艘ハ生駒壱岐守上り船
六拾四丁立壱艘　五拾八丁立壱艘　五拾丁立壱艘
四拾弐丁立壱艘　小早八丁立弐艘　伝間舟三艘
右之九艘ハ寺沢兵庫頭上り船
東京作　壱艘　かい四拾六丁立
是ハ三郎左衛門時於長崎作之由」

馬込御船蔵之覚

一棟数　五軒

但造作何茂あつまや作り屋ね瓦葺三方板壁
地覆台切石中仕切一通りハ野面石御船出入之口
より柱二本かけ戸四枚戸ひら四枚貫木窓戸四枚有

右五軒之わけ

一桁行拾三間
梁行八間半
高サ三間五尺弐寸　但六尺五寸間　六拾四丁立　壱艘
五拾八丁立　壱艘
一桁行拾壱間
梁行七間
高サ三間弐尺九寸　但六尺五寸間　五拾丁立　弐艘
一桁行拾弐間
梁行六間
高弐間六尺三寸　但六尺五寸間　東京作　壱艘
伝間　四艘
一桁行拾壱間
梁行七間
高三間弐尺九寸　但六尺五寸間　四拾六丁立　壱艘
四拾弐丁立　壱艘
伝間　壱艘
一桁行七間
梁行五間
高弐間半　但六尺五寸間　八丁立　弐艘」

馬込御船道具蔵覚

一桁行拾間
梁行四間
高弐間四尺　但六尺五寸間
但造作あつまや作り屋ね瓦葺四方がう壁へき板
にて包惣二階五尺ニ弐間之箱ばし壱つ窓四ツ
戸八枚大戸壱枚有之

右拾四艘之御船御修覆五軒之御船蔵幷
御船道具入候蔵等之御普請寛文十戌年被
仰付依之御手伝者松平右衛門佐江被　仰付之
御普請中右衛門佐家来 杉山儀左衛門 喜多村□右衛門 此両人被
付置之

同所御船蔵ニ入置候諸色之覚

一苧網合七拾房　但 四寸廻りより五寸廻り迄 三拾尋より百四拾三尋迄
　内
五房者　五寸廻りニ百四拾三尋充」
拾弐房者　五寸廻りニ五拾五尋充
拾房者　五寸廻りニ五拾尋充
拾房者　五寸廻りニ四十五尋充
拾房者　四寸廻りニ四拾尋充
拾弐房者　四寸廻りニ三拾五尋充
拾壱房者　四寸廻りニ三拾尋充
一鉄碇大小　五百丁
右之苧網碇ハ先年南蛮船差渡候節
三郎左衛門権八郎(213)用意申付置候由
一唐金石火矢　弐挺
一鉄石火矢　四挺
一棒火矢　拾挺
右ハ辰年琉球都嶋ニ而致破損之唐船より
取揚候由」
一御船拾四艘之帆幕小道具等も入置之
右御蔵ニ入置候諸色毎歳六月土用之内虫ほし
申付候則検使与力弐人ニ歩行と同心相添
差遣之候幷町年寄壱人内町年行事(214)も罷出候

御船之者之覚

一拾弐人　内　船頭弐人　拾人扶持充 宅地表廿四間裏廿間充
　　　　　　　水主拾人　四人扶持充 宅地表拾間裏廿間充

細川越中守松平主殿頭(215)番船入代覚

一越中守船　四拾弐丁立　壱艘　弐拾丁立　壱艘
一主殿頭船　三拾六丁立　壱艘
右者為御用長崎湊奉行屋敷之近所尓
懸置候但十月朔日より翌年五月晦日迄

越中守より被勤之候六月朔日より九月晦日迄
者主殿頭より被勤之候」

寛文九酉年改之
長崎町中船数水主数覚

一舩数大小三百五拾六艘内　百五拾七艘ハ内町
百九拾九艘ハ外町
此内九艘ハ猟船
但　拾弐艘ハ百石積より四百五十石迄
残而者四石積より五拾七八石迄

一水主数千九拾四人内　四百七拾五人ハ内町
六百拾九人ハ外町
此内九人ハ猟師

寛文九酉年改之
平蔵支配所々船数猟師数覚

一猟船数人小百四拾五艘　内　拾八艘者　長崎村
四拾壱艘ハ　浦上村
八拾六艘者　野母村
但　三艘ハ百卅石積より弐百五拾石迄
残而ハ三石積より四拾石迄

一猟師数五百五拾五人　内　五拾九人者　長崎村
九拾八人者　浦上村
三百九拾人者　野母村」

寛文十一亥年改之
平蔵支配所々石高并村々人数覚

一千五百六拾五石五斗四升五合　薗部村
男女千百四拾人　内　男六百六拾九人　女四百七拾壱人
此納米与力同心御扶持方ニ出候由」

一弐百壱石九斗弐升六合　野母村
男女六百弐拾三人　内　男八百四拾八人　女七百七拾五人

一四百四拾七石三升壱合　高浜村
男女五百六拾七人　内　男弐百八拾九人　女弐百七拾八人

一三百五拾壱石弐斗七升八合　川原村
男女五百四拾四人　内　男弐百九拾五人　女弐百四拾九人

平蔵請地
一千五百三拾六石五斗三升　浦上村
男女五百四拾四人　内　男弐百九拾五人　女弐百四拾九人

平蔵請地
一千八百九拾八石五斗　長崎村
男女弐千五百八拾七人　内　男千四百七人　女千百八拾人」

寛文九酉年より長崎村附ニ成
一八百壱石三斗七升四合　西古賀村
男女千七百拾壱人　内　男九百弐拾七人　女七百八拾四人

同断
一弐百四拾九石五斗三升三合　日見村
男女千弐百六拾八人　内　男六百六拾九人　女五百九拾九人

寛文九酉年より長崎附ニ成
一五百九拾三石壱斗八升五合　茂木村
男女九百弐拾八人　内　男五百七人　女四百弐拾壱人

同断
一五拾三石五斗八升四合　椛嶋村
男女千八百六拾三人　内　男千弐拾六人　女八百三拾七人

男女弐百七拾九人　内　男百四拾弐人
女百三拾七人

田畑合七千六百九拾八石四斗八升六合

内三千四百三拾五石三升者　平蔵請地」

右拾ケ村
人数合壱万弐千五百拾人

内　男六千七百七拾九人
女五千七百三拾壱人

平蔵支配所之内

神かくらの内
一放火場㉖番所アリ　一遠見番所㉗野母之内

此両所拾人ニ而昼夜之番勤之　但壱人七石二二人扶持充
公義より出ル」

制札幷高札等之留
桜町立之
禁制　肥前国長崎

一伴天連乗渡日本事

一日本之武具持渡異国事

一日本人令渡海異国事

右條々於有違犯之族者速可被処
厳科之旨依　仰下知如件

寛文六年七月五日
奉行

桜町立之
一耶蘇邪徒蛮俗曰天主教以罪深重故具駕舶所
来者先年悉皆斬戮且其徒自阿媽港㉘発船
渡海之事既停止之自今以後唐船（ママ）舎有載
彼徒来則速斬其身而同船者亦当伏誅但
縦雖同船者告而不匿則赦之可褒美事

一耶蘇邪徒之書札幷贈寄之物潜蔵斉来於
日本則必須誅之若有違犯而来者速可告
訴焉猶有匿而不言者其罪同前條事

一以重賄密載耶蘇之邪徒于船底而来即可
早告之然則宥其咎且其賞賜可倍於彼重
賄事

右所定三章如此唐船諸商客皆宜承知
必勿違失

寛文六年七月五日　奉行

桜町立之
定

耶蘇宗門之事累年御制禁たりと
いへとも今以断絶無之急度可相改之
自然不審成もの有之は申出へし」

一伴天連之訴人　白銀三百枚
一入満之訴人　白銀弐百枚
一同宿幷宗門之訴人　白銀五拾枚
又者三拾枚品尓よるへし
右之通御褒美として可被下之若かくし置
他所よりあらハるゝ尓おひては其五人
組迄御穿鑿之上可令行罪科之旨所
被　仰出也仍下知如件
寛文六年七月五日
奉行

桜町立之
定
一伴天連入満惣而切支丹宗門之者不可
隠置事
一異国住宅之日本人若於帰朝者不可
隠置事
一人売買停止たり但年季の者は
可限十ケ年事
一請人無之者尓家を売幷宿かすへから
さる事
附主人之前背来者不可抱置事
一武士之面々異国人之前より直尓買物
停止事
一異国人之物を買取銀子遅々致へから
さる事
一ふり売尓来る物両隣へ見セすして
不可買事
一にせ銀吹出すましき事
一分銅幷秤之類後藤写之他取やりすへからさる事
一喧嘩口論停止事
一博奕一切停止事
右條々違犯之輩於有之者可処
厳科者也
午八月　日　権右衛門書判
甚三郎書判

桜町立之
條々

一はてれん幷切支丹宗門之族異国より
日本渡海之沙汰近年無之間自然
相忍密（ママ）之差渡儀可有之事
一先年異国江被差遣之南蛮人之子とも
はてれん尓可仕立企有之由此以前
渡海之伴天連とも申之条今程漸
伴天連尓可成之間日本船越作り
日本人のすかたをまなひ日本の
ことはをつかひ相渡儀可有之事」
一異国船近年四季共尓渡海自由
たるの間浦々の儀者不及申在々
所々尓到迄常々無油断心越つけ
見出し聞出し申出へし縦彼
宗門たりといふとも申出る尓
おいてハ其咎をゆるし御褒美之
上乗渡船荷物共尓可被下之万一
かくし置後日尓はてれん又ハ同船
乃輩等捕之拷問之上者其かくれ
有へからさるの間不申出之相隠
輩の儀者不及申其一類又ハ其品
尓より一在所之者迄急度曲事
尓をこなハるへき事
右條々海上見渡所々番之者は勿論」
猟船之輩其外浦之もの尓到迄念
を入見出し聞出し奉行所迄可申出之
者也仍下知如件
午八月　日　　権右衛門書判
甚三郎書判

桜町立之
條々
一公義之船ハ不及申諸回船共尓遭難風
時者助船を出し船不破損様成程可
入精事
一船破損之時其所近き浦之者入精
荷物船具等取揚へし其揚所の
荷物之内浮荷物之廿分一沈荷物ハ」
拾分一川船ハ浮荷物ハ三拾分一沈荷物

廿分一取揚者尓可遣之事
一沖尓て荷物はぬる時ハ着船之湊尓
おひて其所の代官下代庄屋出合
遂穿鑿船尓相残荷物船具等之
分可出証文事
　附船頭浦之者と申合荷物盗取之
　はねたるよし偽申尓おひては
　後日尓聞といふとも船頭者勿論
　申合輩悉可被行死罪事
一湊尓永々船をかけ置輩あらは
其子細を所之もの相尋日和次第早々
出船いたさすへし其上尓も令難渋者何
方之船と承届之其浦之地頭代官江急度」
可申達事
一御城米廻之刻船具水主不足之悪船尓
不可積之并日和の節於令船破損者
船主沖の船頭可為曲事惣而理不尽の
儀申掛之又は私曲於有之者可申出之
縦雖為同類其料をゆるし御褒美可
被下之且又あたを不成様尓可被
仰付事
一自然寄船并荷物流来尓おいては可
揚置半年過迄荷主於無之者揚置候
輩可取之若右之日数過き荷主出来
たりといふとも不可返之雖然其所の
地頭代官差図を受へき事
一博奕惣而賄之諸勝負弥堅可為停止事」
右條々可相守此旨若悪事仕尓をいてハ
申出へし急度御褒美可被下之科人者
罪乃軽重尓随ひ可為御沙汰者也
　寛文七年閏二月十八日　奉行

出嶋ニ立之禁制　出嶋町
一傾城之外女人事
一高野聖之外出家山伏入事
一諸勧進之者并乞食入事
一出嶋廻ほうしより内船乗廻事

附橋の下船乗廻事
一断なくして阿蘭陀人出嶋より外へ出事
右條々堅可相守者也
午八月　日
権右衛門
甚　三　郎
」

定
日本人異国人御法度背意不依何事悪事
をたくミ礼物を出し願もの有之ハ急度
申出へしたとへ同類たりといふとも咎を
ゆるし其礼物の一はい御ほうひ可被下
若隠置訴人於有之者可処罪科者也
午八月　日
権右衛門
甚　三　郎
」

大波戸場ニ立之
湊きは断なくしてつき出へからす
すかるもの幷ちりあくた一切捨
間敷候若猥乃輩於有之者可為
曲事者也
午八月　日
権右衛門
甚　三　郎
」

小川町ニ立之
此川筋へちりあくたすつるに
おひては可為曲事者也
午八月　日
権右衛門
甚　三　郎

此所へちりあくたすつる尓おゐてハ
可為曲事者也
午八月　日
権右衛門
甚　三　郎

右同文言ニ而　ゑひす町　浦五嶋町　小川町　船津町　籠屋堀之前　此五ケ所ニ立之
」

此海辺へちりあくた捨尓をひては
可為曲事者也
午八月　日
権右衛門
甚三郎

右同文言ニ而　船津町　ゑひす町　椛嶋町
此三ケ所立之
桜町立之
此辺へちりあくた捨る尓おいては
曲事たるへき者也
午八月　日
権右衛門
甚三郎」

阿蘭陀船入津以後跡々より出嶋ニ立来候由
覚
一阿蘭陀人無指図而出嶋之外へ出す間敷事
一商売不始以前定之外之者出嶋へ入間敷事
一諸商売不始以前荷物出嶋之外へ出間敷事
附ちんたふとう酒無差図出す間敷事
一日本之武道具幷武者絵出嶋へ不可入事
一奉行人之外刀指候輩出嶋へ不可入事
右旨堅可相守者也
月　日」

阿蘭陀船入津以後跡々より出嶋ニ立来候由
覚
一出嶋かんはん(219)出候日門番ニ而壱人宛
相改出入可為仕事
一番所尓て不見知者つれ無之者不可入候
不審成もの者留置穿鑿可仕事
一かんはん出候次之座敷町使其外家
持歟通事歟相添罷在不審成者候ハヽ
可相改事
一かんはん出候日いまり物売セ申間敷候
北屋番置候ハヽ二人宛差置人多置間敷事
一かんはん出候日入札尓加り不申候者一切
出嶋へ参間敷候若通事家持江用
所有之尓て使越候ハヽ門番ニ断出入
可仕事
一入札尓加り申候もの尓ても中間五三人

宛申合八ツ前可参候八ツ過候而出嶋へ
参間鋪事」
一かんはん尓参候者売物見申候ハ、直
可罷帰候出嶋見物仕間敷事
以上
月　日」
阿蘭陀船入津以後跡々より出嶋ニ立来候由
覚
一出島江出入之商売人誰尓よらすせり
買せり売被仕間敷事
一余人仕かゝり候商売事ニ脇より
さゝハり依怙贔屓有間敷事
一売買事兼日より約束いたし手付之
銀取替し有間敷事
一おらんた口南蛮口存之地下他所之
かた〳〵商事無之尓おらんた人居所ニ」
引籠蜜談有間敷候事
一おらんた人之諸色御買候ハ、代銀多
少によらすおらんた人江直無御渡
銀場尓て其時々尓御済可有之事
一阿蘭陀人江代物御買候ハ、代銀早々
御請取あるへし後日ニ出入承間敷事
一おらんた人出船ニ持渡諸色御売候ハ、
売手形通事おとな所尓て可被成候無
左候ハ、出船尓積渡不申売主へもとし
可申事
一何色尓よらす珍敷物小間物之類尓ても
隠買被仕銀場尓無御届持出致申
後日尓当町幷何国ニ而も相知承及
申候ハ、我々従手前　御奉行所様江
可申上候事」
一御公義御法度之諸色(220)隠候ておらんた
人江売渡船尓ても見出又者以後
承及相知申候ハ、不隠置我々手前より
御奉行所様江可申上候事
此等之趣能々御守有へしもし
相背人在之候ハ、おとな通事迄可
被申来事

月　日

おらんだ通事中

出島町おとな

右之趣従　御公義銘々ニ可申渡旨我々共ニ
被為　仰付候得共数人之儀ニ候故如斯
書付相置申候出入之衆能御覧候て万事
可被入御念者也

注

（1）唐船。江戸時代には、中国（明、後に清）・ベトナム・カンボジア・タイ・インドネシア・フィリピン・台湾などの東南アジア諸国・諸地域から渡来する貿易船を総称して、唐船といった。個々には、中国からの船は、明船とか出帆地の名を冠して南京船・寧波船・福州船など、ベトナムからの船は東京船・安南船、交趾船など、カンボジアからの船は柬埔寨船、タイからの船は暹羅船、マレーシアからの船は咬𠺕吧船、フィリピンからの船は呂宋船などと称された。

（2）舟（船）番。寛文十二年（一六七二）に設置。その役職の内容は、「宝永五子年役料高并諸役人勤方発端年号等」（長崎県立長崎図書館郷土史料課旧蔵）に次のようにある。

右勤方之儀両御屋敷当番并御用日出嶋門番所六ケ所之御番所江相詰申候唐船阿蘭陀入津湊ニ掛り居候内船々江番船脇掛り船より昼夜相守申候其外唐船荷役より出船迄之間商売ニ付新地蔵門唐人屋敷矢来門出入之者相改其外諸出役仕候尤阿蘭陀船入津より出帆迄之間出嶋江度々罷出相勤申候町中昼夜廻り山廻り諏訪社祭礼祇園会為警固罷出申候

（3）通事。唐通事。江戸時代に東南アジア諸国・諸地域から貿易に渡来した者を唐人と総称したが、これらの商人との通弁や貿易運営に携わった長崎地役人の一。大通事・小通事以下の職務に分かれていた。渡来唐人の地域により、東京通事、暹羅通事、もうる通事なども置かれた。主に、長崎の在住唐人が当たった。

（4）宿町付町。長崎に貿易に渡来した唐人は、初めは、長崎の知人宅を指名してそこに滞在した。これを指宿制という。宿に指名された者は、貿易取引きの斡旋なども行い口銭を得ることができた。この口銭の取得を巡って長崎住民の間で意見の対立があり、寛文六年（一六六六）に指宿制を廃して、長崎の町々が順番を決めて、渡来唐船の世話をする制度が始められた。各年、長崎に入港した唐船は、順番に一番・二番・三番船……と番号を付されて処理されたが、一番船は○○町が、二番船は△△町が、というように、その唐人の宿泊や貿易取引き等の世話をする当番町が決められた。この当番町に当たった町を宿町と言い、その補助的な役割を果たす町も決められた。この町を付町といった。

（5）唐船荷物等改。荷役。丸荷役と精荷役とがある。寛永十二年（一六三二）に渡来唐船の入津が長崎一港に制限され、唐船の将来貨物は長崎奉行所により改められ、陸揚げされて唐人蔵に保管され、貿易に関わり長崎奉行の管理下におかれた。

（6）町使。慶長期に始まる長崎地役人の一。初めは目付と称された。その役職の内容は、「宝永五子年役料高并諸役人勤方発端年号等」（長崎県立長崎図書館郷土史料課旧蔵）に次のようにある。

右勤方之儀両屋敷当番并御用日六ケ所之御番所へ相詰申候唐船荷役より出帆迄之間商売ニ付新地表門水門唐人屋鋪矢来門出入之者相改仕候尤阿蘭陀船入津より出帆迄之間出嶋江度々罷出相禁申候御詮儀者之節御屋鋪并篭屋江も罷出申候御仕置者又者自害人転死失或被召捕候者有之候節被出申候且又阿蘭陀江戸江参上仕候節両人宛付添召越候右之外町中昼夜廻り諏方社祭礼祇園会為警固被出申候

（7）宿町附町。注（4）参照。

（8）おとな組頭。乙名（町乙名）・組頭。長崎町方の最も基本的な地役人。町年寄の下に、各町に一人ずつ置かれ、町運営の万般に携わった。

（9）伊奈佐。稲佐。長崎市西方の稲佐郷。煙硝蔵が置かれていた。

（10）奉行所。長崎奉行所。文禄元年（一五九二）に唐津城主寺沢志摩守広高が初めて長崎奉行に命じられた時、本博多町に屋敷を建てたと言われる。この後、代々の奉行がこの屋敷を使用したが、寛永十年（一六三一）に焼失し、森崎に役所を移したとされる。寛文三年（一六六三）の大火で再度焼失し、東西二ケ所の役所を建てたとされる。その後、延宝元年（一六七三）に、役所を建て替え、外浦町の役所が西屋敷と称されたのに対して、立山に新設された方が立山役所と称された。

（11）年行事。年行司。両御屋敷年行司。寛永十五年（一六三八）に置かれた長崎地役人の一。総町乙名から二人任命されて、奉行所に勤務した。その役職の内容は、「宝永五子年役料高并諸役人勤方発端年号等」（長崎県立長崎図書館郷土史料課旧蔵）に次のようにある。

右勤方之儀両御屋鋪江毎日弐人宛隔番相勤申候御用物撰御用日御奉行所御着御発駕御大名様江御料理之節非番当番共相勤申候其外御闕所物并転病死自害人等在之候節非番年行司より御検使様御附仕候惣而諸国御大名様より之御用并町方出入之公事沙汰唐船阿蘭陀入津より出船迄商売之用事ニ役人共より申上候儀御取次仕申候

（12）町年寄。長崎地役人の筆頭職。元亀二年（一五七一）に長崎の町建てが始まり、島原町・大村町・平戸町・横瀬浦町・文知町・外浦町の六町ができたと言われる。これらの町を支配する役として置かれたのが頭人である。

初めは、高木勘右衛門・高島了悦・後藤惣太郎・町田宗賀の四人であった。文禄元年（一五九五）に、長崎奉行が置かれて以後、頭人が町年寄に改められた。元禄十三年（一七〇〇）に、内町と外町が統合されるに及び、外町常行司が町年寄に繰り入れられて六人制となる。

(13) 慶長十四年（一六〇九）に、幕府によって南鐐銀の輸出禁止が発令されたので、貿易の決済は丁銀で行われるようになった。また、寛永十八年（一六四一）には、金の輸出が禁じられた。この後、寛文四年（一六六四）に金の輸出が緩和され、同八年に銀の輸出が禁じられて、長崎貿易は金決済とされた。しかし、翌同九年になって、唐船に対しては銀道具の輸出が解禁された。幕府の金銀銅等の輸出統制の詳細については、太田勝也『鎖国時代長崎貿易史の研究』（思文閣出版）第三章以降を参照されたい。

(14) 輸出禁止品の詳細については、太田勝也『鎖国時代長崎貿易史の研究』（思文閣出版）一〇四頁以降を参照されたい。

(15) 唐船長崎滞在期間の規定。入津より五〇日迄に帰帆するようにされたのは、寛永十年二月二十八日付け、老中より長崎奉行への奉書中に定められたのが最初。

(16) 口銭銀。貿易取引きに課された手数料・斡旋料。

(17) 唐船年々売高。ここに現れている唐船への輸出高の詳細については、太田勝也『鎖国時代長崎貿易史の研究』（思文閣出版）九一頁以降を参照されたい。なお、年々の長崎渡来唐船数については、太田勝也「江戸時代長崎渡来唐船数について」（『歴史情報』NO.4）で、数種類の史料により伝えられている船数の比較検討がなされている。

(18) この部分は、この年に唐船へ輸出した物を銀高で表記した合計額。

(19) この部分は、この年における唐船からの輸入に対して、銀を対価として支払った（輸出した）以外の、物（銅・小間物等）によって決済した（輸出した）額を銀高で表記した合計額。

(20) この部分は、この年における唐船からの輸入に対して、銀（丁銀・銀道具）を対価として支払った（輸出した）合計額。

(21) この遣捨分は、長崎渡来唐人の長崎滞在中の生活費や船の修理費などに相当する部分で、これは日本側にとっては輸出部門に含まれている。

(22) この部分は、御物、すなわち長崎御用物と称される将軍の需用品の輸入部分に相当する額。長崎御用物の輸入については、太田勝也「江戸時代初期対外貿易における幕府の買物」（『徳川林政史研究所研究紀要』昭和五十二年度）、同「長崎貿易における幕府の買物」（『徳川林政史研究所研究紀要』昭和五十三年度）を参照されたい。

(23) 寛永十八年（一六四一）以来禁止となっていた金の輸出が、寛文四年（一六六四）に一部（輸出額の半分迄を限度とする）解禁となる。

(24) 輸出に関する金銀レート。幕府公定レートは小判一両＝銀六〇目（六拾目替）であったが、長崎での貿易取引上では、小判一両＝銀六八匁（六拾八匁替）とされた。これが日本国内市場では、小判一両が銀五四匁〜五八匁相当として両替されていたのが実情であった。したがって、小判一両を輸出すると銀一〇匁を上回る差益が得られた。これは間金と称されて、主に長崎へ与えられた。

(25) 輸出に関する金銀レート。注(24)のような金銀レートで貿易取引きが行われたが、寛文八年（一六六八）に銀の輸出が禁止され、長崎貿易は金決済とされて、金輸出においては、国内市場（現実には長崎市場）の両替値によることに改められた。

(26) 銀道具唐船へ輸出解禁。幕府は、寛文八年（一六六八）に銀輸出を全面的に禁止したが、翌年には、唐船に対して丁銀・灰吹銀については許可しなかったが、銀道具の輸出を許可した。オランダ商館に対する銀輸出は解禁されなかった。

(27) 内町。元亀二年（一五七一）から長崎の町建てが開始され、次第に町数を増加させて行く。長崎は天正八年（一五八〇）からイエズス会領となるが、同十六年に豊臣秀吉によって、公領（直轄地）とされた。この時迄に長崎には二三町が造られていたが、この地域は秀吉の朱印により地子免除とされた。この後、慶長二年（一五九七）から以降に更に町建てが進んだ。この慶長二年以降に開発された町が外町と称されるようになり、これに対して、この秀吉により地子免除とされた二三町が内町と称され、徳川政権になっても地子免除となった。内町は四人の町年寄、外町は二人の常行司が地役人の頂点に位置し、長崎奉行の支配下で、町の運営に当たったが、元禄十三年（一七〇〇）からは内町、外町の区別が廃止されて、常行司が町年寄に組み入れられた。

(28) 年行事。注(11)参照。

(29) 末次平蔵。末次興善の子。興善は博多の豪商で、私財を投じて長崎の興善町を開く。子の直政・通称平蔵（初代）は、朱印船貿易家。長崎代官村山等安と争い、勝訴して、元和五年（一六一九）、長崎代官に任ぜられる。長崎奉行竹中采女正の長崎における不祥事・貿易関係の不正事に関する繋争中、寛永七年（一六三〇）没。二代目平蔵・平左衛門・茂貞、三代目平蔵・茂房、四代目平蔵・茂朝、長崎代官を世襲する。延宝四年（一六七七）、四代目平蔵の時、密貿易を行い、これが発覚して隠岐へ流刑となる。

(30) 高木作右衛門。長崎御用物役。作右衛門家は町年寄を勤めたが、寛文二年（一六六二）に、長崎に幕府の買物を担当する役として、御用物役が置かれ、これに町年寄の高木作右衛門が任命された。幕府から扶持が支給された。

(31) 町年寄。注(12)参照。

(32) 諏訪明神祭礼。諏訪神社は、建御名方命をまつった神社。秋の祭礼が九月九日に行われたので、「くんち」と呼ばれる。

(33) 常行事。常行司。長崎の内町の地役人の頂点に位置するのが町年寄であるが、これに相当する外町の頂点に位置するのが、二名の常行司である。

(34) 町使。注(6)参照。

(35) さじ。散使。慶長期から置かれ、長崎市中の警備に携わった長崎地役人の一。その役職の内容は、「宝永五子年役料高并諸役人勤方発端年号等」（長崎県立長崎図書館郷土史料課旧蔵）に次のようにある。

右勤方之儀両御屋鋪安禅寺御船蔵所御制札場野母小瀬戸放火山御番所御物蔵御注進船稲佐煙焇蔵所々普請方罷出申候且又唐船阿蘭陀荷役より出船迄之間商売方ニ付諸出役仕尤寺社踏絵之節又者諏方社祭礼之節罷出申候

(36) 松平右衛門佐。黒田光之。忠之の子。寛永五年（一六二八）生。同二十年、左京大夫に叙任、正保四年（一六四七）、右衛門佐に改まる。「五月三日襲封を謝するのとき、家臣三人御前に出る。のち代々おなじ。（中略）二十三日長崎番衛のこと、父がときのごとくたるべきむね仰をかうぶる。のち代々例となる」（『寛政重修諸家譜』）。同年、侍従となる。延宝元年（一六七三）五月、イギリス船長崎渡来の時、番船を出して守衛する。貞享二年（一六八五）六月、南蛮船長崎渡来の時、番船を出して守衛する。宝永四年（一七〇七）没。

(37) 松平丹後守。鍋島光茂。忠直の子。寛永九年（一六三二）生。慶安元年（一六四八）、元服し、松平の称号を賜り、丹後守に叙任。明暦三年（一六五七）、家督（佐賀領）を継ぎ、長崎番衛のことを拝する。元禄十三年（一七〇〇）没。

(38) 肯役。注(5)参照。

(39) 西泊戸町之番所。異国船の渡来に対処して、長崎港の入り口に設けられた番所。寛永十八年（一六四一）に黒田忠之が幕命によって西泊に設置したのを西泊番所と言い、翌同十九年に同じく鍋島勝茂が戸町（大村領）に設置したのを戸町番所と言う。合わせて、沖の両番所と称された。

(40) 阿蘭陀通事。一般的には、唐通事に対して、阿蘭陀通詞と表記されることが多い。平戸・長崎におけるオランダ商館との貿易において、通弁・貿易運営等に携わった長崎の地役人の一。大通詞・小通詞・内通詞など職務の区分がある。

(41)　御加羅者目利之者。伽羅目利。将軍の買い上げる伽羅の選定、輸入価格の決定等に関わる長崎地役人の一。寛永年中に三人設置された。

(42)　大久保出羽守。忠朝。大久保右京亮教の三男。大久保忠職の養子。寛永九年（一六三二）生。同十八年、家綱の小姓。慶安四年（一六五一）、出羽守に叙任。万治三年（一六六〇）、小姓組番頭。寛文十年（一六七〇）、忠職の養子となり、詰衆並に列し、同六月、家督を継ぐ。延宝五年（一六七七）、老中、加賀守に改まる。同六年、唐津より下総佐倉に移封。貞享三年（一六八六）、小田原に移封。度々加増されて元禄七年（一六九四）に一一三、一〇〇石余を領する。同十年、奉書の加判に列する。正徳二年（一七一二）没。

(43)　松平主殿頭。忠房。忠利の子。元和五年（一六一九）、吉田生れ。同九年、秀忠・家光に拝謁。寛永九年（一六三二）、忠利の遺領（三河国吉田三〇、〇〇〇石）を相続し、刈谷に移る。同年十二月、主殿頭に叙任。慶安二年（一六四九）、丹波国福知山に移り、加増されて四五、九〇〇石余を知行。寛文九年（一六六九）、肥前国嶋原に移封、二〇、〇〇〇石加増。同十二年七月十六日、長崎に変事ある時、大久保出羽守忠朝と共に長崎奉行と計り、諸事指揮をすべき事を命じられる（『厳有院殿御実紀』、寛文十二年八月五日条参照）。延宝四年（一六七六）、長崎代官末次平蔵の私曲を糺問。元禄十一（一六九八）年四月、大炊頭。同十三年没。

(44)　松浦肥前守。鎮信（平戸藩主）。隆信の子。元和八年（一六二二）生。寛永十二年（一六三五）、肥前守に叙任。同十四年、家督を継ぐ。島原の乱の時、長崎奉行所および日見・茂木の両所を守衛する。承応三年（一六五四）、長崎港の外浦に七ヶ所の石火矢台を築く。万治元年（一六五八）、切支丹六〇人余を処刑する。元禄十六年（一七〇三）没。

(45)　大村因幡守。純長。寛永十三年（一六三六）生。伊丹播磨守勝長の四男であるが、慶安三年（一六五〇）に大村純信の養子となる。翌同四年、家督（肥前大村領）を継ぐ。承応三年（一六五四）、因幡守に叙任。寛文二（一六六二）年七月二十八日、奉書を以て、異国船渡来の時、長崎奉行と対策を議すべき事を命じられる。宝永三年（一七〇六）没。

(46)　五嶋淡路守。盛勝。盛次の子。正保二年（一六四五）生。明暦元年（一六五五）、家督（一二、五〇〇石余）を継ぐ。万治三年（一六六〇）、淡路守に叙任。延宝六年

（一六七八）没。

(47) 立花左近将監。忠茂。大名。筑後柳川城主。一〇九、六〇〇石余。立花主膳正直次の四男。宗茂の養子となる。慶長十七年（一六一二）生。元和八年（一六二二）、左近将監に叙任。寛永十四年（一六三七）、家督を継ぐ。明暦三年（一六五七）、侍従となり、万治二年（一六五九）、飛騨守に改まる。延宝三年（一六七五）没。

(48) 松平大隅守。嶋津光久。家久の子。元和二年（一六一六）生。寛永八年（一六三一）、元服して薩摩守と称する。同十五年四月、家久の没後、遺領（七二八、〇〇〇石余）を継ぐ。慶安四年（一六五一）、少将となり大隅守に改まる。元禄七年（一六九四）没。

(49) 細川越中守。綱利。光尚の子。寛永二十年（一六四三）生。慶安三年（一六五〇）、家督（肥後熊本）を継ぐ。承応二年（一六五三）、元服し、越中守に叙任。正徳四年（一七一四）没。

(50) 宗対馬守。義真。義成の子。寛永十六年（一六三九）生。明暦三年（一六五七）、家督を相続する。元禄十五年（一七〇二）没。

(51) 八朔之礼。制度的な変遷があるが、長崎の住民は、貿易によって発生する利銀を受納していた。このことに対して、住民は長崎奉行に感謝し、御礼を贈った。これが、幕府の祝いの日である八月朔日（本来、八朔は八月朔日に行われた作物の実りを祈願する行事が行われた日であり、神に初穂を供える祭日であった。この日に世話になった人へ贈物をする習慣があった。徳川時代には、家康が初めて江戸城に入城したのが天正十八年〈一五九〇〉八月朔日であったので、この日を幕府の祝日としていた）に行われたので、八朔礼の称がある。

(52) 馬場三郎左衛門。利重。半左衛門昌次の子。生年不詳。旗本（二六〇〇石）。書院番、使番、目付を経て、寛永十五年（一六三八）から承応元年（一六五二）まで長崎奉行を勤める。明暦三年（一六五七）没。

(53) 板倉周防守。重宗。勝重の子。天正十四年（一五八六）生。慶長十年（一六〇五）、周防守に叙任。元和六年（一六二〇）、京都所司代となる。寛永元年（一六二四）、家督を相続する（三八、〇〇〇石、後、加増されて五〇、〇〇〇石）。明暦二年（一六五六）没。

(54) 公義御買物。長崎御用物。注(22)参照。

(55) 松平大隅守。注(48)参照。

(56) 松浦肥前守。注(44)参照。

(57) 松平右衛門佐。注(36)参照。

(58) 町使。注(6)参照。

(59) 舩番。注(2)参照。

(60) 勘板。看板。オランダ商館との貿易では、商館が売りに出す（日本へ輸出する）品物を、日本の輸入商人へ示すために、看板に書いて掲げられた。

(61)　札披候日。オランダ商館との貿易においては、輸入価格（オランダ商館側にとっては輸出価格）を決める方法として、入札法がとられた。日を特定して出島札場で入札が行われ、日本側輸入商人による入札が終了すると、これが開かれ、各品物の輸入価格が決まって行く。この入札を開く日。

(62)　出嶋家持廿四人。寛永十一年（一六三四）に着工し、同十三年に長崎出嶋が出来上がるが、この築立の費用は長崎の富商二五人が出資した。この者達が出嶋家持ちで、最初はポルトガル商人から、後にはオランダ商館から使用料をとった。この部分の二四人というのは、出嶋乙名を除いた人数であろう。

(63)　九月廿日。各年、長崎に渡来したオランダ商館船・唐船は、九月二十日迄に貿易取引きを終了して長崎港を出帆しなければならない規定であった。寛永十年（一六三三）から同十三年にかけて長崎奉行へ発令されたいわゆる「寛永鎖国令」に、この規定がなされている。「寛永鎖国令」については、太田勝也「「寛永十年二月二十八日鎖国形成令」の検討」（「歴史情報」NO.5）・同「「寛永十一年五月二十八日鎖国形成令」の検討」（「歴史情報」NO.6）・同「「寛永十二年鎖国形成令」の検討」（「歴史情報」NO.7）・同「「寛永十三年五月十九日鎖国形成令」の検討」（「歴史情報」NO.10）を参照されたい。

(64)　両人之かひたん。「かひたん」（カピタン）は、長崎オランダ商館長。任期を終了してバタビアへ帰る商館長と新来の商館長の両名の意味。

(65)　貿易取引きに課された手数料・斡旋料。制度的には変遷がある。

(66)　鮫。鮫柄とか鮫皮とも称される。刀の柄や鞘の材料として珍重された。

(67)　白糸　黄糸　端物　荒物。白糸・黄糸は生糸の一種。端物は一般的には反物と書かれる着物等に用いられる織物。長崎貿易関係の史料では、端物と書かれている場合が多い。絹・麻・木綿・毛などを素材とし、輸入は絹と麻の製品が数量的に多かった。長崎貿易における輸入品は、糸・端物・薬種・荒物に大別された。荒物は糸・端物・薬種を除く諸品（雑貨）のことで、金属・皮革・染料・道具類および砂糖が主たる物である。

(68)　江戸江罷登候阿蘭陀人。甲比丹（カピタン＝長崎オランダ商館長）の参府。オランダ商館は将軍への挨拶のために年に一度江戸へ使者を送った。寛政二年（一七九〇）以降は五年に一度の参府となる。

(69)　出嶋かね座。出嶋金場。オランダ商館との貿易取引きにおいて、金銭の受け払いを行った出嶋に置かれた役場。

(70)　出嶋家持。注(62)参照。

(71) この部分は、当該年にオランダ商館からの輸入に対して、日本側が支払った合計額の銀換算額（オランダ商館側からすれば、輸出額の合計）。
(72) この部分は、銀以外の銅や樟脳など物で決済した（輸出した）額の銀換算額。
(73) この部分は、銀で決済した（輸出した）額。
(74) この部分は、オランダ商館が船の修理や商館員の生活のために日本側へ支払った経費の銀換算額。日本側では、輸出部門で経理された。
(75) 寛文四年（一六六四）に、寛永十八年（一六四一）以来禁止されていた金の輸出が解禁となり、オランダ商館へも金の輸出が開始されるが、この部分（寛文四年の条）にはその関係のことが現れていない。この時期の金輸出については、太田勝也『鎖国時代長崎貿易史の研究』（思文閣出版）一一〇頁以降を参照されたい。なお、小判輸出に関し、金銀価格のレートは、寛文四年から同七年までは、小判一両＝銀六八匁替であったが、同八年からは、市場の両替値によった。しかし、同十二年から以降は、小判一両＝銀六八匁替とされた。
(76) 寛文八年（一六六八）に幕府は銀の輸出を全面的に禁止した。このことに伴って、長崎貿易の決済は金勘定で行われることになった。
(77) 内町。注(27)参照。
(78) 外町。注(27)参照。
(79) 日行事。日行使。各町の乙名の下で、各町の諸用を行う地下の下級の役。
(80) 町使。注(6)参照。
(81) 常行事。常行司。注(27)・(33)参照。
(82) 末次平蔵。長崎代官。注(29)参照。
(83) 唐通事。注(3)参照。
(84) 阿蘭陀通詞。注(40)参照。
(85) 高木作右衛門。注(30)参照。
(86) 町年寄。注(12)参照。
(87) 五ケ所之会所。五ケ所糸割符会所。五ケ所糸割符仲間の諸用のために、長崎表に置かれた会所。初め博多町に置かれたが、寛文十二年（一六七二）貨物市法が行われるに当たり、貨物市法の会所に取り立てられた。貞享二年（一六八五）に糸割符が再興されてからは、糸割符会所に戻ったが、元禄十一年（一六九八）から長崎会所に取り立てられ、長崎貿易の中心的な貿易役所となる。
(88) 松平右衛門佐。注(36)参照。
(89) 松平丹後守。注(37)参照。
(90) 細川越中守。注(49)参照。
(91) 松浦肥前守。注(44)参照。
(92) 人村因幡守。注(45)参照。
(93) 高力左近。高長。忠長の子。慶長十年（一六〇五）生。

寛永九年（一六三二）、左近大夫を称する。明暦二年（一六五六）家督を継ぐ（島原領）。寛文八年（一六六八）、失政により改易となる。延宝四年（一六七六）没。

(94) 嶋田久太郎。利木。出雲守。寛永十七年（一六四〇）、小姓組番士。明暦二年（一六五六）、徒頭。万治元年（一六五八）、目付。寛文二年（一六六二）五月一日、長崎奉行。同六年正月晦日、長崎奉行を辞する。同七年、江戸町奉行。同年、出雲守に叙任。元禄八年（一六九五）没。

(95) 小笠原遠江守。忠雄。筑前小倉城主。忠真の子。正保四年（一六四七）生。寛文三年（一六六三）、遠江守に叙任。同七年、家督を相続する。『寛政重修諸家譜』に寛文八年「七月朔日いまよりのち南蛮の船漂着するにをいては松平右衛門佐綱政松平丹後守光茂とゝもに、人衆を出し警固すべきむね仰をかうぶる。」とある。享保十年（一七二五）没。

(96) 大久保出羽守。注(42)参照。

(97) 有馬中務大輔。頼元。有馬豊氏の子。頼利の弟。承応三年（一六五四）生。寛文八年（一六六八）、頼利の養子となり、家督を相続し、中務大輔に叙任。宝永二年（一七〇五）没。

(98) 松平主殿頭。注(43)参照。

(99) 松平大隅守。注(48)参照。

(100) 天川。マカオのこと。

(101) 太田備中守。資宗。重正の子。慶長五年（一六〇〇）生。元和元年（一六一五）摂津守に叙任。寛永八年（一六三一）、小姓組頭となり、同九年に書院番頭に転じ、後に備中守に叙任。同十年、松平伊豆守信綱、阿部豊後守忠秋、堀田加賀守正盛、三浦志摩守正次、阿部対馬守重次等と共に政を議することを命じられる。同十五年、島原の乱後、九州に下り松平伊豆守信綱らに幕命を伝える。同年、奏者番となり、三五、〇〇〇石（三河国西尾城）を領する。延宝八年（一六八〇）没。

(102) かりうた舩。カ（ガ）リウタ船。ポルトガル船のこと。

(103) 加々爪民部少輔。忠澄。政尚の子。旗本。九五〇〇石。大坂陣の時、使番、後、町奉行、普請奉行を歴任し、大目付の時、寛永十七年（一六四〇）、長崎に赴き、渡来した南蛮船の焼却、切支丹の処刑を指揮する。寛永十八年没（五六才）。

(104) 野々山新兵衛。兼綱。頼兼の子。旗本。天正十九年（一五九一）生。慶長十四年（一六〇九）腰物奉行、寛永八年（一六三一）小納戸、同十五年目付となる。同十七年六月二日、加々爪忠澄と共に長崎へ遣わされ、南蛮船を焼き捨て、キリシタンを処刑する。同二十年、加増されて采地一五三〇石を給され、丹後守に叙任。寛文七年（一六六七）没。

(105) 黒川与兵衛。正直。旗本。五〇〇石と廩米一三〇〇俵

を給される。正忠の子。慶長七年（一六〇二）生。小姓、代官、西の丸小姓組、大番、大番組頭、目付を経て、慶安三年（一六五〇）から寛文四年（一六六四）まで長崎奉行を勤める。延宝八年（一六八〇）没。

(106) いすはんや。イスパニア。スペイン。

(107) 馬場三郎左衛門。注(52)参照。

(108) 高力摂津守。忠房。天正十二年（一五八四）生。高力正長の子。慶長四年（一五九九）、秀忠に初謁。元和三年（一六一七）、奏者番。同五年、遠江国浜松城を給わり、一〇、〇〇〇石加増。寛永十五年（一六三八）、嶋原城へ移され、加増されて四〇、〇〇〇石を知行。明暦元年（一六五五）十二月没。

(109) 日根野織部。吉明。天正十五年（一五八七）生。慶長五年（一六〇〇）、遺領（信濃国諏訪）を相続。同七年、下野国壬生に移封。寛永十一年（一六三四）、加増移封されて豊後国府内二〇、〇〇〇石を知行。明暦二年（一六五六）没。

(110) 松平筑前守。松平右衛門佐。黒田筑前守忠之。黒田長政の子。慶長七年（一六〇二）生。同十七年、家康に初謁。同十八年正月、秀忠に初謁、松平の称を許される。元和九年（一六二三）、家督相続、四三三、一〇〇石を知行。寛永七年（一六三〇）五月、南蛮船長崎入港の時、浦々の番を勤める。同十八年二月、長崎の警衛を命じられ、石火矢一〇挺、大筒二〇挺を預けられる。同二十年より鍋嶋信濃守勝茂と交代で長崎の番衛を勤める。承応三年（一六五四）没。

(111) 細川肥後守。光尚。大名。肥後国熊本城主。五一〇、〇〇〇石。忠利の子。元和五年（一六一九）生。寛永十二年（一六三五）、肥後守に叙任。同十八年、家督を継ぐ。正保四年（一六四七）、ポルトガル船渡来の時、活躍する。『寛政重修諸家譜』に「六月二十四日黒船二艘長崎の沖に漂ひ、その躰つねならざれば、人数を出すべきむね長崎の奉行よりこれを達す。時に光尚在府たりしかば、家臣長岡勘解由延之、同監物是季、清田石見乗栄人数六千三百九十余人を引率し、かの地に渡海して船橋をよび船栖棲等を設けて、厳重に備ふるのところ、かの船事故なく帰帆す。」とある。慶安二年（一六四九）没。

(112) 鍋島信濃守。勝茂。直茂の子。天正八年（一五八〇）生。肥前国佐賀城主。慶長十二年（一六〇七）、家督を継ぐ。大坂陣、島原の乱に活躍する。同十九年より長崎港の警衛を命じられる。寛文元年（一六六一）没。

(113) 鍋島山城守。山城。直弘。勝茂の子の忠直の弟。忠直は父勝茂より先に他界する。家督は、忠直の子の光茂が継ぐ（佐賀領）。

(114) 鍋島和泉守。直朝。直弘（注113）の弟。元和八年（一六二二）生。寛永十年（一六三三）、鍋島孫平太正茂の養子

となる。同十七年、和泉守に叙任。正茂に実子が生まれ、鹿生家に戻り、父勝茂より二〇、〇〇〇石を分与され、鹿嶋に住する。万治三年（一六六〇）、松平丹後守（鍋島光茂）が病のために代わって長崎の警備に当たる。宝永六年（一七一〇）没。

(115)　立花左近将監。忠茂。大名。筑後柳川城主。一〇九、六〇〇石余。立花主膳正直次の四男。宗茂の養子となる。慶長十七年（一六一二）生。元和八年（一六二二）、左近将監に叙任。寛永十四年（一六三七）、家督を継ぐ。明暦三年（一六五七）、侍従となり、万治二年（一六五九）、飛騨守に改まる。延宝三年（一六七五）没。

(116)　寺沢兵庫頭。堅高。大名。肥前国唐津城主。一二〇、〇〇〇石。広高の子。慶長十四年（一六〇九）生。寛永元年（一六二四）、兵庫頭に叙任。同十年、家督を継ぐ。寛永十五年（一六三八）、島原・天草の一揆の責任を問われ、天草の所領の内、四〇、〇〇〇石を減じられ、出仕停止となるが、翌年、赦される。正保四年（一六四七）、自殺。

(117)　小笠原信濃守。長次。大名。豊前中津城主。八〇、〇〇〇石。忠脩の子。元和元年（一六一五）生。寛永六年（一六二九）、信濃守に叙任。『寛政重修諸家譜』に「正保四年異国船長崎の湊に漂着するのとき、人衆を出してこれを警固し、長次もおほせをうけたまはりて封地にゆく」とある。寛文六年（一六六六）没。

(118)　大村丹後守。純信。元和四年（一六一八）、大村生れ。同六年、家督を継ぐ。寛永十四年、島原・天草の一揆の時、長崎の警固に当たる。同十七年、南蛮船渡来の時、長崎を警固する。同二十年、丹後守に叙任。正保四年（一六四四）、南蛮船長崎渡来の時、同地を警固する。慶安三年（一六五一）没。

(119)　松平隠岐守。定行。大名。定勝の子。天正十五年（一五八七）生。慶長七年（一六〇二）、河内守に叙任。同十二年、掛川城を給わり、三〇、〇〇〇石を知行。寛永元年（一六二四）、家督相続、一一〇、〇〇〇石を知行。同三年八月、隠岐守に改まる。同十二年、伊予国松山城に移り、加増されて一五〇、〇〇〇石を知行。正保元年（一六四四）、南蛮船長崎来航の時、現地の指揮を命じられる。万治元年（一六五八）二月、致仕し、寛文八年（一六六八）没。

(120)　松平河内守。定頼。大名。定行(注118)の子。慶長十二年（一六〇七）生。寛永三年（一六二六）、河内守に叙任。萬治元年（一六五八）、家督を継ぐ（伊予松山）。父定行と同様に長崎に不審な異国船が渡来した時の指揮を承る。寛文元年（一六六一）、隠岐守に改まる。同二年没。

(121)　松平美作守。定房。大名。伊予国今治城主。四〇、〇〇〇石。松平隠岐守定勝の五男。慶長九年（一六〇四）

生。元和七年（一六二一）、肥前守に叙任、後、美作守に改まる。寛永十二年（一六三五）、伊予国今治城（三〇、〇〇〇石）を給わる。『寛政重修諸家譜』に「正保四年六月南蛮の船肥前国に漂着せるにより、おほせをかうぶり人衆を率ゐて長崎におもむく。」とある。寛文五年（一六六五）、留守居となり、一〇、〇〇〇石加増されて、四〇、〇〇〇石を領する。延宝四年（一六七六）没。

(122) 井上筑後守。政重。慶長十三年（一六〇八）より秀忠に仕え、書院番となる。元和二年（一六一六）、家光に附属。寛永二年（一六二五）、目付。同九年、大目付。同十五年、島原・天草の一揆鎮定軍に参加。同十七年、加増されて一〇、〇〇〇石を知行。長崎に下向し、異国の商船およびキリシタン禁制等を裁許する。寛文元年（一六六一）没。

(123) 山崎権八郎。正信。正勝の子。文禄二年（一五九三）生。旗本。一〇〇〇石。小姓組番士、小納戸、書院番、目付を経て、寛永十九年（一六四二）から慶安三年（一六五〇）まで長崎奉行を務める。在職中に死亡。

(124) 因幡守。大村純長。注(45)参照。

(125) 三郎左衛門権八郎。馬場三郎左衛門・山崎権八郎。注(52)(123)参照。

(126) 河権右衛門。河野権右衛門。通成。通重の子。寛永六年（一六二九）、家光に初謁。同十二年、書院番。慶安四年（一六五一）、家督を継ぐ（一二〇〇石）。寛文三年（一六六三）、使番。同六年三月十九日、長崎奉行。同十二年三月十七日、同職を辞して寄合に列する。延宝八年（一六八〇）、槍奉行。貞享四年（一六八七）、大目付。後、同職の務に応ぜざるところあって解任。元禄元年（一六八八）、小普請。同四年没。

(127) 木次平蔵。注(29)参照。

(128) 御物。長崎御用物。注(22)参照。

(129) 唐通事。注(3)参照。

(130) 唐船宿町乙名。注(1)(4)参照。長崎奉行の支配下に、長崎内町支配として町年寄四人、外町支配として常行司二人が置かれ、その支配下に各町に一人ずつ乙名、組頭、筆者が置かれて、地下方支配の骨子をなしていた。乙名は各町のいわば町内会長的存在である。この部分は、宿町に当たっている町の乙名の意味。

(131) 唐人年行事。唐年行司。職務については、「宝永五子年役料高并諸役人勤方発端年号等」（長崎県立長崎図書館郷土史料課旧蔵）に次のようにある。

右勤方之儀唐船荷役之節本船蔵本唐人屋鋪前波戸場并御用物改荷見せ荷渡其外出船迄之間商売方ニ付唐人囲より外江出候度々罷出相勤申候

右は宝永期の役向きを述べたものであるが、寛文期にはまだ唐人屋敷が置かれていないので、右の通りではないが、唐船の荷役、荷積み、御用物買付けなどの時に、詰めて諸事に対処した役である。

(132) 年行事。注(11)参照。

(133) 松甚三郎。松平甚三郎。隆見。旗本。一五〇〇石。行隆の子。生年不詳。承応二年（一六五三）、家督を継ぐ。小姓組番士、土居修理奉行、御使役、御先弓頭を経て、寛文六年（一六六六）から同十一年まで長崎奉行を勤める。天和二年（一六八二）没。

(134) 書籍見春徳寺。書物改役。唐船から漢籍の輸入が行われていたが、キリシタン関係の書物が含まれている恐れがあったので、輸入時にこのチェックが行われた。寛永七年（一六三〇）に春徳寺が建てられ、その住職となった泰室清安が漢籍に通じていた故をもって、はじめて書物改役を命じられたと言われるが、この役の創設年は確かとは言えない。

(135) 薬師寺宇右衛門。外町常行司。

(136) 目あかし唐人。正保元年（一六四四）に設置された長崎地役人の一。周辰官・黄五官・揚六官の三人が任命された。〔「長崎旧記」（旧長崎市立博物館蔵）〕。切支丹の探索に当たる。

(137) この部分は、書式としては次のようになるものと判断される。

末次平蔵江相渡之手形取指上申候為後日如件

寛文八年申九月朔日

高嶋四郎兵衛印
高木善右衛門印
高木彦右衛門印
薬師寺宇右衛門印
枚戸半兵衛印
小林安左衛門印

松平勘三郎様
河野権右衛門様

(138) この部分は、書式としては次のようになるものと判断される。

後日一筆如此御座候以上

寛文八年申十一月十一日

新大工町御長屋請取人　長野与次兵衛印
同町与頭請人　野口長左衛門印
同町右同　森安長右衛門印
同町右同　岡崎孫左衛門印
同町右同　伊藤五郎兵衛印
同町右同　立神惣四郎印

岡部九郎右衛門殿
堀弥五兵衛殿

(139) 薬師寺宇右衛門。外町常行使。

(140) 散使。注(35)参照。
(141) 町使。注(6)参照。
(142) かひたん。甲比丹。出島オランダ商館長。
(143) 南蛮人。ポルトガル人をいう。これに対して、オランダ人やイギリス人は、紅毛人といわれた。
(144) 唐船。注(1)参照。
(145) ばはん。八幡。海賊行為をいう。倭冦の船が八幡宮の幟を揚げていたことに由来し、海賊船を八幡船（ばはんせん）と呼ぶようになったといわれる。
(146) 荷役。注(5)参照。
(147) 通事。唐通事。注(3)参照。
(148) 唐人。唐船で東南アジア諸国・諸地域から渡来した商人の総称。
(149) 以上の漢文部分に付されているルビおよび返点には、不明確な部分がある。
(150) 以上の漢文部分に付されているルビおよび返点には、不明確な部分がある。
(151) 宿町付町。注(4)参照。
(152) 入津之日より五十日。長崎に渡来した唐船は、貿易取引きを終えて九月二十日までに帰帆する定めであった。事情によって、遅れて渡来した唐船は、渡来した日より五〇日間の内に貿易取引きを終えて帰帆する定めであった。注(15)(63)参照。
(153) この部分は、書式としては次のようになるものと判断される。

中候以上

寛文十一年亥正月四日

宿下町中おとな
芦塚長左衛門印
同町組頭
尼崎屋甚左衛門印
付町袋町中おとな
糸屋五郎右衛門印
同町組頭
西脇久左衛門印

進上
御奉行所様

(154) 以上の漢文部分に付されているルビおよび返点には、不明確な部分がある。
(155) 五嶋淡路守。注(46)参照。
(156) 松浦肥前守。注(44)参照。
(157) 平蔵。注(29)参照。
(158) 町年寄。注(12)参照。
(159) 常行事。常行司。注(33)参照。
(160) 年行事。年行司。注(11)参照。
(161) 唐阿蘭陀両通事。唐通事・阿蘭陀通詞。注(3)・(40)参照。
(162) 唐人年行事。唐年行司。注(131)参照。
(163) 書物見。書物改役。注(134)参照。
(164) 伽羅見。伽羅目利。御用物の伽羅の選定を行う長崎地役人の一。注(41)参照。

(165) 鮫見。鮫目利。御用物の鮫柄の選定を行う長崎地役人の一。注(66)参照。

(166) 出嶋おとな家持。出島乙名・家持。寛永十三年（一六三六）に出島が竣工し、ポルトガル人を収容し、ここでポルトガルとの貿易を行う体勢がつくられる。出島は長崎の富商二五人の出資により、築かれた。この出資者達が出島家持であり、出島は長崎の一町として位置付けられ、他の町と同様に町役人として乙名が置かれた。

(167) 外科。籠屋外科（料）。入牢者の治療に当たる。

(168) 篭屋医師。慶安年中の設置。入牢者の治療に当たる。

(169) 籠守。慶長十二年（一六〇七）の設置。入牢者の裁判賄等に当たる。

(170) 町使。注(6)参照。

(171) 御用物。注(22)参照。

(172) 河野権右衛門。長崎奉行。注(126)参照。

(173) 与力同心。長崎奉行所の役人構成は、江戸から奉行と共に赴任する役人と長崎現地の採用で長崎奉行所付きの役人とからなる。江戸から赴任するのは家老・用人・医師・小姓・中小姓・祐筆・中間・小者等で、奉行の任期終了に伴い江戸にもどる。与力・同心は長崎現地採用の奉行所付きの役人である。

(174) 牛込忠左衛門。長崎奉行。重悉。三右衛門俊重の三男。慶安三年（一六五〇）、書院番。寛文三年（一六六三）、目付。同十一年五月六日、長崎奉行。天和元年（一六八一）四月九日、職を辞して小普請となる。貞享四年（一六八七）没。寛文十二年の貨物市法の制定に尽力した。

(175) こんはにや。連合オランダ東印度会社。オランダ商館の日本向け輸出は、「こんはにや」の貨物と乗組員の個人貨物（脇荷）に別れる。

(176) 西泊戸町。西泊番所・戸町番所。注(39)参照。

(177) 右衛門佐。松平右衛門佐。黒田光之。注(36)参照。

(178) 丹後守。松平丹後守。鍋島光茂。注(37)参照。

(179) 大村因幡守。注(45)参照。

(180) 御舟（船）蔵。慶安元年（一六四八）、幕府が黒田忠之に命じて、馬籠（込）郷に造らせた御用船の停泊施設。海上の非常時に備えたもの。

(181) 越中守。細川綱利。注(49)参照。

(182) 主殿頭。松平忠房。注(43)参照。

(183) 平蔵。末次平蔵。長崎代官。注(29)参照。

(184) 寺沢志摩守。広高。広政の子。肥前国唐津城主（一二〇、〇〇〇石）。長崎奉行（初代）を兼任（文禄元年（一五九二年）から慶長八年（一六〇三）迄）。

(185) 小笠原一庵。為宗。出自、生没共に不詳。一説に三河国の大名と言う。「五本長崎記」に「小笠原一庵は、元祖三河国知行の大名なりしに、一門の出入事有りて、洛陽東山辺に引込、茶湯に月日を暮し、一門衆中よりの養育にて、閑人と成居給ひしを、家康公御意には、長崎は切支丹発興の所なれは、坊主天窓の者を遣はし可然旨にて、則一庵法印に、其形にて罷下り相勤候様にとの事にて、与力十人御附、京都より直に下向有けるとなり」(『通航一覧 第四』四八頁)とある。慶長九年(一六〇四)の糸割符制度の成立に尽力した。

(186) 長谷川左兵衛。藤広。永禄十年(一五六七)生。家康の側室夏の縁者。慶長十一年(一六〇六)から同十九年まで長崎奉行を勤め、堺奉行へ転任する。外交面で活躍した。元和三年(一六一七)没。

(187) 長谷川権六。生没不詳。長谷川左兵衛藤広の次の長崎奉行を勤めたが、在職期間は不詳。長谷川左兵衛との関係も弟とも甥とも言われるが不詳。

(188) 水野河内守。守信。水野監物守次の子。天文五年(一五七七)生。旗本(大和国の内に五〇〇〇石を領する)。寛永三年(一六二六)から同五年まで長崎奉行を勤める。切支丹弾圧を強行した。同十三年没。

(189) 竹中采女正。重興。重利(豊後国府内城主、二〇、〇〇〇石)の子。寛永六年(一六二九)から同十年まで長崎奉行を勤める。切支丹弾圧を強行した。不祥事を起こし、同十一年、改易、切腹を命じられる。

(190) 曽我又左衛門。古祐。尚祐の子。天正十三年(一五八五)生。旗本。三〇〇〇石。書院番、使番、目付を経て、寛永十年(一六三三)から同十一年の間、長崎奉行を勤める。万治元年(一六五八)没。

(191) 今村伝四郎。正長。重長の子。天正十五年(一五八七)生。旗本。三六〇〇石余。書院番、使番、目付、下田奉行を経て、寛永十年(一六三三)から同十一年の間、長崎奉行を勤める。承応二年(一六五三)没。

(192) 榊原飛騨守。職直。花房職之の子。慶長元年(一五九六)、榊原姓となる。生年、不詳。旗本(二五〇〇石)。秀忠の小姓、徒頭、書院番頭を経て、寛永十一年(一六三四)から同十四年まで長崎奉行を勤める。島原の乱の時、軍令に背き、閉門を命じられる。同十七年許され、翌年、御先鉄砲頭となる。慶安元年(一六四八)年没。

(193) 神尾内記。元勝。松平周防守家臣岡田竹右衛門元次の子であるが、神尾孫左衛門忠重没後、その妻阿茶局の養子となる。旗本。一八〇〇石。小姓組番士、使番、作事奉行を経て寛永十一年(一六三四)から同十五年まで長崎奉行を勤める。

(194) 仙石大和守。久隆。秀久の子。文禄三年(一五九四)生。旗本(四〇〇〇石)。書院番、目付を経て、寛永十二年(一六三五)から同十三年まで長崎奉行を勤め、小姓組番頭となる。正保二年(一六四五)没。

(195) 馬場三郎左衛門。利重。半左衛門昌次の子。生年不詳。

旗本（二六〇〇石）。書院番、使番、目付を経て、寛永十五年（一六三八）から承応元年（一六五二）まで長崎奉行を勤める。明暦三年（一六五七）没。

(196) 大河内善兵衛。正勝。天正六年（一五七八）生。旗本。二〇〇〇石。寛永十五年（一六三八）から同十七年まで長崎奉行を勤める。同年没。

(197) 柘植平右衛門。正時。正俊の子。慶長十四年（一六〇九）家督を継ぐ（寛永十二年、二四〇〇石）。同十五年、小姓組に列する。寛永八年（一六三一）、使番となる。同十一年、目付となる。同十七年、長崎奉行となる。同十九年没。

(198) 山崎権八郎。正信。正勝の子。文禄二年（一五九三）生。旗本。一〇〇〇石。小姓組番士、小納戸、書院番、目付を経て、寛永十九年（一六四二）から慶安三年（一六五〇）まで長崎奉行を務める。在職中に死亡。本記事では、寛永二十年から長崎奉行を勤めたように書かれいてるが、任命は寛永十九年、長崎に赴任したのが翌同二十年という事情であろう。

(199) 黒川与兵衛。正直。旗本。五〇〇石と廩米一三〇〇俵を給される。正忠の子。慶長七年（一六〇二）生。小姓、代官、西の丸小姓組、大番、大番組頭、目付を経て、慶安三年（一六五〇）から寛文四年（一六六四）まで長崎奉行を勤める。延宝八年（一六八〇）没。本記事では、慶安四年から長崎奉行を務めたように書かれいてるが、任命は慶安三年、長崎に赴任したのが翌年という事情であろう。

(200) 甲斐庄喜右衛門。正述。正治の子。旗本。二〇〇〇石。生年不詳。西丸小姓組番、書院番、目付代、普請奉行を経て、承応元年（一六五二）から万治二年（一六五九）まで長崎奉行を勤める。同三年没。

(201) 妻木彦右衛門。頼熊。旗本。三〇〇〇石。重吉の子。慶長九年（一六〇四）生。書院番、目付代を経て、万治三年（一六六〇）から寛文二年（一六六二）まで長崎奉行を勤める。天和三年（一六八三）没。

(202) 嶋田久太郎。守政。旗本。一〇〇〇石と廩米一〇〇〇俵。利正の子。寛永元年（一六二四）生。小姓組番、徒頭、目付を経て、寛文二年（一六六二）から同六年まで長崎奉行を勤める。元禄十二年（一六九九）没。

(203) 稲生七郎右衛門。正倫。次郎左衛門正信の子。旗本（七〇〇石）。寛永三年（一六二六）生れ小姓組番、目付を経て寛文五年（一六六五）に長崎奉行となるが、翌年、長崎で没する。

(204) 松平甚三郎。隆見。旗本。一五〇〇石。行隆の子。生年不詳。承応二年（一六五三）、家督を継ぐ。小姓組番士、土居修理奉行、御使役、御先弓頭を経て、寛文六年（一六六六）から同十一年まで長崎奉行を勤める。天和二年（一六八二）没。

(205) 河野権右衛門。通成。通重の子。寛永六年（一六二九）、家光に初謁。同十二年、書院番。慶安四年（一六五一）、家督を継ぐ（一二〇〇石）。寛文三年（一六六三）、使番。同六年三月十九日、長崎奉行。同十二年三月十七日、同職を辞して寄合に列する。延宝八年（一六八〇）、槍奉行。貞享四年（一六八七）、大目付。後、同職の務に応ぜざるところあって解任。元禄元年（一六八八）、小普請。同四年没。

(206) 牛込忠左衛門。長崎奉行。重忝。三右衛門俊重の三男。慶安三年（一六五〇）、書院番。寛文三年（一六六三）、目付。同十一年五月六日、長崎奉行。天和元年（一六八一）四月九日、職を辞して小普請となる。貞享四年（一六八七）没。寛文十二年の貨物市法の制定に尽力した。

(207) 与兵衛久太郎。黒川与兵衛・嶋田久太郎。長崎奉行。注(199)・(202)参照。

(208) 伊奈佐之蔵。稲佐郷鯨洞に置かれていた火薬庫。

(209) 丹後守。松平丹後守。鍋島光茂。注(37)参照。

(210) 与兵衛。黒川与兵衛。注(199)参照。

(211) 松平右衛門佐。黒田光之。注(36)参照。

(212) 大村因幡守。大村純長。注(45)参照。

(213) 三郎左衛門権八郎。馬場三郎左衛門・山崎権八郎。長崎奉行。注(195)(198)参照。

(214) 内町年行事。年行司。注(11)参照。

(215) 細川越中守松平主殿頭。細川綱利。注(49)参照。松平忠房。注(43)参照。

(216) 放火場。島原の乱後、閣老松平伊豆守信綱が長崎に赴いた時、長崎奉行馬場三郎左衛門に、異国船接近の報を速やかに長崎奉行所に伝達されるよう放煙リレーによる施設の設置を命じた。これにより、長崎斧山、諫早多良岳、大村琴ノ尾山の山頂に放煙場が設けられた。近村の負担で番人を命じたが、万治二年（一六五九）に番所が設けられ、放火番が置いかれた。

(217) 遠見番所。野母遠見番所。島原の乱後、閣老松平伊豆守信綱が長崎に赴いた時、異国船接近を速やかに発見し、長崎奉行所に伝達できるよう、見張り番所の設置を命じた。これによって設けられたのが、野母遠見番所である。他に、小瀬戸遠見番所、梅香遠見番所、永昌寺遠見番所がある。

(218) 阿媽港。マカオのこと。ポルトガルの貿易拠点。

(219) かんはん。看板。注(60)(61)参照。

(220) 御公義御法度之諸色。輸出入禁止品。この時期（寛文期）のものについては、太田勝也『鎖国時代長崎貿易史の研究』（思文閣出版）の「第三章　相対売買の展開」を参照されたい。

長崎記

（表紙題簽題）長崎記　中川忠英

（本文）

長崎始之事

一肥前国彼杵郡長崎元来ハ深江浦(1)ト云昔年長崎小太郎(2)ト云者領之代々長崎名字ノ者致知行ニ付テ深江浦ノ名ヲ捨長崎ト申来由

一太閤秀吉公ノ御代長崎甚左衛門(3)ト申者至リ御改易甚左衛門舅大村理専民部少輔純忠(4)肥前大村ノ領主大村氏ノ祖給地ニ成候由其時代元亀元年午年長崎へ南蛮船ト云黒船始テ入津貨物商売仕候依之同二年未三月理専家来友永対馬ト申者見分ノ上ニテ長崎地割仕候由

　嶋原町　大村町　外浦町　平戸町　文治町　横瀬浦町

此六町始テ割出来年々ニ内町(5)十六町取立候由但文治町 外浦町 横瀬浦町ハ平戸町ノ内ニ入今ハ其名ナシ　築町ハ慶長五年此海ヲ築立町トス本ハ内町廿三町有之処ニ寛文十二子年　牛込忠左衛門(6)奉行ノ時分貨物配分(7)ノ高下有之故家数多ク有之町ヨリ致訴詔（ママ訟）付テ西築町今下町新興善町出来都合内町廿六町ト成但年貢地ニ付テ内町ト云

一如斯町屋出来天正十五丁亥年迄十八年ノ内ハ高木勘左エ門　高島了悦　後藤惣太郎　町田宗賀此四人町ノ支配(8)仕候

一天正十六戊子年ヨリ同十九年マテ四年ノ内従秀吉公鍋島飛騨守(9)へ御預文禄元壬辰年ヨリ寺沢志摩守(10)奉行之十二万三千石在城肥前唐津

傾城町

一傾城町前方ハ所々在之処寛永十九午年奉行馬場三郎左衛門(11)時分丸山町寄合町廿二町出来遊女集置之

ハアタ(12)ニ人日州へ漂着長崎へ送来ル事

一延宝八申年牛込忠左エ門奉行之節異国人十八人日向国伊東出雲守[13]領分江令漂着長崎送遣之ハアタニト申処ノ者ノ由右十八人十善寺[14]薬園ニ小屋掛有之候故夫江遣之長崎町中乙名組頭[15]二人ニテ一日一夜ツヽ代々番為致様子毎朝令聞之然処ニ段々病死仕依之死骸ハ於崇福寺[16]埋之生残候六人同年ノ秋帰帆ノ阿蘭陀船ニ乗之咬𠺕吧[17]マテ送之

一右乗船并道具等ハ於長崎売払代銀右六人ノハアタニ人ヘトラセ候其外飯米雑用銀従　公儀彼下之

南蛮船日本ヘ来ル事

一南蛮船日本ヘ始テ渡海ハ元文（朱書）天カ十二[18]癸酉年八月廿五日大隅国西村ト云所ノ沖ニ着岸同船大明ノ儒者五峯ト云者西村ノ在士某織部丞ト云者ト令筆談従南蛮来朝之旨相通ト云々織部丞以指図同国赤尾木ト云浦ヘ右ノ船令入津初テ商売有之由但赤尾木トハ種子島ノ事也翌年入同国熊野ノ浦ニ着岸此時鉄炮ヲ持来日本人ニ教ー之其此（ママ紀）記州根来寺　住侶杉之坊堺ノ播（ママ）磨屋又三郎ト云者伝聞之到彼所鉄炮ノ術ヲ稽古シ同鉄炮ノ筒ノ作様薬ノ加減マテ悉習得之夫ヨリ諸国ニ弘之

一天文十八己酉年豊後臼杵ニ南蛮船一艘来津而南蛮人大勢乗来令商売其時邪宗門ノ悪法ヲ日本人ニ教弘メ其後六七年ノ間彼所ヘ令着岸致商売其後肥前島原ノ内口」之津ト云処ヘ一艘着岸然トモ此所荒波故重テ不来其後同国大村領横瀬浦ト云処ヘ五六年平戸ヘ二三年又大村領福田浦ヘ二三年来右之通天文十二年初テ日本ヘ渡リ廿八年ノ間九州方々ノ津ニ至リ元亀元年ニ初テ長崎ヘ令入湊之由

一慶長ノ比嶋原ノ城主有馬左衛門佐[19]広南ヘ伽羅調ニ遣ス渡船ノ人数五十人乗組逢難風天川漂着シ彼地逗留ノ処南蛮人ト致口論右五十人不残被打殺[20]左衛門佐此憤深ク日来遺恨ニ存罷在所ニ同十三年ノ夏南蛮人数多乗組天川船一艘長崎ヘ入津依之左衛門佐幸ト存早速江戸ヘ言上仕南蛮人トモ不残打殺ステタテ仕ノ処彼宗旨ノ日本人共其旨ヲ告シラセ候ニ付テ人数悉ク船ニ取乗可令帰帆ト仕候処佐右衛門佐人数多ク出之長崎ノ沖トンクラ島ニテ南蛮人船トモニ焼沈[21]候由其後

ハ南蛮人共致用心カリウタトイフ船ニ乗組来朝仕由
一寛永十五秋帰帆ノ節為上使太田備中守(22)彼差下南蛮
船日本へ渡海ノ儀向後堅停止之旨彼仰付之候
一南蛮船来朝御停止以後寛永十七庚辰年五月十七日南
蛮人七十四人内出家一人唐造ノ船ニ乗長崎ノ湊へ入船
日本商売御赦免之願申之其時ノ奉行馬場三郎左衛
門(23)在勤ニハ為警固大村丹後守(24)ヨリ番船附置之早速江
府へ注進仍之為上使加々瓜民部少輔(25)同六月六日下著
先年来朝堅御停止之処相背入津ノ条一人モ不残死罪
ニ雖可被行之於本国此事為可致承知右人数七十四人ノ」
内鬮ヲトラセ六十一人ハ於長崎西坂斬罪内二十二人獄
門十三人ハ重テ日本ノ地何ノ所ニテモ来舩スヘカラ
サル様ニ申含尤船中飯米水薪等ヲトラセ同年七
月十九日帰帆申付之由但長崎ニ唐船ノ明船有之ヲ取
セ右乗来所ノ船ハ荷物トモニ長崎スヽレ沖ニテ焼沈
ニ仕之由右人数僉議之間ハ出島ニ不残入置ノ由其後
二十四年過寛文三年癸卯十月町年寄当行司惣乙
名トモ御物目利(26)ノ物トモ致訴訟ニ付為取之由焼沈ノ所々
銀翌年辰五月ヨリ同九月マテノ間ニ銀四十五貫目余
取揚ルノ由
一正保四丁亥年六月廿四日黒船二艘松平丹後守(27)領
分硫黄島ノ沖へ著船（ママ）長崎へ海上四里程此時奉行馬場三郎
左衛門方ヨリ検使并通辞遣（ママ）之申聞趣ハ南蛮船日本へ渡
海事昔年ヨリ堅令停止之処此度来朝之条難心得早々
長崎湊へ可乗入ト申遣シ候へハ南蛮人ノ返答ニハ日本
ノ商売蒙御赦免度願為可申上来朝仕候由申之同廿
六日身抛石トイフ所ノ前ニ二艘トモ碇ヲ入大船殊ニ
兵船仕立人数四百五六十人乗組石火矢数多仕掛置之
由奉行ヨリ即刻江戸へ注進近国諸大名へモ告知之西
国ノ大名在国ノ分ハ不残長崎へ来リ在江戸ノ衆中ハ
家老ヲ差遣ス此時人数夥シク集湊内番船多ク繋塞キ
ケリ依之使上使井上筑後守(28)并在江戸ノ長崎奉行山崎権
八郎(29)同七月廿八日下著則（ママ）南蛮船ニ乗移リ先年日本
度（ママ渡カ）海之事堅令停止之処又相背令来朝之儀不届之儀也」
不残雖死罪可申付宥免之上帰国申付候旨被申渡南
蛮人共八月六日出帆分（令）帰国之由従方々長崎ニ来集諸
大名并名代ノ家老トモハ長崎ニ五日逗留其後各帰在也
南蛮船二艘　一艘ハ長廿四間ヨコ七間深八間
一艘ハ長廿四間横六間深四間

石火矢一艘廿挺　但外筒先見候分

使者二人　コンサアルホウテンケイラテリウサ
　　　　　トワルトテコスタアホフレイ

右二人共ニ南蛮ノ内コワ国ノ大将幕下ニテ国守之由

一正保四丁亥年六月廿六日ホルトカルノ軍船二艘長崎ノ湊へ入津同八月八日午剋出船此間囲之近国ノ諸大名衆同廿一日マテ逗留此所於奉行所起請文ニ血判被仕段々御帰陳（ママ陣カ）也其後為　上意其砌諸陳（ママ陣カ）取囲之刻致絵図差上ル也長崎奉行馬場三郎左衛門山崎権八郎也右ノ船入津ノ時分馬場三郎左衛門長崎在番ナル故早速注進申上ル依之井上筑後守ト山崎権八郎為上使七月十日江戸発足同廿三日下著（ママ）也

一軍船一艘　鵜首　長三十二間　横九間　高水上
　　　　　　　　　四間　人数七百余乗之
　　　　　　　　　石火矢四方ニ百廿挺仕掛

一同　　　　龍頭　長三十六間　横十一間　高水上
　　　　　　　　　五間　人数八百余
　　　　　　　　　石火矢二段四方ニ百五十挺仕掛」

海上案内者
御代官　末次　平蔵(30)
町年寄　高木作右衛門　同　彦右衛門
同　　　高島四郎兵衛　後藤　庄左衛門
馬場　三郎左衛門内　長　左大夫　後紀州へ被召出
山崎　権八郎　内　本間　市郎兵衛

一右湊両方間三町四十間ノ所船筏ヲ以テ二町余ノ分土俵ヲ入板ヲ敷馬場ニ仕シメ切右奉行松平筑前守立花左近将監細川肥後守寺沢兵庫頭鍋島信濃守

一松平筑前守一番ノ先手船鉄炮二百五十挺頭小林太郎左衛門同内鉄炮二百五十挺頭飯田角兵衛是ハ先船

一番先手

船備

松平　筑前守	松平　隠岐守	大村　丹後守
高力　摂津守	松平　阿内守	黒田　甲斐守
細川　肥後守	松平　美作守	黒田　市　正
鍋嶋　信濃守	立花　左近将監	松浦　肥前守
寺沢　兵庫頭	小笠原右近大夫	五島　淡路守
宗　　対馬守	毛利　長門守	浅野　安芸守
有馬　左衛門佐	水野　美作守	毛利　甲斐守
秋月　長門守	松平　新太郎	嶋津　薩摩守(31)

一カレウタ船帰帆之節ハ神崎島ト観音崎ノ間ヲ出ル右ノ筋松平筑前守人数船此所マテクリ出ス但是日本船ニテ引舟中火ヲ禁シ帆ヲカケサセス」

エケレス船入津之事(32)

一エケレス船一艘延宝元丑年五月廿四日雖令入津

奉行岡野孫九郎(33)商売許容無之帰帆之雑用許商売申
付同七月廿六日令追帆也

阿蘭陀人始来朝之事

一慶長六七年ノ比阿蘭陀船一艘堺ノ浦へ著（ママ）船エケレ
ス人モ乗組之(34)参年々日本江致渡海商売仕度之旨訴訟
仕付而其旨江戸へ致注進之所ニ江戸へ罷下可致言上之
旨被仰付相模国マテ渡海仕之処難風ニテ致破損同国浦
川ト申処へ打寄夫ヨリ陸へ揚罷下五六年モ被召置候
由

一慶長十三申年一艘肥前内平戸へ著（ママ）船先年日本渡海
ノ阿蘭陀人本国へ不罷帰付而尋来候由申ニ付其旨松
浦壱岐守(35)江戸へ致言上之処ニ乗来候頭人ノ者許（ママ計カ）江戸へ
被召　従壱岐守家来差添相送之由於江戸御僉議之上
被差置候ヤンヨウスト申阿蘭陀人一人御留被成外ノ
者共ハ不残慶長十四酉年本国へ御皈被成日本商売御
赦免御朱印被　成下之由

一翌戊年ヨリ阿蘭陀人来朝致商売カヒタン江戸へ参上
之儀毎例成之由

一右ノヤンヨウス(36)儀御扶持方被下江戸差置之数年
ノ後本国へ御返ノ由

大権現様御朱印之写

ヲランタ船日本江渡海之時何之浦ニ雖為着岸不」
可有相違候向後守此旨無異儀可致往来聊踈意有
間敷候也仍如件

慶長十四年　七月廿五日

御朱印　　チヤクスクルランへイケ

台徳院様御朱印写

阿蘭陀商船到本邦渡海之節縦遭風波之難雖令着
岸日本国裡孰地聊以不可有相違者也

元和三年八月十六日

御朱印　　ハンレイカホロワカ

御奉書之写

尚以京堺商人モ其地へ可罷下候間相対次第商売イ
タシ候様尤ニス

急度申入候ヲランタ船於平戸前ノコトクカヒタン次第ニ致商売候様ニ可被成候不及申候へトモ伴天連ノ法ヒロメサル様ニカタク可被仰付候恐惶謹言

八月廿三日

土井　大炊頭[37]
安藤　対馬守[38]
板倉　伊賀守[39]
本多　上野介[40]

松浦肥前守殿[41]

右ノ御朱印御奉書出島在留ノカヒタン取持之由

一慶長十三年ヨリ阿蘭陀人平戸へ着船廿八年ノ間同所へ致渡海商売仕候ニ付テ居宅夥シク構ノ処寛永十五寅」年島原一揆没落ノ節松平伊豆守[42]平戸順見ノ上阿蘭陀人居宅破壊被仰付之由

一寛永十六年井上筑後守[43]在勤之節阿蘭陀平戸着船之儀令停止付テ同十八年巳年ヨリ長崎へ渡海之由

出島築立始之事

一昔年ハ南蛮人長崎へ着町屋令旅宿之処邪宗門御制禁ニ付テ寛永十三子年榊原飛騨守馬場三郎左エ門[44]奉行之節屋敷へ可入置之旨得　上意之由町人共承付廿五人組合自分ノ以入目島ヲ築立可申旨致訴詔（ママ訟カ）付テ差図ノ通於築立之者惣構之堺并門橋等ハ　従　公儀御普請可申付候島内ノ家蔵廿五人ノ者共作事仕南蛮人ニ借シ可申旨申付候ニ付テ只今ノ出島ヲツキ立面々致地割家蔵ヲ立借宅イタサセ地子銀上納家賃銀ハ廿五人ニテ配分仕候事

一寛永十三年ヨリ同十五寅年マテ南蛮人出島ニ借宅在之商売仕之処此年ノ秋ヨリ日本渡海之儀御停止被　仰付依之卯辰両年ハ出島明地ニテ在之処同十八巳年阿蘭陀人長崎ニ致入津出島入置之尓（ママ）来到于今阿蘭陀人出島ニ在来也

出島地形四方間数坪数之事

一惣掘廻　二百八拾六間二尺九寸　但公儀御普請
一竪　南　百十八間二尺七寸
　　　北　九十六間四尺九寸

一横　東　三十四間四尺五寸
　　西　三十五間三尺八寸
右島之形如扇
坪数　三千九百廿四坪壱分　地子上納之地也
九百四十八坪三分ハ　乙名幷町人廿五人ノ家蔵共四十四間有之
三百四十二坪二分半　出島ノ門幷番所小屋等十九軒
二千六百四拾四坪ハ　空地
一　荷役場　竪十五間 横六間　此所門弐門有但　口壱丈五寸統板葺内外関貫錠前アリ外ニハ検使之封内之鎰乙名預之
此門続ノ塀拾一間四尺惣板塀忍返シ扣柱有之
右ノ門幷　公儀普請破損ノ時従乙名奉行所へ申達御関（ママ闕カ）所銀ニテ修覆申付之
一同所荷役改所　瓦葺　是ハカヒタン方ヨリ作事仕也
一二十五人ニテ築立之分廿五ヶ所間口
表口合　二百四間六尺
内乙名屋敷　拾一間一寸但八間分地子御免
残而百九拾六間六尺
此地子銀今高壱貫六百六拾八匁九分二厘　上納

但　表口一間ニ付八匁四分七里（ママ厘カ）五毛宛
同古高一貫四百廿六匁一分一厘
右古高地子銀出島自最初末次平蔵(45)方へ納来之処延宝三卯年
平蔵流罪被　仰付候翌辰年牛込忠左衛門(46)岡野孫九郎奉行ノ
時外(47)町中地子増銀申付候付出島乙名屋敷十一間一寸之内
三間余之地子出之由但古之地子銀外町地子高ノ内ニ入
毎年参府之奉行持参大坂御蔵ニ相納候

出島家賃銀之事

一銀五拾五貫目
右寛永十八巳年阿蘭陀初テ来候トキヨリ毎年取来二十五人ニテ表間ニ割付配分仕候

西泊戸町御番所(48)之事

一西泊戸町御番所ハ寛永十八辛巳年八月松平右衛門(49)佐忠之ニ被　仰付両所ニ致小屋掛番所ヲ建侍ヲツカハシ相守之

由翌午ノ年鍋島信濃守(50)ニモ被仰付格（ママ）年ニ毎年四月相代
勤番也元ハ当番ノ方ヨリ小屋ヲ掛相勤候ヘトモ正保
五年ニ始テ番屋其外ノ家モ右衛門佐信濃守ヨリ立合普
請被申付之

一西泊御番所惣構二百廿一間四尺四寸
　坪数凡三千八百七十坪是ハ長崎領
一西御番所棟数一方二拾九軒宛　但番屋共ニ
一戸町御番所惣構百九十間
　坪数凡二千八百四拾坪　是ハ大村領

　西泊御番所有之分御石火矢
御石火矢　二十四挺　玉目壱貫八百目ヨリ　百九十目マテ
御大筒　九　挺　同　百目四挺　五十目二挺卅目三挺

　戸町御番所有之分
一御石火矢　拾五挺　玉目一貫七百目ヨリ　三百目マテ
一御大筒　拾一挺　百目六挺　五十目三挺　三十目　二挺

西泊戸町両御番所相勤人数之事

松平丹後守(51)人数之覚
一雑兵七百人程　内　侍十六人番頭共　足軽百十人程　水主三百八十人程
一船大小　二十船
右ハ丹後守番（朱書）当歟番之年相詰人数也
　但　阿蘭陀人帰帆之後減少有之
此外鍋島官左衛門家来又ハ島々相詰人数有之由

松平肥前守人数之覚
一人数七百九十人程　内　侍二十五人程番頭共　足軽百六十人程　水主三百廿人程
　但　百日代ニ　内代〆（ママ）勤之
一船数三十艘程
　右肥前守当番之年如斯
但年ニヨリ多少有之由四月上旬番代有之
一長崎火事ノ節ハ西泊戸町御番所ニテ船留致スコト火
事鎮リ
候得ハ船留番所被引候様ニト従奉行町使(52)ヲ以テ申遣之

細川越中守(53)
松平主殿頭(54)　ヨリ長崎ヘ相詰早船之事

一寛永十六己卯年馬場三郎左衛門大河内善兵衛(55)奉行之節長崎御用船トシテ細川越中守高力摂津守(56)山崎甲斐守(57)被　仰付之壱年ノ内半年ハ摂津守甲斐守相勤之処寛永十八巳年甲斐守領地肥前国天草へ得替付テ年ノ内八ヶ月ハ
越中守四ヶ月ハ摂津守相勤之到息左近大夫(58)御改易以後松平主殿頭嶋原得替勤之

一細川越中守　早船　四十丁立一艘
　　　　　　　同　　二十丁立一艘
　右毎年十月一日ヨリ五月晦日マテ

一松平主殿頭　早舩一艘　四十丁立
　右毎年六月一日ヨリ九月晦日マテ

五ヶ所糸割符(59)之事

一慶長八卯年黒船白糸多ク積渡翌辰年マテ雖令滞留白糸売兼候ニ付テ其節ノ奉行小笠原一菴(60)へ南蛮人致訴訟候故　公儀へ伺之候之処其侭積戻シ仕候ハ、重テ白糸持渡ルマシキ条商人トモへ申触分限相応ニ為買取候様申仕之旨
依　御下知直段ヲ立京堺長崎佐賀筑前筑後ノ商人共割付為買取候事

一同年秋黒糸白糸多ク積渡下直ニ致商売ニ付去年従奉行申付白糸為買取候商人共相願候ハ去年ノ糸売残致所持候処今年下直ニ候得ハ損失仕候願ハ当年ノ下直成糸去年ノ割符者共許ニテ買取以其利潤去年之損失ヲ償申度旨致訴訟ニ付テ従奉行公儀へ伺之候之処願之通」可申付之旨依御下知買売之其割符之次第

白糸　百丸　京　　同　百廿丸　堺
同　　百丸　長崎　同　六十丸　呉服所
　内　二十丸　後藤縫殿助　八丸　茶屋四郎次郎
　　　八丸　上野彦兵衛（柳（朱書））　八丸　亀屋庄兵衛
　　　八丸　三嶋祐徳
　　　〆六十丸呉服所
同廿六丸　諸国　廿丸　筑前博多
五丸　筑後　五丸　佐嘉
二丸半　対馬　一丸半　小倉

権現様御奉書(61)之写

黒船着岸之時定置年寄トモ糸ノ直イタサ、ル以前ニ諸商人トモ長崎へ不可入候糸ノ直段相定候上

ハ万望次第可致商売者也

慶長九年五月三日　本多上野介判

板倉伊賀守判

右本紙ハ高木作右衛門所有之由

一寛永八未年

台徳院様御代ニ始テ江戸大坂へモ割符仲間被仰付候

其節江府大坂割符糸高

白糸　五十丸　江戸　同　三十丸　大坂

大猷院様御代寛永十八巳(62)年両所ヨリ訴詔（ママ訟カ）依申上増糸被

仰付之

白糸　五十丸　江戸　同　二十丸　大坂

同　五十丸　江戸　同　二十丸　大坂」

両度都合百丸　如斯只今マテ累年割符取来之

一阿蘭陀人持来候白糸モ先年天川(63)船白糸之通ニ割符

商売ニ被　仰付之

一寛永十八巳年奉行馬場三郎左衛門在勤之節上使井上

筑後守(64)ト令相談平戸江五ヶ所ヨリ白糸拾丸分可遣之旨

五ヶ所へ申渡之由

一寛永八未年　黄糸片ヨリ糸白砂糖（ママ紗綾カ）白縮綿（ママ緬カ）白綸子此五

色評可令割符之旨従奉行申付之

一明暦元未年

厳有院様御代奉行甲斐庄善（ママ喜カ）右衛門(65)在勤之節白糸割符相

止候其子細ハ年々五ヶ所商人共春船(66)ニ持渡候白糸直

段下直ニ致直組其直段ニテ秋船ノ白糸ヲモ買取候故ー

同年入

津ノ唐船白糸春船ニ致減少持渡候ニ付テ商人共高直ニ買

取候処唐人トモ其利潤ヲ考へ秋船ニハ数万斤積来候故割

府（ママ）仲間ノ者トモ春船直段ニテ高直之糸買取(67)候事難成候間

直組仕替申度旨奉行へ致訴詔（ママ訟カ）候得共唐人共合点不仕

其年ノ秋船越年イタサセ江戸へ相伺候へトモ売買之日限(68)

及遅々唐船モ数日令滞留之儀御定ヲ相背其上割符ノ

者共大利ヲ望私欲成儀不届被　思召依之割符被相止候由

一同年右ノ秋船白糸ハ銀五千五百貫目大坂御蔵ヨリ被

差下此御銀長崎ニヲヒテ末次平蔵請取之白糸千三百六

十一丸ハ大坂へ被差登公儀へ御買上ニ成相残分ハ長ー

崎町中

幷諸国ノ商人分限ニ応シ元直段ニテ被下之京都ニテ売」

払利倍致頂戴候元銀ハ常是包ニ仕其年ノ暮大坂御蔵へ

致上納之由此年ヨリ貞享元子年マテ三十年ノ間白糸モ諸色同断ニテ相対ノ商売成候由

一貞享二丑年奉行川口源左衛門(69)在勤之節異国商売之銀高ノ員数阿蘭陀三千貫目唐船銀六千貫目相定但此内阿蘭陀唐船共ニ三分一ハ糸三分一ハ薬種之類三分一ハ反物

商売(70)相対可仕旨被　仰出之

一同年白糸先規之通其上黄糸下糸共ニ五ヶ所幷呉服所諸国ニ割符ニ被　仰出之写

一貞享元年御書出之写

長崎ニテ唐船阿蘭陀商売之儀先規之通糸割賦ニ仕其外諸色ハ相対ニ可申付候旨且つ又御制禁之品々向後堅ク

買取不申様ニ可申付候キリシタン宗門之儀可入念之由被

仰出之者也

子十二月廿六日

一貞享二丑年於長崎唐船阿蘭陀商売古来之通相対ニ被　仰付糸割符ニ成候節御書付之写

覚

一　百　丸　京　　一　百　丸　江戸
一　百　丸　長崎　一　百廿丸　堺
一　九十丸　大坂
一　廿丸　後藤縫殿助　一　八丸　三島屋善兵衛
一　八丸　上柳彦十郎　一　八丸　茶屋四郎二郎
一　八丸　茶屋新四郎　一　八丸　亀屋佐右衛門

右御服師ノ分ハ五ヶ所割符ノ外毎年此書付ノ如ク被下候但直段ハ可為割符同前

一十二丸半　博多　一　五　丸　肥前
一二　丸半　対馬　一　五　丸　筑後
一小　丸半　小倉　一　拾　丸　平戸

右六ヶ所分糸多ク持渡候時ハ此割ノ如クタルヘシスクナク来リ候時ハ此積ヲ以テ令減少可割渡之者也

貞享二年四月日

四ヶ所幷分国割符取人数之覚

一京　割符人合七十二人　一堺割符人数合　百廿五人

一江戸割符人数五十四人　一大坂割符人数合六十三人
合三百十九人
一御呉服所六人　一筑　前
一筑　後　一肥　前
一対　馬　一下関二人

定　出島之口

一日本人異国人御法度相背不依何事悪事ヲタクミ礼物ヲ出シ頼者有之急度可申之タトヒ同類タリトイフトモ其科ヲユルシ其礼物之一倍可被下之若カクシ置訴人有之者可処罪科者也

寅十月　日　久太郎(71)
与兵衛(72)　無判

掟　波戸場

一ミナトへカル物捨マシキ事
一フタノホ子并チリアクタ捨マシキ事
一断ナクシテ湊キハ築出スマシキ事
右條々若猥之族有之者可為曲事者也

十月　与兵衛
久太郎　無判

定

一傾城之外女人入事
一高野聖之外出家山伏入事
一諸勧進之者并乞食之事
一出嶋廻ホラシヨリ内船乗廻事付橋之下船乗廻事
一断ナクシテ阿蘭陀人出島ヨリ外へ出ス事
右條々堅可相守者也

寅　十月　日

川筋ノ高札　但端作無之

此川筋へチリアクタ捨ルニ於テハ可為曲事者也

月　日

一御米場ノ事而(ママ)屋敷ノ隣高木作右衛門支配御蔵へ御買米入ルコト両屋敷ヨリ検使一人ツヽ下役一人宛出テ勤之蔵役人ハ　二人也作右衛門方ヨリ手代出之升目ヲ改之書付ヲ出ス

一唐船入津ノ在留ノ日数可限五十日ト古ヨリ雖被　仰
付近年船数年中ニ七十隻ノ内春廿艘夏三十艘秋廿艘」
ト相定仍船荷役之前後在之或ハ春船ヲ夏船ニ加ヘ或ハ夏
船ヲ秋船ニ加ル故ニ日限不定事アリ
一従異国書簡音信持渡トキハ政所（73）ニテ改之其主ニ相渡手
形取之返書ハ音物ヲ送ルニモ政所ニテ改之封ヲシテ其主
ニ遣シ出船ノ時船中ニテ検使改之
一唐船一艘ニ石火矢薬五十斤マテハ古ヘ雖御免近年
ハ（ママ）
一琉球　漂船ハ大方朝鮮船ト同前長崎ニテ改之其後—
附人ニ
相渡薩州ヘ遣ス　公儀之御扶持不被下之送船モ無之
一阿蘭陀船入津ヨリ出帆マテ出島町ノ家持ハ自身番ヲ
仕也
一阿蘭陀入津ノ節荷役ト（貼紙）荷改ノ時歟時武具ハ御蔵ニ入置町年寄行司（ママ常脱カ）（74）
預之預手形ヲ出ス但近年此事ナシ
一阿蘭陀人於出島令病死時ハ従両奉行（75）以検使改之其以後
稲佐ノ悟真寺ヘ送リ埋之但寺ヘ遣ストキハ両方ノ下—

役人検
使勤之元禄六年三月阿蘭陀人スイヒンス病死ノ時如此
一阿蘭陀人江戸ヘ参向ノ時（76）自然道中船中ニテ令病死—
トキハ
其所ノ守護ヘ申届其所ニ埋之其所ノ支配人ノ手形取—
之也先
年於江戸死去ノ節ハ長崎ヨリ附参リタル与力幷町使（77）—
一人ニ
在江戸ノ奉行ヨリ与力一人同心二人切支丹奉行井上筑後
守（78）ヨリ与力一人相添ラレ浅草ノ穢村ニ埋之尤阿蘭陀人
病中ヨリ　公儀ヘ在江戸ノ奉行被申上之由也

御制札御高札幷御條目ノ事」

禁制　肥前国長崎

一伴天連日本江乗渡事
一日本之武具異国ヘ持渡事
一日本人異国江渡海之事
附日本住宅之異国人同前之事

右條々於違犯之族者速可処厳科者也仍下知如件

延宝八年八月日　　奉　行

定

一切支丹宗門之事累年御制禁タリトイヘトモ弥以無断
絶相改ムヘシ自然不審成者有之者申出ヘシ御ホウヒ｜
トシテ

伴天連ノ訴人　　銀五百枚

イルマンノ訴人　　銀三百枚

同宿并宗門ノ訴人　銀五拾枚

又ハ百枚品ニヨルヘシ隠置他所ヨリアラハル丶ニヲ
イテハ其五人組マテ曲事タルヘシ
右之通嘱詫可被下之従先年雖被仰出之弥以可相守之
若於違犯者可被行厳科者也仍下知如件

延宝八年八月日　　奉行

條々

一於諸国ニセ薬種一切停止タルヘシ若ニセ薬種商売仕
輩アラハ訴人ニ出ヘシ急度御ホウヒ可被下候事
附毒薬一切売買不可仕事」

一商賈之輩諸色一所ニ買置シメ売不可致事

一諸職人申合作料手間賃高直ニ仕ヘカラサル事

右之條々可相守此旨若遣（ママ違カ）犯之輩於有之者糺軽重或死罪
或流罪タルヘシ惣テ制約ヲナシ結徒党輩アラハ御穿鑿
之上可被厳科者也仍下知如件

延宝八年九月　日　　奉行

條々

一公儀之船者不及申諸廻船共遭難風時ハ助船ヲ出シ｜
船不破
損様ニ成程可入精事

一船破損ノ時其所近キ浦ノ者共精入荷物船道具等取
揚ヘシ其場所ノ荷物ノ内浮荷物ハ二十分一沈荷物ハ十
分一川船ハ浮荷物三十分一沈荷物ハ二十分一取揚者可
被遣事

一沖ニテ荷物ハヌル時ハ着船ノ湊ニ於テ其所ノ代官手
代庄屋出合遂穿鑿船ニ相残荷物船具等之分可出証
文之事

附船頭浦ノ者ト申合荷物盗取之ハ子タル由偽申ニ於テハ後日ニ聞トイフ共船頭ハ勿論申合輩悉可行死罪事

一湊ニ永々舩ヲ繋置輩アラハ其子細ヲ所ノ者相尋日」和次第早々出舩可致其上ニテモ令難渋者何方ノ船ト様届其浦ノ地頭代官ヘ急度可申達事

一御城米廻之剋船具水主不足之悪船ニ不可積之并ニ日和能節於令船破損者船主沖之船頭可為曲事

一惣テ理不盡之儀申懸之又ハ私曲於有之者可申出之縦雖」為同類其科ヲユルシ御褒美可被下之且又アタヲ不成様可被仰付事

一自然寄船幷荷物流来ニ於テハ揚置ヘシ半年過迄（朱書）尋荷主於無之者揚置之輩可取之日数過荷主雖為来不可返之雖然其所ノ地頭代官差図ヲ可請事

一博奕惣而賭之諸勝負弥以堅可為停止之事

右之條々可相守此旨若悪事仕ニヲヒテハ申出ヘシ急度御褒美可被下之　科人罪之軽重ニ隨可為御沙汰者也

延宝八年九月日　　奉行

定

一伴天連入満惣而切支丹宗門之者不可隠置事

一異国住宅ノ日本人若於帰朝者不可隠置事

一人売買停止但年季之者ハ十ヶ年ヲ可限事

一請人無之者家ヲ買幷宿カスヘカラサル事

附主人ノ前背来者不可抱置事

一ニセ銀吹イタス間敷事

一分銅幷私ノ科（朱書）秤後藤写ノ外取ヤリスヘカラサル事

一喧嘩口論停止之事

一博奕一切停止之事

右之條々違犯之輩於有之者可処厳科者也

九月日　源左衛門(79)
忠左衛門(80)

」條々

一伴天連幷切支丹宗門之族異国ヨリ日本渡海之沙汰近来無之間自然相忍密々差渡儀可有之事

一先年異国江被差越之南蛮人子共伴天連ニ可仕立企

有之由此以前渡海伴天連申之条今程伴天連ニ可成
之旨日本船ヲ造日本人之姿ヲマナヒ日本之言葉ヲ
ツカヒ相渡儀可有之事
一異国船近来四季共渡海自由タルノ間浦々ノ儀ハ不及申
在々所々ニ至ルマテ常々毎油断心ヲ付見出シ間出シ
申出ヘシタトヒ彼宗門タリトイフトモ申出ルニ於テハ
其科ヲ免シ御褒美ノ上乗渡船荷物共ニ可被下候万一
隠置後日ニ伴天連又ハ固（同）船之輩捕之拷問ノ上ハ其隠有
ヘカラサルノ間不申出之相隠輩ノ儀ハ不及申其一
類又ハ品ニヨリ一在所ノ者マテ急度曲事ニ可被行事
右之條々海上見渡所之番ノ者ハ勿論桶船ノ輩其外ノ
者ニ到ルマテ念ヲ入見出し聞出シ奉行所マテ可申出
之者也仍下知如件
(虫食 申カ)□九月日　源左衛門
忠左衛門

諭唐諸人
一耶蘇邪徒蛮俗日天主教以罪悪深重故其駕舶所来者
先年皆悉斬戮且其徒自阿媽巷発船渡海之事既停止
訖自今以後唐船若有載来彼徒則速斬其身而船者幷
当伏誅但縦雖同船者告而不匿則赦之可褒賞事」
一耶蘇邪徒之書札幷贈寄之物潜蔵斎来於日本則必頂誅
之若有違犯而来者早可告訴烏猶有匿而不言者罪同
前條事
一以重賄密戴耶蘇干船底而来則即速可告之然則宥其
咎且其賞賜可信於被重賭事
右所定三章如此唐船諸商客皆宜様知必勿違矣
延宝八年八月日　奉行

寛永十三年子五月被　仰出候御條目(81)
一異国へ日本之船遣シ候儀堅停止之事
一日本人異国へ不可遣候若忍候而乗渡者於有之者其
者死罪其船幷船主共ニ留置可言上事
一異国へ渡仕日本人来候者死罪可被申付候
一切支丹宗旨有之取者徒両人申遣可被遂穿鑿事
一切支丹之宗門訴人褒美之事
伴天連ノ訴人ニハ其品ニヨリ或銀三百枚或ハ二百枚
タルヘシ其外ハ此以前ノ如ク相計可被申付事

一異国船申分有之而江戸江言上候間番船ノ事如此以前
大村ノ方へ可申越事
一伴天連ノ宗旨弘候南蛮人其外悪名ノ者有之時ハ如前
大村ノ篭エ可入置事
一伴天連ノ儀船中ノ改迄入念可申付事
一南蛮人子孫日本ニ不残置様ニ可堅申付事若令違背─
残置族
於有之者其者ハ死罪一類ノ者依科ノ軽重可被申付事」
一南蛮人長崎ニテ持候子并母右ノ子共ノ内養子仕族ノ
父母等悉雖為死罪身命タスケ南蛮人江被遣之間自
然彼者共ノ内重而日本へ来候歟又ハ書通ノ道有之ニ於─
テハ
本人ハ勿論死罪親類以下ハ随科之軽重可申付事
一諸色一所ニ買取候事停止之事
一武士之面々於長崎異国船ノ荷物唐人前ヨリ直ニ買取
儀停止之事
一異国船荷物ノ書立江戸江注進売買可申付事
一異国船ニ積来候白糸直段ヲ立候而不残五ヶ所其外書
付ノ所へ割符可遣之事
一糸ノ外諸色ノ儀糸ノ直段極候而ノ上相対次第商売可
仕但唐船ハ小船ノ事ニ候間見計可申付候事
附荷物代銀直段立候而ノ上可為廿日切事
一異国船戻候事九月廿日切若遅来ル船ハ着候テ五十日
切但唐船ハ小船ノ事ニ候間見計カリヨフタ少跡江出─
船可申付事
一異国船売残之荷物預置儀モ又預候儀モ停止之事
一五ヶ所惣代之者長崎参着之儀可為七月五日切ソレ─
ヨリヲ
ソク参候者ニハ割符ヲハツシ可申事
一平戸へ著《(ママ)》船候モ長崎ニテ直段立候ハヌ以前ニ売買停
止之事
以上
寛永十三年五月十九日　加賀守
豊後守
伊豆守
讃岐守
大炊頭(82)
榊原飛驒守殿

馬場三郎郎〔左（ママ）〕右衛門(83)殿

唐船日本へ来事

一昔年ハ唐船薩州筑州肥州ノ所々浦々へ致着岸何ノ所ニテモ心次第商売仕候処寛永十二乙亥年唐船ノ儀自今以後長崎へ計著（ママ）津可為致商売縦何国ノ浦へ雖令漂着長崎へ可引送旨被　仰出同十三丙子年奉行榊原飛驒守馬場三郎左衛門時分ヨリ長崎へ来津仕外ノ所江着船候共警固相添以引船長崎へ送来之由

唐人商売口銭之事

一口銭トイフ事元和三卯年奉行長谷川権六郎(84)時分ニ始ル端物壹端ニ付一匁荒物売高百目ニ付拾匁宛相究宿口銭ト名付唐船宿致シ候者一人ニテ一艘分取来候其時分ハ唐船モ小船ニテ積高或ハ五貫目或ハ拾貫目或ハ廿貫ヨリ多ハ無之由然ル処次第ニ唐人大船ニ荷物多ク積来船宿ノ取分過分ニ成候ニ付寛永十酉年奉行曽我又左衛門今村伝四郎(85)申付候而端物口銭一反ニ付五分荒物口銭売高銀百目ニ付五匁ニ相定船宿ニトラセ候然共唐船一艘分ノ口銭宿一人ニテ取候事大分之儀故寛永十八巳年奉行馬場三郎左衛門計ヒテ船宿一人ニ付銀三貫目宛為取之残分ハ長崎宗町中へ配分可仕」旨相定至于今口銭銀ハ不残一所ニ集置町年寄年行事立合致割符町中へ為取之候

唐船宿町附町(86)之事

一宿町トイウ事寛文六年奉行松平甚三郎(87)時分ヨリ始ル其以前ハ々唐人心々ニ致宿入津ノ時分何町誰方ニ致宿候半ト唐人書付出之候へハ其者出人〔（貼紙）入歟〕ノ宿ハ不及申一船ノ荷物商売ヲモ致裁許口銭取候若唐人書付之文字相違有之歟又ハ所々へ漂著（ママ）長崎へ送来候唐船ハ振船ト名付順番ニ一町へ請取宿仕商売ノ差引ヲ仕候由右之通故船宿共唐人ト翌年入津ノ致約束其上十ヶ銀トテ翌年買取へキ品々唐人方へ当年ニ前銀相渡色々自由成仕形ニ付奉行甚三郎令停止之内町廿六町外町五十三町挌

番ニ一町ヘ宿申付右船宿ニトヲセ候口銭三貫目ヲ一町
江為取之候由
一附町ト云事寛永壱八巳年始ル奉行馬場三郎左衛門船
宿一人ニテ唐船一艘分之口銭皆取候事ヲ相止一艘ヨリ
銀三貫目ツヽ船宿ニ為取之残分ハ内町外町ヘ平均ニ致割
符取之候之様申付候故内町ヘ請取之前ノ唐船其外町ノ内
ヨリ外町請取候船ニハ内町ヨリ一町宛附町相添口銭之支
配仕候由

宿口銭小宿口銭之事

一宿口銭明暦元未年奉行甲斐庄喜右衛門黒川与兵衛(88)時
分三貫目ヲ減シ一貫五百目ニ相定之由
一小宿ト云　コト右ノ通以前一人ニテ船宿仕候事相止壱町
ニテ致宿候故其町中我々ニ唐人二三人四五人ツヽ致宿候
其唐人ヲ客唐人トイフ宿ヲ小宿ト申候此者共宿借申候
客唐人所持之荷物商売ニ付日本商人方ヨリ品ニヨリ相対
ニテ礼銀取之候是ハ後ニ小宿口銭ト申候由

唐船三ヶ一之事

一此三ヶ一ト云事ハ客唐人共ノ荷物商売差引ハ右ノ小宿
共イタシ大分ノ礼銀取之船頭ノ荷物計一町ノハカラヒニテ
致商売其分之礼銀宿町附町取之定テ所之口銭ノ外徳
分無之候故右小宿付ノ客唐人荷物之内ヨリ三分一小宿
礼銀ナシニ買取之其荷物売出之利銀三ツニ割二分ハ宿町
江取之一ツハ附町ヘ取之仍三ヶ一ト各付候由

唐船荷改従奉行初テ検使出事

一唐船荷改ニ検使差出候ハ寛永三年奉行榊原飛騨守馬
場三郎左衛門(89)時分初テ出之由

邪宗門御穿鑿之事

一水野河内守(90)高三千石為奉行寛永三寅年ヨリ同五年
未年マテ長崎ニ罷在邪宗門ヲ相改転之者ヲハ名ヲ書付
判形ヲトリ不転者ヲハ致追出之由
一寛永六巳年河内守為代竹中采女正(91)高二万五千石被差下稠敷

相改之不転者ヲハ令誅戮之由
一寛永十三子年南蛮人之種子二百八十七人阿媽巷(92)へ流罪
被　仰付候由
一馬場三郎左衛門大河内善兵衛奉行ノ時長崎并平戸有之
阿蘭陀人ノ妻子共悉相改寛永十六卯年九月十四日長崎ノ」
種子共以上十一人松浦肥前守(93)方へ相渡平戸ヨリ同舩ニテ
咬𠺕吧へ遣之由

原ノ城就一揆長崎奉行走廻之事

附在陣中入目之事

一寛永十四丑年原ノ城一揆ノ節奉行馬場三郎左衛門細
川越中守(94)手ニ加ハリ榊原飛驒守(95)ハ鍋島信濃守(96)手ニ加ハリ(ママ)ル歟
ノ由其節町使二人宛召連之由
一右原ノ城へ奉行両人罷越候留主中大村丹後守(97)相守之
家老物頭等差置之由
一右在陣中　公儀御用之兵具其外諸色於長崎相調候
入目御関所(ママ)闕カ銀ヲ以相調候由
銀高百拾壹貫六百九拾三匁余

右之入ヶ　石火矢　鉄炮ノ　(貼紙)薩覆　玉薬
楯　板　苫縄　薦　細引
大工　鍛冶　飛脚等
一唐舩造四艘　原之城へ長崎ヨリ廻之
此入ヶ銀　三拾三貫九百九拾目
一銀子　百枚　長崎町人石火矢打　浜田　新蔵
一同　五拾枚　同　大永十左衛門
一同　三拾枚　同　嶋谷市左衛門
一同　同　同　薬師寺久左衛門
一同　五拾枚　石火矢手伝之者共
一同　五百目　同断
右之者共へ被下之由」
一長崎口四ヶ所　時津口 茂木口 日見口 戸町口　番者　百五人
右御扶持米六十一石八斗四升五合
但丑十一月六日ヨリ翌寅三月四日マテ
寛永十五年正月朔日乗之節原城諸手死人手負覚
鍋島信濃守人数

一死人三百八十一人内　大頭一人　侍六十二人　物頭六人　歩侍百十人　小者二百二人
一手負二千百廿人内　大頭二人　侍三百一人　物頭五人　小者千七百九十二人　(貼紙)人数廿人不足
右合二千五百一人
有馬玄番頭(98)人数
一死人百廿二人内　物頭四人　侍四十人　歩侍小者共ニ六十七人
一手負八百十七人内　物頭廿一人　侍二十八人　歩侍小者共ニ七百十八人　(貼紙)人数相違
右合九百三十九人也
松平長門守(99)人数
一死人百十人内　侍十七人　歩者九十三人
手負二百七人内　侍　八人　歩者百五十九人
右合三百十七人
死人惣合六百十二人　手負惣合三千百(貼紙)九十歟四十四人
同二月廿一日之夜討ノ時敵ノ首数生捕之覚
一首六十一　生捕二人　松平右衛門佐(100)手」
一黒田甲斐守(101)手へ　首十五　生捕五人

一同　市　正(102)手へ　首十三
一鍋島信濃守(103)手へ　首百六十九
一立花飛驒守(104)手へ　首三　生捕三人
一寺沢兵庫頭(105)手へ　首三十三
首数合二百九十四　生捕九人
味方手負死人
一右衛門佐人数　死人百六人　手負二十八人
一甲斐守手ニテ　同　一　人　同　十一人
一市　正手ニテ　同　八　人　同　四十五人
一信濃守手ニテ　同　廿三人　同　百一人
一兵庫頭手ニテ　同　五　人　同　九　人
右死人手負合三百三十七人
同二月廿七日諸手死人手負
一細川越中守人数　二千百人内　討死二百七十四人　手負千八百廿六人
一立花飛驒守同　五百廿人内　討死百二十四人　手負三百九十六人
一松倉長門守(106)同　百廿人　内　討死二十一人　手負九十九人
一有馬玄番頭同　二百六十(朱書)違三人内　討死七十八人　手負百四十五人
一水野日向守(107)同　四百八十人内　討死百六十人　手負三百八十二人

（朱書）違　」

一戸田左門(108)同　廿八人　内　四人 二十四人　討死 手負

但為　上使来向之

一鍋島信濃守同　七百九十九人内　百六十人 六百八十三人　討死 手負
一寺沢兵庫頭同　三百卌八人内　二十三人 三百十五人　討死 手負
一松平右衛門佐同　千八百七十一人内　二百十三人 千六百五十八人　討死 手負
一小笠原右近大夫(109)同　二百廿八人内　二十五人 二百三人　討死 手負
一同　信濃守(110)同　百六十七人内　十九人 百四十八人　討死 手負
一黒田市正同　百七十二人内　十六人 百五十六人　討死 手負
一松平丹後守同　百五十八人内　三十一人 百廿七人　討死 手負
一有馬左衛門佐同　三百五十一人内　三十九人 三百十二人　討死 手負
一松平伊豆守同　百九人　内　六 百三　討死 手負
右都合八千九拾九人内　千二百二十七人 六千八百七十二人 （貼紙）数所々不合　討死 手負

味方人数之覚

一松平長門守(111)　四万石　人数　千五百　」
一寺沢兵庫頭　十二万石　人数　四千九百
一鍋嶋信濃守　卅五万二千六百石　同　一万四千三百

一有馬玄蕃頭　廿四万石　同　一万
一立花飛驒守　十二万石　同　四千八百六－
十人
一水野日向守　十二万石　同　四千八百
一細川越中守　五十四万石　同　二万八千六百
一小笠原右近大夫　十五万石　同　六千人
一同　壱岐守　六万石　同　八百人
一同　信濃守　八万石　同　三千二百
一松平丹後守　三万石　同　千二百
一有馬左衛門佐　五万三千石　同　二千百十人
一戸田左門　十万石　同　四千人
一松平伊豆守　三万五千石　人数　千五百
人数都合
外ニ方々ヨリ使者上下一万五千人

敵　口津　山田右衛門作申口

大将　大矢野四郎

軍奉行

芦塚忠兵衛　小川野太右衛門　松島半之允

赤江休意　大矢野玄札

万奉行

カツキ村助右衛門　同村三平　同村宗右衛門

大頭分之者所々請取人」

ツツ村 吉之允 太右衛門　有馬村 久蔵 次郎兵衛　道崎村 玄蕃 長介

治郎右衛門　赤口村 丹波 久兵衛　甚左衛門　清次郎

物頭分之者

不久村　作兵衛　角左衛門　作十郎

安徳木場　久兵衛　徳兵衛　甚右衛門　源右衛門

美江村　次兵衛　次右衛門　大右衛門　甚吉

口之津村　善兵衛　学天　甚兵衛

小濱村　半右衛門　喜兵衛　久兵衛

クヘ上村　宗左衛門　太兵衛　久兵衛

使番

大矢野村 七右衛門 千右衛門　（貼紙）上津カ 上野浦村 七右衛門 市兵衛　池田村 三左衛門 兵左衛門」

下津浦村 源兵衛 次兵衛

牢人

戸山忠右衛門　合天右京　馬場玄蕃　木村平左衛門

内田木工允　千葉久宅　三宅次郎右衛門　小原次兵衛

小原勘左衛門　渡辺伝左衛門　安井宗印　林七郎左衛門

久田七左衛門　坂井三左衛門　竹原忠大夫　赤星主膳

香山三左衛門　中山宗札　芦塚彦兵衛　山田又兵衛

永井次兵衛　羽田武兵衛　模野五兵衛　倉村藤兵衛

山尾四兵衛

城中男女三万七千八百人内 一万三千人働人 領分ノ者百八十人是ハ細川殿歟」

日本人異国へ渡海之事附渡海御停止之事

一昔年ハ日本人為商売心次第異国へ致渡海候之処文禄之比船数ヲ被相定左ニ記之

従長崎　二艘 末次平蔵(112)　一艘 船本弥平次　一艘 荒木宗右衛門（ママ）　一艘 糸屋隋右衛門

従堺　一艘 伊予屋

従京都　一艘 茶屋四郎次郎　一艘 角ノ蔵　一艘 伏見屋

右ハ文禄元年ヨリ御朱印頂戴仕寛永十一年マテ為商売

渡海仕候処
大猷院様御代寛永十二亥年御停止被　仰付之
一日本人異国在留ノ者右御停止以後帰朝之儀堅御法
度被　仰出付テ罷帰ル者無之候然処ニ広南ニ在留ノ日
本人五人致帰朝候最前被　仰出候趣ヲ相背候付而不残
死罪被仰付之由

市法商売(113)之事

一唐人日本人相対ニテ商売仕候ニ付日本商人共我勝ニ直
段セリ合連々ニ諸色高直ニ罷成候故寛文十二子年牛込忠
左衛門(114)奉行ノ節京大坂江戸堺長崎五ヶ所ノ商人共ノ-
外ヨリ
諸色目利能仕候者共目利役ト相極其外札宿老トテ惣
元メノ役人ヲ定置扨唐船一艘々々ニ町年寄ニ支配為
致荷役任蔵々ニ入置候唐荷物御物吟味相済候以後其
船支配ノ町年寄五ヶ所札宿老方へ相達目利共蔵本へ諸
色銘々見分致シ上中下ノ遂吟味直入帳一冊宛認銘々札」
宿老方へ出之候ヲ五ヶ所札宿老寄合直段ツキ合帳面一
冊ニ相認其船支配ノ町年寄方へ差出町年寄札宿老致同
道帳持参奉行所へ差出之
一右直段相究候改人ハ高木作右衛門其外町年寄不残罷
出於奉行之前一々遂披見諸色直段高下ヲ除中之以直段
定之別帳記之船支配之町年寄方へ相渡之町年寄宿町乙
名ニ相渡候ヲ乙名唐人ニ為見之唐人売申間敷ト申候
諸色ハ帳面廉々ニ致付紙又町年寄方へ相渡候ヲ町年
寄月番ノ札宿老へ渡於会所支配人共可売荷物之分鑑
板ニ一々書記出之諸方ノ商人共ニ入札為仕候札集テ翌
日　披之一番二番三番札マテ帳面書付町年寄并札宿老支
配人一同ニ奉行所へ持参入披見候而後於蔵々商人方-
へ荷物
相渡之候尤一船ノ荷物不残売候故検使ハ出シ不申候
一唐人売不申候荷物ニハ致封印積戻しニ致サセ候由-
商人共
荷物請取不申候前ニ先増銀会所へ致持参会所支配人へ相
渡候へハ支配人方ヨリ其船宿町乙名へ何々ノ増銀請-
取候間
荷物可相渡旨差紙遣候其差紙ヲ乙名へ渡シ唐人方ヨリ
荷物請取申候由

一唐人前本直段ノ代銀ハ荷物買請候商人方ヨリ直ニ—
其船宿
町乙名へ相渡候由
一御用意物同糸三ヶ一并色品ニテ役科ニ取候分ハ本直—
段ニテ
相積看板出シ不申前ニ割渡之相残荷物品々看板ニ記之商」
人共ニ入札致サセ候由ニ候
一荷役帳面ノ高ヲ以テ増銀右ノ通段々会所(115)へ請取置商
人方ヨリ荷物惣数相渡候宿町乙名手前ノ帳面支配人方へ
請取引合過不及差引仕九月十一月十二月増銀ヶ所ノ銀高
ニ応シ割渡請取手形支配人方へ取置候由勿論方々へ—
ノ小割
ハ支配ノ札宿老割渡之由
一阿蘭陀荷物ノ内年々江戸へ参上之節献上之物又—
ハ方々
ノ進物諸色商売前ニ撰之候尤余慶ヲ除置候故後ニ又余慶
ノ分商人ニ札為売渡候ニ付増銀出申候此増銀モ右之
増銀ノ内ニ加之候由
一唐人荷物之内御用物(116)ニ前方除置候へ共御用ニ無之時
又商人ニ札為入相払是ニモ増銀有之候ヲ右ノ内へ加—
申候由
惣テ加様ノ類ニ増銀出候ヲハ皆右ノ内へ加都合ニテ割—
符仕候

唐船阿蘭陀市法商売次第之事

譬ハ　積高二百貫目之時
一銀二百貫目　唐船本直段
内
一貫目　御用意物代
二貫目　召上白糸代
三貫目　長崎薬屋中
是ハ銀高十二貫分ノ薬種持渡候時四ヶ一分如此本直
段ニテ薬屋共ニ買セ候
一貫目　長崎町中
是ハ銀高拾二貫目ノ薬種持渡候節八分一ノ積町
中へ元直段ニテ買セ申候
五百目　朱座」
是ハ光明朱元直段ニテ買ハセ申候

一貫目　　諸役人
是ハ諸役人諸色元直段ニテ買セ候
七百目　　革屋共
是ハ新橋町毛革屋共七歩半元直段ニテ買セ候但鹿
皮一万枚ノ時七百五拾枚一枚ニ付一匁積リ
三百目　　大坂長崎　　穢多共
是ハ牛皮持渡之分穢多共ニ買セ候
〆　九貫五百五拾目　（貼紙）〆高相違
一六拾四貫四百八拾三匁三分三厘　　三ヶ一(117)
内　四拾貫目余　宿町
　　二拾貫目　付町
残四貫四百八十目余
是ハ売高少分ノ船宿町附町(118)取前之銀不足町へ足シ
銀ニトラセ候
右ハ唐船積高二百貫目之分御用意物召上糸代三ヶ一万(ママ)
除物如斯
三ヶ一除物引
残而百二拾五貫九百六拾六匁六分七厘七毛
此分之荷物会所ニテ以入札売払申候
此増銀三拾九貫四拾九匁六分六厘七毛七弗

如此唐船阿蘭陀共ニ商売ノ方相立増銀集置毎年九
月十一月五ヶ所札宿老相窺致割符候由
割符仕様之事」
元禄元子年(119)之割
阿蘭陀船五艘唐船二十三艘三ヶ一并除物引之
惣代銀合壹万千二百五拾七貫九百一匁三分四厘六
毛六弗
此増銀二千六百七貫七百七匁六分五厘五毛九弗
外一　三百七拾六貫二百四匁二分壹厘
諸色売出銀前年残銀入
二口合　弐千九百八十三貫九百拾一匁六分六厘五毛九弗
銀百二拾二貫二十四匁　　両奉行八朔礼銀(120)
同九貫百五十一匁七分　　高木作右衛門
同三貫六百六拾目七分　　高木彦右衛門
同拾四貫六百四拾二匁八分　　町年寄四人
但一人三貫六百六拾目七分宛
銀　三貫百七拾二匁六分　　常行司二人
但一人壹貫五百八十六匁三分ツヽ

同　百貫目　　札宿老十人
但一人十貫目ツ、
同　二拾六貫目　　支配十三人
但一人二貫目ツ、
同　二十一貫百六十目　　支配所之雇人三十八人
同　拾貫六百六十二匁三分六厘三弗
是ハ支配所修覆方諸道具雑用墨筆代共
同　八百六拾目　　会所家守給銀
同　五拾三貫九百四十四匁五分　江戸町年寄三人
金ニ〆九百両ニテ渡ス一人ニ三百両宛」
同　二貫目　　伽羅目利四人
一人五百両ツ、
同　一貫百目　　御物端物目利三人
一割一分ノ割符
同　六百四十五匁　　御物鮫目利三人
但一人銀五枚ツ、
同　廿五貫目　　五ヶ所糸端物目利十人
但一人二貫五百目ツ、
同　六貫四百四十五匁　　四ヶ所鮫目利五人

但一人壹貫二百八十九匁ツ、
同　二貫八百八十九匁　　長崎唐革目利三人
但一人九百六十三匁ツ、
銀　三貫九百六拾八匁　　長崎茶碗薬目利二人
但一人一貫七百八十四匁ツ、
同　八百三十三匁三分三厘　　端物目利日高甚右衛門
但役科三分一
同　五拾五貫目　　唐　大通詞（ママ）四人 小通詞（ママ）五人之役科
同　三拾八貫目　　阿蘭陀通詞　大四人 小四人之役科
出島乙名　一人
〆　五百九貫五百八拾六匁壹分六厘
右ハ年々定候而諸役人役科（ママ料カ）其外入目等引之
銀四拾貫目　　長崎札宿科二人江」
銀　五拾貫目　　同支配人五人江
銀　六拾四貫目　　四ヶ所支配八人江
三口〆百五拾四貫目　如斯年々預置増銀ニ加割仕候
貨物銀高　千九百八拾四貫百拾五匁一分　但一割一
分之割

増銀　二百十八貫二百五拾二匁六分六厘一毛

江戸幷裁判八ヶ所

内

貨物銀高　五百八拾九貫百拾三匁二分

増銀　六拾四貫八百二匁二分五厘二毛

江戸商人五十八人内　大商人 廿五人　中商人 卅三人

同　高　二貫二百目

伊豫　中商人一人

同　二百四十二匁

貨物銀高　四拾四貫六百目

増銀　四貫九百六匁

讃岐商人三人　大二人　小一人

同　五十五貫二百目

豊前同五人内　中一人　小四人

同　五貫六百七拾二匁

同　三十二貫三百五十目

豊後同八人内　大一人　中七人

同　三貫五百五十八匁五分

同　七百七十八貫五匁六分五厘

同　八拾五貫五百八十匁六分二厘一毛五弗

肥前同百九十三人　大四人　中七十三人　小百十六人

同　二百拾六貫九百四十六匁二分五厘

同　廿三貫八百六十四匁八厘七毛五弗

平戸六十一人内　大三人　中廿三人　小卅五人

同　三百貫目

駿府町中

同　三拾三貫目」

〆

貨物銀高　千九百卅五貫五十目四分九厘　京幷裁判

七ヶ所

増銀　二百十二貫八百五十皿〔五〕匁五分九厘三毛九弗

内

割右同断

同　千三百五貫六百廿四匁

京商人数百廿九人　大四十四人　中五十人　小四十五人

同　百四拾三貫六百十八匁六分四厘

同　六貫七百目

和泉商人三人　中一人　小二人

同　七百卅七匁

同　廿二貫八百
同　二貫五百八匁　安芸商人六人　中四人 小二人
同　三十三貫三百四十二匁四厘　筑前同五十八人
増銀　卅三貫三百四十二匁三分二厘四毛四弗　大三人 中廿三人 小廿二人
貨物銀高　七拾三貫六百二匁六厘　唐津卅一人　中九人 小廿二人
同　八貫九十六匁二分二厘六毛六弗
同　百七十五貫九百八十一匁三分一厘　筑後六十一人　中廿九人 小卅二人
同　十九貫三百五十七匁九分四厘四毛一弗
同　四十二貫三百一匁八厘
同　四貫六百廿三匁四分一厘八毛八弗　大村商人十一人　中三人 小八人
同　五貫二百目
同　五百七十二匁　天草　小二人
〆　」
貨物銀高　三千三十六貫百廿六匁七分五厘　割右同断

増銀　三百卅貫九百七拾三匁九分四厘二毛五弗
内　堺幷裁判五ヶ所
貨物銀高　二千九百五十四貫五百九匁一分五厘　堺商人二百八十五人
増銀　三百廿四貫九百九十六匁六毛五弗　大九十六人 中百廿八人 小六十一人
同　五十一貫二百目
同　五貫六百卅二匁　伏見商人四人　大二人 中二人
同　六貫七百目
同　七百卅七匁　伊勢中商人一人
同　五貫三百六十五匁
同　五百九十匁一分五厘　紀伊国小商人二人
貨物銀高　拾貫百五十三匁六分
増銀　一貫百十六匁七分八厘六毛　備後商人三人　中二人 小一人
同　八貫二百目　播磨中商人三人

同　九百二匁

〆

割右同断

貨物銀高　千七百六拾五貫六百六十四匁六分一厘九弗

増銀　百九十四貫二百廿三匁一分七厘二弗

大坂裁判六ヶ所

内

貨物銀高　八百九十四貫五百卅七匁二分一厘九弗

大坂百十七人内　大廿五人　中五十五人　小卅七人

増銀　九十八貫三百九十九匁九厘三毛二弗

同　廿六貫七百五十五匁八分四厘

同　二貫九百四十三匁一分四厘二毛四弗　周防国十一人内　中七人　小四人

同　百四十三貫九百壹匁

長門国廿一人　大五人　中十二人　小四人

同　拾五貫八百廿九匁一分一厘

同　五拾一貫三百六十目八分

薩摩国十人　中三人　小七人

同　五貫六百四十九匁六分八厘八毛

同　三百四十九貫九百六十七匁三分

肥後六十八人　大十人　中廿五人　小卅三人

同　三十八貫四百九十六匁四分三毛

同　二百六貫六百四十二匁四分六厘

嶋原商人六十一人　大一人　中廿四人　小卅六人

同　廿二貫七百三十匁六分七厘六弗

同　九十二貫五百目

対馬九人内　大四人　中四人　小一人

同　拾貫七十五匁

〆

貨物銀高　一万九百八拾二貫三百廿五匁五分五厘二一

毛七弗

増銀　千二百八貫五十五匁八分一厘八弗　割一

右同断

長崎商人五千三百七十九人　大　九十九人　中　三百七十二人　小　四千九百八人

内

貨物銀高　二百三拾貫目

増銀　二拾五貫三百目　唐内通事共

但唐舩一艘ヨリ貨物銀高拾貫目宛ノ定廿三艘分
同　四拾貫目　長崎札宿老二人
同　四貫四百目」
〆
惣銀高合　二千八百三拾貫九百四十七匁二分六厘五-
毛四弗
残而　百五拾二貫九百六十四匁四分五弗
是者年々町年寄方へ相渡預リ置翌年之増銀ニ加
割仕候由
一市法相始候者寛文十二壬子年奉行牛込忠左衛門岡野
孫九郎相談仕同年忠左衛門参府申立之翌年十三丑年孫九
郎市法之儀申渡之由
一大商人中商人小商人ト云事荷物買取候本銀高之多少
ニヨリ各之候但本銀四拾貫之以上出候者大商人八貫目ヨ
リ四拾貫目迄出候者中商人七貫目以下ハ小商人ト申候由
其節相定候書付左ニ記之
従古来長崎へ来商売仕候商人共貨物割付目録之事

一銀三貫目ヨリ以下　五百目増
一四貫目ヨリ　五貫目マテ　買高通
一六貫目〻　九貫目〻　五貫五百目
一拾貫目〻　十三貫目〻　六貫目
一十四貫目〻　十七貫目〻　六貫七百目
一十八貫目〻　二十貫目〻　八貫百目
一廿一貫目〻　廿三貫目〻　九貫六百目
一廿四貫目〻　廿六貫目〻　十一貫二百目
一廿七貫目〻　廿九貫目〻　十二貫八百目
一三十貫目〻　卅二貫目〻　十四貫三百目」
一卅三貫目〻　三十五貫目〻　十五貫八百目
一卅六貫目〻　四十貫目〻　十七貫目
一四十一貫目〻　四十五貫目〻　十八貫二百目
一四十六貫目〻　五十貫目〻　十九貫目
一五十一貫目〻　六十貫目〻　二十貫二百目
一六十一貫目〻　七十貫目〻　廿一貫二百目
一七十一貫目〻　八十貫目〻　廿二貫二百目
一八十一貫目〻　九十貫目〻　廿三貫二百目
一九十一貫目〻　百貫目〻　廿四貫三百目

一百十貫目ゝ　百卅貫目ゝ　廿五貫三百目
一百四十貫目ゝ　百六十貫目ゝ　廿六貫四百目
一百七十貫目ゝ　百九十貫目ゝ　廿七貫五百目
一二百貫目ヨリ　二百五十貫目マテ　廿八貫七百目
一二百六十貫目ゝ　三百貫目ゝ　廿九貫九百目
一三百十貫目ゝ　三百五十貫目ゝ　卅一貫二百目
一三百六十貫目ゝ　四百貫目ゝ　卅二貫五百目
一四百十貫目ゝ　五百貫目ゝ　卅三貫九百目
一五百十貫目ゝ　六百貫目ゝ　卅五貫四百目
一六百十貫目ゝ　七百貫目ゝ　三十七貫目
一七百十貫目ゝ　八百貫目ゝ　三十八貫七百目
一八百十貫目ゝ　九百貫目ゝ　四十一貫目
一九百十貫目ゝ　千貫目ゝ　四十三貫目
右ノ外千貫目ヨリ上ノ買高何程マテモ千貫目可為同｜
前者也

従当年初而長崎へ商売来候者為買物持参候取持「
銀之高割付之事

一銀一貫目ヨリ以下ノ者　有銀之通
一一貫目ハ　銀八百目
一二貫目ハ　一貫目
一三貫目ハ　一貫二百目
一四貫目ヨリ　五貫目マテ　一貫五百目
一六貫目ゝ　九貫目ゝ　二貫二百目
一十貫目ゝ　十三貫目ゝ　三貫目
一十四貫目ゝ　十七貫目ゝ　三貫五百目
一十八貫目ゝ　二十貫目ゝ　四貫目
一廿一貫目ゝ　廿三貫目ゝ　四貫三百目
一廿四貫目ゝ　廿六貫目ゝ　四貫五百目
一三｜貫目ヨリ三十二貫目マテ　五貫三百目
一卅（ママ）（二十）七貫目ゝ　廿九貫目ゝ　四貫七百目
一三十三貫目ゝ　卅五貫目ゝ　五百（貫歟）五百目
一三十六貫目ゝ　四十貫目ゝ　五貫七百目
一四十一貫目ゝ　四十五貫目ゝ　六貫目
一四十六貫目ゝ　五十貫目ゝ　六貫三百目
一五十一貫目ゝ　六十貫目ゝ　六貫八百目
一六十一貫目ゝ　七十貫目ゝ　七貫五百目

一七十一貫目〻　八十貫目〻　九貫二百目
一九十一貫目〻　百貫目〻　拾貫目
此外百貫目ヨリ上ノ買高ノ者何程ニテモ百貫目可為
同前者也
一右之仕様ハ未之年ヨリ亥年マテ五年ノ間諸国商人」
共異国荷物買候分市法前ニ書出サセ五年買候者其銀高
ヲ五ツニ割三年ハ三ツニ割其一ヲ二ニ割諸商人向後荷物
買高ノ元ニ究ソレ故ニ右目録ノ通銀高少キヲハ増多ヲハ
減荷物為買取其荷物之売出増銀ヲ以買高ノ元ニ割付為
取之由
一召上糸(121)ト云事一年ニ黄糸千貫目程ノ分阿蘭陀唐舩
ヨリ本直段ニテ買之出嶋蔵ニ入置其内少々為致入札売払
増銀ノ内ヨリ増役人其役科亦ハ褒美銀ナトニ為取之候由
残糸ハ翌年糸役人方へ相渡候由

貨物除取人数之事

一銀七貫目分（子年ヨリ）　諸色ニテ除之　高木作右衛門
一同五貫目分　同　同　彦右衛門
一銀五貫目分　諸色ニテ除之　後藤庄左衛門
一同　同　高島四郎兵衛
一同　同　高木清右衛門
一同　同　同　彦八郎
一同三貫目分　同　薬師寺宇右衛門
一同　同　清田安右衛門
但子年ヨリ申年迄ハ小柳太兵衛方へ除之
一銀二貫五百目分　同　内町年行司
一同一貫五百目分　同　外町年行司
一同　同　唐大通詞　彭城仁左衛門
一同　同　柳屋次左衛門
一同　同　林　道　栄」
一同　同　川藤左衛門
一同一貫目分　同　林　仁兵衛（諸役余諸役式二匁五分）
一同　同　同　東海徳左衛門
一同　同　同　西村七兵衛
一同　同　同　鼓城久兵衛
一同　同　同　陽　惣右衛門
一同　同　出島乙名　吉川儀部右衛門
是ハ阿蘭陀ヨリ茶代為礼銀三貫目遣申候半分也

一同一貫目分　同　阿蘭陀大通詞 加福吉左衛門
一同一貫五百目分　同　本木庄太夫
一同　同　名村八右衛門
一同　同　横山与三右衛門
一銀一貫目分　諸色ニテ除之　（朱書）同小通詞 楢林新右衛門
一同　同　同 中山六左衛門
一同　同　同 石橋助左衛門
一同　同　同 本木太郎右衛門
右従子年
一銀二百廿六匁六分六厘　同断 筆者二人　子年ヨリ一人 辰年ヨリ一人加ル
是ハ阿蘭陀ヨリ礼銀二百四十匁取候三ヶ二ニテ候
一銀一貫七百十一匁七分　同断 町使十五人　子年ヨリ十人 辰年ヨリ二人加ル
是ハ自阿蘭陀礼銀三貫四百廿三匁四分二厘取之其年
分也　」
一銀百七拾二匁　同断　散使六人　子年 四人 辰年 二人加ル
是ハ阿蘭陀ヨリ礼銀二百五十八匁取申候三ヶ二也
子年ヨリ 一銀五十七匁三分三厘　下見助右衛門
是ハ阿蘭陀ヨリ礼銀八十六匁取申候三ヶ二也

同 一弁柄糸　百斤　（ママ）着請方 佐々七兵衛
同 一同　同　下年行事 北島伝兵衛
同 一同　同　同 若杉喜右衛門
同 一同　千五百斤　阿蘭陀脇荷支配三人
但一人前五百斤ツヽ、
一銀九貫九百三十二匁　薬種ニテ除之　医師廿六人
内十人ハ籠舎ノ者療治仕
子年ヨリ 銀四百卅目分　薬種ニテ除　籠医師 岩永宗故　一同　同　同 群三順
一同　同　同 渡辺玄智　一同　同　同 吉田玄示
未年ヨリ 一同　同　神辺玄三　一同　同　同 高橋玄利
一三百一匁分　同　同外科 栗崎道有　午年ヨリ 一同　同　同外科 栗崎貞悦
一二百十五匁分同　同針立 三柄谷金元　未年ヨリ 一同　同　同眼療 梶井玄悦
子年ヨリ 一四百卅匁分　同　卓野元嘉　未年ヨリ 一同　同　池辺迪菴
一同　同　牟田口元誓　一同　同　柳　如琢
一同　同　野田玄菴　申年ヨリ 一同　同　向井元成
一同　同　河村茂菴　一同　同　牟田口元好
一同　同　岩永元当　一同　同　岩永自仙
一同　同　大浦長兵衛　一同　同　吉田自休
一同　同　吉田自菴　一同三百目分同　竹－

内宗恩」
一二百十五匁分同　水沢済休　一同　同　肝付寿三
〆
戌年ヨリ
一四百三十目分同　岩永宗故　一同　同　安東快順
一同　同　河野祐宅　一同　同　古賀道策
一同　同　西　松湜　一三百目分同　三梶元舟
亥年ヨリ
一二百十五匁分同　福井三安　一同上　同　深見玄泰（ママ）
一四百三十目分同　池辺玄純　一二百十五匁同　三原仲菴
一二百十五匁分同　宇津宮伝久　一同　同　小国寿菴
一同　同　伊藤見道
〆
午年ヨリ
一弁柄糸　四百斤　出島医師四人
一百斤　岩永宗故　一同　池辺由庵
午年ヨリ
一弁柄糸百斤　柳　如琢　一同百斤　同　野田玄菴
寅年ヨリ
一銀一貫五百目分　諸色ニテ除之　唐三ヶ寺
五百目　福済寺　一五百目　崇福寺
同　興福寺
〆

五ヶ所貨物目利三十人
丑年ヨリ
一白糸二千二百五十斤
弁柄糸四千五百斤
内
一白糸七十五斤銀二貫五百目
弁柄糸百五十斤亥年被仰付　江戸　鎰屋十郎兵衛
一同　同　山村次郎左衛門
一同　同　香具屋信濃」
一同　同　唐木屋忠兵衛
一同　同　奈良屋長兵衛
一白糸七十五斤
弁柄糸百五十斤　同　小松市左衛門
一銀二貫五百目ニ亥年
被　仰付　京　和久屋伊兵衛
一同　同　菱屋九兵衛
一同　同　伊丹屋仁兵衛
一同　同　萬屋市兵衛
一同　同　袋屋宇兵衛
一同　同　鶴屋加兵衛
一銀二貫五百目ニ亥年被　仰付之　大坂　福島屋弥三兵衛
一同　同　泉屋久右衛門
一同　同　小西　小兵衛
一同　同　同　半四郎
一同　同　鶴屋治左衛門

一同《亥年ヨリ》
一同
一白糸七十五斤 弁柄糸百五十斤
一同
亥年
一銀二貫五百目被　仰付之
一同
一同
一同
一同
一同
一同
一同
亥年被 仰付之
一漆　二千四百斤
内
四百斤 銀二貫四百七十二匁二分宛
同
同
同

堺 布屋十兵衛
同 柳屋宗兵衛
同 帯屋利左衛門
同 具足屋長右衛門
長崎 松田九郎左衛門
同 奈良屋治左衛門
同 松田次郎左衛門
同 竹内左衛門
同 野田太郎右衛門」
同 荒木彦左衛門
同 松浦　平八
同 松田五郎兵衛
同 竹内五兵衛
漆目利六人
江戸 有東与兵衛
京 吉野屋庄兵衛
大坂 播摩屋清兵衛
堺 金屋　半兵衛

同　長崎 濱武次左衛門
同　同 塗師屋宇平次
子年ヨリ
一唐人薬種持渡高ノ四ヶ一　御物薬種目利十人
此内四ヶ一小薬屋仲間廿三人ニ配分仕候
一阿蘭陀薬種之内銀拾五貫目分
此内五貫目分小薬屋仲間廿三人へ配分仕候
薬屋　次左衛門　同　与左エ門
同　仁兵衛　同　清右エ門
同　理右エ門　同　庄次郎
同　庄右エ門　同　次兵衛
同　庄左エ門
子ノ年ヨリ
一白砂糖　二万七千七百九十二斤　地下菓子屋四十三人
一錫二千斤　千斤 庄次郎
千斤 庄左エ門
千斤 伊勢 枩
一白糸百五十斤　丑年ヨリ 五十斤　甚兵衛」
一五十斤　伊兵衛　一五十斤　清蔵
一銀　五貫目分 出島ヨリ端物ニテ除
六百目分 唐船一艘宛ヨリ端物ニテ除　裁売二十三人
子年ヨリ
一弁柄糸百五十斤　裁売頭 吉見市右エ門
亥年替ル 泉屋清兵衛

一《卯年ヨリ》銀二貫目分　蠟燭トタンニテ除之　《地下》佛具屋長松
一《午年ヨリ》同五百目分　蠟ニテ除之　同　長右エ門
一同一貫目分　同　同　八郎右エ門
一同三貫廿二匁四分五厘七毛　同　中島作右エ門
是ハ鼈甲象牙水牛角漆ヒイトロ鏡鹿皮唐革ニテ除之
一《未年ヨリ》同一貫目分　漆ニテ除之　《地下》塗師屋勘右エ門
一《申年ヨリ》同　同　同　青具屋平三郎
一《申年ヨリ》弁柄糸　二百斤　《スアヒ頭》溝口吉兵衛
一《同》銀五百目分　《鹿》唐皮ニテ除之　《地下》馬道具屋孫右衛門
一《同》同一貫目分　木綿カセニテ除之　《同》障泥屋千左衛門
一《同》同二貫目分　蠟トタンニテ　銀屋勘左衛門
一《子年ヨリ》銀二拾七貫五百目分　諸色ニテ除之　出島町家主－
廿四人
但家賃高五拾五貫目ノ半分ヲ以テ除之
一《同》弁柄糸　五百七十斤　出島金場中卅一人
但三十一人ニテ配分仕候外ニ金場筆者四人金見一－
人別ニ
弁柄糸除申候
一《同》同百拾四斤　出島金場筆者四人ニテ配分仕候

一《同》同五百斤　同金見　十左衛門
一《同》同二千五百斤　出島町中通詞中　筆者八人」
但八人ニテ配分仕候
一銀七貫百五拾八匁三分一厘《諸色ニテ除之》　出島諸役人八－
十八人
是ハ阿蘭陀ヨリ賃銀四貫百五十目取申候内ニテ候
内
一銀二貫四百八匁三分分　金場　三十六人
一同一貫目分　通事筆者三人
一同百八十目分　コンフラ十七人
一同一貫五百目分　日用頭二十人
一同七百四拾二匁五分分　阿蘭陀料理人三人
一同二百廿五匁分　同台所手伝一人
一同二百廿五匁分　同着物洗二人
一同六百七匁五分分　同水汲日用四人
一銀二百七十目分　出島草切一人
〆
一《子年ヨリ》銀五十七匁三分三厘分　諸色ニテ除之　《稲佐》悟真寺
是ハ阿蘭陀ヨリ礼銀八十六匁取申候三ヶ二ニテ候

同一同廿八匁六分六厘分　同　地下 町田久三郎
是ハ阿蘭陀礼銀四十三匁取申候三ケ二也
同一同四百目分　同　疋田庄右衛門
是ハ阿蘭陀ヨリ銀八百目取申候半分也
同一同百七十二匁分　同　馬込ノ市左衛門
是ハ阿蘭陀荷漕船預り申候礼銀不残
未年ヨリ一同四貫八百目分　同　地下 高口太郎右衛門
申年ヨリ一弁柄糸百斤　同 吉田六左衛門」
同一同　二百斤　久目伊兵衛
但午未両年ハ百斤ツヽ、申ノ年ヨリ二百斤
一同　二百斤　大坂 福島屋弥三兵衛
但午未両年ハ百斤ツヽ、申ノ年ヨリ二百斤
子ノ年ヨリ一同　九百斤　江戸阿蘭陀宿 長崎屋源右衛門
但子年ヨリ巳年迄六百斤ツヽ、午ノ年ヨリ申ノ年-
迄九百斤
同一同　四百斤　京同 上野屋三郎右エ門
同一同　七百斤　大坂同 長崎屋五郎兵衛
但子年ヨリ未年迄四百斤ツヽ、申ノ年ヨリ七百斤
未年ヨリ一銀二十貫目分　蠟漆鉛ニテ除之　江戸 御釜屋山城

一同四貫五百目　麝香竜脳ニテ除之　御黒屋若狭
辰年ヨリ一金子二百両　御菓子屋主水
但白砂糖増銀金子二百両応之白砂糖ニテ除之
一茶碗薬　六百斤　茶碗薬目利六人
内一百斤　長崎 早田伝左エ門　一百斤　長崎 高中甚兵衛
一百斤　肥前皿山 冨岡弥五右エ門　一百斤　同上 小寺角左エ門
一百斤　同 渋谷七兵衛　一百斤　同 田原武左エ門
〆
寅年ヨリ一銀二貫二百目分　茶碗薬ニテ除之　地下 茶碗薬商人六人
但六人仲間ニテ配分仕候
巳年ヨリ一銀一貫目分　同　平戸早岐茶碗薬商人 今村弥次兵衛
丑年ヨリ一鮫　千五百本　五ケ所 鮫目利五人
内
鮫三百本　銀一貫二百八十九匁宛 亥年被 仰付之　江戸 御鮫洗弥兵衛」
一同　京 鮫屋三郎右エ門
一同　大坂 庄村太郎兵衛
一同　長崎 挽島利右エ門
一同　同 清川佐左エ門
〆

子年ヨリ一銀百四拾八貫五匁一分五厘一毛鮫ニテ除之　地下鮫商人四十二人
午年ヨリ一唐革　拾五枚　唐革目利地下坪田甚右エ門
子年ヨリ一銀二十四貫六百目分　唐革ニテ除　地下切革屋四十七人
丑年ヨリ一銀四貫五百目分　同　江戸御細工方槇田宗兵衛
同一同断　同　同丸田喜左エ門
申年ヨリ一同二貫目分　白砂糖ニテ除　同御細工方山田三四郎
亀屋萬吉
戌年ヨリ一同断　諸色ニテ除　地下倉田次左エ門
戌年ヨリ一銀一貫目分　諸色ニテ除　地下嶋谷太郎右エ門
同一同断　漆ニテ除　同青具屋次郎兵衛
亥年ヨリ一同三百目分　同　同仏師利兵衛
同二貫目分　錫《トタン》ニテ除之　同高林与四右衛門
同一唐革　拾五枚　革目利役科川村佐兵衛
戌年ヨリ一銀四百五十目分　諸色ニテ除　同水野小左エ門
同一同六百四十五匁分　同　同吉村甚左エ門
同一牛皮　千枚　牛皮目利四人内　丑年未年マテ二人未年ヨリ二人加之
内　一二百枚　宮崎久兵衛　一二百枚　家原久左エ門
一二百枚　河内屋仁左エ門　一二百枚　熊四郎右エ門
一二百枚　本岡甚大夫　戌年ヨリ被仰付牛皮目利

〆

日本ヨリ異国江渡海道程之事

一臨門　但南京内　明暦四戌年此出所初
右渡海道程三百六十里許
一同安　但泉州ノ内　右同断
一思明州　同　同
但中左之事　道程六百六十里
一安海　但泉州ノ内　右同断
道程六百九十里
一金門　同　万治二亥年此出所初
同　六百五十里程
一左中　同　同
但履門之事
一広州府　但広東本城　右同断
道程八百七十里程
一沙埋（ママ）　但福州ノ内　万治三子年此出所初
同　八百里程

一碣石衛　但広東ノ内　寛文四辰年ヨリ初
　同　八百里程
一甲子所　同　同断
一台湾　但泉州ノ内　同断　嶋国也
　同　六百四十里程
一東寧　台湾ノ別名也　右同断
一東都　同断
　右道程同事
一海澄　但漳州ノ内　寛文五巳年此出所初
一六崑　但外国　同六午同断
　右海路二千二百里程
一永居膀　但外国瓜哇国ノ内　右同断
　右同断
一台州　浙江ノ内　寛文七未年此出所初
　右　三百七十里程
一福寧州　但福建ノ内　同八申年同断
一萬丹　但外国　同九酉年同断
　右海路三千四百里程
一普陀山　但浙江ノ内　右同断
　同　三百里程」
一麻六甲　但外国　同十戌年同断
　右海路三千四百里程
一瓜哇　但外国一国ノ名　延宝三卯年同断
一高州　但広東ノ内　天和四子年同断
　右同　八百二十里程
一寧波　但浙江ノ内　貞享二丑年同断
　右同　三百六十里程
一温州　同　貞享四卯年同断
　右同　三百六十里程
一山東　但一省名　元禄三午年同断
　右ノ内　北京　南京　福州　漳州　泉州
　奥舩ハ　暹羅　柬埔寨　大泥　東京　咬𠺕
　吧　広南
右大形此分ノ出所ハ早年ヨリ段々来朝仕候此外ニモ出
所モ可有之候へ共其扣無御座候
一北京　但一省ノ名　此所ハ従前々渡海仕候年｜
代不知
　右海路　四百八十里程

一南京　同　同断
　同　三百四十里程
一福州　福建ノ内　同
　同　六百三十里程
一漳州　同　同
　同　五百十里程
一泉州　同　同」
　同　五百七十里程
一暹羅　但外国一国ノ名　同
　同　二千三百里程
一柬埔寨　但外国一国ノ名　暹羅へ貢礼仕候　同断
　同　千八百五十里程
一大泥　但外国一国ノ名　暹羅ノ内　同断
　同　二千一百里程
一東京　但外国一国ノ名　元ハ安南国　同断
　同　千六百四十里程
一咬噹吧　但外国一国ノ名　瓜哇ノ内　同断
　同　三千三百里程
一広南　但外国一国ノ名　安南ノ内　同断

右海路　千四百八十里程

日本住宅唐人之事

林一官　唐年行司福州人於長崎病死子孫有
周辰官　目明シ本ハ伴天連ノ由泉州ノ人同断
揚一官　浙江ノ人　同断
江七官　泉州ノ人　同
陳九官　福州ノ人　同
蔡二官　漳州ノ人　同
魏九官　福州ノ人　同」
魏　高　右九官子東京生　清左衛門
魏　貴　同　清兵衛
魏　喜　同下人　五平次
右四人ハ寛文十二子年ヨリ日本住宅清左衛門清兵衛
両人ハ延宝七未年日本ノ俗ニ成候由

南京寺興福寺住候分
澄　一　浙江ノ人　元禄四未年死去
彗　雲　同　澄一弟子
悦　峰　同　同　元禄年中当住

福州寺　崇福寺住

千　果　福州人　玉岡　福州人　千果弟子

雪　堂　泉州人　千果弟子

漳州寺　福済寺住

慈　岳　漳州人　死去

東　潤　泉州人　慈岳弟子　東岸　泉州人死去　同上

黄檗山隠元木菴即非来朝之事

一　隠元和尚　承応三午年七月四日長崎奥福寺ニ到ル

一　木菴　同四未年七月九日長崎福済寺ニ到ル

一即非　明暦三酉年二月十六日長崎崇福寺へ―
到著(ママ)ノ申

唐人屋敷之事

一唐人屋敷ハ末次平蔵(122)構ノ地也御薬種植置候所平蔵代
ヨリ差上置候地ニテ凡三十間四方有之候依之御薬園ト
申来候但元禄元辰年ヨリ翌巳年マテニ普請出来唐人
屋敷ニ成此地片下リ成ニ付テ三段塾(ママ)之

一惣廻坪数六千八百坪　但　上段東土手ノ上百姓地十二坪有之年貢出之

内

一上段千七百十坪　長十九間　横十九間　(貼紙)此間数何れも不合

一中段八百六十八坪　長八十二間　横十一間三尺

一下段八百廿三坪　長八十一間　横十一間三尺

二ヶ所合三千四百一坪半

一　上段棟数九ツ内　三間棟　三十六間長屋二軒　瓦葺
　同　十八間長屋三軒　同
　同　廿七間長屋三軒　同

但壹部屋九間宛ニ仕切　外ニ湯殿雪隠一部屋ニ一軒ツヽ有之　瓦葺

一中段棟数五ツ内　三間棟　廿七間長屋二軒　瓦葺
　同　十八間長屋三軒　同

但一部屋九間宛仕切　外湯殿雪隠右同断

一下段棟数五ツ内　同　右同断　同
　同　右同断　同

右同断　同

此内此ヨリ東南西ノ方マテ惣廻リ堀有幅一間　深一間
北ヨリ西ノ間ハ箱樋ニテ西ノ下段ニ落ス

一右堀ノ内惣廻瓦葺屏也元禄七戌ノ春忍返シ　不残付之
　此塀ノ内ニ裏門有但二間口上段辰巳ノ間ニ有

一惣廻煉屏ノ内際ニ番屋五ヶ所　壹間ニ一間半

但四方ノ角ニ空地有」
一上水漕二ヶ所　井七ツ
一風呂屋一軒三間梁七間但一間ニ七間ノ庇有之　瓦葺也
但南ノ方ニ空地有
一西ノ方ノ門二間半北門ヨリ出入有之
一二ノ門ノ外商売札披場　三間梁五間　瓦葺
但三方折廻シ一間庇有南ノ方一間ニ四間ノサシヲ　ロシ　板葺
一同所二間梁三十四間半瓦葺折廻長屋内長門三間口
内乙名部屋八間ノ二階部屋一間二十間ノ庇元禄二巳年造次之
一同所二間梁九間半ノ長屋瓦葺　是ハ諸役人ノ詰所也
一御高札場二ノ門外際ニ壹ヶ所表門外ニ一ヶ所

両奉行屋敷坪数之事

一立山奉行屋敷坪数六千六百九十八坪余
内　三千四百五十五坪余　平地
　　三千二百四十二坪余　山
一西奉行屋敷坪数三千三百六十四坪余

御停止物之事　寛文八申年書上之(123)

一生　類　　一薬種ノ外植物之類
一薬種不成唐木　一珊瑚珠
一伽羅皮　一ヒヨンカツ
一タンカラ　一ニツチ
一器物惣而翫物ノ類　一細物道具
但目鏡ニ成候ヒイトロ此分ハ御赦免」
一右ノ外唐墨ハ重宝ナル物ニ御座候故此段申上細物ノ内
除之書上不申候
一金糸　一衣類ニ不成結構成織物
一羅紗　一ラセ板　一猩々緋　一モウセン
右ノ分ハ持渡可申候此外ノ毛織ハ来酉ノ年ヨリ日本へ
持渡儀御停止被　仰付候以上

細物道具ノ覚

カ子ノ物　焼物　塗物　ヒイトロ道具
此外色々
一花入　一半鐘クハン　一香炉　一人形　一佛
一燭台　一火入　一香箱　焼物塗物木地ノ物此外色々
一焼物皿鉢此外此外色々　一茶碗　一トラ　一文チン　筆架水入共
一ケン入屏塗物焼物共　一茶　一水差　水次水蓮　一食篭

一印篭　一重食篭　一真壺　一茶出シ
一卓　花壺　香壺　棚
一盆　四角盆　長盆　菓子盆　此外色々
一料紙箱　硯箱　一軸筆　一タンス　一中継
一塗物　一焼物　一伽羅箱　一キレ箱　此外色々
一青具板幷唐蒔絵板　其外塗板色々　一額　一絵幷字
一キレ　一籠ノ道具　一筆　一書簡紙幷色帋
一扇子　一ウチハ　一櫛　一針是ハ商売ニ罷成申候
一手拭　一硯石　一吹矢筒　一燈篭
一絵御簾　一石ノヲトメ　帯挾色々　是は丑年ヨリ商売ニ罷成ー
申候」
一珠数（虫食い）□ンカウシ　ホタヒシ　吹玉　ワンシ　コハク　コシンカラ
（虫食い）□コハク　コシンカラハ商売ニ成申候
一瑠璃塔　一絵図色々　世界ノ図ハ重宝ニテモ可罷成様奉存細物ノ内除書上不申候
一石盤　一外降之図
一コハクヲトメ香箱其外作物色々但薬種ノ為ニ作リ物ニ不仕持渡候ハ格別
此琥珀商売ニ罷成候　一玉子ノカラ　一練物ノ玉　此子リ物商売ニ成申候
一ヒイトロ道具色々但目鏡幷目鏡ニ成候ヒイトロハー
御赦免

一徳利　一土焼　一キセル　焼物　カ子ノ物
一火ノシ　一チヤルメイラ　一阿蘭陀造ノ舟
一金唐革　一作物ヘツカウ　角類　練物　花　人形
匂袋色々　一ヲランタ箔　一カツフリ

右ハ細物道具

衣類ニ不成結構成織物

一金入　一金襴　一錦　一金入ミシヤ　一ケン
一金入ヒロウト　一トン子　一タヒイ　一シユチン
但右ハ衣類ニ不成結構成織物是モ丑年ヨリ商売仕候様被仰付候
右ノ細物道具幷衣類ニ成不申候結構成織物何モ立合致
吟味書付差上申候以上

唐通事中

唐人幷阿蘭陀人持用之道具之覚

一トラ　一大鼓　一佛　一楽器　一灯篭　一硯
一筆　一書簡紙幷色紙　一茶出　一櫛　一針
一扇子　一手拭　一香炉　一花入　一燭台　一火入
一香筥　一皿鉢　一茶碗　一料紙箱　一食篭　一珠数
一篭ノ道具」

右ハ唐人舩中并日本逗留ノ内持用不仕候而不叶道具也
一外科道具色々　一絵図色々　一硯　一石盤
一紙　一ヒイトロ水呑　一ヒイトロ酒入　一盃　一サイ角盆
一ヘツカウ盆　一カ子ノ物盆ノコト　一ヒイトロ焼物　一
篭ノ道具
一キセル 焼モノ 金ノモノ　一火入 焼物 金ノ物　一火ノシ　一焼篭　一燭台
一皿鉢 焼モノ 金モノ　一楽器　一チヤルメイラ　一大鼓　一半鐘
一扇子　一ウチワ　一櫛　一針　一カツフリ　一茶出シ
一茶碗　一手筥色々　一手拭　一外料書　一乗舩ノ書
以上
右ノ書付河野権右衛門(124)奉行之節通事共ニ申付書上サセ則停止
申付候由

従日本買渡御停止之覚

一御紋　一武道具　一武者絵　一絵入源氏
一日本舩ノ小形并絵　一日本絵図　一八子喧嘩人形
一鑓カンナ　一加賀絹　一日野絹　一郡内絹
一紬　一布ノ類　一木綿ノ類并織物　一惣而日本拵ノ
織物　一クリ綿　一銀 但銀道具ハ御赦免　一酒
一油　是ハ舩中ニテ遣用程御免
右者従先規御停止之旨被　仰渡候
一阿蘭陀刀并剱ノ儀当地ニテ日本流ニ拵申儀御停止
之旨廷(ママ延カ)
宝九酉ノ九月川口源左衛門宮城監物(125)申渡之

貞享二丑年被　仰付候御停止物之覚

一堆朱青具卓之類　一推朱青貝タンスノ類
一同硯箱文庫ノ類　一香箱ノ類　一食篭ノ類
一盆ノ類　一筆ノ軸　一硯屛ノ類　一唐銅香炉
一花入
一同水指ハントウノ類　一焼物皿鉢茶碗之類　一仏
一壺并茶入ノ類　一墨蹟并唐絵掛物
一珊瑚珠　メノウ　コハク　水晶ノ珠数　但緒留ハク
ルシカラス
一羅紗　猩々緋　其外毛織之類　一衣類ニ不成織物
一金糸　一生類　一薬種ノ外植物ノ類　一薬種ニ不
成唐木
一器并翫物之類

右ノ品々入津ノ舩雖持来向後日本へ買取候儀御停
止ノ間此旨可相守者也

天和三亥年閏五月川口源左衛門(113)申渡ノ御停止之品々

一ラシヤ猩々緋其外毛織ノ類　一金糸
一衣類不成織物　一生類　一薬種ノ外植物之類
一薬種不成唐木　一器物幷翫物之類
右ノ品々御停止之間此旨相守入津ノ舩雖持渡向後日
本へ買取申間敷者也

二月日

一堆朱青具卓ノ類　一同簞笥ノ類　一同硯筥　文庫
一同香筥ノ類　一同食篭類　一同盃ノ類
一同筆之類　一同硯屏ノ類　一唐銅焼物筆架水入ノタクイ
一同香炉花入　一水指ハントウ類　一焼物皿鉢茶碗ノ類
一壺幷茶入類　一仏　一墨蹟幷唐掛物
一唐絵軸ノ物押絵　一珊瑚珠　メノウ　コハク　水晶ノ珠数
但シ緒留ハ不苦」
右ノ品々御停止之段阿蘭陀方へハ如何様トモ不申渡候－

売可不
申候様ニ可仕旨亥閏五月十七日ニ通詞横山与三右衛門－
木本太郎
右衛門ニ被申渡之

唐舩荷役之節舩中幷蔵本へ差出候諸役人

一唐通詞(127)二人　但舩数多ニテ通詞不足ノ時ハ稽古通詞(128)ソレニテモ不足ノ時ハ内通詞ノ組頭(129)一人宛助之
一唐年行事(130)一人　一舩番人(131)一人　一唐人番人(132)一人
一町使(133)　一人　一内通事　二人　一薬目利　二人
一革目利　二人　一端物目利二人　一筆者五七人不足
一遠見番(134)ノ者町ヨリ二人 宿町付町(135)　一日用頭　二人
一宿町乙名組頭　一宿町々人四五人　一附町ノ与頭二人
一荷漕舩上乗四人　内二人宿町　附町二人

蔵本役人

一散使　一人　一内外日行事十人　但荷漕舩改幷方々番仕候
一宿町与頭　一附町乙名　一附町ノ町人
一筆者　一両人　一内通詞一人　一日用頭　二人

荷積候節役人ノ覚

一荷積之節諸役人右同前　但端物目利薬目利革目利ノ者ハ不出候

出船之節右同断但唐船請人(136)　一人　銀座ノ者一人出ル

荷役之節唐人ニ渡可遣品々

一手廻壹包　一木綿フトン二　一木綿著物（ママ着カ）　三マテ

一帷子　一袴　一ツ　一椀　一麻ノカヤカサリヲ取一鈎

一壺　但茶壺ニ可成ハ可取上之無左ハ船ニ可置之

一明カコ　船ニ可差置之　一木綿手巾一人ニ一筋充」

一扇子　一人ニ一本充　但絵有之ハ可為無用

一塩竹子　二壺　但一艘ニ　一テフタ　船ニ可差置之

一書簡紙　二十帖　但一艘ニ　一墨　一挺　但船頭財副江

一硯　一面

右ノ外何ニテモ依願宿町ノ以頭（ママ）手形可相渡之

元禄元辰四月

右ノ書付御奉行以了御手簡被仰渡之

荷役ノ船一艘分可入品々

一荷役帳　一入津ノ書物　一荷物差出帳唐人ヨリ出ス　一人別帳同上

一荷物和ヶ書物　一荷物売帳　一荷物積帳

一出船書物　一諸手形　一□□（虫食い）別目録　一人別帳和ヶ

一御停止物之帳　一人別帳　是モ出船ノ時唐人出ス

右之通一艘分之書物也但漂着船ノ時ハ書物共ニ入之

御切米請（諸）役料之事　高木作右衛門

一御切米百俵　江戸ニテ請取之

辰年
一銀百五拾枚　唐口銭ノ内ヨリ

一銀五貫八百五十目程　阿蘭陀礼　白糸ニテ

一銀三拾貫目　割符銀ノ内ヨリ

一銀四貫四百目程　町中ヨリ八朔礼(137)并地下割符札共

一銀五貫六十六匁七分六厘一毛三弗　唐人礼銀

銀高六千貫目ノ内辰年売高五千八百七十九貫九百五十一

五匁ノ

銀高但百貫目ニ付八拾六匁ノ積端物荒物ニテ

辰年ノ取前
〆五拾壹貫七百五拾六匁七分六厘一毛三弗」

一四拾俵四人御扶持　高島四郎兵衛(138)

高木彦右衛門

長崎附御地方手代二人御給扶持服部六左衛門方ヨリ請取之

一銀四貫三百目　阿蘭陀札　白糸ニテ

一銀四貫目　町中ヨリ八朔礼并地下割符礼共

一銀三貫五百廿七匁九分七厘三毛　唐人礼

銀高六千貫目ノ内辰年売方五千八百七拾九貫九百五十｜
五匁ノ銀高

但百貫目ニ付六十目ノ積端物荒物ニテ

一銀拾貫百六拾八匁八分一厘九毛五弗　唐口銭ノ内ヨリ

一銀六百五十目程　地方口米口銭

一同四貫目　割符銀ノ内ヨリ

一同七貫九十目　割符糸五丸ノ増銀

〆三拾三貫七百三十六匁七分九厘二毛五弗　辰年取分

但一人前年ニヨリ多少有之

後藤　庄左衛門

高木　清右衛門

一銀四貫三百目　阿蘭陀札　白糸ニテ

一同四貫目　町中ヨリ八朔礼并地下割符礼共

一同二貫五拾七匁九分八厘四毛二弗　唐人礼

銀高六千貫目ノ内多辰年売高五千八百七十九貫九百五｜
十五匁ノ銀高

但百貫目ニ付三十五匁ノ積端物荒物ニテ

一銀拾貫百六十八匁八分一厘九毛五弗　唐口銭ノ内ヨリ

一銀四貫目　割符銀ノ内ヨリ

一銀七貫九十目　割符糸五丸ノ増銀

〆三拾一貫六百十六匁八分三毛七弗」辰年取分

但壹人前年々多少有之

常行司
木屋与三右衛門

薬師寺久三郎

一銀　貫三百目程　阿蘭陀礼端物ニテ

一同一貫二百五十目程　外町ヨリ八朔礼并地下割符礼共

一同七百九十三匁七分九厘三毛九弗　唐人礼

銀高六千貫目ノ内辰年売高五千八百七十九貫九百五十｜
五匁ノ銀高

但　百貫目ニ付十三匁五分ノ積端物荒物ニテ

一銀二　貫五百廿壹匁二分七厘八毛　唐口銭ノ内ヨリ

一同三　貫七百目　割符銀ノ内ヨリ

〆九貫五百六十五匁七厘一毛九弗　辰年取分

但一人前年々多少有之
一銀拾八貫目　唐口銭ノ内ヨリ　内町年行司二人
但一人前九貫目ツ、
一同七貫目　同　外町年行司二人
但一人前三貫五百目ツ、
一同拾枚　出島口銭ノ内ヨリ　銀座(139)二人
但一人前二五枚ツ、
一銀二拾貫目　割符銀ノ内ヨリ　割符支配人大塚三右衛門
但一人前十貫目ツ、　宇野九郎兵衛
阿蘭陀人通詞四人
加福吉左衛門　本木庄太夫
横山与三右衛門　楢林新五兵衛
一銀拾貫目　出島口銭(140)ノ内ヨリ
一同二貫九百五十目　阿蘭陀土産白糸百斤」
一銀二貫五百七十二匁四分六厘　銅口銭(141)
辰年取分
〆拾五貫五百廿二匁四分六厘　但一人前年々多少有之
阿蘭陀小通詞四人
中山六左衛門　石橋助左衛門
本木太郎右エ門　横山又次右衛門
一銀四貫目　出島口銭ノ内ヨリ
一同一貫四百七十五匁　阿蘭陀土産ノ白糸五十斤

一同一貫五百四十三匁四分八厘　銅口銭
〆七貫拾八匁四分八厘　但一人前年々多少在之
阿蘭陀稽古通詞
加福善兵衛　馬田市郎兵衛
名村権八郎　中村市左衛門
西　助次郎　楢林弥三郎
一銀五枚　出島口銭ノ内ヨリ
一銀二百九十五匁　阿蘭陀土産　白糸十斤
辰年取前
〆五百拾匁　但一人前年々多少有之
出島乙名吉川儀部右衛門
一銀二貫九百五十匁(ママ)　同　白糸百斤
一同四百三十目　出島口銭ノ内ヨリ
一同二貫五百七十二匁四分ノ銅　口銭
一同百九十四匁三分四厘　唐口銭内ヨリ但外町乙名並
一同三貫目　阿蘭陀礼銀
一同三百目　附町壹町前ノ十分一
辰年取前
〆九貫四百四十六匁七分四厘　年々多少有之
出島常大組頭高島屋宗左衛門
一銀拾五枚　出島口銭内
一人前銀七枚五両ツ、
田口助七郎」

唐大通詞(142)四人

彭城　仁左衛門　　潁川藤左衛門

林　道栄　　柳屋次左衛門

一銀拾二貫四百五拾一匁六分六厘九毛二弗

是ハ唐舩売高銀百貫目ニ付一貫二百目ノ割符ノ積リヲ以

仲間九人ニテ配分仕候但高千貫目ノ内辰年ノ売高五

千八百七十九貫九百五十五匁ノ通詞銀如斯

一銀拾四貫七百六匁四分八厘七毛五弗　　銅口銭

〆二拾七貫百五拾八匁一分五厘六毛七弗

但辰年取前　一人前如此年々多少有之

林　仁兵衛　　東海《シホヂ》徳左衛門

唐小通詞(143)五人　　西村七兵衛　　陽　惣右衛門

彭城久兵衛

一銀四貫百五十目五分五厘六毛四弗

是ハ唐舩売高銀百貫目ニ付一貫二百目ノ割符ノ積ヲ―

以仲間

九人ニテ配分仕候但高六千貫目ノ内辰年売高五千八百七

十九貫九百五十五匁ノ通詞銀如斯

一銀十一貫七百六十四匁一分九厘　　銅口銭

辰年取前

〆拾五貫九百十五匁七分四厘六毛四弗 但一人前如斯年ニヨリ多少有之

一三人扶持　　服部六左衛門方ヨリ　　暹羅通詞 森田権左衛門

一銀　拾枚　　出島口銭ノ内ヨリ

〆

一同断　　東京通詞(144) 東京　久蔵

〆 」

唐年行司(145)五人　　林茂左衛門　　陸　市兵衛

呉市郎左衛門　　薛市左衛門　　平　吉左衛門

一銀一貫五百八十七匁五分八厘七毛八弗 但一人前如斯年ニヨリ多少有之

是ハ舩々ノ舩頭方ヨリ為礼銀一人前百貫目ニ付廿七―

匁ツヽ

請取中候但売高同断

内町乙名廿六人

一銀　七拾目程　　唐口銭町内ニ被下候一ヶ所増

一同　三百一匁二分四厘二毛　　唐口銭ノ内ヨリ

一同　一貫六百目程　辰年三ヶ一ノ内ヨリ雑用銀ヲ差引平均 本町附町十分一銀如此

一同　二百四拾目　　割符幷間金町(146)幷ニ被下候一ヶ所増

〆一貫二百拾壹匁二分四厘二毛 辰年取前一分分如此年ニヨリ多少有之

外町乙名五十三人　　但出嶋乙名右ニ記ノ間除之

一銀五拾目程　唐口銭町内ニ被下候一ヶ所増
一同百九十四匁三分四厘　唐口銭ノ内ヨリ
一同八百目　辰年三ヶ一雑用銀ヲ差引平均ノ本町附町十分一如此
一同八千目程　割符幷間金町並ニ一ヶ所増
〆壹貫百拾四匁三分四厘　辰年取前一人分如斯年ニヨリ多少有之
一　拾人扶持宛　服部六右衛門方ヨリ請取之　御船頭(147)森路弥二兵衛
畠四百坪ツ、　清水大右衛門
一拾人扶持　同　同 嶋谷市左衛門
一四人扶持　同　水主十人
畠二百坪ツ、
〆
一御切米七石二三人扶持　同 但一人前如此 出島口銭ノ内ヨリ　遠見番触頭 吉村善左衛門
銀五枚宛　日高市郎兵衛」
一御切米七石二人扶持　同
銀　三枚宛　出嶋口銭ノ内ヨリ　同　遠見番十人
〆
外ニ銀拾枚ハ　野田峰火山ニテ遠見番ノ者食焼二人為給金出島口銭ノ内ヨリ被下之
一　三人扶持　是ハ出島口銭ノ内ヨリ　舟番触頭 鶴田形右衛門
銀廿五枚宛　是ハ唐船ヨリ　但一人前　杵塚平次兵衛

一同断　同　御蔵役人 林与五右衛門
　竹内　兵助
一　二人扶持
銀二拾枚宛 但 同断　同　船番十三人
一 一人扶持 金五両 宛 但 扶持方金子共ニ出嶋間金ノ内ヨリ　御蔵番十人
但一人前
町使十五人
一銀二百九十壹匁　唐口銭ノ内ヨリ
一同五百三十目　内外町中ヨリ扶持銀
一同百九十目余　唐船ヨリ
一同四百五十二匁二分八厘六毛一弗
唐船売高五千八百七十九貫九百五十五匁但百貫ニ付七匁六分九厘一二毛積
一同二百二十目　阿蘭陀ヨリ毎年此高ノ礼請申候
〆辰年壹貫六百八十三匁二分八厘六毛壹弗　但一人前
筆者(149)二人　中村弥三右衛門 岡田吉郎右衛門
一銀二百拾七匁五分　唐口銭内ヨリ

一同五百八拾目　内外町中ヨリ扶持銀　「

一銀五百七十目程　内外町中ヨリ八朔歳暮礼

一同百七十二匁　阿蘭陀ヨリ毎年此高ノ礼請申候

一同五百八十七匁九分九厘五毛五弗　唐船売高同前　｜

但百貫目ニ付拾匁ノ積

〆二貫四百七拾一匁四分九厘五毛五弗　辰年一人分如此

散使六人

一銀七百三拾目　内外町中ヨリ扶持銀

一同五百七拾目程　同八朔歳暮ノ礼

一同四拾三匁　阿蘭陀ヨリ毎年此高ノ礼請申候

一同三百八十八匁七厘七毛　唐船売高同前但百貫目ニ付六匁六分ノ積

辰年
〆壹貫七百三拾壹匁七厘七毛　但一人前如此年ニヨリ多少有

一銀五百七拾目余　内外町中八朔歳暮礼　普請方(150)　佐々木七兵衛

一同四百三十目　出島口銭ノ内ヨリ

〆壹貫目余　辰年取前如斯

一銀七百目　内外船手町中ヨリ扶持銀　大波戸船役人(151)　下見助右衛門

一同八十六匁　阿蘭陀ヨリ毎年此高ノ礼請申候

一同五百八十七匁九分九厘五毛五弗　唐船売高　百貫目ニ付拾匁ノ積　」

〆壹貫三百七拾三匁九分九厘五毛五弗　辰年取前如此

一銀七枚　出島口銭内ヨリ　改所武具預リ役人(152)但船番ノ内　三浦藤蔵

一銀六百目　同　篭守(153)　土屋善蔵

一同拾枚　是ハ年行事預御関《闕》所銀ノ内ヨリ為給分被下之

〆

一同百目　出島口銭ノ内ヨリ　篭番(154)十人

一同三百目　是ハ年行事御関《ケツ》所銀ノ内ヨリ為給分被下之

〆　但一人前如此　」

籠屋医師(155)八人

岩永宗政　高橋元利

郡　三順　袖辺玄三

渡辺玄智　吉田玄禾

外科(156)　栗崎道有　同　栗崎貞悦

一銀百九拾四匁三分四厘　唐口銭内ヨリ

但一人前如此

一銀　五枚　出島口銭ノ内ヨリ　暹羅通詞(157)　白屋七三郎

一同　七枚　同　　モウル通詞[158]中原伝左衛門
一同　五枚　同　　針医師[159]三柄谷宗元
一同　断　　同　　目医師[160]梶井玄悦
一同　断　　同　　外料吉田貞菴
一同二拾枚　服部六左衛門御成ヶ銀ニテ請取之　御書物改[161]春徳寺
一同三拾俵二人扶持　服部方ヨリ請取　同（ママ）白井元成
　御伽羅目利[165]三人　田中善左衛門
一銀百九拾四匁三分四厘（マヽ口脱カ）唐銭ノ内ヨリ　泉屋市郎左衛門
　但一人前　茂八郎左衛門
　御物鮫目利[166]六人　鮫屋半左衛門
　同八兵衛
　同太郎左エ門
一銀八拾六匁九分三厘三毛　同断　同庄兵衛
　但一人前　同利兵衛
　斉藤三郎兵衛
　御書物目利三人　大原善兵衛
一銀八拾六匁九分三厘三毛　同断　長川伊左衛門
　但一人前　唐本屋庄右衛門
　御巻物目利二人　篠崎利左衛門
一銀　拾枚　同断
　但一人前五枚ツヽ　志築孫右衛門」
一銀八拾六匁九分三厘三毛　唐口銭内ヨリ　左ノ薬屋十二ノ内 薬屋与左衛門
一同七拾壹貫五百目　大薬屋[167]十二人
但一人前五貫九百五拾八匁三分三厘三毛宛是ハ薬種三ヶ一ノ増銀也
一銀三拾五貫七百五拾目程　大薬屋廿三人
　但一人前一貫五百五十四匁六分八毛六弗余宛
是ハ大薬種屋仲間三ヶ一増銀ノ内又三ヶ一
一銀　拾枚　但一人前五枚ツヽ　油薬目利[168]西川吉左衛門
　是ハ薬屋仲間取前ノ内ヨリ　江川雪見
一銀　六枚　出島口銭ノ内ヨリ　唐革目利坪田甚右衛門
　但一人前三枚ツヽ　江口利右衛門
一同七拾六匁六分四厘六毛　唐口銭ノ内　塩焇目利[169]徳永長左衛門
一同五貫六百八十四匁三厘九毛四弗　新橋町呂宋[170]鹿皮目利仲間―

十五人
但一人前三百七拾八匁九分三厘五毛九弗ツヽ
是ハ持渡ノ鹿皮十分一ノ増銀年々多少有之　松浦七郎左衛門
林　七郎兵衛
一銀五貫目　当所割符ノ内ヨリ　清水屋嘉兵衛
但一人前壹貫目宛　森　助次郎
近藤又十郎
去卯年マテハ江戸割符銀ノ内ヨリ一貫目都合二貫目
一銀四貫目　五ケ所ヨリ壹ケ所へ四百目宛　割符糸掛渡役人[171]　濱武次兵衛
但一人前二貫目ツヽ　何三右衛門
一同　二貫目　当所割符ノ中ヨリ　同目利[172]　松田九郎兵衛
但一人前一貫目ツヽ　日高十左衛門
一同二貫六百六拾目七分二厘　阿蘭陀 唐船 稲佐塩焇蔵主[173]　疋田庄右衛門
内　八百三拾目七分二厘ハ　阿蘭陀塩焇幷武具「入蔵賃」
内　一貫八百三拾目ハ　唐人塩硝入蔵賃
但唐船六十一艘分一艘ニ付三拾目程

下年行事　北島伝兵衛
一銀　一貫七拾九匁　但一人前六百九十三匁宛　若杉喜右衛門
是ハ内町年行事ヨリ給分　田中清吉
一同拾三貫七百拾四匁　出島碇銀　内外船手三十一町
内半分ハ内町船手十一町　半分ハ　外町船手廿町
一同拾貫八拾八匁　唐船頭銀　同三十一町
同断　神職[174]　村田新兵衛
一銀四貫目　唐口銭内ヨリ　守田与三右衛門
但一人前一貫目ツヽ　吉田宗兵衛
水野小左衛門
諏方社
一銀七貫目　唐口銭ノ内ヨリ　一銀五貫目　北島口銭内ヨリ
一銀　三貫目　唐船附町一町分
〆拾五貫目　能大夫[175]　早水主馬
一銀　二拾枚　諏方社へ唐口銭七貫目被下候内ヨリ

一同　百廿九匁　同　　附町前銀ノ内ヨリ

一同　百　目　　同　　出島口銭五貫目ノ内ヨリ

〆　壹貫八拾九匁　　辰ノ年取前如此

唐内通詞(176)ノ内文才有之者

一南京　福州　泉州　三ヶ国ノ口ニ叶有文才　　内通詞小頭　川間八郎兵衛

一泉州口ニ叶有文才　　同　周　清左衛門

一同　　同　林　喜左衛門

内通詞小頭

一南京　福州　泉州口ニ叶　　杉本平兵衛」

内通詞

高尾甚八

一南京口人並勝　　同　佐々木次兵衛

同　神代四郎兵衛

阿蘭陀内通詞(177)ノ内口叶候者之事

内通詞小頭　岩瀬徳兵衛

同　塩屋吉兵衛」

右長崎記一巻者中川飛州忠英奉行中之筆記也

歳次己夘文政二年冬十月写於光風楼

謹下　　赤霞

注

（1） 深江浦。長崎は、深江浦の他に瓊浦（たまうら）の名がある。

（2） 長崎小太郎。重綱。長崎旧記類（地誌類）の多くは、頼朝が文治年間に、守護・地頭を設置した時、深江浦に地頭として、長崎小太郎が派遣されて来たことを伝えている。

（3） 長崎甚左衛門。純影。注(2)の長崎小太郎から数えて、甚左衛門は一四代目に当たるとされる。長崎村九七〇石余を領したとされる。元亀元年（一五七〇）以降における大村純忠による長崎開発、イエズス会領化（一五八〇）、秀吉による公領化（一五八八）、家康による直轄地化（一六〇三）等を経て、甚左衛門は所領を失い、大村氏に扶持された。元和七年（一六二一）没。

（4） 大村理専民部少輔純忠。有馬晴純の二男。丹後守。民部大輔。入道して理仙（専）と号する。天文二年（一五三二）、肥前国有馬生れ。大村純前の養子となる。同十九年、大村の家督を継ぐ。天正十三年（一五八五）秀吉に麾下する。同十五年没。

（5） 内町。元亀二年（一五七一）から長崎の町建てが開始されるが、天正十六年（一五八八）に豊臣秀吉によって、長崎は公領（直轄地）とされた。この時迄に長崎には二三町が形成されていたが、この地域は秀吉の朱印により地子免除とされた。この後、慶長二年（一五九七）から以降に更に町建てが進んだ。秀吉により地子免除とされた二三町が内町と称され、徳川政権になっても地子免除となった。慶長二年以降に開発された町を外町と称する。内町は四人の町年寄、外町は二人の常行司の支配下に置かれたが、元禄十三年（一七〇〇）からは外町、内町の区別が廃止されて、常行司が町年寄に組み入れられた。

（6） 牛込忠左衛門。重忝。三右衛門俊重の三男。慶安三年（一六五〇）、書院番。寛文三年（一六六三）、目付。同十一年五月六日、長崎奉行。天和元年（一六八一）四月九日、職を辞して小普請となる。貞享四年（一六八七）没。寛文十二年の貨物市法の制定に尽力した。

（7） 貨物配分。貨物市法による増銀の配分のこと。貨物市法は寛文十二年（一六七二）から貞享元（一六八三）までの間、長崎で唐船とオランダ商館を対象として行われた貿易に適用された取引き仕法である。長崎に集まる国内の輸入商人を五ケ所（江戸・京都・大坂・堺・長崎）に組織し（貨物市法商人）、各商人の輸入上限額を規定して輸入高の増加を抑制し、五ケ所商人の内より輸入貨物の品質・価格に明るい者を目利に命じ、彼等に外国商人の持ち渡った貨物の価格をつけさせ、長崎奉行所でそれを調節して各貨物の輸入価格を決め、それを外国商人側に提示して、その価格で輸出するか否かを問い（指値方式）、輸出に同意した場合は、一括輸入することとし、輸出に不同意の場合は持ち帰らせる方法をとった。一括輸入した貨物は、貨物市法会所をとおして、国内輸入商人（貨物市法商人）へ入札で売却された。この間に発生する、輸入価格と国内貿易商人への入札売却価格の差益（貨物市法増銀）は、長崎での貿易運営費に充てられ、また、長崎と駿府に助成金として与えられ、その余りは、貨物市法商人各自にぞれぞれの買入額に応じて分配された。長崎では、貨物市法増銀の配分は、各町単位に配分されたので、大きな町と小さな町では、実質的な配分額に格差が発生し、大きな町が損失することになったので、大きな町を分割して平均的な規模の町を形成することにより調節をはかった。

貨物市法は、寛文十二年以前の相対売買の期間に、長崎貿易で多量の銀を輸出した結果、国内使用銀の不足が懸念されたため、主として、指値方式で輸入貨物の原価（輸入価格）を低廉にすることによって、輸出高の膨張を押さえ、銀の輸出量（国外流出量）の抑制を企図して開発された貿易の方法である。

（8）　高木勘左エ門　高島了悦　後藤物太郎　町田宗賀此四人町ノ支配仕。長崎は元亀元年（一五七〇）以降、ポルトガル船との貿易港として開発される。翌二年に島原町以下六町が初めてつくられ、次第に町数を増して行くが、その支配は頭人が当たった。この頭人が高木勘左衛門以下の四人である。文禄元年（一五九二）に、秀吉政権下で唐津城主の寺沢志摩守広高が長崎奉行を命じられるが、この時、頭人が町年寄に改称された。

（9）　鍋島飛騨守。直茂。初代佐賀藩主。清房の長子。天文七年（一五三八）生。龍造寺隆信に仕える。天正十八年（一五九〇）、龍造寺政家の後、その子高房幼少により鍋島直茂が相続し、肥前国佐嘉城に住して三五七、〇〇〇石余を領する。秀吉の島津攻略戦に加わり、朝鮮出兵に参加した。秀吉が天正十五年（一五八七）にイエズス会から長崎を没収して公領とした時、鍋島直茂に長崎を預け支配させた。

（10）　寺沢志摩守。広高。広政の子。永禄六年（一五六三）生。肥前国唐津城主（一二〇、〇〇〇石）。文禄元年（一五九二年）から慶長八年（一六〇三）迄、長崎奉行（初代）を兼務した。広高は唐津城に住し、長崎には家臣を派遣して支配に当たった。寛永十年（一六三三）没。

（11）　馬場三郎左衛門。利重。半左衛門昌次の子。生年不詳。旗本（二六〇〇石）。書院番、使番、目付を経て、寛永十

五年（一六三八）から承応元年（一六五二）まで長崎奉行を勤める。明暦三年（一六五七）没。

(12) ハタアニ。大泥。マレー半島中東部。

(13) 伊東出雲守。祐実。正保元年（一六四八）生。伊東祐久（日向国宮崎五七、〇〇〇石余）の四男。寛文元年（一六六一）、長兄祐次の養子となり、家督を継ぐ。同三年、出雲守に叙任。享保八年（一七二三）没。

(14) 十善寺薬園。延宝八年（一六八〇）に幕府が長崎小島郷十善寺に造った薬草園。

(15) 乙名組頭。長崎地役人。長崎奉行の支配下に、内町支配として四人の町年寄、外町支配として二人の常行司が置かれ、各町に一人の乙名と組頭および筆者が置かれ、長崎地役人の基本組織を形成していた。注(5)参照。

(16) 崇福寺。黄檗宗。寛永十二年（一六三五）、唐僧超然の開基。江戸時代初期、長崎在住の唐人が多数いたが、取り分け福州出身の者が多かった。彼等によって造営された寺。

(17) 咬嚁吧。ジャガタラ。現在のジャカルタのこと。連合オランダ東印度会社のアジア貿易の拠点。

(18) 初めに元文と書き、「元」の中央部分に「〇」を付して右側に「天カ」と朱書きされている。

(19) 有馬左衛門佐。有馬晴信。永禄十年（一五六七）生れ。肥前国日野江城主有馬義直の子。長兄義純の養子となり、天正四年（一五七六）家督を継ぐ。切支丹大名、洗礼名をジョアン＝プロタシオと言う。慶長十四年（一六〇九）、長崎港内でポルトガル船マードレ・デ・デウス号を長崎奉行長谷川左兵衛と焼き沈める。この事件後、本多正純の家臣岡本大八の詐欺にあい、訴訟中に長谷川左兵衛の暗殺計画を暴露されて改易となり、慶長十七年、切腹する。

(20) 所謂「マカオ事件」。マードレ・デ・デウス号事件へと展開する。

(21) マードレ・デ・デウス号事件。岡本大八事件へと展開する。

(22) 太田備中守。資宗。重正の子。慶長五年（一六〇〇）生。元和元年（一六一五）摂津守に叙任。寛永八年（一六三一）、小姓組頭となり、同九年に書院番頭に転じ、後に備中守に叙任。同十年、松平伊豆守信綱、阿部豊後守忠秋、堀田加賀守正盛、三浦志摩守正次、阿部対馬守重次等と共に政を議すことを命じられる。同十五年、島原の乱後、九州に下り松平伊豆守信綱らに幕命を伝える。同年、奏者番となり、三五、〇〇〇石（三河国西尾城）を領する。延宝八年（一六八〇）没。

(23) 馬場三郎左衛門。注(11)参照。

(24) 大村丹後守。純信。元和四年（一六一八）、大村生れ。同六年、家督を継ぐ。寛永十四年、島原・天草の一揆の時、長崎の警固に当たる。同十七年、南蛮船渡来の時、長崎を警固する。同二十年、丹後守に叙任。正保四年（一六四四）、南蛮船長崎渡来の時、同地を警固する。慶安三年（一六五一）没。

(25) 加々爪民部少輔。忠澄。政尚の子。旗本。九五〇〇石。大坂陣の時、使番、後、町奉行、普請奉行を歴任し、大目付の時、寛永十七年（一六四〇）、長崎に赴き、渡来した南蛮船の焼却、切支丹の処刑を指揮する。寛永十八年没（五六才）。

(26) 御物目利。御物はいわゆる長崎御用物と称された幕府が買い付ける輸入品のこと。その品質・価格の評価に当たるのが御物目利であり、品物別に伽羅目利、鮫目利などが置かれていた。御用物に関しては、太田勝也「江戸時代初期対外貿易における幕府の買物」（「徳川林政史研究所研究紀要」昭和五十二年度）・同「長崎貿易における幕府の買物」（同上、昭和五十三年度）を参照されたい。

(27) 松平丹後守。鍋島光茂。忠直の子。寛永九年（一六三二）生。慶安元年（一六四八）、元服し、松平の称号を賜り、丹後守に叙任。明暦三年（一六五七）、家督（佐賀領）を継ぎ、長崎番衛のことを拝する。元禄十三年（一七〇〇）没。

(28) 井上筑後守。政重。慶長十三年（一六〇八）より秀忠に仕え、書院番となる。元和二年（一六一六）、家光に附属。寛永二年（一六二五）、目付。同九年、大目付。同十五年、島原・天草の一揆鎮定軍に参加。同十七年、加増されて一〇、〇〇〇石を知行。長崎に下向し、異国の商船およびキリシタン禁制等を裁許する。寛文元年（一六六一）没。

(29) 山崎権八郎。正信。正勝の子。文禄二年（一五九三）生。旗本。一〇〇〇石。小姓組番士、小納戸、書院番、目付を経て、寛永十九年（一六四二）から慶安三年（一六五〇）まで長崎奉行を勤める。在職中に死亡。

(30) 末次平蔵。末次興善の子。興善は博多の豪商で、私財を投じて長崎の興善町を開く。子の直政・通称平蔵（初代）は、朱印船貿易家。長崎代官村山等安と争い、勝訴して、元和五年（一六一九）、長崎代官に任ぜられる。長崎奉行竹中采女正の長崎における不祥事・貿易関係の不正事に関する繫争中、寛永七年（一六三〇）没。二代目平蔵・平左衛門・茂貞、三代目平蔵・茂房、四代目平蔵・茂朝、長崎代官を世襲する。延宝四年（一六七七）、四代目平蔵の時、密貿易を行ない、これが発覚して隠岐へ流刑となる。

(31) 松平筑前守　松平右衛門佐。黒田筑前守忠之。黒田長政の子。慶長七年（一六〇二）生。同十七年、家康に初謁。同十八年正月、秀忠に初謁、松平の称を許される。元和九年（一六二三）、家督相続、四三三、一〇〇石を知行。寛永七年（一六三〇）五月、南蛮船長崎入港の時、浦々の番を勤める。同十八年二月長崎の警衛を命じられ、石火矢一〇挺、大筒二〇挺を預けられる。同二十年より鍋嶋信濃守勝茂と交代で長崎の番衛を勤める。承応三年（一六五四）没。

松平隠岐守　定行。大名。定勝の子。天正十五年（一五八七）生。慶長七年（一六〇二）、掛川城を給わり、三〇、〇〇〇石知行。同十二年、河内守に叙任。寛永元年（一六二四）、家督相続、一一〇、〇〇〇石を知行。同三年八月、隠岐守に改まる。同十二年、伊予国松山城に移り、加増されて一五〇、〇〇〇石を知行。正保元年（一六四四）、南蛮船長崎来航の時、現地の指揮を命じられる。万治元年（一六五八）二月、致仕し、寛文八年（一六六八）没。

大村丹後守　注(24)参照。

高力摂津守　忠房。天正十二年（一五八四）生。高力正長の子。慶長四年（一五九九）、秀忠に初謁。元和三年（一六一七）、奏者番。同五年、遠江国浜松城を給わり、一〇、〇〇〇石加増。寛永十五年（一六三八）、嶋原城へ移され、加増されて四〇、〇〇〇石を知行。明暦元年（一六五五）十二月没。

松平阿内守　定頼。大名。定行の子。慶長十二年（一六〇七）生。寛永三年（一六二六）、河内守に叙任。万治元年（一六五八）、家督を継ぐ（伊予松山）。父定行と同様に長崎に不審な異国船が渡来した時の指揮を承る。寛文元年（一六六一）、隠岐守に改まる。同二年没。

黒田甲斐守　黒田長興。黒田長政の三男。慶長十五年（一六一〇）筑前国福岡生れ。元和九年（一六二三）、長政の遺領から五〇、〇〇〇石を分与され、秋月に住する。寛永三年（一六二六）、甲斐守に叙任。同十五年、島原攻めに黒田右衛門佐と共に参加する。正保四年（一六四七）「南蛮の黒船長崎にいたるにより、人衆を出しかの地を警衛せしむ。」（『寛政重修諸家譜』）。寛文五年（一六六五）没。

細川肥後守　光尚。大名。肥後国熊本城主。五一〇、〇〇〇石。忠利の子。元和五年（一六一九）生。寛永十二年（一六三五）、肥後守に

叙任。同十八年、家督を継ぐ。正保四年（一六四七）、ポルトガル船渡来の時、活躍する。『寛政重修諸家譜』に「六月二十四日黒船二艘長崎の沖に漂ひ、その躰つねならざれば、人数を出すべきむね長崎の奉行よりこれを達す。時に光尚在府たりしかば、家臣長岡勘解由延之、同監物是季、清田石見乗栄人数六千三百九十余人を引率し、かの地に渡海して船橋をよび船栖楼等を設けて、厳重に備ふるのところ、かの船事故なく帰帆す。」とある。慶安二年（一六四九）没。

松平美作守　定房。大名。伊予国今治城主。四〇、〇〇〇石。松平隠岐守定勝の五男。慶長九年（一六〇四）生。元和七年（一六二一）、肥前守に叙任、後、美作守に改まる。寛永十二年（一六三五）、伊予国今治城（三〇、〇〇〇石）を給わる。『寛政重修諸家譜』に「正保四年六月南蛮の船肥前国に漂着せるにより、おほせをかうぶり人衆を率ゐて長崎におもむく。」とある。寛文五年（一六六五）、留守居となり、一〇、〇〇〇石加増されて、四〇、〇〇〇石を領する。延宝四年（一六七六）没。

黒田市正　松平市正か。松平市正英親は、重直の子。寛永二年（一六二五）出羽国上山生れ。同二十年、父の遺領を継ぐ（三二、〇〇〇石。内、五〇〇〇石を弟二人に分与）。正保二年（一六四五）、豊後国速見国東に移封される。宝永三年（一七〇六）没。

鍋嶋信濃守　勝茂。天正八年（一五八〇）生。寛永十九年（一六四二）、長崎港口の警衛を命じられ、翌同二十年より松平右衛門佐（黒田忠之）と交代で、長崎番衛を勤める。

立花左近将監　忠茂。大名。筑後柳川城主。一〇九、六〇〇石余。立花主膳正直次の四男。宗茂の養子となる。慶長十七年（一六一二）生。元和八年（一六二二）、左近将監に叙任。寛永十四年（一六三七）、家督を継ぐ。明暦三年（一六五七）、侍従となり、万治二年（一六五九）、飛驒守に改まる。延宝三年（一六七五）没。

松浦肥前守　松平肥前守。松浦鎮信（平戸藩主）。隆信の子。元和八年（一六二二）生。寛永十二年（一六三五）、肥前守に叙任。同十四年、家督を継ぐ。島原の乱の時、長崎奉行

所および日見・茂木の両所を守衛する。承応三年（一六五四）、長崎港の外浦に七ケ所の石火矢台を築く。万治元年（一六五八）、切支丹六〇人余を処刑する。元禄十六年（一七〇三）没。

寺沢兵庫頭　堅高。大名。肥前国唐津城主。一二〇、〇〇〇石。広高の子。慶長十四年（一六〇九）生。寛永元年（一六二四）、兵庫頭に叙任。同十年、家督を継ぐ。寛永十五年（一六三八）、島原・天草の一揆の責任を問われ、天草の所領の内、四〇、〇〇〇石を減じられ、出仕停止となるが、翌年、赦される。正保四年（一六四七）、自殺。

小笠原右近大夫　忠真。慶長元年（一五九六）、古河生れ。元和元年（一六一五）、家督を相続する。同三年、播磨国明石に移封となり、一〇〇、〇〇〇石を領する。寛永九年（一六三二）、豊後国小倉に移封され、一五〇、〇〇〇石となる。寛文二年（一六六二）五月十九日、異国船長崎渡来の時、諸事を指揮すべきを下命される。同七年没。

五島淡路守　盛勝。盛次の子。正保二年（一六四五）生。明暦元年（一六五五）、家督（一二、五〇〇石余）を継ぐ。万治三年（一六六〇）、淡路守に叙任。延宝六年（一六七八）没。

宗対馬守　義真。義成の子。寛永十六年（一六三九）生。明暦三年（一六五七）、家督を相続する。元禄十五年（一七〇二）没。

毛利長門守　秀就。秀元の子。文禄四年（一五九五）、安芸国広島生れ。慶長十三年（一六〇八）、秀忠より松平の称号を授与され、長門守に叙任。大坂陣に出陣。島原の乱に出軍。慶安四年（一六五一）萩にて没する。

浅野安芸守　光晟。長晟の子。元和三年（一六一七）、和歌山生れ。寛永四年（一六二七）、元服し、家光より松平の称号を授与され、安芸守に叙任。寛永九年（一六三二）、家督を継ぐ（安芸・備後四二六、五〇〇石余）。延宝元年（一六七三）、紀伊守に改まる。元禄六年（一六九三）没。

有馬左衛門佐　康純。直純の子。慶長十八年（一六一三）、有馬生れ。島原の乱に出軍。寛永十八年（一六四一）家督を継ぐ（五〇、〇〇〇石）。元禄五年（一六九二）没。

水野美作守　勝俊。勝成の子。慶長三年（一五九八）、

備中成羽生れ。同十三年（一六〇七）、美作守に叙任。大坂の陣に出軍。島原の乱に出軍。寛永十六年（一六三九）、家督を継ぐ（備後福山四〇、〇〇〇石余）。明暦元年（一六五五）没。

毛利甲斐守　秀元。元清の子。天正七年（一五七九）、備中国猿懸城生れ。同十三年、毛利輝元の養子となる。文禄四年（一五九五）甲斐守となる。関ヶ原の戦の後、山口二〇〇、〇〇〇石から長府藩五〇、〇〇〇石に減封。慶安三年（一六五〇）没。

秋月長門守　種春。種長の子。慶長十五年（一六一〇）、高輪生れ。同十九年、家督を継ぐ（日向の内に三〇、〇〇〇石）。寛永三年（一六二六）、長門守に叙任。万治二年（一六五九）没。

嶋津薩摩守　綱高。慶安三年（一六五〇）生。万治二年（一六六〇）家綱に初謁。寛文七年（一六六七）、侍従に叙任。延宝元年（一六七三）、薩摩守に改まる。貞享四年（一六八七）、祖父光久の封を継ぐ。少将。元禄八年（一六九五）、中将。宝永元年（一七〇四）没。

(32)　イギリス船リターン号事件のこと。

(33)　岡野孫九郎。長崎奉行。貞明。岡野権左衛門英明の子。寛永九年（一六三二）、家光に初謁。同十五年、書院番。寛文三年（一六六三）、家督を継ぐ（一〇〇〇石）。同十二年三月晦日、長崎奉行、加増されて一、五〇〇石。延宝八年（一六八〇）三月十二日、職を辞して寄合に列する。元禄三年（一六九〇）没。

(34)　オランダ船リーフデ号の来日。慶長五年（一六〇〇）、リーフデ号豊後に漂着する。船長は、オランダ人ヤコブ・クワケルナック。航海士イギリス人ウィリアム・アダムスが大坂で家康に謁見する。

(35)　松浦壱岐守。隆信。肥前国平戸領主松浦久信の子。天正十九年（一五八一）生。慶長十九年（一六一四）六月十八日、駿府で家康より長崎の切支丹の寺院の破却を命じられ、同九月長崎に至り、切支丹寺を壊す。寛永十四年（一六三七）没。

(36)　ヤンヨウス。オランダ人ヤンヨーステン。慶長五年（一六〇〇）、リーフデ号で豊後に漂着した内の一人。江戸で屋敷を給され、八重洲という地名が出来たとされる。朱印船貿易家として活動する。

(37)　土井大炊頭。利勝。利昌の養子（水野信元の子。家康の庶子とも言われる）。天正元年（一五七三）浜松に生まれる。慶長六年（一六〇一）徒頭となる。同十年大炊頭に叙任。同十五年大老となる（下総国古河　一六〇、〇〇〇石余）。

(38) 安藤対馬守。重信。安藤杢助基能の二男。弘治三年（一五五七）—元和七年（一六二一）。慶長九年（一六〇四）、対馬守に叙任。上野国高崎城主（五六、六〇〇石）。秀忠政権の重臣。

(39) 板倉伊賀守。勝重。板倉好重の二男。天文十四年（一五四五）—寛永元年（一六二四）。江戸町奉行・京都所司代。家康・秀忠政権の重臣。

(40) 本多上野介。正純。正信の長男。永禄八年（一五六五）—寛永十四年（一六三七）。家康・秀忠政権の重臣。

(41) 松浦肥前守。隆信。肥前平戸城主。天正十九年（一五九一）—寛永十四年（一六三七）。慶長十七年（一六一二）、肥前守に叙任。

(42) 松平伊豆守。信綱。松平右衛門大夫正綱の養子（大河内金兵衛久綱の子）。慶長元年（一五九六）生。元和九年（一六二三）小姓組番頭、寛永九年（一六三二）宿老に準ずる。同十年、阿部豊後守忠秋、堀田加賀守正盛、太田備中守資宗、三浦志摩守正次、阿部対馬守重次等と共に政を議すことを命じられ、加判に列する。武蔵国川越藩主（七五、〇〇〇石）。寛文二年（一六六二）没。

(43) 井上筑後守。注(28)参照。

(44) 榊原飛驒守。職直。花房職之の子。慶長元年（一五九六）、榊原姓となる。生年、不詳。旗本（二五〇〇石）。秀忠の小姓、徒頭、書院番頭を経て、寛永十一年（一六三四）から同十四年まで長崎奉行を勤める。島原の乱の時、軍令に背き、閉門を命じられる。同十七年許され、翌年、御先鉄砲頭となる。慶安元年（一六四八）年没。

(45) 馬場三郎左衛門。注(11)参照。

(46) 末次平蔵。注(30)参照。

(47) 牛込忠左衛門。注(6)参照。

(48) 外町。注(5)参照。

(49) 西泊戸町番所。異国船の渡来に対処して、長崎港の入り口に設けられた番所。寛永十八年（一六四一）に黒田忠之が幕命によって西泊に設置したのを西泊番所と言い、翌同九年に同じく鍋島勝茂が戸町（大村領）に設置したのを戸町番所と言う。合わせて、沖の両番所と称された。

(50) 松平右衛門佐。注(31)参照。

(51) 鍋島信濃守。注(31)参照。

(52) 松平丹後守。注(27)参照。

町使。長崎の地役人。始まりについては、「慶長八年目付と号し、町使五人被仰付、寛永二年町使四人入り九人になる（長崎覚書）」・「長崎奉行小笠原一庵支配の節に、町目付無之に付、町中より給扶持にて五人召抱らる、右之人数にて用事難達故、長谷川権六奉行の時、外町より四人相加へ九人になる、此時迄は目付といふ、後に町使と名付（長崎志）」と『通航一覧　第四』（一〇〇ページ）にある。職務については、「宝永五子年役料高并諸役人勤方発端年号等」（長崎県立長崎図書館郷土課旧蔵）に、次のようにある。「右勤方之儀両御屋敷当番并御用日六ヶ所之御番所へ相詰申候唐船荷役より出帆迄之間商売方ニ付新地表門水門唐人屋鋪矢来門出入之者相改仕候尤阿蘭陀船入津より出帆迄之間出嶋江度々罷出相勤申候御詮儀者之節御屋鋪并篭屋江も罷出申候御仕置者又者自害人転死失或被召捕候者有之候節被出申候且又阿蘭陀江戸江参上仕候節両人宛付添召越候右之外町中昼夜廻り山廻り諏方社祭礼祇園会為警固被出申候」。目付（町使）の職掌は、奉行所の支配のもとで、長崎町内の警備・警察万般に及んでいる。

(53) 細川越中守。忠利。忠興の三男。天正十四年（一五八六）生。元和六年（一六二〇）、家督を継ぐ（小倉藩三九九、〇〇〇石）、同九年、越中守に叙任。寛永九年（一六三二）肥後熊本に移封（五四〇、〇〇〇石）。同十八年没。

(54) 松平主殿頭。忠房。忠利の子。元和五年（一六一九）、吉田生れ。同九年、秀忠・家光に拝謁。寛永九年（一六三二）、忠利の遺領（三河国吉田三〇、〇〇〇石）を相続し、刈谷に移る。同年十二月、主殿守に叙任。慶安二年（一六四九）、丹波国福知山に移り、加増されて四五、九〇〇石余を知行。寛文九年（一六六九）、肥前国嶋原に移封、二〇、〇〇〇石加増。同十二年七月十六日、長崎に変事ある時、大久保出羽守忠朝と共に長崎奉行と計り、諸事指揮をすべき事を命じられる（『厳有院殿御実紀』、寛文十二年八月五日条参照）。延宝四年（一六七六）、長崎代官末次平蔵の私曲を糾問。元禄十一（一六九八）年四月、大炊頭。同十三年没。

(55) 大河内善兵衛。正勝。天正六年（一五七八）生。旗本。二〇〇〇石。寛永十五年（一六三八）から同十七年まで長崎奉行を勤める。同年没。

(56) 高力摂津守。注(31)参照。

(57) 山崎甲斐守。家治。家盛の子。文禄三年（一五九四）生。慶長十七年（一六一二）、甲斐守に叙任。同十九年、家督を相続する。寛永十五年（一六三八）、肥後国天草に移封。同十八年、讃岐国丸亀に移封、五〇、〇〇〇石を領する。慶安元年（一六四八）没。

(58) 左近大夫。高力高長。忠房の子。慶長十年（一六〇五）生。寛永九年（一六三二）、左近大夫となる。明暦二年（一六五六）、家督を継ぐ（島原四〇、〇〇〇石）。寛文八年（一六六八）、非分の課役をかけ、領民を困窮させたとして改易となる。松平亀千代に預けられ、仙台に蟄居し、延宝四年（一六七六）没。

(59) 糸割符。慶長九年（一六〇四）、家康は、長崎奉行小笠原一庵に命じて、堺、京都、長崎三都市の裕福な町人を選出して、ポルトガル船が長崎に持ち渡った白糸（生糸の一種）を全て買い取らせる組合を組織させた。この組合を糸割符仲間と言う。堺、京都、長崎の三都市による糸割符仲間を三ケ所糸割符仲間と言い、この体制を三ケ所糸割符と言う。各都市の糸割符仲間の代表者を糸年寄（糸割符年寄）と言う。各都市の糸年寄は、毎年、ポルトガル船との貿易取引き期になると、長崎に下って、ポルトガル商人側と白糸の輸入価格を折衝の上、取り決める（白糸直組、パンカド）。この白糸の輸入価格が決まる迄、一般の輸入商人は長崎に入ることを禁じられており、白糸直組終了後は、長崎に入り、白糸以外の将来品をポルトガル商人と相対で輸入することが許された。糸年寄は、各都市の仲間の資金で白糸を一括購入して、それを堺一二〇・京都一〇〇・長崎一〇〇の比率で配分し（題糸配分）、売却利益（糸割符増銀）を分け合い、各都市の仲間の構成員（平割符人）の持株に応じて配分した。寛永期に改革があり、幕府呉服師仲間に現糸配分（白糸一六〇目を一斤とし、五〇斤を一丸という単位にして分ける定量配分）で六〇丸を与え、分国配分といって博多・対馬・小倉・佐賀・久留米等の都市へ現糸で三六丸半を与えた他の白糸を堺・京都・長崎（三ケ所糸割符仲間）に江戸と大坂を加えて五ケ所糸割符仲間とし、堺一二〇・京都一〇〇・長崎一〇〇・江戸一〇〇・大坂五〇の比率で題糸配分するようにした。そして、ポルトガル船の将来した白糸に加えて、唐船の白糸も糸割符の対象とした。寛永十六年（一六三九）に、幕府はポルトガル船の日本寄港を禁じたので、ポルトガル船から白糸が輸入できなくなったが、同十八年に幕府は平戸のオランダ商館を長崎出島へ移転させ、オランダ商館の白糸を糸割符の対象とした。所謂鎖国制下の長崎貿易で糸割符制度が適用されるが、明暦元年（一六五五）に一度廃止となり、貞享二年（一六八五）に復活し、元禄十年（一六九七）に改革されるなど、変遷がある。

(60) 小笠原一菴。為宗。出自、生没共に不詳。一説に三河国の大名と言う。「五本長崎記」に「小笠原一庵は、元祖三河国知行の大名なりしに、一門の出入事有りて、洛陽東山辺に引込、茶湯に月日を暮し、一門衆中よりの養育にて、閑人と成居給ひしを、家康公御意には、長崎は切支丹発興の所なれは、坊主天窓の者を遣はし可然旨にて、則一庵法印に、其形にて罷下り相勤候様にとの事にて、与力十人御附、京都より直に下向有けるとなり」（『通航一覧　第四』四八頁）とある。慶長九年（一六〇四）の糸割符制度の成立に尽力した。

(61) 糸割符奉書。現在は、天理図書館に所蔵されている。

(62) 寛永十八巳年。この年代は、「寛永十年」の誤りであろう。寛永八年（一六三一）年に、江戸五〇丸、大坂三

○丸（長崎奉行竹中采女の処置）となり、同十年に堺一二〇丸・京一〇〇丸・江戸一〇〇丸・長崎一〇〇丸、大坂五〇丸となる。

(63)　天川船。ポルトガル船のこと。

(64)　井上筑後守。注(28)参照。

(65)　甲斐庄喜右衛門。正述。正治の子。旗本。二〇〇〇石。生年不詳。西丸小姓組番、書院番、目付代、普請奉行を経て、承応元年（一六五二）から万治二年（一六五九）まで長崎奉行を勤める。同三年没。

(66)　春船。「鎖国」下の長崎における唐船貿易は、春、夏、秋の三期に分けて行われた。すなわち、唐船は年が明けると長崎に渡来し始めるが、おおむね三月迄に渡来した船を対象として春期の貿易取引きが行われる。この対象となった唐船が春船である。同様の方式で、夏船、秋船との貿易が行われた。

(67)　「鎖国」成立当初の糸割符仕法では、秋期に糸年寄と唐人との間で白糸直組が行われ、ここで取り決められた白糸の輸入価格は次ぎの秋期の白糸直組で新輸入価格が取り決められる迄適用された。当該記事では、春期に決められた白糸の輸入価格で秋期の白糸をも買い入れなければならないように記されているが、これは誤りである。

(68)　売買之日限。寛永十年二月二十八日付け長崎奉行宛老中奉書で、異国船がその年の貿易取引きを終えて長崎から帰帆する期日を九月二十日迄と命じられた。この日限は、寛永十一年五月二十八日付け、同十二年付け、同十三年五月十九日付けおよび慶安五年五月二十八日付けの長崎奉行宛老中奉書で踏襲されている。なお、遅れて長崎に入港した唐船は、到着日より五〇日間に貿易取引きを終えて、長崎を出帆しなければならない決りであった。

(69)　川口源左衛門。宗恒。川口宗次（下総国印旛二五〇〇石）の子。寛永十七年（一六四〇）、家光に拝謁。慶安元年、書院番。承応元年（一六五二）、家督を継ぐ。寛文三年（一六六三）、徒頭。同十一年、目付。延宝八年（一六八〇）三月二十五日、長崎奉行。貞享三年（一六八六）、加増されて二七〇〇石を知行。元禄三年（一六九〇）、摂津守に叙任。同六年十二月十五日、町奉行。同十一年、職を辞し、寄合に列する。宝永元年（一七〇四）没。

(70)　御定高制度成立期の生糸・薬種・反物等の割付額については、太田勝也『鎖国時代長崎貿易史の研究』（思文閣出版）二七九頁以降参照。

(71)　久太郎。嶋田久太郎。利木。出雲守。寛永十七年（一六四〇）、小姓組番士。明暦二年（一六五六）、徒頭。万治元年（一六五八）、目付。寛文二年（一六六二）五月一日、長崎奉行。同六年正月晦日、長崎奉行を辞する。同七年、江戸町奉行。同年、出雲守に叙任。元禄八年（一六九五）没。

(72) 与兵衛。黒川与兵衛。正直。旗本。五〇〇石と廩米一、三〇〇俵を給される。正忠の子。慶長七年（一六〇二）生。小姓、代官、西の丸小姓組、大番、大番組頭、目付を経て、慶安三年（一六五〇）から寛文四年（一六六四）まで長崎奉行を勤める。延宝八年（一六八〇）没。

(73) 政所。長崎奉行所のこと。

(74) 町年寄常行司。注(5)参照。

(75) 両奉行。長崎奉行の員数は、寛永十年（一六三三）以前は一人、寛永十年より二人、貞享三年（一六八六）より三人、元禄十二年（一六九九）より四人、正徳三年（一七一三）より三人、同四年より二人、天保十四年（一八四三）より一人、弘化三年（一八四六）より二人と変遷がある。長崎表に二人赴任している場合は、西奉行所と立山奉行所の両所で勤務した。

(76) 阿蘭陀人江戸へ参向ノ時。長崎オランダ商館長の江戸参府のこと。

(77) 町使。注(52)参照。

(78) 井上筑後守。注(28)参照。

(79) 源左衛門。川口源左衛門。宗恒。川口宗次（下総国印旛二五〇〇石）の子。寛永十七年（一六四〇）、家光に拝謁。慶安元年（一六四八）、書院番。承応元年（一六五二）、家督を継ぐ。寛文三年（一六六三）、徒頭。同十一年、目付。延宝八年（一六八〇）三月二十五日、長崎奉行。貞享三年（一六八六）、加増されて二七〇〇石を知行。元禄三年（一六九〇）、摂津守に叙任。同六年十二月十五日、町奉行。同十一年、職を辞し、寄合に列する。宝永元年（一七〇四）没。

(80) 忠左衛門。牛込忠左衛門。注(6)参照。

(81) 寛永十三年五月十九日付け長崎奉行への老中奉書の正文は見い出されていない。写本に見られるのみである。太田勝也「「寛永十三年五月十九日鎖国形成令」の検討」（『歴史情報』NO. 10）で、一六種の写本による当該令の比較検討を行っている。

(82) 加賀守は堀田正盛。豊後守は阿部忠秋。伊豆守は松平信綱。讃岐守は酒井忠勝。大炊頭は土井利勝。

(83) 注(44)参照。

(84) 長谷川権六郎。長谷川権六。藤正。生没不詳。長谷川左兵衛藤広の次ぎの長崎奉行を勤めたが、在職期間は不詳。長谷川左兵衛との関係も弟とも甥とも言われるが不詳。

(85) 曽我又左衛門今村伝四郎。
曽我又左衛門。古祐。尚祐の子。天正十三年（一五八五）生。旗本。三〇〇〇石。書院番、使番、目付を経て、寛永十年（一六三三）から同十一年の間、長崎奉行を勤める。万治元年（一六五八）没。

今村伝四郎。正長。重長の子。天正十五年（一五八

七）生。旗本。三六〇〇石余。書院番、使番、目付、下田奉行を経て、寛永十年（一六三三）から同十一年の間、長崎奉行を勤める。承応二年（一六五三）没。

(86)　宿町附町。長崎に貿易に渡来した唐人は、初めは、長崎の知人宅を指名してそこに滞在した。これを指宿制という。宿に指名された者は、貿易取引きの斡旋なども行い口銭を得ることができた。この口銭の取得を巡って長崎住民の間で意見の対立があり、寛文六年（一六六六）に指宿制を廃して、長崎の町々が順番を決めて、渡来唐船の世話をする制度が始められた。各年、長崎に入港した唐船は、順番に一番・二番・三番船……と番号を付されて処理されたが、一番船は〇〇町が、二番船は△△町が、というように、その唐人の宿泊や貿易取引き等の世話をする当番町が決められた。この当番町に当たった町を宿町と言い、その補助的な役割を果たす町も決められた。この町を付町といった。

(87)　松平甚三郎。隆見。旗本。一五〇〇石。行隆の子。生年不詳。承応二年（一六五三）、家督を継ぐ。小姓組番士、土居修理奉行、御使役、御先弓頭を経て、寛文六年（一六六六）から同十一年まで長崎奉行を勤める。天和二年（一六八二）没。

(88)　甲斐庄喜右衛門黒川与兵衛。注(65)・(72)参照。

(89)　榊原飛騨守馬場三郎左衛門。注(44)・(11)参照。

(90)　水野河内守。守信。水野監物守次の子。天文五年（一五七七）生。旗本（大和国の内に五〇〇〇石を領する）。寛永三年（一六二六）から同五年まで長崎奉行を勤める。切支丹弾圧を強行した。同十三年没。

(91)　竹中采女正。重興。重利（豊後国府内城主、二〇、〇〇〇石）の子。寛永六年（一六二九）から同十年まで長崎奉行を勤める。切支丹弾圧を強行した。不祥事を起こし、同十一年、改易、切腹を命じられる。

(92)　阿媽巷。マカオのこと。

(93)　松浦肥前守。鎮信。平戸藩主。注(31)参照。

(94)　細川越中守。忠利。島原藩主。注(53)参照。

(95)　榊原飛騨守。職直。長崎奉行。注(44)参照。

(96)　鍋島信濃守。勝茂。佐賀藩主。注(31)参照。

(97)　大村丹後守。純信。大村藩主。注(27)参照。

(98)　有馬玄番頭。豊氏。久留米藩主。則頼の子。永禄十二年（一五六九）生。文禄三年（一五九四）、玄番頭に叙任。同四年、横須賀城主（三〇、〇〇〇石）となる。慶長五年（一六〇〇）、福智山城主に移封。三〇、〇〇〇石加増。同七年、父の遺領二〇、〇〇〇石を給う。元和六年（一六二〇）、久留米城（二一〇、〇〇〇石）に移封。寛永十九年（一六四二）没。

(99)　松平長門守。毛利秀就。注(31)参照。

(100)　松平右衛門佐。黒田忠之。注(31)参照。

(101) 黒田甲斐守。長興。秋月城主。注(31)参照。

(102) 黒田市正。松平市正か。注(31)参照。

(103) 鍋島信濃守。勝茂。佐賀藩主。注(31)参照。

(104) 立花飛騨守。左近将監忠茂。柳川城主。注(31)参照。

(105) 寺沢兵庫頭。堅高。唐津城主。

(106) 松倉長門守。勝家。重政の子。島原城主。慶長二年（一五九七）生。寛永八年（一六三一）、家督を継ぐ。同十五年、島原の乱の責により改易となり、死刑に処される。

(107) 水野日向守。勝成。忠重の子。永禄七年（一五六四）生。慶長五年（一六〇〇）、家督を継ぐ（刈谷）。日向守に叙任。元和元年（一六一五）、大和郡山に移封（六〇、〇〇〇石）。同五年、備後・備中に移封（福山一〇〇、〇〇〇石）。慶安四年（一六五一）没。

(108) 戸田左門。氏鉄。一西の子。天正二年（一五七四）、三河国二連木生れ。慶長七年（一六〇二）、家督を継ぐ（近江国膳所崎三〇、〇〇〇石）。元和二年（一六一六）、摂津国尼崎に移封、二〇、〇〇〇石加増。寛永十二年（一六三五）、美濃国大垣に移封（一〇〇、〇〇〇石）。島原の乱に出軍。明暦元年（一六五五）没。

(109) 小笠原右近大夫。忠真。小倉藩主。注(31)参照。

(110) 小笠原信濃守。長次。大名。豊前中津城主。八〇、〇〇〇石。忠脩の子。元和元年（一六一五）生。寛永六年（一六二九）、信濃守に叙任。『寛政重修諸家譜』に「正保四年異国船長崎の湊に漂着するのとき、人衆を出してこれを警固し、長次もおほせをうけたまはりて封地にゆく。」とある。寛文六年（一六六六）没。

(111) 松平長門守（毛利秀就）以下、松平伊豆守迄は注(31)・(98)・(31)・(107)・(53)・(110)・(24)・(108)・(42)参照。

小笠原壱岐守。忠知。小笠原兵部大輔秀政の子。慶長四年（一五九九）、下総国古河生れ。同十九年、壱岐守に叙任。信濃国の内に五〇〇〇石を給される。寛永八年（一六三一）、采地を上総・下総の内に移される。同九年、豊後国杵築城（四〇、〇〇〇石）に移封。島原の乱に出軍。正保二年（一六四五）、三河国吉田城（五〇〇〇石加増）に移封。寛文三年（一六六三）没。

(112) 末次平蔵以下伏見屋にいたる所謂九艘船の派船主については、中田易直「朱印船制度創設に関する諸問題(1)・(2)」（『中央大学文学部紀要〈史学科14, 16〉』）に詳細な検討がみられる。

(113) 市法商売。単に市法とか貨物、或は貨物市法とか市法貨物に商法、仕法、商売法などを付して、称される場合がある。注(7)参照。貨物市法については、太田勝也『鎖国時代長崎貿易史の研究』（思文閣出版）一二三頁以降を参照されたい。

(114) 牛込忠左衛門。注(6)参照。

(115) 会所。貨物市法会所。
(116) 御用物。注(26)参照。
(117) 三ケ一。貨物市法よる唐船からの輸入によって発生する利銀の三分一を長崎へ与えるという制度。太田勝也『鎖国時代長崎貿易史の研究』(思文閣出版)二五三頁以降を参照されたい。
(118) 宿町附(付)町。注(86)参照。
(119) 元禄元子年。元禄元年は辰年。貞享元子年の誤りか。
(120) 八朔礼銀。制度的な変遷があるが、長崎の住民は、貿易によって発生する利銀を受納していた。このことに対して、住民は長崎奉行に感謝し、御礼を贈った。これが、幕府の祝いの日である八月朔日(本来、八朔は八月朔日に行われた作物の実りを祈願する行事が行われた日であり、神に初穂を供える祭日であった。この日に世話になった人へ贈物をする習慣があった。徳川時代には、家康が初めて江戸城に入ったのが天正十八年〈一五九〇〉八月朔日であったので、この日を幕府の祝日としていた)に行われたので、八朔礼の称がある。
(121) 召上糸。幕府が買い上げる生糸。この生糸の一部売買益が貨物市法の運営費に当てられたが、幕府がこの生糸輸入による商業的な利益を得ようという目的ではなく、輸入生糸の市場における価格安定なども視野にいれられていたものと見られる。
(122) 末次平蔵。注(30)参照。
(123) 寛文八申年書上之御停止物之事。寛文期の輸入禁止品については、太田勝也『鎖国時代長崎貿易史の研究』(思文閣出版)一〇四頁以降を参照されたい。
(124) 河野権右衛門。通成。通重の子。寛永六年(一六二九)、家光に初謁。同十二年、書院番。慶安四年(一六五一)、家督を継ぐ(一二〇〇石)。寛文三年(一六六三)、使番。同六年三月十九日、長崎奉行。同十二年三月十七日、同職を辞して寄合に列する。延宝八年(一六八〇)、槍奉行。貞享四年(一六八七)、大目付。後、同職の務に応ぜざるところあって解任。元禄元年(一六八八)、小普請。同四年没。
(125) 宮城監物。宮城主殿。和充。宮城越前守和浦の五男。寛永十八年(一六四一)生。家綱の小姓。慶安三年(一六五〇)、書院番。徒頭。延宝七年(一六七九)、目付。天和元年(一六八一)五月十二日、長崎奉行。貞享三年(一六八六)十一月四日、昨年長崎にて江戸からの指揮を待たずに死刑を執行した件により、同職を奪われる。元禄元年(一六八八)、免されて小普請となる。同四年没。
(126) 川口源左衛門。注(69)参照。
(127) 唐通詞。一般的には唐通事と書かれる。長崎貿易における唐人との貿易における通訳官であるが、貿易取引きの手続き業務、唐船風説書の翻訳などを行う長崎地役人の一。

(128) 稽古通詞。唐稽古通事。「宝永五子年役料高并諸役人勤方発端年号等」（長崎県立長崎図書館郷土課蔵）に、次のようにある。

唐稽古通事貞享元子年壱人同二丑年弐人同卯年壱人元禄六酉年三人同七戌年壱人同九子年弐人同十四巳年壱人同（拾脱カ）七申年壱人被仰付都合拾弐人ニ而相勤申候

右勤方之儀唐船入津仕候得者船々江壱人宛風説定役《ヤク》ニ付添罷越申候唐船荷渡より出船迄之間大小通事ニ差添相勤申候尤唐人在留中唐人屋鋪へ弐人宛昼夜相詰唐人諸用事承之候

且又唐舩湊掛リ之内弐人宛舩々江廻リ日々之用事承年番通事江申達諸用相弁申候右之外唐人共不時囲より出候度々罷出相勤申候

(129) 唐内通詞ノ組頭。唐内通事小頭。「宝永五子年役料高并諸役人勤方発端年号等」（長崎県立長崎図書館郷土課蔵）に次のようにある。

唐内通事小頭寛文六午年七人被仰付候元禄六酉年三人御加拾人ニ而相勤来候処宝永五子年四人御除ケ六人ニ而相勤申候且又元禄十四巳年見習壱人被仰付候得共未役料不仰付候

右勤方之儀唐舩入津より出帆迄之間商売方ニ付諸出役仕尤唐人在留中唐人屋敷江昼夜弐人宛相詰唐人諸用事相勤申候

(130) 唐年行司。「宝永五子年役料高并諸役人勤方発端年号等」（長崎県立長崎図書館郷土課蔵）に、次のようにある。

唐年行司慶長年中之比住宅唐人之内より相勤候寛永十二亥年住宅唐人之内六人ニ御極被成候得とも其後弐人減シ四人ニ罷成申候延宝六年壱人御加都合五人ニ而相勤申候

右勤方之儀唐船荷役之節本船蔵本唐人屋鋪前波戸場并御用物改荷見せ荷渡其外出船迄之間商売方唐人共囲より外江出候度々罷出加勤申候

(131) 舩番人。舩番。「宝永五子年役料高并諸役人勤方発端年号等」（長崎県立長崎図書館郷土課蔵）に、次のようにある。

舩番寛文十二子年触頭御米蔵預武具預り共拾七人被仰付宝永五子年新規拾人御増都合弐七人ニ而相勤申候

右勤方之儀両御屋敷当番并御用日出嶋門番所六ケ所之御番所江相詰申候唐舩阿蘭陀入津湊ニ掛り居候内舩々江番舩脇掛り舩より夜相守申候其外唐舩荷役より出舩迄之間商売方ニ付新地蔵裏門水門唐人屋敷矢来門出入之者相改其外諸出役仕候尤阿蘭陀舩入津より出帆迄之間出嶋江度々罷出相勤申候町中昼夜廻り山廻り諏方社

祭礼祇園会為警固罷出申候

(132) 唐人番人。唐人番。「宝永五子年役料高并諸役人勤方発端年号等」（長崎県立長崎図書館郷土課蔵）に、次のようにある。

唐人番元禄二巳年触頭共弐拾人被仰付候
右勤方之儀唐人屋鋪并出嶋番所江昼夜相詰申候唐舩荷役より出舩之間商売方其外唐人囲より外江出候度々罷出申候尤町中昼夜廻り相勤申候

(133) 町使。注(52)参照。

(134) 遠見番。「宝永五子年役料高并諸役人勤方発端年号等」（長崎県立長崎図書館郷土課蔵）に、次のようにある。

遠見番万治二亥年触頭共ニ拾弐人被仰付元禄元辰年拾人御増弐拾弐人ニ而相勤申候
右勤方之儀野母小瀬戸放火山御番所江順番ニ相詰申候尤入津之唐舩阿蘭陀沖ニ相見江申候得ハ野母より小瀬戸江相知せ御注進申上候且又唐舩出帆之節為見送リ弐人宛沖江罷出帆影見隠シ候迄相守申候其外町中昼夜廻リ諏方社神事之節為警固相勤申候

(135) 宿町付町。注(86)参照。

(136) 唐舩請人。「宝永五子年役料高并諸役人勤方発端年号等」（長崎県立長崎図書館郷土課蔵）に、次のようにある。

唐舩請人寛永年中比より初リ申候其節ハ住宅請人とも諸舩頭より被頼舩々之請人ニ罷立申候寛文十一亥年住宅唐人之内六人請人ニ相極其節より六人ニ而勤来リ申候
右勤方之儀唐舩他領江漂着仕唐人共御詮議之節請人共判形ニ罷出申候唐舩出舩之節請状為判形本舩罷出申候

(137) 八朔礼。注(120)参照。

(138) 高島四郎兵衛。高木彦右衛門。長崎町年寄。

(139) 銀座。長崎銀座。元和二年（一六一六）に京都銀座から役人二人が長崎に派遣され、主に灰吹銀の輸出を監視する役割を果たした。長崎で丁銀などの銀貨鋳造に当った機関ではない。

(140) 出島口銭。オランダ商館が日本へ輸出する際に、各品物に一定の金額を決めて、オランダ商館側に支払いを課した一種の税的性格のもの。『華蛮交易明細記』（『長崎県史　史料編　第四』所収）に、次のようにある。

一阿蘭陀人商売口銭銀、端物壱反ニ付五分、糸壱斤ニ付五分、薬種荒物代銀百目ニ付五匁、猩々緋・羅紗類壱間ニ付五分宛ノ口銭、古来より取来ル、凡口銭銀百弐拾貫目余有之、此口銭も諸役人役料銀ニ相加ル、

(141) 銅口銭。銅の輸出に際して、一定の金額を決めて、唐船とオランダ商館側に支払いを課した一種の税的性格のもの。

(142) 唐大通詞。一般的には唐大通事と書かれる。「宝永五

子年役料高并諸役人勤方発端年号等」（長崎県立長崎図書館郷土課蔵）に、次のようにある。

唐大通事慶長年中比より弐人相勤申候処寛永十七辰年壱人御加同十八巳年弐人御増五人ニ而相勤候処其後壱人減シ四人ニ而相勤申候

右勤方之儀唐船荷役御用物撰伽羅直組御用物直組小間物道具糸銅俵物諸色直組入札荷渡先乗中荷積戻出船其外商売方ニ付一切相勤申候唐船他領江漂着引船ニ而送来御請取之節唐船ニ壱人罷出尤右唐人御詮議之節不残相詰申候且又唐人在留中唐人屋鋪江壱人宛昼夜罷在一切唐人諸用事相勤申候年番相勤申候年ハ役所を立商売方勘定并唐船諸用事引請相勤申候

(143) 唐小通詞。一般的には唐小通事と書かれる。「宝永五子年役料高并諸役人勤方発端年号等」（長崎県立長崎図書館郷土課蔵）に、次のようにある。

唐小通事寛永十七辰年弐人被仰付万治元戊年弐人寛文十二子年壱人御加五人ニ而相勤申候

右勤方之儀大通事同前ニ相勤申候

(144) 東京通詞。一般的には東京通事と書く。「宝永五子年役料高并諸役人勤方発端年号等」（長崎県立長崎図書館郷土課蔵）に、次のようにある。

東京通事明暦年中之比より壱人ニ而相勤申候

右勤方之儀東京船入津より出船迄之間商売方諸出役仕尤唐人屋鋪江毎度罷出東京人用事相勤申候

(145) 唐年行司。「宝永五子年役料高并諸役人勤方発端年号等」（長崎県立長崎図書館郷土課蔵）に、次のようにある。

唐年行司慶長年中之比住宅唐人之内より相勤候寛永十二亥年住宅唐人之内六人ニ御極被成候得とも其後弐人減シ四人ニ罷成申候延宝六年壱人御加都合五人ニ而相勤申候

右勤方之儀唐船荷役之節本船蔵本唐人屋鋪前波戸場并御用物改荷見せ荷渡其外出船迄之間商売方唐人共囲より外江出候度々罷出加勤申候

(146) 間金（あいだかね）。寛永十八年（一六四一）、幕府は金の輸出を禁じたが、寛文四年（一六六四）になって、オランダ商館側の要望もあって、金の輸出禁止を緩め、輸出高の半額までの金輸出を認めた。この時に、幕府は留易取引きにおける金銀レートについて、小判一両＝銀六八匁替を条件としたが、オランダ商館はこれに同意した。幕府は国内における金銀交換値を、小判一両＝銀六〇目と公定していたが、現実の市場では、小判一両は銀五四匁～五八匁程で両替されていた。したがって、オランダ商館へ小判を輸出した場合に、一両に付き銀六〇目の公定レートで換すれば銀八匁、市場の両替値で換算すれば一〇匁以上の差額が発生し、これは輸出する側の利益となる。この国内における金銀両替値とオランダ商館への小判輸出両替値によって発生する利益を間金と言う。長崎では寛文三年に大火があり（長崎六五町の内、六三町半を全焼）、これによる町再建に多額の経費を必要としており、また、同町が疲弊しきっていたので、当初間金はその助成に当てられた。

(147) 御舩頭。「宝永五子年役料高并諸役人勤方発端年号等」（長崎県立長崎図書館郷土課蔵）に、次のようにある。

慶安元子年御舩蔵出来仕候節より弐人被仰付候
右勤方之儀御舩蔵相守申候元禄二巳年より唐舩出帆之節沖江罷出帆影見隠レ候迄見送リ被仰付候宝永三戌年より唐舩湊江掛リ居候内昼夜舩廻リ仕候

(148) 水主。「宝永五子年役料高并諸役人勤方発端年号等」（長崎県立長崎図書館郷土課蔵）に、次のようにある。

慶安元子年拾人延宝二寅年新規ニ拾人御加候弐人ニ而相勤申候処貞享二丑年新規之水主拾人御除被成唯今拾人ニ而相勤申候
右勤方之儀御舩頭ニ付添相勤申候

(149) 筆者。「宝永五子年役料高并諸役人勤方発端年号等」（長崎県立長崎図書館郷土課蔵）に、次のようにある。

筆者役元和四午年壱人延宝四辰年壱人宝永五子年壱人被仰付候
右勤方之儀御用日并諸役人誓詞之節両御屋鋪江相詰申候江戸江被遣候町方郷方轉改帳毎年相認申候両御屋鋪安禅寺御舩蔵其外所々普請方并御闕所轉病死有之候節罷出申候惣町中賞銀勘定諸役人惣役料帳年々相認差上申候

(150) 普請方。「宝永五子年役料高并諸役人勤方発端年号等」（長崎県立長崎図書館郷土課蔵）に、次のようにある。

普請方寛文五巳年壱人元禄八亥年壱人ニ被仰付候
右勤方之儀両御屋敷安禅寺野母小瀬戸放火山御番所御舩蔵所々御制札場其外諸普請方有之候節相勤申候惣而公儀御普請地下普請共請払勘定帳仕立差上申候

(151) 大波戸舩役人。大波戸場役。「宝永五子年役料高并諸役人勤方発端年号等」（長崎県立長崎図書館郷土課蔵）に、次のようにある。

波戸場役寛永年中之頃位置人元禄七戌年壱人被仰付候
右勤方之儀唐舩阿蘭陀舩入津仕候得者早速御奉行所江御注進申上候尤唐舩入津より出帆迄御用舩差出候支配仕波戸場諸入用勘定ニ立合申候

(152) 武具預り役人。舩番の内武具役。「宝永五子年役料高并諸役人勤方発端年号等」（長崎県立長崎図書館郷土課蔵）に、次のようにある。

武具役延宝八申年加役被仰付候
右勤方御奉行所附武具預リ損シ申候品々見斗繕せ尤虫干等仕候

(153) 篭守。「宝永五子年役料高并諸役人勤方発端年号等」（長崎県立長崎図書館郷土課蔵）に、次のようにある。

右者慶長十二未年被仰付入籠之者裁判賄等仕候

(154) 篭番。「宝永五子年役料高并諸役人勤方発端年号等」（長崎県立長崎図書館郷土課蔵）に、次のようにある。

右者延宝二寅年五人天和元酉年五人被仰付候其以前者町中より雇番仕候

(155) 籠屋医師。「宝永五子年役料高并諸役人勤方発端年号等」（長崎県立長崎図書館郷土課蔵）に、次のようにある。

右者慶長年中之比より被仰付入籠之者共病気之節療治仕候

(156) 外科。籠屋外料（科）。勤方は、注(155)の籠屋医師に同じ。

(157) 邏羅通詞。一般的には邏羅通事と書かれる。「宝永五子年役料高并諸役人勤方発端年号等」（長崎県立長崎図書館郷土課蔵）に、次のようにある。

邏羅通事正保元申年壱人寛文十二子年壱人被仰付弐人ニ而相勤申候

右勤方之儀邏羅船入津より出船迄之間商売方諸出役仕尤唐人屋鋪江毎度罷出邏羅人用事相勤申候

(158) モウル通詞。一般的にはもうる通事と書かれる。「宝永五子年役料高并諸役人勤方発端年号等」（長崎県立長崎図書館郷土課蔵）に、次のようにある。

もうる通事寛文十二子年もうる口通弁仕候者有之候ニ付唐内通事之内ニ御加被召置候貞享四寅年よりもうる通事役被仰付候

右勤方之儀もうる人参候節通弁仕候

(159) 針医師。籠屋針立。「宝永五子年役料高并諸役人勤方発端年号等」（長崎県立長崎図書館郷土課蔵）に、次のようにある。

右者延宝七未年より被仰付入籠之者療治仕候

(160) 目医師。籠屋目医師。「宝永五子年役料高并諸役人勤方発端年号等」（長崎県立長崎図書館郷土課蔵）に、次のようにある。

右者延宝元丑年より被仰付入籠之者療治仕候

(161) 御書物改　春徳寺。江戸時代、唐船から漢籍の輸入が行われていたが、キリシタン関係の書物が含まれている恐れがあったので、輸入時にこのチェックが行われた。寛永七年（一六三〇）に春徳寺が建てられ、その住職となった泰室清安が漢籍に通じていた故をもって、はじめて書物改役を命じられたと言われるが、この役の創設年は確かとは言えない。唐船の貿易が長崎一港に制約された寛永十三年以降にならなければ、書物改めは実際上は機能的な存在とはならなかったと思われる。因に、「宝永五子年役料高并諸役人勤方発端年号等」（長崎県立長崎図書館郷土課蔵）に、次のようにある。

　御書物改役寛永七午年被仰付候
右勤方之儀唐舩より持渡候書籍御制禁之書籍交リ候哉
と相改申候尤御用ニ可罷成書物吟味仕候

(162) 向井玄成。延宝八年（一六八〇）に書物改役となる。

(163) 御伽羅目利。「宝永五子年役料高并諸役人勤方発端年号等」（長崎県立長崎図書館郷土課蔵）に、次のようにある。

　伽羅目利役寛永年中之比三人元禄十五午年壱人被仰
付
右勤方之儀御用之伽羅撰直組御認之節罷出相勤申候

(164) 御物鮫目利。「宝永五子年役料高并諸役人勤方発端年号等」（長崎県立長崎図書館郷土課蔵）に、次のようにある。

右鮫目利寛永年中之比三人元禄二巳年三人被仰付　御
用之
御鮫撰御認之節罷出相勤申候

(165) 御書物目利。「宝永五子年役料高并諸役人勤方発端年号等」（長崎県立長崎図書館郷土課蔵）に、次のようにある。

　書物目利寛文年中之比壱人延宝弐寅年弐人被仰付候
右勤方之儀御用物撰之節罷出　御用物ニ可罷成書物目
利仕候

(166) 御巻物目利。端物目利。「宝永五子年役料高并諸役人勤方発端年号等」（長崎県立長崎図書館郷土課蔵）に、次のようにある。

　端物目利寛文十二子年壱人延宝三卯年壱人元禄三午
年壱人元禄七戌年壱人被仰付都合四人ニ而相勤申候
右勤方之儀御用物撰御認并唐船阿蘭陀商売端物見せ其
外御買上御座候節端物直組ニ蔵本江罷出相勤申候

(167) 大薬屋。薬種荒物目利大薬屋。「宝永五子年役料高并諸役人勤方発端年号等」（長崎県立長崎図書館郷土課蔵）に、次のようにある。

　端物目利寛文十二子年壱人延宝三卯年壱人元禄三午
年壱人元禄七戌年壱人被仰付都合四人ニ而相勤申候
右勤方之儀御用物撰御認并唐船阿蘭陀商売端物見せ其
外御買上御座候節端物直組ニ蔵本江罷出相勤申候

(168) 油薬目利。「宝永五子年役料高并諸役人勤方発端年号等」（長崎県立長崎図書館郷土課蔵）に、次のようにある。

　油薬目利寛文十戌年三人被仰付候処同十一寅年壱人
　御減シ弐人ニ而相勤申候
右勤方之儀唐舩阿蘭陀より持渡候油薬類目利仕候尤御
用物撰之節油薬等有之候得者御屋鋪江罷出申候

(169) 塩焇目利。「宝永五子年役料高并諸役人勤方発端年号等」（長崎県立長崎図書館郷土課蔵）に、次のようにある。

右者寛永年中之比被仰付塩焇御用之節拵申候

(170) 鹿皮目利。鹿皮手本見。「宝永五子年役料高并諸役人

勤方発端年号等」（長崎県立長崎図書館郷土課蔵）に、次のようにある。

鹿皮目利寛永六巳年被仰付候
右勤方之儀唐船荷役之節罷出呂宋鹿皮目利仕其外唐船阿蘭陀荷見せ荷渡之節罷出申候

(171) 割符糸掛役人。糸掛。「宝永五子年役料高并諸役人勤方発端年号等」（長崎県立長崎図書館郷土課蔵）に、次のようにある。

糸掛貞享弐丑年弐人元禄弐巳年壱人御加三人ニ而割符糸并余糸掛改申候

余糸は、輸入生糸を糸割符の一定方式で五ケ所糸割符仲間や呉服師仲間へ配分して余った分。長崎会所下の貿易では、余糸は一般の貨物と同様に扱われた。

(172) 糸目利。「宝永五子年役料高并諸役人勤方発端年号等」（長崎県立長崎図書館郷土課蔵）に、次のようにある。

糸目利寛文十二子年より被仰付候元禄十一寅年端物目利加役被仰付候

(173) 塩硝蔵主。「宝永五子年役料高并諸役人勤方発端年号等」（長崎県立長崎図書館郷土課蔵）に、次のようにある。

右者慶安年中之比被仰付唐人阿蘭陀持渡玉薬預リ申候

(174) 神職。「宝永五子年役料高并諸役人勤方発端年号等」（長崎県立長崎図書館郷土課蔵）に、次のようにある。

神職役寛永十一戌年三人寛文十二子年壱人元禄八亥年壱人被仰付五人ニ而勤申候
右勤方之儀諏方社祭礼之節諸用事支配其外社中修覆見斗社用相勤諸入用勘定帳仕上ケ申候

(175) 能大夫。「宝永五子年役料高并諸役人勤方発端年号等」（長崎県立長崎図書館郷土課蔵）に、次のようにある。

右者寛永十一戌年被仰付諏方社祭礼相勤申候

(176) 唐内通詞。一般的には唐内通事と書かれる。「宝永五子年役料高并諸役人勤方発端年号等」（長崎県立長崎図書館郷土課蔵）に、次のようにある。

一　銀三拾七貫四百三拾弐匁五分　七万両之内
　同九拾壱貫六百九拾壱匁　唐船置銀
〆百弐拾九貫百弐拾三匁五分
内訳
四貫六百三拾三匁　筆者小使給銀諸雑用
三貫八百四拾九匁　南京方内通事小頭壱人
九貫弐百四拾三匁　泉州方同　三人
但壱人三貫八拾壱匁宛
右者寛文六午年より被仰付唐船入津より出船迄之間商売方ニ付諸出役相勤申候然共去子年より役義相勤候義被差留置候
弐拾弐貫五百四拾五匁　南京方詰番内通事拾五人
但　壱人壱貫五百三匁宛
拾七貫三百七拾目　泉州方詰番内通事拾五人
但　壱人壱貫百五拾八匁宛

右南京方泉州方詰番内通事寛文六午年平内通事ニ
而御座候処元禄弐巳年より唐人屋敷詰番被仰付相
勤申候然共去子年より役儀相勤候儀被差留置候
三拾四貫八百目　泉州方平内通事八拾人
但壱人四百三拾五匁宛
右南京方泉州方平内通事寛文六午年より被仰付荷役
より出船迄之間商賣方ニ付諸出役仕候尤唐人囲より
外江出候度々罷出相勤申候然共去子年より役儀相勤
候儀差留置候
右内通事小頭詰番平内通事共ニ寛文六午年百六拾八人
ニ御極被成候処元禄元辰年壱人病死百六拾七人ニ罷成
候然ル処元禄十三辰年林土佐守様御在勤之節内通事之
儀ハ差留御用ニも取立不申者ニ候間人数減可然由ニ而
向後死つふれニ被仰付江其後四拾七人病死去子年小頭
共ニ百弐拾人ニ罷成候

(177) 阿蘭陀内通詞。「宝永五子年役料高并諸役人勤方発端年号等」（長崎県立長崎図書館郷土課蔵）に、次のようにある。

一銀八拾弐貫三百五拾九匁八分　七万両之内
内
五拾貫三拾五匁三分　上分四拾四人
但壱人壱貫百三拾七匁壱分余
弐拾五貫拾七匁六分余　中分四拾四人
但壱人五百六拾八匁五歩余
七貫三百六匁八分余　日用雇賃佷退雑用之足
右内通詞寛文十戌年百六人ニ御極被成内より小頭拾
弐人被仰付候寛文十二子年四拾四人御増百五拾人ニ
罷成候処元禄元辰年又々先年之通百六分ニ被仰付候
然候処元禄十三辰年林土佐守様御在勤之節内通事之
儀者差而御用ニも相立不申者ニ候間人数減可然由ニ
而向後死潰シニ被仰付候其後六人病死去子年小頭共
ニ百人ニ罷成候
右勤方之儀阿蘭陀船荷役より出船迄出嶋江相詰申候然
とも去子年より役儀相勤候儀被差留置候

長崎旧記

（表紙題簽題）長崎旧記

（目録題）長崎旧記目録

（目録）巻第一

一長崎と申名附由来之事
一長崎小太郎末葉并居所之事
一長崎町開基并南蛮船始而長崎江来事
一南蛮人長崎江令自由事
一秀吉公長崎御領被召上御条目并御朱印并耶蘇宗門徘行御停止御書出之事
一村山東菴長崎領為請地御代官務事
一長崎内町数ケ所并新築地之事
一同所外町右同断之事
一長崎竪横間数并橋数之事
一長崎田畑高付并上納銀石高之事
一大村領ト長崎領代地之事
一外町地子銀并唐人屋敷地子之事

巻第二

一吉利支丹御改御上使黒船御停止南蛮之出家并邪宗門頭人御追放之事
一邪宗門之者転并南蛮人種御追放事
一日本より唐船造舟ニて異国江為商売渡海之事附停止之事
一唐船渡海長崎津ニ御究并船改事
一南蛮人町宿御停止出嶋ニ被押籠事
附南蛮船渡海御停止之事
一阿蘭陀人平戸より長崎江引越御上使之事
附暗喜里阿蘭陀種咬𠺕吧御追放事
一野母遠見番并長崎放火山初番人事
附小瀬戸番所之事
一西泊戸町御番所始之事
一肥後嶋原より長崎江詰船始ル事
一九州ニ而関所相極り往来手形始事

一長崎奉行始幷与力同心之事
一長崎奉行屋鋪事

巻第三

一有馬修理大夫長崎沖ニて南蛮船焼討事
一浜田弥兵衛高砂ニて人質取事
一琉球ニ而捕南蛮事
一南蛮船御停止之後一艘致来朝御焼捨之事
一薩摩甑ノ嶋ニ南蛮人隠居事
一筑前カチメノ大嶋ニて捕南蛮人事
一吉利支丹目明周辰官黄五官揚六官長崎ニ被召置事
一大坂城中ニ篭大野主馬子永井勘兵衛ト云者長崎ニて捕京都江被渡事
一嶋原一揆ニ付長崎奉行出陣幷張本四郎一家之首長崎ニ被梟事
附山田右衛門作御口上書之写
一長崎江近国大名為御用被差出置附人事

巻第四

一阿蘭陀人ヱケレス人一艘ニ乗組初而来朝事
一阿蘭陀人平戸ニて商売事
一阿蘭陀人御忠節申上ル事
一阿蘭陀船南部江漂着之事
一ヱケレス平戸江渡海之事
一長崎へヱケレス船壱艘来朝事
一出嶋築立開基之事
附同所家賃銀之事
一出嶋作事之事
一出嶋門番初事
一阿蘭陀船番船事
一阿蘭陀商売之事
一間金始り之事
一出嶋乙名幷通事目付之事
一出嶋口銭銀掛り物之事
一阿蘭陀内通詞初り之事
一口銭銀幷間金支配之事

一掛り物役之事
一金場吟味役之事
一糸割苻初り之事
一割苻破之事
一二度割苻御赦免事
一割苻糸宿老之事

巻第五

一大村邪宗門起事
一豊後幷肥後領邪宗門ノ者出来事
一長崎回録之事
一御制禁ヲ敗（ママ）朝鮮渡ノ者有之訴人事
一長崎御代官末次平蔵流罪之事
一日向江漂着之ハタアニ人之事
一阿蘭陀人洋中ニて唐人船を奪取其
過怠銀出ス事
一朝鮮江阿蘭陀人漂着之事
一勢州之者風ニ被放天川より南蛮人送り来事
一紀伊国江呂宋船漂着之事
一薩摩之者広東湊江漂着之事
一薩摩江漂着之言葉不通異国人送
来事
一薩摩之者広東江漂着送来事
一普陀山漂着日本人送事
一長門之者広東江漂流送来事
一町使始之事
一船番始之事
一長崎馬込ニ有之御用船始之事

長崎旧記目録終

附録

一異国江年々金銀過分ニ渡ニ付商売
手立を以渡高可減御吟味之事
一唐船宿町附町幷口銭と云事初ル事
一牛込氏始而下着相対の異国商売を
破異国江金銀過分に不被渡鍛練之事
一同冬船一艘着岸此船より商売ノ手
立取替事

(本文)
長崎旧記巻第一

長崎と名付幷由来之事

一長崎昔ハ深江浦(1)とて片田舎ニて世上ニ知者稀なり然所文治之比頼朝公より長崎小太郎と云者此深江浦を給住居す彼小太郎此浦を興立するに随而商船等近郷ニ往来於所ニ長崎者と云終ニ深江之名を失ひ長崎と申伝へり小太郎末葉於尓今大村因幡守(2)家中にあり

長崎小太郎末葉幷居所之事

一長崎永録(ママ)之比迄諏訪明神より南続海中ニ洲崎あり深樹打続今ノ西屋敷(3)森崎権現の小社有江戸町椛嶋町辺者漁者塩焼所々ニ居住シ下町より築町辺の海其外今の外町(4)之分ハ田畑少有小太郎今の春徳寺ニ居所を構へ桜馬場左右ニ家人を扶持す小太郎十代孫長崎左馬助実子無之ニ付有馬之領主肥前守貴純(5)か三男康純をやしなひ家督其子左馬之助其子甚左衛門と号す大村領主民部少輔忠純(ママ純忠)(6)か女を以て嫁之長崎小家といへとも有馬大村両家の振廻を以武威を逞し其比豊後ニ大友薩摩ニ嶋津肥前ニ龍造寺隆信等干戈止事なく小家ハ大家ニ随ふといへとも甚左衛門ニ至て終ニ幕下ニ不居近郷ニ深堀茂宅(7)と云者あり地を争ひ折々戦へ共終ニ負を不取然所文録(ママ)之比秀吉公名護屋御出陣之節彼地ニ不出頭故領地を被召取家亡甚左衛門大村に退居

長崎町開基幷南蛮船初而長崎ニ来事

一南蛮船天文之頃より永録(ママ)十二年迄者大隈の内種子嶋豊後又ハ大村之内福田

横瀬浦なと云所ニ着船シテ其所々ニ而
商売す然共蛮夷心ニ応ル湊なし然所
長崎之湊海底深ク三方高山ありて
難風凌よく第一の湊なりと見立元亀
元始而長崎ニ着船す依之上方諸国の
商人仮屋を建商売す其比今の内町(8)
ハ大村領主大村民部入道理専領地也就夫
理専家来の友永対馬と云者ヲ差越蛮
夷トモ末々迄も此地ニ於着岸者町を可取
立由致約束則元亀二年ニ町割を成して
国々所々より集り候者共同国ヲ一所ニ
置其国々ノ名を付或ハ豊後町大村町
平戸五嶋町なと丶名付町ノ頭人ヲ定ル
今の町年寄之先祖是也

町之頭人

高木勘右衛門　剃髪シテ了賀と云今之作左衛門祖也
高嶋了悦　今の四郎兵衛祖也
町田宗賀亡　此跡高木彦右衛門利髪道感と云今彦右衛門祖也
後藤宗太郎　今ノ庄左衛門祖也

一南蛮船初而日本ニ来ル年天文十二癸卯
八月大隅ノ内西村と云所ニ黒キ大船壱艘
着岸す(9)此船乗組人之形日本ニて不見
馴者共故諸人以之外驚く然所ニ船中ニ
唐人壱人有彼者筆札ニて西南蛮より
為商売来ルと云然共此所人の通路かたし
自是南種子嶋ニ至て可致商売由教依
之種子嶋ニ着岸す其船之船頭二三尺
斗ノ鉄炮を持鳥獣を打朝夕食之其比
日本ニて鉄炮と云物不見馴重宝成ル物と
おもひ其名を重宝と名付彼蛮夷鉄
炮の秘術を日本ニ残置令帰帆翌年
又大隈の内能(ママ)ノ浦と云所ニ着船ス此時南
蛮より鉄炮細工人ヲ乗来テ其作り様ヲ
教ゆ折節泉州堺橘屋又三郎と云者
鉄炮の張様習今の堺筒ノ初り是也此
時紀州根来寺杉坊稽古鉄炮之術日本へ
弘其後蛮夷豊後大友(10)より被招彼地へ文
録(ママ)之頃迄渡海之切支丹之法広むと申伝

南蛮人長崎江令自由事

一蛮夷長崎へ来ル事元亀元年より天正
十五年迄南蛮人己か心侭ニ邪法ヲ執行
大村ニハ金銀諸色を謝礼し町中之者ニハ
夫々ニ応し金銀財宝を其好ニまかせ
宛行ゆへ親ミ深く彼是尊敬し其下知ニ
随是尓よつて邪蘇地下者不及申諸国より
来ル者迄厚徳を施故をのつから彼宗門ニ入神
社仏閣を焼邪蘇宗門ノ寺を建善美
結構シ住僧伴天連を置逐日令張行ニ
より繁華之地となる事十八年之間也

寺数

西屋敷地二ヶ寺　立山地一ヶ寺
春徳寺　一ヶ寺　本蓮寺一ヶ寺
勝山町　一ヶ寺　桶屋町一ヶ寺
本博多町一ヶ寺　今町　一ヶ寺
炉糟町　一ヶ寺　十善寺一ヶ寺
〆拾壱ヶ寺

」

秀吉公長崎御公料被召上御條目御
朱印并邪蘇宗門徘行御停止御書出之事

一長崎之儀元亀元より天正十五迄十八年の
間長崎中都而邪蘇宗門ニ令帰依我意
をふるひ蛮夷ノ頭伴天連を主のことく
取持所秀吉公天正十五年九州ニ御出陣
薩摩義久ヲ御静メ御帰陣之砌筑前
箱崎暫御在留あり其節彼伴天連長
崎より色々献上を支度し罷出ル所御供
之内邪宗門領輩有之由被聞召被遂
御吟味両人被行死罪依之伴天連日本
渡海之儀向後停止之由被仰出早速被差
帰長崎之儀日域之正道を取失ひ伴天連ニ
随ひ剰地頭職之者長崎を切支丹領差
出事不届之至り依之御料ニ被召上為
上使藤堂佐渡守(11)被差下又翌年寺沢
志摩守(12)藤堂佐渡守両人被差下長崎見分
有肥前領主鍋嶋飛驒守(13)江御預天正十六

年より同十六年迄飛驒守長崎を預り諸事支配有之所文録（ママ）元年重而為奉行寺沢志摩守被差下此時より長崎奉行と云事有

長崎御公料ニ被召上御條目并御

朱印之写

定　　長崎

一当所御料所被　仰付上者非分之儀在之間敷事

一有様之御公物納所申上マテ横役不可有之事

附地子ハ得　上意可免之

一当所之儀此両人ニ被　仰出候間為代官鍋嶋飛驒守預ケ置たる何茂可成其意事」

一黒船之儀前々ノコトクタルヘキノ間地下人令馳走当所へ可相付候事

一自然下トシテ不謂儀申掛候者有之候共

一切承引仕間敷事

右之旨相ソムクトモカラ於有之ハ急度両人方へ可申越候堅可申付者也仍如件

天正十六年五月十八日　戸田民部少輔

勝陣

浅野弾正少弼

長吉

秀吉公御朱印之写

長崎江黒船如先々相着候ハ、可致商売并当津地子之事被成御免除畢猶浅野弾正少弼戸田民部少輔可申者也

天正十六

閏五月十五日

長崎惣町

天正十五年　秀吉公於筑前箱崎邪宗門徘行御停止之事御書出写

定

一日本者神国たる処尓吉利支丹国より

邪法を挟(ママ授カ)候儀甚以不可然事
一其国郡の者を近付門徒尓なし神社
仏閣を打破らせ前代未聞候国郡在所
知行等給人ニ被下候儀ハ当時之事ニ候
天下より御法度相守諸事可得其意候
所下々として猥儀曲事ニ候事
一伴天連其智恵之法を以心さし粗邪(ママ檀那カ)ヲ
持候半と被　思召候所如右日域之仏法
ヲ相破候事曲事ニ候条伴天連之儀
日本之地ニハ被差置間敷候間今日より廿
日之間ニ用意仕可帰国候其内下々
伴天連ニ不謂儀申掛者あらは可為
曲事候事
一黒船之儀者商売之事ニ候間各別之
事年月ヲ経諸事売買可仕事
一自今以後仏法之妨ヲ不成輩は商人
之儀者不及申何尓ても吉利支国より
往返不苦候条可得其意事
」

村山東菴(14)長崎領為請地御代官務事
一文録(ママ)之比長崎内町之分建置廿三町ニ
極大より在郷地を広メ町ニ取建段々
諸国ノ者集り終ニ繁花之地と成然
所文録(ママ)元年秀吉公唐津名護屋
御在陣之時長崎為惣代町ノ頭人(15)
之内一人御礼ニ可罷出に相定芸州
之村山安東と云者長崎ニ今居住常ニ
大人馴弁口才発志あり某を名護
屋ニ可遣ニ首尾可相調由願望ニ付
色々献上ヲ支度安東ヲ名護屋ニ差
越然者　秀吉公御感折々御目見被
仰付汝東庵と可名付所ニ安東と云事
ヲカシク思召トノ御雑談有之則東庵
と改重而罷出御機嫌能時分ヲ見合
長崎内町之外某ニ御預ケヲ蒙度と
奉願依之御赦免地子為銀廿五貫目差
上外町并在郷地迄御代官ヲ務慶安

三年より元和二辰マテ東菴支配ス于茲末次興善とて生所筑前之者ニ有彼東庵ハ興善か介抱ヲ以長崎ニ居住重忍之者也然所ニ興善か子ニ末次平蔵(16)と云者いさゝかの出入有之公事取繕元和二年両人江戸江罷出令対決其公事過半東庵雖為利運東庵嫡子伴天連ニ而在之故前廉南蛮国江流罪被仰付候処東庵洋中ニて忍取長崎ニ隠置大坂御陣之節城中ニ籠置其上玉薬迄差上ル由平蔵より言上ス依之東庵江戸ニ而早速死罪被仰付地子銀五拾貫目ツヽ致上納正保四辰迄三十年余平蔵上代相務候此跡役同年ニ高木彦右衛門高嶋四郎兵衛ニ被　仰付候

長崎内外町数ケ所数幷新築地事

一間数九拾四間三尺三寸八十三　本下町
三十五ケ所

一同九拾間半　此町寛文十二子ニ町成也　今下町
三十二ケ所」

一同百三拾六間半一尺五歩　引地町
四拾ケ所

一同百九拾弐間弐尺三寸六歩半　桜町
四十ケ所

一同百三十五間半二寸五歩　内中町
三十三ケ所

一同百六十五間　小河町
五十一ケ所

一同百九間半　船津町
三十六ケ所

一同百三十八間半　浦五嶋町」
三十ケ所

一同百廿七間半　本五嶋町
三十九ケ所

一同百廿七間半　金屋町
三十九ケ所

一同百八間五合八夕　堀町

三十三ケ所
一同百三間半（此町寛文十二子年ニ成ル）　新興善町
三十ケ所
一同百九間半　後興善町
三十三ケ所
一同百六十六間半　本興善町
三十九ケ所
一同百五十八間三尺七寸五歩　新町
三十二ケ所
一同百五拾九間四尺六寸一五　本博多町
四十ケ所
一同百六十五間三分　嶋原町
三十三ケ所
一同百三十一間六合七五　豊後町
四十壱ケ所
一同百十七間三合五　糀（ママ椛カ）嶋町
五十ケ所
一同百八間半二合五　江戸町
二十二ケ所

一同百八十三間五尺一寸七　東築町
四十三ケ所
一同百六十六間三尺六寸　西築町
四十三ケ所此町寛文十二子年町成ル
一同百七十間半　今町
四十二ケ所」
一同百六十八間二尺八寸五分　大村町
三十八ケ所
一同二百六間五尺三寸六歩　外浦町
四十一ケ所
一同百廿六間四尺九寸五分　平戸町
三十四ケ所
町数弐拾六町
内町新築出シ
一江戸町（長三十間五尺／平廿六間）　八拾壱坪六
右寛文三卯年長崎回録(17)ニ付西奉行屋敷(18)
焼失ス尤此時迄ハ奉行両所共ニ西屋敷ニ有
兼テ陜ニより隣助テ高木作右衛門(19)屋敷一ケ
所并江戸町ノ町人屋敷五ヶ所右奉行屋

敷ニ入て作事有別為代地浜町川筋之
海を埋五人ノ町人ニ給町筋ハ浜町ニつ、く
江戸町とハ相隔候共江戸町ニ給故江戸町ニ
入作右衛門代地ニハ浜町ニアル奉行下屋敷ヲ
給ル

奉行河野権右衛門時代[20]
一牢屋築地 長十八間六合 平五間　九拾三坪

奉行牛込忠左衛門時代[21]
一引地町表六間半入十六間　百四坪
右桜町ノ堀溜り水スルニヨリ寛文十二子
岩永宗[22]　訴訟し築立屋敷引地町ニ入

奉行岡野氏
一江戸町長廿五間平六間　百五十坪
右延宝元丑年訴訟して築立

一同
浦五嶋町長五間平一間半　七坪半
右同断

一同
西築町ト下町ト間ノ入口　長百廿二間一尺四寸 平二間六合八分九 三百廿八坪六合七九四
右延宝二寅年西築町より訴訟シテ築立

一同
本下町ト西築町ト間ノ入江下町ノ方
長百十間二尺五寸 平二間六合八九三　弐百九十六坪六合三九

」

右同断本下町より訴訟

一今下町ト西築町ト間ノ入江今下町ノ方
長廿二間平四尺九寸十七坪一合七六九
右同断今下町より訴訟

一同
西築町ト江戸町ト間入江西築町ノ方
長廿五間三尺二寸 平五間八八五　百四拾九坪九合六三
右延宝四辰年西築町より訴訟

一樺嶋町　長四十三間四尺六寸 平四間三合一五弐五　百八十八坪六八
右同断樺嶋町より訴訟

一内中町　表口四間 入廿五間　八十八坪
右同堀下洞水スル故野田元庵願テ屋
鋪ス

同岡野氏
一江戸町大波戸　長五間二尺九寸三分 平二間六合　十四坪一合四
一同　長十一間平五間二寸　八十八坪
一同江戸町長七間平二尺九寸二分半　三坪一合五
右三ヶ所延宝五巳年江戸町大波戸陝故
内外ノ人夫ヲ以築立
一江戸町大波戸築地長七間横七間
元録（ママ）八亥年宮城越前守[23]近藤備中守[24]

支配之節築立
一同　長八間横八間
元禄（ママ）九子年近藤氏丹羽氏(25)支配之節築立
一同入江築地長三間二尺横五間三尺
右同年埋て地行ニナル
一豊後町《牛込時代》　表五間　入七間　三十五坪
延宝八申年豊後町堀洞水スル故
曽根川検校訴訟して築屋敷とす
一江戸町《岡野時代》　長十六間平十間　百六拾坪
右同年江戸町より訴訟シテ築」
長崎外町数ケ所数幷新築地
一間数二百廿九間五尺二寸　袋町
四十四ケ所
一同二百四拾三間三尺　酒屋町
三十一ケ所
一同二百七十五間壱寸　今魚町
六十一ケ所
一同百九十三間四尺六寸　本紺屋町
四十五ケ所

一同百五十五間二尺七寸　材木町
廿二ケ所
一同二百五間三尺　西浜町
三十七ケ所
一同二百八十四間三尺三寸　万屋町
六十七ケ所
一同二百八十間二尺八寸　榎津町
七十二ケ所
一同百四十八間六寸　出来鍛冶屋町
三十二ケ所二合五夕
一同百六十間二尺五寸　今鍛冶屋町
三十三ケ所
一同二百廿七間三尺五寸　東浜町
四十九ケ所
一同二百廿六間二尺二寸　本石灰町
六十八ケ所
一同百三十一間二尺八寸　今石灰町
四十五ケ所
一同百三十四間三尺　新石灰町

四十五ケ所
一同百七十間五尺三寸　船大工町」
四十五ケ所
一同二百六十八間五寸　本大工町
五十九ケ所
一同二百九十八間五尺三寸　出来大工町
四十五ケ所
一同二百六十一間五尺　新大工町
四十五ケ所
一同二百廿五間　五尺七寸　本籠町
四十五ケ所
一同二百卅三間六寸　今籠町
四十三ケ所
一同百九十九間四尺五寸　西古川町
六十一ケ所
一同二百十間九寸　東古川町
六十一ケ所
一同二百四十八間　本古川町
七拾壱ケ所

一同二百四間六尺　出嶋町
二十五ケ所
一同三百三十五間二尺五寸　恵美酒町
八十八ケ所
一同三百五十五間三尺五寸　大黒町
八十八ケ所九合二夕三才
一同弐百八十二間一尺三寸　上筑後町
六十五ケ所
一同二百五拾三間五尺九寸　下筑後町
五十八ケ所八合七夕五才
一同八十八間八寸　東上町
六十七ケ所
一同三百十七間弐尺壱寸　西上町」
七十一ケ所半
一同三百廿弐間九寸　東中町
七十二ケ所
一同三百廿七間八半　西中町
七十ケ所
一同百八十五間三尺七寸　八百屋町

五十九ケ所
一同百九十間五尺九寸　勝山町
四十五ケ所
一同廿三間六尺　炉粕町
五十五ケ所
一同百七十五間二尺六寸　北馬町
五十ケ所
一同百七十四間三尺一寸　南馬町
八十八ケ所七合五夕
一同弐百四十四間三尺六寸　油屋町
六十六ケ所
一同百七十間一尺六寸　諏訪町
三十六ケ所一合二夕五才
一同二百十一間一寸　磨屋町
四十四ケ所
一同弐百三十一間四尺三寸　銀屋町
四十九ケ所半
一同百七十五間三尺二寸　中紺屋町
三十九ケ所
一同百九十六間一尺弐寸　中紺屋町
四十八ケ所
一同二百七十四間一尺弐寸　桶屋町
五拾六ケ所
一同 一百十一間五尺六寸　古町
四十八ケ所
一同二百◯(ママ)　大井手町
五十一ケ所
一同二百六十八間四尺九寸　伊勢町
五十九ケ所
一同三百四十弐間四尺二寸　八幡町
六拾ケ所
一同百六十間九寸　本紙屋町
四十一ケ所
一同弐百四十七間一寸　新橋町
廿六ケ所
一同弐百九間二尺二寸　丸山町
四十七ケ所
一同二百八十間二尺八寸　寄合町

五拾ケ所
町数合五拾四町
一外町之儀慶長二年之比より田畑ヲ開キ年々
町数となる文録（ママ）之比村山東庵(26)請地シテ
外町ト名付段々建重り四十三町ニ
極所寛文十二子奉行牛込忠左衛門支配ノ
時市法(27)三ヶ一銀(28)配分高下アル故大町
十町より訴訟シテ一町より二町或ハ三町ニ分
新町十一町割出ス
東浜町　大黒町　下筑後町
北馬町　東上町　新石灰町
出来鍛冶屋町　西古川町　東古川町
出来大工町　中紺屋町
〆拾一町是ヲ加テ五拾四町ニナル
外町新築地之事
一西浜町 嶋田氏時代(29) 長四十九間一尺四寸五歩 横十五間八九八 七百八十六坪九合五一七」
右者寛文三卯年長崎回録ニ付西屋敷焼失
作事有之其地陜キニヨツテ隣地高木
作右衛門屋敷をかへ作右衛門ニハ奉行下屋敷浜町ニ
有之を給然共其地狭キ故浜町之町人
六人之屋敷ヲ添代地給六人之町人共ニハ
従　公儀新町ヲ築立代り地トナル
右者寛文十一亥年末次平蔵(30)請地之時
一恵美酒町 表四十八間六尺 入八間七合五 三百二十一坪
訴訟シテ築立
一同 長四十一間八合 横九合四七五 三十九坪六合五二
右同断
一同 牛込氏時代 長七十一間四尺五寸 二間七合一四四 百九十四坪六
右者延宝四辰年町より訴訟シテ築立
一同 大黒町橋際築地 長十四間 横四間六合四九 〇（ママ）
右同断
一同 同町北方 長十四間一尺 横三間五合八 五十坪六合七六二
右同断
一同 船大工町表築地 長六十八間四尺九寸 横五間 三百四十三坪七合
六九二
右同年船大工町より訴訟シテ築立

一同本籠町表長百五十三間八合三横五間　七百六十九坪一五三七六
右同年町より訴訟シテ築立
一同諏訪町川端築地長廿九間三尺四寸横一間五合八一四　四十六坪六合八七七
右同年同断
一同新橋町川端築地長廿九間半横二間　五十九坪
右同年同断
一同中紺屋町川端築地長十四間五尺横二間半　三十六坪九合二三
右同断
一同西浜町　同断長四十四間横四間　七百四拾坪
右同断
一同東浜町表同断長九十七間二合三横十間　九百七十二坪三合」
右同断表町筋出来　内九十四坪四合道筋ニ分ル
一同町西堀両端同長三十八間横一間七合一七五　六十五坪二合六五
一同町川端築地長廿七間五合八五横二間三合九　六十五坪九合一二
右同断
一同万屋町長四十六間横一間六合五零六　七拾五坪九二七六
右同断
一同榎津町長廿六間四六横一間五合二壱　四拾坪七合五七八七
右同断

一同東古川町長十一間三尺横三尺四寸五分　六坪零八三四
右同断
一同今鍛冶屋町長壱間五尺横一間弐合零三三　弐百廿七坪七七三九
右同断
一同十善寺梅ヶ崎築地長卅三間横五寸（ママ）本　百六十五坪
右者延宝八年荒木伝兵衛訴訟シテ築立

長崎竪横間数橋数之事

一新大工町横手より浜町築地迄七百卅六間
一同外門より出嶋迄　九百四拾七間半
一炉粕町より江戸町大波戸迄七百五十七間半
右者竪ノ間数
一油屋町外門より樺嶋町迄　五百廿九間
一皓台寺下より福済寺迄　四百九拾六間
一深崇寺より立山橋迄　三百五拾一間半
右者横ノ間数
一橋数大小四十五ノ内石廿七板十五　打渡九
一町外橋大小八ノ内　石五　板一　土弐

〆

長崎田畑高付并上納銀石高

一田畑高惣高三千四百三拾五石三升
内但長崎村町并長崎村山里村渕村四ヶ所分
高八百三十四石三斗六升六合
此地子銀上納高五十貫目外町五十四町ノ地子
田高千九百四拾六石八斗三升七合九夕
内 六百廿二石八斗七合九夕 長崎村分
千二十一石八斗四升八合五夕 山里村分
三百弐石一斗八升一合五夕 渕村分
此御物成七百石
畑高六百五拾三石八斗弐升七合九夕
内 四百四十一石三斗弐升六合一夕 長崎村分
六十六石一斗一升一合五夕 山里村分
百十六石三斗八升八合五夕 渕村分
此御物成上納十貫目七百目余
右三口高合三千四百三拾五石三斗
右之外小物成
新開高三拾六石弐斗
此御物成米拾七石

〆

小物成品々
新開地　菜銀
切畑茶園　白魚運上　浦網運上
船津地子　山手薪　鹿貝生所
石場運上　たはこ地子　水車運上
町人方々茶屋地子　水道運上　油運上
此小物成運上銀高五貫目或六貫目高下有
右小物成運上ハ水旱ノワサワヒ故銀高
過不足アリ仮当年水車拾挺有翌年
五挺ニ減スレハ運上去年ニ不足ヶ様之
違ニて高下アリ

大村領ト長崎代地之事

一日見ノ方ハ峠ヲ分南ニ当り十善寺梅
ヶ崎マテ
一茂木ノ方ハ田上ノ宿際迄西ハ長崎村
ヲ限右慶長ノ比迄ハ大村領ニ而アリ東庵
請地ニナリ他ノ領地ヲ入置事町建ニモ不宜
万々サハリ可有トテ東庵ヨリ訴訟シテ大
村へ申越代地ノ願ヲナス橋ヨリ西ニ当り
小川ヨリ北ノ方西村ト云所高千二百石余
東庵(31)より是ヲ代地ニ出ス慶長十乙巳年七月

寺沢志摩守[32]ヨリ山田権左衛門大村[33]より友永弥兵衛
有馬修理大夫[34]方千々石采女入江七右衛門東
庵より松尾将監右五人出合遂吟味棹ヲ入九
月ニ帰

外町[35]地子銀并唐人屋敷[36]地子

一外町五十四町ノ地子銀末次平蔵支配之時
分迄ハ三拾八貫八百五十目壱分五リン七毛上
納延宝四辰年末次平蔵流罪之後奉行牛込
忠左衛門[37]外町中地子銀遂吟味四拾七貫四拾
八匁五分七厘ニ相極られ同巳年上納翌午
年三年已前辰年新地赦免有之
地ニ地子ヲ掛ラレ惣高五拾貫目ニ定延宝
六午年より毎年五拾貫目宛上納又元録（ママ）九
子年東浜町本篭町両所築地有之此
地子銀八拾七匁九分壱厘二毛相加都合五拾
貫八拾七匁九分壱厘弐毛上納
一唐人屋敷ノ地子銀三貫八百四拾七匁六分
五厘右者元禄二巳年より上納也
」

長崎旧記巻第二

吉利支丹御改御上使黒船御停止南蛮之出家并邪宗門頭人御追放之事

一南蛮人天文ノ比より日本渡海して方々
之津ニ令着岸為商売渡といへとも蜜々ニ謀
を以邪宗門可広手立のみを成し元亀元
年より長崎ニ往来し己か心まゝニ吉利支丹
寺を建居所を美々鋪取立長崎中段々
邪宗門ニ引入其頃迄ハ異国人他国江往還
自由ニて吉利支丹共方々ニ徘徊ス然所
慶長十八丑年為上使大久保相模守[38]畿内
西国ニ趣耶蘇宗門を改翌十九寅年六
月重而上使山口駿河守[39]長崎へ下着ス伴
天連共悉捕長崎ニ建置所ノ吉利支丹
寺近国之大名ニ被　仰付不残焼捨其跡
地を掘退地有之駿河守ハ嶋原へ渡り

近国之吉利支丹相改帰国ス同年九月長崎ニ
捕置伴天連方々より捕来邪宗門之張
本百人余殊ニ高力(ママ山)右近(40)内藤飛騨守(41)両人共
武家雖為大名邪宗門ニ深立入不転故因
人と成長崎へ渡され伴天連同前ニ天川ニ
渡ル流罪被　仰付其節南蛮人ノ出家又ハ
黒船ニ而乗渡事御停止となり商売偏
之小船ニ而可渡由被　仰付奉行長谷川左兵衛(42)

切支丹寺近国大名請取焼捨事

一西屋敷二ヶ寺　鍋嶋信濃守(43)焼捨
一春徳寺一ヶ寺 炉粕町一ヶ寺 勝山町一ヶ寺　寺沢志摩守(44)焼捨
一桶屋町一ヶ寺 十善寺町一ヶ寺　有馬左衛門佐(45)焼
一本博多町 今町　松浦壱岐守(46)焼
一立山屋敷一ヶ寺 本蓮寺一ヶ寺　大村民部少輔(47)焼
〆拾壱ヶ寺

邪宗門之者転幷南蛮人種御追放之事

一慶長九年(ママ十脱カ)ニ南蛮之出家悉御追放黒船
乗渡ル事御停止となりカリウタ作りノ船
ニ而一年ニ五六艘宛令渡海出家御停止と
いへとも蜜々渡邪蘇ノ法無断絶寛永
十三子(48)年為奉行水野河内守(49)被差下弥以邪
宗門改厳敷候得共輙転者稀也依之町々ニ
町使(50)之者二三人宛差出町端より糺明イタ
シ不転者ハ家を追出し門ヲトチ段々相改
追出サレタル者共山々田畑等ニ小屋を建
住居ス其先々ニ火を欠焼払故かくるヽ尓
所ナク雪雨濡及難儀正法ニ立帰へき由
訴之者ニハ切支丹仏ヲ踏セ転帳ニ刺形
ヲサセ差免猶又不転者ハ嶋原温泉ニ
連行五十人或六十人程も湯ハタニ置熱
湯をクミカケ又ハ湯坪ニ十日入候得ハ骨
肉離散スルヲ見テ正法ニカヘル穴釣色々
手立を以令糺明候故過半転寛永六巳年
河内守為代竹中釆女正(51)差下さる一入切支
丹稠敷ナル
一其比伴天連仲庵了伯了順と云者有り

此者共紀明之上邪法ヲ転切支丹之法一切
不実ニシテ他国ヲ奪謀之由有体ニ白状シ
切支丹転ノ者共重而不立帰誓文ヲ為致
其奥書我々三人仕候ハヽ違変有間敷
由訴ル故助置彼者共存命之内転書物之奥」
書仕候仲庵了伯ハ南蛮之者了順者
日本之者

一寛（ママ永カ）文十三子年長崎ニ有之南蛮人種子
被遂吟味二百八十七人天川流罪被仰付
奉行榊原飛騨守(52)馬場三郎左衛門(53)右種子町々ニ
有之引離異国へ被差越サレ所々雖働
無心元依之大村領主被仰付大村より致警固
令乗船大坂より邪宗門之乞食七十人被指
越是も天川江同年ニ流罪

日本より唐船造之船ニ而異国江為商売
渡海之事　附停止之事

一昔年日本より異国渡海之儀御構無之と
いへとも元亀元年秀吉公御朱印ヲ被下(54)
唐船造之船ニて　広南　東京　六昆
太泥　高砂　呂宋　天川　暹羅ニ渡
海之儀御赦免其後
権現様　台徳院様御朱印頂戴寛永
十一年迄四十三年程異国乗海商人共利
潤ヲ取然所寛永十二亥年異国渡海
之儀堅ク御停止と成奉行榊原飛騨守 仙石大和守(55)

日本より異国江渡ル船数並御朱印

長崎
末次平蔵二艘
船木（ママ本）弥平次一艘
荒木惣左衛門一艘
糸屋縫（ママ随）右衛門一艘

京都
茶屋四郎次郎一艘
角倉　一艘
伏見屋　一艘

堺　一艘

右者御停止前年(56)右ノ船数渡海翌年御停
止(57)と成御朱印頂戴之者ハ此外ニも数々有之
渡海ノ船数年々不同有之

唐船渡海長崎ノ津ニ御極幷船改之事

一昔唐船之儀何国之浦ニ来着ヒテ（ママ）商売」

致といへとも更々御構なく九州ニてハ薩摩ノ内阿久根筑前博多豊後之内肥前ノ内ニてハ五嶋平戸長崎ニ来テ令商売然所寛永十二亥年他国江来着之儀御停止ニなり長崎ノ湊ニて可令商売他国江漂着アラハ早速可引渡由被　仰付翌子年より長崎ノ津ニ究奉行榊原飛驒守馬場三郎左衛門

一昔年唐船入津之儀四季ニよらす小船ニて銀高五六貫目或拾四五貫目程之荷物ヲ積何艘も来相対之商売ヲ成シ己か心次第ニ致逗留妻子等ヲ持住居するも有他国ノ往来も自由ニて唐人存寄ニ宿をイタシ然所元和三年奉行長谷川権六[58]支配之節宿々吟味有之口銭[59]等といふ事被相定寛永十八巳年馬場三郎左衛門支配之節宿斗口銭取候儀町中助成ニ難成とて宿江三貫目是を分取相残所町中配分ス其上唐人志ハカリ差置候事口銭ノ余斗無之ニ付唐船湊へ入候節番船ヲ出し何へ宿イタシ候ヤト相尋何町何某所江と書付を以申出ル其書付文字違有之カ又ハ漂着ノ船を順番ヲ定置順ニアタルヲ宿町[60]ニ極其町ニ口銭ヲトラセ候是ヲ振銀ト名附数十年右之通りニ有之所寛文六年稲生七郎右衛門[61]支配之節唐船付町[60]心次第ニ致し候事停止となり内町外町宿前を究順々ニ当ルヲ宿町ニ成唐船荷役之儀其以前曽而改と云事もなく御物ニ可成品ヲ持渡為吟味町年寄方より家来一人町使之者一人通事幷筆者糸割符[62]ノ方より一人差出し荷役仕寛永十三子年榊原飛驒守馬場三郎左衛門支配之節弥邪宗門改稠敷ナリ其節初而検使差出し荷役改と云事アリ

南蛮人町宿御停止出嶋[63]江被押籠事

附南蛮船渡海御制禁之事

一寛永十二子年南蛮人町家ニ宿を致し

徘行する事御停止之由ニ而出嶋を築立稠
敷圍ミ此所ニて商売す子年より丑寅三年於
出嶋商売ス則寅年帰帆之節為上使
太田備中守(64)被差下向後日本渡海之儀
堅御停止之旨被　仰付候奉行榊原飛騨守
馬場三郎左衛門

　寛永十三子年被　仰出御条目(65)之写

一異国江日本之船遣候儀堅停止之事
一日本人異国江不可遣　候条忍候而乗渡者
於有之ハ其身ハ死罪其船幷船主共ニ
留置言上すへき事
一異国江渡住宅仕日本人来り候ハヽ死罪
可被申付候事
一切支丹宗旨有之訴ハ従両人可被遂穿
鑿事
一切支丹訴人褒美之事
　伴天連之訴人ハ其品ニより或銀三百枚
弐百枚たるへし其品此已前のことく相斗
可申付事
一異国船申分有之而江戸江言上候間番船
之事如此以前之(ママ)大村江可申越事
一伴天連法弘メ候南蛮人其外悪名之者
有之時ハ如前々大村之篭ニ可入置事
一伴天連之儀船中之改迄念入可申付事
一南蛮人子孫日本ニ不残置様ニ堅可申付事
若令違背残置族於有之者其者ハ死罪
一類之者科之軽重ニより可申付事
一南蛮人長崎ニ而持候子幷右之子共之内
養子ニ仕族之父母等悉雖為死罪身命
助ヶ南蛮江被遣候間自然彼者共之内
重而日本江来り又書通於有之者本人ハ
勿論死罪親類以下迄随科之軽重可
申付事
一諸色一所ニ買取儀停止之事
一武士之面々於長崎異国船之荷物唐人
前より直買取儀停止之事
一異国船之荷物書立江戸江注進商売

可申付事
一異国船ニ積来候白糸直段を立候而不
残五ヶ所其外書付之所割付可遣事
一糸之外諸色之儀直段極候而之上相対
次第商売可仕但唐船ハ小船之事ニ候間
見斗可申付事
附荷物之代物直段立候間之上可為廿
日切事
一異国船戻り候九月廿日切若遅来船者
着候而五十日切但唐船は見斗カリウ
タヨリ少跡ニ出船可申付事
一異国船売残之荷物預置儀も又預り
候儀も停止之事
一五ヶ所物代之者長崎参着之儀可為七月
五日切夫より遅く参候者ハ割符ヲハツシ可
申事」
一平戸江着候船も長崎ニ而直段立候ハぬ以前ニ
売買停止之事
以上

寛永三（ママ十脱）年五月十九日
加賀守(66)
豊後守(67)
伊豆守(68)
讃岐守(69)
大炊頭(70)
榊原飛驒守殿
馬場三郎左衛門殿

阿蘭陀人従平戸長崎へ引越御上使之事
附暗喜里阿蘭陀種子咬𠺕吧江御追放

一慶長之比より寛永迄四拾二三年之間阿蘭
陀人肥前之内平戸へ渡海して商売ニ
高利を取町屋ニ徘徊シ心侭ニ家居ヲ造令
自由処寛永十五寅年松平伊豆守嶋原帰
陣之節平戸へ被立寄阿蘭陀居所見分
之所不相応ニ要害ラシク有之故悉破
却被申付帰国也翌十六卯年為上使井上
筑後守(71)邪宗門改ニ長崎江被越長崎ニ有之
エケレス阿蘭陀種子平戸へ被相渡彼

地ニ有之阿蘭陀種子共不残エケレスノ
子一所ニ咬𠺕吧ニ被流其跡阿蘭陀人
平戸渡海之儀寛永十八巳年御停止
と成此年より出嶋ニ押篭候奉行馬場三郎
左衛門(72)柘植平右衛門(73)

野母遠見番并長崎烽火山初番人
之事

附小瀬戸番所之事

一寛永十五寅年奉行榊原飛騨守(74)馬場三郎左衛門」
支配之節松平伊豆守(75)二月ニ嶋原帰陣之節
長崎江立寄湊要害巡見し若異国之
悪船入津之砌湊之外より見届令注進又
者不慮之節烽火を立江戸迄段々火ヲ
写可相知場所ヲ被遂吟味野母崎より海
中間なく見渡故遠見番ヲ立置疑敷
船見へ候節早速長崎奉行所江飛船を
以可有注進を其節野母樺嶋者寺沢
志摩守(76)領地ニ而百姓共ニ申付不断四人宛
被附置扨又長崎領ニて高山ヲ放火ニ被
極是ニも番所を被建長崎領三ヶ村之
百姓共二人宛番所ニ詰ル寛永十五寅
年より万治元戌年迄廿一年之間百姓共両所
之番を致ス然所百姓困窮其上大切之
御番所故御代官末次平蔵(77)迄訴之平蔵より
右之段言上仕百姓共御赦免ニ而万治二亥
年より遠見番を十人御扶持方二人扶持ニ
七名宛水主十人四人扶持宛被下此者共
平蔵附ニて有之処延宝四辰年平蔵流
罪之後奉行附ニ成
一元禄（ママ）二巳年野母遠見番斗ニて異国船
注進延引殊出船之節湊口之見分ケモ無
覚束由ニて小瀬戸ニ遠見番所ヲ建置
番人不足之由ニて奉行川口源左衛門(78)宮城
主殿(79)支配之節番人十人水主十人被差加
御扶持方右之通り

西泊戸町御番所初事

一寛永十八巳年奉行馬場三郎左衛門柘植
平右衛門支配之節西泊戸町両所要害
之番所松平右衛門佐(80)ニ被　仰付両所ニ木戸ノ」
建被相勤翌午年鍋嶋信濃守(81)ニも被　仰付
両所より格年可相勤蒙　上意毎年四月代リ
小屋之儀初年急成事故番所手軽依之
正保五年両所より番所堅固ニ普請有之
一西泊御番所惣外輪廻二百廿一間四尺四寸
　但坪数凡三千八百七拾坪
大村領
一戸町同百九拾間但坪数凡二千八百四拾坪
一西泊御番所軒数拾九　二軒番頭鉄炮大頭
　三軒石火矢玉薬アヤ　三軒足軽頭
　五軒足軽　二軒表裏木戸番
　一軒遠見番　二軒水主
　一軒石火矢台幷小道具入
一同所ニ有之石火矢数　弐拾弐挺
　但玉目壱貫八百目巣中ヲ改メ二百目迄
一戸町御番所軒数十九二軒番頭鉄炮大頭
　三軒石火矢玉薬蔵　四軒足軽頭
　二軒表裏木戸番　二軒役人
　四軒足軽　一　水主
　一軒石火矢台幷小屋道具入
一戸町有之石火矢数　拾七挺
　但玉目七貫七百目巣中改メ三百目迄
一松平肥前守(82)西泊在番之時人数都合千人程
　但百日代人数大身小身ニより増減アリ
　番頭　鉄炮大頭一人
　中老一人　馬廻頭壱人
　大組一人　鉄炮頭一人
　船数三拾一艘早船拾五艘荷船十二艘
　ひらだ二艘
一鍋嶋信濃守西泊戸町在番之儀人数諫
早深堀両所共ニ信濃守領地タルニヨリ」
何時ヨラス人数集ヤスシ殊ニ船ハ深堀ニア
リ因茲人数船数筑前ヨリハ不足
　但番頭百日代り
　石火矢台場所
長崎
壱番　太田尾
大村
弐番　女神崎

長崎 三番　高砂　　大村 四番　白崎
肥前 五番　高鉾　　肥前 六番　長刀岩
同 七番　カケノ尾
右七ケ所石火矢台明暦元乙未年松浦肥前守築立

肥後嶋原ヨリ長崎江詰船初之事

一寛永十六卯年奉行馬場三郎左衛門大河内善兵衛[83]支配之節長崎為御用船細川越中守[84]高力摂津守[85]山崎甲斐守[86]方より長崎江早船ヲ遣し可詰由被　仰付依之各早速番船ヲ出され一ヶ年之内半年ハ細川越中守又半年ハ高刀摂津守山崎甲斐守両人ニて一艘宛差出可相勤之所同十八巳年甲斐守領地天草江被替候付此年より一ヶ年之内八ヶ月越中守詰船出之四ヶ月摂津守差出へき由被　仰付夫より主殿頭ニ至ても例年如左務来也

細川越中守船数　早船四拾挺立　一艘
　　　　　　　　同二十挺立　一艘
松平主殿頭[87]船　早船四拾挺立　一艘
〆

九州ニ而関所相究往来手形之事

一寛永十二亥年榊原飛驒守[88]仙石大和守[89]支配之節長崎古川町ニ金鍔次兵衛[90]と云者あり切支丹張本伴天連ニ而常ニ金鍔を差故皆金鍔次兵衛と云彼者邪法を進メ切支丹ノ妙術を得たる者之由訴人有之故早速可捕之処令欠落依之長崎中ハ不及申近郷相尋候処今迄此所ニ在といへ共不見昼夜町々在々山々迄相尋近国江此旨相触所々ニ関所を構往来之者一人宛被相改亥年より丑年迄三年無間断相尋候処丑六月十五日長崎ノ内片渕村助右衛門と云者訴人ニ出片渕ニ而捕之此時より九州之関所無止事於今ニ有之他国往来之儀其所々支配人ヨリ手形差出長崎ハ町年寄常行司より出之

戸町御番所脇ニ洞アリ是を金鍔谷ト
云其比治兵衛隠住居スル所ノヨシ

長崎奉行始幷与力同心之事

一天正十六年ニ長崎御公料ニ成同十九年迄ハ
鍋嶋飛驒守ニ御預ヶ文録（ママ）元年之比初而為
奉行寺沢志摩守被　仰付寛永九年甲
竹中釆女正支配迄三十一年之間奉行一人宛
ニ而相勤同十九（ママ）酉年曽我又左衛門今村伝四郎
両人ニ被　仰付寛永十四五年迄南蛮船
六月ニ令着岸故早速参府有留守之儀
内町ハ町年寄外町ハ末次平蔵ニ預置
寛永十四丑年嶋原一揆ニ付而榊原飛驒守
馬場三郎左衛門出陣アリ翌寅年帰陣之節
初而与力五人同心弐拾人被差副寛文五
巳年稲生七郎右衛門支配之節与力十人同心
三十人と成ル貞享四卯年奉行川口摂津守(91)
大沢左兵衛(92)此年与力同心差除御役米を以
給人拾人下役三十人扶持之

長崎奉行之次第

寺沢志摩守(93)　長崎預り文録（ママ）元年より慶長七寅年迄十一年勤
小笠原一庵(94)　慶長八卯年より同十巳年迄三年務
此間ニ長谷川羽右衛門(95)と云人有之御当家之御年譜ニ見ゆる然所長崎ニて書伝ニハナシ
長谷川左兵衛(96)　慶長十一年より同十九寅迄九年務
長谷川権六(97)　元和元卯年より寛永二年迄十一年務
水野河内守(98)　寛永三寅年より同五辰年迄三年務
竹中釆女正(99)　寛永六巳年より同九申年迄四年務
曽我又左衛門(100)
今村伝四郎(101)　寛永十酉年より両人ニ而一年務
榊原飛驒守(102)
神尾内記(103)　寛永十一戌年より両人ニ而勤也　内記ハ一年勤也
仙石大和守(104)
榊原飛驒守　大和守儀寛永十二亥年より勤一ヶ年飛驒守両人ニて務
榊原飛驒守
馬場三郎左衛門(105)　三郎左衛門寛永十三子年より両人ニ而務　飛驒守五ヶ年務

馬場三郎左衛門
大河内善兵衛(106)　善兵衛寛永十六卯年一ヶ年務
三郎左衛門と両人ニて務
馬場三郎左衛門
柘植平右衛門(107)　平右衛門寛永十七辰年より午迄三年務
三郎左衛門と両人ニ而勤
馬場三郎左衛門
山崎権八郎(108)　権八郎寛永廿未年より慶安三寅年
迄八ケ年勤長崎ニ而死去三郎左衛門と両人
ニて勤
馬場三郎左衛門
黒川与兵衛(109)　与兵衛慶安四卯年より勤
三郎左衛門寛永十三子より卯年迄十六年勤
黒川与兵衛
甲斐庄喜右衛門(110)　喜右衛門承応元辰より万治二亥年迄八年勤
与兵衛両人ニて勤
黒川与兵衛
妻木彦右衛門(111)　彦右衛門万治三子年より丑年迄二年勤
与兵衛両人ニて勤
黒川与兵衛
嶋田久太郎(112)　久太郎寛文二寅年より勤
与兵衛儀慶安四より寛文四辰迄十四年勤」
嶋田久太郎
稲生七郎右衛門(113)　七郎右衛門寛文五巳年より勤翌午年
二月十七日長崎ニ而死去
久太郎儀寛文二寅より巳迄四年勤
下曽根三十郎(114)　筑後久留米御目付然所ニ寛文
六午年二月十七日七郎右衛門死去ニ付長崎為押早
速天草領主戸田伊賀守被差越(115)其後江戸より
御下知同年四月下曽根三十郎久留米より被越
伊賀守帰国四月より六月迄三ヶ月之間三十郎
仕置同六月松平甚三郎下着ニ而三十郎交代
　伊賀守宿高木作兵衛
松平甚三郎(116)　甚三郎寛文六午六月長崎下着ニ而
三十郎と代ル午より亥九月迄六ヶ年勤
河野権右衛門(117)　権右衛門同午九月下着
河野権右衛門　寛文六年より同十一迄六年勤
牛込忠左衛門(118)　同十一亥十月下着
牛込忠左衛門　孫九郎寛文十二子八月より両人ニ而勤
岡野孫九郎(119)　延宝七未ノ年九月迄八ヶ年勤
牛込忠左衛門　源左衛門延宝八申壬八月下着
川口源左衛門(120)　忠左衛門寛文十一亥より延宝八申九月迄
十年勤
川口源左衛門　監物延宝九酉年九月ニ下着
宮城監物(121)　貞享三寅年迄六ヶ年勤
川口源左衛門
大沢左兵衛(122)　左兵衛貞享四卯正月下着同五月
長崎ニ而死去依之為代同年八月
山岡十兵衛下着

川口摂津守
山岡十兵衛(123)
主殿貞享四卯年十二月下着三人
ニ而両人宛詰一人宛参府在摂州
延宝八壬八月下着元禄六酉十月迄
十四年勤
宮城主殿
源左衛門儀元録（ママ）三午十二月被任摂津守此時より奉行
諸事ニ被　仰付候

山岡対馬守
摂津守代り備中守元録七戌年十月
下着
宮城越前守(124)
対馬守貞享四卯年八月下着元録（ママ）七
戌迄八年勤
近藤備中守(125)

宮城越前守
対馬守代遠江守元録（ママ）八亥十月下着
近藤備中守
越前守貞享四卯年より元録（ママ）八亥年
迄九年務
丹波遠江守(126)

近藤備中守
越前守代下総守元録（ママ）九子十月下着
丹波遠江守
諏訪下総守(127)」

近藤備中守
丹波遠江守
林　土佐守(128)　下総守代り土佐守

近藤備中守
丹波遠江守
林　土佐守
大嶋伊勢守(129)　是より一人増

丹波遠江守
林　土佐守
大嶋伊勢守
永井讃岐守(130)　備中守代り讃岐守

林　土佐守
大嶋伊勢守
永井讃岐守
別所播磨守(131)　遠江守代り播磨守

林　土佐守
永井讃岐守
別所播磨守
石尾安房守(132)　伊勢守代り安房守

永井讃岐守
別所播磨守
石尾安房守
佐久間安芸守(133)　土佐守代り安芸守
安芸守跡不被　仰付三人ニ成

永井讃岐守
別所播磨守
駒木根肥後守(134)　安房守跡肥後守
肥後守跡不被　仰付二人ニ成ル

久松備後守(135)　讃岐守跡備後守
大岡備前守(136)　播磨守跡備前守
石川土佐守(137)　備後守跡土佐守
日下部丹波守(138)　備前守跡丹波守
三宅周防守(139)　土佐守跡周防守」
渡辺出雲守(140)　丹波守跡

奉行屋敷之事

一奉行屋敷文録(ママ)之比より寛永十年迄四十年余本博多町ニアリ其節迄ハ奉行一人ニ而相勤故屋敷も一ツ有然所寛永十酉年曽我又左衛門今村伝四郎両人ニ成故一所ニ両屋敷出来伝四郎屋敷より出火大村町外浦町今ノ西屋敷辺迄類焼其比西屋鋪ハ江戸大坂割符宿老会所ニ而有之本博多町奉行屋敷町内と云境地狭故宿老会所引替今ノ西屋敷ニ両屋敷共作事アリ寛永卯年迄廿九年之間右之屋敷其節ハ此屋敷斗ニ而狭故西浜町ニ下屋敷有テ与力同心ハ浜町屋敷居ス同年三月長崎回録ニ付而西屋鋪東方ニ高木作右衛門居宅有之を浜町下屋敷江引替作右衛門元屋敷ニ奉行屋敷一ツ出来近来松永」市右衛門屋敷是ヲ東屋敷と名付西東両屋敷延宝元丑年迄十一年之間在々所丑年牛込忠左衛門支配之節両屋敷隣家ニ有之而ハ用心無心元由ニ而東屋敷堕立山ニ作事有之
近来ノ高木作右衛門屋敷ハ末次平蔵屋敷也

一立山屋敷坪数　三千弐百七拾八坪半　山ノ内共ニ

一西屋敷坪数　千六百六拾一坪

長崎旧記巻第三

有馬修理大夫(141)長崎沖ニ而南蛮船焼討之事(142)

一慶長十年ニ嶋原領主有馬修理大夫唐船造り之船を拵五十人余乗組広南江相渡ル所ニ遭難風南蛮人居所天川(143)江漂着シテ暫逗留之内南蛮人と聊ノ喧嘩仕出し南蛮人多勢を以不残殺害して荷物等押取此旨修理大夫聞伝へ無是非存南蛮之者於渡海者一艘討取度由願申上御赦免有之所慶長十三年夏天川より蛮夷黒船ニ大勢乗組為商売長崎江着船ス修理大夫江戸ニ而承之夜を日ニ継長崎ニ趣先達而蛮ニ人数差越然所ニ修理大夫領地切支丹宗門之者有之南蛮人方此旨内通ス依之南蛮人商売半成と」いへとも俄ニ金銀荷物等取乗碇を揚折節順風ニ而走出所修理大夫漸ニ欠付ヶ海辺ニ有之船共ニ乗是も押出し追懸也順風なれハ湊沖江はせ出し殊及暮無念ニ存所俄ニ逆風ニ成黒船上ノ嶋ノ沖ニ漂着ス鉄炮ニて暫戦ひ既夜ニ入候故修理大夫船を押寄黒船ニ乱入蛮夷過半切殺彼ハ船底より鑓を以突相戦所南蛮人勝利失ひ塩焇ニ火を入候故船開海中ニ沈修理大夫危所遁浮上ル蛮夷不残殺害ス修理大夫家来も大勢死といへとも遂本望嶋原へ帰也

一右之船ニ銀高二千六百貫目程積沈上ノ嶋沖深サ三十五尋程も有之船之内ニ有銀故海上より取上ケカタク空敷打捨所寛永十三子年長崎之好運京都ノ水学と云者以工夫可取揚奉行榊原飛騨守ニ致訴訟依赦免ニカラクリヲ以銀高六百貫め(ママ)余揚之然所好運と水学と及口論止ル其後承応三巳年奉行黒川与兵衛支配之節長崎町年

寄共為訴訟銀三貫目余揚ル次第ニ泥深ク
成故トラレス於尓今千七百貫目程之銀海底ニ
在之由

浜田弥兵衛高砂ニて人質取事(144)

一寛永之比阿蘭陀人之湊押領シ要害ヲ
構城代ニコンフラトフルト名付頭ヲ差置
然者末次平蔵唐船造之船より福州ニ相
渡ス所高砂前ニ而阿蘭陀人大勢寄積
渡ル所々金銀等を奪取寛永五辰年
浜田弥兵衛同弟小左衛門同子新蔵と云者数」
十人召連唐船作り之船ニ而高砂ニ渡ル然所ニ
阿蘭陀人方ニも意趣ニて来候と推量し
早速武貝(ママ具カ)舟之梶等迄数日相留ル三人之
者共コンフラトウカ前ニ出今度為商売罷越何之
様子も不存者共ニ而候間是非帰帆仕せ候様ニ
と歎くコンフラトフル曽テ無承引家来共
三人之者を取まき稠敷用心をして中々
近所ニ不寄色々機嫌を取漸近辺ニ寄
弥兵衛コンフラトフルニ飛掛り取て押へ懐中より
サスカヲ出し胸ニ押アテ小左衛門ムね打ニて
シタヽカニ打スユル然ハ近所之阿蘭陀共
剣を以突懸ル新蔵進出ルヲ大ケサニ切ハナ
ス是ヲ見て不近付城中より声を上ル故
阿蘭陀人悉走より鉄炮を打掛ントス弥兵衛
コンフラトフルニ申ハ我ヲ害セハ己を忽サシ
殺間家来を先可静と申聞スルコトアリト
申候へハコンフラトフル卒忽成儀を致し
申間敷由申暫時静ル三人者申候者前
年此辺ニ末次平蔵船差越候所己等奪取
候此意趣を為報此地ニ忍来候早々武具船
之梶等我々カ本船ニ乗渡へし己ハ日本ニ可
連渡候若及異儀候ハヽ差殺し残ル者共迄悉
切殺し切腹して見すへしと大音ニ申聞スル
コンフラトフルヲ初近所之者共恐入尤ニ候少シ
クツロケ可申候願之通可致由同心ス扨又本
船ニ残り候日本人城中ニ而三人之者共被取
篭候聞兼テ為用心隠置候刀脇差一ツレニ

抜城中ニ切上ル三人之者共申候ハ阿蘭陀人ヲ切取ニ不及彼者共ヲ生捕ニすへきとて懐中より縄を出しコンフラトフルヲ搦メ本船ニ乗其外家老之面々乗せ日本ニ連渡へきと申所ニコンフラトフル申候ハ某儀高砂之城代ニも申付候処日本ニ相渡り候ハヽ、此地も明弥不首尾成仕合ニ候間悴を召連渡りし候様ニ達而断申ニ付コンフラトフルハ免し嫡子十二歳ニ成候ヲ并大役ノ阿蘭陀人共人質ニ取此者共唐船作ニ乗三人ノ者ハ阿蘭陀船ノ内宜ヲ取其船ニ乗阿蘭陀ニハ日本人ヲ番ニ付乗船之艫ニ引付長崎ノ湊ニ乗入其時奉行水野河内守詮議アツテ阿蘭陀人大村ノ篭又ハ嶋原ノ篭ニ入置翌年為訴訟高砂より使者を差越人質之者共御赦免被成下候様ニと達而御願申上候得共御取合ナク七年致逗留候其後御免ニて人質の阿蘭陀人使者ニ被下候コンフラトフルカ悴ハ篭ノ内ニ而病死」

一浜田弥兵衛同弟小左衛門長崎ニて相果ル新蔵儀ハ細川越中守方江知行五百石ニて被召抱

琉球ニて捕ル南蛮人之事

一寛永十四丑年八月日本赴南蛮船一艘琉球ニ漂着薩摩守番之者捕之薩摩江連越候越早速長崎へ被送南蛮伴天連六人日本人三人奉行馬場三郎左衛門榊原飛騨守詮議有之処日本ニ邪宗門為弘忍来候を被捕候由申ニ付長崎ニ篭舎被申付落着之儀者不分明候此節九州中ニ出候御奉書写左ニ記

今度きりしたん宗門為可弘自彼国南蛮人六人日本人三人就差越於松平薩摩守領内捕之候則於長崎遂穿鑿候処右之趣白状候然者南蛮人構偽弘宗門候ニ付而日本江渡海之儀先年被停止候其砌被　仰出候写書物進候被守書面之通領内浦々能々可入念之」

旨　上意候恐惶謹言

八月十四日　　阿部豊後守[145]

松平伊豆守[146]

九州大名中宛所也

右廻状之写書物進候と有之候へ共不尋出候故不記

南蛮人御停止之後一艘致来朝御焼捨之事

一寛永十七庚辰年五月十七日南蛮人七拾四人乗船入津スルノ間被遂吟味候処日本渡海之儀御停止被仰付難儀仕候仍可蒙御赦免為訴訟渡海仕候由言上申奉行馬場三郎左衛門此旨江戸へ御注進申上ル依之同六月六日為上使加賀瓜民部少輔[147]被差下南蛮之者渡海之儀御停止之処相渡候儀其料不軽候不残死罪可被　仰付候得共御政道正敷所本国ニも為可知拾三人鬮を取御助六拾壱人死罪被　仰付本船ハス、シノ沖ニて被焼沈十三人之者共ニ見セ南蛮人日本渡海ニおゐてハ若此可行之候本国之者共江知せへき由被申渡同七月十九日ニ唐船作り之船より令帰帆候

一南蛮船ニ銀六拾貫目余金具ハ或ハ端物等有之つミなから被焼沈海底ニ打捨有之寛永卯年奉行黒川与兵衛支配之節右之銀金具海底より揚町年寄其外役人拝領石火矢等西泊戸町之御番所ニ被入候

薩摩甑ノ嶋ニ南蛮伴天連五人隠居事

一寛永十七年南蛮伴天連五人日本人切支丹立入候者弐人薩摩下甑嶋ノ岩洞之内隠居候を猟人共見出其所役人江訴之故搦捕早速長崎へ奉行江相渡柘植平右衛門馬場三郎左衛門彼者共被遂紀明候処前簾ニ日本を御払候伴天連共天川江令住居唐人と申合礼銀弐貫目差出し

唐船ニ便乞薩摩ニ着則下甑嶋ニ卸置候而唐人共ハ令帰帆五人之者共ハ南蛮伴天連二人之日本人ノ内一人ハ薩摩之者今一人ハ長崎之者先年日本より異国渡海自由之節天川渡切支丹宗門ニナリ天川ニ居候由致白状則大村へ遣し令篭舎

筑前カヂメノ大嶋ニテ南蛮人捕ル事

一寛永廿年未五月十二日ニ筑前カヂメノ大嶋ニ船一艘漕来ル乗組人十人陸江揚り水を取者共形サカヤキヲ刺衣類も日本の如然共眼さし違鼻高く異風ニ見ゆる大嶋之者共あやしミ番人ニ是ヲ知らする早速可捕と致ス所ニ船ニ取乗追風ニ而走行を地ノ嶋と云所ニ而捕之城本江連来也松平右衛門佐(148)方より長崎江被相渡奉行山崎権八郎被遂吟味之所南蛮之出家法ヲ可広ため日本人之形を学ひ相渡之由申出ル早速江戸へ注進有之処則差越へき由被　仰付通詞」西吉兵衛名村八左衛門目明仲庵被相添江戸へ差越御吟味之上南蛮人ニ而邪宗門を転故小日向ニ篭舎被　仰付候此時諸国江御奉書御廻状出ル如左

今度筑前大嶋江従異国伴天連四人イルマン一人同宿相渡し候処松平右衛門佐番之者相改捕候則右衛門佐長崎奉行山崎権八郎方江追々注進候常々入念候儀御機嫌之御事ニて然者先年被　仰出候御領内海上見渡候所不断番之者差置弥無油断穿鑿可有之旨

上意候此由可被申達候恐惶謹言

五月廿九日　阿部豊後守

松平伊豆守

九州船附大名中宛所有之

切支丹目明唐人黄五官 周辰官 揚六官　長崎ニ被召置事

一正保元申年馬場三郎左衛門山崎権八郎奉行之節林有官と申唐人異国ニ小寄八兵衛ト

云者日本ノ刀隠シ可渡手立ニ付籠舎被
仰付既ニ曲事可申付之所彼者切支丹之
訴人ニ出ル追付広東より切支丹宗門ノ者乗
渡り可申と云然所同年八月ニ広東船壱
艘人数五十二人乗組着岸ニ付唐人共
悉相改ノ所巾着之内ニ唐字ニテ南蛮
ノ事を書候物を取出ニヨリ不残篭舎被
仰付遂拷問候へハ黄五官揚六官其外
五人之切支丹宗門之者有之此段江戸江
注進之所井上筑後守家老岡部左馬之允
罷越一入詮議致され候然ハ右之五官六官
申候ハ跡船より黄順娘周辰官と申者邪
宗門ニ而可相渡由申出然所十一月ニ右之船
人数五十二人乗組是又着湊ス早速詮義
アリ訴人ニ見せられ候所周辰官黄順官
其外三人都合五人邪宗門之由申出依之
船中不残篭舎申付段々江戸へ注進候刻
同十二月黄五官揚六官江戸へ可差越由被
仰付通事頴川藤左衛門差添江戸江遣ス
於江戸御詮義之所長崎ニ而白状之通無
相違此者共ハ天川ニ数年令住宅切支丹
宗門ニ立入南蛮人ノ内人ヲ能存寛永
十七年ニ来ル南蛮船之儀も慥ニ存巳来茂
日本江赴船有之由詳ニ申上ニ仍而御助
切支丹目明被　仰付御扶持方被下古川町
御欠所屋敷有之候を三人ニ拝領被　仰付
被召置候残邪宗門之者九人之内二人ハ篭屋
ニ而病死七人ハ穴釣被　仰付候其外之者ハ
二艘ニて帰帆被　仰付候
一右之内目明唐人貞享之比迄ハ存命ニ而
入津之唐船ニ乗改之時分彼者目明ニ出ル
」段々病死仕目明絶ル

南蛮船弐艘来朝之事

一正保四丁亥年六月廿四日黒船弐艘硫黄
嶋之沖迄来て碇ヲ卸ス遠見番所より
早速奉行馬場三郎左衛門方江注進仕ニ付
阿蘭陀人ニ通詞相添差出ス二艘共ニ南

蛮ノ印を立旗ヲ不合阿蘭陀へ曽而取
アハサル故漕帰此旨相達仍テ又検使ヲ
遣し御制禁ノ所何とて渡海候哉と有之
候へハ先年南蛮人日本へ為訴訟南蛮
ゴハ国ノ主ヨリ使者差越由申出ル早々
湊江可入由ニ而同廿六日ミナトノ前ニ二艘共ニ」
乗入碇ヲ卸シ則番船ヲ付置石火矢玉
薬武具等相渡候様ニ申聞せ候所使者返
答ニ今度日本へ渡海仕候義ハ訴訟一偏之
儀ニて候へハ御返答承り早速帰帆仕儀候間
武具差出ス儀不罷成由申不相渡段々
江戸へ注進近国へも相触候近国より家老物頭
追々差越馬場三郎左衛門諸国之家老召寄黒
船此分ニ而召置候ハヽ不斗伺順風走出候ハヽ
難乗候如何すへきやと詮議有て高砂と戸
町之間ニ大綱を張ウケニ船ノカキタツヲ
取其上ニ綱を持せ幾重もはり材木ヲ并
簀ヲカキ人馬自由ニ働様ニ要害ヲ仕候付
近国在城之大名ハ段々集り西泊戸町御
番所ハ松平筑前守[149]勤番ナレハ弥筑前守被堅
其外之大名ハ御番所之外海辺ニ木屋ヲ打兵
船引カケ稠敷相守所七月廿八日ニ為上使
井上筑後守長崎奉行山崎権八郎下着有
而南蛮使者江　上意之趣申聞八月六日諸
軍船ニ而警固致し出船被　仰付候南蛮
人無異儀帰帆諸大名出船ノ後五日令滞留
各帰帆南蛮船弐艘乗組人数四百五六
十人

内使者名　一人ゴンサアルホウテシケイラテソウサ
　　　　　是ハゴハコク主ノ親類ト云
　　　　　一人トウルトデコスタアホフレイ

黒船長サ廿六間　横七間　深サ八間
同　長サ廿四間　横六間　深サ四間
石火矢廿挺但外ヨリ見ユル分内ノ儀不分明

諸大名勢数并陣所

松平筑前守　人数一万千七百三十人水主共ニ」
陣所西泊戸町　船数二百三十三艘
細川肥後守[150]　人数一万千三百一人右同断
陣所外木鉢　船数百三十三艘

鍋嶋信濃守[151]　人数一万千三百五拾人右同断
陣所深堀高向　船数百廿五艘
立花左近将監[152]　人数三千八百七十人右同断
陣所香焼嶋　船数九十艘
小笠原信濃守[153]　人数千六百七十八人右同断
船数六十五艘
寺沢兵庫頭[154]　人数三千五百人右同断
陣所内木鉢　船数九十艘
松平美作守[155]　人数千二百人右同断
船数八十艘
松平隠岐守[156]　人数千三百人右同断
船数九十三艘
大村丹後守[157]　人数二千六百人右同断
船数三十艘
高力摂津守[158]　人数二千人右同断
陣所戸町ノ内　船数三十艘
右者在陣江戸より御下知被相触候所上使
井上筑後守[159]山崎権八郎[160]七月廿八日長崎ニ
下着御奉書到来松平筑前守[161]拝閲之

一筆令啓上候黒船長崎着津去月廿八日
之晩彼地被相越候段高力摂津守日根野
織部[162]馬場三郎左衛門注進之通及　上聞候
然者彼船為使者渡海其上無異儀入
船旁以不及行死罪其上最前長崎
奉行中迄相達候間遂相談弥被得其意
事閑成様ニ仕置可有之旨被　仰出候可被
得其意候恐惶謹言
七月十二日　阿部対馬守[163]
阿部豊後守[164]
松平伊豆守[165]
松平筑前守[166]殿
此年西泊戸町松平筑前守勤番因茲御奉書
筑前へ令到来云々

大坂城ニ篭ル大野主馬子永井勘兵衛ト云
者長崎ニ而捕京都へ被渡事

一大野道軒弟大野主馬子永井勘兵衛と云者
幼少之時分大坂落人ニ而京都辺ニ隠居

成長シテ長崎町人之内ニ交り在由慶安
二丑年其聞へニヨツテ馬場三郎左衛門支配之
節昼夜詮議アリ長崎中ノ下人迄不残
壱人宛三四代以前先祖ヲ改稠敷被遂吟
味候処同年京都より訴人出勘兵衛住所
ヲ露顕ス本大工町小柴勘右衛門と云者所ニ
打懸り居候を二月廿三日捕詮議上大村ノ
篭ニ入置三月廿八日勘兵衛儀籠輿ニ乗長
崎より与力二人同心三人差添京都へ被差送京
都ニ勘兵衛子一人在之同前ニ死罪被　仰付候

嶋原一揆ニ付長崎奉行出陣并張本
四郎一家之首長崎ニ被梟事
但長崎より陣中御用承事并山田右衛門作(167)口上書

一寛永十四壬丑年十月益田四郎と云者切支丹
之張本ニ而天草嶋原ニ一揆を起天草ハ寺沢
兵庫頭領地ニて唐津より在番之侍共天
草を追払先長崎へ押寄金銀米銭ヲ可
押取手立ニ而天草より属徒（ママ賊カ）船ニ乗海中迄
押出ノ所唐津勢数拾艘ニ而漕渡海中ニ而
彼属徒船ニ行逢属徒共船軍ニ無便嶋原ニ
走集ル其比迄ハ長崎奉行六月ニ下着九月」
迄相詰両人共ニ参府有之同十二月五日ニ長崎ニ下
着在テ同七日嶋原城ニ赴飛驒守(168)ハ鍋嶋信濃守(169)
手ニ加り三郎左衛門(170)ハ細川越中守(171)手ニ加り在陣
一丑十二月より寅ノ二月迄出陣在テ二月廿八日落城
飛驒守三郎左衛門長崎迄帰陣在之所急ニ御召ニ
付俄ニ参府あり然所原城ニ而軍法被破候咎ニ
依而閉門被仰付子細ハ二月廿七日松平伊豆守(172)戸田—
左衛門(173)
其外御目付中ハ仕寄近キセイロウニ上り敵城
見分之所出丸ニ敵一人茂不見敵懈り之体
及見此所より何日ニ可乗入と各申合銘々
陣所ニ被帰之所飛驒守ハ直出丸之仕寄際ニ
行子甚左衛門并長崎より坂井蔵之允と云者
召連手勢共ニ出丸ニ乗入火ヲ掛ル二ノ丸焼上
鍋嶋信濃守勢是ヲ見て相続乗入諸軍勢

俄ニ責入則廿八日落城先（ママ駆カ）欠之科ニ候而飛驒守
父子閉門鍋嶋信濃守も同前
一長崎之儀奉行両人共ニ出陣ニ付大村丹後守(174)
被　仰付則家老物頭等差越長崎警固ス
一茂木口矢上口ハ長崎町中より番を出警固
　益田四郎属（ママ賊カ）徒之首長崎ニ渡事
一嶋原一揆張本益田四郎首　歳拾七
　生国肥後宇土郡鳥村甚兵衛と云百姓ノ子
一四郎姉聟大矢野小左衛門首
一監物首
　以上首数三ツ江戸町出嶋前ニ獄門ニ掛ル
一四郎属（ママ賊カ）徒首三千三百長崎西坂ニ埋尓今塚在
一嶋原陣中御用長崎ニ在テ御欠所(175)銀より出ル
銀高百拾壱貫六百九拾三匁弐分三厘
払方石火矢鉄炮ノ修覆並玉薬楯板トマ
　縄コモ細引大工鍛冶飛脚」
一長崎ヨリ石火矢打褒美銀之事
銀百枚　浜田新蔵　　銀五十枚　六永十左衛門

同卅枚　嶋谷一左衛門　同三十枚　薬師寺久左衛門
同五十枚　手伝ノ者
　原ノ城ニテ生捕右衛門作事幷口上書
一有馬左衛門(176)佐牢人山田右衛門作と云者嶋原領
内口ノ津と云所ニ住居ス寛永十四丑年十
月天草嶋原切支丹宗門之者蜂起シテ郷中
同前ニ原ノ城ニ引入ラレ翌寅二月廿八日落城
之節出丸松山ニ右衛門作木ニ搦付置候ヲ小笠原
右近大夫(177)手より搦取テ松平伊豆守方江差渡シ
早速詮義有之所甥山田藤兵衛元録（ママ）十丑年
迄ハ小川町ニ罷在天草嶋原切支丹一揆ノ次第
殊ニ長崎アヤウキコト此口上書ニ相見へ候故
左記
　二月廿八日有馬落城ノ時生捕口ノ津之
　住人山田右衛門作申上条々
一今度切支丹起り申次第ハ此廿六年已前
天草之内ニ東嶋（ママ）ト申所ニ山居仕居申候

切支丹杢左衛門善左衛門源右衛門宗意善右衛門
此五人之者共六月中旬より方々江触状を以
申廻候所天草ノ内上津村ト申所ニ住居仕タル
伴天連此廿六年以前ニ　御公儀ヨリ御払被
成候節異国江被遣候刻彼伴天連書物を以
申置候ハ当年より廿六年目ニアタリ当国ニ
善人一人可出生其者幼シテ諸学ヲ極メ
天ニシルシ顕ルヘシ木ニマンカウナリ野山ニ
白旗ヲ立諸人ノ頭ニクルスヲ可立東西ニ
雲ノ焼ル事近々有ヘシ諸人住所焼シ
有間敷由被被書置候由申候事」
一天草ニ大矢野四郎と申者を右伴天連之書
物ニ引合勘候ヘハ彼書物ニ少茂不違候間
扨ハ此者天使ニテ候ハン事ウタカイナシ
右五人之者共逸々ニ申触諸人ニ尊セ申候
四郎生年十六才ニ罷成候事
一切支丹起申候時分ハ去年十月廿四五日之比ニ
御座候其前廉役五人之者申廻候ニハ廿五
日比天地モウコクホトノ不思儀出来スヘシ
其時皆々相カマヘテ驚申間敷由内々申
触候案コトク廿五日之夜ニ入俄ニ切支丹共立帰り
村々ニ頭立候者共談合仕脇々之者共クハ
タテ人数を相催シ嶋原よりノ代官幷他門之
出家等此宗門ニ不成者共不残打殺し其後
ヲノレハ在所〳〵ニ引篭罷居候事
一右之次第松倉長門守(178)留守居之者共承付驚
則人数百人余合戦ノ出立ニテ古郷ト申所ニ
押寄切支丹共四拾余人ウタル、其後ハ松倉
カ人数嶋原ノ城江引ノキ申候然所一揆ノ者共
引取申候人数ノ跡ヲ慕嶋原ノ城ニ押寄城
際ニテ責戦候所松者共次第〳〵ニ城内ニ
引取門ヲ立申候を寄手門ヲ打破押込候ヘ共
城中堅固ニ防申候故町屋幷寺々斗焼払
又面々ノ在所〳〵ニ引取申候其後切支丹共
打寄談合仕候ハ兎角大矢野四郎を引立
此宗門ノ司と可仕由評議相極村々より一人
宛使を立申入候ハ先年此宗門ヲ転後悔存候間
今度ハ其方ヲ切支丹ノ大将ニ仕宗門ヲ取立

可申由申遣候四郎申候ハ我等ヲ宗門ノ大将ニ
可有頼由大慶無此上候然者我等下知ニ随可申と
存候者人数書立可給候則逸々ニ寄合切支」
丹ニ不成者共悉打果何様宗ヲ取立可申
由返事申入使ヲ返し申候四郎事ハ天草大矢
野ノ宮津と申所ニ人数七百人相催シ如前ノ宗
旨ヲ取立罷居候キ其後嶋原ヨリ頭立候者
共人数都合書立宮津ニ遣候得者四郎是ヲ
見候而則手廻り四十人程ニテ宮津ヨリ嶋原江
押寄大江と申在所ニ罷居候其明ル日嶋
原ニ而切支丹頭々幷諸勢大江江罷越四郎ニ
遂一礼此宗門取立可申談合トリ〳〵御座候
其時四郎申候ハ人数一万二千人余長崎江
押寄日見峠茂木峠両所ニ陣ヲ取長崎江
使ヲ立ヘシモトヨリ此宗旨ハ不及申他宗ノ
者共此宗旨ニ成間敷由申候ハ即刻押寄町中ニ
火越カケ不残焼払男女悉切捨ヘシ若於内
心ハ其人数ヲ手ニ付ケ嶋原ニ押寄城ヲ可責
落候評議一同相極四郎已ニ長崎ヘ打立候処

天草より飛脚ヲ以申越候ハ右之次第天草富
岡城主三宅藤兵衛聞付唐津江申入候而兵庫
頭(179)留守居之者共ニ三百押渡而三宅藤兵衛と
一ツニ成上津浦ノ近所嶋古志柿迄寄セ掛申
候間急度加勢ノ人数可給由申来候依之長崎
之儀者暫相延三宅藤兵衛幷唐津之者共悉ウチ
ハタシ其後長崎江ハ可寄由ニテ四郎嶋原ノ人数
千五百人連天草江押渡上津浦ノ人数ト一ツ成
嶋古ニテ合戦仕ル唐津之者共即時ニ追立富岡
之城江追込候刻本戸ニテ三宅藤兵衛討取二日目ニ
富岡之城ニ取カケ二ノ丸迄責落候ヘ共本丸ヲ乗取
不申候付先引取四郎儀手勢ヲ召連口ノ
津江戻り候事
一松倉長門守江戸より嶋原ノ城ニ参着仕其上鍋嶋カ」
先手カラコト申所ニ着陣之由相聞申ニ付サラハ
要害楯篭折々ニ合戦可仕由是又評議
極原古城江取篭候事
一十二月朔日より在々所々ノ兵粮米ヲ取入其上
口ノ津ニ在之長門守蔵米五千石余取入申候

四郎儀者同三日ニ原城ニ参着惣人数ハ四日
五日ニ不残籠り申候城普請ハ五日六日ニ仕廻申候
小屋ナトモ七日八日ニ作り仕廻扨ノホリヲ立申候事
一天草より人数男女二千七百人程参着仕籠城
申候彼者共乗候而参候船幷大江ノ浜ニ在之
数多之船共打ワリ壁ノ浦構ニ仕候三十丁
立ノ早船一艘残置申候原城中ニ篭申候男
女共ニ以上三万七千余人討切ニ免々ノ手クハリ
仕候
一惣頭ニハカヅサ村助右衛門三平道崎村次
右衛門久蔵六左衛門三絵村次兵衛源右衛門有馬村
次右衛門長助久右衛門不津村吉蔵太右衛門タシ山
村太兵衛惣右衛門クロ村作十郎休意善十郎小
浜村久兵衛甚右衛門有家村甚左衛門清七天草
久兵衛大蔵七左衛門角助五郎左衛門上津浦村市
郎兵衛七左衛門大矢野村七左衛門甚左衛門甚吉
長右衛門口ノ津村次郎兵衛右三拾五人物頭ニ成但
村々ノ庄屋なり
一軍奉行芦塚仲兵衛 前廉有馬修理所ニ居申候歳五十五
松嶋半兵衛 松倉カ又物年四十　有家休意医師 年六十
合津元察 大矢野牢人年三十　石津太右衛門 年六十五
一極月廿日城責ノ時右衛門作儀ハ請取ノ場ニ罷在
委儀不存候正月朔日ニ又城責有候由極月晦日
ノ晩方城中ニ知レ申ニ付其心得仕居申候故手
イタク防申候城中ニ手負死人十七人御座候
二月廿一日之夜討之儀大江口ヨリ二千余人
其内千四百余人ハ松平右衛門佐仕寄六百人
者寺沢兵庫頭仕寄三ノ丸より五百人立花飛騨守
仕寄出丸ヨリ千人鍋嶋信濃守仕寄ニ遣し申候
城中ニも手負死人四百卅人此内六拾人者
城中ニ引取申候此時右衛門作矢文アラワレ
縄ヲカヽリ松山ノ出丸ニ罷在申候故委儀不存候
一城中ニ鉄炮数五百三十丁有之候玉薬者
正月末よりキレ申候而打不申候乍去鉄炮一挺ニ
十放シ廿放アテ嗜置申候ニ付同廿七日ノ城
責ニウチカケ申候
一城中ノ兵粮ハ二月十日比よりキレ申候諸勢迷惑
仕候少宛所持仕たる者も御座候

一城中ニ篭申候牢入四十人御座候内年比五十斗之者軍ノ手立敵ノ様子万事見斗差引此牢入仕候彼者何方より篭申候哉在所不存候

一四郎本丸ニテ碁ウチ候テ罷居候所鍋嶋信濃守か築山ヨリ打申候石火矢四郎カ左ノ袖ヲ切脇ニ在之男女五六人打果申候就夫城中ノ者共存候ハ妙不思儀可有ト諸人頼母敷候処四郎さへケ様ニ鉄炮アタリ側ニ罷在候者迄も多死事不吉ノ次第ト皆々申合心茂弱り申候彼築山ヨリ打申候鉄炮多分ハツレ不申手負死人多出来迷惑申候

一右衛門作儀者四郎様子ナト見申ニ付万心細存候処有馬左衛門所より矢文を以被申越候ハ普代之者之儀ニ候間今度於城中手立仕忠節ヲイタシ候様ニ被申付候間我等組七百人ノ内」五百人ニ内々心ヲ合二月十八日ニ私受取ノ口三ノ丸ヨリ寄手ヲ引入火ヲカケ乗取セ候テ私ハ四郎カ所ニ参候而寄手已ニ城ニ乗込申候上ハ何と防候共叶申間敷候早ク城を出浜ノ手ニ落候而船ニ乗り何方へモヒトマツ引ノキ可然由申船ニ乗セタハカリ生捕ニイタシ忠節ニ可仕と存十八日ノ様子左衛門佐方へ矢文ヲ射申候所ニ彼矢文見付不被申候哉十八日ノ手ハズ合不申候イカゝト不審ニ存罷在候へ者其後矢文射被申候ヲ城中ノ者共見付何レモ見申候へ者其方よりノ矢文速ク見出シ十八日之筈相違申候ニ付重テ日限ヲ相定矢文ヲ射返し候へと被申越候ヲ城中之者共不審を立候テ四郎ニ申聞セ候へハ扨ハ右衛門佐ハ心カハリト見へ候トテ縄ヲカケ本丸ニ置申候廿七日ノ城責ニハ我等ヲ本丸ノ内ニ連寄召置候我等妻子ハ廿七日本丸大手口升形ノ内ニテ切ラレ申候私事ハシハラレ居申候ヲ小笠原右近殿内衆見出シ已ニ切可申ト仕候ヲ左衛門佐方より之矢文なと見セ申候故命ヲ助生捕ニ被成不思儀ニ命助申候

一私事四郎か家老分ニ罷成玉薬又ハ矢文ナト
ノ差引仕候鍋嶋カ仕寄之竹四百五十束取申候
モ私ノ才覚ニテ御座候細川越中守竹束も私
ノトラセ候以上
一松平伊豆守帰陣之節長崎ニ渡り町年寄共
何レモ長崎ヲ堅固ニ相守神妙ニ候四人ノ内
両人江戸へ可罷越由ニテ則後藤庄左衛門高木
作右衛門両人罷越候所　御目見被　仰付為
上意今度一揆之者共押寄風聞有候処」
堅固ニ相務致苦労候由ニテ御紋ノ御小袖
銀百枚宛拝領仕ル翌年頭ニ参上仕候節
高嶋四郎兵衛御小袖銀子拝領其後高木彦右衛門ニ
是又右同前何茂伊豆守を以被　仰付候
一阿蘭陀人此時迄ハ平戸ニ着船然所原ノ城
船手より石火矢可打手立ニ阿蘭陀船一艘
原城ニ乗廻シ城中ニ石火矢打込手立仕
掛候へ共城高キ故船中より思侭ニワサ無之其後
陸ニアカリ折々打トイヘトモ替タル事無之故
頓而平戸ニ差越候

一長崎奉行為供町使ノ者弐人宛召連候
榊原飛騨守附町使　藤江九郎兵衛　鶴田五郎左衛門
馬場三郎左衛門附町使　成田十左衛門　高橋源兵衛

長崎へ近国大名ヨリ為御用差出置附
人之事

寛永ノ比迄ハ長崎ニ何方ヨリモ附人差置事
無之銘々心次第ニ蔵本屋敷へ怪キ侍或ハ町
人召置奉行所江も飛脚等ノ致取次極テ附人
と云事無之処正保四年ニ南蛮船来着俄ニ
近国令騒動何茂長崎江勢差越候トカク
長崎之儀大切ニ存元録(ママ)元辰年迄ニ段々附
人十四ヶ所より出ル

拾四ヶ所大名之附人

松平薩摩守(180)　四月中旬より十月上旬迄
細川越中守(181)　二人ニ而隔年ニ詰二月代り
松平肥前守(182)　二人ニ而百日代り
松平信濃守(183)　一人ニ而定詰　中興より二人詰
松平大膳大夫(184)　四月中旬より十月上旬迄

宗対馬守(185)　一人ニ而一年詰切
有馬中務太輔(186)　四月中旬より十月上旬迄
小笠原遠江守(187)　右同断
立花飛驒守(188)　右同断
松平主殿頭(189)　右同断
土井周防守(190)　右同断
松浦壱岐守(191)　右同断
大村因幡守(192)　右同断
五嶋万吉(193)　右同断

」

長崎旧記巻第四

阿蘭陀人エケレス人一艘ニ乗組初而
日本来朝事附御朱印頂戴之事

一慶長五子年泉州堺之浦ニ不見馴大船一(194)艘着岸遂吟味候処為商売初而咬𠺕吧ヨリ阿蘭陀人エケレス人相渡ト申ニ付早速江戸へ注進イタシ江戸へ可致廻船ト被　仰付出帆ス海中過半乗出し遭難風相州浦川ニ打寄破船ニ付乗組陸ヨリ江戸へ被為召御詮義候上彼者共申上候ハ日本渡海之儀蒙御赦免度訴訟初而来朝仕候於御赦免者年々致渡海商売仕度由奉願乗船無之故八九年モ逗留イタス其内御扶持方等拝領被　仰付阿蘭陀頭人ヤンヨフス(195)エケレス頭人アンジ(196)ト申者逗留之間折節　御城へ召異国之儀御尋ニ付段々申上就中ヤンヨウス儀ハ首尾

」

能相勤両人ノ者共へ屋敷等拝領被仰付
作事イタシ令住居於尓今江戸ヤンヨウス
居候所ヲヤヨスカシアンジ居候所ヲアンシ町ト申候
一阿蘭陀人エケレス人乗船無之付八九年之
間江戸令逗留候所慶長十三申年阿蘭
陀船一艘肥前之内平戸へ着船ス彼者共
申候ハ先年阿蘭陀初テ日本江赴候船於尓
今帰国不仕候故無心元存行衛ヲ尋候処此地ニ
罷越候と申出ル平戸領主松浦壱岐守より江戸江
注進有之早速阿蘭陀ノ頭人可差越由ニ而
検使ヲ添差越於江戸御詮議之上逗留之
阿蘭陀エケレス御返シ被成候然共ヤンヨウスハ
江戸ニ在留仕度由願ニヨリ召置レ候以来
日本へ相渡商売ノ儀モ此時ニ御赦免則
御朱印頂戴被　仰付候
　権現様御朱印之写
阿蘭陀船日本江渡海之時何之浦尓雖
為着岸不可相違候向後守此旨無異
儀可致往来御疎意有間敷也仍而如件
　慶長十四年七月廿五日
　　チヤクスクルウンヘイケ
台徳院様御朱印之写
阿蘭陀商船到本州渡海之節縦遭
風波之難雖令着岸日本国裡（ママ）熟地
聊以不可有相違也
　元和三年八月十六日
　　ケンレイカホルワル
御奉書之写　但折紙ニテ
　猶以京堺商人茂其地へ可罷下候間相対」
　次第商売致候様尤ニ候已上
急度申入候阿蘭陀船於平戸前々ことく
かひたん次第ニ商売いたし候様可成候不及
申候へ共伴天連之法ひろめさる様ニ可被仰
付候恐惶謹言
　八月廿三日　　土井大炊頭[199]
　　　　　　　安藤対馬守[198]
　　　　　　　板倉伊賀守[199]

本多上野介(200)
人々御中
松浦肥前守殿

右同前ニエケレスニモ御朱印致拝領十ヶ年
程平戸渡海シテ其後絶ル御朱印之儀
不分明
ヤンヨウス儀江戸ニ数年逗留仕本国へ渡り可申
由ニテ長崎より唐船作り之船ニテ帰ル其後
日本江又罷渡トテ高砂ニテ致破船死ト云

平戸ニ而阿蘭陀人商売之事

一阿蘭陀人慶長十三申年平戸江渡海シテ
寛永十八巳年迄三十四年ノ間平戸ニ而相対
商売(201)心次第ニイタシ逗留之儀も己心任セニ
シテ妻子等持町屋ニ自由ニ徘徊シテ家居
ナトハ不相応ニ要害ラシク見ユル処ニ寛永十五
寅年嶋原帰陣之砌松平伊豆守平戸巡見
之節阿蘭陀居所被致見分不相応成所ヲ
取崩サレ翌十六卯年井上筑後守長崎より平
戸へ罷越阿蘭陀并エケレス種子被遂吟
味一人モ不残咬嚼吧ニ被致追放寛永十
八巳年阿蘭陀人平戸御停止ニ成ル長崎出嶋
ニ被押籠

平戸より長崎へ付来通詞(202)五人
高砂長吉郎　肝付白左衛門
石橋庄助　秀嶋藤左衛門
名村八左衛門
カヒタン(203)名マケスカメリヤアンマイラ

一平戸より毎年江戸江年頭之御礼ニカヒタン致
参上候色々献上并御役人江進物上也壱岐守
方より為検使馬廻り一人歩行之者一人通詞
一人差副

阿蘭陀人御忠節申上ル事

一元和之比阿蘭陀洋中ニテ唐船作り之船ニ
行逢此船ニ堺ノ常陣《ママ陳》ト云者日本より呂宋江
商売トシテ相渡帰朝之船ニ押寄船中ヲ
見レハ伴天連三人隠置依之阿蘭陀無覚

東思ひ平戸へ引来松浦壱岐守[204]方より長崎奉行長谷川権六[205]方江申越ニ付権六平戸江相渡伴天連并船中ノ者共拷問ス曽テ白状セサル所ニ船中ニ南蛮通詞森助右衛門ト申者ノ南蛮ノ文字心得有之ニ仍而読候所ニ南蛮ノ伴天連共方ヨリ日本ニ隠居切支丹宗門ノ者中ニ遣ス書状アリ文ハ切支丹宗門ニカタフクモノ過半在之ニヲイテハ可注進日本ニ勢ヲ可越由ナト、有之彼伴天連并常陣（ママ陳）ニ於長崎火焙其外水主夫々死罪ニ被行阿蘭陀御忠節申上ヨシニテ御褒美ノ御意有之由申伝

阿蘭陀船南部ニ漂着之事

一寛永廿未年阿蘭陀船壱艘南部ニ令漂着水ニカテル故小船ニ拾三人乗組陸江水取ニ上ル其所ノ者共捕之早速江戸へ注進」中上ル阿蘭陀江戸へ召候へ共彼者詞不通ニ依而松浦壱岐守方へ被　仰付平戸より通事志筑孫兵衛ト申者ヲ差越孫兵衛此者共ニ対面スルニ阿蘭陀人ニ無紛則十三人ノ者共ニ孫兵衛御付南部へ被遣本船ニ為乗帰帆被仰付候孫兵衛口分明ニ通シタル故為御褒美則三百俵ニ十人扶持被　仰付於江戸数年相務候へ共孫兵衛長崎ニ而阿蘭陀通詞一所ニ被召仕候様ニと奉願ニ仍而御扶持方御放シ長崎之通詞並ニ被　仰付長崎ニ引越

此時方々江御奉書廻り候写

一当年異国船奥州之浦江就乗廻候於南部浦被相尋之所阿蘭陀船遭風波之難漂海上之由依申則召寄遂穿鑿弥申分紛候因茲長崎かひたんを呼寄詮義候所彼船邪雅塔刺しやからたと申所より出候伴天連并切支丹宗門之族不乗来之段慥ニ申付而被　聞召分以来自然遭難風日本之内何之所江相着候共無気遣揚陸地其所之守護人江申断船中之人数ヲモ改させ可申由念入返遣候然者向後若御

領内浦江阿蘭陀於着岸者改之其船ニ
番船ヲ付置様子具ニ可注進旨上意ニ候
不及申候へ共阿蘭陀儀者　御代々日本渡海
商売仕事ニ候間守右之趣其断申候ハ、
搦捕又ハ打擲等不致様ニ可被入念候已上

未十二月二日　阿部豊後守(206)
松平伊豆守(207)

エケレス人平戸渡海之事

一慶長五子年阿蘭陀一所ニエケレスアンジト」
云者相渡り阿蘭陀ヤンヨウス同前ニ慶長(ママ十脱)
四年日本渡海御赦免之御朱印被成下候
依之慶長十七子年ヨリ平戸江十年余
渡海シテ雖致商売次第ニ利潤無之故
以来渡海仕間敷由訴之元和七年ヨリ
渡海ヲ止

長崎へエケレス船一艘来朝之事(208)

一寛文十三庚丑年五月廿五日ニ野母深堀遠
見番所より阿蘭陀船一艘見え候由奉行岡野
孫九郎(209)方江注進ス依之阿蘭陀人ニ検使通
詞差添旗合(210)ニ遣候所阿蘭陀ニテ無之エケ
レス船也エケレス之儀渡海相止候所ニ何トシ
テ乗渡候やト詮議有之候へハ先年商売
トシテ平戸江数年相渡り其後四十年之間中
絶仕候以来日本渡海御赦免蒙度為訴訟
エケレス国ヲ類船三艘ニテ去ル亥ノ年本国
ヲ出船仕候テハンタント申所江渡一艘ハ東
京へ遣二艘類船去年六月高崎(ママ)江参候順風
無御座滞留仕今一艘ノ荷物も此船ニ積類
船ハハンタンニ遣候是も跡より入津可仕と存候由
申上ル宗旨之儀被遂吟味候処南蛮人一
類ノ宿ニ而無御座候然共近年南蛮国ホル
カル頭ノ娘ヲエケレス頭方へ嫁候故国中ノ
者南蛮ノ交も仕候併切支丹ニハ格別ニ而
阿蘭陀同前ニ御座候ト申出ル右之趣早速
江戸へ注進有之近国ニモ段々相知御用心有之
然所エケレス人訴訟不相叶同七月廿六日ニ被

追帰
　エケレス帰帆ニ船中兵粮無之ニ付荷物払
ハセ代金弐百六十両三分銀九匁内百七拾」
弐両三分船中喰物諸色ニ而渡残テ八十
八両金ニ而持渡ル
エケレス船　長拾九間　横三間四尺七寸
　深サ十三間　艫ニ而高サ四間
玉薬武具　鉄炮八十三挺　釼三百卌九腰
鑓廿六　石火矢薬卌五桶同玉六百八十四小玉五桶
右之分在津之内取揚ル此外石火矢数十挺船
ニ在り
エケレス　カヒタン名　セイモンデルホウ
惣人数八十六人カヒタントモ
一ケレス此度御朱印可致持参事ニ候へ共数十
年中絶故か日本渡海御赦免状ノ内ニ而差
出候物令披見所　御朱印ニテハ無之平戸より
持渡候日本文字ノ物ニ而候此時ニ至テ御朱
印之様子不分明

出嶋築立開基之事付家賃銀之事

一寛永十三子年奉行榊原飛驒守馬場三郎左衛門(211)
支配之節南蛮人町屋ニ徘徊停止被　仰付
湊ノ内ニ嶋ヲ築立可押込由ニ而俄ニ築嶋ヲ
申付其節手前宜町人共廿五人より差図之通
築家可然ヲ建テ南蛮人ノ家彼者共ニ
被申付左候而嶋ノ惣坪并表裏ノ門公儀より
作事子丑寅年迄三年被召置町人ハ南
蛮人ト相対ヲ以宿賃ヲ取此地ニ而商売
仕所寛永十五年為上使太田備中守被差
下南蛮人日本渡海カタク御停止ニ成卯辰
両年出嶋明地ニ成同十八巳年奉行馬場三郎
左衛門柘植平右衛門支配之節阿蘭陀人平戸より
御移被成候
一阿蘭陀人方より出嶋家賃差出候儀寛永十八」
巳年阿蘭陀平戸より引越候節出嶋町人ト家
賃之儀極候者先年南蛮人渡海之節宿
賃ヲ平均候所一ケ年ニ十八貫目取候間此通

差出候様ニト申掛ル阿蘭陀方より五十貫目
可指出願時ニ奉行馬場三郎左衛門柘植平右衛門
双方ニ被申付候ハ以来阿蘭陀船多少ノ入津ニ
ヨラス一ヶ年ニ五拾五貫目為宿代可遣由被相
極毎年右之通差出町人家々ノ表口間数ニ
割配分也

出嶋間数幷家数之事附地子

一竪百拾八間二尺八寸　横三十五間三尺八寸
坪数三千九百廿四坪一分
軒数四十四乙名幷町人廿四人家蔵
軒数十九　出嶋ヶ所外家蔵幷番所門小屋
軒数弐　脇荷蔵
〆六十五軒
一出嶋地子銀一貫六百七十三匁一分二厘二毛四弗
一惣廻り塀間数二百八十六間二尺九寸
南百十八間二尺九寸　北九十六間四尺九寸
東廿五間四尺五寸　西三十五間三尺八寸
西方荷役場塀内外竪十五間　横六間

出嶋作事之事

一惣塀門橋及大破候故延宝六午年牛込
忠左衛門岡野孫九郎[212]支配之節出嶋乙名より伺
作事橋ハ前廉板橋ニテ有之折々修覆
出来ニ付石橋ニ成惣塀同前掛替
一右同時出嶋御用[213]物蔵無之ニ付蔵一軒建
出嶋乙名預り幷火消道具置所是又同
前ニ出来
右之分市法ノ浮銀[214]を以作事有」
一貞享二丑年惣塀及大破付奉行宮城監物
川口源左衛門[215]支配之節浮銀を以作事有
一荷役場検使所阿蘭陀方より作事出来
然共阿蘭陀改検使場を彼者方より作事ノ
儀不相応成儀ニ付元録（ママ）七戌年出嶋町人
中より願ヲ申奉行山岡対馬守宮城越前守[216]
赦免町人作事致ス
一脇荷[217]物置所無之故阿蘭陀アヤ、、（ママ）ニ入置数
年乱敷折節ハ無作法有之ニ付元録（ママ）九子年

奉行宮城越前守近藤備中守丹羽遠江守(218)支配之節脇荷物三間ニ八間二軒建之支配所迄出来次ニ辻番所狭ク役人居所無之ニ付是又作事有

一元録(ママ)十丑年札場ニ検使居所無之付札場南方検使場一軒作事次ニ御蔵修覆有之奉行丹羽遠江守諏訪下総守支配右入目高木彦右衛門ニ有之浮銀ヲ以建

出嶋門番始り之事

一出嶋門番寛永十三子年出嶋ニ南蛮人宿仕候付門番所ニ常番之者二人不断附置在津之節ハ町人弐人差添南蛮人町へ出シ不申吟味ニ而有之

一出船ニ不残南蛮人サセ候故在留ノ南蛮人一人モ居不申右之通子丑寅三年ノ間出嶋ニテ商売同寅年渡海御停止卯辰両年明地故番人無之然所寛永十八巳年阿蘭陀人平戸より引越候ニヨリ南蛮人ノ時ニ准右同前ニ廿五六年ノ間番人右之通ニ候寛文六午年奉行河野権右衛門(219)初而支配之節阿蘭陀人ノ番大切ノ事ニ候門番所只今迄通ニ而ハ無心元常番之者差除町使二人外ニ町年寄常行司(220)家来壱人相加出嶋出入之者帳面記翌朝奉行所ニ而帳面ヲ改右午年より戌年迄五年右之者相勤翌亥年奉行牛込忠左衛門(221)支配なり船番之者十七人出来時ニ町使(222)ヲ除船番ノ者二人町年寄常行司ニ成元録元辰年川口摂津守山岡対馬守宮城越前守(223)支配之節唐人番廿人出来此内より二人ツヽ出番ニ差加相勤

一出嶋門ニ町番在之長崎内町外町より阿蘭陀船在津之内一町切ニ一日一夜ノ番勤候其外江戸京大坂堺四ヶ所より割符糸(224)為番四人相詰

一同所出入ノ者懐中改ノタメ下番四人有出嶋門出入下役或商人日雇下迄一人宛改通申候

一古来より阿蘭陀繋り船ニ同心一人歩行之者一人為加番町使一人差出候所寛文十二子年

奉行牛込忠左衛門支配之節ニ歩行ヲ除船番之者
十七人加此者ヲ差出船番ト名付貞享四卯
年奉行川口源左衛門大沢左兵衛支配之節同心止
下役と成

阿蘭陀商売之事

一阿蘭陀平戸より出嶋江引越日本渡海之儀
船数一年ニ拾艘余或七八艘五六艘ツヽ惣銀
高一万貫目余又ハ八九千貫目程宛ノ荷
物ヲ積渡相対之商売イタス寛永十八巳
年より寛文七未ノ年迄廿六七年ノ間白銀ニテ
商売イタス丁銀持渡寛文八申年奉行
松平甚三郎河野権右衛門(225)支配之節より山々ノ銀
次第ニ減少ニ付金商売ニ被　仰付(226)此年より金」
子持渡ル己心侭ニ致商売候処寛文十二子年
迄忠左衛門(227)時ニ市法(228)ト云仕置ニ成十三年相続
之所貞享二丑年川口源左衛門宮城監物支配
之節御定高(229)五万両之商売被仰付右三
分一ハ糸割符三分二ハ相対商売ニ成

間金(230)初之事

一昔年ハ異国江金子持渡儀御停止ニテ有之
寛文四辰年黒川与兵衛嶋田久太郎奉行之節
阿蘭陀人方より五百両於御赦免両替仕持渡り之
願申出ル一(ママ)両之儀一両ニ付六十八匁ニ而売取候ハヽ
可相渡由申聞成程相調可申由請合初而五
百両持渡ル翌年五百両午年三万両未年
五万七十五両何モ六十八匁ニテ調渡ル其時分小判
一両五十八匁九匁ノ相場有之利潤一両ニ十匁
程有之候ヲ間金と名付長崎中ノ助成ニ
出ル同申年唐人阿蘭陀共ニ金子商売被
仰付阿蘭陀ハ相場之金ヲ大分持渡異国ニ而
高利ヲ取と云寛文十二子年奉行牛込忠左衛門
市法(231)ノ商売ニ被仰付候節阿蘭陀ニ申聞候ハ先
年黒川与兵衛嶋田久太郎奉行之節小判両替仕
度願ヲ申出両替一両ニ付六十八匁ニ相極候段々
相調是ニ准当年より六十八匁ニテ商売可仕候
左候ハヽ阿蘭陀人之儀金子商売ニ可相究候

若不勝手ニモ候ハヽ商売無用之由申渡阿蘭陀人無異儀請合夫ニ付市法十二年之間間金毎年大坂へ上納市法破ノ後長崎ノ助成ニ出ル市法ノ内間金高凡左ニ記

一間金凡拾万七百廿両余

右ハ寛文十二子年より貞享元子年迄十三年之間年々出嶋より高木作右衛門高木彦右衛門方江納之大坂江上納之由」

一口銭銀(232)之儀反物一反ニ付五分糸一斤ニ付五分荒物并薬種代銀百目ニ付五匁羅紗猩々緋一間ニ付五歩ツヽ古来より取来凡口銭百廿貫目余有之此口銭長崎内外町船手出嶋乙名阿蘭陀通詞諸役人役料ニ成

一掛り物銀(233)反物代銀一貫目ニ付百五十目荒物代銀一貫目ニ付二百目取之一ヶ年ニ凡四百二三拾貫目取之高木作右衛門年番ノ年寄立合内証ニテ割符出嶋役人并阿蘭陀内通事其外諸役人役料ニ成相残ル所長崎中助成ニ成是ハ先年相対商売之節商人より礼銀取候例を以取来ル花銀ト名附

出嶋乙名(234)并乙名通詞目付(235)之事

出嶋開基ノ時ヨリ乙名役ノ者五拾五年之間一人役ニテ段々相勤候へ共次第ニ事繁罷成付元録(ママ)九子年奉行近藤備中守丹羽遠江守支配之節吉川儀右衛門相役願ニ付赦免

〆一人相加ル笹山甚五右衛門

阿蘭陀通詞通用又ハ和ケ物吟味為目付元録(ママ)八亥年奉行宮城越前守近藤備中守丹羽遠江守支配之節本木良意西助二郎通事目付役ニ申付ル

阿蘭陀内通事(236)初ル事

一昔年ハ内通事トテ極無之口ヲ存候者ハ阿蘭陀商売之節銘々働を以阿蘭陀共ニ付添売物買物口銭を取渡世送り候然所出

嶋毎年附候儀前後アラソイ無作法ニ有之
依之寛文十戌年河野権右衛門支配之節」
阿蘭陀口存タル者百六人方より訴訟ヲイタ
スニ付阿蘭陀内通詞と名付相極此内より
十二人撰出し小頭と定出嶋乙名通事差
図を以阿蘭陀人ニ付右之内入替之事も
通詞乙名是ヲ伺イ究ル寛文十二子年市
法商売ニ成内通事口銭難取ニ付奉行
牛込忠左衛門ニ是ヲ訴五ヶ所貨物利銀ノ内より
六十目宛拝領ス貞享二丑年市法破ル右
六拾貫目ノ銀無之内通事渡世ニ離レ候付
阿蘭陀売物耳蔵銀と云物ヲカケ内証ニ
テ取り則蔵銀ヨリ六十目宛拝領ス

口銭銀并間銀(237)拝領之事

一阿蘭陀口銭間金之儀貞享二丑年奉行
川口源左衛門支配之節右支配役前年ノ年
行司相勤内外乙名口銭銀間金出嶋金場
ヨリ時々ニ請取致封ヲ出嶋乙名方ノ御用
蔵ニ入置ヘキヨシ申付初而荒木平吉伊与
屋善左衛門両人ニ申付貞享五辰年より支配
人四人ニ成ル

掛物役(238)之事

一貞享弐丑年奉行川口源左衛門支配之節
阿蘭陀売物ヨリ懸リ物トシテ荒物代反物
代懸り物右委買人より取之夫ニ付支配
役トシテ蒲地弥一ニ初而申付ル元禄《ママ》三未
年三人ニ成ル

金場吟味役(239)之事

一出嶋金場之者三十六人有之所ニ元禄《ママ》九
子年脇荷蔵出来ニ付新規七人加り都合
四十三人ニ成此者共阿蘭陀売物代金并
口銭銀間金懸り物金場請込元禄《ママ》十」
丑年奉行丹羽遠江守諏訪下総守支配之節
金場吟味役若杉喜三太横瀬太郎右衛門初
而申付ル

糸割符(240)初之事

一慶長八卯年南蛮船ニ諸色ノ荷物数多
積渡ル就中白糸大分持渡ル早速商売
セシメヘキ所其比迄ハ世上シツハクニシテ糸
ノ類ワツカツ、用候沢山ニ持渡ルニ付曽而
白糸買手無之二年滞留其節奉行
小笠原一庵方へ異国人共より此度持渡ル白
糸買手共ニ相応之直段ニ是非払度由願申
一庵方より右之旨江戸へ伺時ニ為　上意被
仰付候ハ異国人積渡ル処白糸商売不仕
其侭積返し候ハ、以来踪と渡ル間敷候諸国
ノ商人共へ相触夫々ノ分限ニ応し買可取ス
有合者共ニ分限ニ応割付ニ為買取異国人
由被　仰出依之京堺或近国ノ商人長崎ニ
致商売令帰帆翌甲辰年又白糸大分
持渡ル然者前年之糸買取商人共未商
売半ニ上方以之外下直成夫ニ付買人方
より訴訟ヲ申上去年之糸未払不申所ニ今年
大分渡り上方下直成身上滅却仕候御慈
悲之上此度積渡り悉私共手前相対
を以買取候様ニ被仰付可被下旨奉願則達
御上聞右願之通御赦免ニ成下候間仲ヶ間ニ買
取割符可被　仰付旨候

慶長九甲辰年割符之高

白糸百丸　京　白糸百廿丸　堺
同百丸　長崎　同六十丸　呉服所(241)六人
右六十九之内　廿丸後藤縫殿　八丸茶や四郎次(ママ郎脱カ)」
八丸茶や長固　八丸亀や正兵衛
八丸三嶋や祐徳　八丸上柳彦兵衛

同年御奉書(242)出候写

黒船着岸之時定置年寄共致糸直候類(ママ)
以前ニ諸商人長崎江不可入候いとの直相
定候上ハ万望次第可致商売者也
慶長九年五月三日　本多上野介判
板倉伊賀守判

一寛永八未年　台徳院様御代ニ江戸大坂ニ
初而割符糸之儀御赦免被成下割符五ヶ
所ニ極白糸五十丸江戸　同三十丸大坂
此年白糸僅ニ持渡故黄糸片寄糸白紗綾
綸子等割符買取翌申ノ年より前々通り
白糸一色ニ成
一寛永十八巳年　大猷院様御代江戸大坂より
訴訟ニ付此年加僧被仰付江戸五十丸増大坂
廿九丸増(243)
百廿丸堺　百丸京　百丸長崎　百丸江戸
五十丸大坂　六十丸 呉服所五人　廿六丸諸国　十二丸 築前博多
五丸筑後　五丸肥前　二丸半対馬
一丸半小倉　十丸平戸
右ハ奉行馬場三郎左衛門支配之節上使井上筑後守
寛永十八巳年七月五日ニ為　上意被仰渡候ハ
平戸之儀年々阿蘭陀人令着岸其商
余斗ヲ以致渡世候処阿蘭陀人長崎へ引越
候へハ可致難儀依之御憐愍之上拝領被　仰付
候間五ヶ所仲ヶ間ヨリ十丸被　仰付候

一右同時ニ阿蘭陀方へ被仰渡候ハ白糸之儀先年
ノ天川船糸ノ通五ヶ所割符仲ヶ間ニ御買
セ被成候由被　仰付候」

割符破ノ事

一明暦元未年奉行甲斐庄喜右衛門支配之節
白糸ノ割符破其子細ハ唐船春夏秋三度ニ
渡海糸ノ直段ハ春相極夏秋持渡候白糸春ノ
直段ニ准五ヶ所ニ買取年々得利潤之所此
年唐人共申合春秋より此春迄糸僅ニ持
渡候付割符之者共高直ニ直段ヲ立春ノ
商売仕込処夏秋大分ニ白糸惣高十三
万千三百斤余積渡ル直段も如例年春ノ直
段ニテ可相渡由唐人方より催促ス然ハ以外
損失有之ニヨリ割符取及難儀已ニ可買取
手立無之故年々約束之通ニハ唐船出船日
限延引ニヨリ江府へ御伺為　上意被　仰出候ハ
年々得利潤私欲ヲ搆へ被定置五十日ノ日
限相定唐船帰帆遅滞シ候条不届ノ段其科

不軽依之割符御破被成候大坂御蔵より糸代銀五千五百貫目被差出候為奉行竹嶋七郎右衛門中根仁左衛門坪田藤右衛門被差添末次平蔵預之唐人方江相渡糸二千百廿二丸被召上内ニ三百六十一丸ハ大坂江登セ相残糸ハ長崎乙名組頭幷地下諸国之商人分限高ニ応し元直段ニ而拝領被　仰付候御銀御出し被召上故次第ニ高直ニ被成大分之利潤有之此利潤右之者共拝領ス本銀ハ大坂江上納此年より割符破レ唐人阿蘭陀糸己か心次第ニ相対ノ商売ス

二度割符御赦免之事

一割符破三十年余中絶ノ処貞享二丑年異国商売銀高ノ員数御極有之ニ付割符之儀古来ニ被准白糸ノ分京堺江戸大坂」長崎ニ被仰付候然所長崎より阿蘭陀持渡り之黄糸長崎中へ割符可被仰付由ニテ白糸黄糸下糸共ニ割符ニ成阿蘭陀方ハ銀高三分

一糸割符被　仰付候奉行川口源左衛門支配ノ節此時御奉書之写

長崎ニて唐船阿蘭陀商売之儀先規之
通糸割符ニ仕其外諸色ハ相対商売
可申付候且又御制禁之品々向後堅買
取不申候様ニ可申付候切支丹宗門之儀
可入念之由被　仰出候者也
子十二月廿六日

割符糸宿老之事

一先規割符之時分長崎割符仲ヶ間より大割(244)符取候商人ノ内何者ニテモ町年寄差図之者為年頭御礼年々一人宛江戸江罷越献上差上御礼申上此例を以年頭之御礼可相勤者之儀詮議有之折節市法之節長崎浮銀ヲ以糸被召上其砌糸役人三人有之候幸此役潰候故二人糸宿老ト名付此者共格(ママ)年ニ江戸へ参上ニ究ル宇野九郎兵衛大塚三右衛門」

長崎旧記巻第五

大村ニ邪宗門起事

一明暦三酉年長崎酒屋町ニ理左衛門ト云貧家之者在此処江大村ヨリ好身ノ者夜中与風来テ蜜々申聞候ハ大村領之内郡村松原村近辺切支丹宗門蜜々申合一揆イタシ先近日長崎江押寄口々ヨリ火ヲカケ財宝兵粮等押取ニイタシ其後諸方可掛出之由企候其方事好身之者故其節之事無心元ヲモイ相知せ候同意イタシ町中江火ヲカケ可働以来宜敷可申付候ト懇ニ語聞セ候理左衛門モ可致同心由申合令馳走蜜々其町乙名方へ参右之趣申達乙名早速奉行黒川与兵衛(245)江訴ル時刻を移サス彼者ヲ搦捕令拷問ノ所ニ一揆ノ企無紛ニヨリ則大村ニ町使之者追々差越因幡守(246)より邪宗門ノ一属忽搦捕段々長崎江相渡遂詮議長崎ヲイテ穴釣刎首百卅人余其外ノ者大村平戸嶋原佐賀江遣し都合五百人余令刑罰右理左衛門儀御忠節ノ為御褒美銀拾弐貫目拝領之

豊後并肥後邪宗門之者出来事

一万治三子年豊後中川内膳正(247)松平将監領内肥後細川越中守領鶴崎ニ長崎於奉行十ヶ年余被遂吟味邪宗門之者段々被行死罪候其人数不分明也

長崎回録之事

一寛文三卯三月八日筑後町樋口惣右衛門と云者致乱気近所ノ者令殺害己か家ニ火ヲカケ令切腹候其火立山ノ方江焼上り折節大風ニテ火吹散町ハツレマテ令焼失漸々残所ハ出嶋并恵美酒町舟津町今町金屋町其外悉令類失候此時長崎中へ十ヶ年ノ上納ニテ

銀二千貫目拝借被　仰付奉行嶋田久太郎
在番長崎町幅セマク不自由成ニ付此節町幅
広ル

御制禁ヲ敗（ママ破カ）朝鮮渡海之者有之訴人出ル事

一寛永七未年長崎浜町江口伊右衛門ト云者朝
鮮渡りノ同類タリ彼者下人訴人トシテ罷出
我等主人伊右衛門其外徒党ヲ組蜜々武具馬
具等ノ諸色朝鮮ニ積渡り数年商売仕候
由訴申依之早速被遂詮儀候処張本筑前
ノ町人伊藤小左衛門ト云者長崎五嶋町ニ居住シ
身上有徳ニシテ無隠商人又同国高木勘右衛門
浜町乙名浅見七郎左衛門彼者共詮義之上令
白状対馬ニ薦田勘左衛門亀岡平右衛門ナトシテ
身代得徳ノ者トモ組合数年武具等ヲ持渡
朝鮮ノ代物ニハ人参其外物ヲ調商売仕
事無紛故於長崎伊藤小左衛門高木勘右衛門浅見
七郎左衛門ハリ付其外ハ刎首都合廿八人死罪ニ被
仰付候奉行河野権右衛門

長崎御代官末次平蔵[248]流罪之事

一延宝三辰年末次平蔵家頼蔭山九大夫弥
留九郎右衛門唐通事下田弥惣右衛門蜜談ヲ以テ
泉州出ノ唐人卓順官王喜官ト云者ト異
国渡ノ商売ヲ企平蔵銀ヲ取出シ右ノ
唐人共己か船ニ乗組前年福州辺マテ
相渡所ニ逢難風泉州厦門ニテ令破船
其頃厦門ハ錦舎城下ニテ有之既ニ海賊
トモ荷物可奪取ト企候候（ママ）ヲ両人ノ者共申出候ハ」
是ハ日本末次平蔵出シノ船ニ候間可免由ヲ申
錦舎日本ノ義大切ニ存彼唐人共ヲ馳走イタ
シ俄ニ船ヲ仕立流レ荷物ヲ取揚商売イタ
サセ買物等ヲ調日本ニ差遣ス然所先達而厦門
出シノ唐船一艘令入津右之次第風説ニ申出候
然ニ翌正月卓順官王喜官入津奉行牛込
忠左衛門[249]右両人ノ唐人其外船中ニ遂吟味候
所唐人白状又書付等有之故ニ松平主殿頭[250]
立合被　仰付二月長崎へ被越忠左衛門立合穿鑿

有之所平蔵も越度有之付同十八日平蔵
儀松平右衛門(251)佐蔵屋敷ニ当分御預ヶ悴喜多之介
ハ大村因幡守(252)へ御預ヶ平蔵母長福院同娘両人
大久保出羽守(253)蔵屋敷ニ御預ヶ家財悉クモツシ（ママ）ユ
セラレ辰三月平蔵幷喜多之介ハ隠岐国へ
流ニ定り松平出羽守江渡ル長福院ハ壱岐ニ流
サレ松浦肥前守ニ渡ル聟末次平左衛門追放其外
家来蔭山九大夫下田弥三右衛門四月廿五日ハリツケ
同日弥留九郎右衛門九大夫悴死罪卓順官王喜
官ハ日本渡海御停止被　仰出候

日向漂着之ハマア（ママ）ニ人之事

一延宝八申年六月日向伊東出雲守(254)領内ニ異
国船一艘令漂着乗組人数十八人長崎ニ差送
則十善寺薬園屋敷(255)ニ入置此異国人形長
高ク色ウス黒ニ髪ハ中カリニシテカムロ
ノコトク手足長クモノ云声ヒコエ衣類ハ
肩ニユタンノ様成切ヲカケ下帯ハ前ニテムス
ヒ後ニタレ不断ハタカニクラス腰ニ脇差ト
ミエ鞘ハ木地ニテ身ハ包丁ノコトクナル
鉄打ノモノヲサシ食事ノ時ハヤシユノカラニ
入手ツカミニ食シ諸事ノ道具トテ何ニ」
テモ無之食物ハ難（ママ）本敕芋ナトヲ喰米ヲ
珍敷思フ躰ニミユ常ニ犬ヲ好喰言葉ハ阿蘭
陀唐人ニ不通尤諸通事も只ハタアニト云
コトハカリ幾度モ云出スヨリハタアニト云所
ノ者ト申十八人ノ内段々病死漸六人残ル
彼者共阿蘭陀ニ渡サレハタアニ一便之節差
送ヘキ由申渡サレ阿蘭陀人咬𠺕吧ニ連越奉行
牛込忠左衛門

阿蘭陀人洋中ニテ唐人船ヲ奪取其過
怠銀出ス事

一寛永元丑年唐船一艘参仏ト云所より出候然所
阿蘭陀人洋中ニテ奪取荷物悉己か船ニ取
乗セ水主廿人阿蘭陀小船ニ乗セ置候処逆風
ニテ薩摩ノ甑ニ漂流ス則長崎ニ送来ル奉行

黒川与兵衛詮議ノ上阿蘭陀海賊ニ紛ナシ依之
カヒタンニ申付候ハ兼而日本渡海ノ唐船ヲ
海賊いたす事御停止之所其掟ヲヲソレサル
コトモ科不軽候急度此船荷物代銀可差出
ノ由ニテ銀二百七十二貫六百目余カヒタン差出スヲ
唐人ニ相渡ス

朝鮮ニ阿蘭陀人漂着之事

一寛文六年松平甚三郎支配之節阿蘭陀人
八人小船ニ乗組五嶋ニテ令漂着早速長崎ニ
差越被遂詮義候所逢難風朝鮮ノ地方ニ
テ致破船漸十五人陸ニ上り候所朝鮮人共
捕置候然所小船ヲ盗五嶋ニ逃来候由申出候
残七人未朝鮮ニ有之間帰候様ニ願申付対馬
被申越則寛文八申ノ年七人トモ送来候奉行
河野権右衛門

勢州者風被放天川ヨリ南蛮人送来事　」

一貞享二卯年六月二日南蛮船一艘令入津
候之間諸人不思儀ニテ致騒動候然ハ此船ニ
日本人乗来ル彼日本人トモ野母ノ番所[256]ヲ招
ユヘ番船押寄候所十二人ノ日本人トモ申候ハ
我々トモハ伊勢渡会郡神社村ノ者共ニテ御座候
去年風ニ被放天川[257]江致漂着候然所南蛮
人共日本ヲ大切ニ存召連渡ルノ由ヲ申同日ニ湊ニ
乗入サセ先玉薬武具ヲ取揚奉行川口源左衛門
段々吟味在之所勢州之者漂着紛ナシ其上
南蛮人方より漢文ニテ書写在之唐通
事共和ヶ候所天川沖ノ嶋へ日本人漂着仕
助ヲ乞申候付則タスケ送来ル船ハ天川ニテ
解荷物ニタハコ十俵ホト有之候ヲ売銀ニ而
遣之トノ書写南蛮ノ年号千六百八十五年
ト在之右日本人送来所無偽ニヨツテ八月朔日
船中飯米薪等被下之帰帆被　仰付右伊勢ノ
者ハアカリヤニ召置其後勢州ニ相渡之

紀伊国江呂宋船漂着之事

一貞享四卯年紀伊南海大嶋ニ異国船一艘

三人乗組令漂着依之同年十一月長崎ニ被送
届三人ノ内弐人ハ船中ニテ病死一人存命ニて
相届其形色黒ク身内ニ絵願(ママ)ノ入墨有
則阿蘭陀人被差出言葉ヲ通スルニ呂宋ニ
居候南蛮人ノ由申則アカリヤニ被召置
是も病死ス奉行川口源左衛門山岡十兵衛

薩摩之者広東湊江漂着送来事

一元録(ママ)元辰六月十五日八十八番広東船より薩
摩之者十人乗来ル旨趣ハ同年三月遭難風
広東へ致漂着候ヲ帝都ニ達之候へハ可送届
由被申付召連渡ル之由申出ルニ付奉行山岡十兵衛」
宮城主殿被遂吟味無紛ニ付薩摩へ被帰
唐船ハ兵粮丗俵薪其外食物等取せ帰帆
被申付候

薩摩江言葉不通異国人漂着送来事

一元録(ママ)元辰八月薩摩へ異国船一艘漂着則
長崎へ被差送乗組数二人其形異形之
者ニテ在之唐人共ニ見セ候所言葉不通尤
諸通事共ニ不通然所ニ太安出之唐人申候ハ
台湾より廿日程外ニ淡水と申所ニヶ様成形
ノ漁者有之慥ニ此所之者之由申則アカリヤへ
被召置候処二人共病死ス奉行山岡十兵衛宮城
主殿
一元録(ママ)十五申六月十七日薩摩より異国人弐人
送来諸通事幷唐人共ニ見セ候へハ詞不通唐
人共申候ハ台湾ノ奥山ノ者か又ハ鶏篭ノ者ニテ
有之候ヤ不分明依之其年廿六番台湾船ニ
乗セ八月令帰帆船中兵粮米五十俵被取之由
此野人本国へ送ル由証文ヲ取来年持渡へキ由ニ
申付候台湾正堂官張氏ヨリ証文取来奉行
川口摂津守宮城主殿

薩摩者広東江漂着送来事

一元録(ママ)五申三月五日十番船より日本人十一人乗
セ来被遂吟味候処彼者共申出候ハ薩摩山
川ト申所ノ者ニ而御座候十二人乗組午十二月逢難

風広東雷州府ニ致漂着一人ハ船中ニ而病死漂流ノ段帝都へ達候へハ可連渡由申付ルニヨリ十一人共ニ薩摩へ被渡唐人共ハ為褒美商売ノ割符三十一貫目増為兵粮百俵被為取之令帰帆奉行川口摂津守宮城主殿

普陀山ニ漂着ノ日本人送来事

一元禄(ママ)六酉八月七十六番七十九番普陀山出之唐船ニ日本人十四人乗来ル此日本人讃岐ノ者ニテ在之候同年二月逢難風普陀山ニ而致破船ハシ舟ニ而陸へアカリ候所普陀山ノ出家是ヲ見付帝都へ達依下知漸江寧波府都院ヨリ申付七人宛弐艘ニ乗セ送遣候段唐人共申出無偽ニ付四人ハ松平讃岐守[258]又四人ハ京極備中守[259]六人ハ御代官万年長十郎掛り之者何レ茂被相渡奉行川口摂津守
山岡対馬守

長門之者広東江漂流送来事

一元禄(ママ)七戌七月二六十九番宋居勝(ママ)船より日本人拾弐人乗来其子細ハ申十一月ニ上納米ヲ積船ヲ廻候所逆風ニテ酉正月十五日広東肇慶府湯江県ト申所ニ致漂着寧波江送来夫より普陀山ノ本寺へ戌三月十九日ニ送届同六月廿三日右之唐船ニ乗セ普陀山より致出帆由唐人共申出所無相違仍而松平大膳大夫[260]方江被相渡奉行山岡対馬守宮城越前守

町使[261]之者初之事

一奉行小笠原一庵支配之節目付無之故内町中より之給扶持ニテ五人召仕右之人数ニ而用事難達故長谷川権六奉行之節外町より四人相加へ九人ニ成此時迄ハ目付と云後町使ト名付其後段々加り十三人ニ而年久敷打過候処ニ寛文十二子年牛込忠左衛門支配之節二人相添十五人ニ極ル
一町使之者居所之儀奉行水野河内守代迄本博多町有之奉行屋敷長屋ニ町筋より口ヲ開

召置寛永比奉行竹中釆女正下知ニテ今」
引地町野山ニテ有之地ヲ引小屋ニ建内町
町使之者ヲ置外町ノ町使ハ末次平蔵附キニテ
外町所々ニ居ス奉行牛込忠左衛門支配之節南
馬町ト出来大工町ノ間ニ空地有之付小屋ヲ
建外町町使又散使ヲ召置

船番(262)初り之事

一阿蘭陀船唐船番之儀昔年ハ奉行所より
徒之者同心等差出船番ヲ勤サセラレ候同心
之儀ハ長崎へ附渡之者ニ候へハ無覚束所も
有之徒之者之儀ハ年々相替ル者故勤方も
不勝手ニ可有之とて寛文十二酉年奉
行牛込忠左衛門支配之節長崎ニ有之浪人十七
人抱船番と名附被為勤ニ給分候事其比ハ
市法商売ノ余斗を以被扶持居所之儀
奉行東屋敷ヲ立山ニ引東屋敷明キ候テ
在之付此所ノ古長屋ヲ令修覆十七人ヲ召置候

唐人番(263)初り之事

一元禄(ママ)元辰年迄ハ唐人町屋ニ在留セシメ
商売イタシ候所此年より町ニ居候事御停止ト
成十善寺御薬園ノ地ヲ引小屋ヲ立翌巳年より
入津ノ唐人此囲内ニ悉被召置依之番人
廿人抱置右之者共唐人屋敷(264)之門番ヲ勤
又出嶋門番ニ相加奉行川口源左衛門山岡十兵衛
宮城主殿

馬込有御船之事

一正保四亥年肥州唐津ノ領主寺沢兵庫頭
死去其跡相続無之令断絶兵庫頭早船ノ内
宜敷船五艘被召上長崎へ乗来り候船頭ノ内
二人ニ水主(265)廿人被留置御扶持方拝領仕馬
込ニ在之御船蔵幷水主等ノ小屋此時出来奉」
行馬場三郎左衛門
一赤雀丸　六十四挺立　一龍王丸　五十挺立
一雲龍丸　四十二挺立　一鸞鳳丸　八挺立

一無名　八挺立
右五艘寺沢兵庫頭船
一獅子王丸　四十六挺立　生駒壱岐守船
一麒麟丸　　十六挺立　　一番船　六挺立
右二艘末次平蔵船延宝三辰年被召上
一東京舟馬場三郎左衛門支配之節出来
一小鷹丸　十六挺立　一水中船
一五ツ入子箱舟
右三艘牛込忠左衛門支配之節出来
一ヤケン舟　牛込氏之節流船有之ヲ蔵ニ入
〆

御船蔵之次第

一八間半ニ十三軒蔵一軒
七間ニ十一間蔵一軒　一五間七間一軒
六間ニ十二間蔵一軒
四間ニ十間一軒　船道具入
」

長崎旧記附録

異国江年々金銀過分ニ渡ニ付商売之
手立ヲ以渡高可減御吟味之事

一昔長崎へ南蛮船来朝又ハ日本より異国江
商売ニ渡長崎之万民渡世送候然所日本
商売逐日功者ニナリ上方ノ事迄考或ハ
春船数スクナク糸反物ナトモ僅ニ持渡り
商売イタスニヨリ上方ノ貨物直段思
ノ外高直ニ成夏ノ比段々無渡り丹(ママ)共夫々ニ
貨物ヲ乗来テ致商売然ハ日本之商売
人前廉ニ上方ノ高直ナル心ヲ以我先ニ
セリ買ヲイタス故異国人ハ存ノ侭ニ高
利ヲ取日本人ハ度毎ニ損セスト云事ナシ
五ヶ所之商人ハ年々ニヲトロヘ来朝ノ異
国人ハ年々大分ノ得利潤高分限ニ成者
多来朝スル此手立故諸色次第ニ高直ニ成行
」

末イカヽト心付

一寛文八申年河野権右衛門松平甚三郎[266]奉行之時阿蘭陀唐人江被申渡候ハ異国より持渡諸貨物来年より商人共ニ下直ニ御買セニ成候間此段相心得来朝スヘシト申渡翌年河野権右衛門唐人阿蘭陀持渡ル所々銀高廿年已前より此年迄被遂詮義所ニ廿年ノ銀[267]高六拾万貫目及一年ニ三万貫目程日本之山々ヨリ掘出ス白銀ヲ銀座ニ而吹立丁銀高凡七千貫目ニ不過然者異国ヘ年々無限持渡候ハヽ日本ノ銀高次第ニ減し不宜御事之由就夫長崎ニ在合地下旅商人共工夫を以異国貨物下直ニ可買取方便ヲ無遠慮書付言上可仕由町年寄常行司[268]ヲ以申付役人共ハ弥可申出由然ニヨリ五ケ所ノ商人[269]打寄及談合トイヘトモ曾テ言上ニ可及工夫ナク終ニ書付上ル事モナシ

一寛永ノ半迄ハ唐人日本住宅ノ事無御構依之長崎ニ大勢妻子ヲ以住宅ノ唐人在此者共唐ニ好身ノ者アツテ商売ニ来朝イタス其来朝ノ唐人共住宅ノ唐人ノ一家其外好身ノ所ヲ船宿ニシテ商売ス住宅之者共心ニ叶候様ニイタシ馳走シ依之唐人商売自由ニシテ逐日功者ニ成然所寛文五巳年初而稲生七郎右衛門[270]奉行トシテ下着早速被申出ハ唐人相対ヲ以宿仕候儀御停止内町外町[271]巡番ニシテ唐船番前ノ町ニ引請船頭幷役人唐人ハ其町乙名方ニ召置可致商売ノ由ニ而是より宿町[272]支配を以荷物渡口銭[273]宿町ニ取トイヘトモ唐人兼テ入魂ノ者共町々ニ在々(ママ)客唐人ヲ仕立其者共方ヘ荷物ヲ引請売セ口銭ヲトラスル是ヲ小宿ト云或百貫目ノ船ハ十貫弐十目ナラテハ船頭荷物ハナシ此小宿之儀翌午年相止ラルヽトイヘトモ小宿無之テハ地下[274]中致困窮由達テ致訴訟故又赦免アリ小宿トモ客ヲ可受心入アルニヨリ猶更馳走仕故

段々唐人トモ不自由ナル事無之就夫唐
人トモ商売ノ儀能考毎年来朝シテ諸色
高直ニ売高利ヲ取異国へ金銀無限
持渡ル
一右之通町々唐船引受候へ共小宿ニ貨物
引合候故次第ニ宿町附町何ノ徳分モナ
ク候ユヘ売渡ス荷物ノ内ヨリ三ケ一[275]買
分ニイタシ小宿口銭ハ不出小宿取候口銭
ノ分宿町附町ニ取其惣高三ツニ割弐ツ
ハ宿町一ツハ附町ニ配分ス三分一ト申コト
此節ヨリナニトナク初ル

唐船宿町附町并口銭ト云事初ル事

一昔年ハ唐船一艘ニ銀高漸五六貫目十貫
目程ノ貨物ヲ小船ニ積一年ニ何艘ト申
無限乗渡本船ヨリ直ニ唐人共己か兼テ
知人ノ心安処ニ宿イタシ相対ノ商売ヲ
ナス軽キ唐人共ハ荷物ヲ肩ニカツキ町中
振売ニイタシ然共何ノ御構モナク心侭ニ
致逗留尤荷役荷積ノ砌ニモ検使と申
事ナシ
一元和三卯年奉行長谷川権六[276]支配之節宿
口銭ト申事ヲ被相定端物[277]一反ニ付
荒[278]物銀高百目ニ付拾匁宛貨物御買
セ候者方より口銭廿年余取来候次第唐
人福貴ニ成段々銀高多積渡ニ付口銭
高宿主トリ是も手前福貴ニナルユヘニ
寛永十四年奉行曽我又左衛門今村伝四郎[279]支
配之節ニ端物一反ニ付五歩荒物代銀百目ニ
付五匁ニ被減又寛永十八巳年馬場三郎左衛門[280]
支配ノ時ニ口銭大分ニ宿主ハカリ請取惣町ノ
助成無之由ニテ一艘ノ口銭高ノ内三貫目
宿主拝領被　仰付其外ハ内町外町順番ニ
仕置惣高二ツ割一ツ内町二ツ外町一町ニ
銀三貫目拝領被　仰付此時船番ハカリノ
支配無心元故順番ニ当ル町ヲ其町ニ附町被
仰付候附ト申事此時より初ル
一明暦元未年甲斐庄喜右衛門[281]支配之節宿

主江口銭三貫目請候事未過分之儀候間向後
一貫五百目ニ相極ル惣町中ニ助成増申候
一寛文八申年松平甚三郎[282]奉行之時白銀
毎年異国江相渡サハ日本銀次第ニ可減之
由ニテ是より唐人阿蘭陀共ニ金子ヲ持
渡ルヘキ由ニて同亥年迄四年之間銀御
停止ニて金ニ而渡ル[283]

牛込氏[284]始テ下着相対之異国商売ヲ破
異国江金銀過分ニ不被渡鍛煉ノ事

一寛文十一亥九月ニ松平甚三郎為代牛込忠左衛門
初而長崎へ下着河野権右衛門ハ江戸へ参府其
跡ニて異国商売之儀只今ノ通ニてハ日本
ノ金銀異国へ被取御為ニ不宜トテ昼夜
工夫被致末次平蔵[285]町年寄常行司召」
寄此通ニてハ行末異国船御停止ニナルヘク
候今度何茂精出し可申由日々評定内
証ニてハ年久敷与力共ニ召寄評定或ハ
阿蘭陀通詞唐人通事ニ申付異国より
持渡ル所々糸反物薬種其外諸貨物
何国より何色ノ物出候[286]や其所ニては何ハ何
程ニ買取候や又ハ其所ニ運上在之候ハ、
掛物迄も異国人共ニ蜜々相尋元直段
聞合書付を以可申上由被申付就夫阿蘭
陀通事方より遂吟味委細書付差出

一古より異国商売ノイタシ様イカ様ニイタシ
候哉只今迄諸色ノ口銭懸リ物[287]ニ宿口銭等
イカ様ニ取来候哉又ハ明借(ママ)ノ小商人トモ唐
人ニ懸り渡世仕様又爰元ニテ異国物
上方江差上セ売掛時ハイカ様ニイ
タシ候哉問屋口銭諸事カ、リ物迄も
書付トラル、此時上方ヨリ下リ候商人
共内証ニテ上方ニて異国物ノ商売之儀
吟味有之爰元ニて上方へ異国物大分ニ上リ
下直成節者上方ノ分限成者立合一緒ニ買
置世上払底ニナシ高直ニナリ候ヲ見立ソロ〳〵
立無之様ニ工夫仕

忠左衛門(288)始而下着之所冬船(289)一艘着岸
此船ヨリ商売ノ手立 被替事

一異国商売詮議半ニ霜月唐船一艘令
着岸此船今博多町ヲ宿被　仰付三十八
番船ノ荷役仕廻ニ被申付候ハ先前之通
商売スヘシ併商人共念ヲ入貨物見届
夫々ニ入札仕セ札ヲ披高札より二番三番」
迄ノ直段書付可差上候由被申付則右書
付ヲ見届ケレ(ママ)高札より三番迄ノ直段ヲ
ナラシ唐人方へ被申付候ハ此直段ニ売可申哉
不勝手ニ候ハヽ持渡り候代物持戻可申由
被申渡御書付之通唐人売可申由請合
申候へハ又商人共ニ被申付候者右之品々
今度入候高札ノ直段ニテ三番札ノ商人
迄三人ニ買候間請取候様ニと被申付商
人共無異儀請取申候
　商人方より高札ノ直段ニ而諸色ノ代
今博多町ニ請取申候
高三百八十三貫六百三十六匁一歩也
　内　銀右ハ三番迄ノ平均直段ニテ唐人方へ渡ス
　　残テ四十八貫百六十一匁七歩七厘
　　　但一割四分三五六三三利分也
右之銀ヲ間銀ト名付内町外町拝領被　仰付
配分ス
右之通ニて亥霜月より同極月迄之間ニ一艘
商売イタサセ是以商売ノ鍛煉弥有之
一翌子三月唐船二艘着岸ス一番船ハ内
中町二番材木町去年三十八番船ノ通
宿町ニ入札可請取由被申付前ノ年三番
札ノ商人迄御買セ候儀ヲ商人宜存大小ニ
不限我勝ニ宿町乙名方へ入札持参候者
数人押込先後ヲアラソイ喧嘩口論
在之中ニ此仕方ニ而ハ不相叶トテ是ハ止
ラル其後被申出候ハ地下中ノ商人夫々ニ
遂吟味慥成者斗申合其内ヨリ功者
成ヲ十二人撰出し貨物目利イタシ入札
帳可仕長崎より一冊江戸京大坂堺ヨリモ

相認年番年寄方江可相渡由被申付則
右之通功者成者ヲ出シ品々致直段帳面ニ
改出し申候間今度も直段ハ三番札迄平
均ニ仕其上入札ニモ高下有之候故了簡ヲ
以直段被相極唐人方へ先以書付被申渡候
此二艘ノ唐人共無異儀売申候間五ヶ所
之商人此節当地へ居合諸国ノ商人ノ内
遂吟味慥成商人斗百十六人名付有之
此者共ニ二艘ノ荷物割御買セ被成候
長崎商人七十人
壱人前ニ一〆九百七拾目宛買高
四ヶ所旅共ニ商人四十六人
壱人前ニ四貫九百七十目宛　同
右之人数ニ二艘ノ貨物御買セ候則請取申
候へ共大勢故配分難成候付早速増札ニ而売
払利分之儀ハ右被　仰付候商人買高ニ割
付配分仕候先此二艘ハ右之通ニて格不極

注

（1）深江浦。長崎は、深江浦の他に瓊浦（たまうら）の名がある。

（2）大村因幡守。純長。寛永十三年（一六三六）生。伊丹播磨守勝長の四男であるが、慶安三年（一六五〇）に大村純信の養子となる。翌同四年、家督（肥前大村領）を継ぐ。承応三年（一六五四）、因幡守に叙任。寛文二（一六六二）年七月二十八日、奉書を以て、異国船渡来の時、長崎奉行と対策を議すべき事を命じられる。宝永三年（一七〇六）没。

（3）西屋敷。長崎西奉行所のこと。長崎奉行所の場所は、明白でないところがある。文禄元年（一五九二）に唐津城主寺沢志摩守広高が初めて長崎奉行に命じられた時、本博多町に屋敷を建てたと言われる。この後、代々の奉行がこの屋敷を使用したが、寛永十年（一六三三）に焼失し、森崎に役所を移したとされる。寛文三年（一六六三）の大火で再度焼失し、東西二所の役所を建てたとされる。その後、延宝元年（一六七三）に、役所を建て替え、外浦町の役所が西屋敷と称されたのに対して、立山に新設された方が立山役所と称された。

（4）外町。元亀二年（一五七一）から長崎の町建てが開始されるが、天正十六年（一五八八）に豊臣秀吉によって、長崎は公領（直轄地）とされた。この時迄に長崎には二三町が形成されていたが、この地域は秀吉の朱印により地子免除とされた。この後、慶長二年（一五九七）から以降に更に町建てが進んだ。秀吉により地子免除とされた二三町が内町と称され、徳川政権になっても地子免除となった。慶長二年以降に開発された町を外町と称する。内町は四人の町年寄、外町は二人の常行司の支配下に置かれたが、元禄十三年（一七〇〇）からは外町、内町の区別が廃止されて、常行司が町年寄に組み入れられた。

（5）有馬肥前守貴純。氏純の子。肥前国藤津・杵嶋・高来郡を領す。生没不詳。

（6）大村民部少輔純忠。有馬晴純の二男。丹後守。民部大輔。入道して理仙（専）と号する。天文二年（一五三二）、肥前国有馬生れ。大村純前の養子となる。同十九年、大村の家督を継ぐ。天正十三年（一五八五）秀吉に麾下する。同十五年没。

（7）深堀茂宅。深堀氏は、祖は上総国深堀を本拠としていた豪族三浦氏。彼杵郡戸八浦の地頭として勢力を張り、長崎氏と抗争した。鍋島氏と縁を結んで鍋島姓を称し、同氏の重職を担った。

(8) 内町。注(4)参照。

(9) 天文十二年(一五四三)八月に、大隅の西村という所に南蛮船が到来したか否かは不詳。ここの記事は、天文十二年八月二十五日に種子島に異国船が漂着し、鉄砲を伝えたことをこのように記したものであろう。「鉄炮記」に、天文十二年八月二十五日に種子島に漂着したとされる異国船は南蛮船(ポルトガル船)とは書かれていない。南蛮船ではなく明船と解釈され、これにポルトガル人が便乗しており、鉄砲を伝えたことが記されている。西村は種子島の内で、南蛮船漂着の地は、種子島南端。

(10) 大友。大友義鎮。宗麟。大友義鑑の長子。享禄三年(一五三〇)生。豊後府内の領主。天文二十年(一五五一)、ポルトガル船が豊後日出港に渡来する。また、同年、義鎮はフランシスコ・ザビエルを山口より迎えている。

(11) 藤堂佐渡守。高虎。弘治二年(一五五六)生。天正十五年(一五八七)秀吉の九州遠征に加わり、功を立て、佐渡守に叙される。

(12) 寺沢志摩守。広高。広政の子。肥前国唐津城主(一二〇、〇〇〇石)。長崎奉行(初代)を兼任〔文禄元年(一五九二年)から慶長八年(一六〇三)迄〕。

(13) 鍋島飛驒守。直茂。清房の長子。秀吉の島津攻略戦に加わる。初代佐賀藩主。

(14) 村山東菴。東庵、東安、等安なども書かれる。初代長崎代官。もと名古屋の人とも芸州の人ともされるが、出自は不詳。文禄元年(一五九二)、朝鮮出兵に際し、肥前名護屋に滞在中の秀吉に謁し、長崎の代官に任ぜられたと言われる。後、長崎の豪商末次平蔵との裁判中、東庵が切支丹であった我子が異国追放となったのを、密かに連れ戻し、しかも大坂陣に際し、大阪城に入れ、武器の援助を行ったことを暴露されたことにより、元和五年(一六一九)に処刑され、代わって末次平蔵が長崎代官を任命された。

(15) 頭人。元亀二年(一五七一)に長崎の町建てが始まり、島原町・大村町・平戸町・横瀬浦町・文知町・外浦町の六町ができたと言われる。これらの町を支配する役として置かれたのが頭人である。初めは、高木勘右衛門・高島了悦・後藤惣太郎・町田宗賀の四人であった。文禄元年(一五九五)に、これが町年寄となる。

(16) 末次平蔵。末次興善の子。興善は博多の豪商で、私財を投じて長崎の興善町を開く。子の直政・通称平蔵(初代)は、朱印船貿易家。長崎代官村山等安と争い、勝訴して、元和五年(一六一九)、長崎代官に任ぜられる。長崎奉行竹中釆女正の長崎における不祥事・貿易関係の不正事に関する繋争中、寛永七年(一六三〇)没。二代目平蔵・平左衛門・茂貞、三代目平蔵・茂房、四代目平蔵・茂朝、長崎代官を世襲する。延宝四年（一六七七）、四代目平蔵の時、密貿易を行い、これが発覚して隠岐へ流刑となる。

(17) 長崎回録。寛文三年（一六六三）、長崎六五町の内、六三町半を全焼した大火のこと。

(18) 西奉行屋敷。注(3)参照。

(19) 高木作右衛門。長崎町年寄。

(20) 河野権右衛門。通成。通重の子。寛永六年（一六二九）、家光に初謁。同十二年、書院番。慶安四年（一六五一）、家督を継ぐ（一二〇〇石）。寛文三年（一六六三）、使番。同六年三月十九日、長崎奉行。同十二年三月十七日、同職を辞して寄合に列する。延宝八年（一六八〇）、槍奉行。貞享四年（一六八七）、大目付。後、同職の務に応ぜざるところあって解任。元禄元年（一六八八）、小普請。同四年没。

(21) 牛込忠左衛門。重忝。三右衛門俊重の三男。慶安三年（一六五〇）、書院番。寛文三年（一六六三）、目付。同十一年五月六日、長崎奉行。天和元年（一六八一）四月九日、職を辞して小普請となる。貞享四年（一六八七）没。寛文十二年の貨物市法の制定に尽力した。

(22) 岡野。岡野孫九郎。貞明。岡野権左衛門英明の子。寛永九年（一六三二）、家光に初謁。同十五年、書院番。寛文三年（一六六三）、家督を継ぐ（一〇〇〇石）。同十二年三月晦日、長崎奉行、加増されて一五〇〇石。延宝八年（一六八〇）三月十二日、職を辞して寄合に列する。元禄三年（一六九〇）没。

(23) 宮城越前守。宮城主殿。和澄。慶安元年（一六四八）、家光に初謁。万治二年（一六五九）、小姓組番士。三五〇〇石。寛文五年（一六六五）、家督を相続する。同七年、進物役。延宝四年（一六七六）、徒頭。天和元年（一六八一）、目付。同二年、加恩五〇〇石。貞享四年（一六八七）八月十一日、長崎奉行。元禄五年（一六九二）、越前守に叙任。同九年没。

(24) 近藤備中守。用章。用高。承応三年（一六五四）、家綱に初謁。寛文四年（一六六四）、家督を継ぐ。同六年、書院番士。貞享元年（一六八四）、使番。同四年、目付。元禄五年（一六九二）、先鉄炮頭。同七年正月十一日、長崎奉行。八月、備中守に叙任。同十四年、大目付。同十六年、留守居。宝永二年（一七〇五）没。

(25) 丹羽五左衛門。長守。寛文十年（一六七〇）、家綱に拝謁。同十二年、小姓組番士。元禄元年（一六八八）、家督を継ぐ。同四年、屋敷改。同六年、使番。同七年、目付。同八年二月五日、長崎奉行。五〇〇石加増し、一五〇〇石。遠江守に叙任。同十五年閏八月十五日、町奉行。正徳四年（一七一四）、職を辞して寄合に列す。享保十一年（一七二六）没。

(26) 村山東庵。注(14)参照。

(27) 市法。貨物市法。寛文十二年(一六七二)から貞享(一六八二)までの間、長崎で唐船とオランダ商館を対象として行われた貿易に適用された取引き仕法で、かなり複雑な方法である。まず、長崎に輸入するために集まる国内の各貿易商人を五ケ所(江戸・京都・大坂・堺・長崎)に組織し(貨物市法商人)、各商人の輸入上限額を規定して輸入高の増加を防止し、五ケ所商人の内より輸入貨物の価格に明るい者を目利に命じ、彼等に外国商人の持ち渡った貨物の価格をつけさせ、長崎奉行所でそれを調節して各貨物の輸入価格を決め、それを外国商人側に提示して、その価格で輸出するか否かを問い(指値方式)、売却に合意した場合は、一括輸入することとし、輸出に不合意の場合は持ち帰らせる方法をとった。一括輸入した貨物は、貨物市法会所をとおして、国内輸入商人(貨物市法商人)へ入札で売却された。この間発生する、輸入価格と国内貿易商人への入札売却価格の差益(貨物市法増銀)は、長崎での貿易運営費に当てられ、また、長崎と駿府に助成金として与えられ、その余りは、貨物市法商人各自にぞれぞれの買入額に応じて分配された。寛文十二年以前の相対売買の期間に、長崎貿易で多量の銀を輸出した結果、国内使用銀の不足が懸念されたため、主として、指値方式で輸入貨物の原価(輸入価格)を低廉にすることによって、輸出高の膨張を押さえ、銀の輸出量(国外流出量)の抑制を企図して開発された貿易の方法である。

(28) 三ケ一銀。長崎貿易において、寛文十二年(一六七二)から貨物市法が適用となるが、貨物市法会所が指値で購入することになった唐船貨物の内、三分一が長崎に与えられる仕組となっていた。この利益銀を三ケ一銀という。

(29) 嶋田氏。嶋田久太郎。利木。出雲守。寛永十七年(一六四〇)、小姓組番士。明暦二年(一六五六)、徒頭。万治元年(一六五八)、目付。寛文二年(一六六二)五月一日、長崎奉行。同六年正月晦日、長崎奉行を辞する。同七年、江戸町奉行。同年、出雲守に叙任。元禄八年(一六九五)、没。

(30) 末次平蔵。注(16)参照。

(31) 東庵。村山等安。注(14)参照。

(32) 寺沢志摩守。注(12)参照。

(33) 大村。注(6)参照。

(34) 有馬修理大夫。晴信。永禄十年(一五六七)生れ。肥前国日野江城主有馬義直の子。天正四年(一五七六)家督を継ぐ。切支丹大名、洗礼名をジョアン＝プロタシオと言う。慶長十四年(一六〇九)、長崎港内でポルトガル船マードレ・デ・デウス号を長崎奉行長谷川左兵衛と焼き沈める。この事件後、本多正純の家臣岡本大八の詐欺にあい、訴訟中に長谷川左兵衛の暗殺計画を暴露されて改易となり、慶長十七年、切腹する。

(35) 外町。注(4)参照。

(36) 唐人屋敷。元禄二年（一六八九）、長崎十善寺村に設置された貿易に渡来した唐人を滞在させるための施設。江戸時代、貿易に渡来した唐人は、長崎の知人宅に宿泊して貿易取引きをすることができたが、貞享二年（一六八五）に御定高制度が定められて、一年間に銀高六〇〇〇貫目を超過する貿易を禁じられて以降、密貿易（抜荷）が多発したため、この防止のために渡来唐人の市中泊が禁じら、唐人屋敷内に滞在させられることになった。

(37) 牛込忠左衛門。注(21)参照。

(38) 大久保相模守。忠隣。天文二十二年（一五五三）生。忠世の長子。天正十八年（一五九〇）、徳川家康の関東移封の時に武蔵国羽生城を給わり二〇、〇〇〇石を領する。文禄二年（一五九三）、秀忠に附属し老職となる。翌同三年、父の遺領を給わり小田原城主（六五、〇〇〇石）となる。慶長三年（一五九八）、相模守となる。秀忠の将軍継嗣に尽力する。『寛政重修書家譜』に慶長「十八年十二月二十六日一説に十九日台徳院殿忠隣をめされ、近年京都耶蘇宗門の徒邪法をすゝめ、年を追て群をなし、人を惑はしむるの害甚し、もしその事明察しがたきにをいては、また長崎につかはされ、西国をたゞさるべきのよしおほせをかうぶり、十九年正月十七日京師にいたし藤堂高虎が邸に宿す。ときに耶蘇宗門の師四條の二寺にあり、忠隣急にかの二寺を焼しめ、その徒を捕ふ。その師二人は西国に遁れ去る。」とある。この後に改易となり、五〇〇〇石を給されて井伊家お預けとなった。寛永五年（一六二八）没。

(39) 山口駿河守。山口直友。慶長五年（一六〇〇）、奏者番となり、大和山辺郡に三千石余を知行する。丹波の郡代を兼職する。同八年より伏見城の番を勤める。同九年、駿河守に叙任する。同十五年、琉球国中山王来朝の時、駿府・江戸の案内者を勤める。同十九年六月二十一日、耶蘇宗門禁制のことを命じられて長崎に至る。元和六年（一六二〇）、伏見城定番となり、同町奉行を兼ねる。同八年、七七才で没する。

(40) 高山右近。長房。切支丹大名。洗礼名ドン・ジュスト。天正十三年（一五八五）播磨国明石城主となる。同十五年、秀吉の切支丹禁制により改易。慶長十九年（一六一四）、家康の切支丹禁令により海外追放となる。元和元年（一六一五）、マニラで没する。

(41) 内藤飛騨守。内藤如安。切支丹。洗礼名ドン＝ジュアン。丹波国の武将内藤源左衛門の子。秀吉の切支丹禁制により所領没収となり、小西行長に仕え、後に加藤清正、前田利家に仕えるが、慶長十九年（一六一四）、高山右近らと共に海外追放となる。

(42) 長谷川左兵衛。藤広。永禄十年(一五六七)生。家康の側室夏の縁者。慶長十一年(一六〇六)から同十九年まで長崎奉行を勤め、堺奉行へ転任する。外交面で活躍した。元和三年(一六一七)没。

(43) 鍋嶋信濃守。勝茂。直茂の子。天正八年(一五八〇)生。肥前国佐賀城主。慶長十二年(一六〇七)、家督を継ぐ。大坂陣、島原の乱に活躍する。同十九年より長崎港の警衛を命じられる。寛文元年(一六六一)没。

(44) 寺沢志摩守。広高。永禄六年(一五六三)生。肥前国唐津城主。文禄元年(一五九二)から慶長八年(一六〇三)まで長崎奉行を勤める。寛永十年(一六三三)没。

(45) 有馬左衛門佐。直純。肥前国有馬城主晴信の子。天正十四年(一五八六)生。慶長十七年(一六一二)、父晴信切腹の後、所領を給わる。寛永十八年(一六四一)没。

(46) 松浦壱岐守。隆信。肥前国平戸領主松浦久信の子。天正十九年(一五八一)生。慶長十九年(一六一四)六月十八日、駿府で家康より長崎の切支丹の寺院の破却を命じられ、同九月長崎に至り、切支丹寺を壊す。寛永十四年(一六三七)没。

(47) 大村民部少輔。純頼。肥前国大村領主純忠の子の嘉前の子。文禄元年(一五九二)生。慶長十八年(一六一三)、父嘉前が駿府で長崎の切支丹寺の破壊を命じられる。翌同十九年、嘉前は純頼を長崎に遣わす。純頼は同九月、鍋嶋信濃守勝茂、寺沢志摩守広高、有馬左衛門佐直純、松浦壱岐守隆信と共に、切支丹寺を壊す。ここには民部少輔とあるが、『寛政重修諸家譜』では、元和「四年十二月二十九日従五位下民部大輔に叙任す。」とある。同五年(一六一九)没。

(48) 「寛永十三子年」は、「寛永三寅年」の誤りか。水野河内守守信が長崎奉行となるのは、寛永三年(一六二六)である。

(49) 水野河内守。守信。水野監物守次の子。天文五年(一五七七)生。旗本(大和国の内に五〇〇〇石を領する)。寛永三年(一六二六)から同五年まで長崎奉行を勤める。切支丹弾圧を強行した。同十三年没。

(50) 町使。長崎の地役人。始まりについては、「慶長八年目付と号し、町使五人被仰付、寛永二年町使四人入り九人になる(長崎覚書)」・「長崎奉行小笠原一庵支配の節に、町目付無之に付、町中より給扶持にて五人召抱らる、右之人数にて用事難達故、長谷川権六奉行の時、外町より四人相加へ九人になる、此時迄は目付といふ、後に町使と名付(長崎志)」と『通航一覧 第四』(一〇〇ページ)にある。職務については、「宝永五子年役料高并諸役人勤方発端年号等」(長崎県立長崎図書館郷土課旧蔵)に、次のようにある。「右勤方之儀両御屋敷当番并御用日六ヶ所之御番所へ相都詰申候唐船荷役より出帆迄之間商売ニ付新地表門水門唐人屋鋪矢来門出入之者相改仕候尤阿蘭陀船入津より出帆迄之間出嶋江度々罷出相禁申候御詮儀者之節御屋鋪并篭屋江も罷出申候御仕置者又者自害人転死失或被召捕候者有之候節被出申候且又阿蘭陀江戸江参上仕候節両人宛付添召越候右之外町中昼夜廻り山廻り諏方社祭礼祇園会為警固被出申候」。目付（町使）の職掌は、奉行所の支配のもとで、長崎町内の警備・警察万般に及んでいる。

(51)　竹中釆女正。重興。重利（豊後国府内城主、二〇、〇〇〇石）の子。寛永六年（一六二九）から同十年まで長崎奉行を勤める。切支丹弾圧を強行した。不祥事を起こし、同十一年、改易、切腹を命じられる。

(52)　榊原飛驒守。職直。花房職之の子。慶長元年（一五九六）、榊原姓となる。生年、不詳。旗本（二五〇〇石）。秀忠の小姓、徒頭、書院番頭を経て、寛永十一年（一六三四）から同十四年まで長崎奉行を勤める。島原の乱の時、軍令に背き、閉門を命じられる。同十七年許され、翌年、御先鉄砲頭となる。慶安元年（一六四八）年没。

(53)　馬場三郎左衛門。利重。半左衛門昌次の子。生年不詳。旗本（二六〇〇石）。書院番、使番、目付を経て、寛永十五年（一六三八）から承応元年（一六五二）まで長崎奉行を勤める。明暦三年（一六五七）没。

(54)　元亀元年秀吉公御朱印。元亀元年（一五七〇）に、秀吉は、未だ朱印状を下せる立場にない。文禄初年に秀吉が異国渡海に関わる朱印状を下したとする記録は「長崎志」以下数々見られる。

(55)　仙石大和守。久隆。秀久の子。文禄三年（一五九四）生。旗本（四〇〇〇石）。書院番、目付を経て、寛永十二年（一六三五）から同十三年まで長崎奉行を勤め、小姓組番頭となる。正保二年（一六四五）没。

(56)　九艘船の派遣年。この記事では、所謂九艘船の派遣年を寛永十一年（一六三四）のように書かれているが、この派遣年は必ずしも明確ではない。中田易直著『近世対外関係史の研究』一一二頁参照。

(57)　異国渡海停止。所謂「寛永鎖国令」については、太田勝也「「寛永十年二月二十八日鎖国形成令」の検討」（「歴史情報」NO.5）・同「「寛永十一年五月二十八日鎖国形成令」の検討」（「歴史情報」NO.6）・同「「寛永十二年鎖国形成令」の検討」（「歴史情報」NO.7）・同「「寛永十三年五月十九日鎖国形成令」の検討」（「歴史情報」NO.10）を参照されたい。

(58)　長谷川権六。生没不詳。長谷川左兵衛藤広の次ぎの長崎奉行を勤めたが、在職期間は不詳。長谷川左兵衛との関係も弟とも甥とも言われるが不詳。

(59)　口銭。宿口銭。唐船が長崎に渡来すると、唐人は長崎の知人宅（主に、華僑）＝船宿に滞在した。船宿は、日本商人と貿易取引きの斡旋を行い、買手の日本商人から斡旋料を得た。この斡旋料を宿口銭と言った。

(60) 宿町・付町。長崎に貿易に渡来した唐人は、初めは、長崎の知人宅を指名してそこに滞在した。これを指宿制という。宿に指名された者は、貿易取引きの斡旋なども行い口銭を得ることができた。この口銭の取得を巡って長崎住民の間で意見の対立があり、寛文六年（一六六六）に指宿制を廃して、長崎の町々が順番を決めて、渡来唐船の世話をする制度が始められた。各年、長崎に入港した唐船は、順番に一番・二番・三番船……と番号を付されて処理されたが、一番船は○○町が、二番船は△△町が、というように、その唐人の宿泊や貿易取引き等の世話をする当番町が決められた。この当番町に当たった町を宿町と言い、その補助的な役割を果たす町も決められた。この町を付町といった。

(61) 稲生七郎右衛門。正倫。次郎左衛門正信の子。旗本（七〇〇石）。寛永三年（一六二六）生れ小姓組番、目付を経て寛文五年（一六六五）に長崎奉行となるが、翌年、長崎で没する。

(62) 糸割符。慶長九年（一六〇四）、家康は、長崎奉行小笠原一庵に命じて、堺、京都、長崎三都市の裕福な町人を選出して、ポルトガル船が長崎に持ち渡った白糸（生糸の一種）を全て買い取らせる組合を組織させた。この組合を糸割符仲間と言う。各都市の仲間の代表者を糸年寄と言う。各都市の糸年寄は、長崎に下って、ポルトガル商人側と白糸の輸入価格を折衝の上、取り決める（白糸直組、パンカド）。この白糸の輸入価格が決まる迄、一般の輸入商人は長崎に入ることを禁じられ、白糸直組終了後は、長崎に入り、白糸以外の将来品をポルトガル商人と相対で輸入することが許された。糸年寄は、各都市の仲間の資金で白糸を一括購入し、それを堺一二〇・京都一〇〇・長崎一〇〇の比率で配分し（題糸配分）、売却利益（糸割符増銀）を分け合った。寛永期に改革があり、幕府呉服師仲間に現糸配分（白糸一六〇目を一斤とし、五〇斤を一丸という単位にして分ける定量配分）で六〇丸を与え、分国配分といって博多・対馬・小倉・佐賀・久留米等の都市へ現糸で三六丸半を与えた他の白糸を堺・京都・長崎（三ケ所糸割符仲間）に江戸と大坂を加えて五ケ所糸割符仲間とし、堺一二〇・京都一〇〇・長崎一〇〇・江戸一〇〇・大坂五〇の比率で題糸配分するようにした。そして、ポルトガル船の将来した白糸に加えて、唐船の白糸も糸割符の対象とした。寛永十六年（一六三九）に、幕府はポルトガル船の日本寄港を禁じたので、ポルトガル船から白糸が輸入できなくなったが、同十八年に幕府は平戸のオランダ商館を長崎出島へ移転させ、オランダ商館の白糸を糸割符の対象とした。所謂鎖国制下の長崎貿易で糸割符制度が適用されるが、明暦元年（一六五五）に一度廃止となり、貞享二年（一六八五）に復活し、元禄十年（一六九七）に改革されるなど、変遷がある。

(63) 出嶋。寛永十一年（一六三四）に着工し、同十三年に竣工した長崎中島川河口洲先に造られた扇形の人工島。長崎の町人二五人が出資。面積は三、九六九坪（約一三、〇〇〇平方メートル）。切支丹対策として、長崎市内に散在していたポルトガル人を収容し、渡来したポルトガル船との貿易の場として建設された。出島は出島町として長崎市内の一町と位置づけられ、出島町乙名以下の地役人が置かれ、ポルトガル人から使用料を徴し、建設出資者に支払われた。島原の乱の後、寛永十六年に幕府はポルトガル船の日本寄港を禁じ、収容されていたポルトガル人を国外退去させたので、空き地となったが、寛永十八年に平戸のオランダ商館を出島に移転させ、オランダ東印度会社との貿易の場とした。

(64) 太田備中守。資宗。重正の子。慶長五年（一六〇〇）生。元和元年（一六一五）摂津守に叙任。寛永八年（一六三一）、小姓組頭となり、同九年に書院番頭に転じ、後に備中守に叙任。同十年、松平伊豆守信綱、阿部豊後守忠秋、堀田加賀守正盛、三浦志摩守正次、阿部対馬守重次等と共に政を議すことを命じられる。同十五年、島原の乱後、九州に下り松平伊豆守信綱らに幕命を伝える。同年、奏者番となり、三五、〇〇〇石（三河国西尾城）を領する。延宝八年（一六八〇）没。

(65) 寛永十三子年被仰出御条目。太田勝也「「寛永十三年五月十九日鎖国形成令」の検討」（「歴史情報」NO. 10）で同令の諸本（一六種）の比較校合を試みている。

(66) 加賀守。堀田正盛。正吉の子。慶長十三年（一六〇八）生。寛永三年（一六二六）、小姓組番頭、同十年、松平伊豆守信綱、阿部豊後守忠秋、太田備中守資宗、三浦志摩守正次、阿部対馬守重次等と共に政を議すことを命じられる。また、宿老並となる。同十九年、一一〇、〇〇〇石（下総国佐倉）を領する。慶安四年（一六五一）、家光に殉死する。

(67) 豊後守。阿部忠秋。忠吉の子。慶長七年（一六〇二）生。同十五年、家光の小姓となる。元和三年（一六一七）、御膳番となる。同九年、小姓組番頭となる。寛永元年（一六二四）、家督を継ぐ（一〇、〇〇〇石）。寛永三年（一六二六）、小姓組番頭、同十年、松平伊豆守信綱、堀田加賀守正盛、太田備中守資宗、三浦志摩守正次、阿部対馬守重次等と共に政を議すことを命じられる。また、宿老並となる。寛文四年（一六六四）、八〇、〇〇〇石を領すべき朱印を受ける。延宝三年（一六七五）没。

(68) 伊豆守。松平信綱。松平右衛門大夫正綱の養子（大河内金兵衛久綱の子）。慶長元年（一五九六）生。元和九年（一六二三）小姓組番頭、寛永九年（一六三二）宿老に準ずる。同十年、阿部豊後守忠秋、堀田加賀守正盛、太田備中守資宗、三浦志摩守正次、阿部対馬守重次等と共に政を議すことを命じられ、加判に列する。武蔵国川越藩主（七五、〇〇〇石）。寛文二年（一六六二）没。

(69) 讃岐守。酒井忠勝。忠利の子。天正十五年（一五八七）生。寛永元年（一六二四）老職に列する。同四年家督を継ぐ（寛永十三年、若狭国小浜一二五、〇〇〇石）。同十五年、大老となる。寛文二年（一六六二）没。

(70) 大炊頭。土井利勝。利昌の養子（水野信元の子。家康の庶子とも言われる）。天正元年（一五七三）浜松に生まれる。慶長六年（一六〇一）徒頭となる。同十年大炊頭に叙任。同十五年大老となる（下総国古河一六〇、〇〇〇石余）。

(71) 井上筑後守。政重。慶長十三年（一六〇八）より秀忠に仕え、書院番となる。元和二年（一六一六）、家光に附属。寛永二年（一六二五）、目付。同九年、大目付。同十五年、島原・天草の一揆鎮定軍に参加。同十七年、加増されて一〇、〇〇〇石を知行。長崎に下向し、異国の商船およびキリシタン禁制等を裁許する。寛文元年（一六六一）没。

(72) 馬場三郎左衛門。注(53)参照。

(73) 柘植平右衛門。正時。正俊の子。慶長十四年（一六〇九）家督を継ぐ（寛永十二年、二、四〇〇石）。同十五年、小姓組に列する。寛永八年（一六三一）、使番となる。同十一年、目付となる。同十七年、長崎奉行となる。同十九年没。

(74) 榊原飛騨守。注(52)参照。

(75) 松平伊豆守。注(68)参照。

(76) 寺沢志摩守。初代長崎奉行。注(12)参照。

(77) 末次平蔵。長崎代官。注(16)参照。

(78) 川口源左衛門。宗恒。川口宗次（下総国印旛二、五〇〇石）の子。寛永十七年（一六四〇）、家光に拝謁。慶安元年、書院番。承応元年（一六五二）、家督を継ぐ。寛文三年（一六六三）、徒頭。同十一年、目付。延宝八年（一六八〇）三月二十五日、長崎奉行。貞享三年（一六八六）、加増されて二七〇〇石を知行。元禄三年（一六九〇）、摂津守に叙任。同六年十二月十五日、町奉行。同十一年、職を辞し、寄合に列する。宝永元年（一七〇四）没。

(79) 宮城主殿。監物。和充。宮城越前守和浦の五男。寛永十八年（一六四一）、家綱の小姓。慶安三年（一六五〇）、書院番。徒頭。延宝七年（一六七九）、目付。天和元年（一六八一）五月十二日、長崎奉行。貞享三年（一六八六）十一月四日、昨年長崎にて江戸からの指揮を待たず

に死刑を執行した件により、同職を奪われる。元禄元年（一六八八）、免されて小普請となる。同四年没。

(80) 松平右衛門佐。黒田筑前守忠之。黒田長政の子。慶長七年（一六〇二）生。同十七年、家康に初謁。同十八年正月、秀忠に初謁、松平の称を許される。元和九年（一六二三）、家督相続、四三三、一〇〇石を知行。寛永七年（一六三〇）五月、南蛮船長崎入港の時、浦々の番を勤める。同十八年二月、長崎の警衛を命じられ、石火矢一〇挺、大筒二〇挺を預けられる。同二十年より鍋嶋信濃守勝茂と交代で長崎の番衛を勤める。承応三年（一六五四）没。

(81) 鍋島信濃守。勝茂。天正八年（一五八〇）生。寛永十九年（一六四二）、長崎港口の警衛を命じられ、翌同二十年より松平右衛門佐（黒田忠之）と交代で、長崎番衛を勤める。

(82) 松平肥前守。松浦鎮信（平戸藩主）。隆信の子。元和八年（一六二二）生。寛永十二年（一六三五）、肥前守に叙任。同十四年、家督を継ぐ。島原の乱の時、長崎奉行所および日見・茂木の両所を守衛する。承応三年（一六五四）、長崎港の外浦に七ケ所の石火矢台を築く。万治元年（一六五八）、切支丹六〇人余を処刑する。元禄十六年（一七〇三）没。

(83) 大河内善兵衛。正勝。天正六年（一五七八）生。旗本。二〇〇〇石。寛永十五年（一六三八）から同十七年まで長崎奉行を勤める。同年没。

(84) 細川越中守。忠利。天正十四年（一五八六）生。元和九年（一六二三）、越中守に叙任。慶安二年（一六四九）没。

(85) 高力摂津守。忠房。天正十二年（一五八四）生。高力正長の子。慶長四年（一五九九）、秀忠に初謁。元和三年（一六一七）、奏者番。同五年、遠江国浜松城を給わり、一〇、〇〇〇石加増。寛永十五年（一六三八）、嶋原城へ移され、加増されて四〇、〇〇〇石を知行。明暦元年（一六五五）十二月没。

(86) 山崎甲斐守。家治。家盛の子。文禄三年（一五九四）生。慶長十七年（一六一二）、甲斐守に叙任。同十九年、家督を相続する。寛永十五年（一六三八）、肥後国天草に移封。同十八年、讃岐国丸亀に移封、五〇、〇〇〇石を領する。慶安元年（一六四八）没。

(87) 松平主殿頭。忠房。忠利の子。元和五年（一六一九）、吉田生れ。同九年、秀忠・家光に拝謁。寛永九年（一六三二）、忠利の遺領（三河国吉田三〇、〇〇〇石）を相続し、刈谷に移る。同年十二月、主殿守に叙任。慶安二年（一六四九）、丹羽国福知山に移り、加増されて四五、九〇〇石余を知行。寛文九年（一六六九）、肥前国嶋原に移封、二〇、〇〇〇石加増。同十二年七月十六日、長崎に変事ある時、大久保出羽守忠朝と共に長崎奉行と計り、諸事指揮をすべき事を命じられる（『厳有院殿御実記』、寛文十二年八月五日条参照）。延宝四年（一六七六）、長崎代官末次平蔵の私曲を糺問。元禄十一年（一六九八）四月、大炊頭。同十三年没。

(88) 榊原飛驒守。長崎奉行。注(52)参照。

(89) 仙石大和守。長崎奉行。注(55)参照。

(90) 金鍔次兵衛。切支丹。アウグスチノ会の司祭。洗礼名トマス・サン・アウグスチノ。肥前大村生れ。慶長十九年（一六一四）、幕府の切支丹異国追放によりマカオに追放されたが、後、密かに帰国し、布教活動を行った。寛永十三年（一六三六）に捕らえられ、翌年長崎西坂で処刑された。

(91) 川口摂津守。源左衛門。宗恒。川口宗次（下総国印旛二五〇〇石）の子。寛永十七（一六四〇）年、家光に拝謁。慶安元年（一六四八）、書院番。承応元年（一六五二）、家督を継ぐ。寛文三年（一六六三）、徒頭。同十一年、目付。延宝八年（一六八〇）三月二十五日、長崎奉行。貞享三年（一六八六）、加増されて二七〇〇石を知行。元禄三年（一六九〇）、摂津守に叙任。同六年十二月十五日、町奉行。同十一年、職を辞し、寄合に列する。宝永元年（一七〇四）没。

(92) 大沢左兵衛。基哲。大沢右京亮基重の三男。慶安三年（一六五〇）、小姓組。延宝八年（一六八〇）、目付。貞享三年（一六八六）八月二十一日、長崎奉行。同年五月二十八日、長崎にて死亡。

(93) 寺沢志摩守。注(43)参照。

(94) 小笠原一庵。為宗。出自、生没共に不詳。一説に三河国の大名と言う。「五本長崎記」に「小笠原一庵は、元祖三河国知行の大名なりしに、一門の出入事有りて、洛陽東山辺に引込、茶湯に月日を暮し、一門衆中よりの養育にて、閑人と成居給ひしを、家康公御意には、長崎は切支丹発興の所なれは、坊主天窓の者を遣はし可然旨にて、則一庵法印に、其形にて罷下り相勤候様にとの事にて、与力十人御附、京都より直に下向有けるとなり」（『通航一覧　第四』四八頁）とある。慶長九年（一六〇四）の糸割符制度の成立に尽力した。

(95) 長谷川羽右衛門。波右衛門とも書かれる。家康が将軍になって間もなくの時期に、長崎で白糸一〇〇〇丸を購入した。これを小笠原一庵と共に伏見城迄搬送したのが長谷川羽（波）右衛門で、この長崎から伏見城迄の搬送を命じられたことをもって、時に、幕初の長崎奉行のごとくに扱われる場合があるようである。

(96) 長谷川左兵衛。注(42)参照。

(97) 長谷川権六。注(58)参照。

(98) 水野河内守。注(49)参照。

(99) 竹中釆女正。注(51)参照。

(100) 曽我又左衛門。古祐。尚祐の子。天正十三年（一五八五）生。旗本。三〇〇〇石。書院番、使番、目付を経て、寛永十年（一六三三）から同十一年の間、長崎奉行を勤める。万治元年（一六五八）没。

(101) 今村伝四郎。正長。重長の子。天正十五年（一五八七）生。旗本。三六〇〇石余。書院番、使番、目付、下田奉行を経て、寛永十年（一六三三）から同十一年の間、長崎奉行を勤める。承応二年（一六五三）没。

(102) 榊原飛騨守。注(52)参照。

(103) 神尾内記。元勝。松平周防守家臣岡田竹右衛門元次の子であるが、神尾孫左衛門忠重没後、その妻阿茶局の養子となる。旗本。一八〇〇石。小姓組番士、使番、作事奉行を経て寛永十一年（一六三四）から同十五年まで長崎奉行を勤める。

(104) 仙石大和守。注(55)参照。

(105) 馬場三郎左衛門。注(53)参照。

(106) 大河内善兵衛。注(83)参照。

(107) 柘植平右衛門。注(73)参照。

(108) 山崎権八郎。正信。正勝の子。文禄二年（一五九三）生。旗本。一〇〇〇石。小姓組番士、小納戸、書院番、目付を経て、寛永十九年（一六四二）から慶安三年（一六五〇）まで長崎奉行を勤める。在職中に死亡。本記事では、寛永二十年から長崎奉行を勤めたように書かれいてるが、任命は寛永十九年、長崎に赴任したのが翌同二十年という事情であろう。

(109) 黒川与兵衛。正直。旗本。五〇〇石と廩米一三〇〇俵を給される。正忠の子。慶長七年（一六〇二）生。小姓、代官、西の丸小姓組、大番、大番組頭、目付を経て、慶安三年（一六五〇）から寛文四年（一六六四）まで長崎奉行を勤める。延宝八年（一六八〇）没。本記事では、慶安四年から長崎奉行を務めたように書かれいてるが、任命は慶安三年、長崎に赴任したのが翌年という事情であろう。

(110) 甲斐庄喜右衛門。正述。正治の子。旗本。二〇〇〇石。生年不詳。西丸小姓組番、書院番、目付代、普請奉行を経て、承応元年（一六五二）から万治二年（一六五九）まで長崎奉行を勤める。同三年没。

(111) 妻木彦右衛門。頼熊。旗本。三〇〇〇石。重吉の子。慶長九年（一六〇四）生。書院番、目付代を経て、万治三年（一六六〇）から寛文二年（一六六二）まで長崎奉行を勤める。天和三年（一六八三）没。

(112) 嶋田久太郎。守政。旗本。一〇〇〇と廩米一〇〇〇俵。利正の子。寛永元年（一六二四）生。小姓組番、徒頭、目付を経て、寛文二年（一六六二）から同六年まで長崎奉行を務める。元禄十二年（一六九九）没。

(113) 稲生七郎右衛門。注(61)参照。
(114) 下曽根三十郎。信由。旗本。一二〇〇石。信正の子。慶長十三年(一六〇八)、家督を継ぐ(一〇才)。書院番、目付、使番、先鉄砲頭等を務める。天和三年(一六八三)没。
(115) 戸田伊賀守。忠昌。宗兵衛忠次の子。大名。七一、〇〇〇石(元禄七年)。寛永九年(一六三二)生。同十六年、戸田忠能の養子となる。正保四年(一六四七)、家督を継ぐ(三河国渥美郡田原城、一〇、〇〇〇石)。万治元年(一六五八)、伊賀守に叙任。寛文四年(一六六四)、肥後国天草(二一、〇〇〇石)に移封。同十一年、奏者番となり寺社奉行を兼ねる。天草より常陸国下館に移される。延宝四年(一六七六)、京都所司代となる。天和元年(一六八一)、老中となり、山城守に改まる。同二年、武蔵国岩槻城を給わる。同三年、下総国佐倉に移る。元禄十二年(一六九九)没。
(116) 松平甚三郎。隆見。旗本。一五〇〇石。行隆の子。生年不詳。承応二年(一六五三)、家督を継ぐ。小姓組番士、土居修理奉行、御使役、御先弓頭を経て、寛文六年(一六六六)から同十一年まで長崎奉行を勤める。天和二年(一六八二)没。
(117) 河野権右衛門。注(20)参照。
(118) 牛込忠左衛門。注(21)参照。
(119) 岡野孫九郎。注(22)参照。
(120) 川口源左衛門。注(78)参照。
(121) 宮城監物。注(79)参照。
(122) 大沢左兵衛。基哲。旗本。一六〇〇石。基宿の子。元和九年(一六二三)生。西丸小姓組番、小姓組番、目付を経て、貞享三年(一六八六)から同四年まで長崎奉行を勤める。同四年長崎で死亡。
(123) 山岡十兵衛。影助。旗本。二〇〇〇石。景次の子。寛永元年(一六二四)生。小姓組番士、(慶安元年(一六四八)、松平右京大夫の家臣を不作法あるにより殺害する。蟄居の後、赦免)西城書院番士、小十人頭、先鉄砲頭、盗賊追捕役を経て、貞享四年(一六八七)から元禄七年(一六九四)まで長崎奉行を勤める。
(124) 宮城越前守。和澄。旗本。四〇〇〇石。和甫の子。寛永十四年(一六三七)生。小姓組番士、進物役、徒頭を経て、貞享四年(一六八七)から元禄八年(一六九五)まで長崎奉行を勤める。同九年没。
(125) 近藤備中守。用章。旗本。三〇〇〇石。用行の子。正保二年(一六四五)生。書院番、使番、目付、先鉄砲頭を経て、元禄七年(一六九四)から同十四年まで長崎奉行を勤める。元禄中期の長崎貿易の改革に尽力した。宝永二年(一七〇五)没。
(126) 丹波遠江守。五左衛門。長守。旗本。一五〇〇石。長

吉の子。小姓組番士、使番、目付を経て、元禄八年（一六九五）から同十五年まで長崎奉行を勤め、町奉行に転じ、正徳四年（一七一四）、職を辞して寄合に列す。享保十一年（一七二六）没。

(127) 諏訪下総守。頼蔭。旗本。二〇〇〇石。忠恒の子。小姓組番士、御先鉄砲頭、盗賊追捕役、御持筒頭を経て、元禄同九年（一六九六）から長崎奉行を勤めるが、長崎において家臣および配下の者が抜荷を行ない、同十一年、職を奪われ閉門。同十三年、免されて小普請となる。宝永四年（一七〇七）、致仕。享保十年（一七二五）没。

(128) 林土佐守。忠朗。旗本。三〇〇〇石。忠隆の子。書院番、中奥番、徒頭、目付を経て、元禄十二年（一六九九）から同十六年まで長崎奉行を勤め、江戸町奉行に転ずる。宝永二年（一七〇五）没。

(129) 大嶋伊勢守。義也。旗本。四四〇〇石。義近の子。使番、目付代、目付、新番頭を経て、元禄十二年（一六九九）から同十六年まで長崎奉行を勤める。享保八年（一七二三）没。

(130) 永井讃岐守。直允。旗本。三〇〇〇石。尚申の子。延宝元年（一六七三）生。使番、目付、火元改を経て、元禄十五年（一七〇二）から宝永六年（一七〇九）まで長崎奉行を勤める。享保二年（一七一七）没。

(131) 別所播磨守。常治。旗本。一二〇〇石。重家の三男であるが、長兄重長の養子となる。正保二年（一六四五）生。延宝六年（一六七八）、家督を継ぐ。書院番、屋敷改、使番、目付、元禄十五年（一七〇二）から正徳元年（一七一一）まで長崎奉行を勤める。正徳元年没。

(132) 石尾安房守。氏信。旗本。一九〇〇石。氏一の子。寛文九年（一六六九）生。書院番、使番、目付を経て、元禄十六年（一七〇三）から宝永二年（一七〇五）まで長崎奉行を勤める。この後、勘定奉行に転ずる。宝永五年没。

(133) 佐久間安芸守。信就。旗本。一七〇〇石。盛郎の子。正保三年（一六四六）生。書院番、屋敷改、使番、目付、堺奉行、御先鉄砲頭、西丸留守居を経て、元禄十六年（一七〇三）から正徳三年（一七一三）まで長崎奉行を勤める。享保十年（一七二五）没。

(134) 駒木根肥後守。政方。旗本。一七〇〇石。政武の子。寛文十二年（一六七二）生。小姓組番、使番、目付を経て、宝永三年（一七〇六）から正徳四年（一七一四）まで長崎奉行を勤める。この在職期に新井白石による長崎貿易の改革が始まる。延享四年（一七四七）没。

(135) 久松備後守。定持。旗本。一二〇〇石。小幡新十郎の子。久松市左衛門の養子となる。万治二年（一六五九）生。小姓組番、腰物奉行、目付を経て、宝永七年（一七一〇）から正徳五年（一七一五）まで長崎奉行を勤める。

この在職期に正徳新例による長崎貿易の改革が行われた。延享二年（一七四五）没。

(136) 大岡備前守。清相。旗本。三〇〇〇石。清純の子。延宝七年（一六七九）生。書院番、使番、目付、西丸留守居を経て、正徳元年（一七一一）から享保二年（一七一七）まで長崎奉行を勤める。この在職期に正徳新例による長崎貿易の改革が行われた。享保二年没。

(137) 石川土佐守。石河政郷。旗本。二七〇〇石。尚政の子。万治三年（一六六〇）生。書院番、小納戸、屋敷改、普請奉行、使番、目付を経て、正徳五年（一七一五）から享保十一年（一七二六）まで長崎奉行を勤める。寛保三年（一七四三）没。

(138) 日下部丹波守。博貞。旗本。一三〇〇石。内藤正季の三男。日下部正直の養子となる。万治元年（一六五八）生。小姓組番、小納戸、使番、目付を経て、享保二年（一七一七）から同十二年まで長崎奉行を勤める。享保十九年（一七三四）没。

(139) 三宅周防守。康敬。旗本。一〇〇〇石。良寛の子。延宝七年（一六七九）生。書院番、進物番、徒頭、目付を経て、享保十一年（一七二六）から同十七年まで長崎奉行を勤める。寛延三年（一七五〇）没。

(140) 渡辺出雲守。永倫。旗本。一五〇〇石。久永の子。寛文八年（一六六八）生。小姓組番、徒頭、目付、新番頭を経て、享保十二年（一七二七）まで長崎奉行を勤める。享保十四年没。

(141) 有馬修理大夫。注(34)参照。

(142) マードレ・デ・デウス号事件。五野井隆史「慶長年間ポルトガル船の爆沈事件について」（「私学教育研究所紀要」一七）・同「ポルトガル商船焼亡に関する三種類のイエズス会文書について」（「東京大学史料編纂所報」七）等の研究がある。

(143) 大川。マカオのこと。

(144) 台湾事件（浜田弥兵衛事件）。寛永三年（一六二六）に長崎代官末次平蔵の朱印船（船長、浜田弥兵衛）が台湾に渡航したが、当地の植民地化を進めるオランダとの間で貿易取引きに関する課税を巡って紛争が起きた。この交渉のために、台湾長官ピーター・ヌイツが来日するが、末次の工作で交渉が不成立のまま台湾に帰還する事態となる。寛永五年に、浜田弥兵衛率いる末次船が再度台湾へ渡航し、拿捕されたが、交渉中に浜田がヌイツを取り押さえて捕虜とする事態に発展し、オランダの人質をとって長崎に戻り、その後、バタビア（ジャカルタ）からオランダ使節が来日し、交渉に及んだが、遅々として進まず、寛永九年にヌイツの幕府方への引き渡しにより、この間、停止していたオランダ商館との貿易再開となり、漸く決着が付く。幕府の所謂「鎖国」政策の実施に関わる一国際紛争である。

(145)　阿部豊後守。注(67)参照。

(146)　松平伊豆守。注(68)参照。

(147)　加賀瓜民部少輔。忠澄。政尚の子。旗本。九五〇〇石。大坂陣の時、使番、後、町奉行、普請奉行を歴任し、大目付の時、寛永十七年（一六四〇）、長崎に赴き、渡来した南蛮船の焼却、切支丹の処刑を指揮する。寛永十八年没（五六才）。

(148)　松平右衛門佐。注(80)参照。

(149)　松平筑前守。黒田忠之。注(80)参照。

(150)　細川肥後守。光尚。大名。肥後国熊本城主。五一〇、〇〇〇石。忠利の子。元和五年（一六一九）生。寛永十二年（一六三五）、肥後守に叙任。同十八年、家督を継ぐ。正保四年（一六四七）、ポルトガル船渡来の時、活躍する。『寛政重修諸家譜』に「六月二十四日黒船二艘長崎の沖に漂ひ、その躰つねならざれば、人数を出すべきむね長崎の奉行よりこれを達す。時に光尚在府たりしかば、家臣長岡勘解由延之、同監物是季、清田石見乗栄人数六千三百九十余人を引率し、かの地に渡海して船橋をよび船栖楼等を設けて、厳重に備ふるのところ、かの船事故なく帰帆す」とある。慶安二年（一六四九）没。

(151)　鍋嶋信濃守。注(81)参照。

(152)　立花左近将監。忠茂。大名。筑後柳川城主。一〇九、六〇〇石余。立花主膳正直次の四男。宗茂の養子となる。慶長十七年（一六一二）生。元和八年（一六二二）、左近将監に叙任。寛永十四年（一六三七）、家督を継ぐ。明暦三年（一六五七）、侍従となり、万治二年（一六五九）、飛騨守に改まる。延宝三年（一六七五）没。

(153)　小笠原信濃守。長次。大名。豊前中津城主。八〇、〇〇〇石。忠脩の子。元和元年（一六一五）生。寛永六年（一六二九）、信濃守に叙任。『寛政重修諸家譜』に「正保四年異国船長崎の湊に漂着するのとき、人衆を出してこれを警固し、長次もおほせをうけたまはりて封地にゆく」とある。寛文六年（一六六六）没。

(154)　寺沢兵庫頭。堅高。大名。肥前国唐津城主。一二〇、〇〇〇石。広高の子。慶長十四年（一六〇九）生。寛永元年（一六二四）、兵庫頭に叙任。同十年、家督を継ぐ。寛永十五年（一六三八）、島原・天草の一揆の責任を問われ、天草の所領の内、四〇、〇〇〇石を減じられ、出仕停止となるが、翌年、赦される。正保四年（一六四七）、自殺。

(155)　松平美作守。定房。大名。伊予国今治城主。四〇、〇〇〇石。松平隠岐守定勝の五男。慶長九年（一六〇四）生。元和七年（一六二一）、肥前守に叙任、後、美作守に改まる。寛永十二年（一六三五）、伊予国今治城（三〇、〇〇〇石）を給わる。『寛政重修諸家譜』に「正保四年六

月南蛮の船肥前国に漂着せるにより、おほせをかうぶり人衆を率ゐて長崎におもむく」とある。寛文五年（一六六五）、留守居となり、一〇、〇〇〇石加増されて、四〇、〇〇〇石を領する。延宝四年（一六七六）没。

(156) 松平隠岐守。定行。大名。定勝の子。天正十五年（一五八七）生。慶長七年（一六〇二）、河内守に叙任。同十二年、掛川城を給わり、三〇、〇〇〇石を知行。寛永元年（一六二四）、家督相続、一一〇、〇〇〇石を知行。同三年八月、隠岐守に改まる。同十二年、伊予国松山城に移り、加増されて一五〇、〇〇〇石を知行。正保元年（一六四四）、南蛮船長崎来航の時、現地の指揮を命じられる。万治元年（一六五八）二月、致仕し、寛文八年（一六六八）没。

(157) 大村丹後守。純信。元和四年（一六一八）、大村生れ。同六年、家督を継ぐ。寛永十四年、島原・天草の一揆の時、長崎の警固に当たる。同十七年、南蛮船渡来の時、長崎を警固する。同二十年、丹後守に叙任。正保四年（一六四四）、南蛮船長崎渡来の時、同地を警固する。慶安三年（一六五一）没。

(158) 高力摂津守。注(85)参照。

(159) 井上筑後守。注(71)参照。

(160) 山崎権八郎。注(108)参照。

(161) 松平筑前守。黒田忠之。注(80)参照。

(162) 日根野織部。日根野織部正。吉明。天正十五年（一五八七）生。慶長五年（一六〇〇）、遺領（信濃国諏訪）を相続。同七年、下野国壬生に移封。寛永十一年（一六三四）、加増移封されて豊後国府内二〇、〇〇〇石を知行。明暦二年（一六五六）没。

(163) 阿部対馬守。重次。大名。岩槻城主。九九、〇〇〇石余。正次の子。慶長三年（一五九八）生。三浦重成の養子となる。元和五年（一六一九）、山城守に叙任。寛永五年（一六二八）、兄政澄が死亡したことにより、阿部に復す。同十年、松平伊豆守信綱、阿部豊後守忠秋、堀田加賀守正盛、三浦志摩守正次、太田備中守資宗等と共に政を議すことを命じられる。同十五年、老職となる。慶安四年（一六五一）、家光に殉死する。

(164) 阿部豊後守。注(67)参照。

(165) 松平伊豆守。注(68)参照。

(166) 松平筑前守。黒田忠之。注(80)参照。

(167) 山田右衛門作。島原の乱の時、原城に籠った一人であるが、矢文をもって幕府側へ城内の様子を伝えた。一揆側の所謂「聖杯旗」を画いた人と言われる。乱後、赦免となった。

(168) 飛騨守。榊原職直。長崎奉行。注(52)参照。

(169) 鍋嶋信濃守。佐賀城主。注(81)参照。

(170) 三郎左衛門。馬場利重。長崎奉行。注(53)参照。

(171) 細川越中守。熊本城主。注(84)参照。

(172) 松平伊豆守。信綱。注(68)参照。

(173) 戸田左衛門。左門。氏鐵。大名。美濃国大垣城主。一〇〇、〇〇〇石。一茜の子。天正四年（一五七六）生。慶長七年（一六〇二）、家督を継ぐ。『寛政重修諸家譜』に寛永「十四年肥前国嶋原にをいて吉利支丹の賊蜂起せしにより、十一月二十八日松平伊豆信綱と、もに仰をうけたまはりて島原におもむく。のち彼地にあるの間、大猷院殿より信綱と連名の御感状をたまふ。十五年二月兇徒悉く誅に伏し、帰府の後十月二十七日御前にめされ、御手づから正宗の短刀をたまふ」とある。明暦元年（一六五五）没。

(174) 大村丹後守。純信。大村城主。注(157)参照。

(175) 御欠所銀。犯罪者に対する刑罰として欠所に課し、家財を没収して得たる金銭。

(176) 有馬左衛門佐。直純。注(45)参照。

(177) 小笠原右近大夫。忠真。慶長元年（一五九六）、古河生れ。元和元年（一六一五）、家督相続。同三年、播磨国明石に移封。加増されて一〇〇、〇〇〇石を領する。寛永九年（一六三二）、豊後国小倉に移封、加増されて一五〇、〇〇〇石を知行。寛文二年（一六六二）五月十九日、異国船長崎来航ある時、諸事を指揮すべき事を命じられる。同七年没。

(178) 松倉長門守。勝家。肥前国島原城主。重政の子。慶長二年（一五九七）生。寛永八年（一六三一）、家督を継ぐ。同十五年、島原の乱の責任により改易、死刑となる。

(179) 寺沢兵庫頭。堅高。大名。肥前国唐津城主。注(154)参照。

(180) 松平薩摩守。島津光久。薩摩藩主。元和二年（一六一六）—元禄七年（一六九四）。寛永十五年（一六三八）、家督を相続する。

(181) 細川越中守。細川綱利。熊本藩主。寛永二十年（一六四三）—正徳四年（一七一四）。慶安三年（一六五〇）、家督を相続する。

(182) 松平肥前守。松浦鎮信。平戸藩主。元和八年（一六二二）—元禄十六年（一七〇三）。寛永十四年（一六三七）、家督を相続する。

(183) 松平信濃守。鍋島勝茂。肥前佐賀城主。天正八年（一五八〇）—寛文元年（一六六一）。慶長十二年（一六〇七）、家督を相続する。

(184) 松平大膳大夫。松浦昌か。松浦肥前守鎮信の二男。慶安四年（一六五一）、平戸生れ。元禄元年（一六八八）肥前国の内に一〇、〇〇〇石を給わる。元文元年（一七三六）、没。

(185) 宗対馬守。義真。義成の子。寛永十六年（一六三九）生。明暦三年（一六五七）、家督を相続する。元禄十五年（一七〇二）没。

(186) 有馬中務大輔。忠頼。有馬豊氏の子。慶長八年（一六〇三）生。同十八年、中務少輔に叙任。元和三年（一六一七）、兵部大輔に改まる。寛永十四年（一六三七）、中務少輔に復し、後、中務大輔に改まる。同十九年、家督を相続する。明暦元年（一六五五）没。

忠頼の後は子の頼利が継ぐ。玄蕃頭。寛文八年（一六六八）没（一七才）。

頼元。頼利の弟。承応三年（一六五四）生。寛文八年（一六六八）、頼利の養子となり、家督を相続し、中務大輔に叙任。宝永二年（一七〇五）没。

(187) 小笠原遠江守。忠雄。筑前小倉城主。忠真の子。正保四年（一六四七）生。寛文三年（一六六三）、遠江守に叙任。同七年、家督を相続する。『寛政重修諸家譜』に寛文八年「七月朔日いまよりのち南蛮の船漂着するにをいては松平右衛門佐綱政松平丹後守光茂と丶もに、人衆を出し警固すべきむね仰をかうぶる」とある。享保十年（一七二五）没。

(188) 立花飛驒守。宗茂。筑後柳川城主。永禄十二年（一五六九）生。天正十三年（一五八五）、家督を継ぐ。元和八年（一六二二）、飛驒守に叙任。寛永十九年（一六四二）没。

忠茂。慶長十七年（一六一二）生。（立花主膳正直次の四男。宗茂の養子となる）。元和八年（一六二二）、左近将監に叙任。寛永十四年（一六三七）、家督を継ぐ。万治二年（一六五九）、飛驒守に改まる。延宝三年（一六七五）没。

鑑虎。忠茂の子。正保二年（一六四五）生。万治二年（一六五九）、左近将監に叙任。寛文四年（一六六四）、家督を継ぐ。延宝四年（一六七六）、飛驒守に改まる。元禄十五年（一七〇二）没。

(189) 松平主殿頭。忠房。肥前国島原城主。注(87)参照。

(190) 土井周防守。利益。肥前国唐津城主。土井利隆の子。慶安三年（一六五〇）生。万治元年（一六五八）、父の領地から一〇、〇〇〇石を分与される。寛文二年（一六六二）、周防守に叙任。延宝二年（一六七四）、新たに七〇、〇〇〇石（下総国古河）を分与される。天和元年（一六八一）、移封あって鳥羽城へ移る。元禄四年（一六九一）、肥前国唐津城へ移封。正徳三年（一七一三）没。

(191) 松浦壱岐守。隆信。肥前平戸城主。天正十九年（一五九一）—寛永十四年（一六三七）。慶長十七年（一六一二）、肥前守に叙任。

鎮信。隆信の子。元和八年（一六二二）—元禄十六年（一七〇三）。寛永十二年（一六三五）、肥前守に叙任。同十四年、家督を継ぐ。

棟。鎮信の子。正保三年（一六四六）—正徳三年（一七

一三）。万治三年（一六六〇）、壱岐守に叙任。元禄二年（一六八九）、家督を継ぐ。

(192) 大村因幡守。純長。肥前国大村城主。注(2)参照。

(193) 五嶋万吉。盛勝。肥前国五島福江城主。正保二年（一六四五）—延宝六年（一六七八）。明暦元年（一六五五）、家督を継ぐ。

(194) オランダ船リーフデ号。

(195) ヤンヨフス。ヤン・ヨーステン（オランダ人）。

(196) アンジ。ウィリアム・アダムス（イギリス人）。日本名、三浦按針。

(199) 土井大炊頭。注(70)参照。

(198) 安藤対馬守。重信。安藤杢助基能の二男。弘治三年（一五五七）—元和七年（一六二一）。慶長九年（一六〇四）、対馬守に叙任。上野国高崎城主（五六、六〇〇石）。秀忠政権の重臣。

(199) 板倉伊賀守。勝重。板倉好重の二男。天文十四年（一五四五）—寛永元年（一六二四）。江戸町奉行・京都所司代。家康・秀忠政権の重臣。

(200) 本多上野介。正純。正信の長男。永禄八年（一五六五）—寛永十四年（一六三七）。家康・秀忠政権の重臣。

(201) 相対売買（あいたいばいばい）。売手と買手が直接折衝して、取引き内容（商品・数量・価格・代金の授受等）を取り決めて行う売買の方法。オランダ東印度会社とは、慶長十四（一六〇九）から平戸で貿易が開始されるが、寛永十八年（一六四一）まで、相対売買が行われた。同年、オランダ商館が長崎出島に移転させられて後は、白糸の輸入については、糸割符仕法によったが、白糸以外の貨物の輸入については、糸割符仕法の下において相対売買が行われた。

(202) 通詞。阿蘭陀通詞。オランダ商館との貿易において、通訳と取引き等の世話をするために置かれた役人。

(203) カヒタン。カピタン。加（甲）比丹。オランダ商館長。

(204) 松浦壱岐守。注(46)(191)参照。

(205) 長谷川権六。注(58)参照。

(206) 阿部豊後守。注(67)参照。

(207) 松平伊豆守。注(68)参照。

(208) リターン号事件。

(209) 岡野孫九郎。注(22)参照。

(210) 旗合。長崎港の入口に当たる所に異国船の往来を監視するための番所が置かれており、異国船の帆影が確認されると長崎奉行所に連絡される仕組みが整えられていた。長崎奉行所では、当該船がオランダ船か否かを確認するために、予めオランダ商館側から取り寄せてあった所定の旗を掲げるとオランダ船側も所定の旗を掲げることにし、一致すれば長崎港へ誘導する仕組が作られていた。

(211) 馬場三郎左衛門。(53)参照。

(212) 牛込忠左衛門岡野孫九郎。注(21)(22)参照。

(213) 御用物。長崎貿易における将軍の買物。将軍の必用とする品は、長崎奉行をとおして優先的に買い付ける仕組が整えられていた。太田勝也「江戸時代初期対外貿易における幕府の買物」(『徳川林政史研究所研究紀要』昭和五十二年度)・同「長崎貿易における幕府の買物」(同上、昭和五十三年度)参照。

(214) 市法ノ浮銀。注(27)参照。寛文十二年(一六七二)から貞享元年(一六八四)までの一三年間、長崎貿易は貨物市法という貿易仕法で運営された。貨物市法会所をとおした唐船・オランダ商館からの輸入価格と貨物引受人(国内輸入商人)へ売却される過程で発生する中間利益を貨物市法増銀という。この増銀は、貨物市法の運営費用に当てられる他、駿府と長崎に対する助成に当てられ、この残額は、貨物引受人に各自の輸入額に割り合わせて配分された。しかし、更にこの残額が発生した。これを市法浮銀と言う。主に、長崎の公共の費用に使用された。

(215) 宮城監物川口源左衛門。注(79)(78)参照。

(216) 山岡対馬守宮城越前守。注(123)(124)参照。

(217) 脇荷物。長崎出島におけるオランダ商館との貿易取り引きの内容は、オランダ東印度会社の分と乗組員個人の分とからなる。後者の乗組員等の個人取り引き分を脇荷とか脇荷物と言う。

(218) 宮城越前守近藤備中守丹羽遠江守。注(124)(125)(126)参照。

(219) 河野権右衛門。注(20)参照。

(220) 町年寄常行司。注(4)(15)参照。

(221) 牛込忠左衛門。注(21)参照。

(222) 町使。注(50)参照。

(223) 川口摂津守山岡対馬守宮城越前守。注(78)(123)(124)参照。

(224) 割符糸。糸割符の対象となる生糸。注(62)参照。

(225) 松平甚三郎河野権右衛門。注(116)(20)参照。

(226) 金・銀・銅の輸出統制。慶長十四年(一六〇九)、南鐐銀輸出禁止。寛永十四年(一六三七)、銅輸出禁止。同十八年、金輸出禁止。正保三年(一六四六)、銅輸出解禁。寛文四年(一六六四)、金輸出一部解禁。同八年、銀輸出禁止。銅輸出禁止。金輸出解禁。同九年、唐船へ銀道具輸出解禁、銅輸出解禁。同十二年、唐船へ銀輸出解禁。

(227) 忠左衛門。牛込忠左衛門。注(21)参照。

(228) 市法。注(27)参照。

(229) 御定高。御定高制度。貞享二年(一六八五)、幕府は、長崎における唐船とオランダ商館を対象とする貿易について、一年間における取り引きの上限額を規定して、その額(御定高)を超過する貿易を禁止した。唐船については、銀高六〇〇〇貫目（幕府公定の小判一両＝銀六〇目替で、金高一〇〇、〇〇〇両相当）・オランダ商館は金高五〇、〇〇〇両（幕府公定の小判一両＝銀六〇目替で、銀高三〇〇〇貫目相当。但し、オランダ商館との貿易においては、小判一両＝銀六八匁替であるので、このレートでは、銀高三四〇〇貫目相当となる。現実的には、銀高三〇〇〇貫目がコンパニア分〈オランダ東印度会社分の取引き分〉、銀高四〇〇貫目が脇荷分〈船員等の個人取引き分〉を一年間の輸出入額の上限とされた。

(230)　間金（あいだかね）。寛永十八年（一六四一）、幕府は金の輸出を禁じたが、寛文四年（一六六四）になって、オランダ商館側の要望もあって、金の輸出禁止を緩め、取引きの半額までの金輸出を認めた。この時に、幕府は貿易取引きにおける金銀レートについて、小判一両＝銀六八匁替を条件としたが、オランダ商館はこれに同意した。幕府は国内における金銀交換値を、小判一両＝銀六〇目と公定していたが、現実の市場では、小判一両は銀五四匁〜五八匁程で両替されていた。したがって、オランダ商館へ小判を輸出した場合に、一両に付き銀六〇目の公定レートで換算すれば銀八匁、市場の両替値で換算すれば一〇匁以上の差額が発生し、これは輸出する側の利益となる。この国内における金銀両替値とオランダ商館への小判輸出両替値によって発生する利益を間金と言う。長崎では寛文三年に大火があり（長崎六五町の内、六三町半を全焼）、これによる町再建に多額の経費を必要としており、また、同町が疲弊しきっていたので、当初間金はその助成に当てられた。

(231)　市法。注(27)参照。

(232)　口銭銀。長崎における貿易取引きから発生する利益銀。初めは、渡来した唐人を宿泊させてその貿易取引きの斡旋をする者が、日本側の輸入商人から斡旋料を得たが、寛文六年（一六六六）の総振船制（宿町・付町制。注60参照）へ改変後は、長崎地下の取り分とされる。制度については、変遷がある。注(59)参照。

(233)　掛り物銀。懸物（かかりもの）・花（華）銀（はなぎん）とも称される。長崎貿易における輸入関税。制度については変遷がある。

(234)　出嶋乙名。寛永十八年（一六四一）に置かれた長崎地役人の一。「宝永五子年役料高并諸役人勤方発端年号等」（長崎県立長崎図書館郷土課蔵）に「右勤方之儀出嶋町支配尤阿蘭陀商売之一切請払勘定仕候阿蘭陀人出嶋より外江出候度々召連罷出申候且又唐船附町被仰付候得者入津より出船迄宿町立合相勤申候惣而出嶋諸普請請在之候節毎日相詰隔夜泊番仕候」とある。

(235)　乙名通詞目付。阿蘭陀通詞目付。元禄八年（一六九五）設置の長崎地役人の一。「宝永五子年役料高并諸役

人勤方発端年号等」（長崎県立長崎図書館郷土課蔵）に「右勤方之儀阿蘭陀船致入津風説并人別積荷物書付和ケ両御屋敷江差上荷役より出帆迄之間商売方ニ付立合申候阿蘭陀出嶋より外ニ出候度々罷出申候尤年中不絶阿蘭陀用事之節相詰申候」とある。

(236) 阿蘭陀内通事。阿蘭陀内通事。寛文十年（一六七〇）設置の長崎地役人の一。「宝永五子年役料高并諸役人勤方発端年号等」（長崎県立長崎図書館郷土課蔵）に「右勤方之儀阿蘭陀船荷役より出船迄出嶋江相詰申候」とある。

(237) 口銭銀并間銀。注(230)(232)参照。

(238) 掛物。注(233)参照。

(239) 金場。出島金場（でじまかねば）。長崎出島に置かれたオランダ商館との貿易取引きに関する金銭の受払い、口銭等の事柄を司る役場。

(240) 糸割符。一般に「いとわっぷ」と読まれているが「いとわりふ」とルビを付けた江戸時代の記録もある（「長崎覚書」（大村史料館所蔵））。注(62)参照。

(241) 呉服所。呉服師仲間。幕府が必要としている呉服物を調達するために置かれた特定の呉服商の組合。ここの記事では慶長九年（一六〇四）の糸割符制度発足の時から、呉服師仲間への六〇丸の配分が行われた如くに書かれているが、これは誤りで呉服師配分が始められるのは寛永八年（一六三一）以後のことである。

(242) 御奉書。いわゆる糸割符御奉書。この正文は天理図書館に所蔵されている。

(243) 「廿九丸増」は、ここでは、「廿丸増」の誤記。江戸・大坂の糸割符加入は、ここでは、寛永十八年（一六四一）のように記載されているが、これは寛永八年から同十年にかけての出来事。江戸一〇〇丸・大坂五〇丸の題糸配分となるのは、寛永十年。

(244) 大割符。寛永八年（一六三一）に、幕府は糸割符の改革を行い、江戸と大坂を糸割符仲間へ加入させる方向を示した。また、呉服師仲間に対する現糸配分を始めるように改めた。この時に、各所に配分する糸割符増銀が少額となるために、同年だけの特別処置として、白糸だけでなく他の糸類や反物類の輸入を糸割符仲間に独占させ、その増銀を五ケ所糸割符仲間と呉服師仲間に配分する措置を講じた。これを大割符というという解釈がある。しかし、ここの記事に見られる大割符はこのような事態を内容とするものではない。糸割符増銀をまず現糸配分で呉服師仲間と分国へ所定の額を与える。この残部を江戸一〇〇丸・京一〇〇丸・堺一二〇丸・大坂五〇丸・長崎一〇〇丸の比率で配分する。この割方による配分の仕組を大割符と言う。そして、大割符によって配分された増銀は、各所の糸割符仲間の構成員各人へ所定の比率（持ち株）によって分けられていく。この各所の糸割符仲間の構成員に対する増銀の配分を小割符とか小割り配分という。

(245)　黒川与兵衛。注(109)参照。

(246)　因幡守。大村純長。注(2)参照。

(247)　中川内膳正。久盛。豊後国岡城主（七〇、四〇〇石余）。秀成の子。文禄三年（一五九四）生。慶長十三年（一六〇八）、内膳正に叙任。同十七年、家督を相続。寛永十一年（一六三四）、竹中采女正重義改易の時、豊後国府内城を守衛。正保四年（一六四七）、寺沢兵庫頭堅高死亡の時、唐津城の番衛。承応二年（一六五三）没。万治三年（一六六〇）時は、久盛の子の久清の時代（承応二年に家督相続）。久清は寛永十二年（一六七二）に山城守に叙されており、内膳正の叙任はない。

(248)　末次平蔵。注(16)参照。

(249)　牛込忠左衛門。注(21)参照。

(250)　松平主殿頭。注(87)参照。

(251)　松平右衛門佐。注(80)参照。

(252)　大村因幡守。注(2)参照。

(253)　大久保出羽守。忠朝。大名（肥前国唐津城主）。大久保右京亮教隆の二男。忠職の養子。寛永九年（一六三二）生。同十八年、家綱の小姓となる。慶安四年（一六五一）、出羽守に叙任。万治三年（一六六〇）、小姓組番頭となる。寛文十年（一六七〇）忠職の養子となり、家督を相続する。延宝五年（一六七七）、老職となり、加賀守に改まる。同六年、唐津から下総国佐倉に移され、さらに貞享三年（一六八六）、小田原に移される（後、加増あって、一一三、一〇〇石を領する）。正徳二年（一七一二）没。

(254)　伊東出雲守。祐実。大名。日向国飫肥五七、〇〇〇石余。伊東祐久の四男。伊東祐次の養子。正保元年（一六四四）生。寛文元年（一六六一）、伊東祐次の養子となり、家督を相続する。同三年、出雲守に叙任。元禄十三年（一七〇〇）、大和守に改まる。享保八年（一七二三）没。

(255)　十善寺薬園。延宝八年（一六八〇）に幕府が長崎小島郷十善寺に造った薬草園。

(256)　野母ノ番所。野母遠見番所。長崎港の入口に位置する野母崎に設けられた異国船の渡来を監視し、その渡来を長崎奉行所へ知らせるために置かれた番所。遠見番役が置かれ、野母・樺島村から交互に各二人負担することとされていた。

(257)　天川。マカオのこと。

(258)　松平讃岐守。頼重。大名。徳川頼房（水戸藩祖）の長男。元和八年（一六二二）生。寛永十六年（一六三九）、常陸国下館五〇、〇〇〇石に封ぜられる。同十九年、讃岐国松山一二〇、〇〇〇石に移る。寛文二年（一六六二）、讃岐守に叙任。元禄八年（一六九五）没。

(259) 京極備中守。高豊。大名。高和の子。明暦元年（一六五五）生。寛文二年（一六六二）家督を継ぐ（讃岐国丸亀五七、〇〇〇石余）。同九年、備中守に叙任。元禄七年（一六九四）没。

(260) 松平大膳大夫。毛利吉広。大名。萩藩主毛利吉就の子。延宝元年（一六七三）生。毛利六郎左衛門就信の養子となる。元禄七年（一六九四）家督を継ぐ。大膳大夫に叙任。宝永四年（一七〇七）没。

(261) 町使。注(50)参照。

(262) 船番。長崎の地役人の一。寛文十二年（一六七二）設置。「宝永五子年役料高并諸役人勤方発端年号等」（長崎県立長崎図書館郷土課蔵）に「右勤方之儀両御屋敷当番并御用日出嶋門番所六ケ所之御番所江相詰申候唐船阿蘭陀入津湊ニ掛り居候内船々江番船脇掛り船より昼夜相守申候其外唐船荷役より出帆迄之間商売方ニ付新地蔵表門水門唐人屋敷矢来門出入之者相役其外諸出役仕候尤阿蘭陀船入津より出帆迄之間出嶋江度々罷出相勤申候町中昼夜廻り山廻り諏方社祭礼祇園会為警固罷出申候」とある。

(263) 唐人番。長崎の地役人の一。元禄二年（一六八九）設置。「宝永五子年役料高并諸役人勤方発端年号等」（長崎県立長崎図書館郷土課蔵）に「右勤方之儀唐人屋鋪并出嶋番所江昼夜相詰申候唐船荷役より出帆之間商売方其外唐人圍より外江出候度々罷出申候尤町中昼夜廻り相勤申候」とある。

(264) 唐人屋敷。注(36)参照。

(265) 水主。長崎の地役人の一。慶安元年（一六四八）設置。「宝永五子年役料高并諸役人勤方発端年号等」（長崎県立長崎図書館郷土課蔵）に「右勤方之儀御船頭ニ付添相勤申候」とある。因に、船頭は「右勤方之儀御船蔵相守申候元禄二巳年より唐船出帆之節沖江罷出帆影見隠レ候迄見送り被仰付候宝永三戌年より唐船湊江掛り居候内昼夜船廻り仕候」とある。

(266) 河野権右衛門松平甚三郎。注(20)(116)参照。

(267) 廿年ノ銀高。この時に調査されたと判断される正保五年（慶安元年・一六四八）からの貿易高〔輸出高合計・輸出品（銀・金・買物・遣捨等）〕・口銭銀高が「長崎諸事覚書」（国立公文書館内閣文庫所蔵）の第一冊目（「唐船年々売高并口銭銀覚」）・第三冊目（「阿蘭陀船年々売高并口銭銀覚」）に見られる。

(268) 町年寄常行司。町年寄は長崎内町支配、常行司は外町支配。注(4)参照。

(269) 五ケ所ノ商人。江戸・京都・大坂・堺・長崎の貿易商人のこと。注(62)参照。

(270) 稲生七郎右衛門。注(61)参照。

(271) 内町外町。注(4)参照。

(272) 宿町。注(60)参照。

(273) 口銭。注(59)(232)参照。
(274) 地下（じげ）。地元のこと。ここでは即ち長崎市の意味。
(275) 三ケ一。注(28)参照。
(276) 長谷川権六。注(58)参照。
(277) 端物（たんもの）。織物の相称。一反（着物一着分）の織物。通常「反物」と書くが、近世の長崎貿易では「端物」と書くのが一般的。絹・麻・木綿・毛織物があるが、輸入量としては絹・麻製品が多かった。絹織物では、綸子・縮緬・紗綾の類が多い。
(278) 荒物（あらもの）。近世の長崎貿易では、輸入品は糸・端物・薬種・荒物の四類に大別された。糸は生糸（白糸・黄糸などの素材糸）と縫糸などの糸製品、端物は注(277)参照、薬種は漢方薬である。荒物は以上の糸・端物・薬種を除く雑多な品のこと。砂糖・染料・金属・皮革・塗料・道具類など多種。
(279) 曽我又左衛門今村伝四郎。注(100)(101)参照。
(280) 馬場三郎左衛門。注(53)参照。
(281) 甲斐庄喜右衛門。注(110)参照。
(282) 松平甚三郎。注(116)参照。
(283) 金ニ而渡ル。幕府は多量の銀輸出による国内使用銀の不足を懸念して、寛文四年（一六六四）に寛永十八年（一六四一）以来禁止してきた金の輸出を緩和する。そして寛文八年に銀の輸出を全面的に禁止し、長崎での貿易決済を金遣いにする様に命じたが、銀の完全輸出禁止では唐船との貿易が維持できず、翌九年には唐船に対して銀道具の輸出禁止を緩和し、同十二年には丁銀の輸出禁止を解いた。しかし、オランダ商館へは銀の輸出禁止を解除せず、以後、オランダ商館との貿易は金決算とされた。注(226)(230)参照。
(284) 牛込氏。長崎奉行牛込忠左衛門。注(21)参照。
(285) 末次平蔵。長崎代官。注(16)参照。
(286) ……物出候。この時に調査されたと判断される異国迄の距離、各地の産物等のことが、「長崎諸事覚書」（国立公文書館内閣文庫所蔵）の第五・六冊目に見られる。
(287) 口銭懸リ物。注(232)(233)参照
(288) 忠左衛門。長崎奉行牛込忠左衛門。注(21)参照。
(289) 冬船。近世の長崎における唐船貿易では、春・夏・秋の三期に分けて貿易取引きが行われ、九月二十日迄に取引きを全て終了し長崎港を出帆させることになっていたが、寛文十一年（一六七一）には、十一月に遅れて一艘の唐船が長崎に渡来した。この季節に渡来したので冬船と称された。

解題

「長崎御役所留」

一　所　蔵

「長崎御役所留」は、独立行政法人国立公文書館の内閣文庫に所蔵されている。

「長崎御役所留」には、三種の蔵書印が押されている。最も古いものは、「御実紀調所」の長方黒印である。次に古いものは「浅草文庫」の長方朱印である。そして最も新しいものは、「日本政府図書」の正方朱印である。

このことから、取り敢えず、この書物が御実紀調所の所蔵になっていた時期があり、それが浅草文庫の所蔵するところとなり、さらにその後、内閣文庫の所蔵となったことが知られる。御実紀調所は享和元年（一八〇一）の開設であるが、「長崎御役所留」がこの開設当初から同所に所蔵されていたものか、その後ある時期に所蔵となったものかは判らない。この後、明治八年（一八七五）の浅草文庫の開設にともなって、同文庫の所蔵へ移管された。「浅草文庫」の長方朱印は、この時期のものである。この後、内閣制の導入により、明治十八年から浅草文庫の蔵書は内閣文庫の所蔵となった。「日本政府図書」の正方朱印はこの時期の蔵書印である。

内閣文庫は、第二次大戦後、総理庁（後の総理府）大臣官房総務課の管理下に置かれ、昭和二十三年（一九四八）に国立国会図書館の支部とされたが、昭和三十二年の総理府本府組織令の改正により、官房総務課から分離して独立の機関となった。しかし、同四十六年の国立公文書館の設立にともない、同館に移ったが、平成十三年（二〇〇一）国立公文書館が独立行政法人化されたことにより、その資料部門の一つという存在となっている。「長崎御役所留」は、現在、ここの所蔵となっている。

二　書　名

「長崎御役所留」は、三冊よりなる和装本であるが、各冊の上表紙左上部に白無地の題簽が貼られ、それに表題が毛筆書きされている。そして、扉には、いわゆる扉題に類する記載がある。次のようである。

〔上〕

上表紙題簽題 「長崎御役所留　共三　上」

扉題 「従寛永十六年
至寛文三年
古来より御役所引継ニ
相成候掟定書等之類
写　」

〔中〕

上表紙題簽題 「長崎御役所留　共三　中」

扉題 「従寛文四年
至天和三年
古来より御役所引継ニ
相成候掟定書等之類
写　弐」

中扉題「従貞享元年
至同五年
古来より御役所引継
相成候掟定書等之類
写　」

〔下〕

上表紙題簽題 「長崎御役所留　共三　下」

扉題 「従元禄元年
至同十七年
古来より御役所引継相成候掟書
等之類　写　四　」

中扉題「従宝永元年
至同七年
古来より御役所引継
相成候掟書等之類
写　五　」

上表紙題簽題・扉題に類する表題は、概ね以上のようである。文末・奥付題に類する記載はない。以上のような事柄を踏まえて、本書では各冊に共通する上表紙題簽にある「長崎御役所留」を当該書の書名として扱うことにする。

「長崎御役所留」の「御役所」とは言うまでもなく奉行所のことであり、長崎表では、現在に伝わる文書・記録類において、「奉行所」と書かれるのは稀である。長崎奉行所の建物は、時代的に変遷があるが、長崎奉行の定員が複数名であった時代が長かったので、奉行所の建物は二ケ所用意されていた。外浦町に置かれていた方が「西役所」、立山に置かれた方が文字通り「立山役所」と称され、長崎表の文書・記録類には「西役所」「立山役所」あるいはどちらとも指定せずに単に「御役所」という名称で書かれているのが一般的である。

三　装　丁

「長崎御役所留」は、縦二七センチ・横一九センチの美濃判、四つ目袋綴の上・中・下三冊よりなる和装本である。表紙は、厚手の紙を二枚の和紙で包んで作り、燈色地にやや褐色の横筋の雲模様が引かれ、左上部には白無地の題簽が貼られており、表題が毛筆で書かれている。

四　構　成

冊数の構成は、上・中・下の三冊よりなり、各冊の丁数は、上が一〇一丁、中が一七八丁、下が一五三丁となっている。

内容に関する構成は、長崎奉行所に受け継がれて来た文書類を編年体で編集したものとなっている。各冊の構成を示せば次のようである。

〔上〕

「従寛永十六年　至寛文三年」

「古来より御役所引継ニ相成候掟定書之類　写」

「第壱ノ帳目録

（略）

本文

（略）」

〔中〕

「従寛文四年　至天和三年」

「古来より御役所引継ニ相成候掟定書等之類　写

弐」

「第二ノ帳目録

（略）

本文

（略）」

「従貞享元年　至同五年」

「古来より御役所引継相成候掟定書等之類」
「第三之帳目録

（略）

本文

（略）」

〔下〕

「従元禄元年至同十七年」
「古来より御役所引継相成候掟定書等之類　写　四」
「第四之帳目録

（略）

本文

（略）」

「従宝永元年　至同七年」
「古来より御役所引継相成候掟定書等之類　写　五」
「第五ノ帳目録

（略）

本文

（略）」

以上のように、構造としては三冊仕立てとなっているが、内容の構造は、時代によって五つに分けられており、〔上〕には、「従寛永十六年　至寛文三年」（寛永十六年＝一六三九年、寛文三年＝一六六三年）の「古来より御役所引継ニ相成候掟定書之類　写」が、「第壱ノ帳」として収められている。同様に、〔中〕には「従寛文四年　至天和三年」（寛文四年＝一六六四年、天和三年＝一六八三年）の「第二ノ帳」と「従貞享元年　至同五年」（貞享元年＝一六八四年）の「第三之帳」が、また〔下〕には「従元禄元年　至同十七年」（元禄元年＝一六八八年）の「第四之帳」と「従宝永元年　至同七年」（宝永元年＝一七〇四年）の「第五ノ帳」が、それぞれ収められている。

各冊には目録が付されており、示された目録に従って、長崎奉行所が受け継いで来た文書類が配列されている。各記事には、簡明な見出しが付されている。〔上〕においては、この見出しが朱書きとなっているが、〔中〕〔下〕においては黒墨書きとなっている。

なお、〔上〕〔中〕〔下〕の三冊を通じて四人の筆跡が伺われる。すなわち、〔上〕は甲一人で書かれている。

〔中〕は、一丁目から八三丁目はじめの部分は乙により、続いて一一四丁目までは丙により、一一五丁目から〔中〕の末尾までは丁により書かれている。〔下〕は、一丁目から六六丁目までは丁により、六七丁目から九七丁目半ばまでが甲により書かれ、九七丁目半ばから一一三丁目末尾部分までが丙により書かれ、続いて〔下〕の終りまでが甲によって書かれている。

五　作者・成立年

「長崎御役所留」自体には、作者・成立年等に関わる直接的な記載は見られない。

作者については、当該書の記事内容の性格からして、長崎奉行所で編纂されたものとみて間違いない。前項「二　書名」・「四　構造」の部分に示したように、扉題・中扉題に類する記載が、例えば〔上〕の「第壱ノ帳」の場合には、「古来より御役所引継ニ相成候掟定書之類　写」とある。ここに見られる「御役所」とは言うまでもなく長崎奉行所のことであり、ここに古来から引き継がれて来た「掟定書」の類の写であることが明白に記されている。「第二ノ帳」～「第五之帳」においても、ほぼ同様の記載がある。このような編纂物は、長崎奉行所外において作成される可能性はまずない。

例えば、〔中〕の一二六丁目の半ばに「貞享二丑年二月廿日割苻之儀ニ付伺書御老中御加筆有之候宮城監物より右差越す」という記事が収められているが、これは貨物市法の廃止、糸割符の再興に関する老中の下知を受けた長崎奉行が、糸割符の再興の具体策について書面で老中に問い合わせたところ、長崎奉行の問い合わせの文面の行間に、老中が具体的な指示を書き込んで、それを長崎奉行へ再度手渡したものであり、このような記録は長崎奉行所以外では、見ることができないものである。

したがって、「長崎御役所留」は、長崎奉行所で所持している文書・記録等を元にして編纂されたものと判断して誤りはない。

また、「三　構成」の部分で書いたように、四人の筆跡が認められるが、このような筆記の状況からすれば、特に、丁半ばで交替して筆記に当るという事情も見受けられるので、ある部署で四名の者が適宜この記録の筆記に当った事情が伺われる。その部署は、長崎奉行所内であることは、言をまたない。

因に、通常は、老中などからの下知状等は、江戸城において江戸詰の長崎奉行に手渡される。そして、江戸詰長崎奉行から飛脚で長崎表詰の奉行の元へと送られる。あるいは、奉行の交替時に、下向する奉行によって持参されて、長崎奉行所へ持込まれる。長崎奉行所では、詳細なことはまだ分かっていないが、例えば、元禄期には「御奉書御書付類目録」という帳簿が用意されていて、これに何時、どのような手段により（飛脚か奉行自身かなど）、どのような書類が届いたか、ということが書き留められていたことが判明する。また、正徳五年（一七一五）二月二十三日に上使大目付仙石丹波守久尚・御使番石河三右衛門正郷等によって長崎表において、同奉行へ手渡された所謂「正徳新例」の正文は、その後、長崎奉行所備え付けの「御用簞笥」に保管されていたことなどが、長崎の記録で判明する。書類の内容の重要度や用向きあるいは形態等により保管される場所が異なったのかも知れないが、長崎奉行所到来の書類は正文のままであったり、控の形式にされたりして、同奉行所の何処かに保管されていたであろう。このようにして引き継がれて来た書類を、同奉行所で、何時の頃か何らかの必要により編纂物として作成されたものが「長崎御役所留」であると判断される。

次に、成立年については、詳らかではないが、収録記事が宝永七年（一七一〇）で終わっているところからすれば、この後の間も無い時期かとも推測される。丁度、宝永期から正徳初期は、新井白石が長崎貿易の改革に強力に乗り出し、結局、いわゆる正徳新例を成立させるのであるが、この時期に白石は、しばしば長崎の事情を同奉行に問い合わせているので、このような状況下で、長崎奉行所でこれ迄受け継いで来た書類を整理し、編纂物に作成した可能性は低くないように判断される。この書物の編纂の必要性から考えれば、このように判断するのが妥当ではなかろうかと考えられる。

六　史料的価値

「長崎御役所留」は、前述のように、「古来より御役所引継ニ相成候掟定書等之類」の編纂物である。したがって、その殆どの部分が、江戸（老中）からの禁令・触とそれに添えられた江戸詰長崎奉行からの別紙の類であり、指摘するまでもなく、法制に関わる上質な編纂物である。その性格は、老中から広く一般的に大名・旗本・御家人らに向けて発令された禁令をはじめ、市中へ発する触の類、また、長崎奉行へ向けて発せられた長崎町方支配向けの禁令や触に加えて、長崎特有の対外関係に関わる禁令や触、さらに長崎警衛関係の覚書などを主な内容としている。年代的には、この最上年は寛永十六年（一六三九）であり、最下年は宝永七年（一七一〇）に至る七一年間分である。

幕府の発した諸法令は、「憲教類典」「教令類纂」「御当家令条」「大成令」や「御触書集成」その他多くの法令集に見ることができることは指摘するに及ばないが、前記の七一年間における、こと長崎町方と対外関係に関する諸法令については、管見では「長崎御役所留」に優るものは見られない。近世の対外関係に関しては、『通航一覧』という極めて便利な書物が存在するが、こちらはその編纂に関する性格上、色々な記録類から寸断して必要部分だけを編集しているところがあり、使用上若干の不便を感ずるところがある。例えば、「長崎御役所留」の末尾部分に、新井白石による貿易改革案であるいわゆる「宝永新令」が全文収録されているが、これが『通航一覧』では同書の立てた項目に寸断されていて、「宝永新令」の全体像を把握することは殆ど不可能である。

編纂物であるから、誤写、脱字等の発生は致し方ないところが見られるが、前記七一年間の長崎町方や対外関係については、次の「長崎諸事覚書」と並んで、極めて有用な編纂史料ということができる。

「長崎諸事覚書」

一　所　蔵

「長崎諸事覚書」は、独立行政法人国立公文書館の内閣文庫に所蔵されている。御実紀調所や浅草文庫等の蔵書印はなく、「日本政府図書」すなわち、明治十八年（一八八五）以後に使用された内閣文庫の方形所蔵印が見られる。したがって、明治十八年以降に、内閣文庫の所蔵となっていたことは判明するが、これ以前のことは管見では詳らかではない。

二　書　名

「長崎諸事覚書」は、一〇冊よりなる和装本であるが、各冊の上表紙左上部に白無地の題簽が貼られ、それぞれに「長崎諸事覚書」と毛筆書きされている。各冊の順番を示す記載は見られない。また、扉題、本文題、奥付題等も見られない。但し、目録の部分に次のような記載が見られる冊がある。目録の作りについては、後項「四　構成」の部分で紹介するが、第一冊目録・第二冊目録・第三冊目録の部分には、いわゆる目録題に類する記載は見られない。

第四冊目録の部分は、

長崎覚書類　目録

一内外町六拾六丁覚

一町中ケ所数覚

（後略）

と記されている。

第五冊目録には、目録題に類する記載はない。

第六冊目録の部分は、

一南蛮船破却事

長崎表覚書　一ほるとかるより船差渡候事

一大村より出候切支丹事

一籠屋焼失之時事

（後略）

と記されている。

第七冊目録の部分は、

長崎証文類

一御扶持方手形

（後略）

と記されている。

第八冊目録の部分は、

長崎証文類

一阿蘭陀人江申渡御書付

（後略）

と、第七冊目録と同形式で記されている。

第九冊目録には、目録題に類する記載はない。

第十冊目録の部分は、

長崎覚書類

一代々奉行人之覚

（後略）

と記されている。

第一・第二・第三・第五・第九冊目録の部分には、いわゆる目録題に類する記載は見られない。第七・第八・第十冊目録の部分はほぼ同形式で目録題に類する記載があるが、第四冊目録と第六冊目録は異なる形式で記されており、一〇冊全体としては、目録題に類する記載は統一的ではない。

本書では、一〇冊に共通する上表紙題簽に記されている「長崎諸事覚書」をもって、当該書の書名として扱う。

三　装　丁

「長崎諸事覚書」は、美濃判、四つ目袋綴の一〇冊よりなる和装本である。上表紙は、菱形市松模様柄の厚手和紙で拵えられており、左上部には白無地の題簽が貼られ、表題が毛筆書きされている。

各冊とも同様の四つ目袋綴本である。

四　構　成

「長崎諸事覚書」は、一〇冊よりなるが、各冊には上表紙の題簽に「長崎諸事覚書」という表題が書かれているのみで、目録・本文等の墨付部分にも冊数順を示す記載は見られない。本書では、各冊の上表紙に貼られている内閣文庫の整理用ラベルに示されている番号順に、第一冊、第二冊……第十冊と区別して扱う。
各冊の丁数（除、表紙）と内容（目録とそれに対応する本文＝省略）は次のようである。

第一冊（墨付二三丁）
目録（一丁目）
一唐船入津より帰帆迄之覚書
一申年被　仰出候御停止之覚
一唐船持渡候諸色より出口銭銀覚
一年々売高幷口銭之覚
一同口銭高之覚
本文（二丁目～二三丁目）

第二冊（墨付九五丁）
目録（一丁目）
一海陸道筋事
薩摩　肥後　筑前　肥前
対馬　筑後　豊前　日向
豊後　長門
一下関ヨリ大坂迄陸路
一長崎ヨリ江戸迄船路
本文（二丁目～九五丁目）

第三冊（墨付四九丁）
目録〔甲〕欠（冒頭）
本文（一丁目～二三丁目）
目録〔乙〕（二四丁目）
一阿蘭陀船入津より帰帆迄之覚書
一持渡候諸色より出口銭銀覚
一阿蘭陀人江戸江罷上候前後覚
一出嶋江検使遣覚
一常々かびたんやとひのもの、覚
一出嶋家持やとひもの、覚
一出嶋町惣坪数覚
一阿蘭陀年々売高幷口銭高覚
本文（二五丁目～四九丁目）

第四冊（墨付二六丁）
目録（一丁目）
一内外町六拾六丁覚
一町中ケ所数覚
一町中人数竈数覚
一町中役人覚
一舩手役相勤町覚
一惣寺社数覚　附三ヶ寺　御朱印写
一亥年所々より来候米覚
一夘年町中拝借銀高幷同年所々より来候米高

覚
一戊年町中拝借米幷所々来候米高覚
一町中酒作員数未申減少米高覚
本文（二丁目〜二六丁目）
第五冊（墨付二七丁）
目録欠
本文（一丁目〜二七丁目）
第六冊（墨付三五丁）
目録〔甲〕（一丁目）
一南蛮船破却事
一ほるとかるより舩差渡候事
一大村より出候切支丹事
一籠屋焼失之時事
一朝鮮渡海之者事
一籠内入用事
一籠屋敷坪数事
本文（二丁目〜一四丁目）
目録〔乙〕（一五丁目）
一阿蘭陀往来之所々
一異国江之海路遠近
一阿蘭陀持渡諸色

本文（一六丁目〜三五丁目）
第七冊（墨付四二丁・白紙一丁）
目録（一丁目）
一御扶持方手形
一同心共三石物之手形
一御物被　召上候節之手形幷裏書
一御買物帳之奥書
一春徳寺より差出候手形裏書
一御褒美銀之手形裏書
一御舩之者共御扶持方手形裏書
一住宅唐人異国通事御扶持方手形裏書
一御船蔵修復之竹木幷出嶋ほうじ木切せ候手形裏書
一闕所道具相払候節帳面奥書
一前借銀同不残相済候以後手形裏書
一目安裏書
一漂着之朝鮮人御扶持方手形裏書
本文（三丁目〜四三丁目）
第八冊（墨付三二丁）
目録（一丁目）
一阿蘭陀人江申渡御書付
一唐人共ニ読聞候真字札

一唐船入津帰帆ニ差出候手形
一書物屋共差出候手形
一漂着舩之警固幷請人唐人手形
一阿蘭陀荷役帳奥書幷出嶋乙名手形
一漂着之朝鮮人口書幷警固之者手形
一漂着之朝鮮人送遣候時浦々通手形

本文（二丁目〜三二丁目）

第九冊（墨付四五丁）

目録（一〜二丁目）

一平蔵同下代之者共前書
一町年寄共前書
一常行事共前書
一両年行事共前書
一唐阿蘭陀両通事前書
一唐通事共前書
一異国通事共前書
一唐人年行事共前書
一住宅唐人共前書
一書物見之者共前書
一伽羅見共前書
一鮫見共前書
一出嶋おとな家持共一紙前書
一外科稽古之者共前書
一篭屋医師共前書
一籠守前書
一町使之者共前書
一出嶋門番之者共前書

本文（三丁目〜四五丁目）

第十冊（墨付四四丁）

目録（一丁目）

一代々奉行人之覚
一両奉行屋敷坪数覚
一西泊戸町石火矢大筒覚
一石火矢台覚
一右衛門佐丹後守当番人数等覚
一大村因幡守長崎警固所覚
一馬込御舩御舟蔵覚
一同所御蔵ニ有之諸色覚
一御舩之者之覚
一越中守主殿頭番舩数等覚
一町中幷平蔵支配所石高平放火場覚

本文（二丁目〜四四丁目）

以上のように、一〇冊仕立てになっており、分量としては各一冊毎の丁数は概ね二十数丁仕立てが三冊、三十数丁仕立てが三冊、四十数丁仕立てが三冊となっているが、第二冊目だけが九五丁と並外れて多くなっている。

また、内容（目録とそれに対応する本文）的には、第一・第二冊はそれぞれの冒頭に記されている目録に沿って、本文が記されている。

ところが、第三冊目の冒頭には、目録は記されておらず、いきなり本文が一つ書きで始められている。内容は前冊の継続ではなく、改まっており、別ものである。また、同冊の半ばに目録があり、これに対応する本文が当該冊の末尾まで記載されている。

そして、第四冊目には冒頭に目録があり、これに対応する本文が当該冊に収められている。

次の第五冊目は、第三冊目と同様に、冒頭に目録は見られず、いきなり前冊とは性格を異にする内容の本文が記されている。

第六冊目は冒頭に目録があって、これに対応する本文が続き、中程にもう一つ目録があって、これに対応する本文が冊末まである。

第七冊から第十冊までは、各冒頭に目録があり、これに対応する本文が各冊ごとに完結している。

第一冊から第五冊までの各冊では、内容（目録とそれに対応する本文）と分量のバランスがかなり良くない。何を基準として各一冊が仕立てられているのかが分かりにくい。

また、各冊と目録を整理すれば、以上のようであるが、注意を要するのは、第三冊目の冒頭にあって当然と思われる目録が記されていない事（但し、冊半ばの二四丁目に目録があり、これに対応する本文は冊末で完結している）と第五冊目に目録がなく、本文だけがあって、当該冊で完結している事である。この目録の欠如の事情は詳らかではない。

各冊の内容を整理すれば、概ね次のようである。

第一冊　唐船貿易関係
第二冊　国内各地への道筋・里程
第三冊　長崎奉行の主要職務関係
　　　　オランダ貿易関係
第四冊　長崎町方関係

第五冊　中国・ベトナム・カンボジア・タイ・大泥・六崑・ジャカルタ等各地への里程・産物
第六冊　ポルトガル・切支丹・外国人用牢屋等オランダ関係各地海路里程・産物
第七冊　長崎関係支配方経費
第八冊　長崎渡来異国船関係の管理
第九冊　長崎代官・地役人等の管理
第十冊　長崎奉行・同奉行所・長崎警衛関係

大概要約すれば、

(1)　過去二〇年間における唐船・オランダ船への輸出の実態・それに関わる口銭の実態
(2)　唐船・オランダ船の出地および其所の産物
(3)　長崎町方・渡来異国船に関する管理・運営

の事柄に関する内容となっている。すなわち、貨物市法の開発時に調査された主要事柄と貨物市法の実施に伴う長崎奉行所の支配・運営に関する内容構成となっている。

五　作者・成立年

作者・成立年に関する直接的な記載は、当該書には見られない。

作者は、具体的ではないが、掲載記事の性格・内容からして、長崎奉行所で編纂されたものと見て誤りはない。すなわち、寛文十二年（一六七二）から新貿易仕法として貨物市法が適用されるが、この仕法の開発は長崎におけるいわば官民挙げて行われた。例えば、『古集記』（『通航一覧』所収）に、次のように見えている。

一同年九月、松平甚三郎為代、牛込忠左衛門始て長崎江下着、河野権右衛門は江戸江参府、其跡にて異国商売儀只今迄の通にては、日本の金銀異国江被取御為宜からすとて昼夜工夫いたされ、末次平蔵、町年寄、常行事召寄せ、此通にて行末異船御停止可成間、今度何も精出し申へきよし日々評定あり、内証にては年久敷与力共を被召寄評定致され、あるひは阿蘭陀通詞、唐人通事に申付、異国より持渡り候の糸、端物、薬、其外諸貨物何国より何色のもの出候哉、其所にて何は何程に買候哉、又はその所に運上有之候は掛り物等迄も異国人共に密に尋之、元直段聞合せ、以書付可申上被申付、夫に付唐人共阿蘭陀通詞方より遂吟味、委細書付を差出候事、

すなわち、従来の多量の輸出によって、金銀の不足が懸念され、新来の長崎奉行牛込忠左衛門のもとで、この輸出抑制が策された。長崎代官末次平蔵、奉行所与力、町年寄、常行事らが日々対策を練り、阿蘭陀通詞・唐通事に命じて、オランダ船・唐船の持ち渡る品々の産地、その価格等を調査させ、それらの報告書を奉行へ提出させたことが見えている。この時の調査報告書かあるいは報告書に基づいて作成された記事が、「長崎諸事覚書」に現れている。例えば、金銀の輸出量を中心とする貿易額の調査報告による記事が、第一冊の「一年々売高幷口銭之覚」、第三冊の「一阿蘭陀年々売高幷口銭高覚」である。また、異国船が持ち渡る品々とその産地に関する記事が、第五冊・第六冊に収められている。

これらの情報に基づいて日々対策が重ねられて開発された貿易仕法が、寛文十二年（一六七二）から実施される貨物市法である。この事情から判断すれば、「長崎諸事覚書」に取り上げられている記事内容は、指摘するまでもなく貨物市法開発に関する一資料となったものと判断される。

また、掲載されている記事の最下年は、寛文十一年（一六七一）であるので、したがって、「長崎諸事覚書」は寛文十一年中の成立の可能性が高い。

作者に関しては、貨物市法を成立させた時の長崎奉行牛込忠左衛門の下で、長崎奉行所において編纂されたものと見て大過ないものと判断される。

六　史料的価値

前項「五　構成」に書いたように、寛文十二年に貿易仕法の大改革が行われ、貨物市法が実施されることになるが、この貿易仕法を成立させる時に、従来の貿易事情の調査がかなり詳細に行われた。「長崎諸事覚書」はこの時の調査結果の報告書、あるいはそれをも

とにまとめたと見られる記事を多数持っている。また、貨物市法を新規採用するに当り、長崎奉行所・長崎町方の管理・運営の体制も新たにしたところがあり、それに関係する記事も多数含まれている。まさに、貨物市法に関わる第一級の内容をもっているのが、「長崎諸事覚書」であるということができる。

従来の研究では、貨物市法の成立過程、貨物市法の方法等の側面が先行しているが、貨物市法による貿易を管理・運営する幕府側および長崎町方の組織に関わる事柄の研究がかなり後れている。これらの研究に、「長崎諸事覚書」は欠かせない内容を持っている信頼度の極めて高い貴重な記録である。

「長崎記」

一　所　蔵

「長崎記」は、国立大学法人東北大学附属図書館の狩野文庫に所蔵されている。

狩野文庫は、秋田県大館出身で、京都帝国大学文化大学長の経歴のある文学博士狩野亨吉（一八六五～一九四二）の蔵書を東北帝国大学初代総長の沢柳政太郎（一八六五～一九二七）の尽力により東北大学が譲り受けたもので、当該書には「荒井泰治氏ノ寄附金ヲ以テ購入セル文学博士狩野亨吉氏旧蔵書」の方形朱印が押されている。

因に、「長崎記」という名を持つ書物は、多数ある。例えば、『国書総目録』には、当該本の他に、長崎県立長崎図書館、国立国会図書館・内閣文庫・九州大学附属図書館・九州大学文学部九州文化史研究所・京都大学附属図書館・神戸大学附属図書館・東京大学附属図書館・一橋大学附属図書館・京都府立綜合資料館・西尾市立図書館岩瀬文庫・島原市立島原公民館松平文庫・長崎市立博物館等に所蔵されていることが記されている。他に長崎大学経済学部武藤文庫にも、筑波大学附属図書館にも所蔵されている。

二　書　名

上表紙の題簽には「長崎記　中川忠英」と毛筆書きされている。当該書には書名に関して、これ以外に奥書き部分に「右長崎記一巻者中川飛州忠英奉行中之筆記也」と記されている。扉題、目録題、本文題等に類する記載を持たない。

右記の事情を踏まえて、本書では、当該書物の書名を「長崎記」として扱う。

因に、江戸時代に著された長崎関係の地誌・旧記類は、他の都市に比べるとかなり多いようである。例えば、長崎を冠するものをざっと拾っただけでも、長崎縁起評・長崎覚書・長崎鑑・長崎鏡・長崎閑話・長崎記事・長崎紀事・長崎紀聞・長崎記録・長崎見聞録・長崎古今集覧・長崎古事集覧・長崎根元記・長崎根源記・長崎歳代記・長崎雑記・長崎雑誌・長崎雑事抄・長崎雑録・長崎志・長崎実記・長崎実記年代録・長崎実録大成・長崎集・長崎拾芥・長崎初発書・長崎事略・長崎代々記・長崎丑亥記・長崎年々記・長崎年来記・長崎之記・長崎秘録・長崎不二賛・長崎港草・長崎昔・長崎虫眼鏡・長崎夜話草・長崎由来記・長崎略縁起評・長崎略記・長崎略記後考・長崎略記会釈・長崎両面鏡等々が存在する。当然同名の異本も存在する。

管見では、近世長崎の地誌・旧記類の中にあっては、「長崎記」という標題を有するものが最も多いように見受けられる。他に長崎を冠しないものに広げると拾い上げるだけでも容易なことではない状況である。

三　装　丁

「長崎記」は、縦二七・二センチ、横一九・二センチの美濃判、四つ目袋綴、全一冊の和装本である。表紙は、黄土色無地の和紙で作られており、左上部には細い墨の枠取りのある題簽が貼られており、表題が毛筆で書かれている。

四　構　成

当該「長崎記」は、表紙を除いて、八二丁の全一冊本である。遊び紙は無く、一丁目から本文が記されている。目録は無いが、各記事には見出しが付けられているので、いまそれを順に摘出して示すと次のようである（整理の便宜上番号を付した）。

1長崎始之事
2ハアタニ人日州へ漂着長崎へ送来ル事
3南蛮船日本へ来ル事
4エケレス舩入津之事
5阿蘭陀人始来朝之事
6出島築立始之事
7出島地形四方間数坪数之事
8出島家賃銀之事
9西泊戸町御番所之事
10西泊戸町両御番所相勤人数之事
11五ヶ所糸割符之事
※［脱落あるか］
12御制札御高札幷御條目ノ事
13唐舩日本へ来事
14唐人商売口銭之事
15唐舩宿町附町之事
16宿口銭小宿口銭之事
17唐舩三ヶ一之事
18唐舩荷改従奉行初テ検使出事
19邪宗門御穿鑿之事
20原ノ城就一揆長崎奉行走廻之事
附在陣中入目之事
21日本人異国へ渡海之事附渡海御停止之事
22市法商売之事
23唐舩阿蘭陀市法商売次第之事
24割符仕様之事
25従古来長崎へ来商売仕候商人共貨物割付目録之事
26従当年初而長崎へ商売来候者為買物持参候取持銀之高割付之事
27貨物除取人数之事
28日本ヨリ異国江渡海道程之事
29日本住宅唐人之事
30黄檗山隠元本菴即非来朝之事
31唐人屋敷之事
32両奉行屋敷坪数之事
33御停止物之事

34唐船荷役之節船中弁蔵本へ差出候諸役人
35御切米請役科《ママ》之事

一見して、どのようなテーマに基づいて整理・編集されているのかが分かりにくい。

強いてまとめるならば、

1は、文字どおり、近世の長崎町の成立関係の事。

2～5は、異国人・異国船の日本渡来関係の事。

〔ハアタニ＝大泥＝マレー半島中東部、南蛮船（ポルトガル船）、エケレス船（イギリス船）、阿蘭陀人（オランダ人）〕

6～8は、出島関係の事。

9・10は、西泊戸町番所（航行異国船の監視）関係の事。

11は、糸割符関係の事。

12は、長崎・対外関係の法令の事。

13～18は、唐船貿易関係の事。

19～21は、強いて共通の性格を求めれば、切支丹関係の事。

22～27は、市法商売（貨物市法）関係の事。

28は、異国への道程の事。

29は、日本住宅唐人（長崎居住華僑）の事。

30は、黄檗宗隠元関係の事。

31は、唐人屋敷の事。

32は、長崎奉行屋敷の事。

33は、輸出入禁止品の事。

34は、唐船荷役に当る諸役人関係の事。

35は、諸役人の役料の事。


というようなことになるが、なお依然として整理・編集に関わる具体的なテーマが見えてこない。

なお、11と12との連絡が不自然である。恐らく脱落が発生している可能性を思わせる。

すなわち、11の部分は、次のようである。

五ヶ所糸割符之事

（前略）

一京　割符人合七十二人　　一堺割符人数合　百廿五人
一江戸割符人数五十四人　　一大坂割符人数合六十三人
　合三百十九人
一御呉服所六人　　一筑　前
一筑　後　　一肥　前

一対　馬　　　　一下関二人

以上の記事は、これで完結している記事と見ることが可能であろう。

しかし、これに続く記事が、次のようであって、糸割符とは関係のないものである。

定　　　出島之口

一日本人異国人御法度相背不依何事悪事ヲタクミ礼物ヲ出シ頼者有之急度可申之タトヒ同類タリトイフトモ其科ヲユルシ其礼物之一倍可被下之若カクシ置訴人有之者可処罪科者也

寅十月　日　　久太郎
　　　　　　　与兵衛　無判

掟　　波戸場　」

一ミナトヘカル物捨マシキ事
一フタノホ子幷チリアクタ捨マシキ事
一断ナクシテ湊キハ築出スマシキ事
右條々若猥之族有之者可為曲事者也

十月　　与兵衛
　　　　久太郎　無判

定

一傾城之外女人入事
一高野聖之外出家山伏入事
一諸勧進之者幷乞食之事
一出嶋廻ホラシヨリ内船乗廻事付橋之下船乗廻事
一断ナクシテ阿蘭陀人出島ヨリ外ヘ出ス事
右條々堅可相守者也

寅　十月　日

川筋ノ高札　但端作無之

此川筋ヘチリアクタ捨ルニ於テハ可為曲事者也

月　日

一御米場ノ事而（ママ）屋敷ノ隣高木作右衛門支配御蔵ヘ御買米入ルコト両屋敷ヨリ検使一人ツヽ下役一人宛出テ勤之蔵役人ハ　　二人也作右衛門方ヨリ手代出之升目ヲ改之書付ヲ出ス
一唐船入津ノ在留ノ日数可限五十日ト古ヨリ雖被　仰

付近年船数年中ニ七十隻ノ内春廿艘夏三十艘秋廿艘ト相定仍船荷役之前後在之或ハ春船ヲ夏船ニ加へ或ハ夏船ヲ秋船ニ加ル故ニ日限不定事アリ

一従異国書簡音信持渡トキハ政所ニテ改之其主ニ相渡手形取之返書ハ音物ヲ送ルニモ政所ニテ改之封ヲシテ其主ニ遣シ出船ノ時船中ニテ検使改之

一唐船一艘ニ石火矢薬五十斤マテハ古へ雖御免近年ハ（ママ　脱落あるか）

一琉球　漂船ハ大方朝鮮船ト同前長崎ニテ改之其後附人ニ相渡薩州へ遣ス　公儀之御扶持不被下之送船モ無之

一阿蘭陀船入津ヨリ出帆マテ出島町ノ家持ハ自身番ヲ仕也

一阿蘭陀入津ノ節荷役ト（貼紙）（荷改ノ時歟）時武具ハ御蔵ニ入置町（ママ常脱カ）年寄行司預之預手形ヲ出ス但近年此事ナシ

一阿蘭陀人於出島令病死時ハ従両奉行以検使改之其以後稲佐ノ悟真寺へ送リ埋之但寺へ遣ストキハ両方ノ下役人検使勤之元禄六年三月阿蘭陀人スイヒンス病死ノ時如此

一阿蘭陀人江戸へ参向ノ時自然道中船中ニテ令病死トキハ其所ノ守護へ申届其所ニ埋之其所ノ支配人ノ手形取之也先年於江戸死去ノ節ハ長崎ヨリ附参リタル与力并町使一人ニ在江戸ノ奉行ヨリ与力一人同心二人切支丹奉行井上筑後守ヨリ与力一人相添ラレ浅草ノ穢村ニ埋之尤阿蘭陀人病中ヨリ　公儀へ在江戸ノ奉行被申上之由也

御制札御高札幷御條目ノ事

（後略）」

以上のように、11と12の接続の具合が宜しく無い。丁替りの部分をチェックしても修復した時などに発生することがある乱丁とは思われない。恐らく転写時において本文の脱落が発生したものと推察され、記事の見出し部分が欠落している可能性がある。

また、前掲の11に続く記事中の次掲の部分に、その分量は詳らかではないが、明らかに脱落が発生している。

一唐船一艘ニ石火矢薬五十斤マテハ古へ雖御免近年ハ（ママ　脱落あるか）

一琉球　漂船ハ大方朝鮮船ト同前長崎ニテ改之其後附人ニ相渡薩州へ遣ス　公儀之御扶持不被下之送船モ無之

上記のように、当該書の編集に関わる収録記事の配列をみると、いまだ整理の不十分さが伺われ、各テーマごとの構成に未熟さが伺われる。

また、管見では、原本を見い出していないので、詳細には明白にならないところが存在するが、おそらく転写の際に、本文の脱落が発生している部分が伺われる。

五　作者・成立年

当該「長崎記」の作者は、上表紙題簽および奥書き部分に見られるように、中川忠英《なかがわただてる》である。中川氏は、祖を辿れば藤原巨勢麿（参議）の男真作十二代目の孫の進士大夫清兼が中川を称したのに始まるとされる。

忠英は旗本中川忠易の子で、宝暦三年（一七五三）年生れ。明和四年（一七六七）に家督を相続し（采地一〇〇〇石）、安永六年（一七七七）に小普請の組頭となる。天明八年（一七八八）に目付に転じている。寛政元年（一七八九）に、小普請の組頭の時に、前嶋寅之丞信吉の養子となった寅之助に関わり、浪人吉田平十郎という者を宇垣貞右衛門の弟と偽って寅之丞の養子としたことが明るみに出て、ことの穿鑿をせずに処理したことを咎められ、出仕停止の処分を受けているが、翌年許されている。また、同四年二月、酒井左近将監忠交の駿府加番に関わる処置に不手際があるとして咎められた。しかし、忠英は常に精勤の由により拝謁停止の比較的軽い処分に処されたが、翌閏二月に解かれ、同五月には関東川々普請の監督宜しきにより黄金五枚を給わり、同五年三月には松平定信に従い、伊豆・相模・武蔵等の海浜を巡行している。同七年二月五日に長崎奉行を命じられ、同七月一日に従五位下飛驒守に叙任されている。後、同九年二月十二日に勘定奉行となり、同六月六日には関東郡代の兼務を命じられている（『寛政重修諸家譜』）。文政十三年（一八三〇）没。

忠英は、概ね右記のような経歴を持つ者で、度々職務上の不手際を咎められているが、軽い処分で終わり、目付から長崎奉行へ、さらに勘定奉行へと昇進している。いわゆる寛政改革時における松平定信のブレーンの一人という存在である。重なる職務上の不手際の際も軽い処分で終わっており、昇進を続けているので、恐らく松平定信好みの能吏であったものと見られる。すなわち、清廉で名高い松平定信に用いられているところからすれば、処世術に長けていた者ではなく、実直な性格の者であったと見られる。

　中川忠英は、前記のように寛政七年（一七九五）二月五日に長崎奉行を命じられ、同七月一日に従五位下飛騨守に叙任されて、同九月十日に長崎表に着任している。この後、長崎表勤務であった奉行平賀式部少補から用務引き継ぎが終わって、同月十九日から御用を勤めている。翌八年九月二十二日に長崎を発って、その後、長崎表勤務には当っていない。長崎在勤はちょうど一年間であり、他の期間は江戸勤務となっている。

　長崎在勤の期間には、次のようなことが長崎で起きている。


寛政七年七月十九日　長崎洪水。溺死五人・崩流橋一八・流家一六六戸・潰家三九戸・破損一九四戸・その他。

罹災貧民へ銀銭を賑す。流家町人一戸銀十匁、水入町人五匁、流家借居人七匁四分、水入三匁二分、流家華族七歳以上一人銭三百文、水入水難の者二百文。

町人九人白米二百俵出し罹災の貧民に施与す。

同十二月　役所付種田平四郎僕喜助の忠節を褒め、銀三枚を賞与する。

唐船唐国漂着仙台人九人を送還する。

諏訪本社殿に霊元帝の宸翰を掲げる。

諏訪社大宮司従四位下に叙する。

再び唐館内通用銀券を発行する。

置付用意銀を増す。

寛政八年二月　唐蘭小通詞助以下の技術を試す。

五月初旬より降雨。二十六日夜出水溺死一人・崩陥橋五・破損橋四。

六月六日暁又出水。流壊二九戸・橋破損一一・破損家屋三〇四戸。

災民を賑す毎戸銀六匁毎人銭三百文。

九月　無名の封訴及捨文を為すを禁ず。

加持祈禱を取り締まる。

十月　地役人需用銀加役料を減ず。

十二月　地役人救銀の法を創す。
置付用意銀五百貫目を増す。総計二千五百貫目となる。
置付用意銀を出して常費に充つ。蘭船来らず会計困難に因りてなり。
（『長崎叢書　増補長崎畧史　上巻』参照）

以上のような事柄に中川忠英が関わったものと考えられる。

なお、当該『長崎記』は、寛政七年（一七九五）七月、長崎奉行中川忠英の編纂したものをもとに、転写されたものである。奥書に、

右長崎記一巻者中川飛州忠英奉行中之
筆記也
歳次己卯文政二年冬十月光風楼
謹下　　　　　　　　赤霞

とある。これに従えば、本書で取り上げている「長崎記」は、中川忠英が長崎奉行在職中に作られたものとあるので、広く見れば寛政七年二月から同九年二月の迄の期間の成立ということになるが、実際には、中川忠英が長崎に赴任した寛政七年九月以降ということになろう。おそらく在任後半期に編纂されたものであろう。そして、当該「長崎記」は、文政二（一八一九）年十月の転写本のようである。光風楼・赤霞については、管見では詳らかでない。

六　史料的価値

当該「長崎記」は、寛政八年（一七九六）か翌同九年に成立したものと見られるが、収録されている記事に関する年代は、元亀元年（一五七〇）の長崎開港に関わる時期から下は貞享二年（一六八五）である。中川忠英が長崎奉行の職にあった時期からは、百年以上も以前の記事ばかりである。これらの記事がなぜ必要とされたのか、その事情は明白ではない。そして、これらの記事の配列はあまり纏りが見られないが、個別の記事は、多数存在する長崎地誌・旧記類の中にあってはかなり上質といって良いであろう。例えば、長崎の地誌・旧記類の最も代表的なものは、田辺茂啓の『長崎

実録大成』（『長崎志』）であろう。これは宝暦十年（一七六〇）の成立であり、規模は一六巻に及ぶ頗る大部のものであるが、個々の記事については、言うならば金石混交の感を免れない性格を有するところがある。当該「長崎記」はこの約三五・六年後に作られたものであるが、規模においては『長崎実録大成』に比べるべくもないが、個々の記事においては、しっかりした上質のものが多い。特に、貨物市法期に関わる記事には、他の地誌・旧記類にはあまり現れない貴重な記事が見られる。全体的な特徴としては、かなり具体性に富む記事を多く有し、その性格は多くの長崎の地誌・旧記類によく見られるような、興味を引く長崎にまつわる特異な話を集めて伝えるというものではなく、言うならばどちらかと言えば事務的な匂いが強い。それは、あまり器用とは見えない、中川忠英の実直な官吏的な性格に由来するものであるためかも知れない。

長崎奉行の編纂したものとしては、大岡清相の『崎陽群談』が広く知られている。これはなかなかきちんと整理されて編集された良質史料と言える。これに比べると、当該「長崎記」は編集的には未熟であるが、収録されている個々の記事は良質であり、江戸時代前期の長崎および対外関係の研究には有用な存在にある。

#「長崎旧記」

一　所　蔵

当該「長崎旧記」は、国立大学法人筑波大学附属図書館に所蔵されている。これは、図書館情報大学がまだ筑波大学と統合する以前に、太田が研究費で注文し、古書店から購入されたもので、同大学の附属図書館の所蔵となっていたが、その後、平成十四年（二〇〇二）十月に図書館情報大学と筑波大学が統合したことにより、筑波大学の附属図書館の所蔵となったものである。

当該「長崎旧記」には、その伝来を知る手懸りは見られない。したがって、古書店で売りに出されることになる以前のことがらについては不祥である。

なお、「長崎旧記」というタイトルを有する書物は他にも存在する。

二　書名

上表紙の題簽には「長崎旧記　全」と毛筆書きされている。そして、当該書は、全一冊であるが、内容の構成は五巻と附録よりなる。各巻の冒頭には「長崎旧記巻第一」～「長崎旧記巻第五」、そして附録の部分は「長崎旧記附録」と、記されている。また、「長崎旧記目録」という目録題がある。以上の事柄から本書では、当該書の書名を「長崎旧記」として扱う。

「長崎旧記」という名を持つ書物は、旧長崎市立博物館・長崎県立長崎図書館（古賀文庫）にも所蔵されているが、本書で取り上げるものの異本ではない。

三　装　丁

装丁については、サイズは、縦一四センチ、横一九センチ弱の美濃二つ切（横中本）の四つ目袋綴である。綴糸はえんじの絹糸が使用されている。

表紙は、三枚の和紙を重ねて作られている。上表紙には、二種の柄の配置がほぼ中央で斜交いになっている模様が施されており、左上部に外枠が太く、その内側に細線の内枠を施した題簽が貼られ、「長崎旧記全」と毛筆書きされている。題簽は、今は、かなり破損した状態となっている。上表紙の次と裏表紙の前に一丁の遊び紙が付けられている。

四　構　成

冊数は全一冊で、内容は全五巻と附録で構成されている。丁数は九一丁である。上表紙の次に白紙の遊び紙が一丁あり、その次の丁に「長崎旧記巻第一」という内題がある。その次に巻第一の目録が記され、それに対応する本文があって、これが完結すると、巻第二の目録があり、その本文が続く方式で、巻第五まで作られており、その次に、「長崎旧記附録」が付されており、同様に目録が記され、対応する本文が記されている。

なお、本文の各記事には、目録に示された見出しが記されているが、中には、目録には現れていない、見出しの記事がある。また、目録にはあるが見出しは無いものもある。前者は、巻第三の中の「南蛮船弐艘来朝之事」と、巻第五の中の「唐人番初り之事」である。後者は、巻第四の中の「阿蘭陀商売之事」と「出嶋口銭銀掛り物之事」である。

内容的構成は、概略次のようである。

巻第一では、長崎の由来、開基、南蛮船初渡来、秀吉による長崎公領化、代官村山東菴、内町・外町関係、各町の規模、橋数、郡部の田畑高年貢、外町・屋敷地の地子など、長崎の地方に関わる基本的な事柄が、目録数で言えば一二の記事で記されている。

巻第二では、切支丹関係、日本船の異国渡海停止、渡来唐船の長崎港限定、出島、南蛮船渡来停止、阿蘭陀人の平戸より長崎移転、異国船の監視、九州各地との往来規制、長崎奉行・与力同心、奉行屋鋪のことなど主に対外関係についての規制に関わる事柄を中心として、目録数で言えば一二の記事で記されている。

巻第三では、マードレ・デ・デウス号事件、浜田弥兵衛台湾一件、琉球での南蛮人逮捕、来日禁止の南蛮船焼却、甑嶋での南蛮人逮捕、筑前カチメノ大嶋で逮捕の南蛮人、吉利支丹目明、大坂方の者の逮捕、嶋原一揆等、対外・国内での事件・紛争関係の事柄を中心として、目録数で言えば一〇の記事で記されている。

巻第四では、オランダ・イギリス関係と糸割符関係の事柄を中心として、目録数で言えば二二の記事で記されている。

巻第五では、切支丹、長崎大火、漂流、番方等のことがについて、目録数で言えば一八の記事で記されている。

そして、附録では、貨物市法のことについて目録数で言えば四の記事で記されている。

全体的に言えば、長崎地方および対外関係の主要な事柄が、目録数で言えば七四の記事にまとめられて、一～五巻と附録に構成されている。

五　作者・成立

当該「長崎旧記」には、序文・奥書き等はなく、作者や成立年等に関する直接的な記事を持っていない。収録されている最下年に関わる記事は、巻第二中の「長崎奉行始並与力同心之事」に歴代の長崎奉行の一覧が記されており、その最後が渡辺出雲守となっている。渡部の長崎奉行の任期は、享保十二年（一七二七）から同十四年である。したがって、当該「長崎旧記」の成立は、これを遡ることはないが、享保十四年以後の何時であるのかは、判明しない。

作者も不明であるが、筆跡は全体を通して一人の手になるもので、流暢な青蓮院流で書かれている。極めて手慣れた筆写振りであるので、あるいは長崎奉行所関係の者の筆写によるものかも知れない。

六　史料的価値

前記「長崎御役所留」の「二　書名」にも書いたように、近世の長崎に関する地誌・旧記類は極めて多数伝来している。全てを網羅することは、甚だ困難なことに類する。まだ一〇〇点程しか目をとおしていないが、当該「長崎旧記」と性格を同じくする類のものは、既に、『長崎夜話草』（『長崎叢書　一』所収）・『長崎港草』（『長崎叢書　一』所収）・『長崎根元記』（『海表叢書

四』所収）・『長崎鏡』（『長崎異響』所収）・『華蛮交市明細記』（『長崎県史　史料編　第四』所収）・『長崎虫眼鏡』（『長崎文献叢書』所収）・『長崎実録大成』（『長崎文献叢書』所収）等が翻刻刊行されている。

これらの中では、「長崎実録大成」が抜群に規模が大きいが、管見では旧長崎市立博物館所蔵の「長崎記」（整理番号　210―90―25）が、比較的良く整理・編纂されている。本書で取り上げた「長崎旧記」は、規模としては決して大きいものではないが、比較的良質の記事を持つもので、近世の長崎や対外関係についての主要な事柄に付いて見たい時に、便利に利用できる一本である。

索　　引

【人　　名】

あ

合津元察　559
合天右京　457
青貝屋次郎兵衛　473
青貝屋平三郎　471
青木遠江守　55, 68, 69, 89
青木若狭　184
明石四郎兵衛　38
赤永五之助　388
赤星主膳　457
秋　但馬守　168, 170, 184, 194, 224
秋月佐渡守　133
秋月長門守　438
秋元但馬守　185, 194
浅野安芸守　438
浅野長吉　523
浅見次左衛門　34
浅見七郎左衛門　577
芦塚仲兵衛　559
芦塚長左衛門　372, 373, 375
芦塚彦兵衛　457
麻生半左衛門　33
阿　播磨守　85, 89
阿　豊後守　65, 99, 102, 107, 108, 120, 125, 132, 133, 135, 138, 139, 150, 152, 153, 158, 162, 163, 165, 166, 170, 174
阿　豊後守忠秋　50
阿　豊後守正武　113, 126
阿部阿波守　162
安部七左衛門　392
安部対馬守　14
安部対馬守重次　12, 14, 554
阿部豊後守　14, 27, 109, 117, 142, 149, 151, 159, 168, 171
阿部豊後守忠秋　12, 14, 17, 27, 50, 550, 551, 554, 566
尼崎屋甚左衛門　372, 375
天野角左衛門　395
天野屋七右衛門　392
天野屋善兵衛　392
荒木久右衛門　33
荒木惣(宗)右衛門　457, 536
荒木伝兵衛　383, 384, 532
荒木彦左衛門　470
荒木平吉　572
新屋源左衛門　33
有家休意　559
有東与兵衛　470
有馬玄番頭　455, 456
有馬左衛門(佐)　133, 436, 438, 456, 535, 556, 560
有馬修理大夫晴信　518, 534, 547, 559
有馬中務大輔　133, 324, 562
有馬肥前守貴純　520
有馬肥前守康純　520
安房守　65
阿波守　145, 162
アンジ　562, 563, 566
安東　524
安藤対馬守　440, 563

い

井伊掃部頭直孝　12
飯田角兵衛　12, 14, 438
飯田清右衛門　22
家原久左エ門　473
井　河内守　192, 194, 224
生谷伊兵衛　395
池田市之右衛門　32
池田又兵衛　33

池辺玄純　469
池辺迪菴　468
生駒壱岐守　583
石尾安房守　545
石川土佐守　546
石川又右衛門　338
石津太右衛門　559
石橋庄助　564
石橋助左衛門　468, 483
伊豆　16, 20, 26, 29, 30
伊豆守　9, 19, 35, 49, 451, 539, 651
和泉　16
泉屋市郎左衛門　487
泉屋久右衛門　469
泉屋清兵衛　470
伊勢忢　470
五十村諸兵衛　34
板　内膳正重矩　60
板倉伊賀守　440, 444, 563, 573
板倉周防守　299
板　内膳正　58, 65, 68, 72～75, 78
伊丹屋仁兵衛　469
市兵衛　457
市正　455
市郎兵衛　559
井手市左衛門　33
出野六兵衛　33
伊東出雲守　134, 346, 578
伊藤見道　469
伊藤小左衛門　97, 57
伊藤五郎兵衛衛　356
糸川八郎左衛門　395
糸屋五郎右衛門　33, 372, 373, 375
糸屋七郎右衛門　34
糸屋隋右衛門　457, 536
稲葉右京亮　133
因幡守　340, 576
稲葉能登守　66
稲葉美濃守　96
稲　美濃守　58, 65, 68～75, 77, 81, 85, 86, 89, 99
稲　美濃守正則　50
乾藤七郎　320, 394, 395
井上河内守　185
井上筑後守　10, 12, 17, 18, 55, 73, 74, 340, 438, 440, 444, 447, 539, 552, 553, 554, 564, 574
稲生七郎右衛門　399, 537, 543, 544, 584
猪股伝兵衛　338
伊兵衛　470
今村伝四郎　397, 452, 543, 546, 585
伊予屋　457
伊予屋善左衛門　572
入江七右衛門　534
岩城伊与守　152
いわしや新左衛門　33
岩瀬徳兵衛　489
岩永元当　156, 468
岩永自仙　468
岩永宗故　468, 469
岩船検受　84
隠元　4, 34, 476

う

宇右衛門　61, 63, 193, 299, 353
上野屋三郎右エ門　472
右衛門　95, 107, 120
右衛門佐　28, 94, 123, 396, 401, 442, 455
上柳彦兵衛　16, 443, 445, 573
牛込　119
牛込忠左衛門　55, 56, 71, 73～75, 78, 80～82, 85～87, 94～96, 98, 99, 150, 193, 383, 384, 399, 435, 436, 441, 458, 465, 519, 527, 528, 531, 534, 544, 546, 568～570, 572, 577, 578, 581～583, 586
雅楽頭　19, 20, 30, 35, 49, 50, 52, 53, 75
内田次郎左衛門　392
内田藤左衛門　33
内田木工允　457
内田与三衛門　62
内野助左衛門　33
宇津宮伝久　469
宇野九郎兵衛　117, 483, 575
馬田市郎兵衛　483
馬田九郎左衛門　34
馬道具屋孫右衛門　417

馬渡甚兵衛　12, 14
浦川七左衛門　318
海野与左衛門　38, 48

え(ゑ)

潁川久兵衛　392
江川雪見　487
潁川藤右衛門　373, 387
潁川藤左衛門　318, 373, 386, 387, 484, 552
江口伊右衛門　577
江口藤右衛門　33
江口利右衛門　487
越前守　189
越中守　165, 396, 405, 443, 542
悦峰　542
江間三右衛門　320, 394
江見次郎右衛門　375, 378
右衛門作　556, 559, 560
ゑんさうき　12

お

王喜官　95, 577
王三官　389
王二官　374, 390
大炊頭　451, 539
大浦長兵衛　468
大岡備前守　546
大　加賀守　99, 108, 110, 121, 124, 125, 132, 133, 135, 138, 139, 142, 150, 152, 153, 158, 174, 194, 224
大　加賀守忠朝　113, 126
大木九郎三郎　319
大木正左衛門　28
大串次郎右衛門　376
大串八兵衛　391
大串平蔵　33
大久保加賀守　19, 30, 50, 51, 55, 57, 65, 103, 104, 142, 159, 185
大久保加兵衛　34
大久保勘九郎　53
大久保相模守　534
大窪太左衛門　34
大久保出羽守　56, 75, 98, 298, 324, 578
大河内善兵衛　8, 9, 397, 443, 545, 542, 544
大沢左兵衛　110, 132, 134, 135, 543, 544, 570
大嶋伊勢守　168～170, 172～174, 545
大嶋雲八　165
大嶋勢州　145
太田勘左衛門　32
太田八右衛門　320, 394, 395
太田備中守　337, 437, 538, 567
大塚権兵衛　28, 39, 47
大塚三郎右衛門　117
大塚三右衛門　483, 575
大友　520
大永十左衛門　454
大野主馬　518, 554
大野道軒　554
大橋与三右衛門　28
大原善兵衛　487
大村因幡守　40, 51, 78, 94, 120, 123, 134, 137, 298, 324, 341, 396, 403, 520, 562, 578
大村丹後守　51, 339, 437, 438, 454, 554, 556
大村民部小輔純忠　435, 520, 535
大村民部入道理専　521
大矢野小左衛門　556
大矢野四郎　557
大藪新右衛門　136
大山庄左衛門　392
岡崎孫左衛門　356
小笠原壱岐守　456
小笠原一庵　397, 443, 543, 573, 581
小笠原右近将監　65
小笠原右近大夫　6, 50, 51, 438, 456, 556, 560
小笠原佐渡守　166, 169, 192
小笠原信濃守　323, 339, 456, 554
小笠原修理大夫　134
小笠原遠江守　133, 324, 561
御菓子屋主水　472
岡田吉郎右衛門　485
緒方長吉　392

緒方仁右衛門 392
岡野 528
岡野孫九郎 56, 78, 81, 82, 85〜87, 89, 95〜97, 99, 163, 439, 441, 465, 544, 566, 568
岡部右京 28
岡部九郎右衛門 356, 357
岡野左馬之允 552
小川又左衛門 323
岡松三郎兵衛 381
御釜屋山城 472
岡村次兵衛 32
岡弥兵衛 33
小川市左衛門 28
小川惣左衛門 48
小川藤左衛門 55, 70〜73, 323
隠岐守 19, 30, 339
荻原近江守 174, 183
荻原江州 171, 172
奥西善左衛門 42
奥之屋源左衛門 318
小倉屋長八郎 392
御黒屋若狭 472
小瀬茂兵衛 38
小田切土佐守 152
小野半之助 106
小原勘左衛門 457
小原次兵衛 457
帯屋作兵衛 32
帯屋利左衛門 470
織部正 19
織部丞 436

か

甲斐庄喜右衛門 14, 16, 18〜20, 25〜31, 35, 40〜42, 47, 48, 341, 398, 444, 453, 544, 574, 585
甲斐守 443, 455, 542
加賀 146
加賀瓜民部少輔 146, 337, 437, 550
加賀守 131, 451, 539
何喜兵衛 392
鎰屋十郎兵衛 469
角左衛門 457
角助 559
学天 457
香具屋信濃 469
蔭山九大夫 95, 577
何三右衛門 488
何三官 389
梶井玄悦 468, 487
椴野五兵衛 457
片山元止 157
勝見諸左衛門 22
金森九郎右衛門 34
金屋半兵衛 470
金田伝兵衛 375
加福吉左衛門 318, 385, 468, 483
加福善兵衛 483
蒲地弥一 572
神尾内記 397, 543
亀岡平右衛門 577
亀屋庄兵衛 16, 443, 573
亀屋佐右衛門 445
亀屋萬吉 473
茅田半左衛門 391
川口源左衛門 107〜111, 113, 115, 119, 121〜125, 131〜133, 135, 138, 139, 142, 143, 147, 149, 174, 445, 479, 480, 540, 544, 568, 570, 572, 575, 579, 580, 582
川口摂津守 150〜152, 543, 545, 569, 580, 581
河　権右 73
河内守 40, 453
河内屋仁左エ門 473
川浪権兵衛 28, 29
河原喜兵衛 34
河　豊後守 124
川間八郎兵衛 489
川村佐兵衛 473
河村茂菴 468
川本九右衛門 33
管　伊左衛門 33
勘定奉行 95
上林 106
神辺玄三 468

き

喜右衛門　401
魏貴　475
魏喜　475
魏九官　475
桔梗屋惣右衛門　392
魏高　475
魏示潜　55, 77, 78
岸部次郎右衛門　173
北嶋新右衛門　34
北島伝兵衛　468, 488
喜多之助　578
吉十郎　321
吉之允　457
杵塚平次兵衛　485
木下右衛門大夫　133
木原内匠　105
喜兵衛　457
木村久左衛門　32
木村平左衛門　457
肝付寿三　469
肝付白左衛門　564
木本太郎右衛門　480
木屋太郎兵衛　392
木屋与右衛門　392
木屋与三右衛門　482
休意　457, 559
久右衛門　559
久蔵　457, 484, 559
久太郎　53, 324, 399, 446
久兵衛　457, 559
京　九郎左衛門　34
京極刑部輔高和　48
清川佐左エ門　472
玉岡　476
清田七兵衛　378, 392
清田安右衛門　467
桐山作兵衛　28, 39
金鐍次兵衛　542
銀屋勘左衛門　471

く

九鬼四郎兵衛　136
日下部丹波守　546
草野玄清　320, 393
薬屋左太夫　319
薬屋庄右衛門　319
薬屋庄左衛門　319
薬屋庄八郎　319
薬屋次郎左衛門　319
薬屋仁兵衛　319
薬屋与左衛門　319, 487
薬屋利右衛門　319
久世大和守　96
具足屋源右衛門　356
具足屋源左衛門　32
具足屋長右衛門　470
公方　30, 138, 142
久保吉右衛門　56, 98
熊四郎右エ門　473
久米伊兵衛　392
久　大和守　58, 65, 68, 70, 71, 73, 74, 81, 85, 86, 89, 99
久　大和守広之　60
倉田次右衛門　392
倉田次左エ門　473
倉村藤兵衛　457
栗生彦右衛門　38
栗崎貞悦　468, 486
栗崎道有　320, 393, 468, 486
久留嶋信濃守　133
黒川与兵衛　14, 16, 18～20, 25～31, 34, 35, 40～42, 47～54, 337, 341, 398, 399, 453, 544, 547, 550, 570, 576, 579
黒田市正　438, 456
黒田甲斐守　133, 438, 455
群三順　320, 393, 468, 486
郡正大夫　38

け

桂昌院　135
源右衛門　457, 557, 559
拳玄節　393

源左衛門　134, 449, 450, 545
玄札　457
玄蕃　457
源兵衛　457
監物　120, 134, 556
ケンレイカホルワル　563

こ

小泉久弥助　54
呉市郎左衛門　484
呉一官　319, 389
好運　547
康熙帝　125, 126
江君開　124～126
黄五官　518, 551, 552
高厳院　135
香坂検受　84
江七官　377, 390, 475
江州　172～174
黄順官　162, 552
黄順娘　552
洪小日　379
許進哥　375
河野権右　63
河野権右衛門　55, 58, 60, 65, 68～71, 73, 350～357, 359, 379, 382, 386, 387, 399, 476, 527, 544, 569, 570, 572, 577, 579, 584, 586
河野祐宅　469
香山三左衛門　457
高力左近　324
高力左近大夫　51
高力摂津守　3, 10, 14, 19, 51, 338, 341, 438, 443, 542, 554
高力主殿頭　68
呉湛竹　123, 124
胡球官　371, 373～375
小　佐渡守　161～163, 165, 166, 170, 174, 194, 224
小柴勘右衛門　555
小嶋茂左衛門　33
小寺角左エ門　472
後藤　105, 224, 449
五島淡路守　298, 377, 438
後藤源左衛門　16
後藤五郎左衛門　378
五嶋佐渡守　133
後藤庄左衛門　62, 438, 467, 482, 521, 561
後藤宗(惣)左衛門　302, 317, 354, 381, 382, 395
後藤宗(惣)太郎　435, 521
五嶋武助　147
後藤縫殿助　443, 445, 573
後藤半左衛門　32
五嶋万吉　562
五嶋大和守　182
五嶋大和守成住　192
小南理兵衛　173
小西小兵衛　469
小西半四郎　469
小林助左衛門　34, 299
小林太郎左衛門　438
小林安左衛門　356
五平次　475
五峰　436
駒木根肥後守　191～195, 223, 224, 545
小松市左衛門　469
薦田勘左衛門　577
小柳太兵衛　34, 302, 317, 354, 360, 382, 383, 395, 467
小柳理左衛門　33
小寄八兵衛　551
五郎左衛門　559
権右衛門　59, 65～67, 353, 356, 358, 407, 408, 410, 411
権現様　443, 536, 563
ゴンサアルホウテシケイラテソウサ　438, 553
近藤　528
近藤吉右衛門　395
近藤権左衛門　8
近藤新兵衛　34
近藤備中守　144, 145, 153, 154, 158, 159, 161～166, 168～170, 171～174, 527, 545, 569, 571
近藤又十郎　488

権八郎　404
厳有院　144, 150, 444

さ

斉家三郎兵衛　320, 391
西郷作左衛門　33
斉藤三郎兵衛　487
蔡二官　475
左衛門　134
左衛門佐　436
坂井蔵之允　555
酒井讃岐守忠勝　12
坂井三左衛門　457
酒　雅楽守忠清　50
酒　雅楽頭　65, 81
榊原飛騨守　397, 440, 451～454, 536～540, 542, 543, 547, 549, 561, 567
相模　146
相良遠江守　134
作右衛門　59, 84, 107, 168, 183, 295, 297, 300, 446
作左衛門　52
作十郎　457, 559
作大夫　169
作兵衛　317, 353, 457
佐久間安芸守　184, 191, 192, 194, 223, 224, 545
佐久間芸州　190
左近大夫　443
佐々木七兵衛　486
佐々木次兵衛　489
笹山甚五右衛門　571
佐竹源之允　35
佐々七兵衛　468
薩摩守　158, 159, 549
佐藤吉右衛門　32
佐渡守　174, 192
讃岐　188
讃岐守　19, 451, 539
三郎左衛門　361, 403, 404
左兵衛　134
鮫屋三郎右エ門　472
鮫屋庄兵衛　487
鮫屋惣兵衛　320
鮫屋太郎左衛門　487
鮫屋八兵衛　320, 487
鮫屋半左衛門　487
鮫屋利兵衛　487
沢田八郎左衛門　35
沢村清助　378
三右衛門　365
三左衛門　457
三平　457, 559
三平茂左衛門　378
三瓶善太夫　320

し

次右衛門　457, 559
塩屋吉兵衛　489
慈岳　476
志木八左衛門　395
次左衛門　40
下見助右衛門　468, 486
七右衛門　457
七左衛門　559
志筑孫右衛門　487, 565
品川仁左衛門　33
信濃守　23, 28, 29, 165, 442, 455, 541
篠崎利左衛門　487
柴田伊勢松　392
柴田次兵衛　32
渋谷七兵衛　472
治兵衛　543
次兵衛　457, 470, 559
嶋田　531
嶋田久太郎　6, 50, 51, 53, 54, 324, 398, 399, 544, 570, 577
島田七左衛門　33
嶋田十兵衛　190, 191
嶋谷市(一)左衛門　485, 556
嶋谷太郎右エ門　473
嶋津　520
嶋津薩摩守　438, 454
島津式部少輔　133
嶋津義久　522
島村甚兵衛　556

清水大右衛門　354, 361, 364, 365, 485
清水屋嘉兵衛　488
下曽根三十郎　544
下田太郎　95
下田弥三右衛門　95, 578
下田弥惣右衛門　577
射場五右衛門　395
十右衛門　8
十左衛門　471
周辰官　319, 355, 390, 475, 518, 551, 552
周清左衛門　489
十兵衛　191
朱楚璞　6, 52
庄右エ門　470
正覚院　80
庄左エ門　470
東海徳右衛門　373
東海徳左衛門　318, 375, 386, 387, 467, 470, 484
庄次郎　470
常陳　564, 565
障泥屋千左衛門　471
庄村太郎兵衛　472
書物屋次右衛門　319, 390
四郎　456, 518, 556, 558～561
四郎右衛門　48
治郎右衛門　457
次郎吉　95
四郎兵衛　59, 61, 99, 106
次郎兵衛　457, 559
白屋七三郎　486
甚右衛門　399, 457, 559
甚吉　457, 559
甚三　61
甚左衛門　435, 457, 555, 559
甚三郎　66, 353, 356, 407, 408, 410, 411
神代四郎兵衛　489
甚兵衛　457, 470

す

彗雲　475
水学　547
スイヒンス　447
末次興善　525
末次七郎兵衛　353, 379
末次不竿　316
末次平左衛門　578
末次平蔵　8, 26, 31, 49, 56, 70, 74, 84, 86, 87, 95, 118, 295, 297, 301, 316, 349～357, 359, 362, 380, 438, 441, 444, 457, 476, 519, 525, 531, 534, 536, 540, 543, 546, 548, 575, 577, 582, 583, 586
末永五郎助　319, 355
杉(之)坊　436, 521
杉村甚右衛門　33
杉本平兵衛　489
杉山儀左衛門　404
杉山新兵衛　375, 378
助右衛門　457, 542, 559
鈴木三郎九郎　72
鈴木次左衛門　22
鈴木修理　105
角倉　106, 457, 536
諏訪下総守　162～166, 545, 569, 572
諏訪総州　163
諏訪兵部　159

せ

清右エ門　470
清左衛門　321, 475
清七　559
清次郎　457
清蔵　470
清兵衛　475
聖母堂　155
セイモンデルホウ　567
瀬尾昌宅　393
赤霞　489
薛市左衛門　484
摂津守　443, 542
雪堂　476
薛八官　390
薛六官　319, 389
千右衛門　457
善右衛門　38, 61, 557
千果　476

仙石丹後守　191
仙石丹州　190
仙石大和守　397, 536, 542, 543
善左衛門　557
善十郎　559
千奕正　154
善兵衛　457

そ

曽安官　377
宗意　557
惣右衛門　52, 559
宗右衛門　457
宗左衛門　353, 457
宗対馬守　134, 298, 300, 359, 379, 438, 562
曽我又左衛門　397, 452, 543, 546, 585
即非　476
袖辺元三　486
曽根川検校　528

た

大右衛門　457
対州　379
大蔵　559
台徳院　439, 444, 536, 563, 574
大名　168
大猷院　19, 30, 50, 107, 108, 458, 574
平吉左衛門　484
太右衛門　456, 457, 559
高石屋惣次郎　392
高尾甚八　489
高尾次右衛門　320, 394
高木伊勢守　136, 152
高木勘右衛門　521, 577
高木勘左衛門　435
高木作右衛門　56, 118, 122, 148, 163, 164, 181, 316, 317, 359, 363, 438, 444, 446, 458, 460, 467, 481, 526, 527, 531, 546, 571
高木作左衛門　295, 521
高木作大夫　145, 168, 169
高木作兵衛　302, 354, 381, 382, 395, 544
高木十郎左衛門　166
高木清右衛門　164, 467, 482, 561
高木善右衛門　62, 356
高木彦右衛門　62, 63, 74, 98, 99, 119, 145, 165, 170, 183, 300, 317, 356, 376, 381, 382, 395, 438, 460, 467, 482
高木彦右衛門　521, 525, 561, 569, 571
高木彦八郎　467
高木了賀　521
高口太郎右衛門　472
高砂長吉郎　564
高嶋四郎兵衛　62, 63, 98, 99, 119, 186, 317, 356, 381, 382, 395, 438, 467, 481, 521, 525, 561
高島屋宗左衛門　483
高島了悦　435, 521
高中甚兵衛　472
高橋源七郎　394, 395
高橋源兵衛　561
高橋玄利　468, 486
高橋三左衛門　320
高橋次右衛門　395
高林与四右衛門　473
高山右近　535
卓順官　95, 577
田口助七郎　392, 483
卓野玄嘉　468
武井清兵衛　320, 394, 395
竹内五兵衛　470
竹内左衛門　470
竹内専右衛門　47
竹内宗恩　469
竹内徳左衛門　375
竹内徳兵衛　320
竹内兵助　485
竹嶋七郎右衛門　575
竹田徳左衛門　394, 395
竹中采女正　397, 453, 535, 543, 582
竹中与右衛門　42
竹原忠大夫　457
但馬　74, 81
但馬守　95
立花左近将監　298, 339, 438, 554

立花飛騨守　133, 455, 456, 559, 562
橘屋又三郎　436, 521
立石太兵衛　319, 385
立神惣四郎　357
田中市郎兵衛　392
田中庄右衛門　34, 319, 376
田中庄兵衛　391
田中甚兵衛　376
田中助左衛門　316
田中清吉　488
田中善左衛門　487
田中六郎兵衛　378
田辺屋甚左衛門　392
種田平次兵衛　320, 394, 395
田原次右衛門　28
田原武左衛門　472
太兵衛　353, 457, 559
田村新兵衛　318
丹後守　94, 149, 150, 151, 299, 302, 396, 401, 457
丹州　191

ち

筑前守　26, 28, 123
千々石釆女　534
千葉久宅　457
チヤクスクルウンヘイケ　439, 563
茶屋　105
茶屋四郎次郎　16, 443, 445, 457, 536, 573
茶屋甚兵衛　32, 56, 85
茶や長園　573
仲庵　535, 536, 551
忠左衛門　77, 79, 84, 98, 449, 465, 587
中山王　144
中納言　136, 137
忠兵衛　456
澄一　475
長右衛門　559
長左大夫　438
長介(助)　457, 559
長福院　578
ちよりむ　137
陳九官　390, 475
陳献可　157
陳甲　371, 374
陳申　375
陳新官　371, 374, 375
陳瑞　371, 374, 375
陳入徳　390

つ

通事　378
塚原権兵衛　321
拓植平右衛門　397, 540, 541, 544, 550, 567, 568
辻市左衛門　33
対馬守　9
対馬屋七郎兵衛　359, 379
津田三左衛門　33
土　相模守　138, 139, 150, 152, 153, 158, 162, 163, 165, 166, 170, 174, 194
土　但馬守　58, 65, 68, 70～75, 78, 81, 85, 86, 89, 99
土　但馬守数直　60
土屋相模守　142, 159, 170, 185
土屋善蔵　486
土屋但馬守　96
坪田甚右エ門　473, 487
坪田藤右衛門　575
妻木彦右衛門　48, 49, 398, 544
鶴田形右衛門　485
鶴田五郎左衛門　561
鶴田治郎左衛門　394, 395
鶴屋嘉兵衛　469
鶴屋治左衛門　469
鶴屋治郎左衛門　320
鶴屋利兵衛　32

て

鉄炮屋兵助　43
寺沢志摩守　22, 396, 435, 522, 523, 534, 535, 540, 543
寺沢兵庫頭　339, 438, 455, 456, 554, 555, 559, 582, 583
寺田善左衛門　392
テリウサトワルトテコスタアホフレイ

438

と

とあるて　8
土井大炊守利勝　12, 440, 563
土井周防守　182, 223
東菴(庵)　525, 533
東岸　476
藤右衛門　71, 72
東潤　476
藤堂佐渡守　522
唐木屋庄右衛門　487
唐木屋忠兵衛　469
トウルトデコスタアホフレイ　553
遠江守　69
戸川彦助　320, 395
外川彦助　394
徳永源左衛門　319
徳永長左衛門　487
徳兵衛　457
土佐守　173
戸田伊賀守　72, 544
戸田左衛門　456, 555
戸田民部小輔勝陣　523
戸田山城守　114, 142, 159
主殿頭　87, 138, 145, 162, 396, 405, 542
富岡弥五右エ門　472
富田長兵衛　395
冨永市郎兵衛　318, 385
友永対馬　435, 521
友永弥兵衛　534
戸　山城守　99, 102, 107, 108, 121, 124, 125, 132, 133, 135, 138, 139, 147, 150, 152, 153, 158, 162, 163, 165, 166, 174
戸　山城守忠昌　113, 126
戸山忠右衛門　457
東京久蔵　319, 355, 388

な

内膳　74
内藤儀大夫　338
永井勘兵衛　518, 554, 555
永井讃岐守　183～185, 187, 191, 545
永井讃州　190
永井次兵衛　457
長江喜兵衛　383, 384
長尾庄右衛門　54
中尾長三郎　376
長川伊左衛門　487
中川吉左衛門　166
中川久兵衛　378
中川佐渡守　133
中川内膳正　576
中川飛州忠英　489
長崎小太郎　435, 520
長崎左馬助　520
長崎甚左衛門　435, 520
長崎屋源右衛門　472
長崎屋五郎兵衛　472
中島作右エ門　471
中嶋清右衛門　385
中嶋清左衛門　319
中西八左衛門　95, 381
中根仁左衛門　575
長野与次兵衛　356
中原伝左衛門　487
永見甲州　171
中村市左衛門　483
中村五郎兵衛　32, 173
中村弥三右衛門　320
中村弥左衛門　485
中村与左衛門　375
中山伊兵衛　375
中山作左衛門　319, 385
中山宗札　457
中山太郎兵衛　32
中山利左衛門　320
中山六左衛門　468, 483
鍋嶋和泉守　339
鍋嶋加賀守　271
鍋嶋官左衛門　442
鍋嶋監物　42
鍋嶋信濃守　4, 12, 14, 19, 23, 25, 26, 28～30, 339, 438, 442, 454～456, 535, 541, 554～556, 559, 560
鍋嶋志摩　4, 20, 22, 23

鍋嶋中務 29
鍋嶋縫殿 42, 48
鍋嶋縫殿助 42
鍋嶋隼人 48
鍋嶋飛騨守 435, 522, 523, 543
鍋嶋山城守 339
鍋嶋六左衛門 29
名村権八郎 483
名村八右衛門 468
名村八左衛門 319, 338, 385, 564
楢林新右衛門 319, 385, 468
楢林新五兵衛 483
楢林弥三郎 483
奈良屋治左衛門 470
奈良屋長兵衛 469
成田十左衛門 561
奈留利右衛門 377

に

西岡吉右衛門 32
西川宇平次 33
西川吉左衛門 487
西吉兵衛 338, 551
西松遑 469
西助二(次)郎 483, 571
西村七兵衛 467, 484
西村孫右衛門 32
西脇久左衛門 319, 372
仁兵衛 40
丹羽 528
丹羽遠州 145
丹羽五左衛門 154
丹羽遠江守 174, 158, 159, 162〜164, 165, 168〜173, 183, 545, 569, 571, 572

ぬ

塗師屋宇平次 470
塗師屋勘右エ門 471
布屋十兵衛 470

の

野口長左衛門 356
野田玄(元)菴 468, 527
野田太郎右衛門 470
能登守 66
野々山新兵衛 337
野々山丹後守 6, 52
野村勘右衛門 38

は

橋辺伊右衛門 379
長谷川権六(郎) 397, 452, 537, 543, 565, 581, 585
長谷川左兵衛 397, 535, 543
長谷川羽右衛門 543
羽田武兵衛 457
服部六右衛門 485
服部六左衛門 119, 146, 484, 487
馬場玄蕃 457
馬場三郎左衛門 8〜10, 12, 17, 18, 22, 299, 338, 341, 361, 397, 398, 435, 437, 438, 440, 443, 444, 452〜454, 536〜544, 549〜553, 555, 561, 567, 568, 574, 582
馬場三郎左衛門 583, 585
馬場弥三左衛門 34
濱武次左衛門 470
濱武次兵衛 488
浜田小左衛門 548, 549
浜田新蔵 454, 548, 549, 556
浜田弥兵衛 548, 549
林佐渡守 169
林田嘉左衛門 34
林田久左衛門 34
林藤五郎 165
林土佐守 168〜174, 545
早田伝左エ門 472
早水主馬 488
播磨 188
播摩屋清兵衛 470
半右衛門 457
奕正 157
半之允 456
伴与一兵衛 394, 395
伴与市兵衛 320
ハンレイカホロワカ 439

ひ

挽島利右エ門　472
疋田庄右衛門　472, 488
疋田甚右衛門　399
疋田甚兵衛　32
疋田太右衛門　392
樋口惣右衛門　576
費計庵　153, 154, 157
彦右衛門　48, 49, 59, 61, 99, 106, 165, 170, 300
彦山僧正　55, 80
久田七左衛門　457
久松忠次郎　194
久松備後守　546
久目伊兵衛　472
菱屋九兵衛　469
肥前守　138, 149, 165
備前守　130
日高市郎兵衛　485
日高勘右衛門　461
日高十左衛門　488
飛驒守　556
秀嶋藤左衛門　564
秀吉　435, 520, 522～524
日根野織部正　19, 40, 51, 338, 554
日比五郎左衛門　173
兵庫守　455, 558
平野屋甚太郎　392

ふ

深堀茂宅　520
深水金左衛門　395
深見元泰　182, 194
福井三安　469
福嶋休是　319
福島屋弥三兵衛　469, 472
福田伝兵衛　32
福田伝之進　186
藤江九郎兵衛　561
伏見屋　457, 536
富士屋武左衛門　319
仏具屋長右エ門　471
仏具屋長松　471
仏具屋八右エ門　471
仏具屋利兵衛　473
船本弥平次　457, 536
豊後　16, 20, 26, 29, 30, 146
豊後守　9, 19, 35, 49, 50, 52, 53, 75, 114, 119, 120, 130, 171, 172, 451, 539

へ

兵左衛門　457
兵助　321
平蔵　59, 61, 95～97, 295, 297, 300～302, 320, 323, 324, 352, 355, 380, 381, 396, 405, 406, 441, 540, 577, 578
別所播磨守　183～185, 187, 191, 192, 194, 223, 545

ほ

北條安房守　6, 51, 55, 65
彭城久兵衛　467, 484
彭城仁左衛門　157, 318, 373, 386, 387, 467, 484
北條房州　106
細川　457
細川越中守　70, 133, 165, 298, 324, 404, 442, 443, 454～456, 542, 549, 555, 561
細川肥後守　339, 438, 553
堀田加賀守正盛　12
堀玄作　393
堀弥五兵衛　357
本阿弥　105
本庄茂兵衛　320
本多上野介　440, 444, 564, 583
本多弾正少弼　183
本多伯耆守　223
本　伯耆守　194, 224
本間市郎兵衛　438

ま

枚戸半兵衛　356
前田安芸守　152
槇田宗兵衛　473
牧野備前守　133

マケスカメリヤアンマイラ　564
孫九郎　84, 95, 465
馬込ノ市左衛門　472
麻城劉　154
益田四郎　555, 556
又次郎　193
町田久三郎　472
町田宗賀　435, 521
松尾長左衛門　32
松尾勘右衛門　395
松尾将監　534
松倉　559
松倉長門守　8, 455, 557, 558
松嶋半兵衛　559
松平伊豆守　14, 27, 183
松平伊豆守信綱　12, 14, 17, 27, 440, 456, 539, 540, 550, 551, 554〜556, 561, 564, 566
松平和泉守　137
松平和泉守乗寿　17
松平市正　133, 323, 455
松平右衛門佐　4, 5, 12, 14, 19, 23, 26, 28, 30, 34〜40, 42, 47, 50, 51, 56, 68, 94, 96, 120, 123, 133, 137, 149, 150, 296, 289, 298, 299, 302, 324, 402, 404, 441, 455, 456, 541, 551, 559, 578
松平大隅守　17, 133, 298, 301, 325
松平隠岐守　6, 19, 40, 50, 51, 339, 438, 554
松平河内守　339, 438
松平左近将監　51
松平薩摩守　158, 159, 549, 561
松平讃岐守　581
松平信濃守　4, 164, 168, 561
松平将監　576
松平甚三　61
松平甚三郎　58, 65, 68, 351〜353, 356, 399, 452, 544, 570, 579, 584, 586
松平新太郎　438
松平大膳大夫　561, 581
松平丹後守　4, 34, 40, 42, 50, 51, 56, 94, 133, 138, 149, 150, 298, 299, 302, 324, 341, 437, 442, 456
松平筑前守　4, 22, 23, 120, 339, 438, 553, 554
松平対馬守　133
松平出羽守　578
松平主殿頭　55, 56, 68, 86, 96, 98, 133, 138, 142, 145, 162, 223, 298, 324, 325, 404, 442, 443, 542, 562, 577
松平長門守　455, 456
松平肥後守　168
松平肥前守　150, 164, 442, 541, 561
松平美作守　339, 438, 554
松田九郎左衛門　470
松田九郎兵衛　488
松田五郎兵衛　470
松田次郎左衛門　470
松　日向守　121, 124, 125
松　日向守信之　126
松浦壱岐守　78, 439, 535, 562, 563, 565
松浦七郎左衛門　488
松浦肥前守　26, 96, 133, 137, 138, 142, 164, 298, 301, 324, 358, 378, 438, 440, 454, 542, 564, 578
松浦平八　470
丸田武兵衛　42
丸田喜左エ門　473
丸谷太郎右衛門　32
万年長十郎　581

み

三浦藤蔵　486
三柄谷金元　368
三柄谷宗元　487
三梶善太夫　394, 395
三嶋屋善兵衛　445
三嶋屋祐徳　16, 443, 573
水沢久右衛門　393
水沢済休　469
水野河内守　397, 453, 535, 543, 549, 581
水野小左エ門　473, 488
水野日向守　455, 456
水野美作守　438
溝江伝右衛門　320
溝口吉兵衛　471

溝口伝右衛門　394, 395
道助　321
水上六左衛門　53
美濃　74, 81
美濃守　49, 50, 52, 53, 75, 95
宮城越前守　151, 153, 154, 527, 545, 568, 569, 571, 581
宮城監物　57, 99, 102, 103, 105, 107～110, 113, 115, 118～123, 126, 131～134, 138, 139, 479, 544, 568, 570, 582
宮城主殿　142, 143, 147～151, 174, 540, 545, 580, 581
三宅次郎右衛門　457
三宅周防守　546
三宅藤兵衛　558
宮崎吉兵衛　33

む

向井玄成　468, 487
牟田口元好　468
牟田口元誓　468
村上才庵　393
村上七右衛門　22
村田新兵衛　488
村山善兵衛　319, 391
村山東庵　524, 531

め

名元亮　157

も

毛利甲斐守　438
毛利吉左衛門　39, 47
毛利駿河守　134
毛利長門守　438
木菴　476
杢左衛門　557
本岡甚大夫　473
本木庄太夫　318, 385, 468, 483
本木太郎右衛門　468, 483
本木良意　571
森口屋長左衛門　392
森庄左衛門　33
森助右衛門　565
森助次郎　488
森田権左衛門　484
森田長助　319, 355, 388
守田与三右衛門　488
森永長左衛門　377
森路弥二兵衛　354, 362, 364, 365, 485
森安長右衛門　356

や

薬師寺宇右衛門　62, 63, 302, 317, 354, 356, 359, 360, 382, 383, 395, 467
薬師寺久左衛門　33, 193, 454, 556
薬師寺久三郎　482
薬師寺伝兵衛　355
薬師寺又三郎　182, 192, 193
安井宗印　457
保田若狭守　6, 51, 55, 65, 68, 69
弥富九郎右衛門　95
柳井長右衛門　33
柳屋次左衛門　318, 373, 375, 467, 484
柳屋治左衛門　386, 387
柳屋庄兵衛　32
柳屋宗兵衛　470
山岡十兵衛　138, 139, 142, 143, 146, 147, 149, 544, 545, 580, 582
山岡対馬守　150～152, 545, 568, 569, 581
山尾四兵衛　457
山形屋吉兵衛　319, 376, 390
山口次郎左衛門　33
山口駿河守　534
山崎甲斐守　443, 542
山崎権八郎　10, 12, 22, 340, 341, 397, 398, 437, 438, 544, 551, 553, 554
山城　146
山城守　122, 143, 147
山田右衛門作　456, 518, 555, 556
山田権左衛門　534
山田三四郎　473
山田藤兵衛　556
山田又兵衛　457
山田利兵衛　32
大和　74, 81

大和守　75, 95, 98
山村次郎左衛門　469
山村清左衛門　393
弥留九郎右衛門　578
ヤンマツイケリ　91
ヤンヨウス　439, 562～564, 566

ゆ

友佐　321
俞八官　389

よ

揚一官　390, 475, 518
陽惣右衛門　318, 373, 386, 387, 467, 484
葉二官　390
揚六官　551, 552
横瀬太郎右衛門　572
横山半兵衛　378, 395
横山又次郎　483
横山与三右衛門　468, 480, 483
吉川儀右衛門　571
吉川儀部右衛門　467, 483
吉蔵　559
吉田市郎大夫　36
吉田玄示　468, 486
吉田玄哲　320, 393
吉田自菴　468
吉田治右衛門　376
吉田自休　468
吉田惣兵衛　32
吉田宗兵衛　488
吉田貞菴　487
吉田六左衛門　472
吉永安太夫　320, 394, 395
吉野藤兵衛　95
吉野屋庄兵衛　470
吉見市右衛門　470
吉村勝左衛門　379
吉村庄左衛門　359
吉村甚左エ門　473, 485
与惣右衛門　61
呼上三右衛門　42
与兵衛　38～40, 48, 49, 53, 399, 401, 446, 470
頼朝　520
萬屋市兵衛　469

り

理右エ門　470
陸市兵衛　484
陸一官　319, 373, 389
理左衛門　576
理専　435
李八官　390
利瑪　153, 155～157
劉　157
劉王函　155
龍造寺隆信　520
劉二官　390
梁爾寿　124～126
了順　535, 536
了伯　535, 356
梁品寿　125
林一官　319, 373, 375, 389, 475
林喜左衛門　489
林太郎右衛門　28
林七兵衛　319, 391
林七郎兵衛　488
林甚吉　318, 373, 386, 387
林道栄　157, 318, 373, 387, 467, 484
林仁兵衛　467, 484
林茂左衛門　484
林安兵衛　392
林有官　551
林与五右衛門　485

ろ

六左衛門　559
六永十左衛門　556

わ

若狭守　69
若杉喜右衛門　468, 488
若杉喜三太　572
和久屋井兵衛　469
渡辺出雲守　546

渡辺大隅守　89
渡辺玄智　320, 393, 468, 486
渡辺伝左衛門　457

【事　　項】

あ

相対商売　537, 564, 570, 575
相対売買　110, 114
間金　116, 132, 484, 485, 518, 570～572
間銀　116, 210～213, 572, 587
青貝板　478
青貝堆朱道具　57
青壺　399, 400
赤尾木　436
赤壺　399
明かこ　481
秋船　200, 213, 217, 444, 447
悪銭　101
悪船　540
麻　63, 255
麻のかやかさり　481
足軽　402, 442
預手形　447
愛宕山　323
穴釣　535, 552, 576
油　63, 82, 255, 478
天草御代官　55, 71, 298
天草代官所　70
厦門　124～126, 473, 577
あらかん国　346
荒物　256, 306, 452, 480, 482, 571, 585
荒物口銭　452
合薬　23, 25, 149
安海　473
安禅寺　163, 323
安南　475
あんぽん　345
案文　151

い

家持　317
硫黄　399

鋳方鋳鍋　399
軍奉行　456, 559
異国　254～256, 302, 317, 342, 406, 408, 449, 450, 457, 458, 473, 519, 536, 538
異国住宅日本人　389, 407, 449
異国商売　115, 145, 161, 197, 445
異国書簡　143, 447
異国人　4, 51, 77, 106, 109, 115, 116, 131, 136, 161, 296, 384～386, 388, 407, 410, 436, 446, 519, 536, 538
異国船　3, 4, 9, 11, 14, 15, 31, 56, 133, 136, 158, 159, 200, 201, 217, 218, 256, 298, 408, 450, 451, 538～540, 565, 568
異国船荷物ノ書立　451
異国通事　319, 349, 355, 380, 388
医師　768
石玉　5, 35
石のをとめ　478
石場運上　533
石火矢　3～5, 8, 10～13, 19～24, 26～28, 30, 34～45, 47, 48, 50, 55, 72, 73, 144, 150, 151, 193, 254, 372, 401, 402, 437, 438, 442, 454, 541, 550, 553, 556, 560, 561, 567
石火矢合　400
石火矢玉薬　46, 541
石火矢台　23, 25, 27, 30, 35, 151, 302, 396, 402, 541, 542
石火矢玉　372, 400
石火矢張　321
石火矢薬　5, 47, 255, 372, 447
石火矢薬箱　23, 25
医者　393
いすはんや　338
伊勢奉行　167
壱歩判　160
一揆　51, 454, 576
一向寺　322
糸　256, 317, 445, 583, 586
糸宿老　117
糸端物目利　461
糸丸高　117
糸役人　575
糸割符　3, 109, 110, 113～117, 134, 445, 519, 537, 570, 575
稲佐之蔵　73, 304
井上流　43
今博多町天神　5
いら林口　403
入満　7, 101, 374, 377, 407, 448, 449, 551
音物　108, 110, 118, 119, 129, 130, 134, 135, 143, 179, 181, 182, 186, 189, 382, 447
印篭　478

う

伺書　97
浮金　56, 84, 85, 107
浮銀　568, 569, 575
浮荷物　408, 448
請状　373, 377
請取手形　29, 47
請人　373, 374, 377
牛皮　460, 473
牛皮増銀　107
牛革目利　473
討死　455, 456
内外船手町　486
内外町　314, 315, 323, 485, 486, 571
内外町両年行事　298, 383
内町　4, 32, 295, 310, 315～318, 320, 321, 323, 405, 435, 452, 453, 517, 521, 524, 537, 543, 569, 581, 584, 585, 587
内町乙名　484
内町散仕　320
内町町使　320, 582
内町年行事　298, 353, 404, 467, 483
内町船手　488
うちわ　478, 479
靭　53, 399
器　479
馬廻頭　541
浦網運上　533
裏書　349
浦触　144, 146, 147, 303
売高　253, 256～262, 303, 306, 310～314, 318, 460, 484

売立帳　255
売物　571
漆　63, 255, 470, 472, 473
漆目利　470
雲光寺　322
温州　474
運上　202, 533, 586
運上銀　173, 174
雲南省　332
雲竜寺　322
雲龍丸　582

え（ゑ）

絵　478, 479
永居勝　474
永昌寺　322
絵入源氏　478
絵御簾　478
えけれす　540, 564, 567
ゑけれす人　82, 83, 439, 518, 562, 563, 566
ゑけれす船　56, 81～83, 94, 97, 121, 123, 438, 566
絵図　478, 479
穢多　472
江戸御細工方　47
江戸町年寄　461
江戸町奉行　102
江戸割符銀　488
煙焇（蔵）　28, 144, 149, 547
煙焇目利　319
遠島　105
延命寺　7, 52, 323

お

黄檗山　476
往来手形　517, 542
大石火矢台　22
大頭　454, 457
大組　541
大坂御蔵　71, 441, 444, 575
大坂（御）城　12, 28, 518, 554
大坂阿蘭陀宿　471
大坂金奉行　32
大坂御陣　525
大坂裁判　464
大坂城代　300
大坂定番　14
大坂銅問屋　171
大坂町奉行　167, 172
大坂割符宿老会所　546
大銭　181, 185, 188
大通事　318, 461
大筒　3, 4, 5, 12, 13, 20, 23～28, 30, 34, 35, 37, 38, 42～45, 144, 150, 442
大筒合　400
大波戸　193, 410, 527, 532
大波戸船役人　486
大判　160, 313
大吹屋　172
大村籠　340
大目付　102, 106, 114, 139, 144, 145, 151, 159, 160, 166, 168, 171, 180
大割　116, 575
御買上糸　84
御買物（帳）　349, 352, 383～385, 387
置銀　213
置銭　213
掟書　144, 181
掟定書　54, 109
沖廻り番　215
御極銀　356, 357
奥書　349, 352, 356, 360
奥南蛮　79
奥福寺　476
奥船　474
御蔵　447
御蔵番　85, 107, 485
御蔵役人　485
桶船　450
御定高　130, 206, 210, 216, 221
押売　385
押絵　104
御城米　324, 449
御関所銀　454
御停止之品　480

御停止物 477, 479
御停止物之帳 481
追而書 168, 170, 192
乙名 4, 32, 70, 253, 254, 256, 299, 304, 305, 315, 318, 360, 361, 363, 372, 373, 375, 376, 411, 436, 437, 441, 458, 483, 571, 572, 575～577, 584
乙名部屋 477
乙名屋敷 441
御納戸方 115, 117
帯挟 478
御船蔵 349, 396, 404, 582, 583
御船船頭 183, 365
御舟之者 316, 317, 349, 354, 396, 404
御触書 175, 177, 182
御物 257～262, 349, 351, 390, 391, 458, 537
御物鮫目利 461
御物端物目利 461
御物目利 437
御物薬種目利 470
御薬園 95, 476
御役所 109, 144, 181
阿蘭陀塩焇幷武具入蔵賃 488
阿(和)蘭陀(おらんた) 10, 12, 26, 41, 79, 82, 83, 91, 109, 111, 116, 118, 120, 220, 299, 303, 304, 307, 320, 321, 342, 343, 378, 391, 445, 459, 460, 467, 468, 471, 472, 480, 485, 486, 517, 548, 553, 566, 568, 572, 575, 578, 586
阿(和)蘭陀間金 114
阿蘭陀大通事(詞) 318, 468
阿蘭陀海賊 579
阿蘭陀刀 479
おらんたかひたん 90, 136
阿蘭陀着物洗 471
阿蘭陀口 318, 319, 412, 572
阿蘭陀稽古通詞 483
阿蘭陀外科 308
おらんた口銭 48, 49, 318, 320, 321, 572
阿蘭陀小通詞 468, 483
おらんたこんぱにや 89
阿(和)蘭陀商船 439, 563
阿(和)蘭陀商売 56
阿(和)蘭陀(おらんた)人 3, 5, 8, 11, 17, 41, 52, 55, 86, 108, 109, 111, 119, 132, 138, 186, 192, 212, 213, 219, 304～309, 317, 318, 343, 344, 346～348, 367, 385, 392, 410～412, 439, 440, 442, 444, 446, 447, 454, 478, 517～519, 539, 540, 548, 549, 552, 561～565, 567, 569～572, 574, 578～580
阿(和)蘭陀人献上物 57
阿蘭陀人通詞 483
おらんたせねらる 89
阿(和)蘭陀船 11, 15～17, 78, 83, 139, 182, 192, 196～199, 211, 219, 296, 303～306, 310, 343, 348, 411, 412, 436, 439, 440, 447, 460, 561, 563, 565, 566, 569, 582
阿(和)蘭陀船番船 518
阿蘭陀台所手伝 471
阿(和)蘭陀通詞 105, 136, 297, 316, 384, 385, 413, 461, 565, 571, 586
阿蘭陀通事方 586
阿蘭陀造ノ舟 478
阿(和)蘭陀内通詞 489, 518, 571, 572
阿蘭陀荷漕船 472
阿蘭陀荷役帳 367
をらんた箔 478
阿蘭陀八朔 134
和蘭陀風説 17
阿蘭陀武具 304
おらんた曲物 64
阿蘭陀水汲日用 471
阿蘭陀土産 483
阿蘭陀土産白糸 483
阿蘭陀文字 384
阿蘭陀薬種 470
阿蘭陀宿 308
阿蘭陀料理人 471
阿蘭陀礼 481, 482
阿蘭陀礼銀 468, 472, 483
阿蘭陀脇荷支配 468
織物 64, 255, 478, 479
織木綿 63, 255
音信 447

か

かあぽてふわすふらんす国　344
改易　443
かいき　109
会所　118, 458〜460
会所家守給銀　461
廻状　551
海上銀　9
会所増銀　106, 107
買物　257〜263, 310〜314
買物口銭　571
買物使　309
加賀絹　479
鏡　471
掛(懸)り物　211〜213, 518, 571, 572, 586
掛(懸)り物役　519, 572
書出　445, 517, 522, 523
書付　10, 14, 18, 20, 23, 41, 42, 60, 61, 64, 67, 68, 92, 102, 105, 118, 126, 139, 145, 151, 160, 161, 170, 171, 174, 178, 182〜184, 186, 187, 194, 362, 367, 375, 445
額　478
水主　84, 85, 114, 137, 142, 144, 183, 339, 354, 361, 364, 365, 402, 404, 405, 409, 442, 449, 485, 540, 541, 553, 578, 582
籠ノ道具　478, 479
重食篭　478
かさる人　83
火事　323
鍛冶　454
菓子盆　478
菓子屋　470
ケ所　314〜316, 517
過怠銀　519
帷子　481
片より糸　444
徒　190
走同心　80
徒目付組頭　166
夥長　371, 374, 375
楽器　478, 479
かつふり　478, 479
金焼物　57
河南省　327
金入　478
か子ノ物　477, 478
か子ノ物盆　479
金場　471, 572
金場吟味役　519, 572
金場筆者　471
かひたん　3, 10, 12, 79, 211, 219, 220, 439, 440, 563〜565, 567, 579
壁書　91
竃　314, 317
紙　479
貨物配分　435
貨物目利　587
唐銅石火矢　35
唐絵掛物　104, 479
唐絵掛物　57
唐絵軸ノ物押絵　480
唐絵軸物　104
唐掛物　480
唐刀　372
唐金　400
唐金石火矢　5, 24, 27〜29, 42〜44, 400, 401, 404
唐かね香炉　104
唐銅香炉　479
唐銅香炉花入　480
唐かね花入　104
唐かねはんどう　104
唐かね筆荷　104
唐かね水入　104
唐かね水指　104
唐銅焼物　480
唐かね焼物　104
唐革　471, 473
唐革目利　461, 473
柄鮫　118
唐墨　255, 477
唐津御城米　324
唐長刀　372
唐蒔絵板　478
かりうた　437, 535, 539

かりよふた　451
かりようた船　82, 338, 340
かり(れ)うた船　9, 337, 438
家老　187, 396, 454, 553, 556
革目利　480, 481
革目利役料　473
革屋　460
鑑札　458
勘定御徒目付組頭　145
勘定頭　70, 114, 119, 362
勘定方　106
勘定吟味　145
勘定所　99
勘定奉行　73, 87, 98, 166, 179
勘定役　166
広東(省)　331, 473, 474, 519, 552, 580, 581
神主　52
看板(かんはん)　412, 459
翫物　57, 64, 108, 109, 477, 479, 480
簡平儀　97
柬埔寨　335, 474, 475
寰有詮　123, 124
元来　316

き

黄糸　306, 444, 445, 467, 575
幾何原本　96
紀州熊野須江浦　136
貴州省　334
起請文　438
起請文前書　380～394
畸人　96
きせる　479
木戸番　541
絹　63
帰帆　253～256, 298, 306, 367, 372, 374, 375
器物　57, 480
伽羅箱　478
伽羅皮　64, 255, 256, 297, 390, 391, 477
伽羅見　380
伽羅目利　319, 390, 461
給人　524
九辺　334
京阿蘭陀宿　472
况義　97
行司　447
京都所司代　300
京都町銭座　185
京都町奉行　166
京升　400
教要解略　96
玉薬　12, 22, 23, 28, 37, 120, 137, 254, 304, 454, 525, 553, 556, 559, 561, 567, 579
清水寺　20, 323
切革屋　473
切支丹(吉利支丹)　3, 5, 6, 9, 10, 15, 39～41, 51, 55, 89, 100, 122, 137, 337, 340, 359, 360, 369, 373, 379, 387, 392, 400, 521, 523, 534～536, 542, 550～552, 555～558, 566
切支丹油絵　400
切支丹改　71
切支丹一揆　556
吉利支丹(切支丹)寺　534, 535
切支丹宗旨　450, 538
きりしたん宗門　8, 11, 31, 49, 52, 55～58, 65, 66, 69, 79, 81, 101, 110, 114, 123, 133, 158, 296, 298, 337, 359, 361～368, 372, 374, 376, 377, 381, 382, 384, 386, 388～390, 392, 393, 407, 408, 445, 448, 449, 547, 549, 551, 552, 565, 575, 576
切支丹宗門書物御制禁目録　95
切支丹訴人　538
切支丹奉行　79, 307, 447
吉利支丹目明　518, 552
切米　84, 481
麒麟丸　583
きれ　478
きれ箱　478
金(子)　254, 262, 314
銀(子)　254, 262, 295～297, 301, 302, 309, 337, 353, 356, 357, 407, 454, 470, 472, 479
金入ひろうと　478

金入みしや　478
金銀　519
金銀織物　104
金銀箔　145, 162
金銀吹直　144, 145, 157, 160, 176
金銀紋紗　104
金銀両替　145, 170
金座　101, 158
銀座　101, 158, 171, 173, 481, 483, 584
金札　17, 18
銀座年寄　173
金糸　63, 109, 255, 477, 479, 480
金紗　102
金子　586
銀子相場　175
禁制　7, 447
禁制之品々　114
金道具　254, 261～263
銀道具　213, 214, 254, 257～263, 310～313, 479
銀場　412
金見　471
銀屋町乙名日行事屋敷　316
金襴　478
禁裏附　167
金両替値段　116

く

公家　179
句股義　97
くさり玉　35
櫛　478, 479
公事訴訟　161
公事日　181, 187, 188
薬目利　319, 480, 481
薬屋　58, 59, 351, 459, 470
薬屋中間　59
口書　378
口薬入　23, 25, 54
口薬壺　399
武具預り　486
公方　17, 19, 30, 60, 70, 113, 132, 192
組(与)頭　6, 70, 83, 186, 190, 253, 254, 256, 302, 362, 363, 372, 375, 436, 575
組番　304, 360
蔵銀　572
蔵口銭　116, 117
蔵本　378, 458
蔵本役人　480
蔵本屋敷　561
蔵屋敷　316
くりわた　63, 255, 479
くるうんらんと国　342
黒糸　443
黒壺　399
黒船　435, 437, 443, 517, 523, 524, 534, 535, 547, 552～554, 573
軍器　374
軍船　438, 553
郡内絹　479

け

警固　437, 452, 536, 553, 556
警固所　403
警固船　120
稽古通詞　480
傾城町　435
下糸　117, 445, 575
けいらん　348
毛織　64, 108, 255, 256
外科　307, 320, 393, 486
外科稽古　380, 392
外科道具　478
外降之図　478
下女　316
下代　380, 381
下知状　4, 30, 50, 56, 94
闕所　4, 8, 20, 96, 148, 162, 349, 356, 382, 552
闕所金　107
闕所銀　48, 49, 74, 123, 137, 144, 145, 148, 163, 164, 302, 320, 340, 353, 486, 556
血判　438
下人　316
げねい国　344
下役　446, 570

外料書　479
けん　478
けん入屏　477
現応寺　323
検使　83, 87, 120, 123, 125, 254, 296, 298, 301, 303～305, 307, 308, 404, 437, 446, 453, 458, 537, 553, 563, 564, 566, 568, 569, 585
硯屏　104
倹約　64, 65, 145, 168
圏容較義　97

こ

光雲寺　322
公儀　67, 84
公儀御買物　386, 389
公儀御調物　297, 298
公儀御金　172
公儀御法度　378
公儀御用　454
公験　195, 204, 215～219, 221, 222
高札　7, 57, 69, 99～101, 406, 446, 447
高札場　477
口上書　518, 555, 556
口上之覚　83, 136, 139
江西省　329
広西省　332
口銭(銀)　116, 210, 211, 213, 253, 256～262, 303, 306, 310, 313, 314, 317～321, 452, 453, 483, 518, 519, 537, 571, 572, 584～586
晧台寺　297, 322, 532
交趾国　85
香壺　478
広南　335, 436, 458, 474, 475, 536, 547
広南船頭　111, 143
香箱　477, 478, 479
興福寺　322, 469, 475
弘文院　56
光明朱　459
高野聖　409, 446
交友論　96
合力金　56
合力銀　49, 80, 353
合力米　350
公料　522, 523, 543
高林寺　322
香炉　477, 478
公義御買物(帳)　300, 352
五ヶ所　15, 115～117, 444, 445, 451, 461, 472, 539, 573
五ケ所いと割符　110, 134, 443
五ヶ所会所　316
五ヶ所貨物目利　469
五ヶ所貨物利銀　572
五ヶ所商人　444
五ヶ所惣代　15, 539
五ヶ所仲ヶ間　574
五ヶ所之商人　583, 588
五ヶ所札宿老　458, 460
五ケ所割符　16
小頭　378, 572
古金　224
古金銀　158, 160, 177
黒印　56, 94
小薬屋仲間　470
小組頭　299
獄門　437
小倉御城米　324
湖広省　329
御黒書院　169
御朱印地　191
御所附　167
御書物奉行　300
こしんから　478
悟真寺　447, 471
こすとかるもんでいる国　346
小瀬戸　540
小瀬戸御番所　517, 540
古銭　101
小袖縫箔　109
小鷹丸　583
御停止物　115, 255, 372
小通事　318, 319
小通詞　461
小使　321

御納戸頭　300
五人組　6, 7, 57, 67, 69, 169, 175, 362, 363, 364, 448
琥珀　57, 104, 478～480
小判　160, 224, 260～263, 313, 374, 570
御番所　5, 28, 41, 53, 179, 402
小吹屋　172
呉服師　16, 445
呉服所　115, 117, 443, 445, 446, 573, 574
小奉書　179
御褒美銀　349, 353
小間物　63, 255, 412
米　82
小者　455
小物成　533
御紋　479
小宿　130, 131, 453, 584, 585
小宿口銭　453
御用糸　459
御用意物　459, 460
御用意物代　459
御用金　212
御用蔵　572
御用長持　170, 352
御用船　145, 162, 519, 542
御用木　355
御用米　324
御用米蔵　163
御用物　209, 351, 381, 459
古来(糸)割符　115, 117
御料　183, 189
ころひ　6, 11, 20, 316, 360, 361
転切支丹　536
転帳　535
小割　116, 117
渾蓋通憲行記　97
コンパニア　220, 385
こんふら　309, 471
コンフラトフル　548, 549

さ

サイ角盆　479
菜銀　533
細工方　115
斉家　322
西国大名　201
罪人　131
裁判　462
財副　154, 157, 371, 374, 375, 481
祭礼　103
さいろん　347
棹鉛　72, 73
盃　479
魚　82
酒屋　60～63, 325
作事奉行　166
桜馬場　520
桜町高札　298
桜町札場　99
酒　60～63, 77, 82, 255, 479
酒運上　182, 189
さじ(散使・散仕)　295, 299, 316, 366, 468, 480, 486, 582
定　9, 75, 76, 101, 407, 410, 446, 448, 449, 523
雑用銀　484, 485
沙埋　473
砂糖　126, 163
裁売　470
裁売頭　470
侍　402, 442, 455
鮫　256, 306, 391, 472, 473
鮫見　380
鮫目利　320, 391, 461, 472
紗綾　320
さらあた国　347
皿鉢　478, 479
猿楽　103
三ケ一　453, 459, 460, 487, 585
三ヶ一銀　531
参勤　179, 189
珊瑚　57
珊瑚朱　64, 104, 255, 306, 477, 479, 480
三山論学記　96
山西省　327
山東省　327, 474

参府　86
三宝寺　322

し

字　478
塩竹の子　481
鹿皮　126, 256, 460, 471, 488
四角盆　478
色紙　478
軸筆　478
地下鮫商人　473
地下商人　209
地下配分(金)　212, 222
地下役人　188, 210, 213
地下割符礼　482
死罪　131, 448～451, 458, 522, 525, 538, 550, 554, 577
獅子王丸　583
寺社方宗門改　360
寺社奉行　6, 52, 84, 152, 178, 179
寺社領　191
私商売　222
自身番　447
沈銀　4, 17, 20
沈荷物　408, 448
沈船　4, 5, 26, 27, 29, 35
四川省　330,
七克　96
地頭　136, 160, 175, 183, 198, 449, 522
忍銀　116
支配　461
支配人　459
市法　110, 115, 116, 118～120, 130, 465, 568, 570～572, 575
市法商売　458, 459, 572, 582
島原一揆　337, 440, 518, 543, 555, 556
島原御城米　324
島原温泉　535
島原城　68
しめ売　55, 58, 59, 71, 101
下年行事　298, 321, 468
紗　571
咬嵧吧(しやかたら)　17, 89, 219, 220, 336, 344, 436, 454, 474, 475, 517, 539, 540, 562, 564, 578
邪教　92, 157
借銀　349
借家　317
社家　76
麝香　351, 472
邪宗　153, 154, 157
邪宗門　3, 56, 69, 87, 120, 133, 137, 152, 153, 436, 440, 453, 517, 519, 534～536, 549, 551, 552, 576
邪宗門改　535, 537
邪宗門頭人　534
邪書　110, 123, 144, 152, 154
社人　316
邪法　92, 98, 120, 144, 152, 223, 522, 524, 536, 542
邪法徒　93
暹羅　4, 17, 18, 219, 336, 348, 474, 475, 536
しやむろ口　319
しやむろ通事　355, 388, 484, 486
瓜哇　474, 475
朱印　7, 52, 56, 85, 204, 219, 300, 314, 321, 322, 439, 440, 457, 517, 522, 523, 536, 562～564, 566, 567
十慰　96
囚獄　365, 366, 394
十善寺御薬園　140, 436, 582
住宅唐人　349, 373, 389, 3690, 475
宗門　87, 88, 97, 98, 102, 153, 158, 159, 298, 367, 379, 407, 408, 448, 450, 522, 549, 552, 557, 558
宗門改　40, 359, 360, 361, 539
宗門証文　191
宗門奉行　55
宗門役　187
宿老会所　546
守護　447
朱座　459
珠数　478
繻珍　104, 478
出家　409, 446, 535

出船　255, 256, 304, 305, 309, 370, 373, 377, 378, 387, 388, 409, 412, 481, 539, 540, 569
出帆　447
しゆろ綱　23, 25
巡見　564
春徳寺　4, 26, 156, 322, 349, 353, 520, 522, 535
状　140
浄庵寺　322
常行司(事)　5, 59, 61, 63, 64, 67, 68, 70, 105, 115, 460, 482, 542, 569, 584, 586
滌罪正記　97
上使　337, 437, 438, 444, 517, 522, 534, 538, 539, 550, 554, 567, 574
漳州　474, 475
漳州口　318
漳州寺　322, 476
條々　31, 75, 100, 407, 408, 448, 449
小商人　465
猩々皮　64, 108, 255, 477, 479, 480, 571
商税　217
常是包　444
乗船ノ書　479
浄土寺　322
上納銀　323
滌平儀記　97
聖無勧寺　323
條目　19, 447, 450, 517, 522, 523, 538
証文　31, 146, 151, 367, 349
庄屋　69, 409, 448, 559
上薬　29
生類　63, 161, 181, 189, 255, 479, 480
生類あはれみ　151, 175, 179
焼篭　479
書簡紙　478, 481
燭台　477～479
属託(銀)　9, 298
植物　63, 479, 480
職方外記　96
食篭　477～479
諸国商人　115, 209, 210, 467
書札　450
諸色目利　26, 208, 218, 458
所司代　307
書籍見　353, 390
書物　67, 124, 376, 386, 388, 390
書物改役人　153
書物御制禁目録　56
書物惣目録　154
書物見　380
書物目利　319, 390
書物屋　367, 376
白糸　15, 16, 26, 117, 443～445, 451, 469, 470, 482, 483
白糸割符　444
白魚運上　533
白砂糖　444, 470, 472, 473
白縮緬　444
代物替　213
白綸子　444
新金　145, 160, 224
新金銀　157, 158, 160, 177
新金吹直　182, 224
新蔵番　341
進貢船　158, 159
真言寺　322, 323
神職　318
新銭　101
深崇寺　532
新地蔵　145
信物　211
神領　76

す

スアヒ頭　471
水牛角　471
水車運上　533
水精之珠数　57, 104, 479, 480
回船　408
水中船　583
水道運上　533
杉森神輿　181, 184
錫　400, 470, 473
硯　478, 479, 481
硯石　478

硯箱 478
硯屏 479
ずへいて国 343
すまあたら国 345
墨 481
諏訪(明神)祭礼 181, 184, 295, 296
諏訪社 6, 52, 488
諏訪社神主 184, 318
諏訪明神 520

せ

正雲寺 20
西学凡 96
聖記百言 96
青光寺 323
制札 3, 4, 9, 41, 57, 406, 447
制札本書 31
誓詞 154, 309, 380
せいろう船 403
せいろん 345
赤雀丸 582
関所 217, 517, 542
石盤 478, 479
浙江省 328
銭相場 175, 176
せねらる 56, 220
せり売 412
せり買 254, 305, 412, 583
船工 374
狭西省 328
泉州 473〜476, 489, 577
泉州口 489
扇子 478, 479, 481
船中改め 15, 384, 538
禅寺 322
船頭 105, 124, 125, 152, 154, 254, 256, 354, 369, 372〜377, 387, 402, 404, 409, 449, 453, 521, 582, 584
禅林寺 322

そ

惣鹿子 102
そう官 374
象牙 471
曹洞 322
雑兵 442
崇福寺 322, 436, 469, 476
贈物 189
添状 350
曽夥長 375
訴状 89
訴訟日 181, 187, 188
外町 4, 57, 95, 105, 295, 315〜318, 321, 323, 382, 405, 441, 452, 482, 483, 517, 520, 528, 531, 534, 543, 569, 581, 584, 585, 587
外町乙名 318, 484
外町散仕 320
外町地子銀 56, 95, 98, 517, 534
外町年行司 31, 35, 52, 298, 467, 483
外町日行事 315
外町船手 488
外町町使 316, 320, 582
訴人 448

た

大音寺 297, 322
大火 163
代官 136, 160, 169, 175, 176, 183, 189, 190, 409, 438, 448, 449, 517, 523, 524, 540, 557, 581
代官所 6, 9, 55, 56, 68, 86, 87, 323
代疑篇 96
大工 454
太鼓 478, 479
大将 456
苔縄 454
躰性寺 323
大商人 465
泰西水法 96
台湾(船) 126, 200, 474, 580
たうらん 399
高砂 17, 518, 536, 548, 549, 553, 564
高札 209, 210
卓 478
竹火矢 400

舵工　372, 375
立かへり者　101
楯板　454
立山　522
立山(奉行)屋敷　55, 73, 140, 477, 535, 546
棚　478
種子島　436, 520, 521
たはこ　54, 60, 61
たはこ地子　533
たひい　478
玉子のから　478
玉抜　23, 25
玉袋　54, 399
たるなあた　345
たんから　64, 255, 477
たんす　478
端物　118, 120, 256, 306, 445, 452, 470, 481, 482, 571, 582, 584, 586
端物口銭　452
端物目利　461, 480, 481

ち

地子　441, 523, 524
地子銀　57, 316, 318, 440, 441, 525, 533, 534
茶　477
茶入　104, 479, 480
着船　409
着津　389
茶出し　478, 479
茶壺　481
茶屋地子　533
ちやるめいら　478, 479
茶碗　57
茶碗薬　472
茶碗薬商人　472
茶碗薬目利　461, 472
占城　335
中山王　158, 159
中商人　465
中薬　29
中老　541
丁銀　213, 214, 254, 257～262, 310～313, 373, 374, 570, 584
長照寺　322
朝鮮　337, 519, 577, 579
朝鮮口通事　300
朝鮮国　324, 325, 341, 356, 378
朝鮮人　122, 300, 301, 349, 358, 367, 378, 379
朝鮮船　358, 378, 447
苧網　404
縮緬　118
ちんた酒　308, 411

つ

堆朱青貝　104
堆朱青貝卓　479, 480
堆朱青貝たんす　479
堆朱香箱　104, 480
堆朱盃　480
堆朱食籠　104, 480
堆朱硯箱文庫　104, 479, 480
堆朱硯屏　480
堆朱簞笥　104, 480
追放　105, 184, 185
通詞　119, 122, 123, 125, 130, 136, 143, 153, 186, 201～204, 208, 219～221, 471, 480, 551, 552, 564～566, 572
通事　17, 18, 51, 63, 68, 253, 254, 256, 257, 300, 303～308, 318, 338, 368, 375, 379, 386～388, 392, 412, 479, 537, 552, 565, 580
通詞銀　484
通事筆者　471
通事目付　518, 571
遣捨　25～263, 310～314
使番　457
築地蔵　173
次(継)飛脚　71, 119, 296, 298, 378
付町　32, 205～208, 211, 214, 217, 221, 222, 253, 254, 256, 371, 372, 375, 376, 452, 453, 460, 4480, 483～485, 488, 519, 537, 585
付町乙名　480

付町ノ与力 480
付町前銀 489
作物へつかう 478
辻番 309
辻番所 569
土ふりのるかす 49
土焼 478
筒掛 25
筒ぬくい 23
角類 478
壺 104, 479〜481
積戻し 152
紬 63, 255, 479
詰船 517, 518, 542
剣 479

て

帝京景物略 152〜154, 156, 157
でいどまるか国 342
ていもうる 345
手負 455, 456
手形 35, 37, 41, 53, 254, 256, 298, 301, 349, 363〜367, 371〜373, 376〜379, 481
手形裏書 349, 351, 353〜358
手かね 400
出島 138, 163, 186, 303〜309, 349, 378, 392, 409〜412, 437, 440, 441, 446, 447, 470, 517, 532, 537, 538, 540, 556, 564, 567, 568, 570, 571, 576
出島間金 485
出島家持 303〜305, 309, 380, 391
出島医師 469
出島乙名 105, 106, 297, 304, 305, 367, 378, 380, 391, 392, 413, 461, 467, 483, 484, 518, 568, 571, 572
出島乙名通事 572
出島乙名屋敷 441
出島かね座 309
出島金場 471, 572
出島勘板 305, 411
出島草切 471
出島組頭 378
出島蔵 26
出島口銭 483〜486, 489
出島口銭銀 116, 518
出島御用物蔵 568
出島自身番 304
出島常大組頭 483
出島碇銀 488
出島地子銀 568
出島町人 306
出島番 26
出島ほうい木 355
出島町 303
出島門定番 309
出島門番 380, 518, 569, 582
出島家賃 441, 567
出島家主 471
手代 446
鉄碇 404
鉄御石火矢 43
鉄玉 5, 22, 23, 25, 35, 400〜402
鉄石火矢 24, 44, 401, 404
鉄炮 4, 11, 19, 22, 23, 30, 50, 53, 55, 137, 144, 145, 151, 152, 167, 169, 175, 182, 190〜193, 436, 438, 521, 547, 548, 556, 559, 560, 567
鉄炮改かた 190
鉄炮改証文 191
鉄炮大頭 299, 541
鉄炮頭 402, 541
鉄炮玉 73, 400
鉄炮之合薬 72, 73
鉄炮はり 43, 321
鉄炮袋 54, 399
手拭 478, 479
手箱 479
てふた 481
出戻 256
寺請状 67
天学初函 96
天主実義 96, 153, 155
天主実義続篇 96
天主教 93, 368〜371, 406, 450
天主教之書物 92, 93
天主堂 153, 156, 157

転書物之奥書　536
天台寺　322, 323
天台宗正光院　26
天文略　96
伝間船　403

と

どいちらんと国　342
銅　55, 63, 67, 145, 171～173, 213, 221, 255, 483
唐大通詞　484
唐大通詞　467
唐和蘭陀商売　109, 113
唐和蘭陀人八朔礼　110, 120
唐和蘭陀両通事　380
銅買銀　172
道具　63
唐景教碑附　96
唐口銭　481～485, 487, 488
銅口銭　483, 484
唐国　91, 93
唐国商船　92
唐国商人　56
唐小通詞　484
銅座　171～173
銅座役人　171
唐三ヶ寺　469
同宿　7, 102, 374, 377, 407, 448, 551
銅代物替　214
唐人　7, 8, 15, 17, 18, 32, 52, 77, 78, 92, 109～111, 116, 118～120, 123～125, 129～131, 138, 140, 144, 147, 152～154, 159, 181, 186, 205, 208, 209, 214～217, 222, 223, 254, 317, 319,～321, 351, 367～370, 372～374, 376, 377, 387～391, 444, 451～453, 458, 459, 470, 478, 479, 486, 521, 537, 550～552, 574, 577, 578, 580, 586
同心　8, 31, 56, 80, 81, 132, 164, 202～209, 214, 221, 253, 254, 256, 295, 296, 300, 301, 303～308, 350, 383, 385, 387, 404, 447, 518, 543, 546, 555, 570, 582
唐人改　386, 388
唐人塩硝入蔵賃　488
唐人寄進物　213
唐人行司　475
唐人商売口銭　452
唐人舩　519
唐人通事　52, 318, 586
唐人年行事　319, 351, 372, 380, 388, 389
唐人番　569, 582
唐人番人　480
唐人元直段　211
唐人屋敷　148, 163, 173, 186, 476, 534
唐人屋敷乙名　186
唐人屋敷組頭　186
唐人屋敷門番人　144, 148, 582
唐人屋敷地子　517, 534
唐人宿　205, 211, 214
唐人礼銀　321, 481, 482
唐船　9, 10, 15～17, 41, 55, 79, 82, 92, 110, 111, 118, 124, 125, 132, 138, 139, 144, 146, 158, 211～213, 219～221, 253, 255～257, 337, 340, 367～372, 374～377, 387, 389, 404, 406, 437, 444, 445, 447, 450～454, 458～460, 465, 470, 484, 485, 488, 517, 519, 536, 537, 539, 547～552, 564, 574, 575, 579～582, 587
唐船改　254
唐船請人　481
唐船阿蘭陀商売　445
唐船口銭銀　317～320
唐船商売　11, 194
唐船(人)船頭　351, 370
唐船頭　118, 134
唐船頭銀　488
唐船荷役　92, 368, 388, 480, 537
唐船持渡御停止物　57
唐船宿　221, 376, 452
唐船宿町乙名　351
唐僧　4, 34
唐通事(詞)　105, 116, 119, 157, 297, 316, 319, 351, 369, 373, 376, 380, 386, 387, 478, 480, 577, 579
唐通事子供　387
唐年行事　480, 484
銅問屋　172

頭人　439, 521, 524
東寧　125, 126, 261, 335, 370～375, 377, 474
盗買　131
唐木　64, 255, 477, 479, 480
唐物　206, 256
唐物目利　319
同文算指　97
銅屋　67
とうらん　53
灯籠　478
遠見　139, 140, 204
遠見番(役)　105, 144, 146～148, 201～203, 215, 480, 485, 540, 541
遠見番所　95, 406, 540, 552
遠見番触頭　147, 485
毒薬　70, 101, 448
年行司(事)　123, 254, 295, 297～300, 318, 320, 321, 341, 352, 355, 356, 375, 376, 380, 383, 384, 486, 572
年寄　571
年寄方　588
とたん　471, 473
徳利　478
調物　392
とひ札　305
飛船　540
戸町御蔵　36, 38, 47
戸町口　403
戸町御番所　5, 401, 442, 541, 543
富岡御城　72
とら　477, 478
鳥之羽屋敷　316
とるけいん国　344
東京　335, 348, 474, 475, 536
東京口　319
東京通事　355, 388, 484
東京舟　583
段子　104, 478

な

内通事　480, 489, 571, 572
内通事口銭　572
内通事ノ組頭　480
中借銀　357
長崎御買物　87
長崎御代官　519
長崎御船　170, 181, 183
長崎御船奉行　170
長崎回録　519, 526, 531, 546, 576
長崎警固　51, 396
長崎御番所　5, 22, 23, 34, 40
長崎御番所蔵　25, 26
長崎御用船　443
長崎地下配分　211
長崎支配人　461
長崎番船　68
長崎奉行　14, 51, 56, 70, 79, 80, 87, 94, 95, 98, 110, 118, 132, 133, 145, 146, 158, 165, 166, 191, 223, 307, 338, 367, 368, 396, 403, 437, 438, 454, 518, 523, 543, 551, 553～555, 561, 565
長崎奉行所　18, 201, 299, 540
長崎奉行屋鋪　518
長崎放火山　517, 540
長崎札宿老　465
長崎唐荷物蔵　174
中継　478
長門　581
長盆　478
中町　323
夏秋船　205
夏船　200, 213, 217, 447
名主　57, 83, 169, 175, 176, 215
鉛　23, 25, 26, 49, 400, 472
鉛玉　22, 25, 41, 72, 400～402
奈良奉行　167
南京　326, 473～475, 489
南京口　318, 489
南京寺　322, 474
南京船　123, 152, 153, 157, 158
南蛮　436, 438, 571, 518, 534, 536, 550
南蛮悪党　369
南蛮和尚　368, 371, 374
南蛮口　136, 412
南蛮国　97, 525

南蛮使者 553
南蛮人 8, 11, 15, 31, 79, 120～123, 337, 338, 340, 341, 367～370, 389, 391, 392, 408, 436, 437, 440, 443, 449, 451, 454, 517, 519, 522, 534～538, 547, 549, 550～553, 566, 567
南蛮船 4～6, 19, 30, 40, 50～52, 55, 65, 92, 110, 120, 122, 123, 158, 159, 338, 404, 435～437, 517, 518, 520, 521, 537, 543, 547, 549, 550, 552, 553, 561, 573, 579, 583
南蛮通詞 565
南蛮之出家 551
南蛮伴天連 369, 550, 551
南蛮廟 368, 371, 374
南蛮ほるとかる 94
南蛮文字 52, 372, 384
南蛮耶蘇天主教 91, 92

に

荷改 205, 206, 214, 216, 447, 453
肉 82
西御役所 356, 357
錦織 104
西御番所 442
西泊御蔵(塩焇蔵) 5, 29, 36～38, 144
西泊御番所 73, 144, 150, 400, 442, 517, 554
西泊御番所塩焇蔵 148, 149
西泊戸町石火矢大筒 396
西泊戸町石火矢玉薬 400
西泊戸町御番所 4, 5, 20, 22, 23, 42, 144, 149, 150, 297, 299, 302, 441, 540, 550, 553
西泊戸町両御番所 442
西泊番頭 5
西奉行所 302
西奉行屋敷 477, 525, 535
西屋敷 145, 163, 164, 520, 522, 531, 546
二朱判 145, 160, 224
二十五言 96
にせ金銀 101, 160, 407, 449
似銭 101
にせ薬種 55, 58, 59, 71, 100, 101, 448
荷漕船上乗 480
荷漕船改 480
日用頭 471, 480
日蓮宗 55, 67
日光御門主 110, 135
荷積 309, 388, 481, 585
丹土 64, 255, 477
日本絵図 479
日本人 31
日本船 31
日本船ノ絵 479
日本船ノ小形 479
日本年行事 351
荷物売帳 481
荷物差出帳 481
荷物積帳 481
荷物和ヶ書物 481
荷役 56, 296, 309, 447, 458, 481, 537, 585, 587
荷役改 537
荷役改所 441
荷役帳 481
荷役場 441, 568
入札 71, 116, 163, 209, 210, 212, 356, 357, 411, 458～460, 467, 587, 588
入札帳 587
入津 253～256, 299, 303～305, 309, 338, 367, 370～375, 377, 386～388, 411, 412, 436, 438, 447, 452, 537, 540
人形 477, 478
人参 206, 577
人足 70
人別帳 481
人別帳和ヶ 481
寧波 474

ぬ

抜荷買 187
ぬけ荷 203, 216
布ノ類 479
ぬり木 399
塗物 477
直入帳 458
直組 209, 216, 444

根来寺 436
根矢 399
練物 478
練物ノ玉 478

の

能仁寺 323
除物 460
野田峰火山 485
のび金 196, 197, 198
のふるういき国 342
野母崎 540
野母遠見番 517, 540
野母遠見番所 123
野母ノ番所 579
野母深堀遠見番所 566

は

拝借銀 174
拝借米 314
灰吹銀 254, 373, 374
羽織かつは 64
はか 109
袴 481
秤 407
白銀 35, 52, 407, 584, 586
破船 158, 159, 301
はたあに 435, 436, 519, 578
大泥 335, 474, 475, 536
鉢 57
八王子成就院 152
八朔(礼) 117〜119, 134, 299, 481
八朔歳暮礼 486
八朔礼(銀) 460, 482
はつていら 305
法度書 254
伴天連 4, 7, 8, 11, 15, 20, 31, 101, 340, 360, 361, 372, 374, 377, 406〜408, 440, 447〜450, 475, 522, 524, 525, 534, 535, 538, 542, 549〜551, 557, 563〜565
伴天連ノ宗旨 451
波戸場 173, 253, 295, 299, 305, 321, 399, 402, 446
花 478
花入 477〜479
花入水指はんとう 479
花銀 571
花壺 478
鼻目かね 255
ばはん 55, 78, 79, 368, 374, 377
浜町下屋敷 546
浜町屋敷 546
早船 3, 9, 402, 403, 442, 443, 541, 542, 582
原ノ城 454
針 478, 479
はるしあ国 347
春船 114, 200, 201, 205, 208, 210, 213, 215, 444, 447, 583
犯科人 131
番具足 399
番所 120, 123, 299, 307, 411, 441, 540, 541, 553, 569
半鐘 477, 479
番船 15, 56, 82, 83, 94, 106, 120, 123, 192, 253, 256, 299, 303〜306, 321, 377, 396, 404, 437, 451, 537, 538, 542, 553, 566, 579, 583, 587
萬丹 474
番頭 6, 297, 378, 442, 541
番人 540
萬物真原 97
番屋 442

ひ

火あふり 8, 361
ひいとろ 255, 477
ひいとろ酒入 479
ひいとろ道具 477, 478
ひいとろ水呑 479
ひいとろ焼物 479
火入 477〜479
東奉行所 302
東屋敷 456
引船 83, 438, 452
飛脚 295, 454, 556, 558, 561

日行事　309, 480
比丘尼　360
火消道具　568
彦山派　80
筆者　468, 471, 480, 485, 537
筆者役　187, 304, 307～309, 316, 320
火縄　53, 72, 73, 399
日野絹　479
火のし　478, 479
日比口　403
百人番所　307
評定所　58, 59, 67
漂船　447
兵船　437, 553
漂着(船)　17, 121, 123, 136, 147, 158, 159, 256, 300, 301, 349, 358, 367, 377～379, 435, 436, 452, 481, 518, 519, 537, 547, 549, 565, 578～581
表度説　96
漂流　3, 137, 144, 519, 581
ひよんかつ　64, 255, 477

ふ

風説　577
深江浦　435, 520
吹金　262
吹銀　257～262
吹玉　478
吹屋　171
吹矢筒　478
奉行　6, 4, 8, 9, 20, 28, 31, 32, 34, 71, 74, 86, 94, 100～102, 110, 113, 116, 118, 121, 130, 215, 131, 134, 143, 145, 161, 164～166, 170, 171, 176, 183, 202, 204, 208～210, 213, 219, 295, 296, 300, 306, 235, 352, 359, 406, 407, 409, 435～445, 447～450, 452～454, 458, 460, 465, 479, 481, 489, 523, 525, 527, 531, 534～537, 540～543, 546, 547, 549～552, 566～577, 579～582, 584～586
奉行下屋敷　73, 527, 531
奉行所　31, 77, 162, 186, 188, 193, 201, 204, 205, 207, 209, 213, 215, 218～221, 223, 254, 256, 297, 301, 302, 305～309, 360～366, 371, 380～383, 385, 387～395, 408, 412, 438, 441, 450, 458, 561, 569, 582
奉行人　14, 56, 67, 86, 95, 120, 210, 307, 308, 338, 352, 396, 411
奉行東屋敷　582
奉行屋敷　74, 123, 153, 154, 301, 396, 399, 404, 477, 546, 581
武具　7, 120, 181, 183, 324, 235, 341, 356, 406, 447, 553, 567, 577, 579
武具預り役　145
服忌　135, 159
服忌令　109～111, 126, 139, 140, 144, 145
福済寺　322, 469, 476, 532
福州　126, 158, 159, 473～476, 489, 548
福州口　318
福州寺　322, 476
福州船　124, 125
副舵　375
伏見奉行　300
普請方　321, 468, 486
不寝番　305, 309
普請奉行　166
普陀山　377, 474, 519, 581
札宿老　117, 458, 459, 461
札場　31, 71, 305, 569
札披場　477
仏具屋　321
福建省　331, 474, 475
筆　104, 478
筆ノ軸　479
武道具　53, 254, 338, 373, 374, 399, 411, 479
船筏　438
船津地子　533
船手　488, 571
船手町　321
船手役　314, 321
船道具　583
船主　215, 216, 221, 371, 374, 409, 449, 450
船橋　340
船番　105, 215, 253, 304, 480, 485, 486,

519, 569, 570, 582
船番触頭 485
船宿 452, 453, 459, 584
船宿町乙名 458
舟改 253, 517, 536
船わりの法 199
ふミ(踏)絵 40, 120, 123, 153, 154, 254, 359, 360, 400
冬船 114, 262, 263, 301, 519, 587
ぶらぜる国 344
ふらんかれき国 343
振船 452, 537
触 144, 145, 176
分国 445
文ちん 477
分銅 407, 449

へ

へいぐう国 346
兵書 376, 390
北京 326, 474
臍麝香 351
鼈甲 471
べつかう盆 479
別紙 105, 108, 114, 118〜121, 123, 130, 131, 133, 142, 147〜149, 153, 159, 162, 163, 171〜173, 184, 194, 223, 363
へとる 307
弁学遺牘 96
弁柄糸 117, 468〜472
べんがら国 346
弁柄島 109
へんから人 83

ほ

放火(烽火) 540
放火場 396, 406
放火番人 95
奉公人 31, 169
法事 103
奉書 3, 14, 26, 29, 50, 60, 65, 68, 70, 73, 96, 102, 107, 108, 110, 111, 113, 120, 123, 125, 132, 133, 138, 295, 439, 440, 443, 549, 551, 554, 563, 565, 573, 575
法泉寺 322
疱瘡 4
褒美銀 467, 556, 576
棒火矢 372, 404
ほうる国 342
ほうろく火矢 400
墨跡 104, 479, 480
鉾 137, 372
歩行(者) 103, 253, 2354, 256, 295, 300, 301, 303〜308, 350, 404, 564, 569, 570
細引 454
細物 477
細物道具 477, 478
ほだし 400
ほたひし 478
法華寺 322
北絹 109
仏 104, 477, 478
ほるとかる 81, 94, 337, 338, 340, 438
ぼるねお 345
盆 104, 478, 479
本蓮寺 297, 322, 522, 535

ま

前書 380
前借銀 356
阿媽港(天川) 92, 121〜123, 337, 436, 450, 454, 519, 535, 536, 547, 550〜552, 579
天川船 9, 11
まかさハる 346
薪 82
巻物 26, 118, 120, 256, 317
馬込御(船)蔵 73, 302, 353
馬込御船 403
馬込御船頭 361, 362
馬込御船蔵 403
馬込御船道具蔵 403
馬込口 403
増銀 117, 118, 458〜467, 472, 482, 488
増札 588
真字札 367

升之焼印 400
まだかすくる 344
町乙名 459
町中拝借銀 323
町使 105, 253, 254, 256, 295, 299〜309, 366, 394, 411, 442, 447, 454, 468, 480, 519, 535, 537, 561, 569, 576, 581, 582
町年寄 5, 8, 17, 26, 31, 35, 52, 58, 59, 61, 63, 64, 67, 68, 70, 105〜107, 115, 117, 130, 148, 163, 164, 168, 171, 172, 187, 188, 193, 254, 295, 297〜300, 302, 305, 309, 316, 317, 323〜325, 359, 362, 363, 367, 380, 381, 404, 437, 438, 447, 458, 460, 465, 521, 537, 542, 543, 547, 550, 561, 569, 575, 584, 586
町年寄年行事 452
町奉行 64, 106, 114, 136, 166, 179, 180, 181, 191, 300, 307
町役人 215
町宿 537
町割 521
真壺 478
まらか国 346
まるはある国 347
丸山町寄合町乙名 181, 186
麻六甲 474
政所 359〜361, 447

み

水汲 309
水差 477
水指はんとう 480
水次水蓮 477
水引 162
道筋 263

む

武者絵 254, 373, 374, 411, 479
鳶 454
むすかうべや国 342
むりやう 118

め

目明 475, 551
目明し唐人 4, 20, 26, 319, 354, 390, 551, 552
明量法義 97
目かね 255, 478
目利 208, 297, 351, 458
目利役 458
召上糸 467
召上糸代 460
召上白糸代 459
目付 103, 152, 175, 180, 190, 555, 581
瑪瑙 57, 104, 479, 480
目安裏書 357
綿 63, 478

も

申渡書 168, 169
毛氈 255, 477, 479, 480
茂木口 403
目録 12, 22, 26, 41, 43〜45, 47, 54, 109, 144, 181, 303, 314, 370, 465, 481
物あらい 308
物頭 179, 553, 556, 559
物成 533
もは国 348
木綿 471
木綿手巾 481
木綿ノ織物 479
木綿ノ類 479
木綿ふとん 481
森崎権現 520
文珠寺 323
門跡 179
門前之者 316
門番 411
門番小使 309

や

八重山島 17
焼物 477, 478
焼物皿 104

焼物皿鉢 480
焼物茶碗 104
焼物鉢 104
野牛草切 309
薬園屋敷 578
薬込 23, 25
役者 256, 373, 387
薬種 54, 58, 59, 63, 64, 71, 200, 209, 255, 256, 445, 459, 468, 470, 476～480, 571, 586
薬すくい 23, 25
薬入図 23, 25
役料 461, 467, 571
やけん舟 583
八子喧嘩人形 479
耶蘇邪徒 450
耶蘇(宗門) 54, 55, 57, 68, 79, 155, 156, 206, 406, 450, 517, 522, 534, 535
家賃銀 440, 518
弥撒祭義 96
宿口銭 453, 585, 586
宿賃 318
宿主 207, 208, 211, 214, 217, 222, 254, 256, 300, 301, 375, 585
宿町 32, 205～208, 211, 214, 217, 221, 222, 253～256, 371, 372, 375, 376, 452, 453, 460, 480, 481, 519, 537, 584, 585, 587
宿町乙名組頭 480
宿町乙名 458, 459, 587
宿町与頭 480
矢文 559～561
山伏 80, 316, 317, 409, 446
山伏頭 80
鑓 53
鑓かんな 479

ゆ

遊女 315
弓 53

よ

用人 187, 255, 256, 295, 299, 306
横瀬浦 521
横役 523
与力 31, 56, 80, 81, 87, 132, 164, 190, 202～205, 208, 209, 214, 215, 221, 253～256, 295～302, 304～308, 324, 349, 350, 357, 383, 385, 387, 404, 405, 447, 518, 543, 546, 555, 586
万奉行 457
四ヶ所 461
四ヶ所支配 461

ら

落札 209, 210
羅紗 64, 108, 255, 477, 479
羅せいた 64, 108, 255, 477
鸞鳳丸 582

り

龍王丸 582
琉球 17, 55, 79, 144, 158, 159, 301, 404, 447, 518, 549
琉球船 78
竜脳 472
両替屋 101, 171, 224
両御番所 4, 5, 36, 41, 149
料紙箱 478
猟船 31, 405, 408
両奉行下屋敷 55
両(奉行)屋敷 162, 164
料理人 308
綸子 118

る

流罪 448, 454, 525, 534～536, 540, 577
留守居 166
るすん通事 355, 388
呂宋 536, 564, 580
呂宋口 136, 319
呂宋人 110, 136, 371, 373, 374
呂宋船 137, 579
流罰 519
瑠璃塔 478

れ

礼銀　257, 319, 321, 453, 467, 468, 471, 472, 484, 550, 571
霊言蠡勺　97
礼銭　211
礼物　120, 161, 317, 385, 386, 388, 393, 410, 446

ろ

鑞　471, 472
篭医師　468
篭外科　468
籠舎　39, 40, 97, 393, 468
籠守　5, 48, 105
老中　14, 18, 23, 28, 42, 55, 56, 61, 63, 65～67, 78, 80, 81, 83, 85～87, 91, 97, 98, 105, 107, 110, 114, 115, 119～121, 130, 131, 133, 143, 147～151, 154, 159, 161, 169, 170, 171, 174, 182, 183, 189, 299, 300, 307, 350
蠟燭　471
牢人　457
篭針立　468
籠番　5, 49, 302, 316, 320, 341, 365, 366, 486
籠町門番屋敷　316
篭守　486
籠(牢)屋　137, 163, 302, 317, 337, 341, 349, 527
籠屋医師　320, 380, 393, 486
六崑　335, 474, 536

わ

若年寄　182, 189
脇荷蔵　568, 572
脇荷物　568, 569
割符　16, 117, 134, 519, 539, 573, 575
割符糸　482, 569, 573, 569, 573
割符糸宿老　519, 575
割符銀　481, 482, 483
割符支配人　483
割符仲間　117, 444, 451～453, 460, 484, 485, 488
割符人　445, 446
椀　481
わんし　478

◎編者略歴◎

太田勝也（おおた・かつや）

1943年北海道生．1971年中央大学大学院文学研究科博士課程満期修了，1990年文学博士（中央大学）．現在，筑波大学大学院教授．

主要著書：『近世における駄賃稼ぎと商品流通』（お茶の水書房，1978）『日本林業・林政の史的研究』（北條浩氏と共編著，橘書院，1980）『鎖国時代長崎貿易史の研究』（思文閣出版，1992）『長崎貿易』（同成社，2000）

近世長崎《きんせいながさき》・対外関係《たいがいかんけい》史《し》料《りょう》

2007（平成19）年10月10日発行

定価：本体16,000円（税別）

編　者　太田勝也
発行者　田中周二
発行所　株式会社　思文閣出版
〒606-8203 京都市左京区田中関田町2-7
電話 075-751-1781（代表）

印　刷
製　本　株式会社 図書印刷 同朋舎

ISBN978-4-7842-1362-7　C3021